普通高等教育土建类专业规划教材

材　料　力　学

（土木建筑类）
（第 2 版）

主　编　侯作富　胡述龙　张新红　夏成宇
副主编　许福东　黄和祥　梅　超
主　审　朱四荣

武汉理工大学出版社
·武汉·

内 容 简 介

根据教育部高等学校力学教学指导委员会新修订的材料力学课程教学基本要求，本书对相关教学内容进行了重新编排和调整，注重理论联系实际，适当引入和更新了部分教学内容。全书共分11章：绪论，轴向拉伸、压缩与剪切，扭转，弯曲内力，弯曲应力，弯曲变形，应力状态与强度理论，组合变形，压杆稳定，动荷应力与交变应力，能量法及超静定结构。附录包括截面的几何性质、型钢表、索引、力学性能名词及符号新旧标准对照表。

本书力求做到结构紧凑，语句简明，通俗易懂，便于教学和自学。

本书适用于普通高等学校土建类相关专业中、少学时的教学，也可供高职高专与成人高校师生及有关工程技术人员参考。

图书在版编目(CIP)数据

材料力学：土木建筑类/侯作富等主编. —2版. —武汉：武汉理工大学出版社，2019.6
ISBN 978-7-5629-6063-8

Ⅰ.①材… Ⅱ.①侯… Ⅲ.①材料力学-高等学校-教材 Ⅳ.①TB301

中国版本图书馆CIP数据核字(2019)第130301号

项目负责人：吴正刚　　**责任编辑**：吴正刚
责任校对：夏冬琴　　**封面设计**：博壹臻远
出版发行：武汉理工大学出版社
社　　址：武汉市洪山区珞狮路122号
邮　　编：430070
网　　址：http://www.wutp.com.cn
经　　销：各地新华书店
印　　刷：武汉兴和彩色印务有限公司
开　　本：787×1092　1/16
印　　张：20
字　　数：512千字
版　　次：2019年6月第2版
印　　次：2019年6月第1次印刷
印　　数：1—2000册
定　　价：39.00元

凡购本书，如有缺页、倒页、脱页等印装质量问题，请向出版社发行部调换。
本社购书热线电话：027-87785758　87391631　87165708(传真)

第 2 版前言

《材料力学》(土木建筑类)第 1 版出版以来，在该课程教学中已使用了 6 年。为了更好地服务于广大师生，现依据教育部高等学校力学教学指导委员会新修订的材料力学课程教学基本要求，结合广大教师的使用情况和学生的学习情况反馈，出版了《材料力学》(土木建筑类)(第 2 版)及对应的习题册。本次再版主要做了以下工作：

1. 对部分内容进行了重新编写或编排，特别是关于材料拉压性能试验和型钢表，采用了新的国家标准。

2. 对书中例题和习题进行了适当删减，以适应现阶段理论学时大幅度减少情况下的教学活动。

3. 对书中大量的图形按照规范重新进行了绘制。

4. 根据国家标准的相关规定，对书中名词术语、公式、量、单位的名称及符号的表示等进行了统一，使其与现行通用材料保持一致。

5. 更正了第 1 版中的一些排版错误和习题答案错误。

参加本次再版工作的有：侯作富教授(第 1、2 章、附录Ⅲ、附录Ⅳ)，夏成宇副教授(第 7 章)、黄和祥副教授(第 3 章)，胡述龙副教授(第 4、8、9、11 章)，张新红副教授(第 5、6 章)，许福东教授(第 10 章)，梅超讲师(附录Ⅰ、附录Ⅱ)。全书由侯作富教授、夏成宇副教授统稿。武汉理工大学理学院朱四荣教授在百忙中抽出时间对本书进行了细致的审阅。

由于编者水平所限，书中疏漏与不足之处在所难免，敬请读者批评指正。

最后，借此机会，向为本书的再版提出宝贵意见的师生以及为第 2 版的出版提供帮助的所有同仁表示真诚的谢意！

编者

2019 年 6 月

第 1 版前言

材料力学是变形体力学的重要基础分支之一，是一门为设计工程实际构件提供必要理论基础和计算方法的专业基础课。本教材根据教育部高等学校理工科非力学专业力学基础课程教学指导分委员会通过的“材料力学课程教学基本要求(A 类)”编写而成，可满足普通高等学校材料力学基本部分(不含专题部分)的教学要求。

目前，我国的高等教育已从精英教育过渡到大众教育，为适应新的形式，本教材在突出基本概念、基本原理、基本方法的前提下，注重理论联系实际。在学生开始由基础课学习过渡到专业基础课学习的阶段，对实际问题还不是很了解的情况下，在教材中引入了大量的工程实例及图表，力图使学生具备从工程实际结构或构件中建立力学模型并进行分析计算的能力，培养学生的科学素质。

本教材由长江大学机械工程学院的力学教师，在多年讲授材料力学课程的基础上精心编写而成。由侯作富教授、胡述龙副教授、张新红副教授担任主编。其中第 1、2、7 章由侯作富教授执笔，第 3 章由黄和祥副教授执笔，第 5、6 章由张新红副教授执笔，第 4、8、9、11 章由胡述龙副教授执笔，第 10 章由许福东教授执笔，附录Ⅰ和附录Ⅱ由梅超讲师执笔。全书由侯作富教授统稿。

本书的内容安排，为教师的教学留有较大的选择余地。若安排 8～10 学时的相关实验，则适用于课程总学时为 80 学时左右的教学。如果不讲授书中带“*”的内容，减少实验学时，也可满足一些专业 54 学时的教学要求。

本书由武汉理工大学力学学科首席教授李卓球主审，李教授对全书进行了仔细审阅，提出了许多中肯的意见，编者在此表示由衷的感谢。在教材编写过程中，参考了一些兄弟院校教材中的部分内容和习题，在此也一并表示感谢！

感谢长江大学在教材的编写、出版中提供的支持和帮助。

由于水平所限，书中疏漏与不足之处难免，敬请读者批评指正。

编　者

2013 年 1 月

目　录

1 绪　　论

1.1 材料力学的任务

组成机械或工程结构的单个部分统称为**构件**。如图 1-1 所示桥式起重机的主梁、吊钩、钢丝绳等;图 1-2 所示火车的车轮轴、轮毂等都是构件。

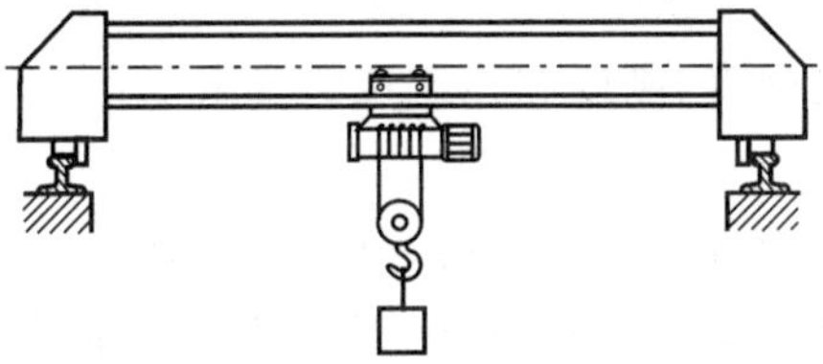

图 1-1

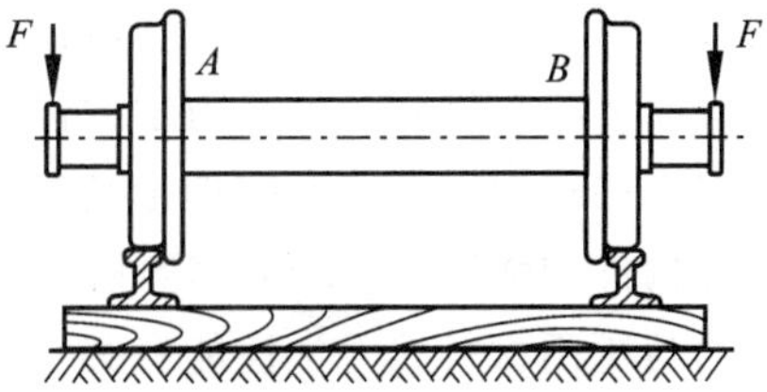

图 1-2

实际构件的形状各异,根据形状的不同大致可分为:块体、平板或壳体、杆件等。

块体:三个方向(长、宽、高)尺寸相差不多的构件,如图 1-3(a)所示。

平板或**壳体**:构件某一个方向的尺寸(厚度)远小于其他两个方向的尺寸,如图 1-3(b)、图 1-3(c)所示。

杆件:长度方向尺寸远大于横向方向尺寸的构件,如图 1-3(d)、图 1-3(e)所示。垂直于杆件长度方向的截面叫横截面,所有横截面形心的连线叫轴线[图 1-4(a)]。轴线为曲线的杆件叫曲杆[图 1-4(b)],轴线为直线的杆件叫直杆[图 1-4(a)、图 1-4(c)、图 1-4(d)]。轴线为直线且横截面不发生变化的杆件叫等直杆[图 1-4(a)、图 1-4(d)],否则为变截面杆[图 1-4(c)]。在材料力学中,以等直杆为主要研究对象。

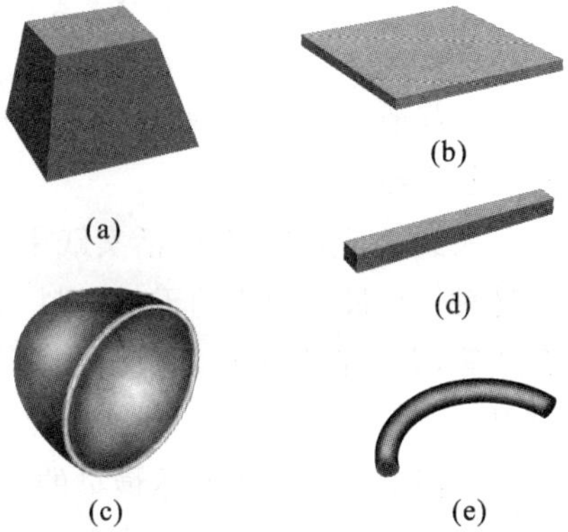

(a)　(b)　(c)　(d)　(e)

图 1-3

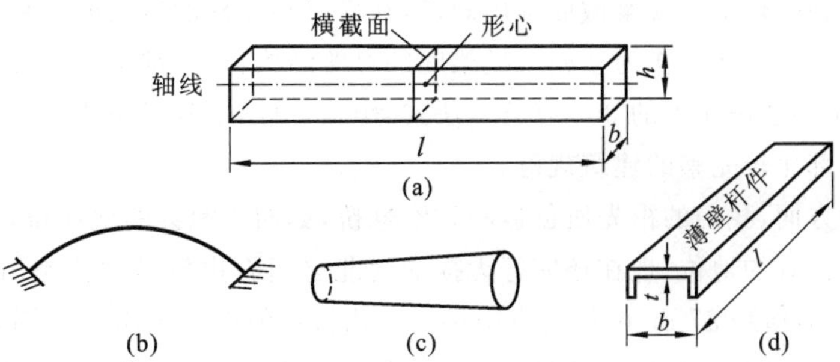

(a)　(b)　(c)　(d)

图 1-4

任何机械或结构物,在正常工作状态下组成它们的构件一般要受到从相邻构件传递过来的外力——载荷的作用。为保证机械或结构物的正常工作,构件应有足够的能力负担起可能承受的载荷,为此其应满足以下三项基本要求:

强度要求:构件在载荷作用下,必须具有足够的抵抗破坏的能力。例如储气罐不应爆裂,机器中的齿轮传动轴不应断裂等。构件抵抗破坏的能力称为**强度**。

刚度要求:构件在载荷作用下,必须具有足够的抵抗变形的能力。如机床主轴不应变形过大,否则影响加工精度。构件抵抗变形的能力称为**刚度**。

稳定性要求:某些构件在某些特定载荷,如压力作用下,必须具有足够的保持原有平衡状态的能力。例如千斤顶的螺杆、内燃机的挺杆等。构件在载荷作用时保持原有平衡状态的能力称为**稳定性**。

通过对材料力学的学习,将了解构件设计的基本力学原理,以适当地选择材料及确定构件的合理截面形状与尺寸。材料力学的任务是:在满足强度、刚度和稳定性的要求下,为设计既经济又安全的构件提供必要的理论基础和计算方法。

因此构件的强度、刚度和稳定性问题是材料力学研究的主要内容。而构件的强度、刚度、稳定性均与所用材料的力学性能有关,这些力学性能可通过材料力学试验来测定。因此试验也是材料力学学习中不可缺少的环节。

1.2 材料力学的发展简况

与其他学科一样,材料力学的产生与发展由生产的发展所推动,同时反过来又对社会生产实践起指导作用。

人类从长期生产、生活实践中不断制造或改造各种工具、房屋、武器等,这就不能不使用各种材料。从最初使用的天然材料(石、竹、木材等)到后来广泛使用的铜、铁、水泥、塑料及各种合金等,人类在长期使用过程中逐渐认识了材料的性能,并能结合构件的受力特点正确使用材料。

我国是世界文明发达最早的国家之一,勤劳智慧的我国古代劳动人民对合理利用各种材料的力学性能、制造各种器械和建筑物等早就具有了丰富的力学知识。比如,在房屋建筑方面,根据殷墟遗迹的考古资料和《周礼·考工记》的文字记载,大约在三千五百年前,我们的祖先就已经用木结构做骨架来建造房屋,这种构架方法与现代建筑原则上有着相同的地方。又如,立柱截面选用圆形,很多横梁截面选用矩形,在横梁和立柱的接头处容易发生切断破坏,所以古代建筑师又发明了斗拱作为立柱与横梁间的过渡结构,这些都合乎现代材料力学的原理。在公元1100年宋朝李诫所著的36卷《营造法式》中,就总结了我国历代房屋建筑的经验,那是世界上最早的一部比较完整的建筑规范。

在桥梁工程方面,我们的祖先所创造的竹索悬桥,如四川灌县的岷江桥,长达320 m,在国际桥梁史上具有光辉的地位;现在还完好无损的河北赵州石拱桥是隋代杰出的工匠李春的创造,拱的半径25 m,横跨37 m,两端各有附拱。赵州桥不但能在洪涝灾害期间排水,还能大大地降低桥身的重量,节省大量的造桥材料。这种形式的拱桥,在欧洲直到1912年才开始出现。利用悬桥的形式,使竹索充分发挥抗拉的性能;利用拱桥的形式,使石材充分发挥抗压的性能,这完全显示了我们祖先在材料使用方面的高度智慧。

在运输工具方面，我国远在殷代时就已经有了四匹马拉的战车，车轮用辐条代替了旧式的圆板，车轴改用金属轴承，并且采用油脂润滑。《周礼·考工记》上对辐条的设计、安装、固定都提出了准则。我国制造船舶的历史至少也有近三千年。春秋末年(公元前 500 年)，吴国曾利用坚固的船只从海上攻打齐国；隋代所造的大战船有五层高，能容纳军士 800 人；宋代已经造成了四桅九帆的大船。到了明朝郑和出使西洋时(公元 1405 年到 1433 年)，62 艘海船编成的舰队中有长 44 丈、宽 18 丈的大船(长 151.2 m、宽 61.6 m)。如果没有关于材料性能方面丰富的知识，要建造那样巨大轻便而又牢固的船只是绝对不可能的。

在机械和武器制造方面，西周时代(公元前 1046—前 771 年)就已经利用青铜铸造了各种工具和兵器；东周时代(公元前 770—前 256 年)，我国劳动人民先后发明了冶铁术和炼钢术，给人类提供了更为坚利的工具和兵刃。到了南宋时代(公元 1127—1279 年)，我国劳动人民已经能够掌握厚壁圆筒的性能，铸造铁质火炮。而到 14 世纪以后，火炮才由我国传入欧洲。

虽然古罗马、埃及、印度也有类似的创造，不过出现的时期较我国都晚一些，所以说 14 世纪以前我国在这些方面的成就始终居于世界前列。

14 世纪以后，随着资本主义兴起和发展，在欧洲各国，海外贸易活跃，采矿、冶金工业萌芽和发展，提出了一系列新的复杂的技术问题。意大利科学家伽利略(Galileo Galilei，公元 1564—1642 年)正是为了解决建造船只和水闸口门需要的梁的设计问题，一方面总结了前人的经验，另一方面刻苦钻研，通过实验与计算，初步研究梁及其他杆件的截面尺寸与其承担载荷间的关系，并于 1638 年将他的研究成果在《关于两种新科学的叙述和数学证明》一书中正式发表，使他成为第一个提出强度计算概念的科学家。该研究成果的发表，普遍认为是材料力学开始形成一门独立学科的标志。而作为材料力学物理基础的力与变形的关系是由英国科学家胡克(R. Hooke，公元 1635—1703 年)通过一系列实验资料的总结于 1678 年提出的，即著名的胡克定律。当然，在胡克之前 1500 年，我国早就有了关于力和变形成正比关系的记载。东汉经学家郑玄(公元 127—200 年)对《考工记·弓人》中“量其力，有三均”作了这样的注释：“假令弓力胜三石，引之中三尺，弛其弦，以绳缓擐之，每加物一石，则张一尺”。所以有些学者认为胡克定律实际上应该改称为郑玄-胡克定律。

从伽利略 1638 年开始又经过近 200 年发展和完善，第一本以《材料力学》命名的教材，由法国科学家纳维(L. Navier，公元 1785—1836 年)于 1826 年出版。19 世纪中期，材料力学已逐渐由以石料等脆性材料为主体演变为以钢材为主体，按照钢材的特点，使得“均匀连续”、“各向同性”等基本假设以及胡克定律成为当今材料力学的基础。20 世纪中叶以来，科学技术和工业的高度发展，特别是航空与航天技术的崛起、计算机的出现和不断更新换代、各种新型材料(如复合材料、高分子材料)的不断问世并应用于工程实际，加上实验设备日趋完善、实验技术水平不断提高，使得材料力学所涉及的领域更加宽阔、内容更加丰富。

1.3 变形固体及其基本假设

在理论力学中，通常假定物体在受力状态下不产生变形(即为刚体)。但在工程实际中，物体在力的作用下总会产生大小不同的变形。例如，桥梁、建筑结构、机械装置等都是我们熟知的工程结构，这些工程结构中的构件在受力后都会产生变形。对于工程实际中的很多构件，如果要研究构件本身的变形和破坏问题，就必须舍弃刚体假设。因此材料力学的研究对象是可变形的固体。

值得指出的是：同样是研究物体的受力问题，在静力学中，作用在刚体上的力矢量可以滑移，力偶矩矢也是自由矢量。但对于变形固体，由于力矢量和力偶矩矢的位置将影响物体的变形，因此力矢量不能再沿其作用线滑移，力偶矩矢也不能再自由平移。

变形固体种类繁多，如金属与合金、工业陶瓷、聚合物等，性质是多方面的，而且很复杂，在材料力学的研究中通常忽略一些次要因素，只考虑与问题相关的主要属性，对变形固体作以下假设：

(1) **均匀连续性假设**

假设物体在整个体积内毫无空隙地充满了物质，是密实、连续分布并且各处具有相同的力学性质。

这一假设的特点是：① 从变形固体中可取出任一部分进行研究，其研究的表述特征具有代表性；② 由于材料被假定为密实的、连续分布的，材料内部的任意部位在变形前、后都不存在任何“空隙”或产生“挤入”的情况。

(2) **各向同性假设**

假设材料的任意部位沿任何方向均具有相同的力学性质，具有这种性质的材料称为**各向同性材料**。这里的力学性质主要是指力与变形之间的关系。例如钢板，无论是沿哪个方向受力，其力与变形的规律是一样的，其他还有铜、玻璃等材料都具有类似的性质。

而有一些材料力与变形之间的关系与取向有关。例如木材，在受力相同的情况下，平行于木纹纤维方向的变形小，垂直于木纹纤维方向的变形大。沿不同方向力学性能不同的材料，称为**各向异性材料**，如竹子、木材、胶合板和某些人工合成材料等。

(3) **小变形假设**

即假设物体受力后的变形很小。

在工程实际中，构件的受力一般在设计范围内，相对于其原始尺寸而言，其受力后的变形很小。在变形很小的情况下，分析力系的平衡时，采用结构变形前的几何尺寸进行计算，不会引起较大误差。这样的问题，称为**小变形问题**。

例如，图 1-5 所示桁架结构在点 B 受力，整个结构会产生变形(如图中虚线所示)，其中点 B 变形至点 B'。一般情况下，水平和垂直位移 δ_1 和 δ_2 会远小于构件的长度。所以通过节点平衡求两杆受力时，将桁架的变形忽略不计，可使计算得到很大的简化。

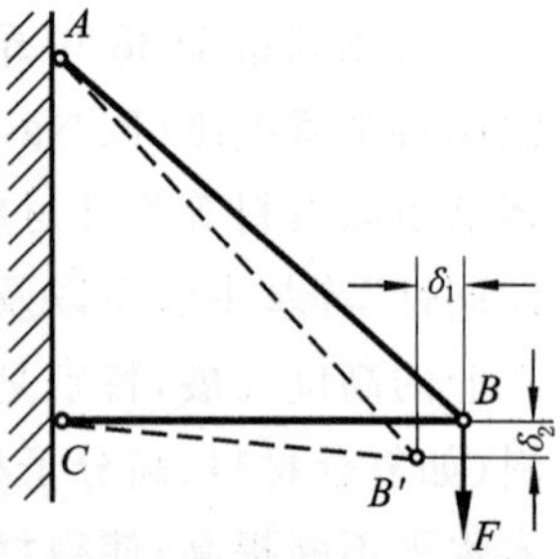

图 1-5

此外，工程实际中所用的材料，在载荷作用下均将发生变形。如果在卸载后变形消失，物体恢复原状，这种变形称为**弹性变形**。如果卸载后一部分变形消失，另一部分变形不消失而保留下来，这种保留下来的变形称为**塑性变形**。对某些材料而言，在一定的受力范围内，其变形完全是弹性的，并且外力与变形之间成比例关系，本书后面会讲到。在材料力学中所研究的大部分问题都局限在线弹性变形范围内。

上述的假设，建立了一个最简单的变形固体的理想化模型。随着研究的深入，再逐步放松上述假设的限制。如在后续力学课程中将逐步讨论各向异性问题、大变形问题、含缺陷或裂隙等不连续介质的问题等。

1.4 外力及分类

外力是外部物体对构件的作用力，包括外加载荷和约束力。

按外力作用方式的不同可分为：体积力和表面力。**体积力**是连续分布于物体内部各点的力，如物体的重力、惯性力等。**表面力**是作用于物体表面上的力，可分为分布力和集中力。分布力是连续作用于物体表面上的力，如作用于船体上的水压力、风载荷等。如果作用面积相对于物体的表面积较小，分布力可以简化为作用在一点的力即集中力，如火车车轮对钢轨的压力、汽车重量对路面的压力等。

按外力随时间的变化可分为：静载荷和动载荷。载荷缓慢地由零增加到某一值后，不再随时间变化，或变化很不显著，即为**静载荷**。如把机器缓慢地放置于基础上，机器的重量对基础的作用便是静载荷。**动载荷**是载荷随时间发生明显变化，其可分为构件具有较大加速度、交变载荷和冲击载荷等多种情况。交变载荷是指载荷随时间作周期性变化，如当齿轮啮合时，作用于每一个齿上的力都是随时间作周期性变化的。冲击载荷则是物体的运动在瞬间发生突然变化所引起的载荷，如急刹车时飞轮的轮轴、岩石在爆炸力作用下破碎等都是受到冲击载荷作用的例子。

构件在静载荷下的研究相对简单，所建立的理论和分析方法又可作为解决动载荷问题的基础，所以要先研究静载荷问题。在本书中，如不加说明，一般的载荷也是指静载荷。

1.5 内力、截面法和应力

1.5.1 内力

物体可以看作是由无数颗粒组成的，在其未受外力作用时，各颗粒间本身就存在着相互作用的内力，以维持它们之间的联系及物体的原有形状。当物体受到外力作用而变形时，各颗粒间的内力也发生了改变。这个因外力作用而引起的内力改变量（也称为**附加内力**），就是材料力学中所要研究的**内力**。

在这里必须注意，材料力学中所指的内力与理论力学中曾经学过的内力有所不同。前者是物体在受到外载荷作用时内部各部分之间相互作用力的改变量；后者则是在讨论物体系统的平衡时，各物体之间的相互作用力，它对于整体而言，是内力，但对于单个物体而言，就属于外力了。

1.5.2 截面法

为求出构件在外力作用下横截面上的内力，通常采用一个假想的截面在此处截开，如图1-6(a)所示。截开后，截面的两侧必定出现大小相等、方向相反的内力。根据材料的连续性假定，作用在截面上的内力应是一个连续分布的力系。在截面上内力分布规律未知的情况下，不能确定截面上各点的内力，但是可应用力系简化的基本方法，将连续分布的内力系向截面上某点（通常是形心）简化得到一主矢 F_R 和主矩 M。此内力必定与保留部分受到的外力相平衡，如图 1-6(b)所示,这样就可以根据平衡求出内力。

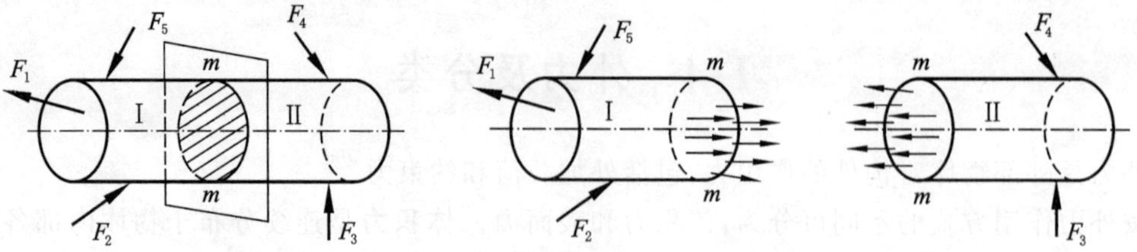

图 1-6

内力的计算是分析构件强度、刚度和稳定性等问题的基础。下面举例进行说明。

【例 1-1】 钻床如图 1-7(a)所示,在载荷 F 作用下,试确定截面 m—m 上的内力。

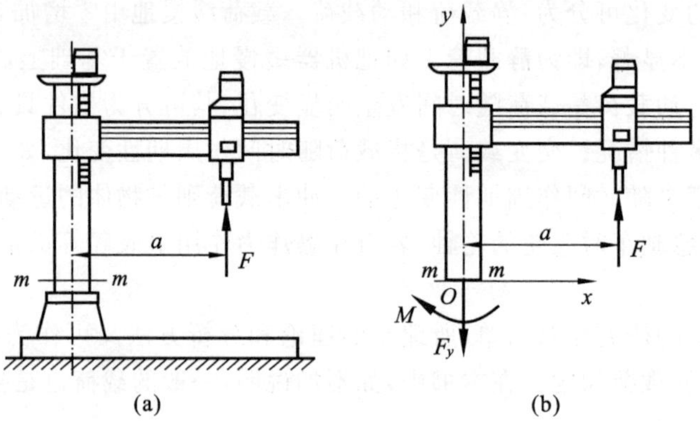

图 1-7

【解】 (1) 沿截面 m—m 假想地将钻床分成两部分。取截面 m—m 以上部分进行研究[图 1-7(b)],并以截面的形心 O 为原点,选取坐标系如图所示。

(2) 为保持上部的平衡,截面 m—m 上的分布力系向点 O 简化可得到一个力 F_y 和一个面内的力偶矩 M。

(3) 由平衡方程

$$\sum F_y = 0,\quad F - F_y = 0$$

$$\sum M_O = 0,\quad Fa - M = 0$$

可得

$$F_y = F,\quad M = Fa$$

总结以上解题过程,可知用截面法求内力可分为以下三步:

(1) 截开:欲求某一截面的内力,可沿该截面将构件假想地截成两部分。

(2) 代替:取其中任意部分为研究对象,而弃去另一部分。用作用于截面上的内力,代替弃去部分对留下部分的作用力。

(3) 平衡:列出留下部分的平衡方程,确定截面上的内力。

1.5.3 应力

通过截面法,可以求出构件截面上的内力,但是仅仅求出内力还不能解决构件的强度问题。因为同样的内力，作用在大小不同的截面上，会产生不同的效果。例如两根材料相同、横截面面积不等的等直杆，若两者所受的轴向拉力相同(此时横截面上的内力也相同)，则随着拉力的逐渐增加，细杆将先被拉断。这说明构件的危险程度取决于截面上分布内力的聚集程度，而不是取决于分布内力的总和。因此在讨论构件的强度问题时，必须了解内力在截面上的聚集程度，以分布在单位面积上的内力来衡量它，称之为**应力**。

如图 1-8(a)所示，如要求截面上点 M 处的应力，可围绕点 M 取出微小面积 ΔA。根据均匀连续性假设，ΔA 面积上必存在连续分布的内力，设它的合力为 ΔF，ΔF 与 ΔA 的比值为

$$p_{\mathrm{m}} = \frac{\Delta F}{\Delta A}$$

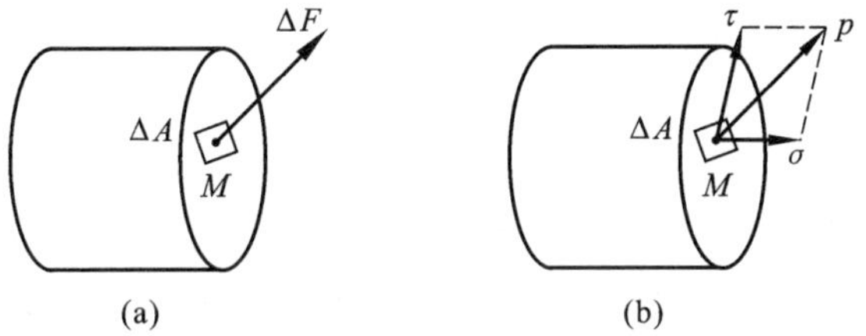

图 1-8

p_{m} 表示在 ΔA 范围内，单位面积上内力的平均集度，称为**平均应力**。当 ΔA 趋于零时，p_{m} 的大小和方向都将趋于一极限，得到

$$p = \lim_{\Delta A \to 0} \frac{\Delta F}{\Delta A} \tag{1-1}$$

p 称为点 M 处的(**全**)**应力**。通常将其分解为垂直于截面的分量 σ 和切于截面的分量 τ，σ 称为**正应力**，τ 称为**切应力**，如图 1-8(b)所示。

应力的单位为帕(Pa)，1 Pa＝1 $\mathrm{N/m^2}$。但此单位太小，通常采用兆帕(MPa)为单位，1 MPa＝10^6 Pa。

从应力的定义可知，应力具有以下特点：

(1) 应力定义在受力构件的某一截面上的某一点处。

(2) 一点处的应力是矢量。

(3) 整个截面上各点处的应力与微面积 $\mathrm{d}A$ 之乘积的合成，即为该截面上的内力。

1.6 变形与应变

材料力学中研究固体的变形，除了为研究构件的刚度外，还因固体由外力引起的变形与内力的分布有关。

假设在图 1-9(a)中$\overline{MM'}$为固体中点 M 的位移，同时假设固体没有刚体位移，点 M 的位移全是由变形引起的。通常用正微六面体(当边长趋于无穷小时称为**单元体**)来代表构件中某“一点”。为此，在变形前包围点 M 取一微小正六面体，其边长为 Δx、Δy、Δz。变形后到达点 M'，正六面体的边长和棱边的夹角都将发生变化。

对于构件中任“一点”材料的变形，可用线应变和切应变来度量。

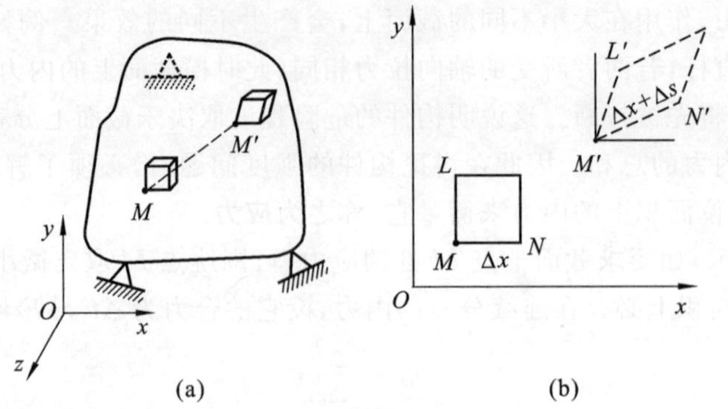

图 1-9

1.6.1 线应变

为了说明上的方便，将变形前、后的六面体投影到 xy 平面上进行分析，如图 1-9(b)所示。变形前平行于 x 轴的线段 MN 原长为 Δx，变形后 M 和 N 分别移到 M' 和 N'，$M'N'$ 的长度变成了 $\Delta x+\Delta s$，这里

$$\Delta s = \overline{M'N'} - \overline{MN}$$

于是

$$\varepsilon_{\mathrm{m}} = \frac{\Delta s}{\Delta x}$$

表示线段 MN 每单位长度的平均伸长或缩短，称为平均线应变，是一个量纲一的量。若使 $\overline{MN}$ 趋近于零，则 ε_{m} 有一极限值

$$\varepsilon_x = \lim_{\Delta x \to 0} \frac{\Delta s}{\Delta x} \tag{1-2}$$

称为点 M 沿 x 方向的**线应变**或**正应变**。对于 y、z 方向的线应变，可依此类推。

如果变形是均匀的，线应变即单位长度上的变形量。伸长时线应变为正，缩短为负。

1.6.2 切应变

在图 1-9(b)中，正交线段 MN 和 ML 经变形后，分别到达 $M'N'$ 和 $M'L'$。变形前后其夹角的变化是 $\left(\frac{\pi}{2} - \angle L'M'N'\right)$，当 N 和 L 趋近于 M 时，上述夹角变化的极限值可表示为

$$\gamma_{xy} = \lim_{\substack{\overline{MN} \to 0 \\ \overline{ML} \to 0}} \left(\frac{\pi}{2} - \angle L'M'N'\right) \tag{1-3}$$

称为点 M 在 xy 平面内的**切应变**或**角应变**。

切应变，即微单元体两棱边夹角——直角的改变量。以直角变小时为正，单位为弧度(rad)。

【例 1-2】 图 1-10 所示为一矩形截面薄板受均布力 F 作用，已知长度 $l=400$ mm，受力后板沿 x 方向均匀伸长了 0.05 mm。试求板中点 A 沿 x 方向的线应变。

【解】 由于矩形截面薄板沿 x 方向均匀受力，可认为板内各点沿 x 方向具有相同的正应力与线应变，所以平均应变即点 A 沿 x 方向的线应变，即

$$\varepsilon_x = \varepsilon_m = \frac{\Delta l}{l} = \frac{0.05}{400} = 1.25 \times 10^{-4}$$

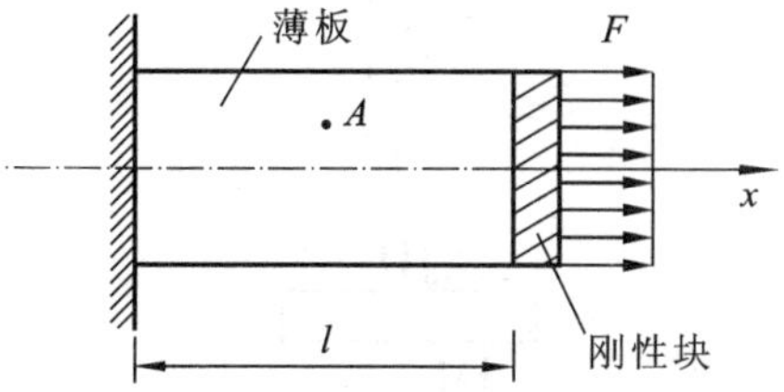

图 1-10

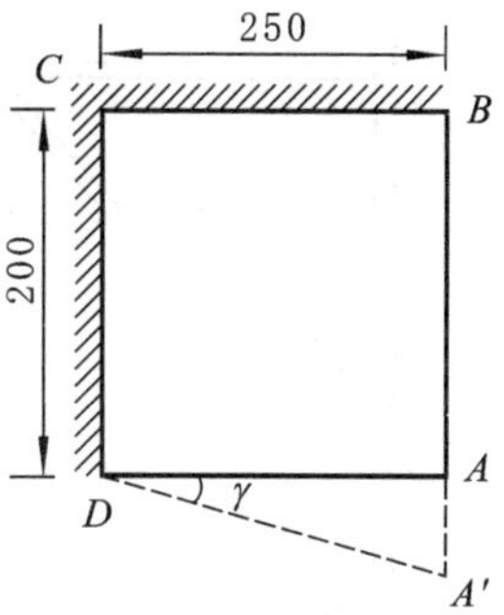

图 1-11

【例 1-3】 图 1-11 所示为两边固定的薄板，变形后 AB 和 AD 两边仍保持为直线。点 A 沿垂直方向向下产生了位移 0.025 mm。试求 AB 边的平均线应变和 AB、AD 两边夹角的变化。图中长度单位为 mm。

【解】 AB 边的平均线应变为

$$\varepsilon_m = \frac{0.025}{200} = 1.25 \times 10^{-4}$$

AB、AD 两边夹角的变化为

$$\gamma = \frac{\pi}{2} - \angle BA'D$$

由于 γ 非常微小，所以

$$\gamma \approx \tan\gamma = \frac{0.025}{250} = 1 \times 10^{-4}\ \text{rad}$$

1.7 杆件的基本变形形式

杆件受力有各种情况，相应的变形就有多种形式。在工程结构中，杆件的基本变形有以下四种：

(1) **轴向拉伸或压缩**：变形形式是由大小相等、方向相反、作用线与杆轴线重合的一对力引起的，表现为杆件长度的伸长或缩短。如图 1-12 中托架的拉杆和压杆受力后的变形。

(2) **剪切**：变形形式是由大小相等、方向相反、相互平行且相距很近的一对力引起的，表现为受剪切构件的两部分在受剪面附近沿外力作用方向产生相对错动。如图 1-13 中螺栓受力后的变形。

(3) **扭转**：变形形式是由大小相等、转向相反、作用面垂直于杆轴线的一对力偶引起的，表现为杆件的任意两个横截面发生绕轴线的相对转动。如图 1-14 中机器的传动轴受力后的变形。

(4) **弯曲**：变形形式是由垂直于杆件轴线的横向力，或由作用于包含杆轴的纵向平面内的一对大小相等、方向相反的力偶引起的，表现为杆件轴线由直线变为曲线。如图 1-15 中工厂车间吊车梁受力后的变形。

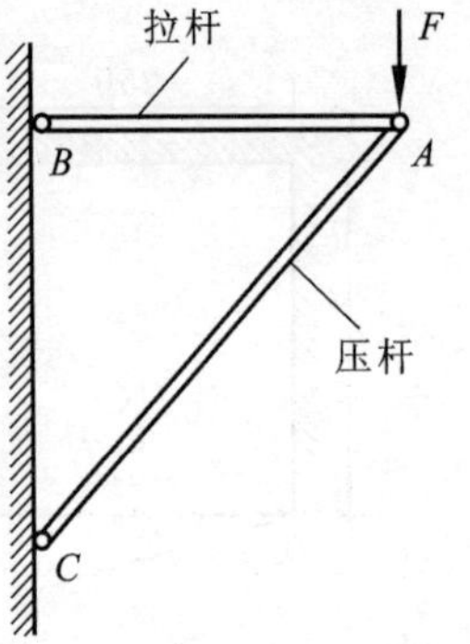

图 1-12

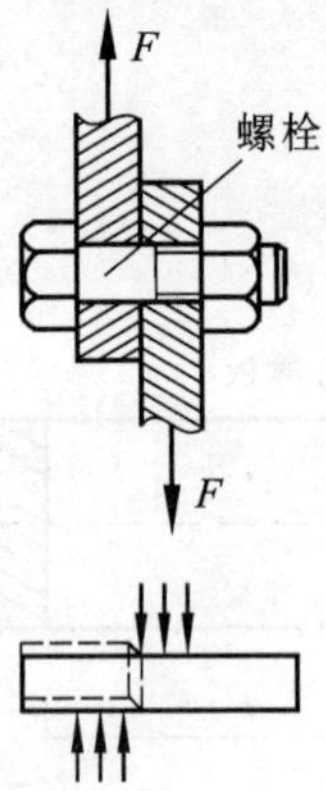

图 1-13

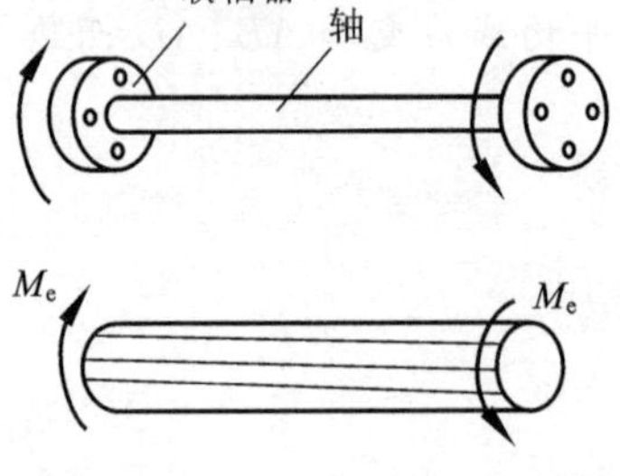

图 1-14

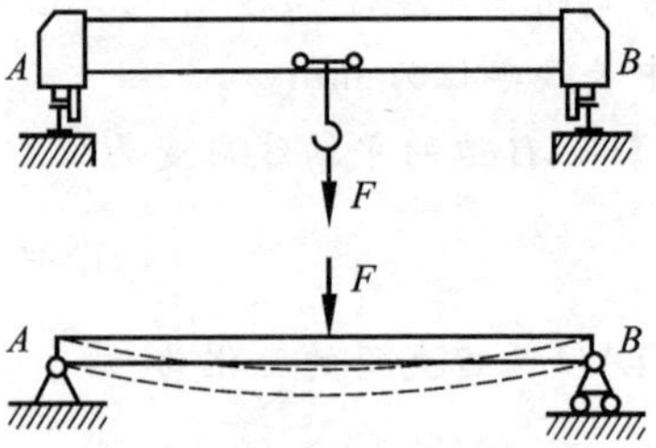

图 1-15

工程实际中有些杆件在载荷作用下会同时发生两种或两种以上的基本变形(这些变形在同一数量级的情况下),这样的变形叫**组合变形**。例如例 1-1 中钻床的立柱,由于在横截面上同时受到力 F_y 的作用和力偶 M 的作用,该立柱将会发生轴向拉伸与弯曲的组合变形。类似的例子还有很多,本书先研究基本变形,后分析组合变形。

习 题

1-1 在题图所示简易吊车的横梁上,力 F 可以左右移动。试求截面 1—1 和 2—2 上的内力及其最大值。

1-2 题图所示三角形薄板因受外力作用而变形,角点 B 垂直向上的位移为 0.03 mm,但 AB 和 BC 仍保持为直线。试求沿 OB 的平均线应变,并求 AB 与 BC 两边在点 B 的角度改变。

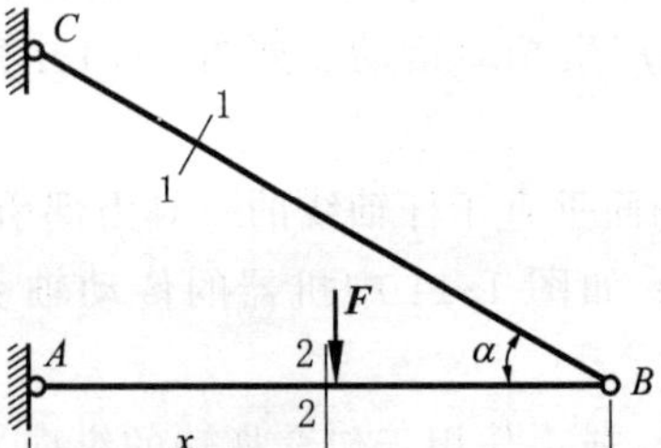

题 1-1 图

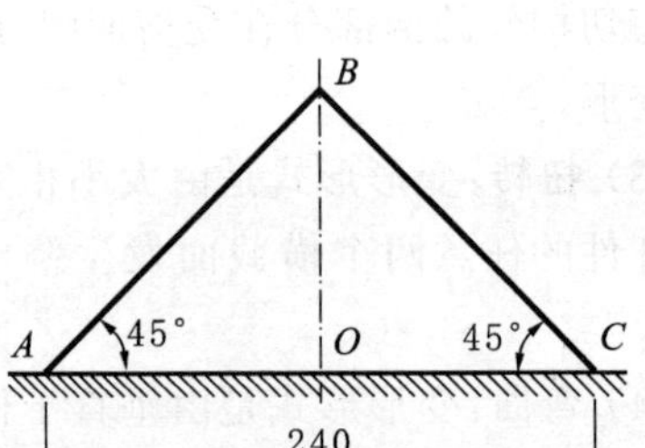

题 1-2 图

1-3　题图所示圆形薄板的半径为 R，变形后 R 的增量为 ΔR。若 $R=80$ mm，$\Delta R=3\times10^{-3}$ mm，试求沿半径方向和外圆圆周方向的平均线应变。

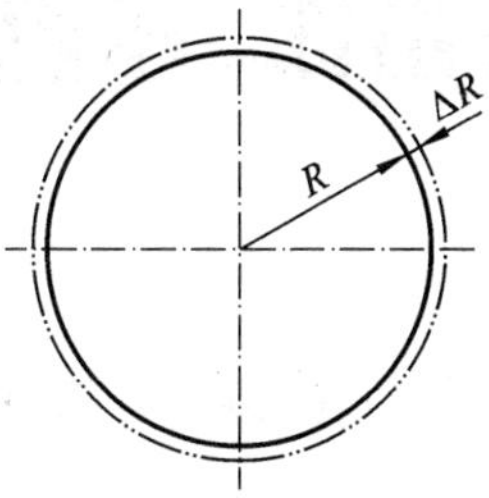

题 1-3 图

1-4　题图(a)与(b)所示两个矩形微元体，双点画线表示其变形后的情况，该二微元体在 A 处的切应变分别记为 $(\gamma_A)_a$ 与 $(\gamma_A)_b$，试确定其大小。

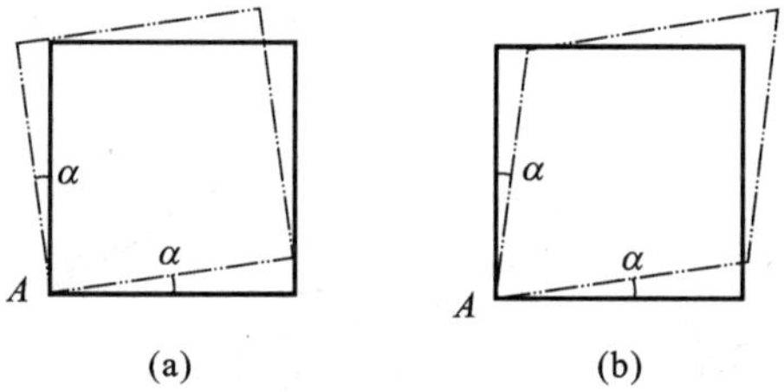

题 1-4 图

1-5　构件变形如题图中双点画线所示，单位为 mm。试求棱边 AB 与 AD 的平均线应变，以及点 A 处直角 BAD 的改变量。

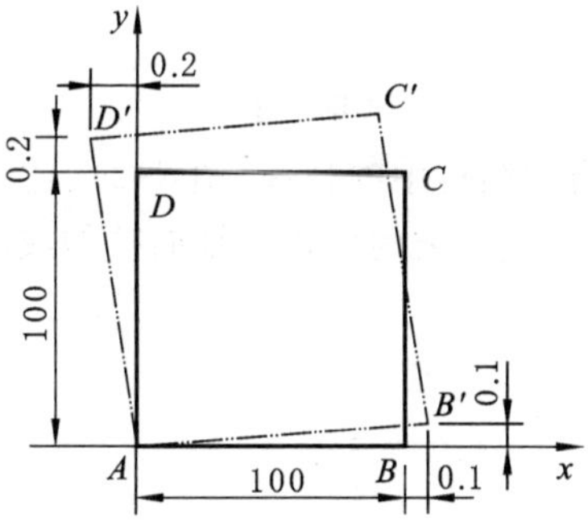

题 1-5 图

2 轴向拉伸、压缩与剪切

2.1 工程实际中的轴向拉伸或压缩问题

工程实际中，有很多承受轴向拉伸或压缩的构件。例如厂矿中常用的悬臂吊车，由拉杆和横梁等主要构件组成，构件间用铰链连接，如图 2-1(a)所示。其中，拉杆 BC 工作时受到 B、C 两端的拉力作用，这个拉力是通过销钉作用在销钉孔上的，如图 2-1(b)所示。最终可将拉杆简化为如图 2-1(c)所示的受力情况，杆受到一对力 F 的作用，力的作用线与杆的轴线重合。

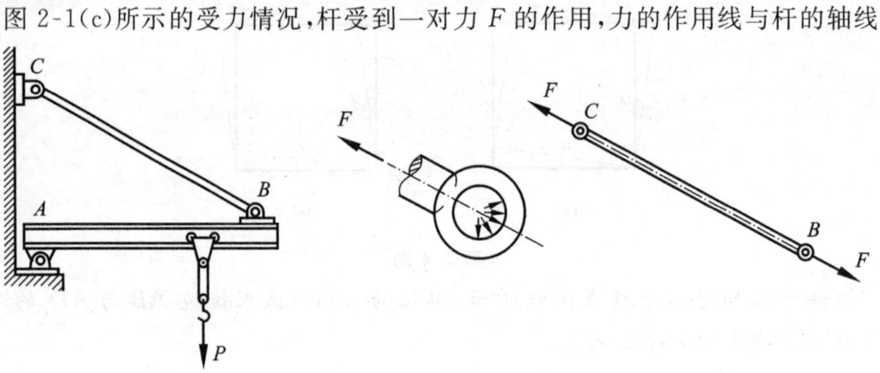

图 2-1

同样，吊运物体的钢丝绳、桁架结构中的杆件(图 2-2)、建筑物中的立柱(图 2-3)等，它们都可简化为以上类似的受力情况，这一类构件称为轴向拉伸或压缩杆件。

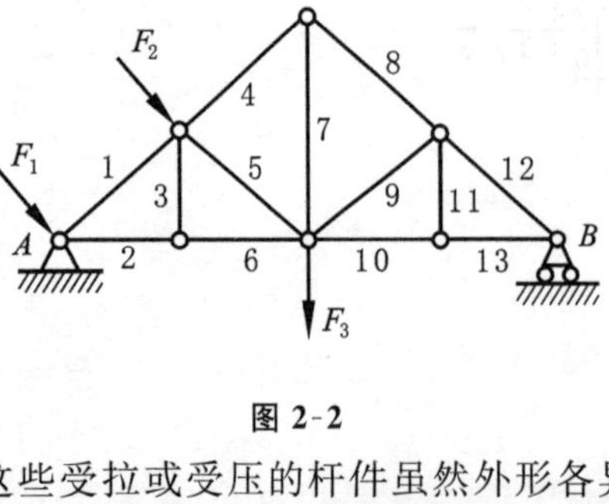

图 2-2

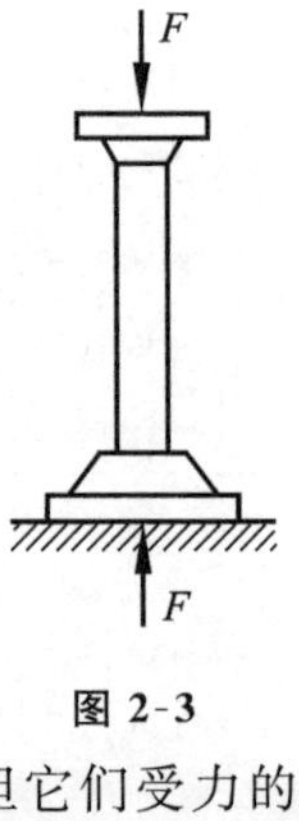

图 2-3

这些受拉或受压的杆件虽然外形各异，加载方式各不相同，但它们受力的共同特点是：作用在杆件上外力合力的作用线与杆的轴线重合，如果把杆件及其受力情况加以简化，则可得到如图 2-4 所示的计算简图。在这样的外力作用下，杆件变形的主要特点是：杆产生沿轴线方向的伸长或缩短，这种变形形式，称为**轴向拉伸或压缩**。当外力为拉力时，为**轴向拉伸**[图 2-4(a)]；当外力为压力时，为**轴向压缩**[图 2-4(b)]。

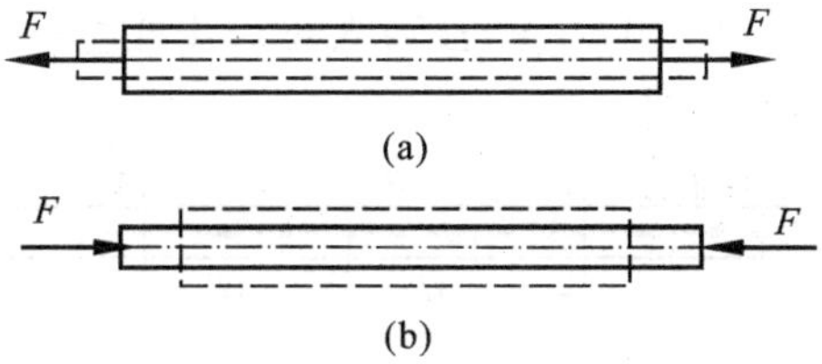

图 2-4

2.2 轴向拉伸或压缩时的内力

设有一根如图 2-5(a)所示的受拉杆，为求某一横截面 m—m 上的内力，可假想地用一个截面在 m—m 处把杆截开，分为左右两段，任取其中一段，例如左段为研究对象，舍去右段。这时，由于左段仍然保持平衡，在横截面上必然有一个由分布力形成的合力 F_N 作用[图 2-5(b)]，它就是右段对左段的作用力，是一个内力。

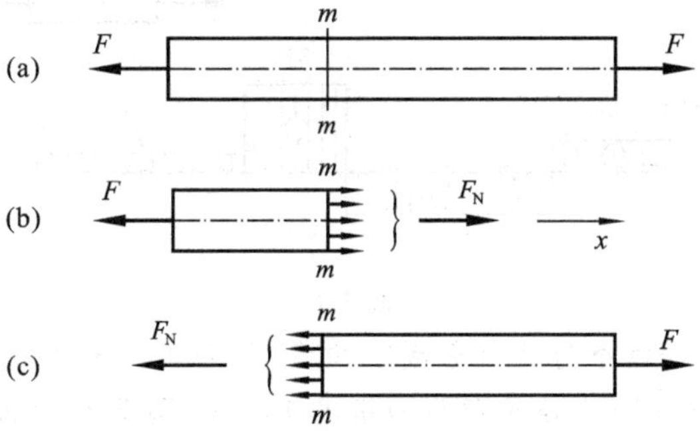

图 2-5

对左段列平衡方程

$$\sum F_x = 0, \quad F_N - F = 0$$

可得

$$F_N = F$$

如果选取右段为研究对象，也可得到同样的结果[图 2-5(c)]。同时不难看出，当杆仅在两端作用两个轴向外力时，截面 m—m 位置的改变并不影响上述结果，可见此时杆各横截面上的内力都相同。

对于轴向拉伸或压缩的杆件，其横截面上内力的方向垂直于截面，且必然通过横截面的形心，这样的内力称为**轴力**，以后统一用 F_N 表示。规定轴向拉伸时轴力为正；轴向压缩时轴力为负。可见，在材料力学中，是根据构件的变形来规定内力的符号，这是材料力学与理论力学中内力规定上的一个明显区别。

截面上的内力是分布在整个截面上的，利用截面法只能求出分布内力系的合力(或力偶)。今后，在研究各类问题时所指的内力，也通常是指截面上分布力系形成的合力。

当沿杆轴线作用的外力多于 2 个时，各个截面上的轴力将不尽相同。可用轴力图来描述杆不同截面上的轴力，该图的横坐标表示截面位置，纵坐标表示轴力的大小。下面通过例题说明轴力的求解以及轴力图的画法。

【例 2-1】 图 2-6(a)所示杆上 A、B、C、D 四点分别作用着大小为 $5F$、$8F$、$4F$、F 的轴向外力，试求杆的轴力并画出杆的轴力图。

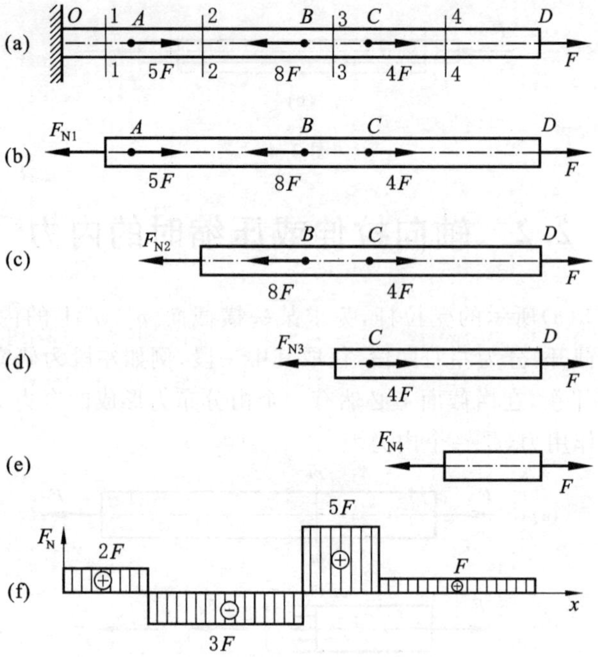

图 2-6

【解】 A、B、C、D 点的四个力将杆分成了四段，下面用截面法分别求这四段内任意截面上的轴力。在不清楚轴力是拉力还是压力的情况下，一般假设为拉力。首先截开截面 1—1，保留右边部分，加上截面上的待定轴力 F_{N1}[图 2-6(b)]后，由平衡方程

$$\sum F_x = 0, \quad -F_{N1} + 5F - 8F + 4F + F = 0$$

得

$$F_{N1} = 5F + 4F + F - 8F = 2F$$

同理，可得截面 2—2 上的轴力[图 2-6(c)]为

$$F_{N2} = 4F + F - 8F = -3F$$

结果为负值，说明 F_{N2} 的真实指向与图中假定的指向相反，即为压力。

同样得到截面 3—3[图 2-6(d)]、4—4[图 2-6(e)]上的轴力为

$$F_{N3} = 4F + F = 5F$$

$$F_{N4} = F$$

求出各段的轴力后，即可作出杆的轴力图如图 2-6(f)所示。最大轴力 $|F_N|_{max}$ 发生在 BC 段内的任一横截面上，其值为 $5F$。

画轴力图时一般应与受力图对正，当杆件水平放置或倾斜放置时，正值应画在杆件轴线的上方或斜上方，而负值则画在下方或斜下方，一般要标明正负号。当杆件竖直放置时，正负值可分别画在不同侧并标出正负号。轴力图上可以适当地画一些垂直于轴线的纵标线，而在纵坐标箭头旁边一般应标明内力的名称。

【例 2-2】 用钢丝绳吊运一重量 $P=10$ kN 的重物，如图 2-7(a)所示，试求钢丝绳的内力。

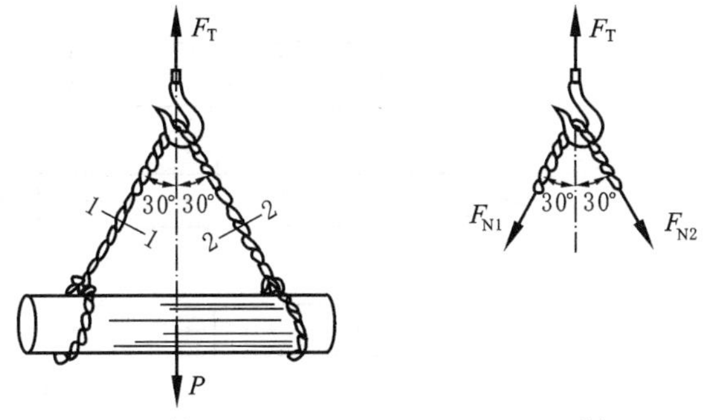

图 2-7

【解】 同时用两个截面 1—1 和 2—2 将两钢丝绳截开，取上半部分为研究对象[图2-7(b)]。设两钢丝绳内力分别为 F_{N1} 和 F_{N2}，且由对称关系知 $F_{N1}=F_{N2}$，又因吊钩所受的拉力 F_T 等于重物的重量 P，则由平衡方程

$$\sum F_y = 0,\quad F_T - F_{N1}\cos 30° - F_{N2}\cos 30° = 0$$

可得

$$F_{N1} = F_{N2} = \frac{F_T}{2\cos 30°} = 5.78\ \text{kN}$$

这类问题在理论力学中已经学过，只是当时未明确指出钢丝绳的拉力为横截面上的轴力。

2.3 轴向拉伸或压缩时的应力

2.3.1 横截面上的应力

要确定应力，必须了解内力在横截面上的分布情况。内力是不能直接观察到的，但是构件在受力后引起内力的同时，总要发生变形，内力与变形之间是存在一定的物理关系的。因此，可以通过观察变形的方法来了解内力的分布。

取一个橡皮(或其他易于变形的材料)制成的等直杆，在其侧面画两条垂直于杆轴线的横向线 ab、cd，并在两横向线间画两条平行于杆轴的纵向线[图 2-8(a)]。然后在杆两端施加一对轴向拉力，使其产生拉伸变形[图 2-8(b)]。这时可以看到：横向线 ab、cd 分别平移到了 $a'b'$ 和 $c'd'$，但仍然垂直于杆的轴线；各纵向线的伸长皆相等。这一现象虽然是杆的变形在其表面的反映，但可以假想杆内部的变形情况也是如此，即杆变形后各横截面仍保持为平面，这个假设称为**平面假设**。如假想杆由无数纵向纤维所组成，则在任意两横截面间各条纤维的伸长相同。由此可知每根纤维所受的力相等，也就是说横截面上的内力是均匀分布的，因而横截面上的应力也必然是均匀分布的，如图 2-8(c)所示。

根据应力的定义和横截面上应力均匀分布的规律，得

$$\sigma = \frac{F_N}{A} \tag{2-1}$$

式中，σ 为横截面上的应力；F_N 为横截面上的轴力；A 为横截面面积。

上式即为轴向拉伸或压缩时杆件横截面上应力的计算公式。由于分布在横截面上的内力皆垂直于截面，此时的应力也必然垂直于截面，这种垂直于截面的应力即为前面绪论中提到的

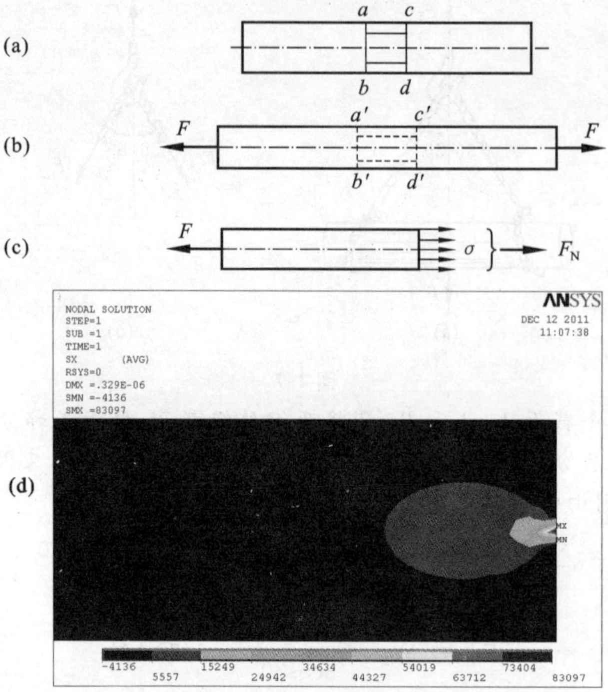

图 2-8

正应力。当轴力为拉力时，正应力为拉应力；当轴力为压力时，正应力为压应力。为表述上的方便，有时也直接以正号表示拉应力，负号表示压应力。

由式(2-1)可以看出，当作用在杆件上的外力一定时，横截面面积越小，应力越大。这可以说明绪论 1.5.3 节中粗细二杆受相同的外力时为什么细杆先断的原因。

应该指出，正应力均匀分布的结论只在杆上离外力作用点稍远的地方才成立，在载荷作用点附近的横截面上是不成立的。这是因为在实际构件中，载荷以不同的加载方式施加于构件上时，对横截面上的应力分布是有影响的。但是，实验研究表明，加载方式的不同，只对加载点附近横截面上的应力分布有影响，离外力作用点稍远的横截面上，应力分布便是均匀的了。这个理论称为**圣维南**(Saint－Venant)**原理**。对于细长杆件，此范围大致为横向尺寸的 1 倍，见图 2-8(d)中左端固定、右端中部承受一集中力的板沿轴向方向的应力云图。

此外，当杆件受多个轴向外力作用时，通过截面法可求得最大轴力$|F_N|_{max}$，如果杆件是等截面的，利用式(2-1)就可立即求出杆内最大正应力σ_{max}；如果杆件是由几段横截面不一样的杆组成的阶梯形杆，则一般需要先分别求出每段杆件的轴力，然后利用式(2-1)求出每段杆件横截面上的正应力，再进行比较确定最大工作应力σ_{max}。

【例 2-3】 一圆截面钢杆 $ABCD$，如图 2-9(a)所示。已知 $F_1=20$ kN，$F_2=35$ kN，$F_3=35$ kN，AB、BC、CD 三段杆的直径分别为 $d_1=20$ mm，$d_2=30$ mm，$d_3=35$ mm。试求杆内的最大工作应力σ_{max}。

【解】 (1) 画杆的轴力图，如图 2-9(b)所示。

(2) 求最大工作应力。由于圆截面钢杆为一阶梯形杆，AB、BC、CD 三段内不仅轴力不同，而且横截面面积亦不同，这就需要分段求出各横截面上的正应力。利用式(2-1)可分别求得 AB、BC、CD 三段内的正应力为

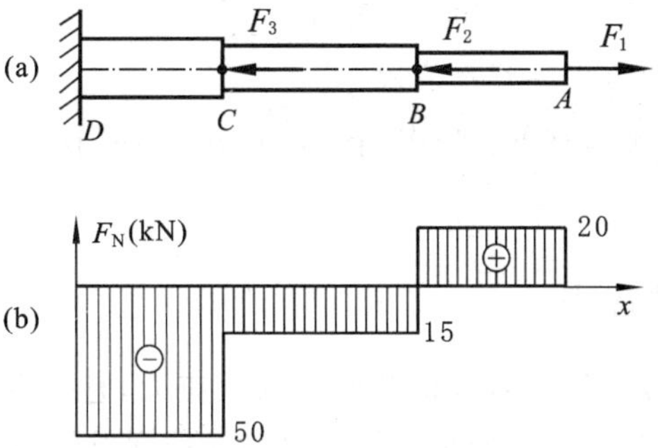

图 2-9

$$\sigma_{AB}=\frac{F_{NAB}}{A_1}=\frac{4F_{NAB}}{\pi d_1^2}=\frac{4\times 20\times 10^3}{\pi\times 20^2\times 10^{-6}}=6.37\times 10^7\ \text{Pa}=63.7\ \text{MPa}$$

$$\sigma_{BC}=\frac{F_{NBC}}{A_2}=\frac{4F_{NBC}}{\pi d_2^2}=\frac{-4\times 15\times 10^3}{\pi\times 30^2\times 10^{-6}}=-2.12\times 10^7\ \text{Pa}=-21.2\ \text{MPa}$$

$$\sigma_{CD}=\frac{F_{NCD}}{A_3}=\frac{4F_{NCD}}{\pi d_3^2}=\frac{-4\times 50\times 10^3}{\pi\times 35^2\times 10^{-6}}=-5.20\times 10^7\ \text{Pa}=-52.0\ \text{MPa}$$

可见,最大工作应力发生在 AB 段内,其值为 63.7 MPa。

【例 2-4】 悬臂吊车的简图如图 2-10(a)所示,斜杆 AB 为钢杆,直径 $d=20$ mm。载荷 $F=15$ kN,试求斜杆 AB 横截面上的最大工作应力。

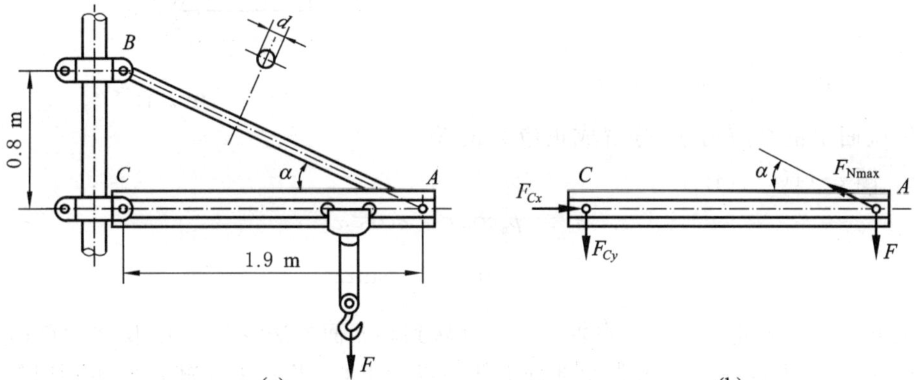

图 2-10

【解】 斜杆 AB 可简化为二力杆,当载荷 F 移到点 A 时,其受到的拉力最大,设其值为 F_{Nmax}。根据横梁 AC[图 2-10(b)]的平衡方程 $\sum M_C=0$,得

$$F_{Nmax}\sin\alpha\cdot\overline{AC}-F\cdot\overline{AC}=0$$

可得

$$F_{Nmax}=\frac{F}{\sin\alpha}$$

由三角形 ABC 求出

$$\sin\alpha=\frac{\overline{BC}}{\overline{AB}}=\frac{0.8}{\sqrt{0.8^2+1.9^2}}=0.388$$

代入到 F_{Nmax} 的表达式,得

$$F_{\text{Nmax}} = \frac{F}{\sin\alpha} = \frac{15}{0.388}\ \text{kN} = 38.7\ \text{kN}$$

由此可得杆 AB 横截面上的最大工作应力为

$$\sigma_{\max} = \frac{F_{\text{Nmax}}}{A} = \frac{38.7\times 10^3}{\frac{\pi}{4}\times 0.02^2}\ \text{Pa} = 1.23\times 10^8\ \text{Pa} = 123\ \text{MPa}$$

2.3.2　斜截面上的应力

前面讨论了轴向拉伸或压缩时直杆横截面上的正应力，它是今后强度计算的基础。但不同材料的实验结果表明，拉(压)杆的破坏并不总是沿横截面发生的，有时会沿斜截面发生。为此，应进一步讨论斜截面上的应力。

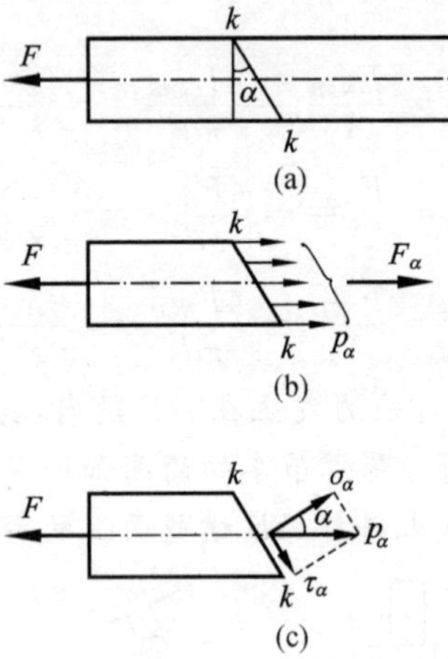

图 2-11

设等直杆的轴向拉力为 F[图 2-11(a)]，横截面面积为 A，由于 k—k 截面上的内力仍为

$$F_\alpha = F$$

而且由斜截面上沿轴线方向伸长变形仍均匀的结论可知，斜截面上应力仍均匀分布[图 2-11(b)]。若以 p_α 表示斜截面 k—k 上的应力，于是有

$$p_\alpha = \frac{F_\alpha}{A_\alpha}$$

而 $A_\alpha = \dfrac{A}{\cos\alpha}$，所以

$$p_\alpha = \frac{F}{A}\cos\alpha = \sigma\cos\alpha$$

将斜截面上的全应力 p_α 分解成正应力 σ_α 和切应力 τ_α[图 2-11(c)]，有

$$\sigma_\alpha = p_\alpha\cos\alpha = \sigma\cos^2\alpha \tag{2-2}$$

$$\tau_\alpha = p_\alpha\sin\alpha = \frac{\sigma}{2}\sin 2\alpha \tag{2-3}$$

α、σ_α、τ_α 正负号分别规定为：α——自轴线逆时针转到斜截面外法线时为正，反之为负；σ_α——拉应力为正，压应力为负；τ_α——取保留部分上任一点为矩心，当 τ_α 对该矩心产生顺时针转动趋势时为正，反之为负。

由公式(2-2)和式(2-3)可知：当 $\alpha=0°$ 时，横截面 $\sigma_{\alpha,\max}=\sigma$，$\tau_\alpha=0$；当 $\alpha=\pm45°$ 时，斜截面 $\sigma_\alpha=\dfrac{\sigma}{2}$，$|\tau_\alpha|_{\max}=\dfrac{\sigma}{2}$；当 $\alpha=90°$ 时，纵向截面 $\sigma_\alpha=0$，$\tau_\alpha=0$。

因此，对于轴向拉(压)杆，正应力的最大值发生在横截面上；切应力的最大值发生在与轴线成 45°的斜截面上。

【例 2-5】 木立柱上面放一钢块，钢块上承受压力，如图 2-12(a)所示。已知钢块横截面面积 $A_1=2\times2\ \text{cm}^2$，产生的工作应力为 35 MPa，木柱横截面面积 $A_2=8\times8\ \text{cm}^2$，求木柱顺纹方向(与水平方向成 30°夹角)切应力大小及方向。

【解】 (1) 计算钢块上部的压力 F。由公式

$$\sigma = \frac{F}{A_1}$$

得

$$F = \sigma_{钢} \cdot A_1 = 35 \times 10^6 \times 2 \times 2 \times 10^{-4} = 14 \text{ kN}$$

(2) 计算木柱内顺纹方向的切应力 τ_{30°。木柱横截面上的正应力为

$$\sigma = \frac{F}{A_2} = \frac{-14 \times 10^3}{64 \times 10^{-4}} = -2.19 \text{ MPa}$$

根据式(2-3)可得

$$\tau_{30^\circ} = \frac{\sigma}{2}\sin(2 \times 30^\circ) = -0.95 \text{ MPa}$$

τ_{30°方向如图 2-12(b)所示。

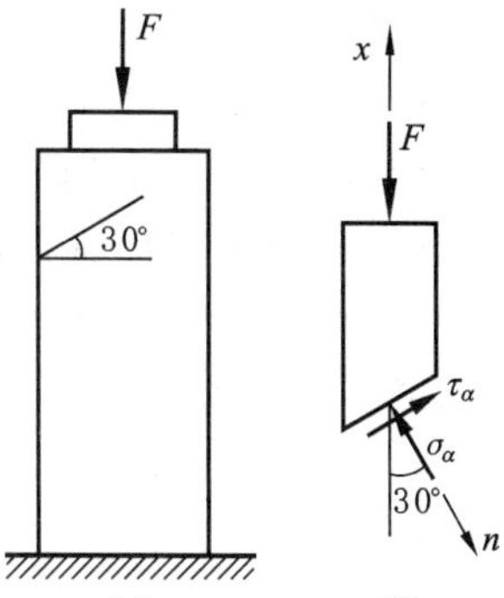

(a)　(b)

图 2-12

2.4　材料拉伸或压缩时的力学性能

构件的破坏和变形不仅与应力有关，还与材料本身的性质有关。在工程实际中，对各种构件的材料选择、产品的质量分析和检验等，也都需要具有材料力学性能的相关知识。为此，还必须研究材料的力学性能。所谓**力学性能**(也称机械性质)是指材料在外力作用下表现出的破坏和变形等方面的特性，它是通过各种试验测定得出的。其中，常温、静载试验是测量材料力学性能的基本试验。所谓常温，就是室温；所谓静载，就是加载的速度平稳缓慢。

试验所需的主要设备有：对试样施加载荷的万能材料试验机[图 2-13(a)]和测量试样变形的引伸仪[图 2-13(b)]。试验时将试样安装好后，对试样缓缓地施加拉力或压力。观察试样的变形情况和出现的各种现象，记录相关的数据，便可得出材料受力后的某些特性和测出反映材料某种能力的性能指标。

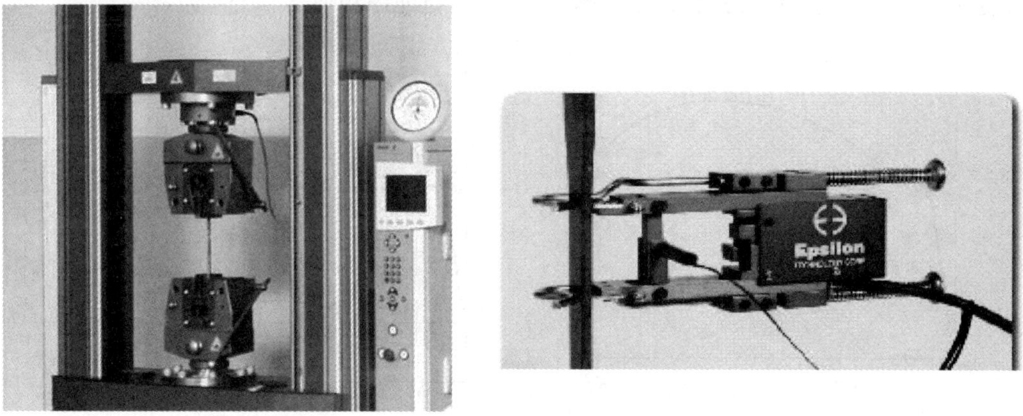

(a)　(b)

图 2-13

2.4.1　低碳钢拉伸时的力学性能

对于金属材料拉伸试验的方法和要求，在国家标准《金属材料拉伸试验方法》(GB/T 228.1—

2010)中有详细的规定。为了便于对不同材料的试验结果进行比较，试验前应按国家标准规定的形状和尺寸，将材料做成标准的试样。对于金属材料通常采用圆截面试样或矩形截面试样，其形状如图 2-14(a)或 2-14(b)所示。在试样等直部分取一段长度 l_0，作为**标距长度**，或称**工作长度**。标距长度与横截面面积有 $l_0=k\sqrt{A_0}$ 关系的试样叫比例试样。国际上常用的比例系数 $k=5.65$，标距长度一般不小于15 mm，特殊情况下也可以采用非比例试样。其中 A_0 为原始横截面面积。

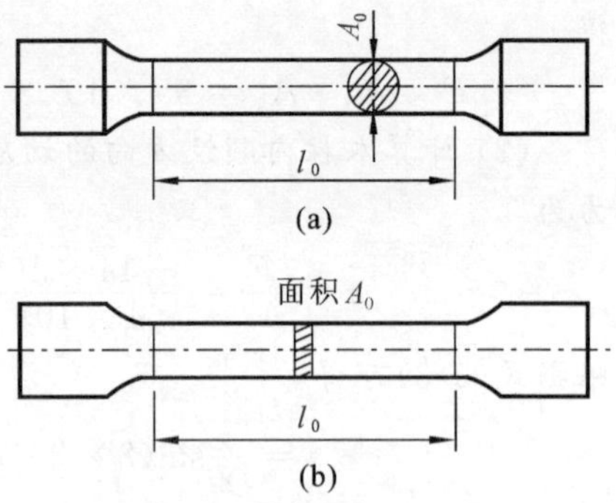

图 2-14

低碳钢是一种在工程实际中使用极为广泛的材料，其在拉伸试验中所表现出的力学性能较典型。因此，首先以低碳钢为例，介绍其拉伸时的力学性能。

将试样装在试验机上后，就可以加载了。随着拉力 F 的逐渐增加，标距长度的伸长 Δl 作有规律的变化。如果取一个直角坐标系，令横坐标表示标距段的绝对伸长 Δl，纵坐标表示拉力 F，则在试验机的自动绘图装置上(或计算机上)可以画出 F 与 Δl 之间的关系曲线如图2-15所示。这条曲线称为低碳钢的**拉伸图**或 **F-Δl 曲线**。

拉伸图只反映了试样受力过程中的现象，还不能直接反映材料的力学性能，因为这一曲线是受试样的几何尺寸影响的。例如：如果试样做得粗一些，产生相同的伸长所需的拉力就大一些；如果试样的标距长一些，则在同样的拉力作用下，伸长也会大一些。为了消除试样原始尺寸的影响，使试验结果能反映出材料本身的性质，将拉力 F 除以试样的原始横截面面积 A_0，以应力 $\sigma=F/A_0$ 来衡量材料的受力情况；将标距的绝对伸长 Δl 除以原始标距长度 l_0，以线应变 $\varepsilon=\Delta l/l_0$ 来衡量材料的变形情况。这样图 2-15 的拉伸图就可以改画为图 2-16 所示的以应力和应变为坐标的曲线，称为**应力-应变曲线**，其形状与拉伸图相似。

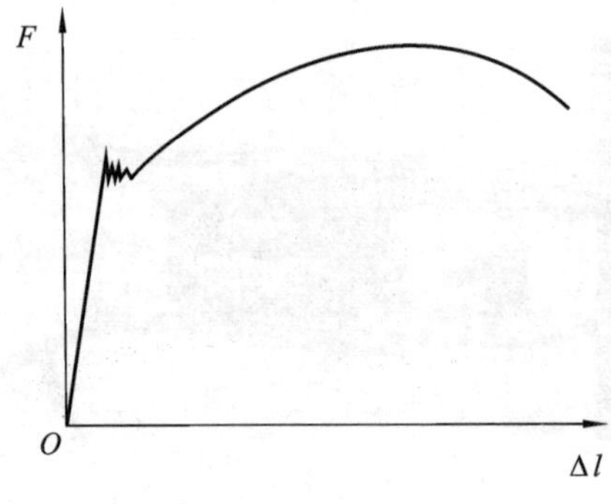

图 2-15

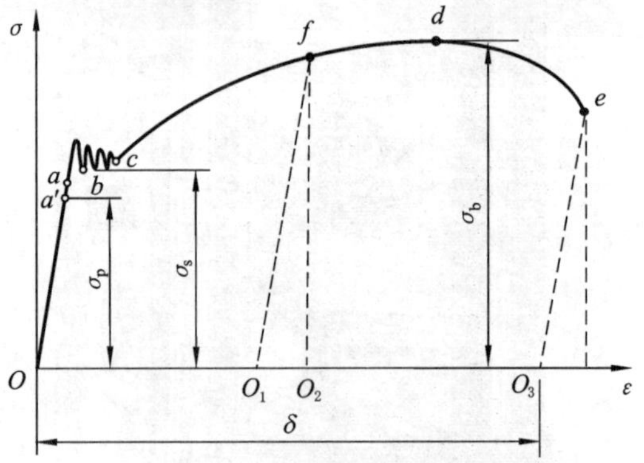

图 2-16

根据低碳钢的应力-应变曲线的特点，可将其分为四个阶段：

(1) **弹性阶段** 在 Oa 阶段内，材料的变形是弹性的。当应力 σ 小于点 a 的应力时，如果卸去外力，此时相应的应变 ε 也随之完全消失。因此 Oa 阶段称为**弹性阶段**，对应于点 a 的应力称为**弹性极限**。在此阶段内，除靠近点 a 的极小一段 $a'a$ 外，应力与应变的关系是沿直线 Oa' 变化的。也就是说，应力 σ 与应变 ε 成正比，其比例常数就是**弹性模量** E(常用单位为

GPa,1 GPa = 10^9 Pa),也称为**杨氏模量**(Young's modulus),是根据英国科学家 Thomas Young 的名字命名的。这样应力和应变之间就可以写成以下关系式

$$\sigma = E\varepsilon \quad 或 \quad \varepsilon = \frac{\sigma}{E}$$

这就是拉伸或压缩时的**胡克定律**。对应于点 a' 的应力称为**比例极限**,以 σ_p 表示。Q235 钢的比例极限约 200 MPa。由于比例极限与弹性极限非常靠近,试验中很难加以区别,所以实际应用中常将两者视为相等。

(2) **屈服阶段** 当应力超过点 a 的值到达某一数值后,应力先是下降,然后作微小的波动,而应变却在应力几乎不变的情况下出现明显的增加,材料暂时失去了抵抗变形的能力,这个现象一直延续到点 c。在应力-应变曲线上出现接近水平线的小锯齿形阶段,这个阶段就叫屈服阶段。如果矩形截面试样经过抛光,这时可以看到试样表面有许多与轴线成约 45°角的条纹,称为**滑移线**(图 2-17)。这种应力几乎不变,应变却不断增加,从而产生明显的塑性变形的现象,称为**屈服现象**。试样发生屈服而力首次下降前的最大应力称**上屈服极限**,在应力波动中,不计初始瞬时效应时的最小应力称**下屈服极限**。由于上屈服极限受试验时一些因素的影响较大,不如下屈服极限稳定,故常以下屈服极限作为材料的**屈服极限**,用 σ_s 表示。Q235 钢的屈服极限在 235 MPa 左右。

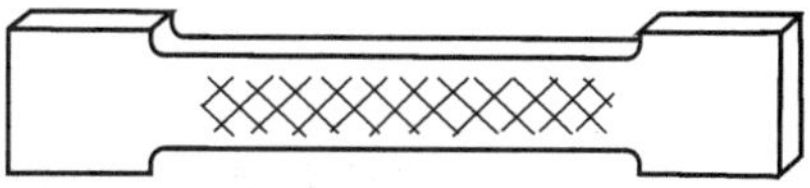

图 2-17

(3) **强化阶段** 经过屈服阶段以后,从点 c 开始曲线又逐渐上升。材料又恢复了抵抗变形的能力,要使它继续变形,必须增加拉力,这种现象称为**材料的强化**。从点 c 至点 d 称为强化阶段。

在强化阶段内的任一点 f 处若慢慢卸去外力,此时应力应变关系将沿着与 Oa 近似平行的直线 O_1f 回到点 O_1(图 2-16),此即为**卸载定律**。同时也说明此时材料的变形已不能完全消失,其中,能消失的变形即为弹性变形,残留下来的变形称为残余变形或塑性变形。在应变坐标轴上的 O_1O_2 即表示材料的弹性应变,OO_1 则表示塑性应变。可见,试样在强化阶段产生了很大的塑性变形。如果现在再重新加载,应力应变关系将大体上沿着 O_1fde 的曲线变化,直至断裂。这相当于原应力-应变曲线将转换为图 2-16 所示的曲线 O_1fde。比较 $Ofde$ 与 O_1fde 这两条曲线,可以看出,若材料曾一度受力到达强化阶段,然后卸载,则再重新加载时,其比例极限 σ_p 和屈服极限 σ_s 将提高,而断裂后的塑性变形将减小,这种现象称为**冷作硬化**。

加工硬化提高了材料在弹性阶段内的承载能力,但是降低了材料的塑性。我们有时可以利用它有利的一面,例如用冷拉的方法可以提高钢筋的强度;有时则要消除其不利的一面,例如冷轧钢板或冷拔钢丝时,由于加工硬化,降低了材料的塑性,使继续轧制和拉拔困难,为了恢复其塑性,则要进行退火处理。

(4) **局部变形阶段** 在应力到达点 d 的相应值之前,沿试样的长度,变形是均匀的。当应力到达 d 点的相应值后,试样的变形开始集中于某一小段的范围内,横截面面积出现局部迅速收缩,这种现象称为**缩颈现象**。由于局部的截面收缩,使试样继续变形所需的拉力逐渐减小,所以由原始截面面积 A_0(不是缩颈处的截面面积)计算出的名义应力 σ 也渐渐下降,因而曲线过点 d 后向下弯曲,直到点 e,试样断裂。由点 d 到点 e 的这个阶段,称为局部变形阶段,相应于点 d 的应力称为**抗拉强度(或强度极限)**,以 σ_b 表示。Q235 钢的抗拉强度 σ_b 约为 390 MPa 左右。

在图 2-16 中,横坐标值 OO_3 代表了材料拉断后的塑性变形程度,称为材料的断后**伸长率**或

延伸率,以 δ[①] 表示,其值为试样拉断后,标距部分所增加的长度与原始标距长度的百分比,用下式计算

$$\delta=\frac{l_u-l_0}{l_0}\times 100\% \tag{2-4}$$

式中,l_u 为试样拉断后标距的长度;l_0 为原始标距长度。

工程实际中也常用**断面收缩率**来衡量材料的塑性,以 ψ 表示。其值为试样断裂后,断裂处横截面面积的缩减量与原始横截面面积的百分比,其计算式为

$$\psi=\frac{A_0-A_u}{S_0}\times 100\% \tag{2-5}$$

式中,A_0 为试样原始横截面面积;A_u 为试样断裂处的横截面面积。

伸长率 δ 和断面收缩率 ψ 是衡量材料塑性的两个重要性能指标。Q235 钢的塑性指标为:$\delta_5=25\%\sim27\%$,$\psi=60\%$左右,其中 δ_5 是指 $l_0=5d_0$ 的标准试样的伸长率。δ 和 ψ 的数值愈高,说明材料的塑性愈大。一般 $\delta>5\%$的材料称为塑性材料,如低合金钢、碳素钢和青铜等;$\delta<5\%$的材料称为脆性材料,如灰口铸铁、混凝土、玻璃等。

2.4.2　其他材料拉伸时的力学性能

工程实际中所使用的材料品种很多,它们的力学性能也各不相同,在这里再作一些简单的介绍。

Q345 钢是一种低合金高强度钢,它拉伸时的应力-应变曲线如图 2-18 所示,图中同时给出了 Q235 钢的应力-应变曲线,以便进行对比。比较这两条曲线,可以看到,Q345 钢拉伸时的应力-应变曲线与 Q235 钢的类似,但其屈服极限 σ_s 和抗拉强度 σ_b 比 Q235 钢显著提高。它的各种性能指标为 $\sigma_s=290\sim350$ MPa,$\sigma_b=480\sim520$ MPa,$\delta_5=21\%\sim29\%$,$\psi=45\%\sim60\%$。由此可见,Q345 钢的力学性能优于低碳钢,所以现在已被广泛使用。

在同样试验条件下得到的锰钢、硬铝、退火球墨铸铁和青铜等材料的应力-应变曲线如图 2-19 所示。由这些曲线可以看出,这些材料与低碳钢相同之处是,它们断裂后都具有较大的塑性变形,同属于塑性材料;不同点是,都没有明显的屈服阶段,因此得不到明确的屈服极限。对于这类材料,国家标准规定,取对应于试样产生 0.2%塑性应变时的应力值为**规定非比例延伸强度**,用 $\sigma_{p0.2}$ 表示,如图 2-20 所示。工程实际中即以此作为这些材料的强度指标。

图 2-21 为灰口铸铁和玻璃钢(玻璃纤维增强塑料)拉伸时的应力-应变曲线。它们的共同特点是:直到拉断,试件的变形很小,断口处的横截面面积几乎没有变化,这种断裂状态称为**脆性断裂**,这些材料都属于脆性材料。它们的另一特点是,没有屈服阶段,不存在屈服点。所以脆性材料以抗拉强度 σ_b 作为其强度指标。而灰口铸铁的拉伸曲线没有明显的直线部分,对于应力应变不成直线关系的脆性材料,由于其断裂后的变形很小,可近似地认为,在工程实际中所使用的应力范围内,应力-应变仍成直线关系,即用一条割线来代替曲线,如图 2-21 中的虚线。并用它确定弹性模量 E,这样确定出来的弹性模量称为**割线弹性模量**。

---

①　在国家标准 GB/T 228.1—2010 中有许多符号均有变动,本书暂沿用旧标准。关于新、旧标准符号的差异,见附录Ⅳ。

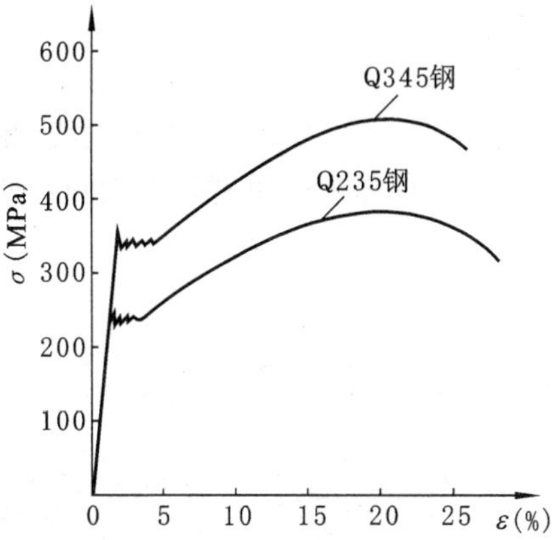

图 2-18

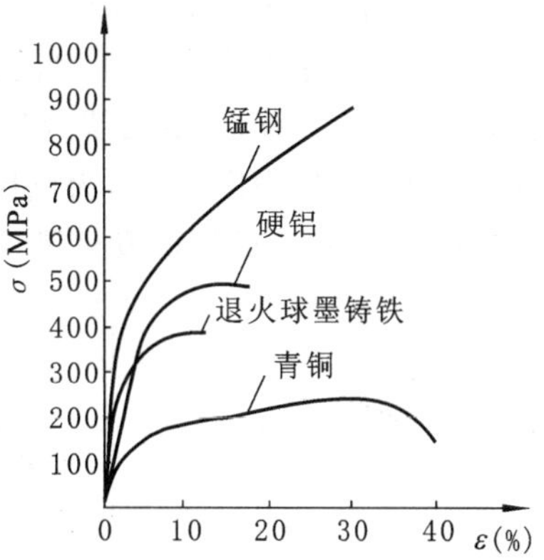

图 2-19

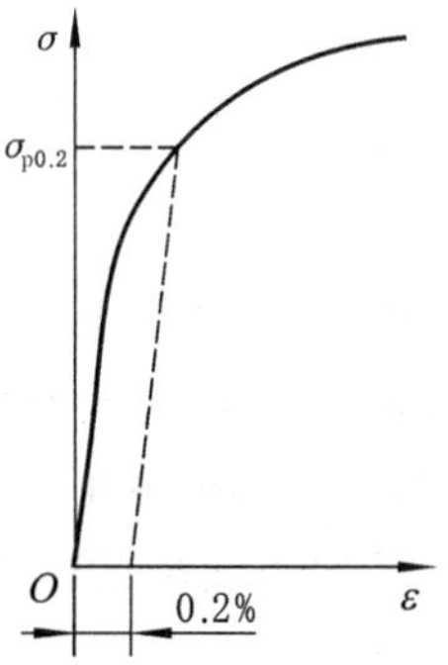

图 2-20

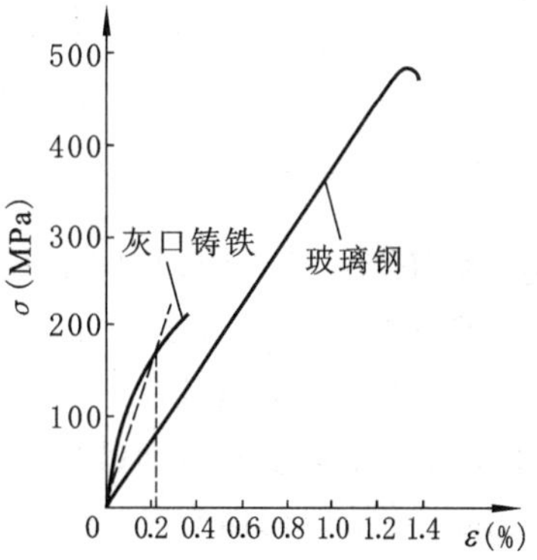

图 2-21

2.4.3　材料压缩时的力学性能

由于材料在受压时的力学性能与受拉时并不完全相同，因此，还有必要做压缩试验。金属材料的压缩试样一般为圆柱形，根据不同的测试目标采用不同尺寸比例的试样，而混凝土、石料等材料的试样一般为立方块。

低碳钢在压缩时的应力-应变曲线如图 2-22 中实线所示，图中同时以虚线表示出了拉伸时的应力-应变曲线。可以看出，这两条曲线的前面部分基本重合，因此低碳钢压缩时的弹性模量 E、屈服极限 σ_s 等都与拉伸试验的结果基本相同。而当应力达到屈服极限以后，试样出现显著的塑性变形，如继续增加压力，其长度明显缩短，截面变粗。由于试样两端面与压头间摩擦力的影响，试样两端的横向变形受到阻碍，所以试样被压成鼓形。随着外力的增加，愈压愈扁，但并不破坏。

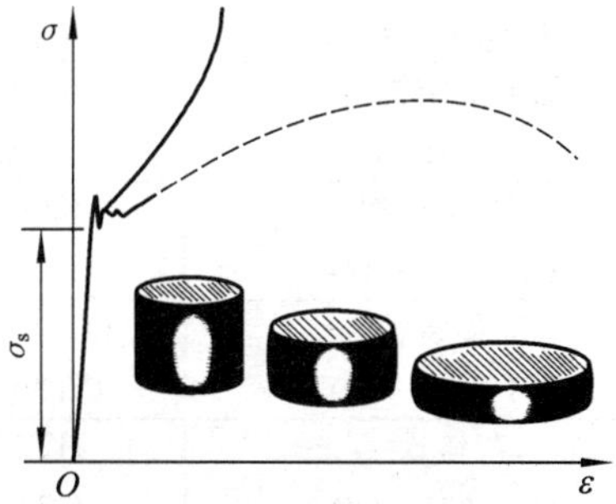

图 2-22

由上可见，低碳钢压缩时的一些性能指标，可通过拉伸试验测出，而不必再作压缩试验。类似情况在一般塑性材料中也存在。但有些塑性材料压缩时的屈服极限与拉伸时不同，如铬钼硅合金钢，因此对这些材料还需测定其压缩时的屈服极限。

与塑性材料相反，脆性材料压缩时的力学性能与拉伸时有较大区别。例如铸铁压缩时的应力-应变曲线[图 2-23(a)中的实线]与拉伸时的应力-应变曲线[图 2-23(a)中的虚线]相比，其抗压强度 σ_c 远比抗拉强度 σ_b 高，为抗拉强度的 2～5 倍。铸铁压缩时也有较大的塑性变形，其破坏形式为沿 45°～55°的斜面发生错动。

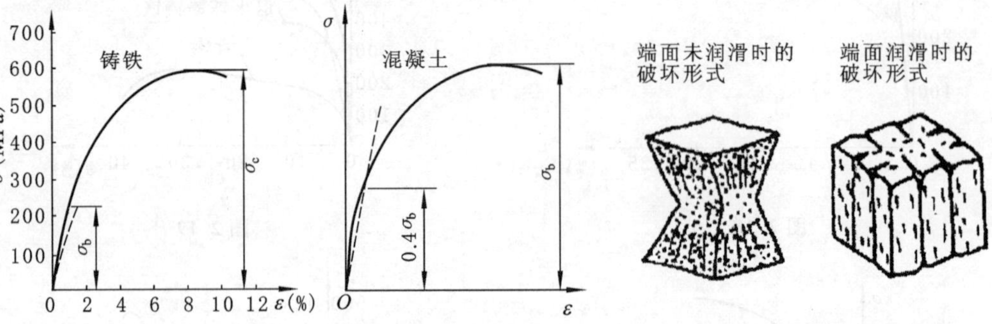

(a)　(b)　(c)　(d)

图 2-23

混凝土的压缩试验表明，其抗压强度也远大于抗拉强度，其应力-应变关系如图 2-23(b)所示。在初期很短的一段直线后，以后明显弯曲，其弹性模量由 $\sigma=0.4\sigma_b$ 时的割线模量来确定。试验时，如果在压头与试样之间没有加润滑剂，由于试样两端面的横向变形受摩擦力的阻碍，试样由中部周围逐步剥落而破坏。如果在压头与试样间涂上石蜡等润滑材料，减少摩擦力的影响，则试样将沿纵向面裂开，分别如图 2-23(c)、图 2-23(d)所示。

各种材料拉伸或压缩时的机械性质，都可以采用上述的试验方法来测定。工程实际中常用材料的主要力学性能见表 2-1。

表 2-1　常用材料的主要力学性能

材料名称	牌号	σ_s(MPa)	σ_b(MPa)	δ_5(%)
普通碳素钢	Q235	216～235	373～461	26
(GB 700—88)	Q275	255～275	490～608	20
优质碳素结构钢	40	333	569	19
(GB 699—88)	45	353	598	16
低合金结构钢	12Mn	235～294	392～441	19～21
(GB 1591—88)	16Mn	274～343	471～510	19～21
合金结构钢	20Cr	539	834	10
(GB 3077—88)	40Cr	785	981	9
球墨铸铁	QT40—17	245($\sigma_{p0.2}$)	392	17
(GB 1348—88)	QT60—2	412($\sigma_{p0.2}$)	588	2
灰铸铁	HT150	—	150	—
(GB 5675—88)	HT300	—	300	—

注：表中 δ_5 是指 $l_0=5d_0$ 的标准试样的伸长率。

通过上述试验，比较塑性材料与脆性材料的机械性质，可以看出两者有以下的区别：

(1) 一般情况下，塑性材料在断裂前有很大的塑性变形，脆性材料断裂前的变形则很小。因此，在工程实际中塑性材料适用于需要进行锻压、冷加工等加工过程的构件或承受冲击载荷的构件。

(2) 脆性材料的抗压能力远比抗拉能力强，且其价格便宜，因此适合于做受压的构件，如建筑物的基础、机器的基座、外壳等，而不适合于做受拉的构件。

应该指出，习惯上所指的塑性材料或脆性材料是根据在常温、静载下由拉伸试验所得的伸长率 δ 的大小来区分的。实际上，材料的塑性和脆性并不是固定不变的，它们会随制造方法、热处理工艺、变形速度、应力情况和温度等条件而变化。例如铸铁在拉伸时的塑性变形极小，而在压缩时出现的塑性变形则较大；冷加工或淬火可使塑性材料呈现脆性；有的脆性材料在高温下也会呈现塑性；在铸铁中加入球化剂则可使其变为塑性较好的球墨铸铁；等等。因此，如果说材料处于塑性或脆性状态，就更确切些。

2.5 轴向拉伸或压缩时的强度计算

前面分别讨论了轴向拉伸或压缩时，杆件的应力计算和材料的机械性质。在此基础上，就可以进行强度计算了。

2.5.1 安全因数和许用应力

由于各种原因使结构丧失正常工作能力的现象，称为**失效**。工程材料强度失效的两种主要形式为：(1) 塑性屈服，指材料失效时产生明显的塑性变形，并伴有屈服现象，如低碳钢、铝合金等塑性材料。(2) 脆性断裂，材料失效时几乎不产生塑性变形而突然断裂，如铸铁、混凝土等脆性材料。而由拉伸或压缩试验知道，当塑性材料的应力到达屈服极限 σ_s 时，就会产生显著的塑性变形；当脆性材料的应力到达抗拉强度 σ_b(或抗压强度 σ_c)时，就会发生断裂。因此若要构件能正常工作，对于低碳钢等塑性材料，通常要求其应力不超过屈服极限 σ_s(或 $\sigma_{0.2}$)；对于铸铁等脆性材料，则要求其应力不超过抗拉强度 σ_b(或抗压强度 σ_c)。这些不允许超过的应力值统称为**极限应力**，以 σ_u 表示。

但是，仅仅将构件的工作应力限制在极限应力的范围内是不够的，这是基于以下的考虑：

(1) 主观设定的条件与客观实际之间还存在差异。例如：材料性质不均匀；由少数试样所测定的力学性能，并不能完全真实地反映构件所用材料的所有情况；载荷的估计和计算不够精确；对构件的结构、尺寸和受力等情况作了一定程度的简化；计算公式的近似；一些加工工艺，如热处理、焊接等对构件强度的影响考虑不全；以及一些影响构件强度的因素尚不为我们所认知；等等。所有这些，都可能使构件的实际工作条件比设计时所设定的条件更偏于不安全。

(2) 构件需要有必要的强度储备。这是为了使构件在工作期间，即使遇到意外的超载情况或其他不利的工作条件时(如温度变化、腐蚀等)，也不至于发生破坏。在意外因素相同的条件下，对因破坏而会造成严重后果的构件，或工作条件较恶劣的构件，强度储备需要大一些；反之，则可以小一些。

因此，为了保证构件能安全地工作，还须将其工作应力限制在比极限应力 σ_u 更低的范围内，也就是将材料的极限应力 σ_u 打一个折扣，即除以一个大于 1 的数 n 以后，作为构件工作时不允许超过的数值。这个应力值称为材料的**许用应力**，以$[\sigma]$表示，这个数 n，称为**安全因数**，它们之间的关系是

$$[\sigma]=\frac{\sigma_u}{n} \tag{2-6}$$

上式中，如极限应力 σ_u 的依据不同，相应的安全因数也随之而异。对于塑性材料，应取屈服极限 σ_s（或 $\sigma_{0.2}$）为极限应力，其许用应力为

$$[\sigma]=\frac{\sigma_s}{n_s}$$

对于脆性材料，其极限应力为抗拉强度 σ_b（或抗压强度 σ_c），因而

$$[\sigma]=\frac{\sigma_{b(c)}}{n_{b(c)}}$$

上面二式中的 n_s 和 $n_{b(c)}$ 分别为对应于屈服极限和抗拉（压）强度的安全因数。

安全因数的确定是一件复杂的工作，它受具体构件的工作条件影响很大，还有经济上的考虑。因此，企图对一种材料规定一个统一的安全因数，从而得到统一的许用应力，并将它用于设计各种工作条件不同的构件，是不科学的。目前，在机械设计和建筑结构设计中，均倾向于根据构件的材料和具体工作条件，并结合过去制造同类型构件的实践经验和现实的技术水平，规定不同的安全因数。对于各种不同构件的安全因数和许用应力，在设计规范中有具体的规定。下面通过实例说明在不同情况下安全因数和许用应力的选取。

土建工程中的金属结构，基本上承受静载荷，常用 Q235 钢，取 $n=1.5$，相应的许用应力 $[\sigma]=\frac{\sigma_s}{n}=160\ \text{MPa}$。

起重机金属结构，因经常承受动载荷，安全因数比土建工程用金属结构要大些，对 Q235 钢，取 $n=1.7$，其许用应力则为 $[\sigma]=140\ \text{MPa}$。

拧紧连接螺栓的许用应力还与其直径有关。对小直径的螺栓，由于拧紧时比大直径螺栓更易于超载，其许用应力要取得小些。例如，在静载荷下，对碳素钢螺栓，当名义直径 $d_0=6\sim16$ mm时，取 $[\sigma]=(0.20\sim0.25)\sigma_s$；当 $d_0=16\sim30$ mm 时，取 $[\sigma]=(0.25\sim0.4)\sigma_s$；当 $d_0=30\sim60$ mm时，取 $[\sigma]=(0.4\sim0.6)\sigma_s$。如受动载荷，则将这些许用应力再降低 1/5～1/3。

起重用钢丝绳，由于提升重物时有一加速过程，实际受力比重物大，同时考虑到部分钢丝可能发生的折断、磨损、锈蚀以及弯曲变形等因素，因此按静载荷进行拉伸计算时其安全因数取得较大。对于人力驱动的起重钢丝绳，取 $n=4.5$；机器驱动时取 $n=5\sim6$；而对于载人用的钢丝绳则可以取 $n=9$。

由上可见，对各种不同工况下的构件，它们的安全因数或许用应力的差别是比较大的，需根据构件的具体情况来确定。

2.5.2 强度条件

前面已述，为保证构件安全可靠地工作，构件的工作应力不应超过材料的许用应力。所以对于轴向拉伸或压缩的杆件，应满足的强度条件是

$$\sigma=\frac{F_N}{A}\leqslant[\sigma] \tag{2-7}$$

这就是轴向拉伸或压缩时的强度条件。对于等截面杆，如其上同时作用几个轴向外力，应选择最大轴力 $|F_N|_{max}$ 所在的横截面来计算；在轴力相同而横截面有变化时，则应计算截面面积最小处的强度。

以上强度条件可以用来解决杆件强度计算中三个方面的问题：

(1) **强度校核**

已知杆件的材料、截面尺寸和所承受的载荷，校核杆件是否满足强度条件式(2-7)。若能满足，说明杆件的强度满足要求；否则，说明杆件不安全。顺便指出，当最大工作应力 σ_{max} 超过许用应力时，构件不一定会立即破坏。因此，工程设计中规定，当 σ_{max}（取绝对值）与 $[\sigma]$ 满足以下关系时，也认为构件是安全的。

$$\sigma_{max} - [\sigma] \leqslant 5\%[\sigma]$$

(2) **选择截面**

根据杆件承受的载荷和材料的许用应力，确定杆件的横截面面积或相应的尺寸。这时强度条件可变换为以下的形式

$$A \geqslant \frac{F_N}{[\sigma]}$$

由此式算出需要的横截面面积，然后确定横截面尺寸或选择工程实际中的型钢型号（见附录Ⅱ型钢表）。

(3) **确定许可载荷**

根据杆件的横截面尺寸和许用应力，确定杆件或整个结构物所能承担的最大载荷。这时可按下式计算杆件所能承受的最大轴力

$$F_N \leqslant A[\sigma]$$

下面举例说明强度计算的方法。

【例 2-6】 上料小车如图 2-24(a)所示，已知每根钢丝绳的拉力 $F=105$ kN，拉杆的横截面为 60 mm×100 mm 的矩形，材料为 Q235 钢，$\sigma_s=235$ MPa，考虑到设备的重要性，取安全因数 $n=4$。试校核拉杆的强度。

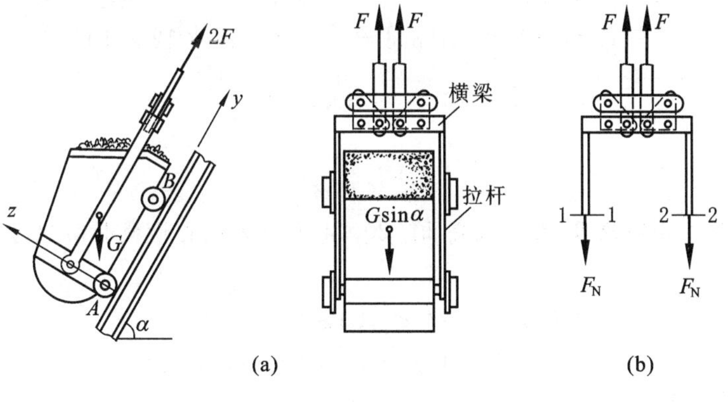

图 2-24

【解】 (1) 计算拉杆的轴力。设横梁刚性较大，而拉杆比较细长，可认为二拉杆为轴向拉伸构件。用截面法假想地将二杆截开，取上半部为研究对象，如图 2-24(b)所示。由对称关系，二杆轴力相等，设为 F_N，则有

$$\sum F_y = 0, \quad F_N = F = 105 \text{ kN}$$

(2) 计算拉杆横截面面积。由已给尺寸得

$$A = 6000 \text{ mm}^2 = 6 \times 10^{-3} \text{ m}^2$$

(3) 确定许用应力。Q235 钢的屈服极限为 $\sigma_s=235$ MPa，则其许用应力为

$$[\sigma]=\frac{\sigma_s}{n}=\frac{235}{4}\ \text{MPa}=58.8\ \text{MPa}$$

(4) 校核强度。由式(2-7),得拉杆的工作应力为

$$\sigma=\frac{F_N}{A}=\frac{105\times10^3}{6\times10^{-3}}=1.75\times10^7\ \text{Pa}$$
$$=17.5\ \text{MPa}<[\sigma]$$

工作应力小于许用应力,所以拉杆是安全的。

【例 2-7】 起重三脚架如图 2-25(a)所示。已知木杆 AB 的直径为 80 mm,许用应力$[\sigma_1]=$12 MPa;钢杆 AC 的截面为∟20×4 等边角钢,许用应力$[\sigma_2]=160$ MPa,求结构的许可载荷$[F]$。

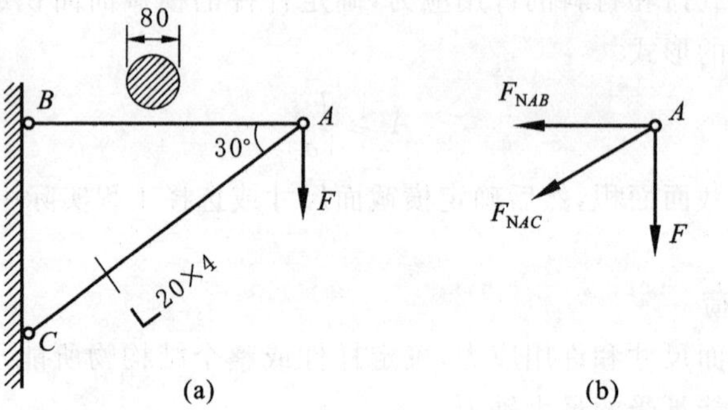

图 2-25

【解】 (1) 取销钉 A 分析,受力图如图 2-25(b)所示。根据平衡方程求出两杆 AB、AC 的轴力与力 F 的关系

$$F_{NAB}=\sqrt{3}F(\text{拉}),\quad F_{NAC}=-2F(\text{压})$$

(2) 分析木杆。有

$$F_{NAB}=\sqrt{3}F\leqslant A_1[\sigma_1]=\frac{\pi}{4}\times0.08^2\times12\times10^6$$
$$=6.03\times10^4\ \text{N}=60.3\ \text{kN}$$

可得

$$F\leqslant34.8\ \text{kN}$$

(3) 分析钢杆。由附录Ⅱ 型钢表查出∟20×4 等边角钢的横截面面积为 1.459 cm^2,根据式(2-7)有

$$|F_{NAC}|=2F\leqslant A_2[\sigma_2]$$
$$=1.459\times10^{-4}\times160\times10^6$$
$$=2.33\times10^4\ \text{N}=23.3\ \text{kN}$$

可得

$$F\leqslant11.7\ \text{kN}$$

(4) 确定许可载荷。综上可知,整个结构的许可载荷$[F]=11.7$ kN。

【例 2-8】 试选择计算简图如图 2-26(a)中所示桁架中拉杆 DI 的直径 d。已知力 $F=$16 kN,$[\sigma]=120$ MPa。

【解】 (1) 要对杆 DI 进行设计,可采用截面法将 CD、DI、IJ 三杆截开,列出如图 2-26(b)所示留下部分的平衡方程,求出杆 DI 所受的力。由平衡方程

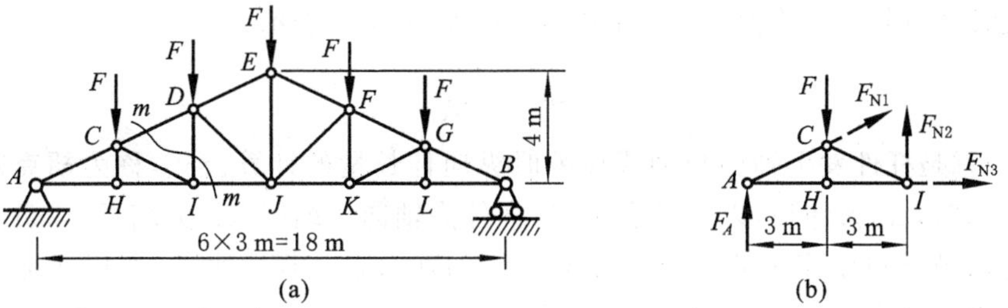

图 2-26

$$\sum M_A = 0,\quad F_{N2} \times 6 - F \times 3 = 0$$

可得

$$F_{N2} = \frac{F}{2} = 8\ \text{kN}$$

(2) 求所需横截面面积并求钢拉杆所需直径。由式(2-7)得

$$A \geqslant \frac{F_{N2}}{[\sigma]} = \frac{8 \times 10^3}{120 \times 10^6} = 6.67 \times 10^{-5}\ \text{m}^2$$

$$d \geqslant \sqrt{\frac{4A}{\pi}} = \sqrt{\frac{4}{\pi}(6.67 \times 10^{-5})} = 9.2 \times 10^{-3}\ \text{m} = 9.2\ \text{mm}$$

因此可取圆钢的最小直径为 10 mm，故钢拉杆 DI 可采用 $\phi 10$ 圆钢。

2.6　轴向拉伸或压缩时的变形

杆件在轴向拉伸或压缩时，所产生的主要变形是沿轴线方向的伸长或缩短。与此同时，杆的横向尺寸会缩小或增大，前者称为纵向变形，后者称为横向变形。

2.6.1　纵向变形

设一矩形截面等直杆受轴向拉力 F 作用，如图 2-27 所示。杆变形前的长度为 l，受力后伸长至 l'，则其纵向伸长量为

$$\Delta l = l' - l$$

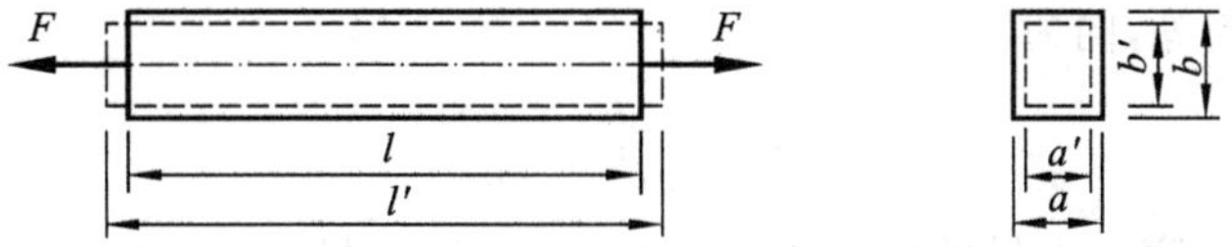

图 2-27

这个伸长量也称为绝对伸长。许多材料的试验表明，当拉力不超过某一限度时，杆件的变形是弹性的，即外力除去后，变形消失，杆件恢复原状，而且其伸长量 Δl 与拉力 F 和杆件的原长 l 成正比，与杆件的横截面面积 A 成反比。可以用数学式表示为

$$\Delta l \propto \frac{Fl}{A}$$

它们之间的比例系数就是前面提到过的弹性模量 E，有

$$\Delta l = \frac{Fl}{EA}$$

由于此时杆横截面上的轴力 F_N 与拉力 F 相等，故又可表示为

$$\Delta l = \frac{F_N l}{EA} \tag{2-8}$$

式(2-8)就是杆件发生轴向拉伸或压缩时纵向伸长量的计算公式，称为**胡克定律**。当杆件为轴向拉伸时，Δl 为伸长，以正号表示；当杆件为轴向压缩时，Δl 为缩短，以负号表示。一般认为它是由英国科学家 Robert Hooke(1635—1703)首先提出来的，所以通常叫作胡克定律。其实在胡克之前1500年，我国早就有了关于力和变形成正比关系的记载。在《周礼·考工记·弓人》中就有对弓的描述："每加物一石，则张一尺"，和胡克定律讲的完全是同一个意思。

由上式可以看出，对长度相等、受力相同的杆，EA 越大，杆的变形就越小，反过来也可以说杆件抵抗变形的能力越强，所以 EA 代表了杆件抵抗拉伸(或压缩)变形的能力，称为杆件的**抗拉(压)刚度**。

由上式还可以看出，在 E、A、F_N 相同的情况下，杆件的长度 l 越长，则其绝对伸长量 Δl 也越大，故绝对伸长 Δl 还不能说明杆件的变形程度。因此，需要应用绪论中线应变的概念，令

$$\varepsilon = \frac{\Delta l}{l}$$

式中，ε 称为**纵向线应变**，是一个量纲一的量，伸长时以正号表示，缩短时以负号表示。

这样，式(2-8)就可以改写成

$$\frac{F_N}{A} = E \cdot \frac{\Delta l}{l}$$

可得2.4节中胡克定律的形式

$$\sigma = E\varepsilon \tag{2-9}$$

即：当正应力不超过某一极限时，正应力与线应变成正比。

2.6.2　横向变形

设拉杆原有宽度为 b，厚度为 a，受轴向拉力后分别缩小至 b' 和 a'，如图2-27所示。此时杆在宽度和厚度方向的横向变形分别为

$$\Delta b = b' - b,\quad \Delta a = a' - a$$

且二横向相对变形相等，同为

$$\varepsilon' = \frac{\Delta b}{b} = \frac{\Delta a}{a}$$

式中，ε' 称为**横向线应变**。大量的试验表明，对于同一种材料，在弹性范围内，其横向线应变 ε' 与纵向线应变 ε 之比的绝对值为一常数，有

$$\left|\frac{\varepsilon'}{\varepsilon}\right| = \mu \tag{2-10}$$

比值 μ 称为**横向变形系数**或**泊松比**(Poisson's ratio)，它是一个随材料而异的常数，是一个量纲一的量。当纵向线应变为伸长时，横向线应变为缩短；当纵向线应变为缩短时，横向线应变为伸长，它们的符号总是相反的。所以上式又可以写成

$$\varepsilon' = -\mu\varepsilon \tag{2-11}$$

将式(2-9)代入上式，又可得

$$\varepsilon' = -\mu \frac{\sigma}{E} \tag{2-12}$$

利用此式,可由正应力求出横向线应变。

弹性模量和泊松比,是材料的两个弹性常数,可由试验测定,表 2-2 给出了一些常用材料的 E 和 μ 的大约数值。胡克定律和这两个弹性常数在今后研究构件的变形或应力时,会经常用到。

表 2-2 弹性模量和横向变形系数的约值

材料名称	弹性模量 E(GPa)	横向变形系数 μ
碳钢	196～216	0.24～0.28
Q345	200～220	0.25～0.33
合金钢	190～220	0.24～0.33
灰铸铁、白口铸铁	115～160	0.23～0.27
可锻铸铁	155	
铜及其合金	74～130	0.31～0.42
铝及硬铝合金	71	0.33
铅	17	0.42
花岗石	49	
石灰石	42	
混凝土	14.6～36	0.16～0.18
木材(顺纹)	10～12	
橡胶	0.008	0.47

【例 2-9】 如图 2-28(a)所示铅垂悬挂的等截面直杆,其长度为 l,横截面面积为 A,材料的容重为 γ,弹性模量为 E。试求杆件的总伸长量。

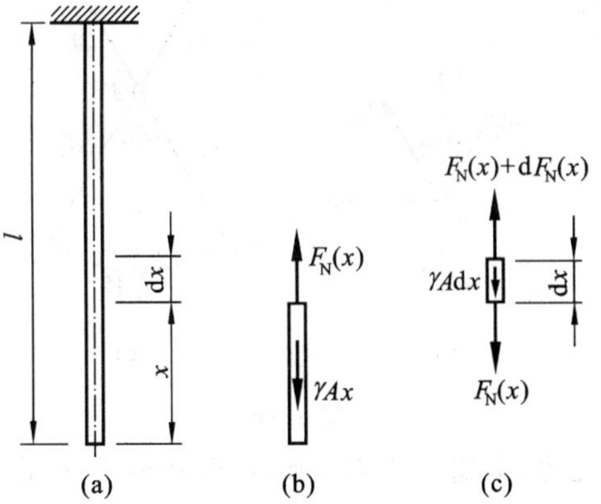

图 2-28

【解】 (1) 计算吊杆的内力。以吊杆轴线为坐标轴,吊杆底部为原点取坐标系,任一横截面的位置可用 x 来表示。则任意截开某一横截面,取下面部分为研究对象[图 2-28(b)],可得杆内此横截面上的轴力为

$$F_N(x) = \gamma A x$$

(2) 计算吊杆的变形。因为杆的轴力是一变量,因此不能直接应用胡克定律来计算变形。为此在 x 处截取微段 dx 来研究,受力情况如图 2-28(c)所示。因 dx 段极其微小,故可认为该微段上、下两截面上的轴力相等,所以该微段的伸长可写为

$$\Delta(\mathrm{d}x)=\frac{F_{\mathrm{N}}(x)\mathrm{d}x}{EA}$$

则杆件的总伸长量为

$$\Delta l=\int_0^l\Delta(\mathrm{d}x)=\int_0^l\frac{F_{\mathrm{N}}(x)\mathrm{d}x}{EA}=\int_0^l\frac{\gamma Ax\mathrm{d}x}{EA}=\frac{\gamma l^2}{2E}$$

【例 2-10】 如图 2-29 中变截面杆是圆锥的一部分，左右两端的直径分别为 d_1 和 d_2，不计杆件的自重，只在两端作用轴向拉力 F，试求杆件的变形。

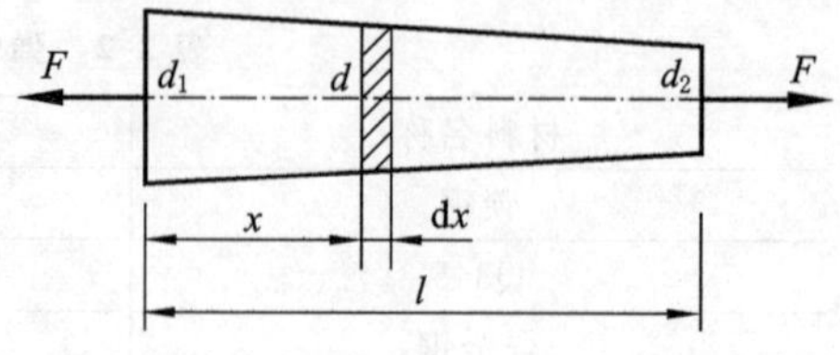

图 2-29

【解】 设距左端为 x 的横截面的直径为 d，按比例关系可以求出

$$d=d_1\left(1-\frac{d_1-d_2}{d_1}\cdot\frac{x}{l}\right)$$

于是

$$A(x)=\frac{\pi}{4}d^2=\frac{\pi}{4}d_1^2\left(1-\frac{d_1-d_2}{d_1}\cdot\frac{x}{l}\right)^2$$

由此求得整个杆件的伸长量为

$$\Delta l=\int_0^l\frac{4F\mathrm{d}x}{\pi Ed_1^2\left(1-\frac{d_1-d_2}{d_1}\cdot\frac{x}{l}\right)^2}=\frac{4Fl}{\pi Ed_1d_2}$$

【例 2-11】 如图 2-30(a)所示杆系由两根钢杆①和②组成。已知杆端铰接，两杆与铅垂线均成 $\alpha=30°$ 的角度，长度均为 2 m，直径均为 25 mm，钢的弹性模量为 $E=210$ GPa。设在点 A 销钉处悬挂一重物重量 $P=100$ kN，试求点 A 的位移 Δ_A。

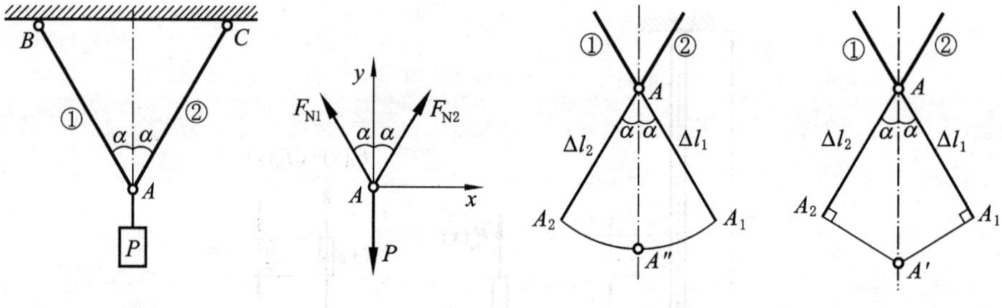

图 2-30

【解】 考虑节点 A 的受力，如图 2-30(b)所示，列平衡方程，求出杆的轴力。

$$\sum F_x=0,\quad F_{\mathrm{N2}}\sin\alpha-F_{\mathrm{N1}}\sin\alpha=0$$

$$\sum F_y=0,\quad F_{\mathrm{N1}}\cos\alpha+F_{\mathrm{N2}}\cos\alpha-P=0$$

$$F_{\mathrm{N1}}=F_{\mathrm{N2}}=\frac{P}{2\cos\alpha}$$

两杆的变形为

$$\Delta l_1=\Delta l_2=\frac{F_{\mathrm{N1}}l}{EA}=\frac{Pl}{2EA\cos\alpha}$$

是伸长变形。

如何确定点 A 变形了之后的位置呢？显然，两杆变形后仍应铰接在一起。可分别以点 B 和点 C 为圆心，以两杆伸长后的长度 BA_1 和 CA_2 为半径作圆弧相交于点 A''，即为结构变形后点 A 的位置，如图 2-30(c)所示。

但是由于是小变形，两段圆弧是极微小的短弧，可分别用 BA_1 和 CA_2 在点 A_1 和 A_2 的垂线来代替。设两垂线的交点为 A'，AA' 即为点 A 的位移，如图 2-30(d)所示。这种作图法称为**"切线代圆弧"**。

现计算位移 AA'。由图 2-30(d)很容易得到

$$\Delta_A = \overline{AA'} = \frac{\Delta l_1}{\cos\alpha} = \frac{Pl}{2EA\cos^2\alpha}$$

$$= \frac{4\times 100\times 10^3\times 2}{2\times 210\times 10^9\times \pi\times 0.025^2\times \cos^2 30^\circ} = 1.293\ \text{mm}(\downarrow)$$

*2.7 应变能的概念

固体在外力作用下会产生变形。在变形过程中，外力所做的功将转变为储存在固体内的能量。当外力逐渐减小时，变形逐渐恢复，固体又将释放出储存的能量而做功。例如内燃机的气阀开启时，气阀弹簧因受压力作用发生压缩变形而储存能量。当压力逐渐减小，弹簧变形逐渐恢复时，它又释放出能量为关闭气阀而做功。固体在外力作用下，因变形而储存的能量称为**应变能**。

在变形过程中，如不考虑能量的损失，积蓄在弹性体内的应变能 V_ε 可认为在数值上等于外力所做的功 W，即

$$V_\varepsilon = W$$

根据这个关系，只需计算出外力所做的功，便可知道积蓄在弹性体内应变能的多少。

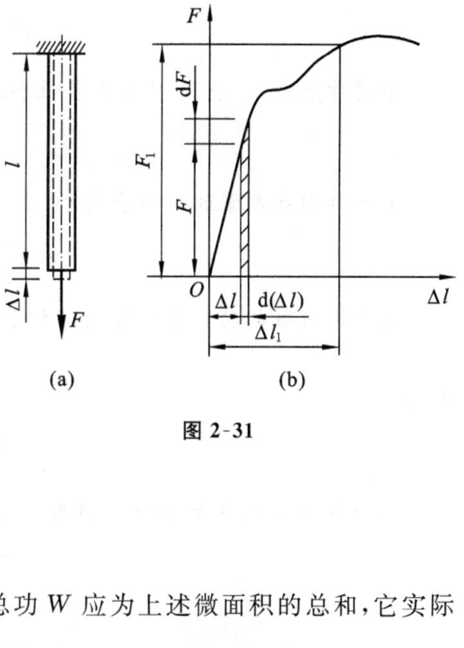

图 2-31

设受拉杆件上端固定，如图 2-31(a)所示。作用于下端的拉力由零开始缓慢增加，拉力 F 与伸长 Δl 的关系如图 2-31(b)所示。在逐渐加力的过程中，设当拉力为 F 时，杆件的伸长为 Δl，如再增加一个 $\mathrm{d}F$，杆件相应的变形增量为 $\mathrm{d}(\Delta l)$。于是原来作用于杆件上的力 F 因位移 $\mathrm{d}(\Delta l)$ 而做功，且所做的功为

$$\mathrm{d}W = F\mathrm{d}(\Delta l)$$

上式即等于图 2-31(b)中阴影部分的面积。

把拉力看作是一系列 $\mathrm{d}F$ 的累积，则拉力所做的总功 W 应为上述微面积的总和，它实际上等于 F-Δl 曲线与 Δl 坐标轴围成图形的面积，即

$$W = \int_0^{\Delta l_1} F\mathrm{d}(\Delta l)$$

在应力小于比例极限时，F 与 Δl 的关系是一条斜直线，上式积分出来的结果为

$$W = \frac{1}{2}F\Delta l$$

忽略动能、热能等能量的损失，可认为拉力 F 所做的功全部转换成了杆件内储存的应变能 V_ε。

$$V_\varepsilon = W = \frac{1}{2}F\Delta l = \frac{F^2 l}{2EA} \tag{2-13}$$

这就是轴向拉伸或压缩时杆内应变能的计算公式。对于等直杆，由于在轴向拉伸或压缩时，杆内各部分的受力和变形情况都相同，故可将杆的应变能除以杆的总体积 Al，可得杆在单位体积内的应变能，称为**比能**，以 v_ε 表示，其计算式为

$$v_\varepsilon = \frac{\frac{1}{2}F\Delta l}{Al} = \frac{1}{2}\sigma\varepsilon \tag{2-14}$$

或

$$v_\varepsilon = \frac{F^2 l}{2EA}\cdot\frac{1}{Al} = \frac{F^2}{2EA^2} = \frac{\sigma^2}{2E} \tag{2-15}$$

以上结果同样适用于轴向压缩的情况。

在拉伸(压缩)试验中，我们知道，当试样中的应力到达某一极限时，材料将发生屈服或断裂，因而在强度计算中可以通过应力来判断构件是否安全。同样，由能量的观点来看，也可以通过比能来判断。关于这一点在后面章节中再具体研究。

工程实际中常利用应变能计算构件或结构物的变形或位移。下面通过一个例子来具体说明。

【例 2-12】 用应变能的方法求解例 2-11。

【解】 在例 2-11 中曾采用"切线代圆弧"的方法求出了点 A 的位移 Δ_A，现采用能量法来求解。由图 2-30(b)已求出杆的轴力为

$$F_{N1} = F_{N2} = \frac{P}{2\cos\alpha}$$

由对称关系知，点 A 只有垂直位移，设为 δ，则重物重量 P 所做的功为

$$W = \frac{P\delta}{2}$$

又两杆内所积蓄的应变能为

$$V_\varepsilon = 2\times\frac{F_N{}^2 l}{2EA} = \frac{F_N{}^2 l}{EA} = \frac{P^2 l}{4EA\cos^2\alpha}$$

由外力所做的功等于杆件内所积蓄的应变能，即

$$W = V_\varepsilon$$

可得

$$\frac{P\delta}{2} = \frac{P^2 l}{4EA\cos^2\alpha}$$

由此解得节点 A 的垂直位移为

$$\delta = \frac{Pl}{2EA\cos^2\alpha}$$

2.8　拉伸或压缩超静定问题

2.8.1　一般超静定问题

在前面所讨论的问题中，构件的约束力或杆件的轴力都可以用静力学平衡方程求出，这种

能用静力学平衡方程求解的问题，称为**静定问题**。

例如，图 2-32(a)所示结构(假设横梁 AB 为刚体)，如没有杆 CD，整个结构是一个静定问题。加上了杆 CD 后，此时未知力个数将多于可列出的独立平衡方程个数，只用静力学平衡方程不能求解出所有未知力，此问题就称为**超静定问题**或**静不定问题**。未知力数比平衡方程数多一个时，为一次超静定；多两个时为二次超静定，依此类推。

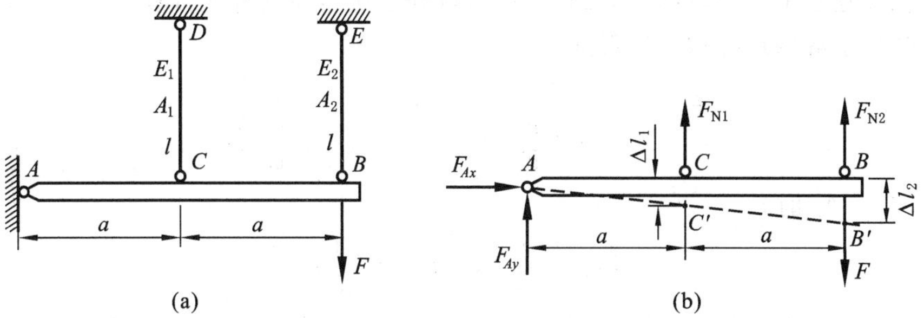

图 2-32

很显然，要想将超静定问题中所有未知量求出来，必须在平衡方程的基础上再列出一些补充方程，补充方程的个数与超静定的次数相同。下面具体说明如何求出上图中两杆的轴力。

首先，根据结构的受力情况，可以判断出两杆都是受拉的，设两杆的轴力分别为 F_{N1}、F_{N2}。为此取横梁 AB 为研究对象，画出其受力图，如图 2-32(b)所示。由受力图可见，未知量有四个，而只能列出三个独立的平衡方程，因此本问题是一个一次超静定问题。求解此问题时，可利用的平衡方程为

$$\sum M_A = 0, \quad aF_{N1} + 2aF_{N2} - 2aF = 0$$

可得

$$F_{N1} + 2F_{N2} - 2F = 0 \tag{a}$$

但仅用上式还不能解出 F_{N1} 和 F_{N2}，应设法列出一个补充方程。

我们知道，杆件受力后要变形，杆件的变形又与其内力有关。在一个超静定结构系统中，各杆的变形是不能任意的，必须与其所受的约束相适应，它们之间必须互相协调，保持一定的几何关系。因此，如果能找出各杆件变形间的联系，就可以建立各杆件的内力应满足的关系，从而得到补充方程。为此，再分析各杆间应满足的**变形几何条件**。

由于横梁 AB 为刚体，可以设想在力 F 作用下 AB 仍为一直线，仅绕点 A 转过了一个微小角度，到达图 2-32(b)中虚线所示的位置。设两拉杆的伸长变形分别为 Δl_1 和 Δl_2，由变形后的位置可见，它们之间应保持这样的关系：

$$\frac{\Delta l_1}{a} = \frac{\Delta l_2}{2a}$$

可得

$$2\Delta l_1 = \Delta l_2 \tag{b}$$

这就是各杆件应满足的变形几何条件。

当应力不超过比例极限时，两杆的变形与内力间的关系，可由胡克定律得到

$$\Delta l_1 = \frac{F_{N1} l}{E_1 A_1}, \quad \Delta l_2 = \frac{F_{N2} l}{E_2 A_2} \tag{c}$$

这个关系是由杆件受力后所产生的物理现象所决定的，所以称为物理条件。

将式(c)代入式(b)，得

$$2\frac{F_{N1}l}{E_1A_1}=\frac{F_{N2}l}{E_2A_2}$$

即

$$F_{N2}=2\frac{E_2A_2}{E_1A_1}F_{N1} \tag{d}$$

这样，就又建立了一个各内力间的关系式，得到了所需要的补充方程。

最后，联立求解(a)、(d)两式，得到

$$F_{N1}=\frac{2F}{1+4\dfrac{E_2A_2}{E_1A_1}},\quad F_{N2}=\frac{4F}{4+\dfrac{E_1A_1}{E_2A_2}}$$

当 $E_1=E_2$，$A_1=A_2$ 时，

$$F_{N1}=\frac{2}{5}F,\quad F_{N2}=\frac{4}{5}F$$

所得结果说明，在超静定问题中，杆件内力(或构件约束力)不仅与载荷有关，还与杆件的抗拉(压)刚度 EA 有关，而在静定问题中，它们仅与外力有关。这是超静定问题与静定问题的一个明显区别。

由上述的解题过程可以看出，求解超静定问题需考虑以下三个方面的关系：一是静力学平衡关系；二是变形几何关系；三是变形与力之间的物理关系。利用这三方面的关系列出相关方程，即可联立解出要求解的轴力或约束力。在理论力学中，由于一般假设物体为刚体，所以不能求解出超静定问题。

【例 2-13】 图 2-33(a)中所示桁架，A、B、C、D 四处均为铰接。杆 1 的抗拉(压)刚度为 E_1A_1、长度为 l_1；杆 2、3 的抗拉(压)刚度相同，$E_2A_2=E_3A_3$，长度为 $l_2=l_3$，桁架受力如图所示。若 E_1A_1、E_2A_2、l_1、l_2、F、α 均为已知，求各杆轴力。

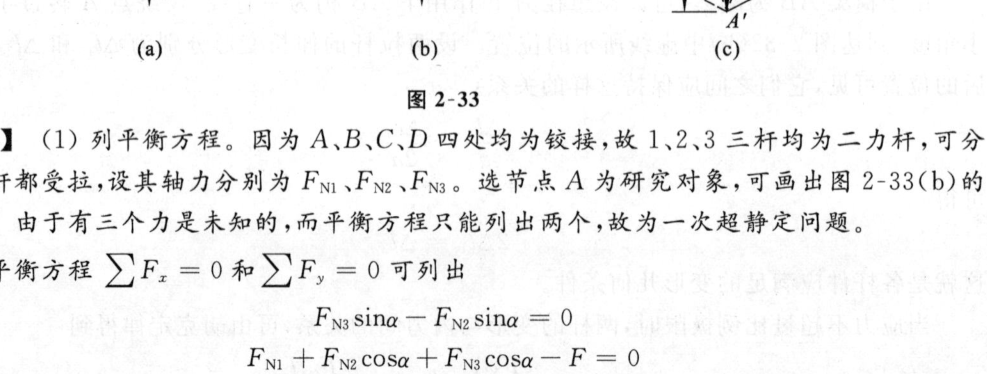

图 2-33

【解】 (1) 列平衡方程。因为 A、B、C、D 四处均为铰接，故 1、2、3 三杆均为二力杆，可分析出三杆都受拉，设其轴力分别为 F_{N1}、F_{N2}、F_{N3}。选节点 A 为研究对象，可画出图 2-33(b)的受力图。由于有三个力是未知的，而平衡方程只能列出两个，故为一次超静定问题。

由平衡方程 $\sum F_x=0$ 和 $\sum F_y=0$ 可列出

$$F_{N3}\sin\alpha-F_{N2}\sin\alpha=0$$

$$F_{N1}+F_{N2}\cos\alpha+F_{N3}\cos\alpha-F=0$$

整理可得

$$F_{N2}=F_{N3}$$

$$F_{N1}+2F_{N2}\cos\alpha=F \tag{a}$$

(2) 变形几何条件。由于结构的几何尺寸左右对称，而且2、3杆抗拉(压)刚度相等，受力后点A将沿铅垂方向移至点A'，各杆变形后的位置如图2-33(c)中虚线所示。为了确保各杆变形后仍铰接于点A'，三根杆的变形必须满足以下变形几何条件

$$\Delta l_2=\Delta l_3=\Delta l_1\cos\alpha \tag{b}$$

(3) 物理条件。根据胡克定律，应用各杆轴力与变形之间的关系，建立物理方程

$$\Delta l_1=\frac{F_{N1}l_1}{E_1A_1}$$

$$\Delta l_2=\Delta l_3=\frac{F_{N2}l_2}{E_2A_2} \tag{c}$$

将式(a)、式(b)、式(c)联立求解，可得各杆的轴力为

$$F_{N1}=\frac{F}{1+\dfrac{2E_2A_2}{E_1A_1}\cos^3\alpha}$$

$$F_{N2}=F_{N3}=\frac{F}{2\cos\alpha+\dfrac{E_1A_1}{E_2A_2\cos^2\alpha}} \tag{d}$$

在建立静力平衡方程时，所用的受力图2-33(b)是未曾变形的。此外，变形后的杆AB与杆AC、杆AC与杆AD之间的夹角仍假设为α，实质上都利用了小变形假设。

*2.8.2 温度应力

在工程实际中，许多构件或结构物往往会遇到温度变化的情况，这时杆件会产生伸长或缩短。在静定问题中，由于杆件因温度变化而引起的变形未受到什么限制，所以不会在杆内引起应力。但在超静定结构中，由于约束增加，因温度变化而引起的变形将会受到阻碍，相应地在杆中就会引起应力。这种由于温度变化而引起的应力，称为**温度应力**。

图2-34(a)所示的杆件，A端与支承面连接，B端自由，这是一个静定支承方式。当温度变化时，B端可以自由地伸长或缩短，在杆内不会引起应力。如果杆件的B端也与支承面连接[图2-34(b)]，这就成为一个超静定问题。当温度升高时，因两个支承面的阻挡，使杆不能自由地伸长，被强制维持原来的长度，这时两支承面就对杆产生了约束力。这相当于杆因温度升高而引起的伸长[图2-34(c)]，需由约束力将其压缩回去，使杆保持原有长度[图2-34(d)]，因此在杆内将引起应力。

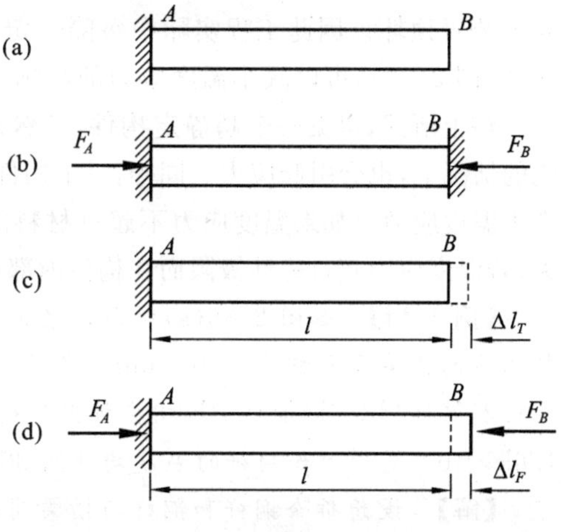

图2-34

对于上述的杆，设A、B两端的支座反力分别为F_A和F_B，则由平衡方程

$$\sum F_x=0,\quad F_A-F_B=0$$

得

$$F_A=F_B=F \tag{a}$$

此式只能说明两支座反力相等，但不能解出具体值。

设因温度变化引起的伸长为 Δl_T，因轴向压力而引起的缩短为 Δl_F，由于杆 AB 长度没有变化，故两个变形必然相等，得变形几何条件为

$$\Delta l_T = \Delta l_F \tag{b}$$

由变形与力或温度之间的物理关系

$$\Delta l_T = \alpha_l \cdot \Delta T \cdot l \tag{c}$$

其中，α_l 为材料的线膨胀系数，ΔT 为升高的温度，l 为杆的原长。

$$\Delta l_F = \frac{Fl}{EA} \tag{d}$$

将(c)、(d)两式代入式(b)得

$$\alpha_l \cdot \Delta T \cdot l = \frac{Fl}{EA}$$

故

$$F = \alpha_l \cdot EA \cdot \Delta T$$

杆内的温度应力为

$$\sigma_T = \frac{F}{A} = \alpha_l \cdot E \cdot \Delta T$$

在厂矿中输送高压蒸汽时，如在蒸汽锅炉与使用车间之间用直线管道输送，则蒸汽管道就相当于两端固定的直杆。设钢管的弹性模量 $E=200$ GPa，线膨胀系数 $\alpha_l=1.25\times10^{-5}$ ℃$^{-1}$，则当温度升高 $\Delta T=80$ ℃时，将引起的温度应力为

$$\sigma_T = \alpha_l \cdot E \cdot \Delta T = 1.25\times10^{-5}\times200\times10^{9}\times80 = 200\ \text{MPa}$$

Q235 钢的屈服极限为 235 MPa 左右，在考虑安全因数之后，其许用应力将低于 200 MPa，所以此时就已经非常危险了。由此可见温度应力不可忽视。如温度应力过大，可能将管道顶弯或将两端的固定装置顶坏。因此工程实际中每隔一定距离常将管道弯成一个伸缩节(图 2-35)，可以减小温度应力的影响。

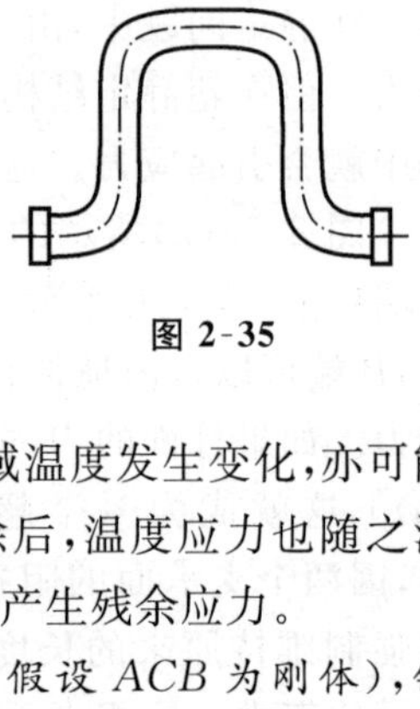

图 2-35

综上所述，可见一个超静定构件，虽然未受外力作用，但在温度变化的情况下，也会引起应力。同样，一个构件即使没有约束，若在局部区域温度发生变化，亦可能产生温度应力。如果温度应力不超过材料的弹性极限，在温度因素消除后，温度应力也随之消失；若温度应力超过弹性极限而在构件内部产生了塑性变形，构件内部将产生残余应力。

【例 2-14】 如图 2-36(a)所示横梁 ACB 的变形可以忽略不计(即假设 ACB 为刚体)，钢杆 AD 的横截面面积 $A_1=100\ \text{mm}^2$，长度 $l_1=330$ mm，弹性模量 $E_1=200$ GPa，线膨胀系数 $\alpha_{l1}=1.25\times10^{-5}$ ℃$^{-1}$；铜杆 BE 相应数据分别是 $A_2=200\ \text{mm}^2$，$l_2=220$ mm，$E_2=100$ GPa，$\alpha_{l2}=1.65\times10^{-5}$ ℃$^{-1}$。如两杆的温度均升高 30 ℃，试求两杆的轴力。

【解】 设想拆除钢杆和铜杆与横梁间的联系，允许其自由膨胀。钢杆和铜杆的温度变形分别是 Δl_{1T} 和 Δl_{2T}，见图 2-36(b)。

当把已经伸长的杆件再与横梁相连接时，必将在两杆内分别引起轴力 F_{N1} 和 F_{N2}，并使两杆再次变形，图中的 Δl_1 和 Δl_2 分别是钢杆和铜杆因轴力引起的变形。设 F_{N1} 和 F_{N2} 的方向如图 2-36(c)所示，即假设两杆都受压。

变形协调方程为

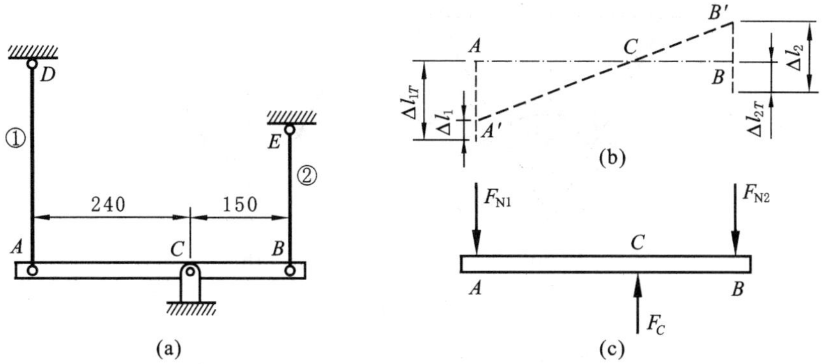

图 2-36

$$\frac{\Delta l_{1T}-\Delta l_1}{\Delta l_2-\Delta l_{2T}}=\frac{240}{150}$$

这里 Δl_1 和 Δl_2 为绝对值。求出各项变形(物理方程)

$$\Delta l_{1T}=0.33\times1.25\times10^{-5}\times30=1.24\times10^{-4}\ \text{m}$$

$$\Delta l_{2T}=0.22\times1.65\times10^{-5}\times30=1.09\times10^{-4}\ \text{m}$$

$$\Delta l_1=\frac{F_{N1}\cdot0.33}{100\times10^{-6}\times200\times10^9}=1.65\times10^{-8}F_{N1}\ \text{m}$$

$$\Delta l_2=\frac{F_{N2}\cdot0.22}{200\times10^{-6}\times100\times10^9}=1.1\times10^{-8}F_{N2}\ \text{m}$$

代入变形协调方程并整理得

$$124-0.0165F_{N1}=\frac{8}{5}(0.011F_{N2}-109)$$

而可利用的平衡方程为

$$\sum M_C=0,\quad 240F_{N1}-150F_{N2}=0$$

从以上两个方程中解出钢杆和铜杆的轴力分别为

$$F_{N1}=6.68\ \text{kN},\quad F_{N2}=10.7\ \text{kN}$$

求得的 F_{N1} 和 F_{N2} 为正号,说明假设与实际情况相同,即两杆均受压。

*2.8.3 装配应力

构件在制造上的微小误差是难免的。在静定结构中,这种误差只会使结构的几何形状略微改变,不会在构件内产生附加内力。但在超静定结构中,情况就不一样了,杆件几何尺寸的微小差异,将会使杆内产生应力。在图 2-37(a)所示的结构中,假设杆 1 和杆 2 材料、尺寸相同,而杆 3 比设计尺寸做短了一点。若要使三杆连接在一起,则需将杆 3 拉长,杆 1、杆 2 压短,强行安装于 A' 点处。此时,杆 3 中产生拉力,杆 1、杆 2 中产生压力。这种由于制造误差而引起的内力称为装配内力,与之相应的应力称为**装配应力**。计算装配应力的方法与求解一般超静定问题的方法类似,下面进行说明。

取节点 A' 为研究对象,受力图如图 2-37(b)所示。由于该节点仅有两个独立的静力平衡方程,而未知力数目为 3,故为一次超静定问题。

根据节点 A' 的平衡有

$$\sum F_x=0,\quad F_{N1}\sin\alpha-F_{N2}\sin\alpha=0 \tag{a}$$

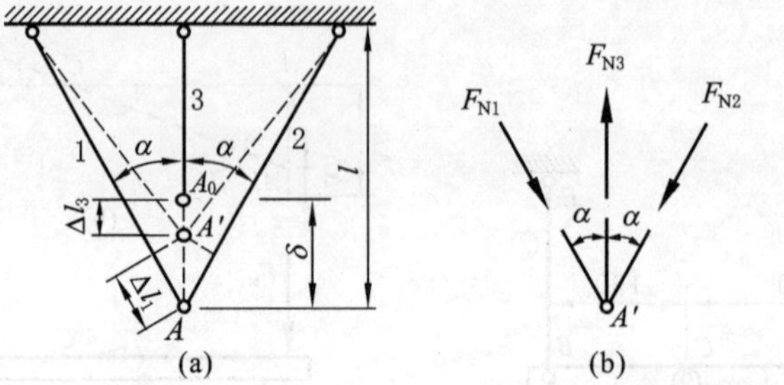

图 2-37

$$\sum F_y = 0,\quad F_{N3} - F_{N1}\cos\alpha - F_{N2}\cos\alpha = 0 \tag{b}$$

由此可得

$$F_{N1} = F_{N2}$$

$$F_{N3} - 2F_{N1}\cos\alpha = 0 \tag{c}$$

由图 2-37(a)可知，其变形的几何关系为

$$\Delta l_3 + \frac{\Delta l_1}{\cos\alpha} = \delta \tag{d}$$

根据物理关系可得

$$\Delta l_3 = \frac{F_{N3}l}{E_3A_3} \tag{e}$$

$$\Delta l_1 = \frac{F_{N1}l}{E_1A_1\cos\alpha} \tag{f}$$

将式(e)、式(f)代入式(d)，可得补充方程为

$$\frac{F_{N3}l}{E_3A_3} + \frac{F_{N1}l}{E_1A_1\cos^2\alpha} = \delta \tag{g}$$

联立求解(c)、(g)两式可得

$$F_{N1} = F_{N2} = \frac{\delta}{l}\frac{E_1A_1\cos^2\alpha}{1+\dfrac{2E_1A_1}{E_3A_3}\cos^3\alpha}$$

$$F_{N3} = \frac{\delta}{l}\frac{2E_1A_1\cos^3\alpha}{1+\dfrac{2E_1A_1}{E_3A_3}\cos^3\alpha}$$

计算结果为正，说明轴力的方向与所假设方向相同。将各杆的轴力除以杆横截面面积，即可得到各杆的装配应力。

装配应力是结构未承受载荷前已具有的应力，故亦称为初应力。初应力有时可以带来不利后果，如果装配应力与构件工作应力相叠加后使构件内应力更高，则应避免它的存在。当然初应力也可以被人们利用，像上面例子中的过盈配合问题。还有土木工程中的预应力钢筋混凝土构件，混凝土内产生的预压应力会与构件工作时产生的拉应力抵消一部分，从而提高构件的承载能力。

*2.9 应力集中的概念

在 2.3 节中，曾经导出过拉(压)杆横截面上正应力是均匀分布的结论。对于等截面直杆或截面变化缓和的杆件，这个结论是准确的；但对于截面尺寸有急剧变化的杆件，例如有开孔、沟槽、肩台和螺纹的构件，在截面突变处，横截面上的应力将不再均匀分布。在孔槽等附近，应力急剧增加，距孔槽相当距离后，应力又趋于均匀。这种在局部区域应力突然增大的现象，称为**应力集中**。例如，等截面平板中间开孔和圆杆切槽后，在受到拉力作用下的应力分布情况如图2-38(a)、图2-38(b)所示。在离孔槽一定距离的截面2—2上，应力均匀分布；而在通过孔槽的截面1—1上，则有应力集中现象，在孔槽附近小范围内的应力要比其他部位的应力大得多。

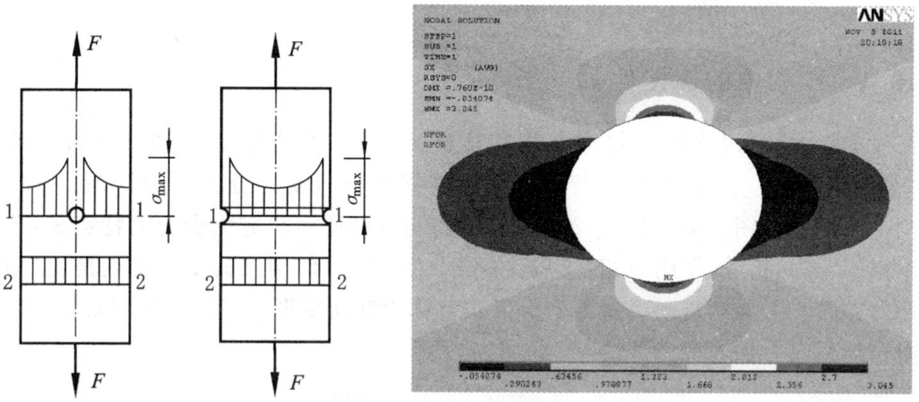

(a) (b) (c)

图 2-38

这种现象，可以通过一个简单的实验来说明。取一个中间开孔的扁平橡皮，在其表面上画上均匀的网格，加上拉力后可以看到，在圆孔附近网格的变形比其他部位显著地大；而在离圆孔较远的地方网格的变形均匀。这说明在圆孔附近有应力集中现象。

假设在削弱了的截面上应力均匀分布，并由此算出其平均应力 σ_m，则该截面上的最大应力 σ_{max} 与 σ_m 的比值称为**理论应力集中因数**，以 K 表示，即

$$K = \frac{\sigma_{max}}{\sigma_m} \tag{2-16}$$

例如，对带很小圆孔的平板，单向拉伸时的 K 值为3左右，如图2-38(c)所示。截面变化越急剧，理论应力集中因数越大。理论应力集中因数之值主要通过试验来测定，只有极少部分情况可由理论分析求得，这些理论结果在相关工程设计手册中可查。

不同材料对应力集中的敏感程度不同，某些情况下要考虑应力集中的影响，某些情况下可以不考虑应力集中的影响。对于塑性材料，当应力集中处的最大应力到达屈服极限后，仅在局部出现塑性变形，而其他部位材料的变形仍处于弹性范围内，因而限制了局部处塑性变形的发展，使最大应力不再升高。因此，这时并不引起整个构件的破坏。只有当载荷继续增加，其他部位的应力逐渐升高，使塑性变形区域扩大到整个截面时，才会使构件破坏，可见屈服现象有缓和应力集中的作用。所以在传统设计中，在静载荷下对中、低强度钢等塑性材料可不考虑应力集中的影响。

脆性材料对应力集中则比较敏感。由于它没有屈服阶段，当局部处的最大应力达到抗拉强度时，构件在该处即开始出现裂纹，在裂纹尖端又产生更严重的应力集中，使裂纹迅速扩大而导致构件断裂。因此，对脆性材料和高强度钢等塑性较低的材料，须考虑应力集中的影响。但是对于铸铁，由于其组织极不均匀，缺陷很多，在内部已存在许多引起严重应力集中的因素，

在测定其强度极限时，已经反映了这些因素的影响，因此，铸铁内部由构件外形变化而引起的应力集中，就可以不再考虑了。

当构件受周期性变化的外载或受冲击载荷作用时，不论是塑性材料还是脆性材料，应力集中对构件的强度都有严重影响，往往是零件破坏的根源。

2.10　剪切与挤压的实用计算

2.10.1　工程中的连接件

在工程实际中，常用连接件将构件相互连接。例如：铆钉连接[图 2-39(a)]、销轴连接[图 2-40(a)]、键连接[图 2-41(a)]等。对这些连接件进行受力分析，分别如图 2-39(b)、图 2-39(c)，图 2-40(b)、图 2-40(c)，图 2-41(b)、图 2-41(c)所示。它们受力的特点是：连接件受两组大小相等、方向相反、作用线相距很近的平行力(力系)作用。其变形特点是：二力间的横截面沿外力方向产生相对错动。这种变形形式就称为**剪切变形**。三图中截面 $m—m$(或 $n—n$)上与截面相切的内力称为**剪力**。

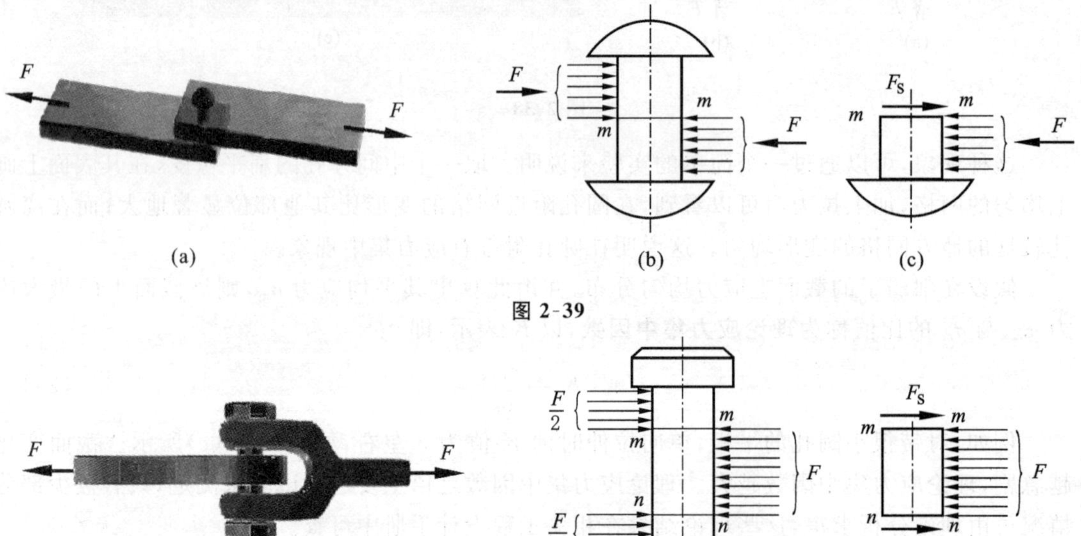

图 2-39

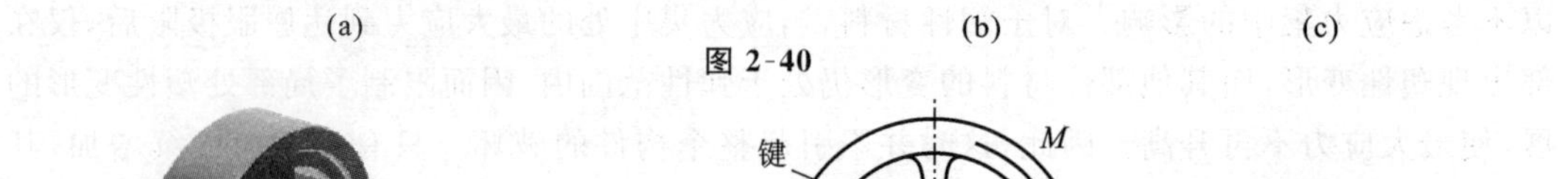

图 2-40

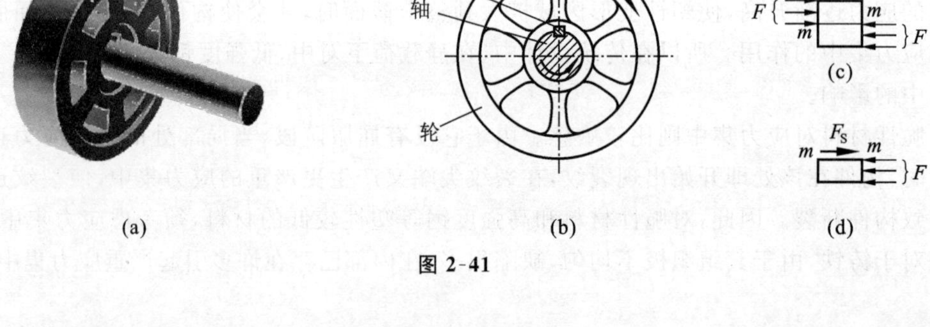

图 2-41

受剪切连接件在发生剪切变形的同时常伴随着其他形式的变形。例如图 2-42 中螺栓上的两个外力 F 实际上并不沿同一条直线，它们形成了一个力偶，要保持螺栓的平衡，必然还有其他的外力作用。这样就出现了拉伸、弯曲等其他形式的变形。但是，这些附加的变形一般都不是影响连接件剪切强度的主要因素，可以忽略不计。

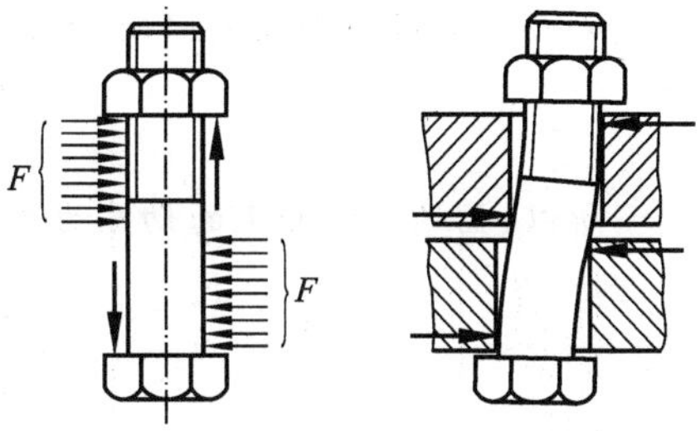

图 2-42

2.10.2 剪切实用计算

像轴向拉伸或压缩中杆件横截面上的轴力 F_N 与正应力 σ 的关系一样，剪力 F_S 同样可看作是切应力 τ 合成的结果。由于剪切变形仅仅发生在很小的范围内，而且外力又只作用在变形部分附近，因而剪切面上切应力的分布情况实际上十分复杂。为了简化计算，工程中通常假设剪切面上各点处的切应力相等，用剪力 F_S 除以剪切面面积 A 所得到的切应力平均值 τ 作为**计算切应力**（也称**名义切应力**），即

$$\tau = \frac{F_S}{A} \tag{2-17}$$

式中，F_S 为剪力；A 为剪切面面积；τ 为名义切应力。

在连接件的剪切面上，切应力并非均匀分布，且还有正应力，所以由上式算出的只是一个名义切应力。为了弥补这一缺陷，在用实验方法建立强度条件时，使试样受力尽可能地接近实际连接件的情况，测得试样失效时的极限载荷。然后由极限载荷求出相应的名义极限切应力，除以安全因数 n，得到许用切应力$[\tau]$，从而建立强度条件

$$\tau = \frac{F_S}{A} \leqslant [\tau] \tag{2-18}$$

许用切应力的值，可从有关设计资料中查到。一般情况下，材料的许用切应力与许用拉应力之间有下述的经验公式：

对于塑性材料　　$[\tau]=(0.6\sim0.8)[\sigma]$

对于脆性材料　　$[\tau]=(0.8\sim1.0)[\sigma]$

【例 2-15】 电瓶车挂钩由插销连接，牵引力 $F=15$ kN，如图 2-43(a)所示。插销材料为 20 钢，$[\tau]=30$ MPa，直径 $d=20$ mm。挂钩及被连接的板件的厚度分别为 $t=8$ mm 和 $1.5t=12$ mm。试校核插销的剪切强度。

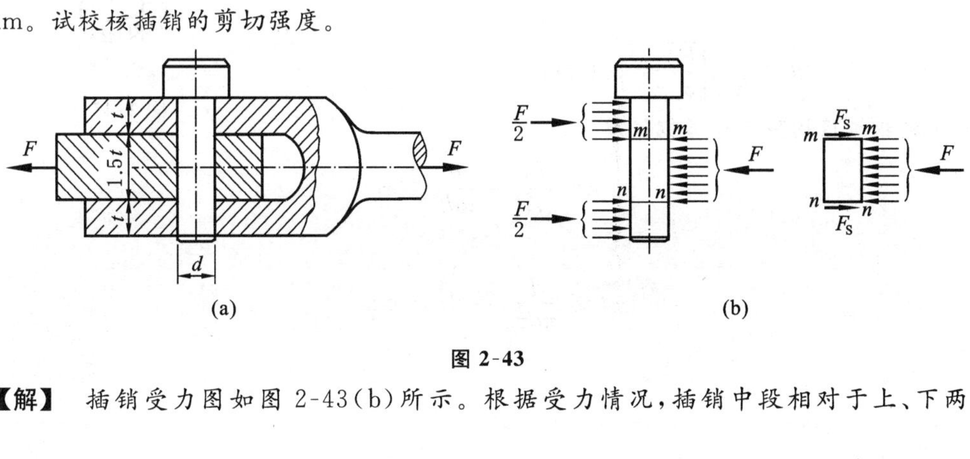

图 2-43

【解】 插销受力图如图 2-43(b)所示。根据受力情况，插销中段相对于上、下两段沿

$m—m$和$n—n$两个面向左错动，所以有两个剪切面，称为**双剪**。由平衡方程可求出

$$F_S = \frac{F}{2}$$

所以，插销横截面上的切应力为

$$\tau = \frac{F_S}{A} = \frac{15 \times 10^3}{2 \times \frac{\pi}{4} \times (20 \times 10^{-3})^2} = 23.9 \text{ MPa} < [\tau]$$

故插销满足剪切强度要求。

在工程实际中，有时也会遇到与前面问题相反的情况，就是剪切破坏的利用问题。例如车床传动轴上的保险销[图 2-44(a)]，当载荷增加到某一数值时，保险销即被剪断，从而保护车床的重要部件。又如冲床冲模时使工件发生剪切破坏而得到所需要的形状[图 2-44(b)]，也是利用剪切破坏的实例。对这类问题所要求的破坏条件为

$$\tau = \frac{F_S}{A} \geqslant \tau_b$$

式中，τ_b 为剪切强度极限。

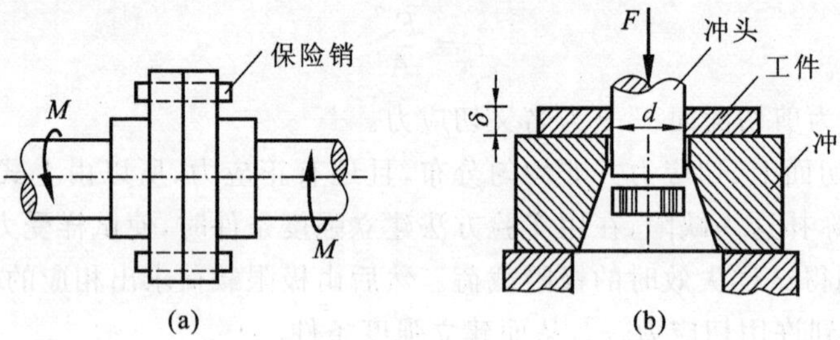

图 2-44

【例 2-16】　如图 2-45(a)所示冲床，$F_{max}=400$ kN，冲头材料的$[\sigma]=400$ MPa，被冲剪钢板的 $\tau_b=360$ MPa，试设计冲头的最小直径值及钢板厚度最大值。

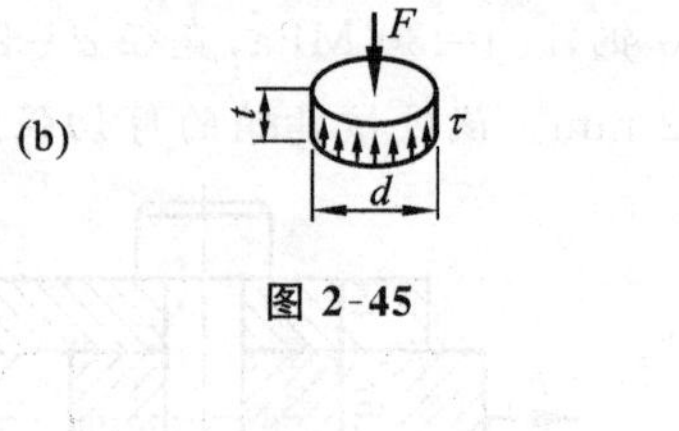

图 2-45

【解】　(1) 按冲头压缩强度计算 d。

$$\sigma = \frac{F_N}{A} = \frac{F}{\frac{\pi d^2}{4}} \leqslant [\sigma]$$

所以

$$d \geqslant \sqrt{\frac{4F}{\pi[\sigma]}} = 3.6 \text{ cm}$$

(2) 按钢板剪切强度计算钢板厚度。

$$\tau = \frac{F_S}{A} = \frac{F}{\pi d t} \geqslant \tau_b$$

所以

$$t \leqslant \frac{F}{\pi d \tau_b} = 0.98 \text{ cm}$$

2.10.3 挤压的实用计算

连接件除了可能被剪切破坏之外，还可能被挤压破坏。挤压破坏的特点是：构件互相接触的表面上，因承受了较大的压力作用，使相互接触处的局部区域发生显著的塑性变形或被压碎，从而导致连接松动而失效，如图 2-46 所示。

这种作用在接触面上的压力称为挤压力，在接触处产生的变形称为挤压变形，挤压力的作用面叫作挤压面，由挤压力而引起的应力叫作**挤压应力**，以 σ_{bs} 表示。在挤压面上，挤压应力的分布情况也比较复杂，在实用计算中同样假设挤压应力均匀分布在挤压面上。因此挤压应力可按下式计算

$$\sigma_{bs}=\frac{F_{bs}}{A_{bs}} \tag{2-19}$$

式中，A_{bs}为挤压面的面积；F_{bs}为挤压力。

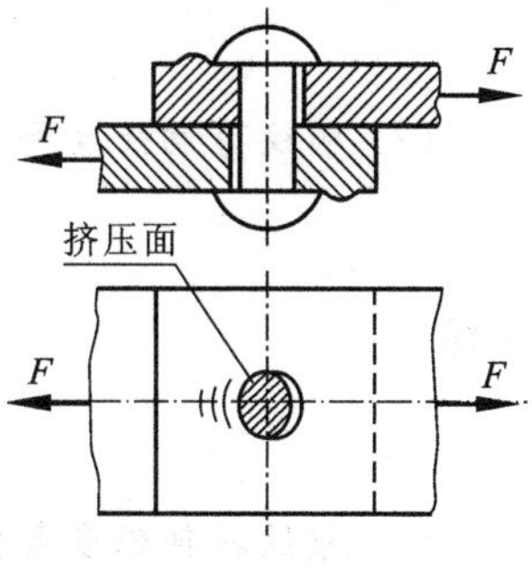

图 2-46

挤压面面积 A_{bs}的计算，要根据接触面的情况而定。销钉、铆钉等连接件，挤压面为半个圆柱面，根据理论分析，挤压应力的分布情况如图 2-47(a)所示，最大应力发生在半圆柱形接触面的中心。如果用圆柱的直径平面面积 $d\cdot t$[图 2-47(b)中画剖面线的面积]去除挤压力，所得应力值与理论分析得到的最大应力值相近。因此，在挤压实用计算中，对于销钉、铆钉等连接件，用直径平面作为挤压面进行计算。而对图 2-48 所示的平键，其接触面为平面，挤压面面积就是接触面面积，即 $A_{bs}=\frac{h}{2}\times l$。

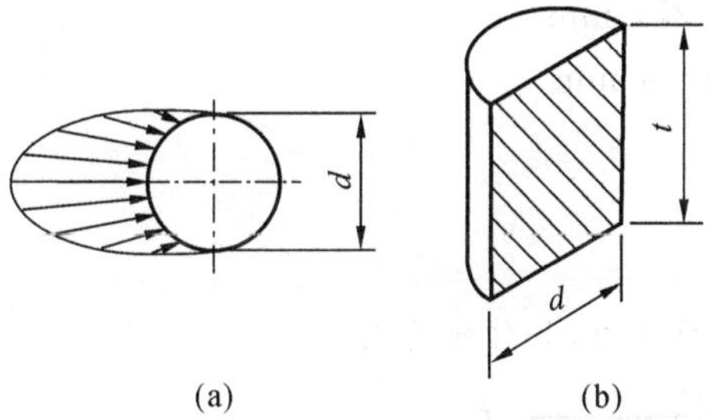

图 2-47

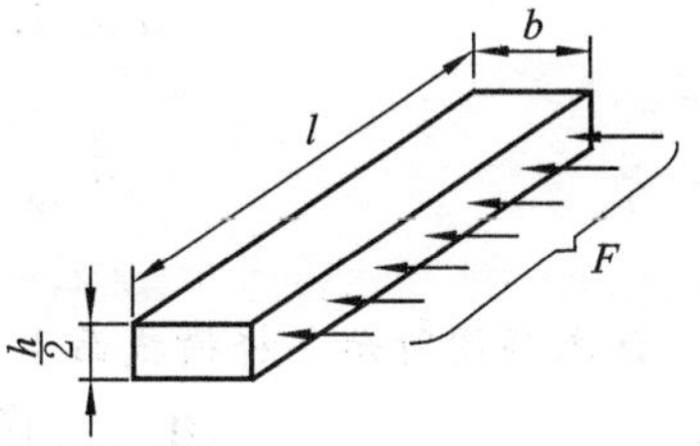

图 2-48

为保证构件正常工作，相应的挤压强度条件应为

$$\sigma_{bs}=\frac{F_{bs}}{A_{bs}}\leqslant[\sigma_{bs}] \tag{2-20}$$

式中，$[\sigma_{bs}]$为材料的许用挤压应力，其值可由有关设计规范查到。根据试验，一般情况下，材料的许用挤压应力和许用拉应力之间有以下的关系：

对于塑性材料　　$[\sigma_{bs}]=(1.5\sim2.5)[\sigma]$

对于脆性材料　　$[\sigma_{bs}]=(0.9\sim1.5)[\sigma]$

【例 2-17】 截面为正方形的木榫接头如图2-49所示。已知木材的顺纹许用挤压应力$[\sigma_{bs}]=8$ MPa，顺纹许用切应力$[\tau]=1$ MPa，顺纹许用拉应力$[\sigma_t]=10$ MPa。若$F=40$ kN，作用于正方形端面的形心处，试设计 b、a 及 l。

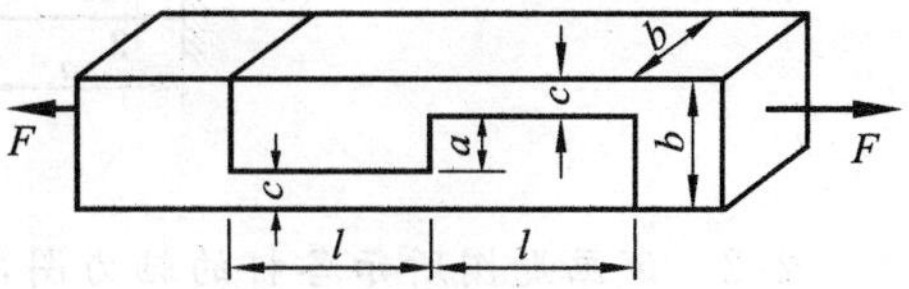

图 2-49

【解】 (1) 顺纹挤压强度条件为

$$\sigma_{bs}=\frac{F}{ba}\leqslant[\sigma_{bs}]$$

可得

$$ba\geqslant\frac{F}{[\sigma_{bs}]}=\frac{40\times10^3}{8\times10^6}=5\times10^{-3}\ \mathrm{m}^2 \tag{a}$$

(2) 顺纹剪切强度条件为

$$\tau=\frac{F_S}{A}=\frac{F}{bl}\leqslant[\tau]$$

可得

$$bl\geqslant\frac{F}{[\tau]}=\frac{40\times10^3}{10^6}=4\times10^{-2}\ \mathrm{m}^2 \tag{b}$$

(3) 顺纹拉伸强度条件为

$$\sigma=\frac{F}{b\left[\dfrac{1}{2}(b-a)\right]}\leqslant[\sigma_t]$$

可得

$$(b^2-ba)\geqslant\frac{2F}{[\sigma_t]}=\frac{2\times40\times10^3}{10\times10^6}=8\times10^{-3}\ \mathrm{m}^2 \tag{c}$$

联立式(a)、式(b)、式(c),解得

$$b\geqslant1.14\times10^{-1}\ \mathrm{m}=114\ \mathrm{mm}$$
$$l\geqslant3.51\times10^{-1}\ \mathrm{m}=351\ \mathrm{mm}$$
$$a\geqslant4.38\times10^{-2}\ \mathrm{m}\approx44\ \mathrm{mm}$$

习 题

2-1 试求题图所示各杆横截面1—1和2—2上的轴力,并作轴力图。

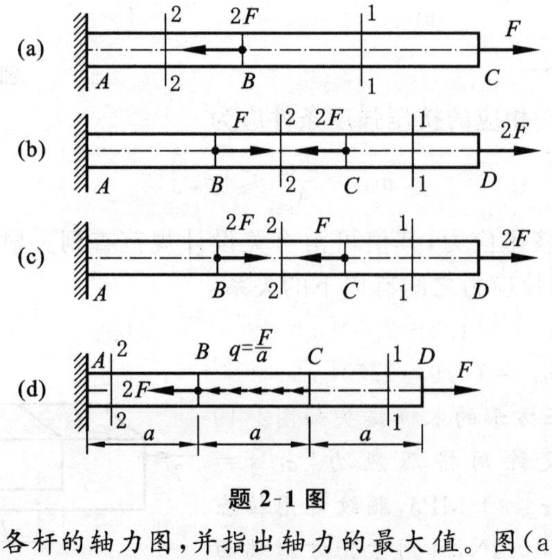

题2-1图

2-2 试画题图所示各杆的轴力图,并指出轴力的最大值。图(a)所示杆上除作用有集中载荷 F 外,还作用有均匀分布的载荷,q 代表沿杆轴线方向单位长度上的载荷值,即所谓载荷集度。图(b)所示杆上则仅作用有集度为 q 的均布载荷。

2-3 在题图所示结构中，若钢拉杆 BC 的横截面直径为 10 mm，$F=7.5$ kN，试求拉杆横截面上的应力。设由 BC 连接的 1 和 2 两部分均为刚体。

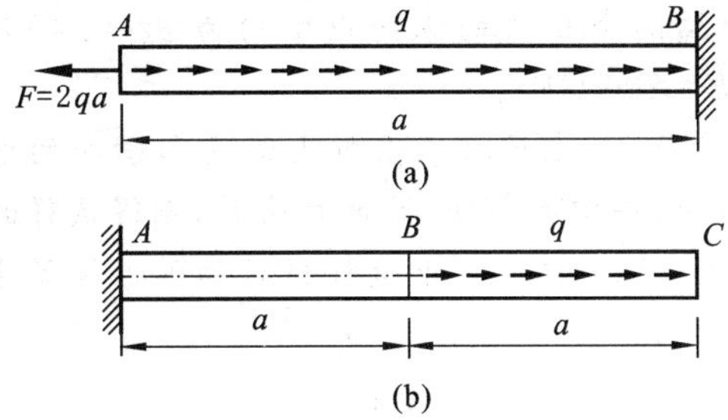

题 2-2 图

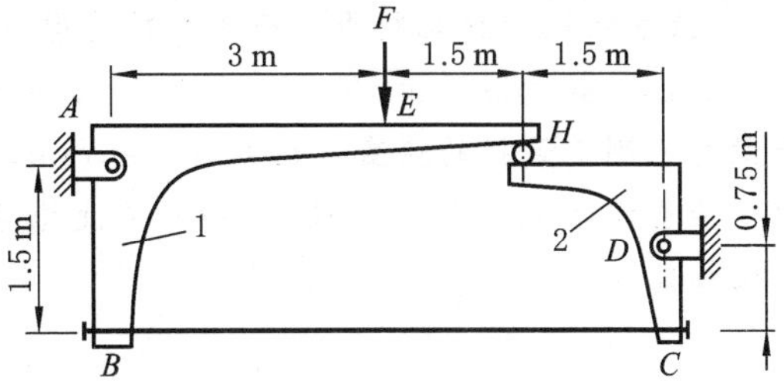

题 2-3 图

2-4 一桅杆起重机如题图所示，起重杆 AB 为一钢管，其外径 $D=20$ mm，内径 $d=18$ mm；钢丝绳 CB 的横截面面积为 10 mm^2。已知起重量 $W=2$ kN，试计算起重杆和钢丝绳横截面上的应力。

2-5 在题图所示结构中，两根水平杆 AC、CD 皆为刚体，1、2 两杆的横截面直径分别为 10 mm 和 20 mm，$F=10$ kN，试求 1、2 两杆横截面上的应力。

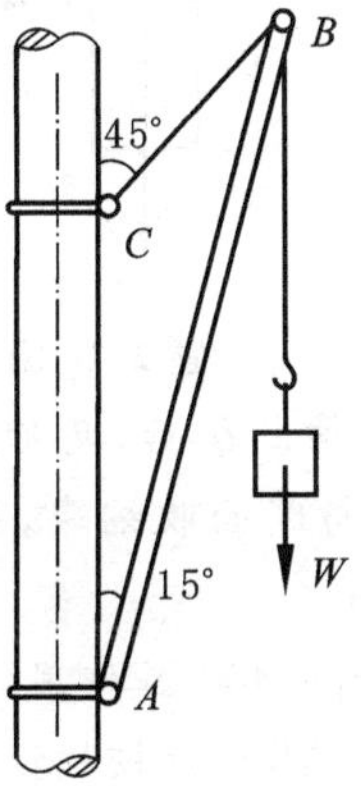

题 2-4 图

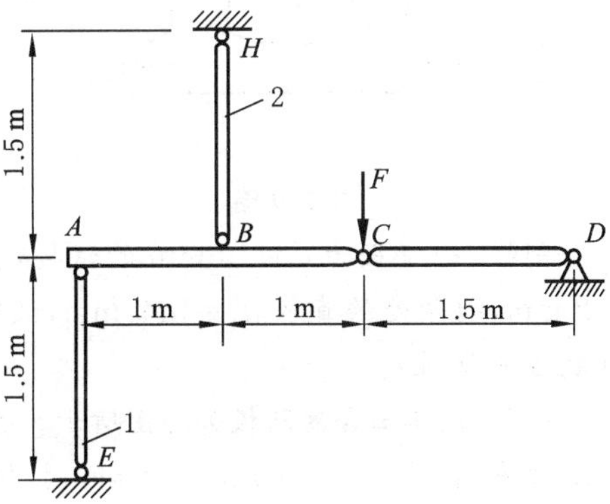

题 2-5 图

2-6 石砌桥墩的墩身高 $l=10$ m，其横截面尺寸如题图所示。载荷 $F=1000$ kN，材料的密度 $\rho=2.35\times10^3$ kg/m^3，试求墩身底部横截面上的压应力。

2-7 直径为 10 mm 的圆截面杆，在拉力 $F=10$ kN 的作用下，试求最大切应力，并求与横截面的夹角为 30°的斜截面上的正应力及切应力。

2-8 如题图所示杆件，由两根木杆粘接而成，承受轴向载荷 F 作用。若欲使粘接面上的正应力为其切应力的 2 倍，则粘接面的方位角 θ 应为何值？

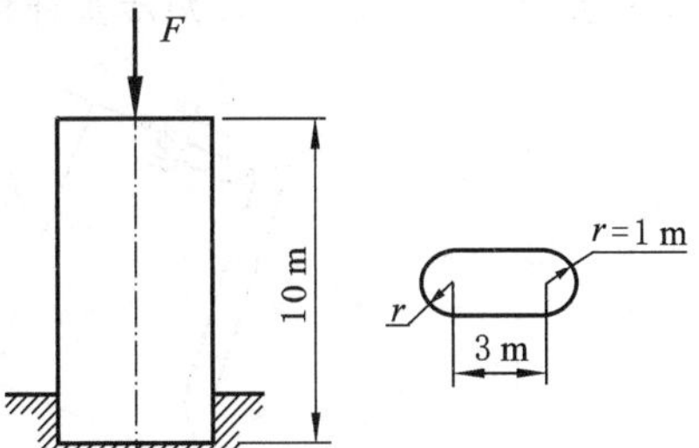

题 2-6 图

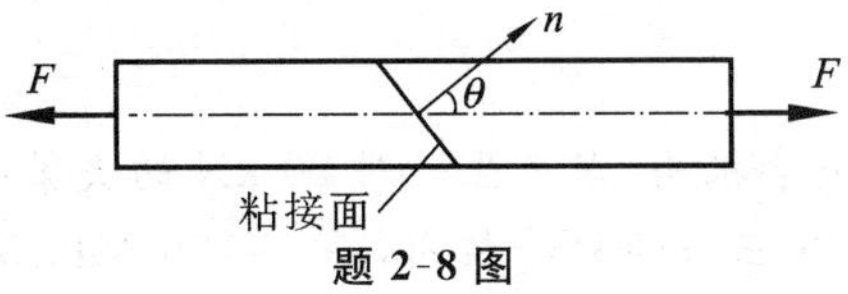

题 2-8 图

2-9 如题图所示，为测定轧钢机的轧制力，在压下螺旋与上轧辊轴承座之间装置一测压力用的压头。压头是一个钢制的圆筒，其外径 $D=50$ mm，内径 $d=40$ mm，在压头的外表面上沿纵向贴有测变形用的电阻丝片。若测得轧辊两端两个压头的纵向应变均为 $\varepsilon=0.45\times10^{-2}$，试求轧机的总轧制力。压头材料的弹性模量 $E=200$ GPa。

2-10 如题图所示，用一矩形截面试样进行拉伸试验，在试样表面贴上纵向和横向的电阻丝片来测定试样的应变。已知 $b=30$ mm，$h=4$ mm，每增加 3000 N 的拉力时，测得试样的纵向应变增量 $\Delta\varepsilon_1=120\times10^{-6}$，横向应变增量 $\Delta\varepsilon_2=-38\times10^{-6}$。求试样材料的弹性模量 E 和泊松比 μ。

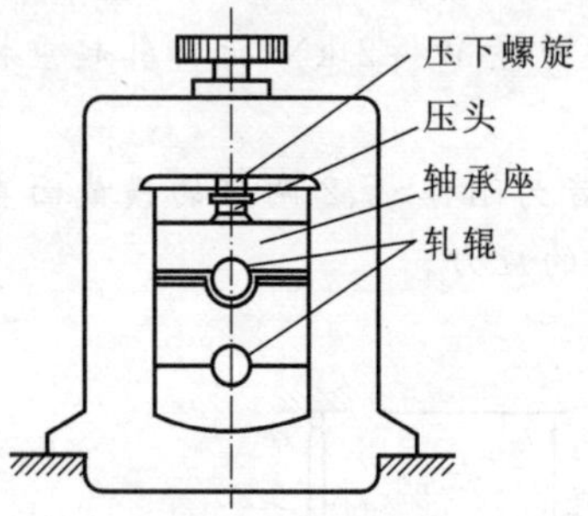

题 2-9 图

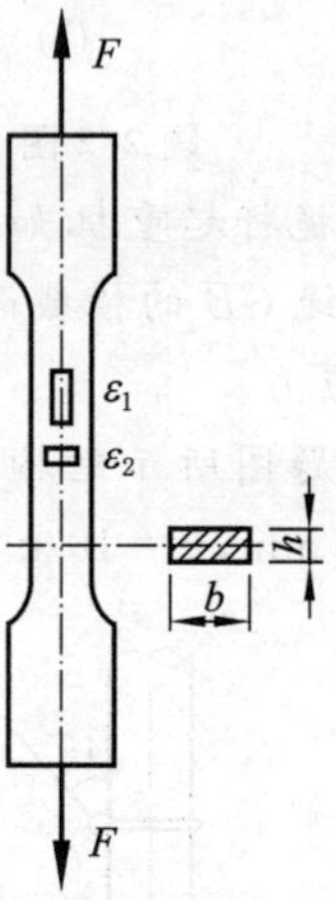

题 2-10 图

2-11 一直径为 $d=10$ mm 的试样，标距 $l_0=50$ mm，拉伸断裂后，两标距点间的长度 $l_1=63.2$ mm，缩颈处的直径 $d_1=5.9$ mm，试确定材料的伸长率与断面收缩率，并判断属于何种材料（脆性或塑性）。

2-12 汽车离合器踏板如题图所示。已知踏板受到压力 $F_1=400$ N 作用，拉杆 1 的直径 $D=9$ mm，杠杆臂长 $L=330$ mm，$l=56$ mm，拉杆的许用应力$[\sigma]=50$ MPa，试校核拉杆 1 的强度。

2-13 某铣床工作台进给油缸如题图所示，缸内工作油压 $p=2$ MPa，油缸内径 $D=75$ mm，活塞杆直径 $d=18$ mm。已知活塞杆材料的许用应力$[\sigma]=50$ MPa，试校该活塞杆的强度。

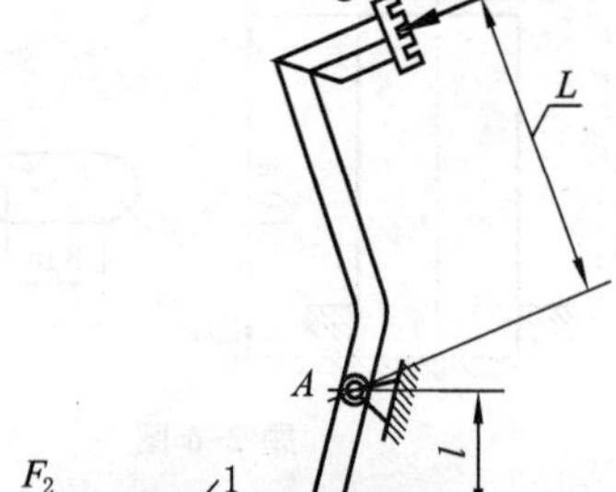

题 2-12 图

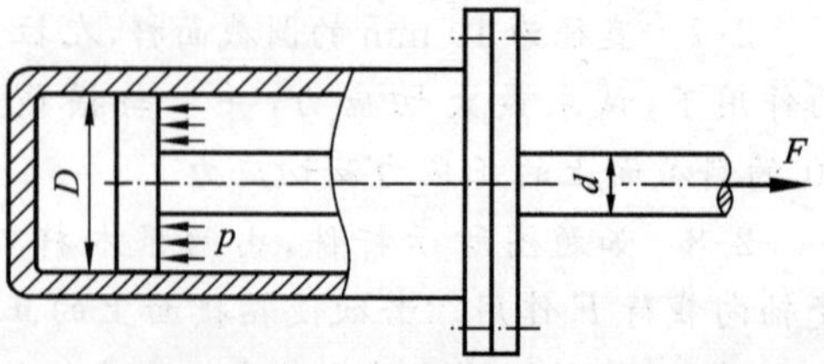

题 2-13 图

2-14 题图所示双杠杆夹紧机构，需产生一对 20 kN 的夹紧力，试求水平杆 AB 及二斜杆 BC 和 BD 的横截面直径。已知三杆的材料相同，$[\sigma]=100$ MPa，$\alpha=30°$。

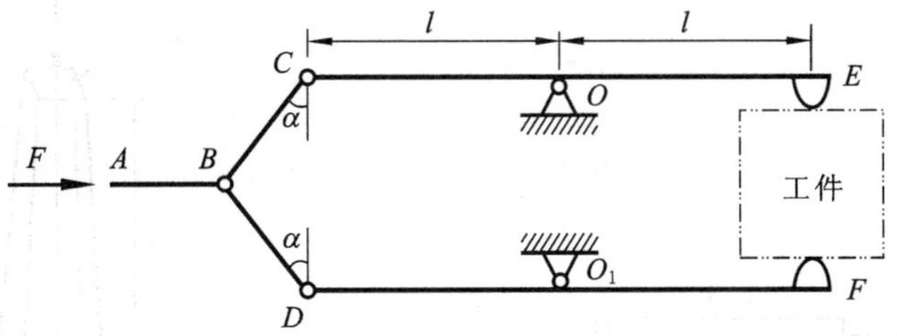

题 2-14 图

2-15 悬臂吊车的尺寸和载荷情况如题图所示。斜杆 BC 由两等边角钢组成，载荷 $F=25$ kN。设材料的许用应力$[\sigma]=140$ MPa，试选择角钢的型号。

2-16 起重机如题图所示，钢丝绳 AB 的横截面面积为 500 mm^2，许用应力$[\sigma]=40$ MPa。试根据钢丝绳的强度求起重机的许可起重量 W。

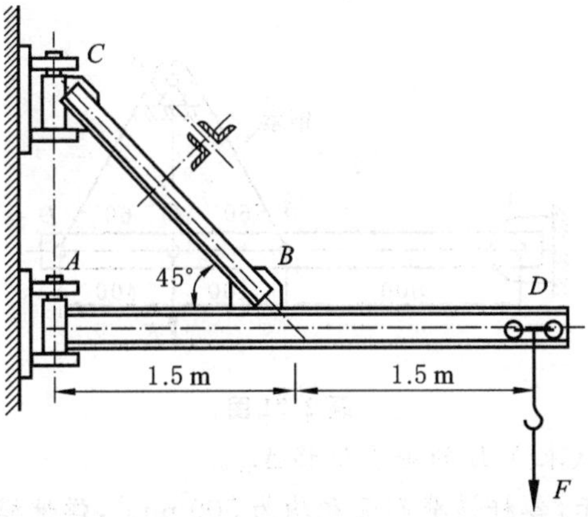

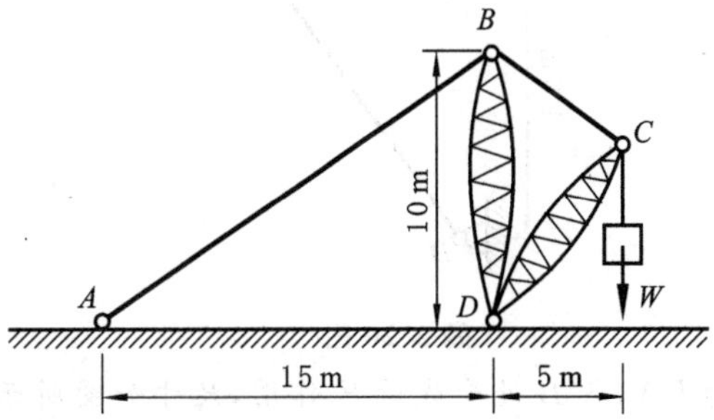

题 2-15 图 题 2-16 图

2-17 题图所示拉杆沿斜截面 m—m 由两部分胶合而成，设在胶合面上许用正应力$[\sigma]=100$ MPa，许用切应力$[\tau]=50$ MPa，并设胶合面的强度控制杆件的拉力。试问：为使杆件承受最大拉力 F，α 角的值应为多少？若杆件横截面面积为 4 cm^2，并规定 $\alpha\leqslant 60°$，试确定许可载荷 F。

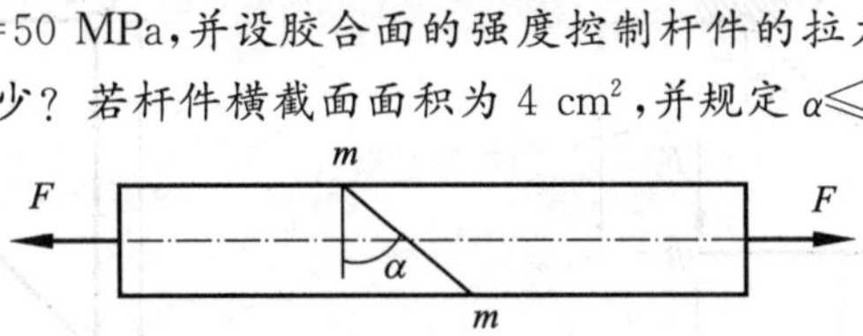

题 2-17 图

2-18 变截面直杆如题图所示。已知 $A_1=8$ cm^2，$A_2=4$ cm^2，弹性模量 $E=200$ GPa。求杆的总伸长 Δl。

2-19 铸铁柱尺寸如题图所示，轴向压力 $F=30$ kN，若不计自重，试求柱的变形。弹性模量 $E=120$ GPa。

2-20 题图所示为一简易托架，杆 BC 为圆截面钢杆，直径 $d=20$ mm，杆 BD 为 8 号槽钢。若两杆的弹性模量 $E=200$ GPa，$F=60$ kN，试求点 B 处的垂直和水平位移。

2-21 如题图所示，设横梁 $ABCD$ 为刚体，由横截面面积为 76.36 mm^2 的钢索绕过无摩擦的滑轮后吊住。设 $F=20$ kN，钢索的弹性模量 $E=177$ GPa，试求钢索内的应力和点 C 处的垂直位移。

2-22 在题图所示结构中，刚性横梁 AB 由斜杆 CD 吊在水平位置上，斜杆 CD 的抗拉刚

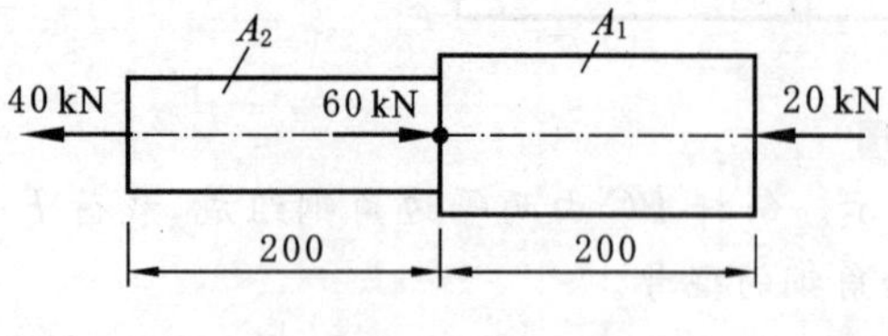

题 2-18 图

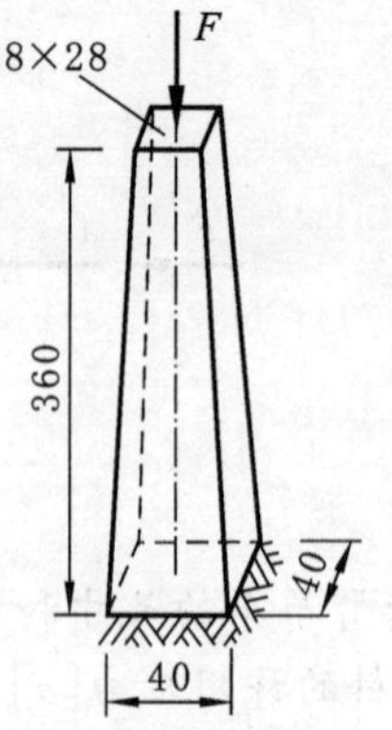

题 2-19 图

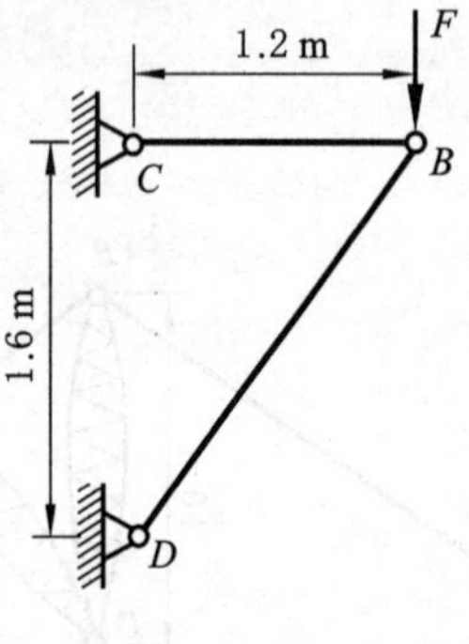

题 2-20 图

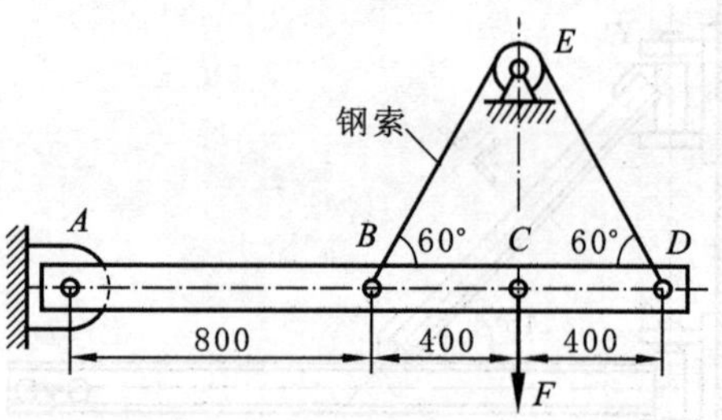

题 2-21 图

度为 EA，点 B 处受载荷 F 作用，尺寸如图所示。试求点 B 的垂直位移 Δ_{By}。

2-23　由五根钢杆组成的杆系结构如题图所示，各杆横截面面积均为 500 mm²，弹性模量 E=200 GPa。设沿对角线 AC 方向作用一对 20 kN 的力，试求 A、C 两点的距离改变。

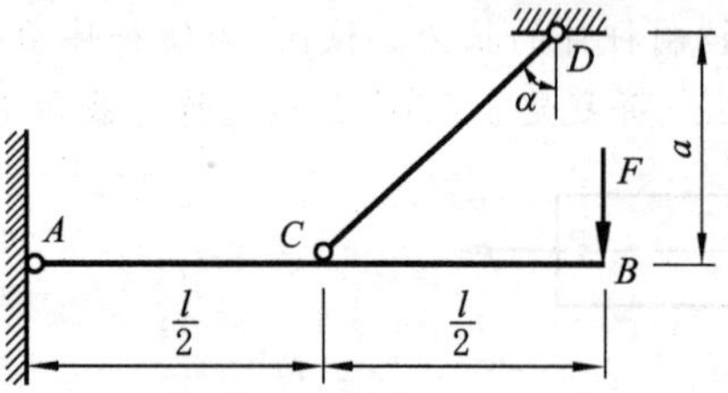

题 2-22 图

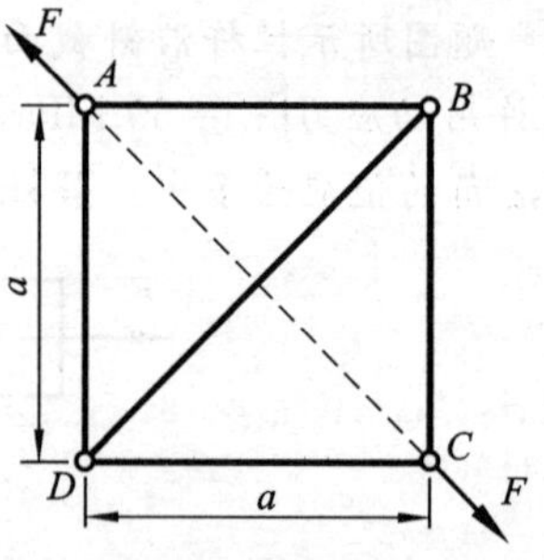

题 2-23 图

2-24　在题图所示结构中，AB 为水平放置的刚性杆，杆 1、2、3 材料相同，弹性模量 E=210 GPa，已知 l=1 m，$A_1=A_2$=100 mm²，A_3=150 mm²，F=20 kN。试求点 C 处的水平位移和铅垂位移。

2-25　一刚性杆 AB 搁于三个相同的弹簧上，在杆上 D 处作用一力 F，如题图所示。已知弹簧刚度系数 $C\left(=\dfrac{F}{\Delta}\right)$，试求 A、B、C 处三个弹簧各受力多少？

2-26　在题图所示结构中，AB 为刚性杆，求杆 1、2 的轴力。

2-27　在题图所示结构中，设杆 AB 为刚性杆，1、2 两杆的横截面面积相等，材料相同，试求 1、2 两杆的内力。

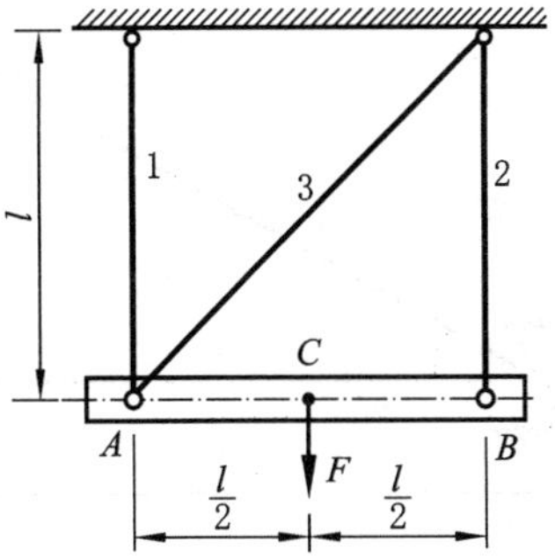

题 2-24 图

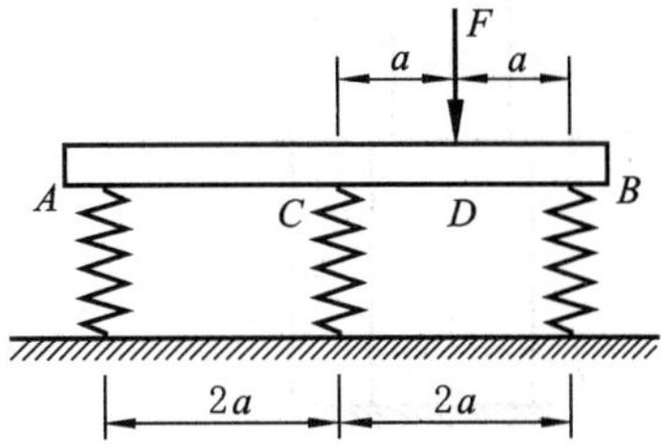

题 2-25 图

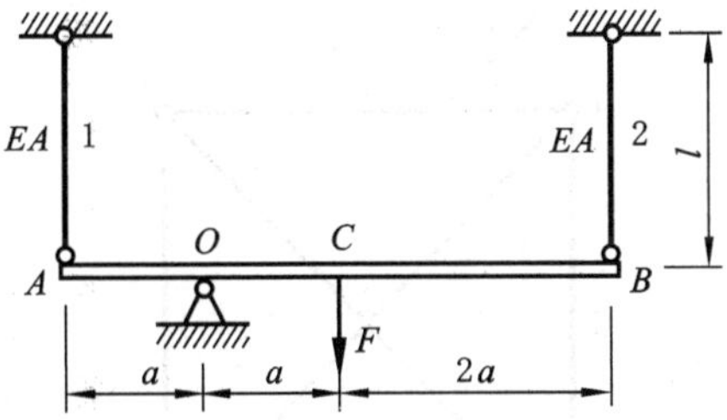

题 2-26 图

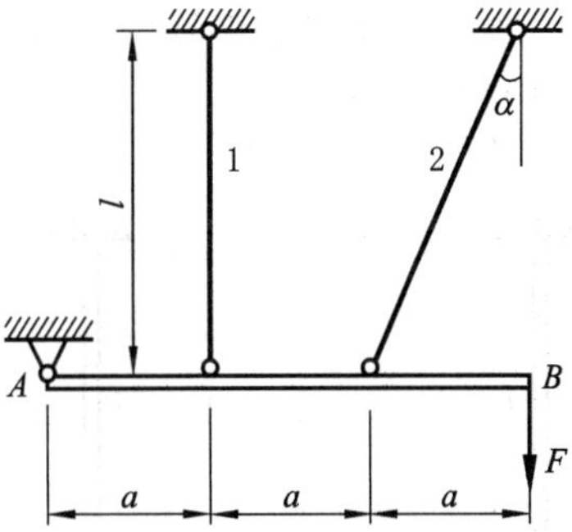

题 2-27 图

2-28　如题图所示，刚性杆 AB 悬挂于两杆 1、2 上，杆 1 的横截面面积为 60 mm^2，杆 2 为 120 mm^2，且两杆材料相同。若 $F=6$ kN，试求 1、2 两杆的轴力及支座 A 处的约束力。

2-29　如题图所示，支架中的三根杆件材料相同，杆 1 的横截面面积为 200 mm^2，杆 2 为 300 mm^2，杆 3 为 400 mm^2。若 $F=30$ kN，试求各杆内的应力。

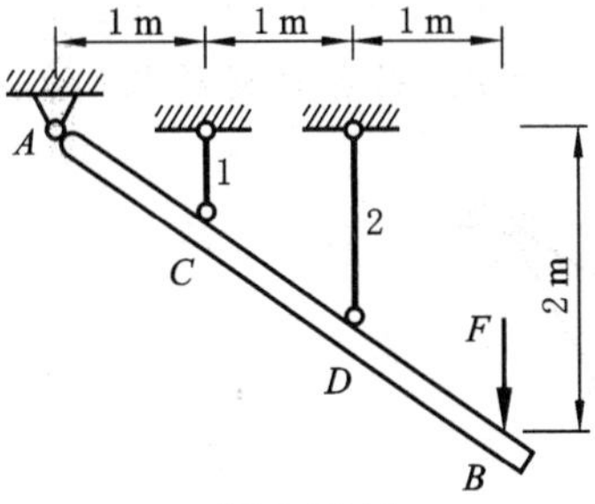

题 2-28 图

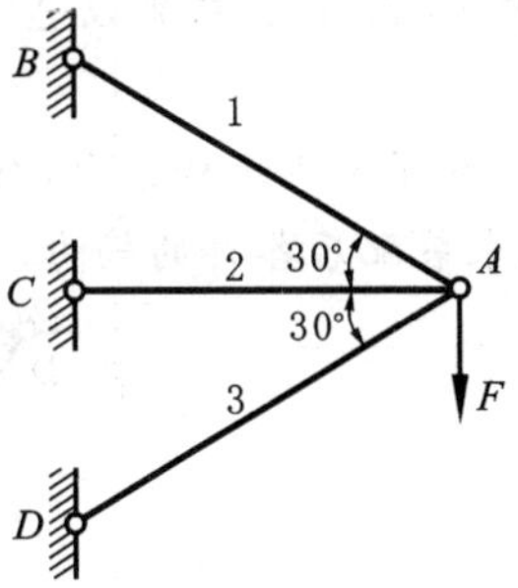

题 2-29 图

2-30　如题图所示，阶梯形钢杆的两端在 $T_1=5$ ℃时被固定，杆件上下两段的横截面面积分别是：$A_{上}=5$ cm^2，$A_{下}=10$ cm^2。当温度升高至 $T_2=25$ ℃时，试求杆内各部分的温度应力。钢材的 $\alpha_l=1.25\times10^{-5}$ ℃$^{-1}$，$E=200$ GPa。

2-31　题图所示杆系的两杆同为钢杆，$E=200$ GPa，$\alpha_l=1.25\times10^{-5}$ ℃$^{-1}$，横截面面积同为 $A=10$ cm^2。若杆 BC 的温度降低 20 ℃，而杆 BD 的温度不变，试求两杆内的应力。

2-32　如题图所示，杆 1 为钢杆，$E_1=210$ GPa，$\alpha_{l1}=1.25\times10^{-5}$ ℃$^{-1}$，$A_1=30$ cm^2。杆 2 为铜杆，$E_2=105$ GPa，$\alpha_{l2}=1.9\times10^{-5}$ ℃$^{-1}$，$A_2=30$ cm^2，载荷 $F=50$ kN。若 AB 为刚性杆，且始终保持水平，试问温度是升高还是降低？并求温度的改变量 ΔT。

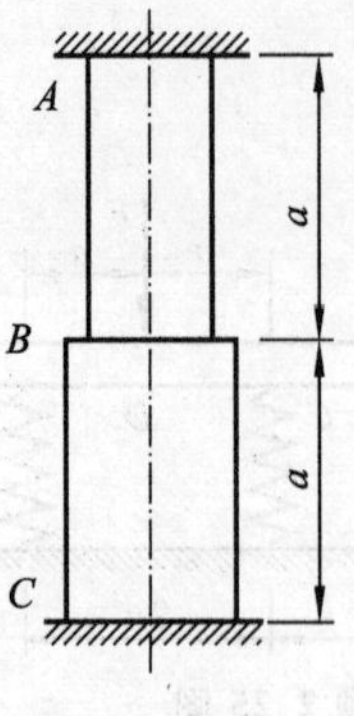

题 2-30 图

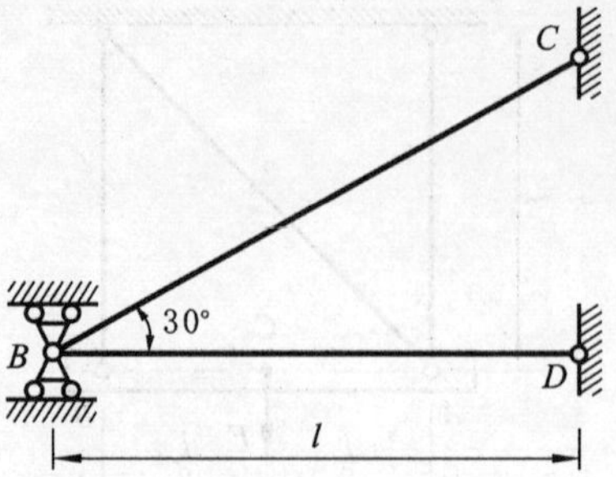

题 2-31 图

2-33 题图所示杆系中的杆 6 比名义长度略短，误差为 δ，诸杆的抗拉(压)刚度同为 EA，试求装配后诸杆的内力。

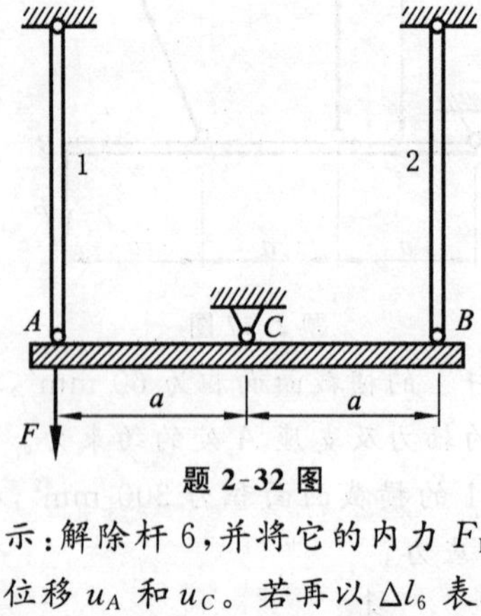

题 2-32 图

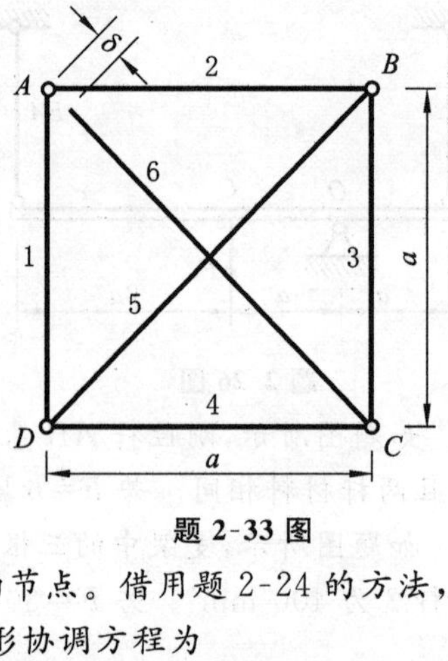

题 2-33 图

提示：解除杆 6，并将它的内力 F_{N6} 作用于 A 和 C 两节点。借用题 2-24 的方法，求出 A、C 两点的位移 u_A 和 u_C。若再以 Δl_6 表杆 6 的伸长，则变形协调方程为

$$u_A + u_C + \Delta l_6 = \delta$$

2-34 在题图所示杆系中，杆 3 比名义长度略短，误差为 δ。若各杆材料相同，横截面面积相等，试求装配后各杆的轴力。

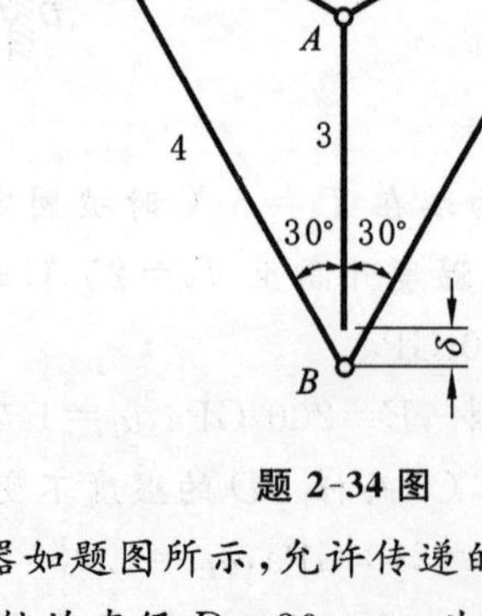

题 2-34 图

2-35 销钉式安全离合器如题图所示，允许传递的外力偶矩 $M=300\ \text{N}\cdot\text{m}$，销钉材料的剪切强度极限 $\tau_b=360\ \text{MPa}$，轴的直径 $D=30\ \text{mm}$，为保证 $M>300\ \text{N}\cdot\text{m}$ 时销钉被剪断，试求销钉的直径 d。

2-36　测定材料剪切强度的剪切器的示意图如题图所示。设圆截面试样的直径 $d=15$ mm，当压力 $F=31.5$ kN 时，试样被剪断，试求材料的名义剪切极限应力。若取许用切应力为 $[\tau]=80$ MPa，试问安全因数等于多大？

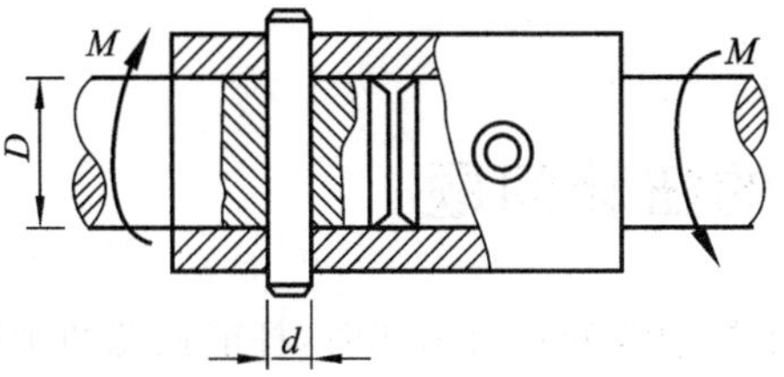

题 2-35 图

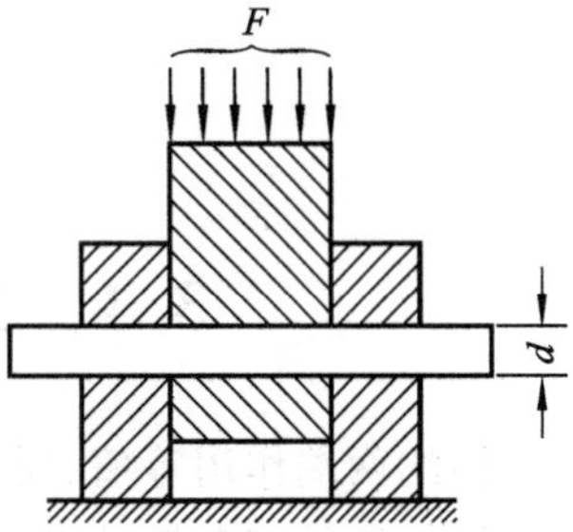

题 2-36 图

2-37　如题图所示，用夹剪剪断直径为 3 mm 的铅丝，若铅丝的剪切极限应力约为 100 MPa，试问需要多大的 F？若销钉 B 的直径为 8 mm，试求销钉横截面上的切应力。

2-38　在厚度 $\delta=5$ mm 的钢板上，冲出一个形状如题图所示的孔，钢板剪断时的剪切强度极限 $\tau_b=300$ MPa，试求冲床所需的冲力 F。

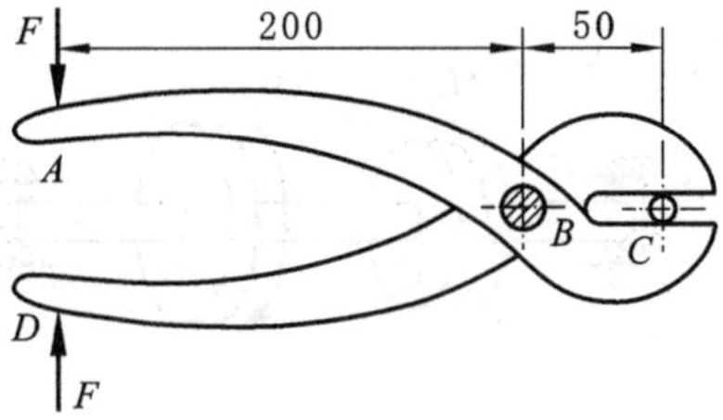

题 2-37 图

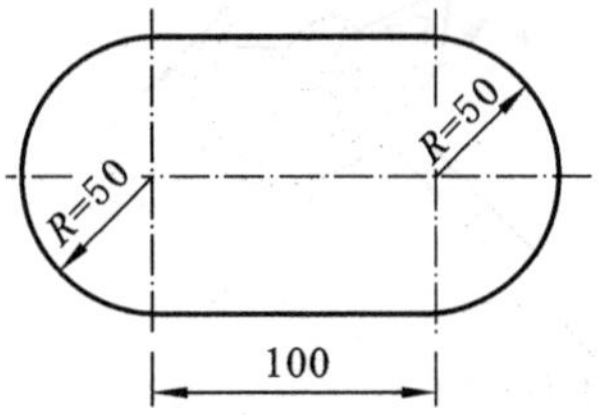

题 2-38 图

2-39　题图所示圆截面杆件，承受轴向拉力 F 作用。设拉杆的直径为 d，端部墩头的直径为 D，高度为 h，试从强度方面考虑，建立三者间的合理比值。已知许用应力$[\sigma]=120$ MPa，许用切应力$[\tau]=90$ MPa，许用挤压应力$[\sigma_{bs}]=240$ MPa。

2-40　如题图所示，用两个铆钉将 140 mm×140 mm×12 mm 的等边角钢铆接在墙壁上，构成支托。若 $F=30$ kN，铆钉的直径为 21 mm，试求铆钉的切应力和挤压应力。

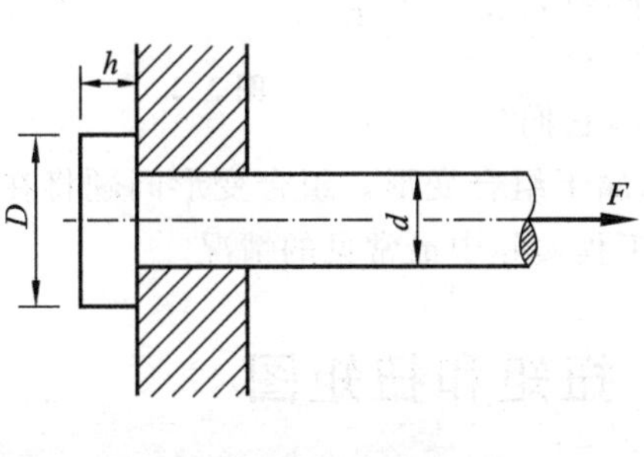

题 2-39 图

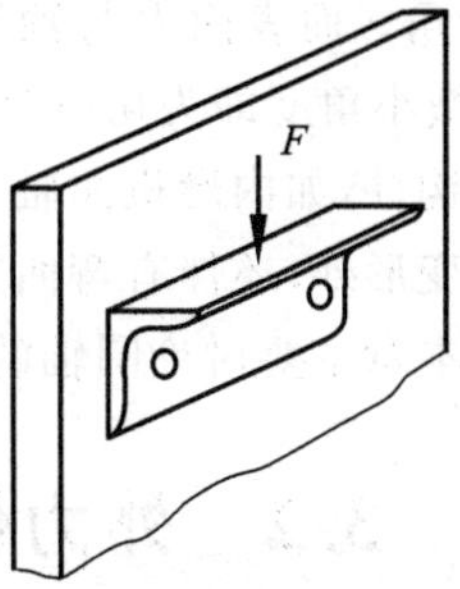

题 2-40 图

3 扭 转

3.1 工程实际中的扭转问题

当在杆件的两端作用等值、反向且作用面垂直于杆轴线的一对力偶时，杆的任意两个横截面都将发生绕轴线的相对转动，这种变形称为**扭转变形**。以扭转为主要变形的杆通常称为**轴**。

在工程实际中，有很多以扭转为主要变形的杆件。如汽车转向轴[图 3-1(a)]、石油钻机中的钻杆[图 3-1(b)]、机器中的传动轴[图 3-1(c)]，还有水轮发电机的主轴、桥梁及厂房空间结构中的某些构件等。

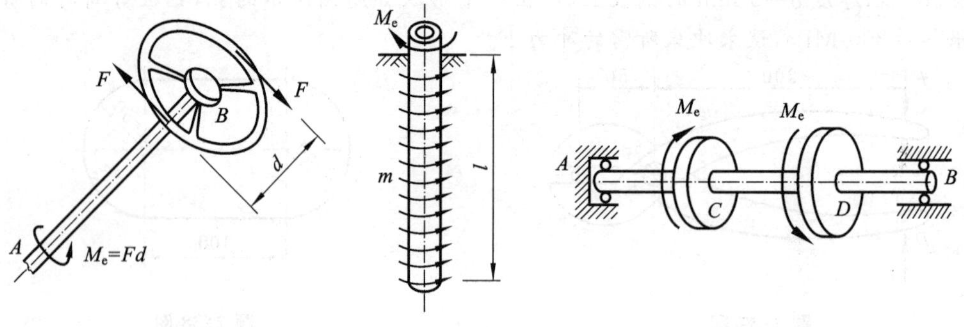

(a) (b) (c)

图 3-1

当杆件发生扭转变形时，任意两个横截面绕杆轴线转动所产生的相对角位移，称为两个横截面的**相对扭转角**，用 φ 表示。图 3-2 中的 φ_{BA} 表示杆件右端的截面 B 相对于左端的截面 A 的扭转角。而表面上与轴线平行的纵向线会倾斜一微小角度，该微小角度即为切应变 γ。

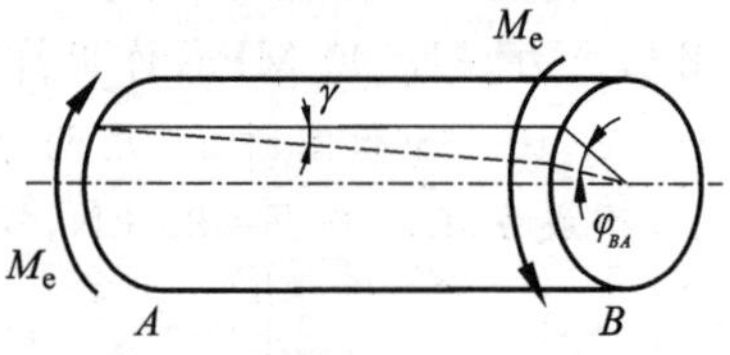

图 3-2

有些受扭构件，如内燃机曲轴的轴颈、电机主轴等，它们除了承受扭转变形外，还伴有弯曲等其他形式的变形，属于组合变形。组合变形问题将在第 8 章专门研究。本章主要讨论圆轴的纯扭转问题，这是工程实际中最常见的情况。

3.2 外力偶矩的计算 扭矩和扭矩图

3.2.1 外力偶矩的计算

工程中常用的传动轴(图 3-3)是通过转动来传递动力的构件，其外力偶矩一般不是直接给出的，通常是已知轴所传递的功率 P 和轴的转速 n。根据理论力学中动力学的知识可知，力

偶在单位时间内所做的功(即功率),等于该轴上作用的外力偶矩 M_e 与轴转动角速度的乘积,即

$$P = M_e \times \omega$$

工程实际中,功率的常用单位为 kW,力偶矩 M_e 与转速 n 的常用单位分别为 N·m 和 r/min。于是上式可变为

$$P \times 10^3 = M_e \times \frac{2\pi n}{60}$$

由此得

$$M_e = 9549 \times \frac{P}{n} \tag{3-1}$$

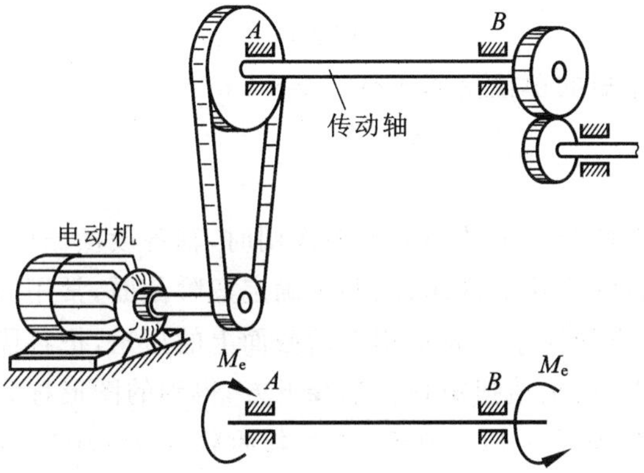

图 3-3

通常,作用在功率输入端的外力偶是带动轴转动的主动力偶,方向和轴的转向一致;作用在功率输出端的外力偶可看作是轴的阻力偶,它的转向和轴的转向相反。同时,由上式可以看出,轴上产生的力偶矩与传递的功率成正比,与轴的转速成反比。因此,在传递同样的功率时,低速轴所受的力偶矩比高速轴大。因此在一个传动系统中,低速轴的直径通常要比高速轴的直径设计得粗一些。

3.2.2 扭矩

如已知受扭圆轴上的外力偶矩,利用截面法同样可以求其任意横截面的内力。图 3-4(a)为一受扭的圆轴,假设外力偶矩为 M_e,求距 A 端距离为 x 的任意截面 m—m 上的内力。假设在截面 m—m 处将圆轴截开,取左部分为研究对象[图 3-4(b)],由于左端受一外力偶 M_e 作用,截面 m—m 上的内力系必将形成一力偶与之平衡。由平衡条件 $\sum M_x = 0$,得内力偶矩 T 和外力偶矩 M_e 的关系

$$T = M_e$$

内力偶矩 T 称为横截面上的**扭矩**。

若截取轴的右段为研究对象,如图 3-4(c)所示,同样可求得截面 m—m 上的扭矩 $T = M_e$。为了使截取不同研究对象所求得的同一截面上的扭矩不仅数值相等,而且符号也相同,可对扭矩符号作如下规定:采用**右手螺旋法则**,用四指表示扭矩的转向,当大拇指的指向与截面的外法线方向相同时,扭矩为正,反之为负。按照这一规则,图 3-4(b)和(c)中从同一截面

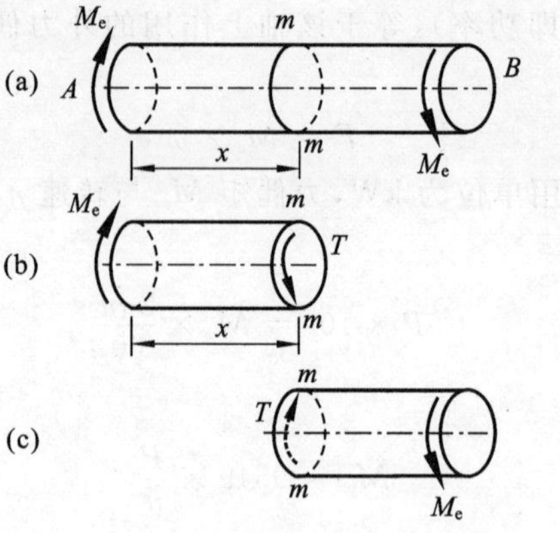

图 3-4

截出的扭矩均为正值。扭矩的单位是 N·m 或 kN·m。

3.2.3 扭矩图

当轴的长度方向上有两个以上的外力偶矩作用时,轴各段横截面上的扭矩将是不相等的。为了清楚地表示扭矩沿轴线变化的规律,以便于确定危险截面,常用与轴线平行的横坐标表示横截面的位置,以与之垂直的纵坐标表示相应横截面上的扭矩,把各段的扭矩绘制在图上。通常将正值扭矩画在轴线上方,负值扭矩画在轴线下方,得到的图形称为**扭矩图**。

【例 3-1】 一传动轴如图 3-5(a)所示,已知轴的转速 $n=300$ r/min,主动轮 A 输入的功率 $P_A=36.7$ kW,从动轮 B、C、D 输出的功率分别为 $P_B=14.7$ kW,$P_C=P_D=11$ kW。试绘制该轴的扭矩图。

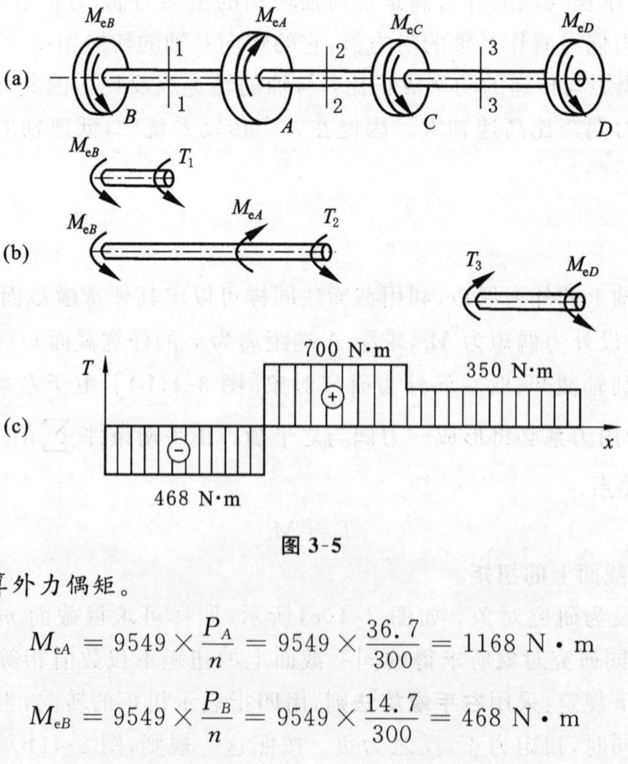

图 3-5

【解】 (1) 计算外力偶矩。

$$M_{eA}=9549\times\frac{P_A}{n}=9549\times\frac{36.7}{300}=1168\ \text{N}\cdot\text{m}$$

$$M_{eB}=9549\times\frac{P_B}{n}=9549\times\frac{14.7}{300}=468\ \text{N}\cdot\text{m}$$

$$M_{eC}=M_{eD}=9549\times\frac{P_C}{n}=9549\times\frac{11}{300}=350\ \text{N}\cdot\text{m}$$

(2) 计算扭矩。从受力情况看出,该轴在 BA、AC、CD 三段内扭矩是不相等的,须分段求出各扭矩值。

在 BA 段内,以 T_1 代表截面 1—1 上的扭矩,并将 T_1 的方向假设成正向,如图 3-5(b)所示。根据平衡条件有

$$T_1=-M_{eB}=-468\ \text{N}\cdot\text{m}$$

等号右边的负号说明,扭矩 T_1 的方向与原假设的方向相反。同理可画出图 3-5(b)中另外两个图形,求得 AC 段内的扭矩为

$$T_2=M_{eA}-M_{eB}=1168-468=700\ \text{N}\cdot\text{m}$$

CD 段内的扭矩为

$$T_3=M_{eD}=350\ \text{N}\cdot\text{m}$$

(3) 画扭矩图。以横坐标表示横截面的位置,用纵坐标表示扭矩的大小,根据各段扭矩的数值和正负号,将正的扭矩画在横线上侧,负的扭矩画在横线下侧,即可得到传动轴的扭矩图[图 3-5(c)]。从图中看出,最大扭矩发生在 AC 段内,其值为 700 N·m。

3.3 薄壁圆筒的扭转

在讨论一般等直圆截面轴的扭转之前,先研究比较简单的扭转问题——薄壁圆筒的扭转。

3.3.1 薄壁圆筒扭转时的切应力

设有一薄壁圆筒[图 3-6(a)],壁厚 t 远小于其平均半径 r_0 $\left(\text{通常 } t\leqslant\frac{r_0}{10}\right)$,两端将受一对大小相等、转向相反而作用面与杆轴线垂直的外力偶作用。加外力偶前,在圆筒表面画上两条相距很近的纵向线和两条圆周线,从而形成图 3-6(a)所示的小矩形方格。

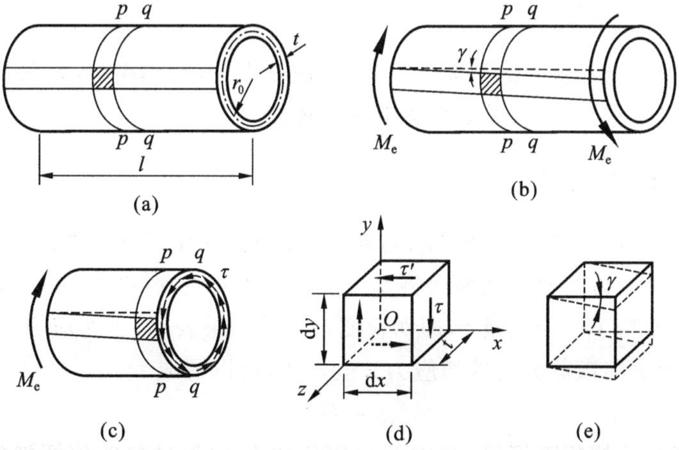

图 3-6

加上外力偶后,可看到以下变形情况:① 圆筒表面圆周线的形状、大小和间距均未改变,

只是绕轴线产生了相对转动。② 纵向线都倾斜了同一微小角度 γ。③ 小矩形方格歪斜成同样大小的平行四边形。以上变形说明圆筒纵向与横向均无变形，线应变 ε 为零，由胡克定律 $\sigma=E\varepsilon$，可得横截面上和纵截面上(包含轴线的截面)正应力 σ 均为零。圆筒表面上方格的直角发生了改变，如图 3-6(b)所示，这种直角的改变量 γ 即为切应变。这个切应变和横截面上沿圆周切线方向的切应力是对应的。由于相邻两圆周线间每个格子的直角改变量相等，并根据材料均匀、连续的假设，可以推知沿圆周各点处切应力的方向与圆周相切，且其数值相等，如图 3-6(c)所示。至于切应力沿壁厚方向的变化规律，由于壁厚 t 远小于平均半径 r_0，故可近似地认为沿壁厚方向各点处切应力的数值无变化(可以证明，当壁厚 t 等于平均直径的 5%时，近似解和精确解的误差不超过 5%)。

根据图 3-6(c)，列平衡方程 $\sum M_x = 0$，可得

$$M_e = 2\pi r_0 t \cdot \tau \cdot r_0$$

所以，横截面上切应力的大小为

$$\tau = \frac{M_e}{2\pi r_0^2 t} = \frac{M_e}{2A_0 t} \tag{3-2}$$

式中，A_0 为平均半径 r_0 所画出的圆的面积。

3.3.2 切应力互等定理

如图 3-6(d)是从薄壁圆筒上取出的对应于图 3-6(a)中小矩形块的正六面体(通常称为单元体)，它的厚度为壁厚 t，宽度和高度分别为 dx、dy。当薄壁圆筒受扭时，此单元体分别对应于 $p—p$、$q—q$ 圆周面的左、右侧面上有切应力 τ，因此在这两个侧面上有剪力 $\tau t dy$，而且这两个侧面上剪力大小相等而方向相反，会形成一个力偶，其力偶矩为 $(\tau t dy)dx$。为保持平衡，上、下两个面上也必须有一对切应力 τ' 形成的力偶(前后两个面是自由表面，既无正应力又无切应力；上下两个面上如果有正应力，是不可能形成力偶的)。对整个单元体，必须满足 $\sum M_z = 0$，即

$$(\tau\, t dy) \cdot dx = (\tau' t dx) \cdot dy$$

可得

$$\tau = \tau' \tag{3-3}$$

上式表明，在一对相互垂直的平面上，切应力成对出现，大小相等，方向共同指向或背离两个面的交线，且与交线垂直，这就是**切应力互等定理**。

3.3.3 剪切胡克定律

在图 3-6(d)所示单元体的上、下、左、右四个侧面上，只有切应力并无正应力，这种情况称为**纯剪切**。纯剪切单元体的相对两侧面将发生微小的相对错动[图 3-6(e)]，使原来互相垂直的两个棱边的夹角改变了一个微量 γ，即切应变。实验结果表明，当切应力不超过材料的剪切比例极限时，切应变 γ 与横截面上的切应力 τ 成正比，可以写成

$$\tau = G\gamma \tag{3-4}$$

上式称为材料的**剪切胡克定律**，式中的比例常数 G 称为材料的**剪切弹性模量**，其量纲与弹性模量 E 的相同。钢材的剪切弹性模量约为 80 GPa。

当切应力达到材料的剪切比例极限后，低碳钢轴也会出现屈服现象，即扭矩不变而相对扭

转角继续增大，屈服终止后，也会出现强化现象(要注意防止薄壁发生皱褶)。因此与拉压胡克定律类似，剪切胡克定律也只有在切应力不超过材料的剪切比例极限 τ_p 时才适用。

3.3.4 三个弹性常数之间的关系

剪切弹性模量、弹性模量和泊松比是表示材料弹性性质的三个常数。对各向同性材料，这三个弹性常数之间存在以下关系

$$G=\frac{E}{2(1+\mu)} \tag{3-5}$$

可见，在三个弹性常数中，只要知道任意两个，第三个量就可以推算出来。

*3.3.5 剪切应变能密度

设从一般构件内部取出任意一纯剪切单元体，其边长分别为 dx、dy 及 dz，如图 3-7(a)所示，此时单元体右侧面上的剪力为 $\tau dydz$。由于剪切变形，右侧面向下错动位移为 γdx(假设左侧面固定不动)。若切应力有一个增量 $d\tau$，切应变的相应增量为 $d\gamma$，右侧面向下位移增量为 $d\gamma dx$，此时的剪力 $\tau dydz$(可看作不变)在位移增量 $d\gamma dx$ 上完成的功为 $\tau dydz \cdot d\gamma dx$。这样，在切应力从零开始逐渐增加的过程中[假设切应力 τ 达到 τ_1 时，切应变达到 γ_1，如图 3-7(b)所示]，右侧面上的剪力 $\tau dydz$ 总共完成的功为

$$dW=\int_0^{\gamma_1}\tau dydz \cdot d\gamma dx$$

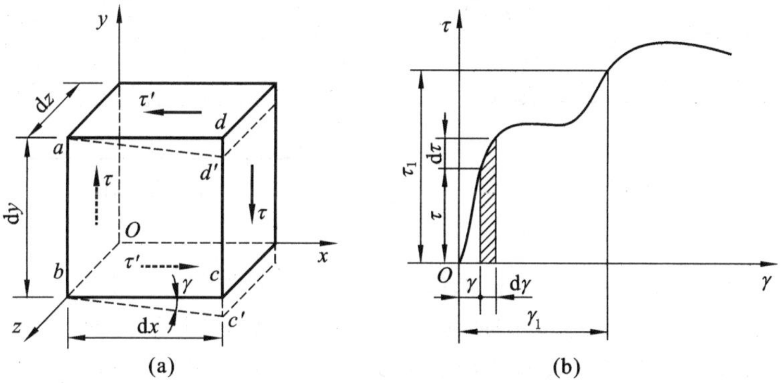

图 3-7

这样，单元体内储存的剪切应变能为

$$dV_\varepsilon=dW=\int_0^{\gamma_1}\tau dydz \cdot d\gamma dx=\left(\int_0^{\gamma_1}\tau d\gamma\right)dV$$

式中，$dV=dxdydz$，则剪切应变能密度为

$$v_\varepsilon=\frac{dV_\varepsilon}{dV}=\int_0^{\gamma_1}\tau d\gamma$$

v_ε 即为 τ-γ 曲线[图 3-7(b)]下的面积(其中 $\tau d\gamma$ 为阴影条面积)。在切应力不超过剪切比例极限的情况下，τ 与 γ 的关系为斜直线，可得

$$v_\varepsilon=\frac{1}{2}\tau\gamma \tag{3-6}$$

利用剪切胡克定律 $\tau=G\gamma$，上式也可改写为

$$v_\varepsilon = \frac{1}{2}\tau\gamma = \frac{\tau^2}{2G} \tag{3-7}$$

3.4 圆轴扭转时的应力 强度计算

3.4.1 横截面上的应力

对于薄壁圆筒的扭转，由于壁厚很小，可认为横截面上的切应力沿壁厚是均匀分布的。对于实心圆轴扭转，这一结论将不再成立，横截面上应力的研究是一个超静定问题，必须从变形的几何关系、物理关系和静力学关系三个方面进行讨论。

(1) **变形几何关系** 取一等截面圆轴，并在其表面等间距地画上一系列的纵向线和圆周线，从而形成一系列的矩形格子，如图 3-8(a)所示。然后在轴两端施加一对大小相等、转向相反的外力偶，圆轴扭转后可在表面观察到与薄壁圆筒相类似的变形现象，如图 3-8(b)所示。圆周线的大小和形状及间距不变，只是绕轴线相对地旋转了一个角度。因此可假设圆轴各横截面变形后仍保持为平面，其形状和大小不变，半径仍保持为直线，即横截面像刚性平面一样绕轴线旋转了一个角度，这个假设称为圆轴扭转时的**平面假设**。上述假设只适用于等直圆截面杆。以平面假设为基础导出的应力和变形公式已被试验所证实。

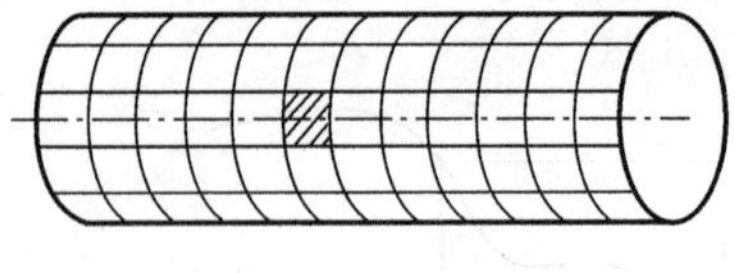

(a) 变形前

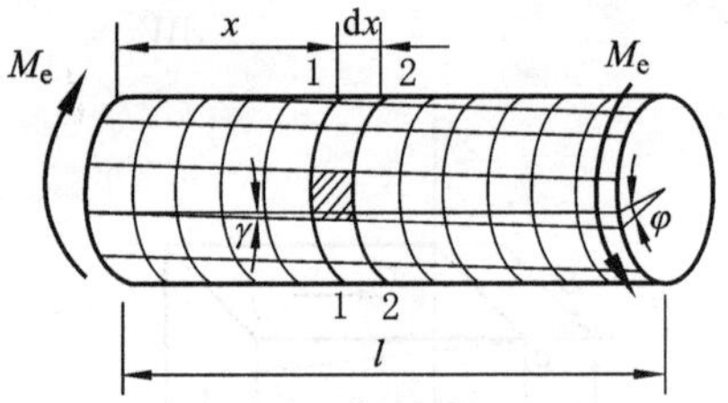

(b) 变形后

图 3-8

用相邻的两个横截面 1 和 2 以及相距很近的两个通过轴线的纵截面，从图 3-9(a)中取出一微段 dx 来研究，放大后如图 3-9(b)所示。根据平面假设，变形后截面 2 将相对截面 1 刚性转过角 $d\varphi$(同样假设截面 1 不动)，半径 O_2C 转到了 O_2C' 的位置，半径 O_2D 转到了 O_2D' 的位置，转过的角度都是 $d\varphi$。半径 R 处(即横截面边缘上)的切应变为

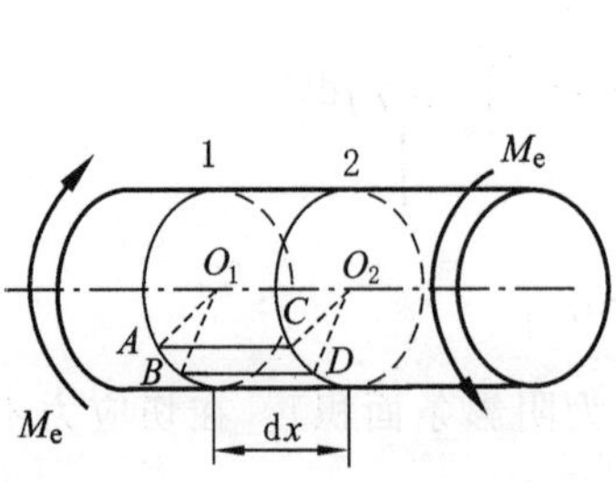

(a)

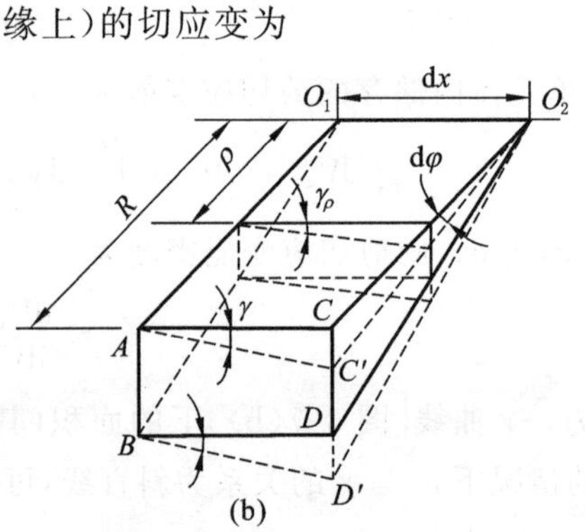

(b)

图 3-9

$$\gamma = \frac{R\mathrm{d}\varphi}{\mathrm{d}x} \tag{a}$$

根据以上圆轴表面观察得到的变形现象，可以假设内部情况也是如此，因此可将圆轴看作是由无数层薄壁圆筒紧密镶套而成。在图 3-9(b)所示的微段中，所有薄壁圆筒皆转过了一个相同的角度 dφ。若从微段中取出半径为 ρ，厚度为 dρ 的薄壁圆筒，其切应变 γ_ρ 为

$$\gamma_\rho \approx \tan\gamma_\rho = \frac{\rho\mathrm{d}\varphi}{\mathrm{d}x} = \rho\frac{\mathrm{d}\varphi}{\mathrm{d}x} \tag{b}$$

式中，$\frac{\mathrm{d}\varphi}{\mathrm{d}x}$为扭转角沿着轴线方向的变化率，对某一指定截面，$\frac{\mathrm{d}\varphi}{\mathrm{d}x}$为一常数。由式(b)可见，横截面上任一点的切应变 γ_ρ 与该点到圆心的距离 ρ 成正比。

(2) **物理关系** 在线弹性范围内，根据剪切胡克定律可知，横截面上任意一点处的切应力应与该点处的切应变成正比，即

$$\tau_\rho = G\gamma_\rho = G\rho\frac{\mathrm{d}\varphi}{\mathrm{d}x} \tag{c}$$

此式说明，横截面上任意一点处切应力 τ_ρ 的大小与该点到圆心的距离 ρ 成正比，这就是圆轴扭转时横截面上切应力的变化规律。由于切应变发生在垂直于半径的平面内，故切应力同样与半径垂直，箭头方向顺着扭矩的转向。圆截面直径上各点切应力的大小和方向的变化规律如图 3-10 所示。

(3) **静力学关系** 上述切应力 τ_ρ 的表达式中，$\frac{\mathrm{d}\varphi}{\mathrm{d}x}$尚未确定，还不能计算出切应力的具体值。因此，还需要从静力学方面来进一步分析。

在横截面内，距圆心为 ρ 处取一微小面积 dA，该微面积上的内力为 τ_ρdA，如图 3-11 所示。横截面上的扭矩可看作是由无数微面积上的内力对圆心之矩构成的，即

$$T = \int_A \tau_\rho \mathrm{d}A \cdot \rho \tag{d}$$

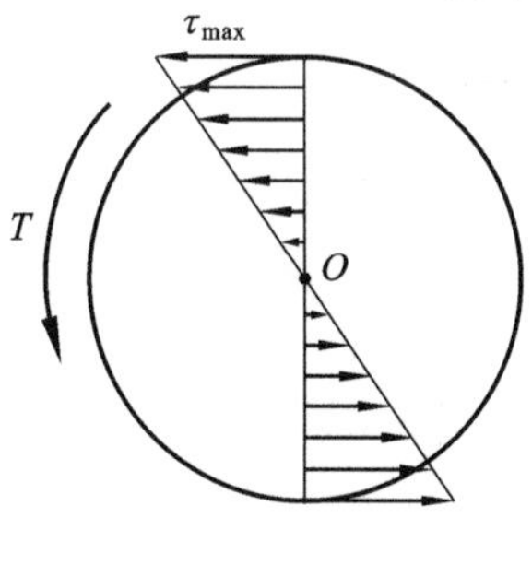

图 3-10

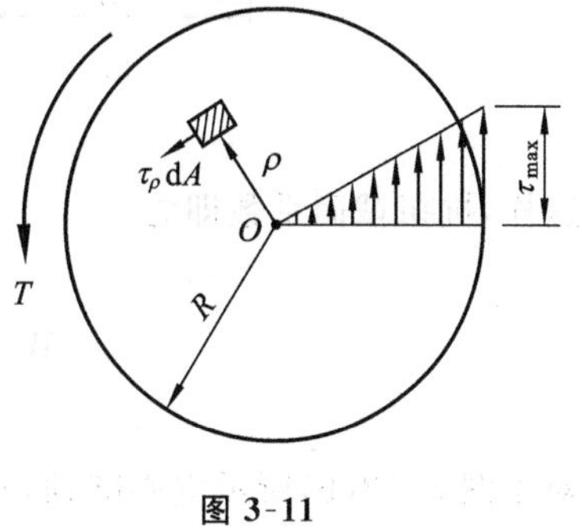

图 3-11

将式(c)代入式(d)，并注意到对于给定的横截面，$\frac{\mathrm{d}\varphi}{\mathrm{d}x}$为一常数，于是

$$T = \int_A G\rho^2\frac{\mathrm{d}\varphi}{\mathrm{d}x}\mathrm{d}A = G\frac{\mathrm{d}\varphi}{\mathrm{d}x}\int_A \rho^2\mathrm{d}A \tag{e}$$

在上式中，用 I_p 表示 $\int_A \rho^2\mathrm{d}A$，称为截面对圆心的**极惯性矩**。量纲为长度的四次方，常用单位为 cm^4 或 mm^4。则有

$$\frac{d\varphi}{dx} = \frac{T}{GI_p} \tag{f}$$

将式(f)代入式(c)，即可得到圆轴扭转时横截面上任一点处切应力的计算公式

$$\tau_\rho = \frac{T\rho}{I_p} \tag{3-8}$$

由上式可见，最大切应力发生在横截面的外圆周上，即 $\rho=R$（半径）处，方向与圆的周边相切。有

$$\tau_{max} = \frac{TR}{I_p} = \frac{T}{\dfrac{I_p}{R}} = \frac{T}{W_p} \tag{3-9}$$

式中，W_p 称为**抗扭截面系数**。量纲为长度的三次方，常用单位为 cm^3 或 mm^3。

3.4.2　极惯性矩和抗扭截面系数

极惯性矩 I_p 一般可通过积分求得，求出后抗扭截面系数 W_p 即可求出，下面进行分析。

对于图 3-12(a)所示实心圆轴，可在圆截面上距圆心 ρ 处取厚度为 $d\rho$ 的环形面积作为微面积 dA，于是 $dA=2\pi\rho d\rho$，从而可得实心圆截面的极惯性矩为

$$I_p = \int_A \rho^2 dA = 2\pi\int_0^{\frac{D}{2}} \rho^3 d\rho = \frac{\pi D^4}{32} \tag{3-10}$$

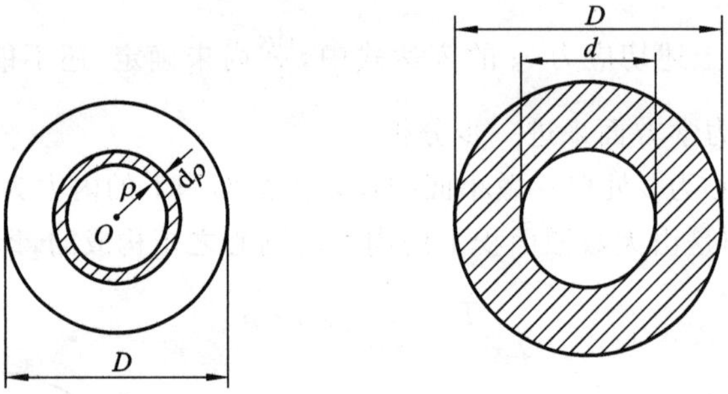

(a)　　(b)

图 3-12

这样，抗扭截面系数即为

$$W_p = \frac{I_p}{\dfrac{D}{2}} = \frac{\dfrac{\pi D^4}{32}}{\dfrac{D}{2}} = \frac{\pi D^3}{16} \tag{3-11}$$

对于图 3-12(b)所示空心圆轴，则有

$$I_p = \int_A \rho^2 dA = 2\pi\int_{\frac{d}{2}}^{\frac{D}{2}} \rho^3 d\rho = \frac{\pi}{32}(D^4 - d^4) = \frac{\pi D^4}{32}(1-\alpha^4) \tag{3-12}$$

式中，$\alpha=\dfrac{d}{D}$ 为空心圆轴内外径之比，由此可得空心圆截面的抗扭截面系数为

$$W_p = \frac{I_p}{\dfrac{D}{2}} = \frac{\pi D^3}{16}(1-\alpha^4) \tag{3-13}$$

3.4.3 斜截面上的应力

前面研究了等直圆杆扭转时横截面上的切应力。但某些构件在受扭时，并不都是沿横截面破坏的。为此需进一步研究任意斜截面上的应力，找出最大应力及其作用面的方位，给构件的破坏分析提供依据。

现分析图 3-13(a)所示纯剪切单元体。由于该单元体的前后两个面无应力，通常将其画成图 3-13(b)所示的平面图。现分析与前后两个面垂直的任一外法线方向与 x 轴方向成 α 角的斜截面 m—m 上的应力。取截面左下角部分为研究对象，设斜截面上的应力为 σ_α 和 τ_α，面积为 dA[图 3-13(c)]。单元体在 τ、τ' 及 σ_α、τ_α 的共同作用下处于平衡。选取斜截面的外法线 n 及切线 t 为投影轴，写出平衡方程

$$\sum F_n = 0,\quad \sigma_\alpha dA + \tau dA\cos\alpha \cdot \sin\alpha + \tau' dA\sin\alpha \cdot \cos\alpha = 0$$

和

$$\sum F_t = 0,\quad \tau_\alpha dA - \tau dA\cos\alpha \cdot \cos\alpha + \tau' dA\sin\alpha \cdot \sin\alpha = 0$$

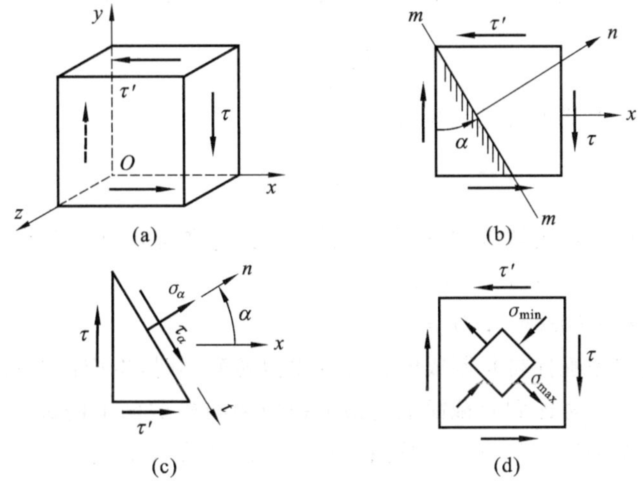

图 3-13

利用切应力互等，经整理得

$$\sigma_\alpha = -\tau\sin 2\alpha \tag{3-14}$$

和

$$\tau_\alpha = \tau\cos 2\alpha \tag{3-15}$$

由式(3-14)可知，在 $\alpha=\pm 45^\circ$(α 角由 x 轴转起，逆时针转到截面外法线 n 时为正)的两斜截面上正应力达到极值，分别为

$$\sigma_{-45^\circ} = \sigma_{max} = +\tau$$

和

$$\sigma_{45^\circ} = \sigma_{min} = -\tau$$

即两斜截面上的正应力，一截面上为拉应力，另一截面上为压应力，其绝对值均为 τ，如图 3-13(d)所示。

而由式(3-15)可知，当 $\alpha=0^\circ$ 和 90° 时，切应力绝对值最大，均等于 τ。因此，最大、最小正

应力的作用面与最大切应力的作用面之间都成 45°。

上述分析结果，可在圆周扭转破坏现象中得到证实。对于剪切强度低于拉伸强度的材料（如低碳钢），是从杆的最外层沿横截面发生剪切破坏的，如图 3-14(a)所示。而对于拉伸强度低于剪切强度的材料（如铸铁），是从杆的最外层沿与杆轴线成 45°的斜截面拉断的，如图 3-14(b)所示。再如木材，它的顺纹抗剪强度最低，所以当木材受扭时，通常是沿通过轴线的纵向截面破坏的。

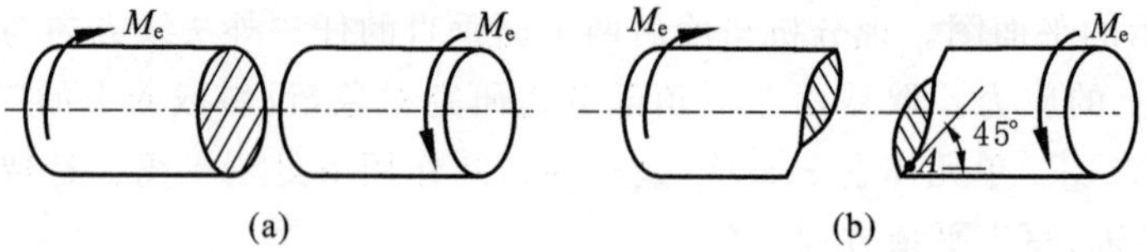

图 3-14

3.4.4 圆轴扭转强度条件

为确保圆轴扭转时不破坏，工程上要求其最大切应力不超过材料的许用切应力[τ]，即

$$\tau_{\max} = \left(\frac{T}{W_p}\right)_{\max} \leqslant [\tau] \tag{3-16}$$

对于等截面圆轴，上式可直接改写为

$$\tau_{\max} = \frac{T_{\max}}{W_p} \leqslant [\tau] \tag{3-17}$$

试验表明，材料扭转许用切应力[τ]和许用拉应力[σ]之间有如下关系：

塑性材料　　$[\tau]=(0.5\sim0.6)[\sigma]$

脆性材料　　$[\tau]=(0.8\sim1.0)[\sigma]$

此外，对于用铸铁等脆性材料制成的杆件发生扭转变形时，本应依据斜截面上的最大拉应力来建立其强度条件，但考虑到斜截面上的最大拉应力与横截面上的最大切应力之间的固定关系，故工程上仍习惯采用式(3-17)进行强度计算。这在形式上虽然模糊了构件扭转破坏的实质，但实质上是一样的。

根据强度条件同样可以对轴进行三类问题的计算：校核强度、设计截面尺寸和确定许可载荷。

【例 3-2】 轴 AB 传递的功率为 $P=7.5$ kW，转速 $n=360$ r/min，如图 3-15 所示。AC 段为实心圆截面，CB 段为空心圆截面，已知 $D=30$ mm，$d=20$ mm。试分别计算轴内各段上的最大与最小切应力。

【解】 (1) 计算扭矩。轴所受的外力偶矩为

$$M_e = 9549\times\frac{P}{n} = 9549\times\frac{7.5}{360} = 199\ \text{N}\cdot\text{m}$$

由截面法可知，各段上的扭矩都为

$$T = M_e = 199\ \text{N}\cdot\text{m}$$

(2) 计算极惯性矩。AC 段和 CB 段横截面的极惯性矩分别为

$$I_{p1} = \frac{\pi D^4}{32} = 7.95\times10^4\ \text{mm}^4$$

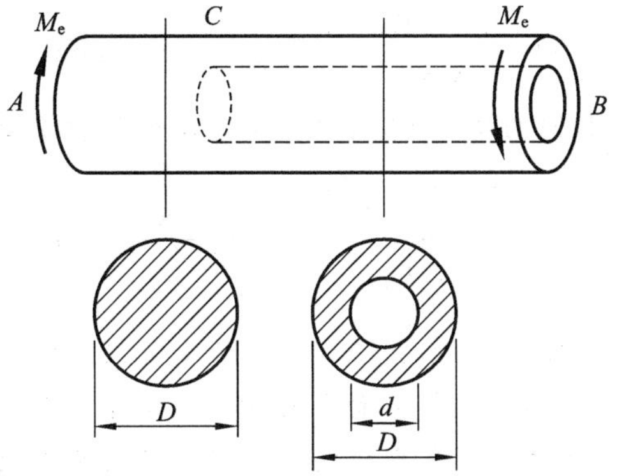

图 3-15

$$I_{p2} = \frac{\pi}{32}(D^4 - d^4) = 6.38 \times 10^4 \text{ mm}^4$$

(3) 计算应力。AC 段轴内最大与最小切应力分别为

$$\tau_{1,\max} = \frac{T}{I_{p1}} \cdot \frac{D}{2} = 3.75 \times 10^7 \text{ Pa} = 37.5 \text{ MPa}$$

$$\tau_{1,\min} = 0$$

CB 段轴内最大与最小切应力分别为

$$\tau_{2,\max} = \frac{T}{I_{p2}} \cdot \frac{D}{2} = 4.68 \times 10^7 \text{ Pa} = 46.8 \text{ MPa}$$

$$\tau_{2,\min} = \frac{T}{I_{p2}} \cdot \frac{d}{2} = 3.12 \times 10^7 \text{ Pa} = 31.2 \text{ MPa}$$

【例 3-3】 汽车车身下的主传动轴由 45 号无缝钢管制成，外径 $D=90$ mm，壁厚 $\delta=2.5$ mm，工作时的最大扭矩 $T=1.5$ kN·m，若材料的许用切应力$[\tau]=60$ MPa，试校核该轴的强度。

【解】 主传动轴的内外径之比

$$\alpha = \frac{d}{D} = \frac{90 - 2 \times 2.5}{90} = 0.944$$

所以抗扭截面系数为

$$W_p = \frac{\pi D^3}{16}(1 - \alpha^4) = \frac{\pi \times 90^3}{16}(1 - 0.944^4) = 2.94 \times 10^4 \text{ mm}^3$$

轴内的最大切应力为

$$\tau_{\max} = \frac{T}{W_p} = \frac{1500}{2.94 \times 10^4 \times 10^{-9}} = 51 \text{ MPa} < [\tau]$$

所以主传动轴满足强度条件。

【例 3-4】 如把上题中的汽车主传动轴改为实心轴，要求它与原来的空心轴强度相同，试确定实心轴的直径，并比较空心轴和实心轴的重量。

【解】 设实心轴的直径为 D_1。如要求强度相同，即实心轴的最大切应力也为 51 MPa，即

$$\tau_{\max} = \frac{T}{W_p} = \frac{1500}{\frac{\pi D_1^3}{16}} = 51 \text{ MPa}$$

可得

$$D_1 = \sqrt[3]{\frac{16 \times 1500}{\pi \times 51 \times 10^6}} = 53.1\ \text{mm}$$

在两轴长度相等、材料相同的情况下，两轴重量之比等于横截面面积之比，即

$$\frac{A_{空}}{A_{实}} = \frac{\frac{\pi}{4}(D^2 - d^2)}{\frac{\pi}{4}D_1^2} = \frac{90^2 - 85^2}{53.1^2} = 0.31$$

此结果表明，在其他条件相同的情况下，空心轴的重量只是实心轴重量的31%，其节省材料是非常明显的。这是由于实心圆轴横截面上的切应力沿半径呈线性规律分布，圆心附近点的应力很小(图3-10)，这部分材料没有充分发挥作用。若把圆心附近的材料向外转移，使其成为空心轴，就会增大I_p或W_p，从而提高轴的强度。当然，空心轴的壁厚也不能过薄，否则会发生局部皱折而丧失其承载能力(即丧失稳定性)。

3.5 圆轴扭转时的变形 刚度计算

3.5.1 圆轴扭转时的变形

圆轴扭转时的变形，可用相对扭转角来度量。由前面切应力的公式推导中可求出相距为dx的两横截面间的相对扭转角为

$$d\varphi = \frac{T}{GI_p}dx \tag{3-18}$$

则相距l的两横截面间的相对扭转角为

$$\varphi = \int_0^l d\varphi = \int_0^l \frac{T}{GI_p}dx$$

若两横截面之间的扭矩T不变，轴为等直杆(I_p不变)，且材料不变(G不变)，则在长为l的轴段内，$\frac{T}{GI_p}$为常量，上式即可变为

$$\varphi = \frac{Tl}{GI_p} \tag{3-19}$$

式中，φ的单位为rad。

上式表明，相对扭转角与扭矩T、轴长l成正比，与GI_p成反比。当材料的剪切弹性模量G越大、极惯性矩I_p越大时，即圆轴的GI_p越大，扭转变形就越小。所以GI_p称为圆轴的**抗扭刚度**。

若两横截面之间T有变化，或极惯性矩I_p有变化，亦或材料不同(剪切弹性模量G有变化)，则应通过积分或分段计算出各段的相对扭转角，然后按代数值相加，即

$$\varphi = \sum_{i=1}^{n} \frac{T_i l_i}{G_i I_{pi}} \tag{3-20}$$

在其他条件相同的前提下，轴的长度越长，两端的相对扭转角将越大。因此，在工程中，对于受扭圆轴的刚度通常采用相对扭转角沿杆长度的变化率$\frac{d\varphi}{dx}$来度量，用φ'表示，称为**单位长度扭转角**。即

$$\varphi' = \frac{d\varphi}{dx} = \frac{T}{GI_p} \tag{3-21}$$

3.5.2 圆轴扭转刚度条件

杆件扭转时，有时即使满足了强度条件也不一定就能保证正常工作。例如机器中的轴，如果变形过大就会影响机器的加工精度或在轴的转动中产生较大的振动。因此，必须对扭转变形加以限制。通常限制单位长度扭转角的最大值 φ'_{max}不超过某一允许值[φ']，即应满足刚度条件

$$\varphi'_{max} = \frac{T_{max}}{GI_p} \leqslant [\varphi'] \quad (rad/m) \tag{3-22a}$$

式中，[φ']称为许可单位长度扭转角，其单位为弧度/米(rad/m)。在工程实际中，[φ']常用的单位是度/米((°)/m)。此时为了使 φ'的单位与[φ']一致，故刚度条件又可写为

$$\varphi'_{max} = \frac{T_{max}}{GI_p} \times \frac{180°}{\pi} \leqslant [\varphi'] \quad ((°)/m) \tag{3-22b}$$

[φ']的数值，可根据载荷的性质及轴的工作条件等因素来确定，在有关手册中可查到。例如，对于精密机器的轴：[φ']=(0.15～0.30) (°)/m ；一般传动轴可放宽到 2 (°)/m。

根据刚度条件同样可以对轴进行三类问题的计算：校核刚度、设计截面尺寸和确定许可载荷。

【例 3-5】 图 3-16(a)所示轴的直径 d=50 mm，剪切弹性模量 G=80 GPa，试计算该轴左右两端面间的相对扭转角。

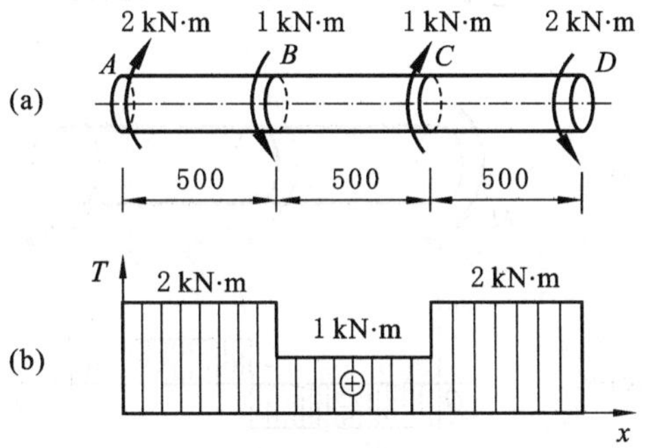

图 3-16

【解】 两端面之间扭转角 φ_{AD} 可写为

$$\varphi_{AD} = \varphi_{AB} + \varphi_{BC} + \varphi_{CD}$$

先作扭矩图[图 3-16(b)]，然后分段求出扭转角，有

$$\varphi_{AD} = \frac{T_{AB}l}{GI_p} + \frac{T_{BC}l}{GI_p} + \frac{T_{CD}l}{GI_p} = \frac{l}{GI_p}(2T_{AB} + T_{BC})$$

式中，$I_p = \frac{\pi d^4}{32} = \frac{\pi}{32} \times 50^4 = 6.133 \times 10^5\ mm^4$，所以

$$\varphi_{AD} = \frac{0.5}{80 \times 10^9 \times 6.133 \times 10^5 \times 10^{-12}}(2 \times 2000 + 1000) = 0.051\ rad$$

【例 3-6】 主传动钢轴，传递功率 P=60 kW，转速 n=250 r/min，传动轴的许用切应力[τ]=40 MPa，许可单位长度扭转角[φ']=0.5 (°)/m，剪切弹性模量 G=80 GPa，试设计传动

轴所需的直径。

【解】 (1) 计算轴的扭矩。

$$T = M_e = 9549 \times \frac{60}{250} = 2292\ \text{N} \cdot \text{m}$$

(2) 根据强度条件求所需直径。

$$\tau_{\max} = \frac{T}{W_p} = \frac{16T}{\pi d^3} \leqslant [\tau]$$

$$d \geqslant \sqrt[3]{\frac{16T}{\pi[\tau]}} = \sqrt[3]{\frac{16 \times 2292}{\pi \times 40 \times 10^6}} = 66.3\ \text{mm}$$

(3) 根据刚度条件求直径。

$$\varphi' = \frac{T}{GI_p} \times \frac{180}{\pi} \leqslant [\varphi']$$

$$d \geqslant \sqrt[4]{\frac{32T \times 180}{G\pi^2[\varphi']}} = \sqrt[4]{\frac{32 \times 2292 \times 180}{80 \times 10^9 \times \pi^2 \times 0.5}} = 76.0\ \text{mm}$$

故应按刚度条件确定传动轴的直径,最后可取 $d=76$ mm。

*【例 3-7】 两端固定的圆截面杆 AB,在截面 C 处受外力偶 M_C 作用,如图 3-17(a)所示。试求两固定端的反力偶矩。

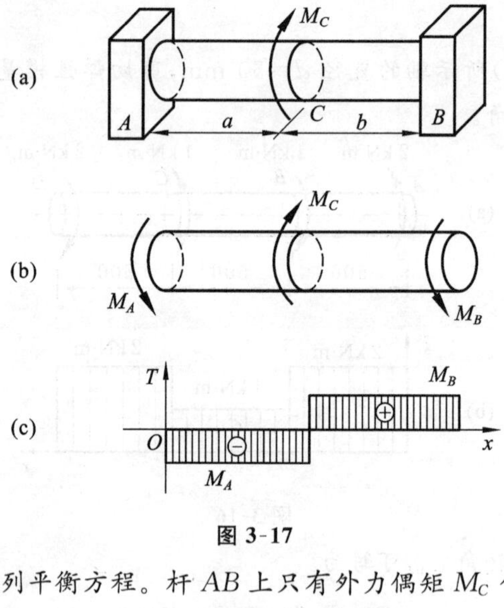

图 3-17

【解】 (1) 受力分析,列平衡方程。杆 AB 上只有外力偶矩 M_C 作用,故两固定端约束力为反力偶,受力图如图 3-17(b)所示,作出的扭矩图如图 3-17(c)所示。可列出的唯一平衡方程如下:

$$M_A + M_B = M_C \tag{a}$$

所以此问题为扭转超静定问题。

(2) 变形几何条件。杆两端为固定端约束,因此两端相对扭转角为零,即

$$\varphi_{AB} = \varphi_{AC} + \varphi_{CB} = 0 \tag{b}$$

(3) 物理条件。由图 3-17(b)可知,扭矩与相对扭转角的关系为

$$\varphi_{AC} = -\frac{M_A a}{GI_p}, \quad \varphi_{CB} = \frac{M_B b}{GI_p} \tag{c}$$

(4) 联立求解。将式(c)代入式(b),可得

$$-M_A a + M_B b = 0 \tag{d}$$

由式(a)、式(d)解得

$$M_A = \frac{b}{a+b}M_C, \quad M_B = \frac{a}{a+b}M_C$$

*3.6 非圆截面杆扭转

3.6.1 非圆截面杆扭转的概念

前面讨论的是圆截面杆的扭转,但在工程实际中也经常采用非圆截面杆做传动轴。例如农业机械中有时采用方轴为传动轴,曲轴的曲柄也为矩形截面[图 3-18(a)],它们都承受扭矩。非圆截面杆扭转与圆截面杆扭转的差别在于非圆截面杆扭转变形后,截面周线将变为空间曲线,即截面发生翘曲而成为曲面,如图 3-18(b)所示,此时平面假设不再成立。

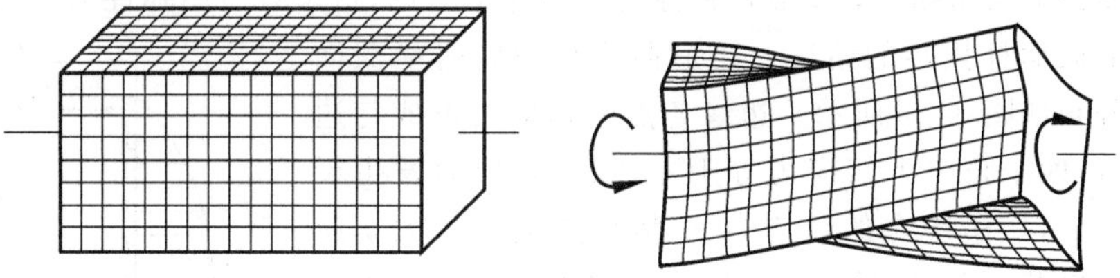

(a) (b)

图 3-18

等直非圆杆在扭转时横截面虽发生翘曲,但当等直杆在两端受外力偶作用,且端面可以自由翘曲时,其相邻两横截面的翘曲程度完全相同[图 3-18(b)],横截面上仍然只有切应力而没有正应力,这种情况称为**纯扭转**(或**自由扭转**)。

若由于约束条件或受力条件的限制,造成杆件各横截面的翘曲程度不同,这势必引起相邻两截面间纵向纤维的长度改变,于是横截面上除切应力外还有正应力,这种情况称为**约束扭转**。图 3-19 所示即为工字钢约束扭转的示意图。像工字钢、槽钢等薄壁杆件,约束扭转时横截面上的正应力往往是相当大的。但一些实体杆件,如截面为矩形或椭圆形的杆件,因约束扭转而引起的正应力很小,与自由扭转并无太大差别。

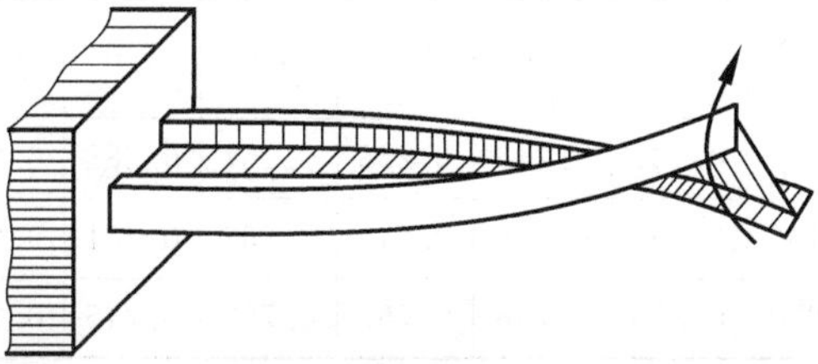

图 3-19

可以证明,杆件扭转时,横截面边缘上各点的切应力都与截面边界相切(图 3-20)。因为,边缘各点的切应力如不与边界相切,总可分解为边界切线方向的分量 τ_t 和法线方向的分量 τ_n。根据切应力互等定理,τ_n 应与杆件自由表面上的切应力 τ'_n 相等,但在自由表面上不可能

有切应力 τ_n'，即 $\tau_n'=\tau_n=0$。这样，在边缘上各点，就只可能有沿边界切线方向的切应力 τ_t。

而在横截面的凸角处，如果有切应力，同样可以把它分解成分别沿 ab 边和 ac 边法线的分量 τ_1 和 τ_2，但按照上面的证明，τ_1 和 τ_2 皆应等于零，故截面凸角处的切应力等于零（图 3-21）。

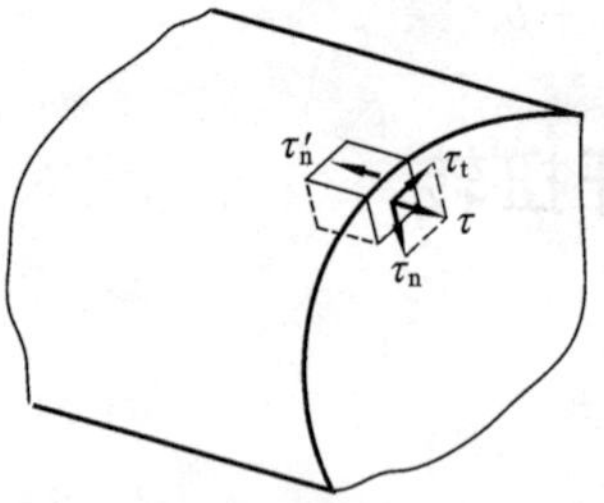

图 3-20

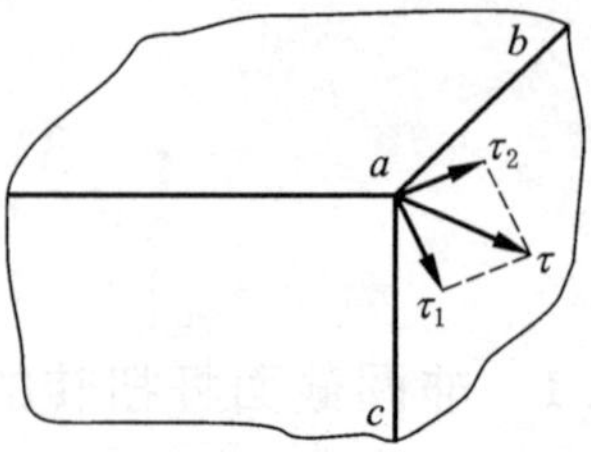

图 3-21

3.6.2 等直非圆杆扭转时的应力和变形

非圆截面杆的自由扭转，一般在弹性力学中详细讨论，这里只引用弹性力学的一些结论，且只限于矩形截面杆扭转的情况。矩形截面杆扭转时横截面上的切应力分布如图 3-22 所示。边缘各点的切应力形成与边界相切的顺流，四个角点上切应力等于零，最大切应力发生于矩形长边的中点，短边中点的切应力 τ_1 是短边上的最大切应力。下面给出横截面上最大切应力、短边中点的切应力和单位长度扭转角的计算公式。

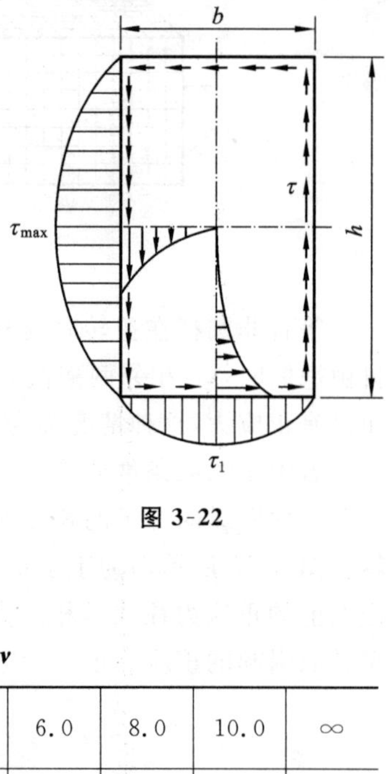

图 3-22

$$\tau_{\max}=\frac{T}{\alpha hb^2} \tag{3-23}$$

$$\tau_1=\nu\tau_{\max} \tag{3-24}$$

$$\varphi'=\frac{T}{G\beta hb^3} \tag{3-25}$$

式中因数 α、β、ν 可由表 3-1 查得，其值随矩形截面的比值 $m=\frac{h}{b}$ 而变化。

表 3-1　矩形截面杆扭转时的因数 α、β 和 ν

$m=\frac{h}{b}$	1.0	1.2	1.5	2.0	2.5	3.0	4.0	6.0	8.0	10.0	∞
α	0.208	0.219	0.231	0.246	0.258	0.267	0.282	0.299	0.307	0.313	0.333
β	0.141	0.166	0.196	0.229	0.249	0.263	0.281	0.299	0.307	0.313	0.333
ν	1.000	0.930	0.858	0.796	0.767	0.753	0.745	0.743	0.743	0.743	0.743

当 $m=\frac{h}{b}>10$ 时，截面成为狭长矩形。这时

$$\alpha=\beta\approx\frac{1}{3},\quad \nu=0.743$$

在狭长矩形截面上，扭转切应力的变化规律如图 3-23 所示。虽然最大切应力发生在长边的中

点，但沿长边各点的切应力实际上变化不大，接近相等，在靠近短边处才迅速减小为零。

【例 3-8】 某柴油机曲轴的曲柄为一矩形截面，其尺寸为：$h=102$ mm，$b=22$ mm，杆的两端受扭转力偶 $M_e=281$ N·m 作用，试求横截面上的最大切应力。

【解】 查表 3-1 可求 α

由于

$$\frac{h}{b}=\frac{102}{22}=4.64$$

采用插值法得

$$\alpha=0.282+\frac{(0.299-0.282)\times 0.64}{2}=0.287$$

代入式(3-23)，得

$$\tau_{\max}=\frac{T}{\alpha hb^2}=\frac{281}{0.287\times 102\times 22^2\times 10^{-9}}=19.8\ \text{MPa}$$

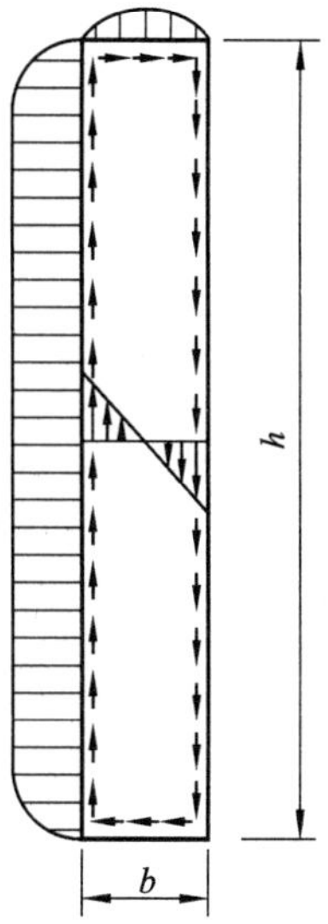

图 3-23

习　题

3-1　作题图所示各杆的扭矩图。

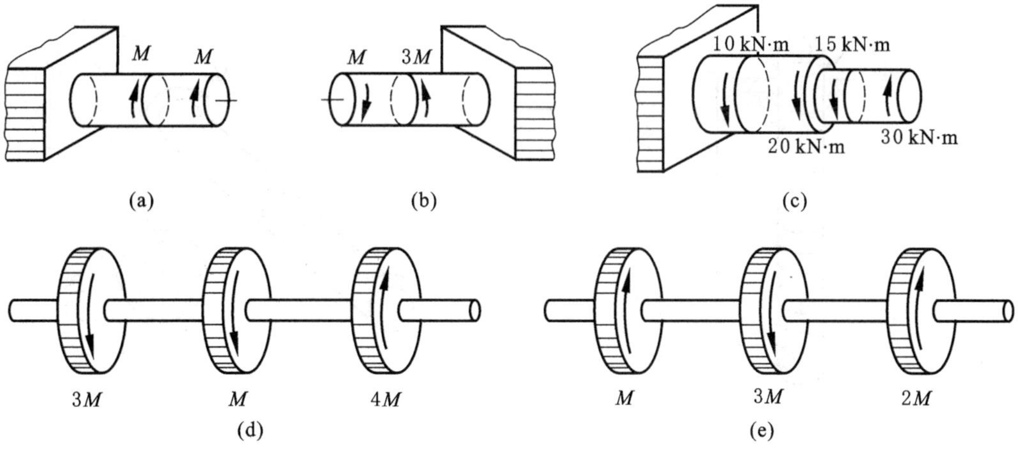

题 3-1 图

3-2　一传动轴如题图所示，已知 $M_A=1.3$ kN·m，$M_B=3$ kN·m，$M_C=1$ kN·m，$M_D=0.7$ kN·m；各段轴的直径分别为：$d_{AB}=50$ mm，$d_{BC}=75$ mm，$d_{CD}=50$ mm。试：

(1) 画出扭矩图；

(2) 求截面 1—1、2—2、3—3 上的最大切应力。

3-3　题图所示的空心圆轴，外径 $D=80$ mm，内径 $d=62.5$ mm，承受外力偶矩 $M_e=1000$ N·m。试：

(1) 求 $\tau_{\max}$、$\tau_{\min}$；

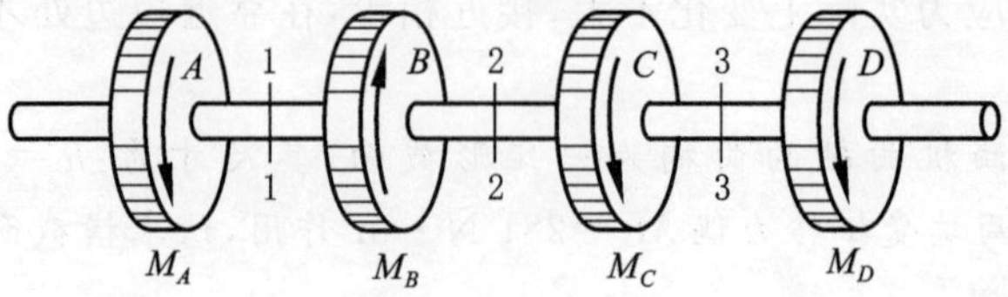

题 3-2 图

（2）绘出横截面上的切应力分布图；

（3）求单位长度扭转角，已知 $G=80$ GPa。

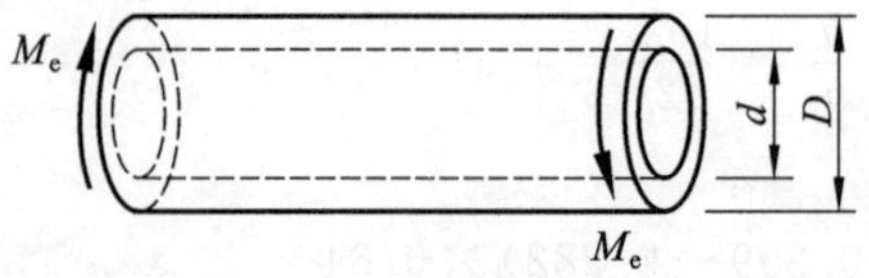

题 3-3 图

3-4　一钻探机的功率为 10 kW，转速 $n=180$ r/min。钻杆钻入土层的深度 $l=40$ m，如题图所示。假设土壤对钻杆的阻力可看作是均匀分布的力偶，试求分布力偶的集度 m，并作钻杆的扭矩图。

3-5　题图所示实心圆轴的直径 $d=100$ mm，长 $l=1$ m，其两端所受外力偶矩 $M_e=14$ kN·m，材料的剪切弹性模量 $G=80$ GPa。试求：

（1）最大切应力及两端截面间的相对扭转角；

（2）图示截面上三点 A、B、C 处切应力的数值及方向；

（3）点 C 处的切应变。

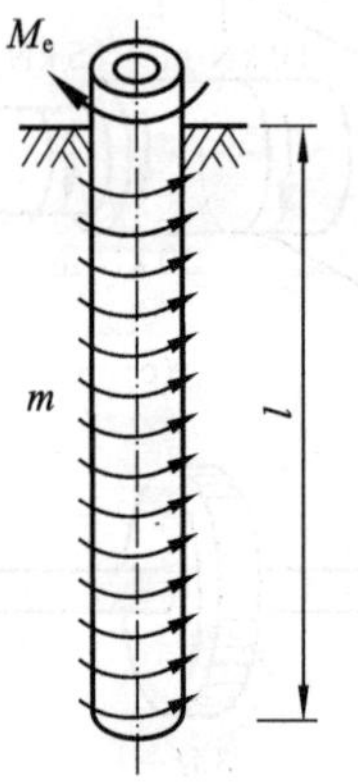

题 3-4 图

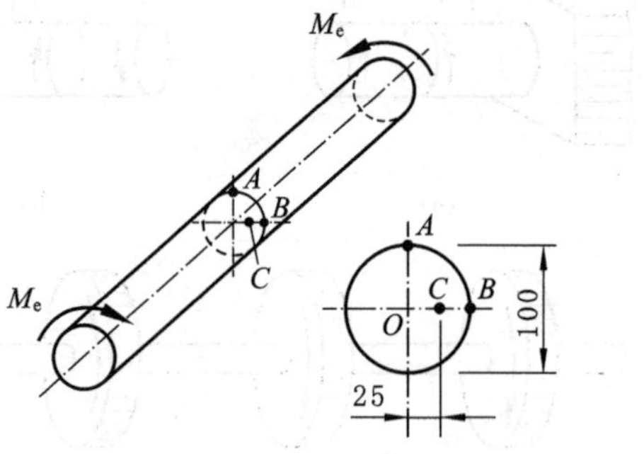

题 3-5 图

3-6　实心圆轴的直径 $d=50$ mm，扭矩 $T=1$ kN·m，$G=82$ GPa。试求 $\rho=d/4$ 处的切应力和切应变，并求最大切应力及单位长度扭转角。

3-7　阶梯圆轴如题图所示，$G=82$ GPa。试求最大切应力及相对扭转角 φ_{AB} 和 φ_{AC}。

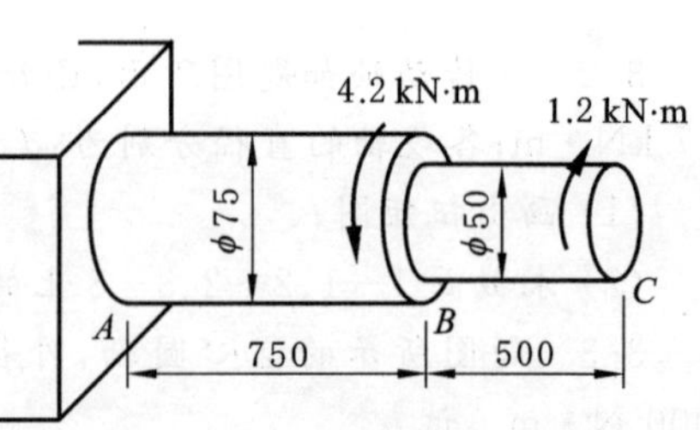

题 3-7 图

3-8　题图所示阶梯形圆杆，AE 段为空心，外径 $D=140$ mm，内径 $d=100$ mm；BC 段为实心，直径 $d=$

100 mm。外力偶矩 $M_A=18$ kN·m，$M_B=32$ kN·m，$M_C=14$ kN·m。已知：$[\tau]=80$ MPa，许可单位长度扭转角 $[\varphi']=1.2$ (°)/m，$G=80$ GPa。试校核该轴的强度和刚度。

3-9　题图所示等直圆杆，已知外力偶矩 $M_A=2.99$ kN·m，$M_B=7.20$ kN·m，$M_C=4.21$ kN·m，许用切应力 $[\tau]=70$ MPa，许可单位长度扭转角 $[\varphi']=1$ (°)/m，剪切弹性模量 $G=80$ GPa。试确定该轴的直径 d。

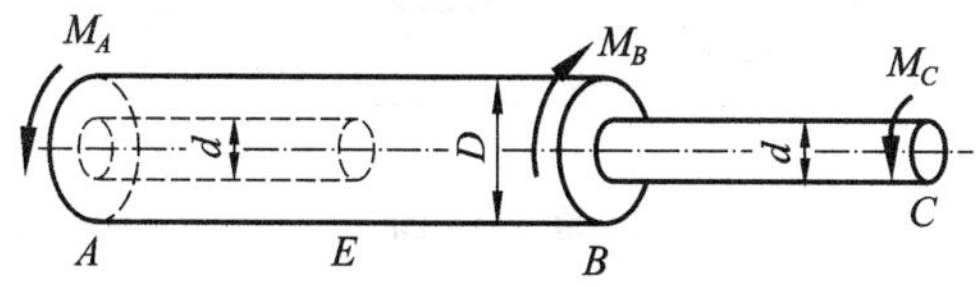

题 3-8 图

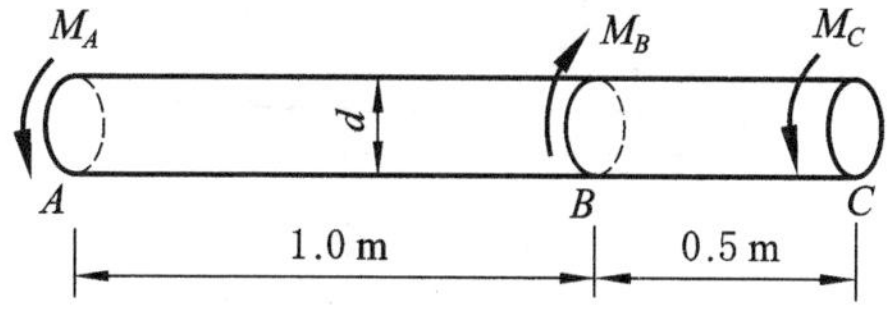

题 3-9 图

3-10　一钢轴的转速 $n=240$ r/min，传递功率 $P=44.1$ kW。已知 $[\tau]=40$ MPa，许可单位长度扭转角 $[\varphi']=1$ (°)/m，$G=80$ GPa，试按强度和刚度条件确定轴的直径。

3-11　有一减速器如题图所示。已知电动机的转速 $n=960$ r/min，功率 $P=5$ kW，轴的材料为 45 钢，$[\tau]=40$ MPa，试按强度条件计算减速器第一轴的直径。

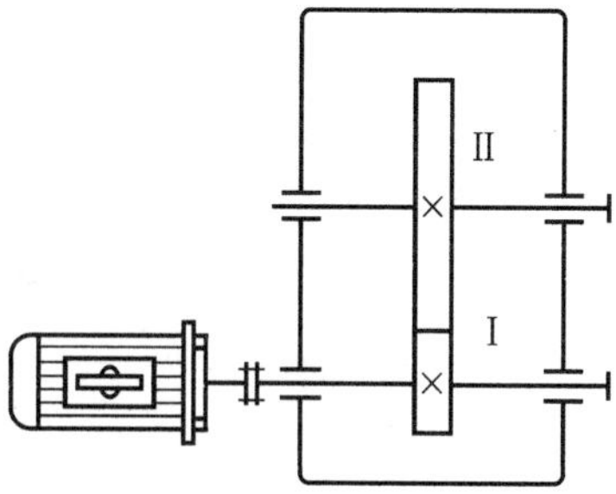

题 3-11 图

3-12　求题图所示各图中左、右端面的相对扭转角。其中 m 表示单位长度上分布的力偶矩集度，图(b)为圆锥体的一部分，图(c)为薄壁圆锥体的一部分。

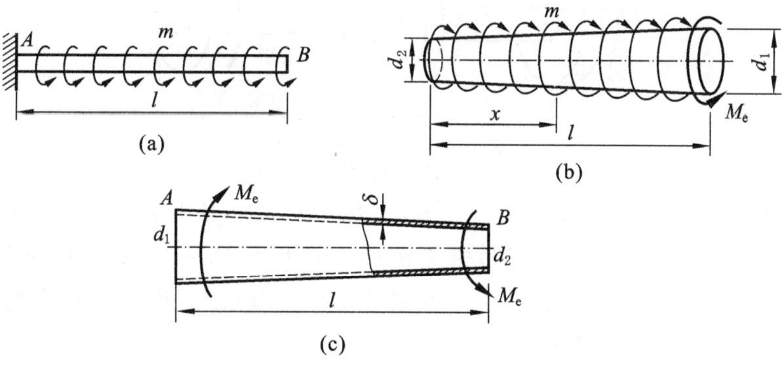

题 3-12 图

3-13　题图所示手摇绞车驱动轴 AB 的直径 $d=30$ mm，由两人摇动。每人加在手柄上的力 $F=250$ N，若轴的许用切应力 $[\tau]=40$ MPa，试校核轴 AB 的强度。

3-14　如题图所示，传动轴的转速为 $n=500$ r/min，主动轮 A 输入功率 $P_A=368$ kW，从动轮 B、C 分别输出功率 $P_B=147$ kW，$P_C=221$ kW，已知 $[\tau]=70$ MPa，许可单位长度扭转角 $[\varphi']=1$ (°)/m，$G=80$ GPa。试：

(1) 确定 AB 段直径 d_1 和 BC 段直径 d_2；

(2) 若 AB 和 BC 两段选用同一直径，试确定直径 d；

(3) 主动轮和从动轮应如何安排才比较合理？

3-15　如题图所示，有一外径为 100 mm，内径为 80 mm 的空心圆轴，与一直径 $d=$

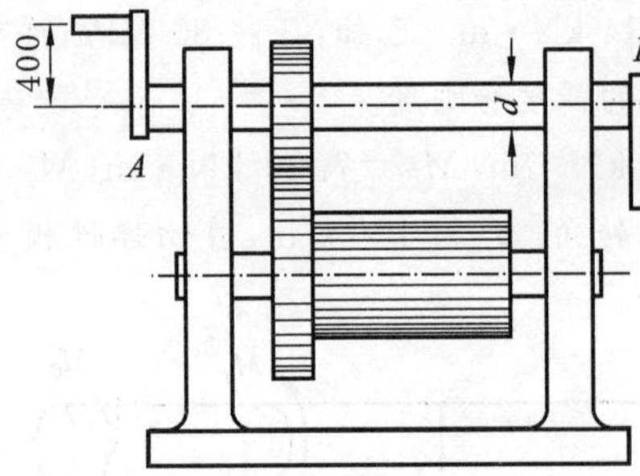

题 3-13 图

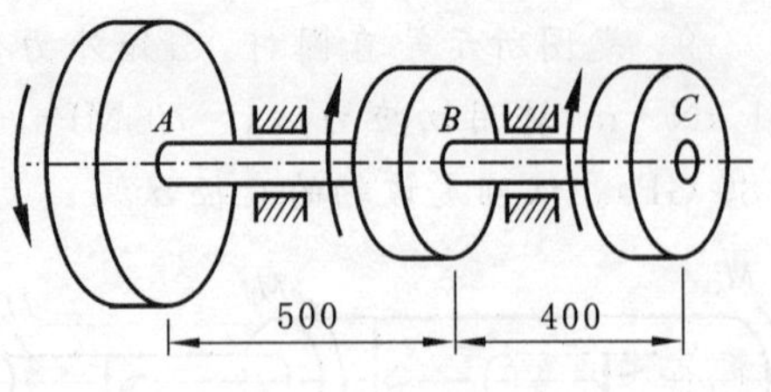

题 3-14 图

80 mm的实心圆轴用多个键相连接。在轮 A 处由电机带动，输入功率 $P_A=150$ kW，在轮 B、C 处的负载为 $P_B=P_C=75$ kW。若已知轴的转速为 $n=300$ r/min，许用切应力$[\tau]=40$ MPa，键的尺寸为 10 mm×10 mm×30 mm，其许用切应力$[\tau]=100$ MPa，许用挤压应力$[\sigma_{bs}]=280$ MPa。试：

(1) 作扭矩图；

(2) 校核空心轴及实心轴的强度(不计键槽影响)；

(3) 求所需键数 n。

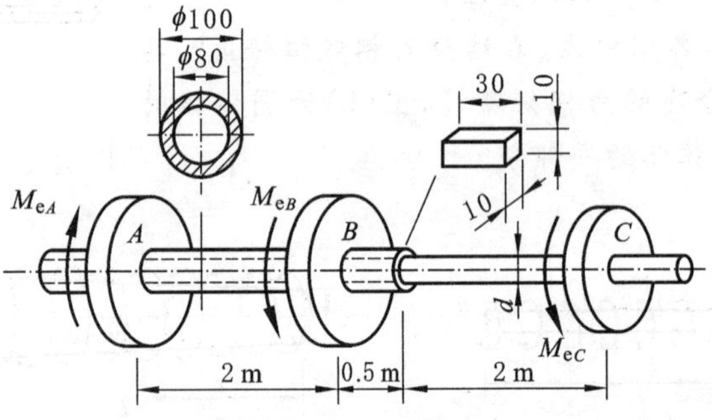

题 3-15 图

3-16 阶梯形圆轴直径分别为 $d_1=40$ mm，$d_2=70$ mm，轴上装有三个带轮，如题图所示。已知由轮 3 输入的功率为 $P_3=30$ kW，轮 1 输出的功率为 $P_1=13$ kW，轴作匀速转动，转速 $n=200$ r/min，材料的许用剪切应力$[\tau]=60$ MPa，$G=80$ GPa，许可单位长度扭转角$[\varphi']=2$ (°)/m。试校核轴的强度和刚度。

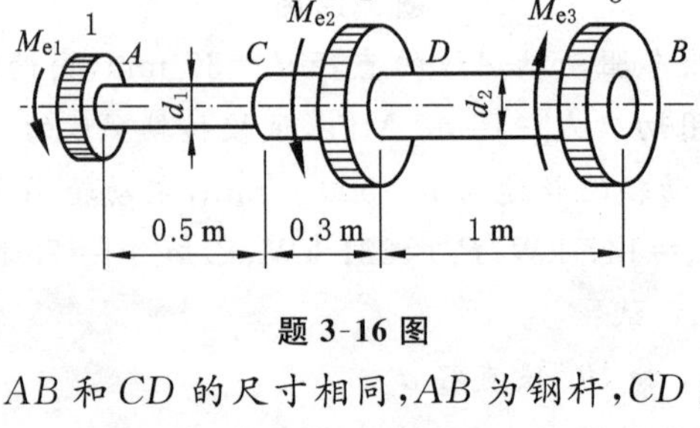

题 3-16 图

3-17 题图所示两杆 AB 和 CD 的尺寸相同，AB 为钢杆，CD 为铝杆，两种材料的剪切弹性模量之比为 3∶1。若不计 BE 和 ED 两杆的变形，试问力 F 将以怎样的比例分配于 AB 和 CD 两杆？

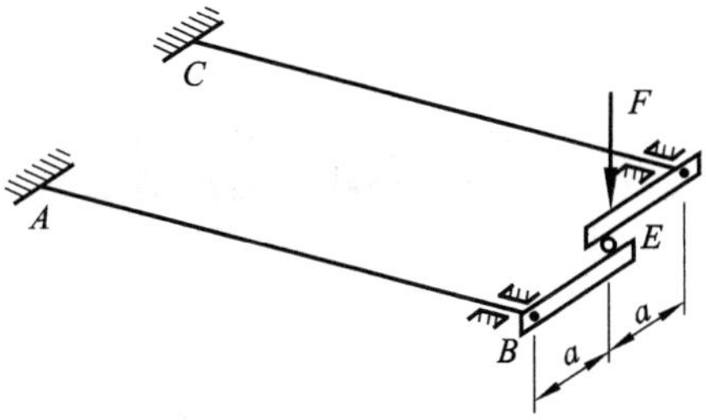

题 3-17 图

*3-18　两端固定的圆截面杆如题图所示。在截面 B 上作用扭转力偶 M_e，在截面 C 上有抗扭弹簧刚度为 c(N·m/rad)的弹簧。试求两端的反作用力偶矩。

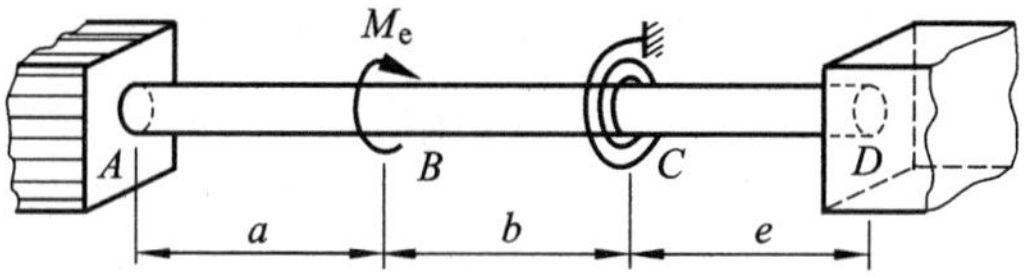

题 3-18 图

3-19　拖拉机通过方轴带动悬挂在后面的旋耕机。方轴的转速 $n=720$ r/min，传递的最大功率 $P=25.7$ kW，截面为 30 mm×30 mm，材料的$[\tau]=100$ MPa。试校核方轴的强度。

3-20　有一矩形截面的钢杆，其横截面尺寸为 100 mm×50 mm，长度 $l=2$ m，在杆的两端作用着一对力偶矩。若材料的$[\tau]=100$ MPa，$G=80$ GPa，杆件的许可扭转角为$[\varphi]=2°$，试求作用于杆件两端的力偶矩的许可值。

4 弯曲内力

4.1 工程实际中的弯曲问题

4.1.1 弯曲的概念

等直杆在包含杆轴线的纵向平面内承受垂直于杆轴线的横向外力(或外力偶矩)的作用下,杆的轴线在变形后成为曲线,这种变形称为**弯曲**。以弯曲为主要变形的杆件称为**梁**。

弯曲是工程实际中常见的一种基本变形形式。图 4-1(a)所示的桥式起重机的钢梁,图 4-1(c)所示的火车轮轴及图 4-1(e)所示的阳台挑梁等,都是弯曲变形的构件。而有些构件,除扭转等变形外,也有弯曲变形(例如齿轮传动轴),在讨论其弯曲变形时,也把它作为梁来处理。

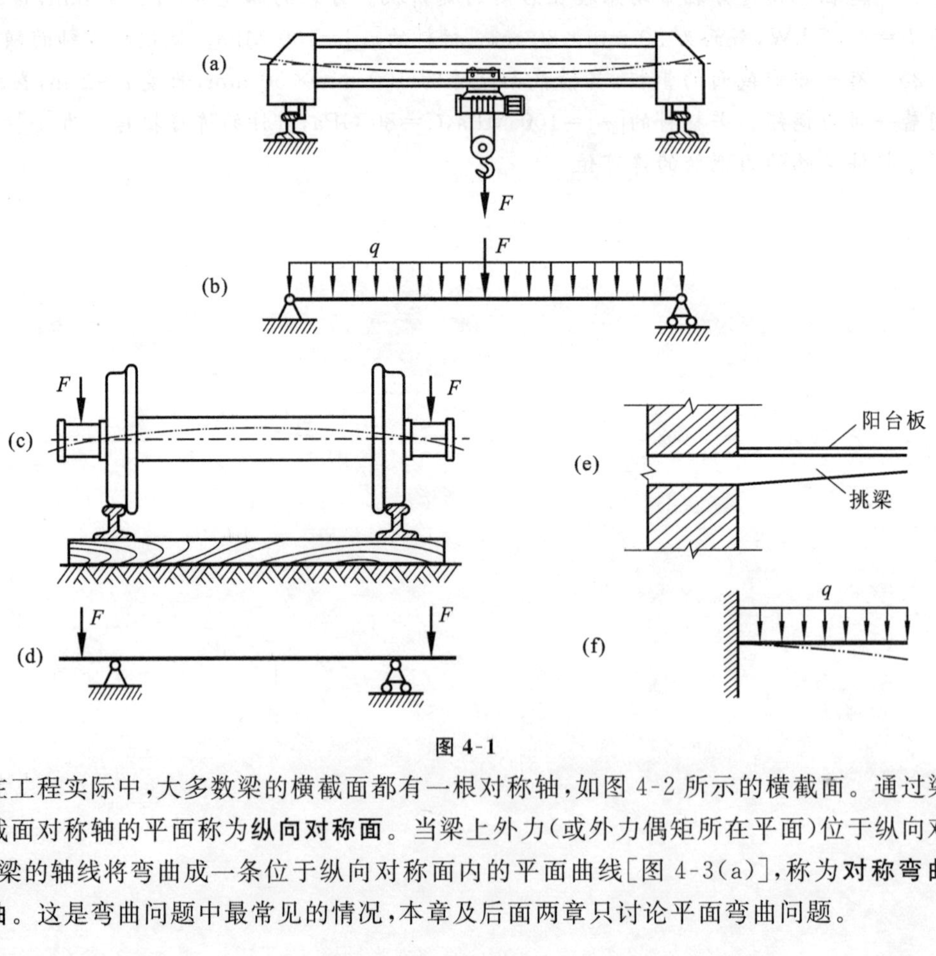

图 4-1

在工程实际中,大多数梁的横截面都有一根对称轴,如图 4-2 所示的横截面。通过梁轴线和横截面对称轴的平面称为**纵向对称面**。当梁上外力(或外力偶矩所在平面)位于纵向对称面内时,梁的轴线将弯曲成一条位于纵向对称面内的平面曲线[图 4-3(a)],称为**对称弯曲**或**平面弯曲**。这是弯曲问题中最常见的情况,本章及后面两章只讨论平面弯曲问题。

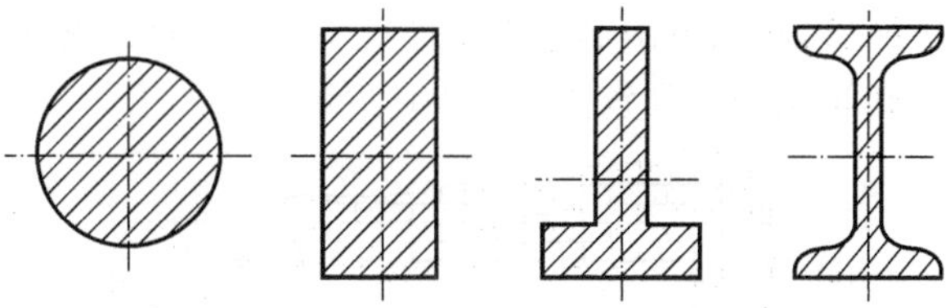

图 4-2

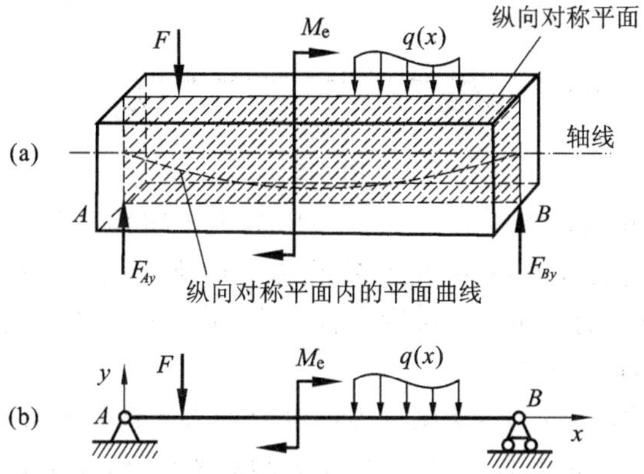

图 4-3

4.1.2 受弯杆件的简化

由于一般研究的是等截面的直梁，而且外力为作用在梁纵向对称面内的平面力系，因此，在梁的计算简图中就用梁的轴线代表梁。梁的支座按其对梁在载荷作用面的约束情况，可简化为三种基本形式。

(1) **固定端** 固定端的简化形式如图 4-4(a)所示。这种支座使梁的 A 端截面既不能移动，也不能转动。例如图 4-1(e)中挑梁左端的支座就可简化为固定端，得到如图 4-1(f)的计算简图。

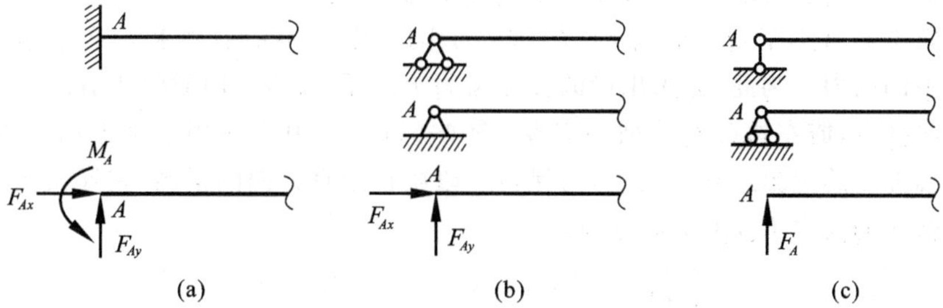

图 4-4

(2) **固定铰支座** 固定铰支座的简化形式如图 4-4(b)所示的两种图形。这种支座限制梁在支座处的水平和垂直移动，但不限制梁绕铰中心的转动。

(3) **可动铰支座** 可动铰支座的简化形式如图 4-4(c)所示的两种图形。这种支座限制梁在支座处沿垂直于支承面方向的移动。

梁的实际支座根据其约束情况，通常可简化为上述三种基本形式。但是，支座的简化往往与对计算的精度要求，或与所有支座对整个梁的约束情况有关。例如，图 4-5(a)所示插入砖墙内的过梁，由于插入端较短，因而梁端在墙内有微小转动的可能；此外当梁有可能发生水平移动时，其一端与砖墙接触后，砖墙就限制了梁的水平移动。因此，两个支座中的一个应简化为固定铰支座，而另一个则简化为可动铰支座[图 4-5(b)]。

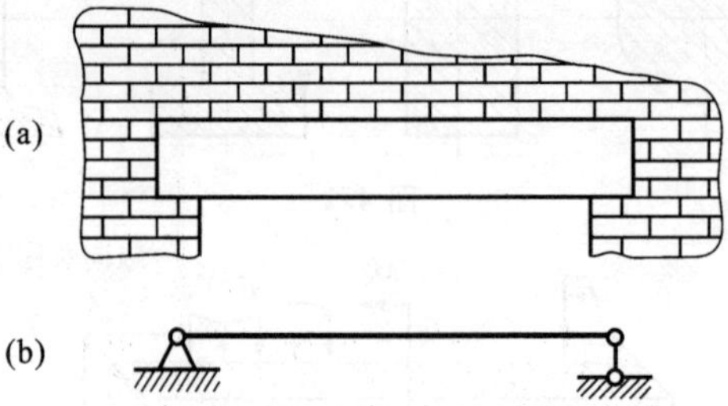

图 4-5

图 4-1(a)中的桥式起重机大梁和图 4-1(c)中的火车轮轴，都是通过车轮安置于钢轨之上。钢轨不限制车轮平面的轻微偏转，但车轮凸缘与钢轨的接触却可约束轴线方向的位移。所以，也可以把两条钢轨中的一条看作是固定铰支座，另一条视为可动铰支座，分别得到的计算简图如图 4-1(b)和 4-1(d)所示。

以上各种梁的计算简图确定后，支座反力均可由静力平衡方程完全确定，统称为**静定梁**。支座反力不能完全由静力平衡方程确定的梁，称为**超静定梁**，将在第六章中讨论。

工程实际中常见的静定梁有以下三种基本形式：

(1) **简支梁** 梁的一端为固定铰支座，另一端为可动铰支座，如图 4-1(b)和 4-5(b)所示。

(2) **外伸梁** 梁由一个固定铰支座和一个可动铰支座支承，梁的一端或两端伸出支座之外，如图 4-1(d)所示。

(3) **悬臂梁** 梁的一端固定，另一端自由，如图 4-1(f)所示。

4.2 剪力和弯矩

为计算梁的应力和变形，必须首先确定梁横截面上的内力。

设有一简支梁 AB，受集中载荷 F_1、F_2、F_3 的作用[图 4-6(a)]，现求距 A 端距离为 x 处横截面 m—m 上的内力。为此，先求出梁的支座反力 F_{RA}、F_{RB}，然后用截面法沿截面 m—m 假想地将梁截为两部分，取左边部分为研究对象[图 4-6(b)]。由于作用于其上的外力 F_{RA} 和 F_1 在垂直于梁轴方向的投影之和不为零，为保持左段梁在垂直方向的平衡，在横截面上必然存在一个切于横截面的内力 F_S，由平衡方程

$$\sum F_y = 0, \quad F_{RA} - F_1 - F_S = 0$$

得

$$F_S = F_{RA} - F_1 \tag{a}$$

F_S 称为横截面 m—m 上的**剪力**。由于左段梁上各外力对截面形心 C 之矩一般不能相互抵消，为保持该段梁不发生转动，在横截面上必然存在一个位于载荷平面内的内力偶，其力偶矩以 M 表示，由平衡方程

$$\sum M_C = 0, \quad -F_{RA}x + F_1(x-a) + M = 0$$

得

$$M = F_{RA}x - F_1(x-a) \tag{b}$$

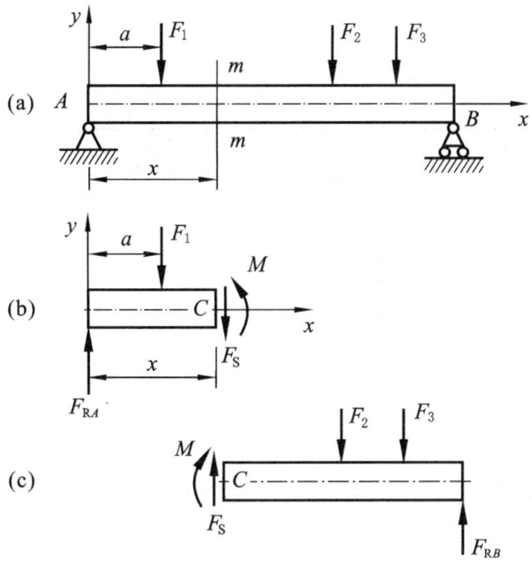

图 4-6

矩心 C 为横截面 $m—m$ 的形心。内力偶矩 M 称为**弯矩**。

若取右段梁为研究对象,用同样的方法也可得到截面 $m—m$ 上的剪力 F_S 和弯矩 M[图 4-6(c)]。分别取左段或右段梁为研究对象求得的同一截面上的剪力或弯矩,其数值是相等的,但方向或转向则相反,因为它们是作用与反作用的关系。

为了使左右两段梁在同一截面上的内力正负号相同,须按梁的变形情况来规定内力的正负号。为此,在横截面 $m—m$ 处,从梁中取出长为 dx 的微段(图 4-7),通常规定:dx 微段有左端向上而右端向下的相对错动时[图 4-7(a)],横截面 $m—m$ 上的剪力 F_S 为正,反之为负[图 4-7(b)];当 dx 微段的弯曲为向下凸,即该段的下半部受拉时[图 4-7(c)],横截面上的弯矩为正,反之为负[图 4-7(d)]。图 4-6(b)或(c)中所示的横截面 $m—m$ 上的剪力和弯矩应均为正号。

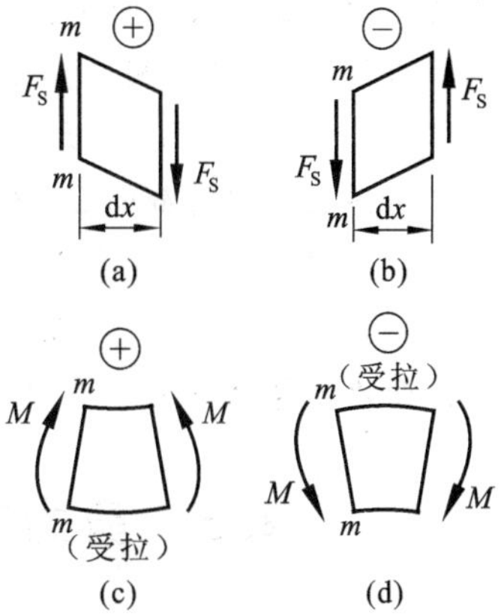

图 4-7

结合剪力和弯矩的符号规定,对式(a)、式(b)进行分析,可得到下面普遍成立的结论:

(1) 某一横截面上的剪力在数值上等于该截面左侧(或右侧)梁上所有横向外力的代数和。左侧梁上向上的外力(或右侧梁上向下的外力)产生正值剪力,反之产生负值剪力。

(2) 某一横截面上的弯矩在数值上等于作用在截面左侧(或右侧)梁上所有外力对于该截面形心的力矩的代数和。向上的外力(不论是截面左侧还是截面右侧)均产生正值弯矩,向下的外力则产生负值弯矩。截面左侧梁上的外力偶,顺时针转向的产生正值弯矩,反之产生负值弯矩;而截面右侧梁上的外力偶,逆时针转向的产生正值弯矩,反之产生负值弯矩。

利用上述结论,在实际计算梁的某一指定截面上的内力时则不必将梁假想截开,可直接从截面任意一侧梁上的外力来求得该截面的剪力和弯矩。初学者可从左侧算起。

【例 4-1】 一右端外伸梁 AD,如图 4-8 所示,在截面 C 处作用一集中力偶 $M=10\ kN\cdot m$,外伸段上作用有集度为 $q=5\ kN/m$ 的均匀分布载荷。求截面 1—1、2—2 上的剪力和弯矩。其中截面1—1从左侧无限接近于截面C，截面2—2从右侧无限接近于截面C。

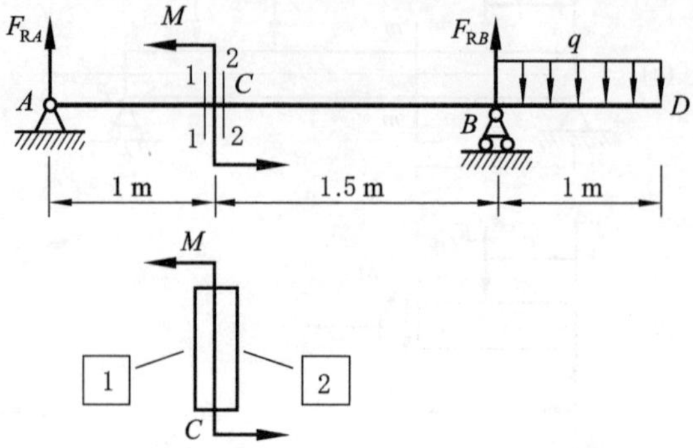

图 4-8

【解】 先画受力图，由平衡方程求出梁的支座反力为

$$F_{RA}=3\ \text{kN},\quad F_{RB}=2\ \text{kN}$$

由截面1—1左侧梁段上的外力直接求得

$$F_{S1}=F_{RA}=3\ \text{kN},\quad M_1=F_{RA}\cdot\overline{AC}=3\ \text{kN}\cdot\text{m}$$

如果从截面1—1右侧梁段上的外力计算，得

$$F_{S1}=-F_{RB}+q\times1=3\ \text{kN}$$

$$M_1=M+F_{RB}\times1.5-q\times1\times2=3\ \text{kN}\cdot\text{m}$$

可见两种计算结果完全相同。

由截面2—2左侧梁段上的外力直接求得

$$F_{S2}=F_{RA}=3\ \text{kN},\quad M_2=F_{RA}\cdot\overline{AC}-M=-7\ \text{kN}\cdot\text{m}$$

同样也可以由截面2—2右侧梁段上的外力进行计算，得

$$F_{S2}=-F_{RB}+q\times1=3\ \text{kN}$$

$$M_2=F_{RB}\times1.5-q\times1\times2=-7\ \text{kN}\cdot\text{m}$$

从上面的计算结果可以看出，在集中力偶作用处两侧的弯矩是不一样的，有突变。

4.3 剪力方程和弯矩方程　剪力图和弯矩图

梁横截面上的剪力和弯矩是随截面的位置而变化的，在梁的强度和刚度计算中，常常需要知道梁各横截面上的内力随截面位置的变化情况。为了描述其变化规律，可以用坐标x表示横截面在梁轴线上的位置，将梁各横截面上的剪力和弯矩表示为坐标x的函数，即

$$F_S=F_S(x)$$

$$M=M(x)$$

这两个函数表达式称为**剪力方程**和**弯矩方程**。

为了能清楚地表明梁各横截面上剪力和弯矩沿梁轴线的变化情况，在设计计算中常把各横截面上的剪力和弯矩用图形来表示。取一平行于梁轴线的横坐标x表示横截面的位置，以纵坐标表示各对应横截面上的剪力和弯矩，画出剪力和弯矩与x的函数关系曲线。这样得出的图形叫作梁的**剪力图**和**弯矩图**。绘图时将正值的剪力画在x轴的上侧；正值的弯矩则画在梁的受拉侧，也就是画在x轴的下侧。

利用剪力图和弯矩图很容易确定梁的最大剪力和最大弯矩。画剪力图和弯矩图是梁的强度和刚度计算中的重要环节。

【例 4-2】 一简支梁 AB 受集度为 q 的均布载荷作用[图 4-9(a)]。作此梁的剪力图和弯矩图。

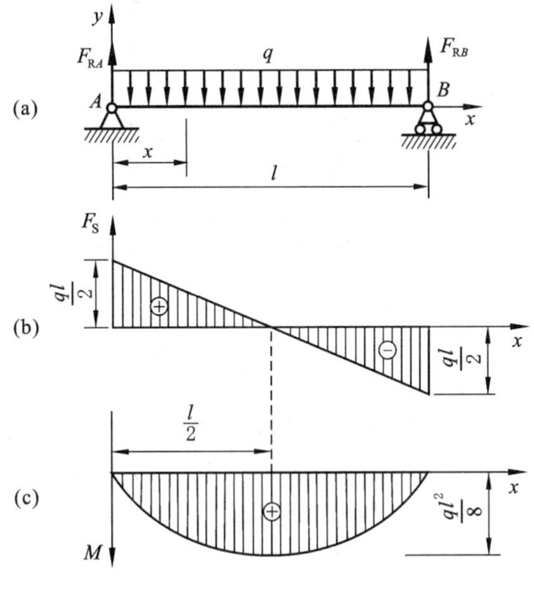

图 4-9

【解】 首先画受力图[图 4-9(a)],求出支座反力。由于梁左右对称,可知两个支座反力相等,由此得

$$F_{RA}=F_{RB}=\frac{1}{2}ql$$

以梁的左端为坐标原点,在距左端为 x 的截面上的剪力和弯矩为

$$F_S(x)=\frac{ql}{2}-qx \qquad (0<x<l) \tag{a}$$

$$M(x)=\frac{ql}{2}x-\frac{q}{2}x^2 \qquad (0\leqslant x\leqslant l) \tag{b}$$

由式(a)可知剪力图为一直线,且在 $x\to 0$ 处,$F_S=\frac{1}{2}ql$;在 $x\to l$ 处,$F_S=-\frac{1}{2}ql$。由此可画出梁的剪力图如图 4-9(b)所示。由式(b)可知弯矩图为一抛物线,至少需要确定其上三点:在 $x=0$ 和 $x=l$ 处,$M=0$;在 $x=\frac{1}{2}l$ 处,$M=\frac{ql^2}{8}$。再适当确定几点后即可作出弯矩图如图 4-9(c)所示。

由剪力图及弯矩图可见,在靠近两支座处横截面上剪力的绝对值最大,$|F_S|_{max}=\frac{1}{2}ql$;在梁的中点截面上弯矩最大,$M_{max}=\frac{ql^2}{8}$,而该截面上剪力 $F_S=0$。

【例 4-3】 图 4-10(a)所示为一简支梁,在点 C 处受集中载荷 F 的作用,作此梁的剪力图和弯矩图。

【解】 由受力图列平衡方程可求得

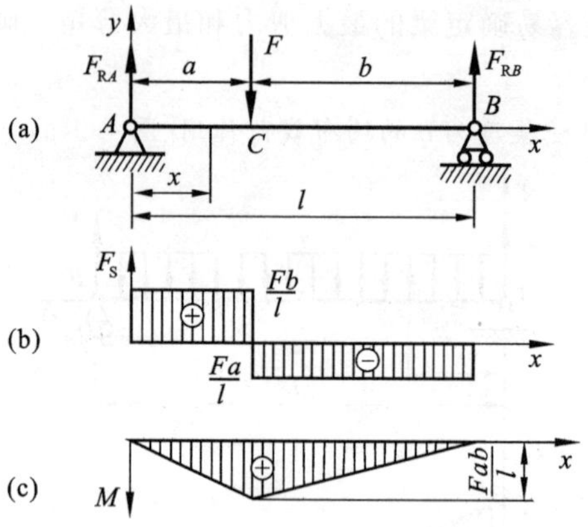

图 4-10

$$F_{RA}=\frac{Fb}{l},\quad F_{RB}=\frac{Fa}{l}$$

由于梁在点 C 处有集中载荷 F 的作用，显然，在集中载荷两侧的梁段，其剪力方程和弯矩方程均不相同，故需将梁分为 AC 和 CB 两段，分别写出其剪力方程和弯矩方程。

对于 AC 段梁

$$F_S(x)=\frac{Fb}{l}\qquad(0<x<a)\tag{a}$$

$$M(x)=\frac{Fb}{l}x\qquad(0\leqslant x\leqslant a)\tag{b}$$

对于 CB 段梁

$$F_S(x)=\frac{Fb}{l}-F=-\frac{Fa}{l}\qquad(a<x<l)\tag{c}$$

$$M(x)=\frac{Fb}{l}x-F(x-a)=\frac{Fa}{l}(l-x)\qquad(a\leqslant x\leqslant l)\tag{d}$$

由(a)、(c)两式可知，左、右两段梁的剪力图各为一条平行于 x 轴的直线。由(b)、(d)两式可知，左、右两段梁的弯矩图各为一条斜直线。根据这些方程绘出的剪力图和弯矩图如图 4-10(b)、图 4-10(c)所示。

由图可见，在 $b>a$ 的情况下，AC 段梁任一横截面上的剪力值为最大，$|F_S|_{max}=\frac{Fb}{l}$；而集中载荷作用处横截面上的弯矩值为最大，$M_{max}=\frac{Fab}{l}$；若载荷 F 位于梁的中点，即 $a=b=\frac{l}{2}$ 时，则 $|F_S|_{max}=\frac{F}{2}$，$M_{max}=\frac{Fl}{4}$。在集中载荷作用处左、右两侧截面上的剪力值有突然变化。

【例 4-4】 一左端外伸梁如图 4-11(a)所示，均布载荷的集度 $q=3$ kN/m，集中力偶 $M_e=3$ kN·m。作梁的剪力图和弯矩图。

【解】 首先画梁的受力图[图 4-11(a)]，由梁的平衡求得支座反力为

$$F_{RA}=14.5\ \text{kN},\quad F_{RB}=3.5\ \text{kN}$$

根据梁载荷的作用情况，将其分为 CA、AD 和 DB 三段梁来考虑，列出剪力方程和弯矩方程，方程中 x 以 m 为单位，$F_S(x)$ 以 kN 为单位，$M(x)$ 以 kN·m 为单位。

CA 段：　$F_S(x)=-qx=-3x\qquad(0\leqslant x<2\ \text{m})$　(a)

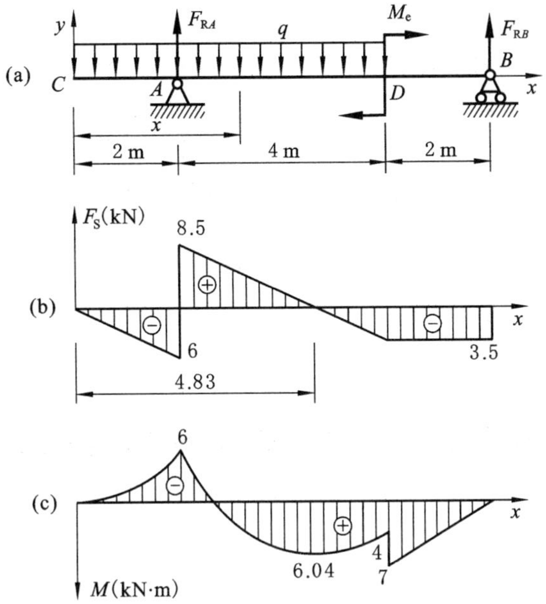

图 4-11

$$M(x)=-\frac{1}{2}qx^2=-\frac{3}{2}x^2 \qquad (0\leqslant x\leqslant 2\ \text{m}) \tag{b}$$

AD 段：
$$F_S(x)=F_{RA}-qx=14.5-3x \qquad (2\ \text{m}<x\leqslant 6\ \text{m}) \tag{c}$$

$$M(x)=F_{RA}(x-2)-\frac{1}{2}qx^2=14.5(x-2)-\frac{3}{2}x^2 \qquad (2\ \text{m}\leqslant x<6\ \text{m}) \tag{d}$$

$M(x)$是二次函数，根据极值条件$\frac{dM(x)}{dx}=0$，得

$$14.5-3x=0$$

解出 $x=4.83$ m，也就是在这一截面上弯矩为极值。代入式(d)得 AD 段内的最大弯矩为

$$M=6.04\ \text{kN}\cdot\text{m}$$

对于 DB 段，用截面 D 右侧梁上的外力计算剪力和弯矩，则有

$$F_S(x)=-F_{RB}=-3.5\ \text{kN} \qquad (6\ \text{m}\leqslant x<8\ \text{m}) \tag{e}$$

$$M(x)=F_{RB}(8-x)=3.5(8-x) \qquad (6\ \text{m}<x\leqslant 8\ \text{m}) \tag{f}$$

依照剪力方程和弯矩方程，分段作剪力图和弯矩图[图 4-11(b)、图 4-11(c)]。从图中看出，沿梁的全部长度，最大剪力为 8.5 kN，最大弯矩为 7 kN·m。还可看出，在集中力作用截面 A 的两侧，剪力有一突然变化，变化的数值就等于集中力的大小。在集中力偶作用截面 D 的两侧，弯矩有一突然变化，变化的数值就等于集中力偶矩的大小。

由以上各例题所画出的剪力图和弯矩图，可以归纳出如下规律：

(1) 在集中力或集中力偶作用处，梁的弯矩方程应分段列出。推广而言，在梁上外力不连续处(即在集中力、集中力偶作用处和分布载荷开始或结束处)，梁的弯矩方程和弯矩图应该分段。对于剪力方程和剪力图，除集中力偶作用处外，也应分段列出或绘制。

(2) 在梁上集中力作用处，剪力图有突变，其左、右两侧横截面上剪力的代数差，即等于集中力值。而在弯矩图上的相应处则形成一个尖角。与此相仿，梁上受集中力偶作用处，弯矩图有突变，其左、右两侧横截面上弯矩的代数差，即等于集中力偶值。但在剪力图上的相应处并无变化。

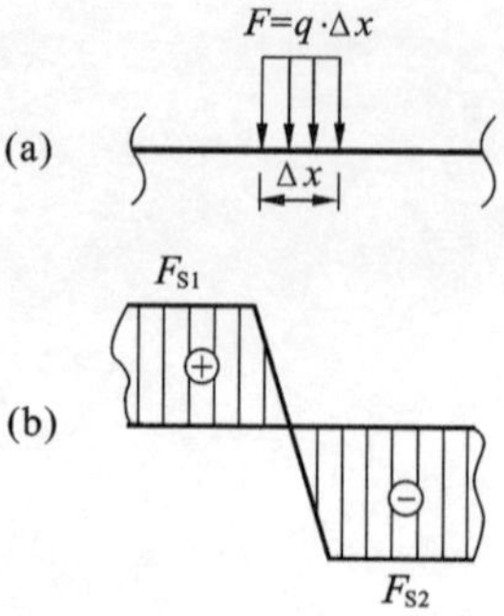

图 4-12

实际上，集中力是作用在很短的一段梁(其长为 Δx)上分布力的简化，若将分布力看作是在长为 Δx 的范围内均匀分布的[图 4-12(a)]，则在该段梁上实际的剪力将连续地从 F_{S1} 变到 F_{S2}[图 4-12(b)]。同理，对集中力偶作用的截面，也可以同样解释。所以，在写梁的剪力方程时，x 的变化范围通常不包含有集中力的横截面；写弯矩方程时，x 的变化范围通常不包含有集中力偶的横截面。

(3) 全梁的最大剪力和最大弯矩可能发生在全梁或各段梁的边界截面或极值点的截面处。

4.4 剪力、弯矩和分布载荷集度间的关系

4.4.1 微分关系

在例 4-2 中，梁的剪力方程和弯矩方程分别为

$$F_S(x)=\frac{ql}{2}-qx$$

$$M(x)=\frac{ql}{2}x-\frac{q}{2}x^2$$

如果将弯矩方程对 x 求导数，得

$$\frac{\mathrm{d}M(x)}{\mathrm{d}x}=\frac{ql}{2}-qx$$

其结果就是梁的剪力方程。如再将剪力方程对 x 求导数，得

$$\frac{\mathrm{d}F_S(x)}{\mathrm{d}x}=-q$$

其结果就是分布载荷的集度，式中的负号表示载荷的方向向下。可见弯矩 M、剪力 F_S 和分布载荷集度 q 之间存在一定的关系，这种关系是具有普遍性的。下面给予证明。

设一梁上作用有任意的分布载荷，其集度为 $q(x)$，它是 x 的连续函数，如图 4-13(a)所示。规定分布载荷向上为正，向下为负，并以 A 为原点，取 x 轴向右为正。在距 A 端 x 和 $x+\mathrm{d}x$ 处沿横截面截取长为 $\mathrm{d}x$ 的微段梁来研究[图 4-13(b)]。设此微段梁左边截面上的剪力和弯矩分别为 $F_S(x)$ 和 $M(x)$，右边截面上的剪力和弯矩分别为 $F_S(x)+\mathrm{d}F_S(x)$ 和 $M(x)+\mathrm{d}M(x)$；作用于此微段梁上的载荷可视为均匀分布。设以上各力皆为正向，由平衡方程

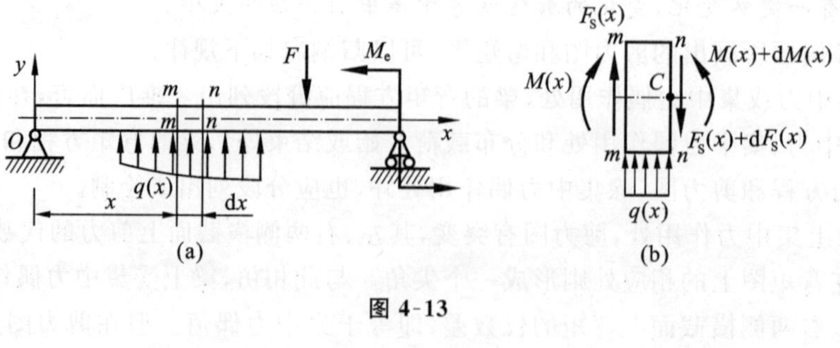

图 4-13

$$\sum F_y = 0, \quad F_S(x) - [F_S(x) + dF_S(x)] + q(x)dx = 0$$

可得

$$\frac{dF_S(x)}{dx} = q(x) \tag{4-1}$$

又由平衡方程

$$\sum M_C = 0, \quad -M(x) + [M(x) + dM(x)] - F_S(x)dx - q(x)dx \cdot \frac{dx}{2} = 0$$

略去二阶微量 $q(x)dx \cdot \frac{dx}{2}$，整理后得

$$\frac{dM(x)}{dx} = F_S(x) \tag{4-2}$$

将式(4-2)代入式(4-1)，又可得

$$\frac{d^2M(x)}{dx^2} = q(x) \tag{4-3}$$

以上三式表示了剪力、弯矩和分布载荷集度之间的微分关系。

根据上述微分关系，现将有关剪力、弯矩与分布载荷集度间的关系以及剪力图和弯矩图的一些特征汇总整理为表 4-1 供参考。

表 4-1　剪力图与弯矩图的特征

	向下均布载荷	无载荷	集中力	集中力偶
一段梁上的外力情况	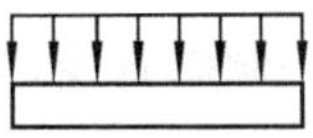		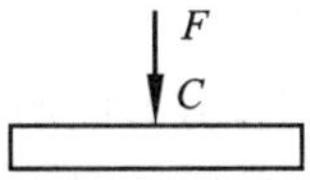	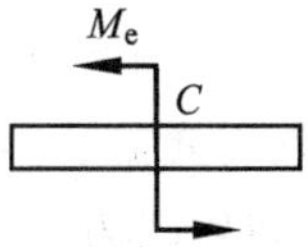
剪力图的特征	向下倾斜的直线 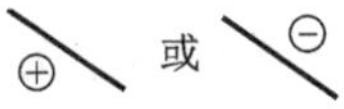	水平直线 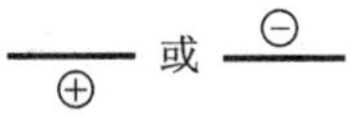	在 C 处有突变 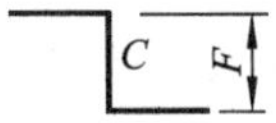	在 C 处无变化 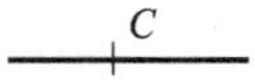
弯矩图的特征	下凸的二次抛物线 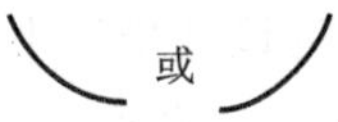	一般为斜直线 	在 C 处有尖角 	在 C 处有突变 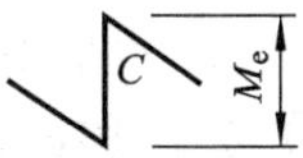
最大弯矩所在截面可能位置	在 $F_S=0$ 的截面		在剪力突变的截面	在紧靠 C 的某一侧截面

下面再结合图 4-14 所示的实际梁来说明这些特征，图中假设载荷及支座反力都是实际方向。

(1) 梁上某段内无载荷作用，即 $q(x)=0$ 时，$F_S(x)$ 为常数，$M(x)$ 为 x 的一次函数。即在无载荷的一段梁上，剪力图的斜率为零，剪力图为水平直线；弯矩图的斜率为常数，弯矩图为倾斜直线。此时，若剪力 $F_S(x)$ 为正，则弯矩图向右下方倾斜，其斜率为正(如 AB 段)；若剪力 $F_S(x)$ 为负，则弯矩图向右上方倾斜，其斜率为负(如 BD 段)；若剪力 $F_S(x)$ 为零，则弯矩图为

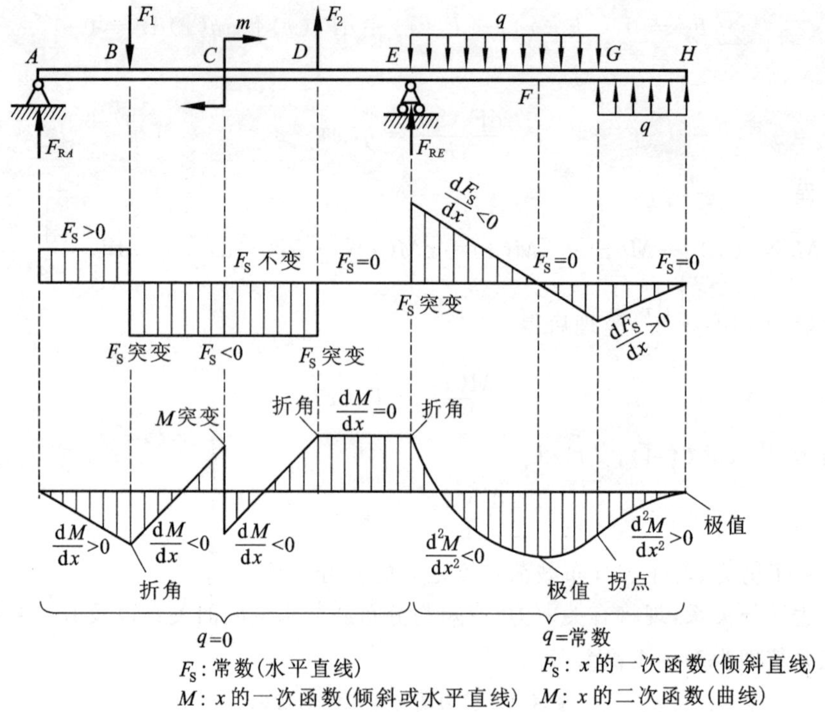

图 4-14

一水平直线，其斜率为零（如 DE 段）。

（2）在梁上某段内 $q(x)$＝常数时，$F_S(x)$为 x 的一次函数，$M(x)$为 x 的二次函数。即在有均布载荷的一段梁上，剪力图的斜率为常数，剪力图为一倾斜直线；弯矩图的斜率随 x 而变化，弯矩图为一条二次抛物线（如 EH 段）。

（3）若均布载荷向下，则剪力图的斜率为负，剪力图为一条向右下方倾斜的直线；此时弯矩图的斜率在逐渐减小，弯矩图呈凹形（如 EG 段）。反之，若均布载荷向上，则剪力图向右上方倾斜，弯矩图呈凸形（如 GH 段）。在 $F_S(x)=0$ 处，弯矩图的斜率为零，该处的弯矩为极值（如点 F、H）。

（4）在集中力作用处，剪力图有突变，突变之值即为该处集中力的大小。此时弯矩图的斜率也发生突变，因而弯矩图在此处有一折角（如 B、D、E 各截面）。

（5）在集中力偶作用处，弯矩图有突变，突变之值即为该处集中力偶的力偶矩；但剪力图却无变化，因而在集中力偶作用处两侧，弯矩图的斜率相同（如截面 C）。

*4.4.2 积分关系

由微分关系(4-1)，若在 $x=a$ 和 $x=b$ 处两个横截面 A、B 间无集中力作用，则

$$\int_a^b \mathrm{d}F_S(x) = \int_a^b q(x)\mathrm{d}x$$

$$F_S(b) - F_S(a) = \int_a^b q(x)\mathrm{d}x$$

$$F_{SB} = F_{SA} + \int_a^b q(x)\mathrm{d}x \tag{4-4}$$

式中，F_{SA}、F_{SB}分别为在$x=a$、$x=b$两横截面A、B上的剪力。等号右边积分的几何意义是：上述A、B两横截面间分布载荷图的面积。例如例4-4中，在确定截面D上的剪力时，由式(4-4)就可以用截面A上的剪力值再加上两截面A、D间分布载荷图的面积得到

$$F_{SD}=F_{SA}+\int_2^6(-3)\mathrm{d}x=8.5-3\times4=-3.5\ \mathrm{kN}$$

同样由微分关系(4-2)，若在$x=a$和$x=b$处两个横截面A、B间无集中力偶，则

$$M_B=M_A+\int_a^b F_S(x)\mathrm{d}x \tag{4-5}$$

式中，M_A、M_B分别为在$x=a$、$x=b$两横截面A、B上的弯矩。等号右边积分的几何意义是：上述A、B两横截面间剪力图的面积。在例4-4中，截面D左侧的弯矩可以用截面A上的弯矩值再加上两截面A、D间剪力图的面积得到

$$M_{D左}=M_A+\int_2^6 F_S(x)\mathrm{d}x=-6+\frac{1}{2}\times8.5(4.83-2)-\frac{1}{2}\times3.5(6-4.83)=4\ \mathrm{kN\cdot m}$$

根据剪力、弯矩与分布载荷集度间的微分关系和积分关系，以及有关剪力图和弯矩图的规律，可检验所作剪力图或弯矩图的正确性，或直接作梁的剪力图和弯矩图。在利用这些规律画梁的内力图时，就不必再列出梁的内力方程。其方法是：根据梁上载荷和支承情况，将梁分为几段，再由各段内载荷的情况初步确定剪力图和弯矩图的形状。然后求出某些特殊截面上的内力值，从而画出全梁的剪力图和弯矩图。下面举例说明。

【例4-5】 外伸梁如图4-15(a)所示，已知$q=2$ kN/m，$F=2$ kN，$M_e=10$ kN·m。试作此梁的剪力图和弯矩图。

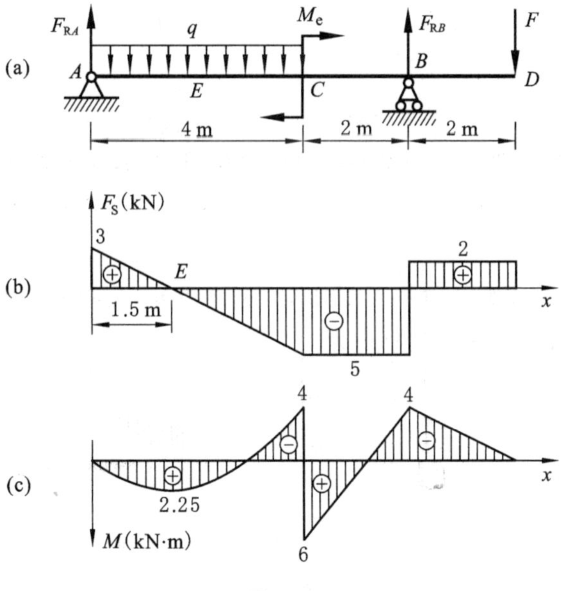

图4-15

【解】 画受力图，由平衡方程求得支座反力为

$$F_{RA}=3\ \mathrm{kN},\quad F_{RB}=7\ \mathrm{kN}$$

(1) 作剪力图

① 初定图形　根据梁上载荷及支承情况，将梁分为AC、CB、BD三段。

AC 段：$q<0$，F_S 图为斜直线，斜率为负，向右下方倾斜；

CB、BD 段：$q=0$，F_S 图为水平直线；

A 处：有 F_{RA} 向上，F_S 图向上突变 F_{RA}；

C 处：有 M_e，F_S 图无突变；

B 处：有 F_{RB} 向上，F_S 图向上突变 F_{RB}；

D 处：有 F 向下，F_S 图向下突变 F。

② 求特殊截面上的剪力　因 AC、CB、BD 三段的剪力图均为直线，根据各横截面一侧（左侧或右侧）梁上的外力，或者根据剪力与载荷集度间的积分关系，可得各段分界处的剪力值为

AC 段：　$F_{SA}=F_{RA}=3\ \text{kN}$，　$F_{SC}=F_{RA}-4q=-5\ \text{kN}$

CB 段：　$F_{SB左}=F_{SC}=-5\ \text{kN}$

BD 段：　$F_{SB右}=F_{SD}=F_2=2\ \text{kN}$

③ 作图　将以上各值标于坐标上，分别作倾斜直线或水平线，即得全梁的剪力图如图 4-15(b)所示。由图可见，在 CB 段的各截面上，$|F_S|_{max}=5\ \text{kN}$。

(2) 作弯矩图

① 初定图形　同样将梁分成 AC、CB、BD 三段。

AC 段：$q<0$，F_S 由正渐变至负，M 图为凹形曲线，斜率由正渐减小至负。在 $F_S=0$ 处，M 为极值。

CB 段：$q=0$，$F_S<0$，M 图为斜直线，斜率为负，向右上方倾斜；

BD 段：$q=0$，$F_S>0$，M 图为斜直线，斜率为正，向右下方倾斜；

C 处：有 M_e，M 图突变 M_e；

B 处：有 F_{RB}，F_S 图突变，M 图有一折角。

② 求特殊截面上的弯矩　为画出各段梁的弯矩图，需求以下各横截面上的弯矩，根据截面一侧外力对截面形心之矩，也可以根据弯矩与剪力之间的积分关系求得

$$M_A=0$$

根据 AC 段内剪力图正负两部分三角形的比例关系知，该段梁弯矩图的极值位置 E 至 A 截面的距离为 1.5 m，各处的弯矩值分别为

$$M_E=F_{RA}\cdot\overline{AE}-\frac{1}{2}q\cdot\overline{AE}^2=3\times1.5-\frac{1}{2}\times2\times1.5^2=2.25\ \text{kN}\cdot\text{m}$$

$$M_{C左}=F_{RA}\cdot\overline{AC}-\frac{1}{2}q\cdot\overline{AC}^2=3\times4-\frac{1}{2}\times2\times4^2=-4\ \text{kN}\cdot\text{m}$$

$$M_{C右}=F_{RB}\cdot\overline{CB}-F\cdot\overline{CD}=7\times2-2\times4=6\ \text{kN}\cdot\text{m}$$

$$M_B=-F\cdot\overline{BD}=-2\times2=-4\ \text{kN}\cdot\text{m}$$

$$M_D=0$$

③ 作图　将 M_A、M_E、$M_{C左}$ 各值标于坐标上，按凹形二次曲线连接，即得 AC 段的弯矩图；将 $M_{C右}$、M_B、M_D 各值标于坐标上，分别以直线连接，得 CB、BD 段的弯矩图。全梁的弯矩图如图 4-15(c)所示。由图可见在截面 C 右侧弯矩最大，$M_{max}=6\ \text{kN}\cdot\text{m}$，为正值弯矩。

习　题

4-1　设 F、q、a 均为已知，试求题图所示各梁中截面 1—1、2—2、3—3 上的剪力和弯矩。这些截面无限接近于截面 A、B、C 或 D。

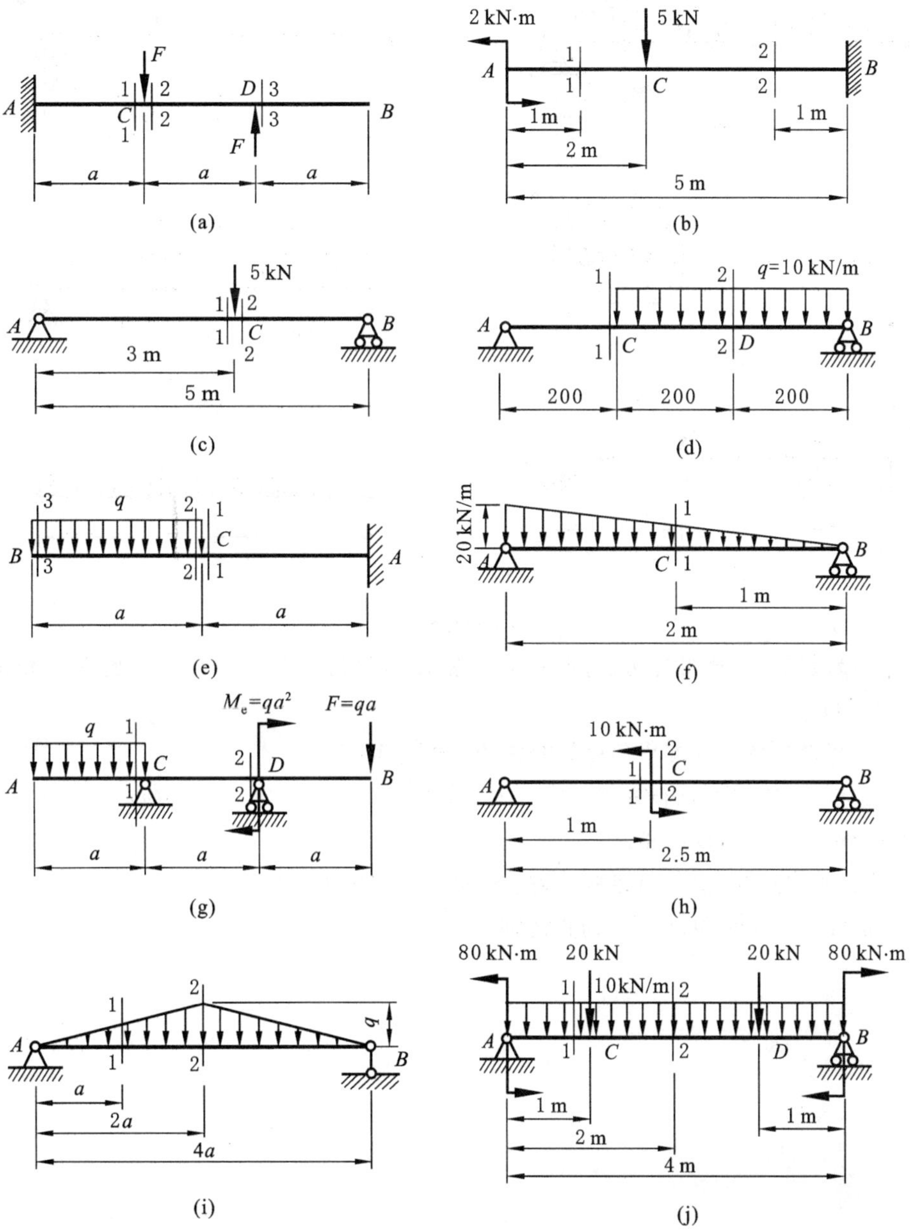

题 4-1 图

4-2　试写出题图所示各梁的剪力方程和弯矩方程，并作剪力图和弯矩图。

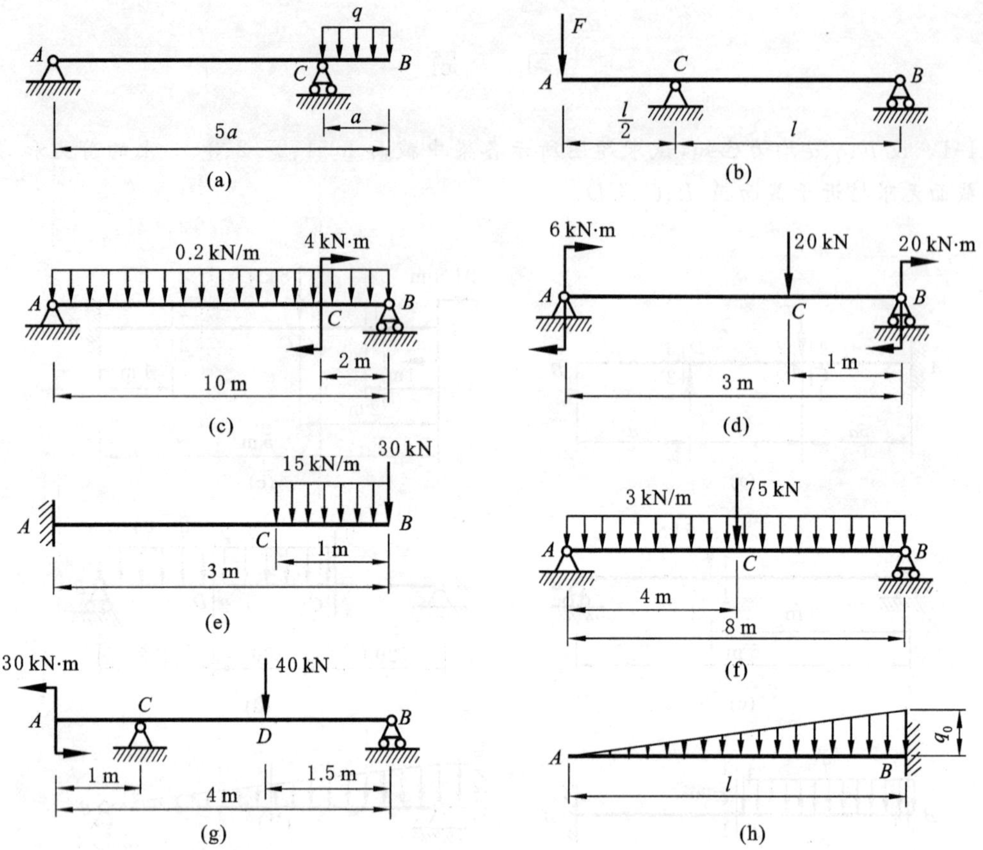

题 4-2 图

4-3 如题图所示，试用剪力、弯矩和载荷集度之间的微分关系作剪力图和弯矩图，并确定$|F_S|_{max}$和$|M|_{max}$。

4-4 试作题图所示具有中间铰梁的剪力图和弯矩图。

4-5 试根据剪力、弯矩和载荷集度之间的关系，检查题图所示各梁的剪力图和弯矩图是否正确，并对错误之处加以改正。

4-6 已知梁的弯矩图如题图所示，试作梁的载荷图和剪力图。

4-7 试作题 4-1 中图(f)、(i)的内力图。

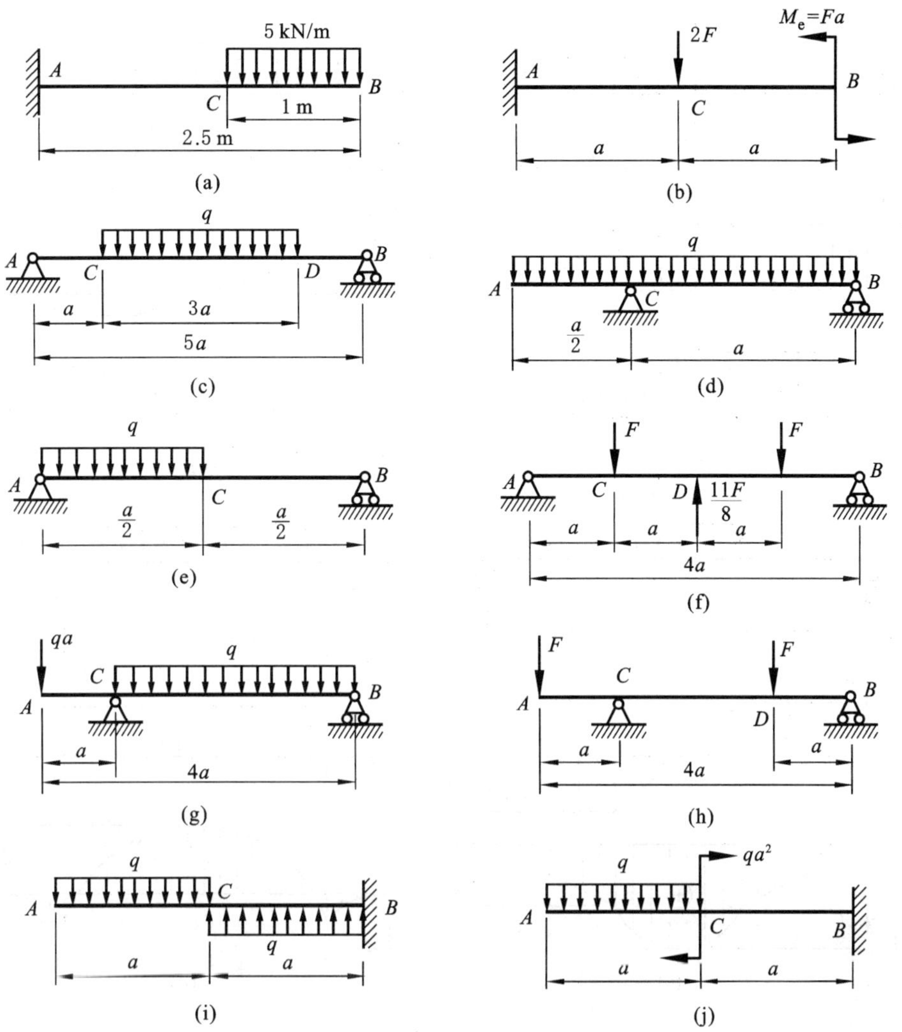
5 kN/m
A
C
B
1 m
2.5 m
(a)
$M_e=Fa$
2F
A
B
C
a
a
(b)
q
A
C
D
B
a
3a
5a
(c)
q
A
C
B
a/2
a
(d)
q
A
C
B
a/2
a/2
(e)
F
F
A
C
D
11F/8
B
a
a
a
4a
(f)
qa
q
C
A
B
a
4a
(g)
F
F
C
A
D
B
a
4a
a
(h)
q
A
C
B
q
a
a
(i)
qa^2
q
A
C
B
a
a
(j)

题 4-3 图

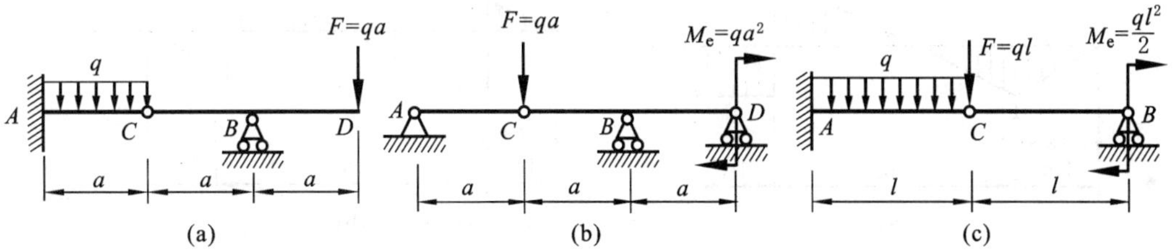
F=qa
q
A
C
B
D
a
a
a
(a)
F=qa
$M_e=qa^2$
A
C
B
D
a
a
a
(b)
q
F=ql
$M_e=\frac{ql^2}{2}$
A
C
B
l
l
(c)

题 4-4 图

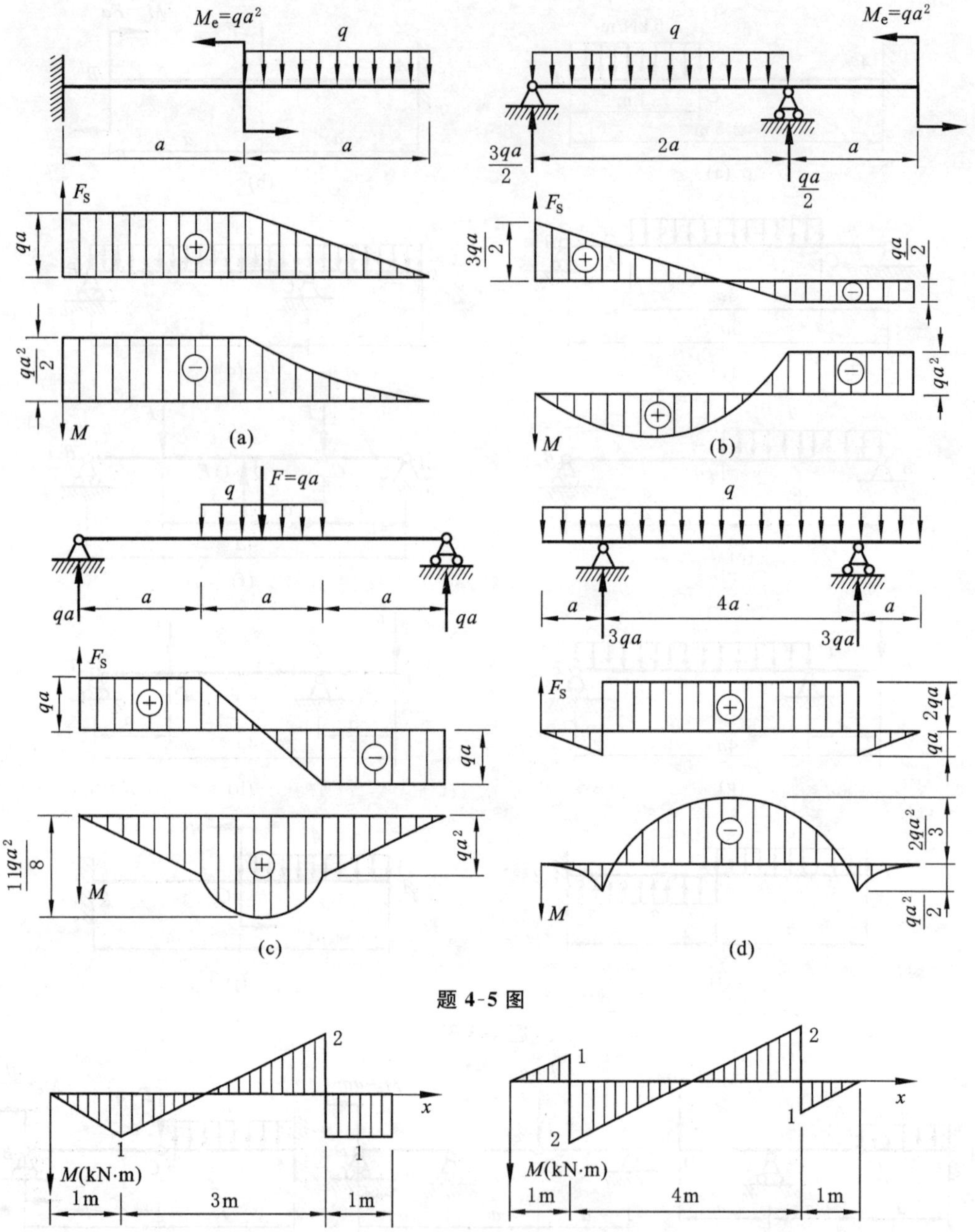

$M_e=qa^2$
q
a
F_S
qa
$\frac{qa^2}{2}$
M
(a)
$\frac{3qa}{2}$
2a
$\frac{qa}{2}$
qa^2
(b)
$F=qa$
qa
$\frac{11qa^2}{8}$
(c)
4a
3qa
2qa
$\frac{2qa^2}{3}$
$\frac{qa^2}{2}$
(d)

题 4-5 图

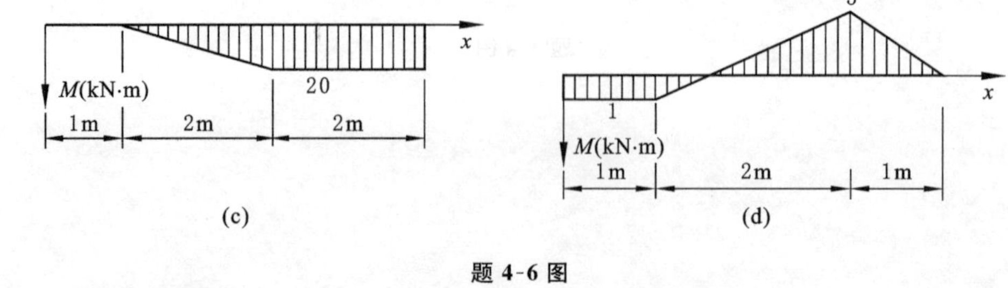

M(kN·m)
x
1m
3m
4m
2m
20
(a)
(b)
(c)
(d)

题 4-6 图

5 弯曲应力

由上章内容可知，梁发生弯曲变形时，其横截面上一般同时存在剪力和弯矩。实际上，剪力 F_S 是横截面上切向分布内力的合力，弯矩 M 是横截面上法向分布内力的合力偶矩，所以梁弯曲时梁横截面上将同时存在切应力 τ 和正应力 σ。

5.1 横截面上的正应力

图 5-1(a)所示简支梁，梁上的两个外力 F 对称地作用在梁的纵向对称面内。其计算简图、剪力图和弯矩图分别如图 5-1(b)、图 5-1(c)和图 5-1(d)所示。从图中可见，在 CD 段内，梁的横截面上剪力为零，而弯矩为常量，于是横截面上只有正应力而没有切应力，这种情况称为**纯弯曲**。在 AC 和 DB 两段内，梁的横截面上既有弯矩又有剪力，因而既有正应力又有切应力，这种弯曲称为**横力弯曲**。

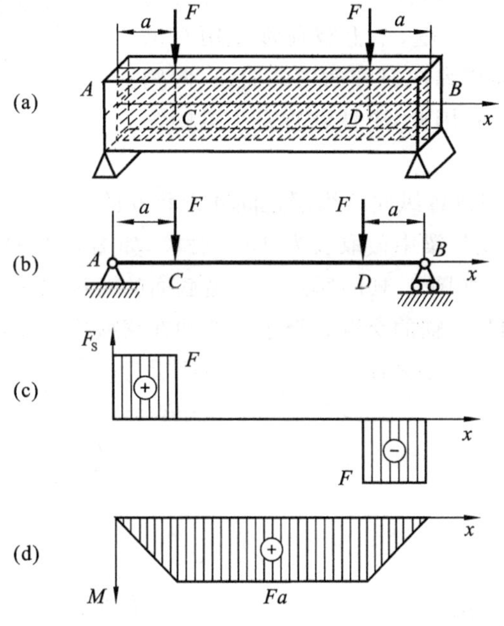

图 5-1

5.1.1 梁纯弯曲时横截面上的正应力

要推导梁纯弯曲时正应力计算公式，同样要从变形几何关系、物理关系和静力学关系三个方面来考虑。

(1)**变形几何关系** 取一段纯弯曲梁。在加载前，先在梁的侧面上画两条垂直于轴线的横向线 mm 和 nn，并在两横向线之间画两条平行于轴线的纵向线 aa 和 bb，如图 5-2(a)所示。然后在梁两端加一对矩为 M_e 的外力偶，使梁发生弯曲变形，如图 5-2(b)所示。变形后可见，侧

面上的纵向线 aa 和 bb 弯曲成弧线，而横向线 mm 和 nn 仍为直线，只是相对地转了一个角度，仍与弧线 aa 和 bb 保持垂直。根据上述变形的表面现象，可作如下假设：梁的横截面在弯曲变形后仍然保持为平面，且与变形后的轴线垂直，只是绕截面的某一轴线转过了一个角度。这个假设称为弯曲变形的**平面假设**。对于纯弯曲梁，按弹性力学分析的结果，证明其横截面确实保持为平面。

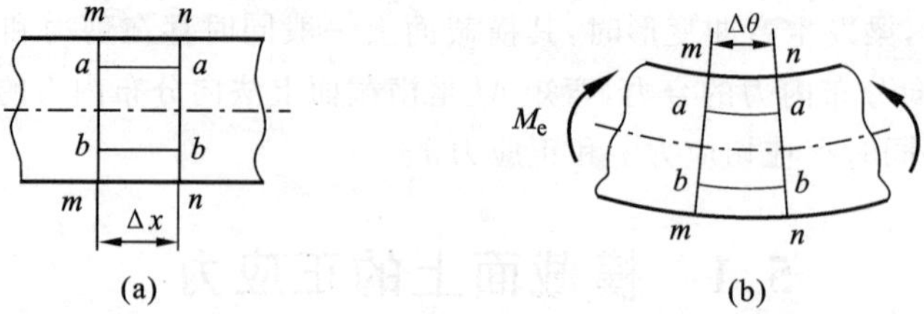

图 5-2

如果假设梁由无数层纤维叠合而成，则梁上面部分(凹入侧)纤维缩短，下面部分(凸出侧)纤维伸长。由于变形的连续性，中间必有一层纤维既不伸长也不缩短，这一层纤维称为**中性层**，中性层与横截面的交线称为**中性轴**，如图 5-3 所示。梁在弯曲时，横截面就是绕中性轴转动的。对于对称(平面)弯曲问题，梁上载荷都作用在纵向对称面内，梁的轴线弯曲成纵向对称面内的曲线，两侧变形对称于梁的纵向对称面，因此，中性轴垂直于梁的纵向对称面。

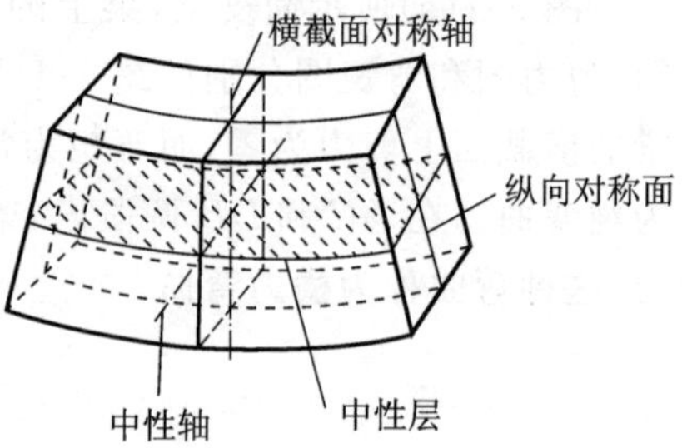

图 5-3

在纯弯曲变形中，还假设各纵向纤维层之间并无相互的挤压作用。

现用两个横截面假想地从梁中截取长为 $\mathrm{d}x$ 的微段，如图 5-4(a)所示。在梁变形后，两横截面将相对转一个角度 $\mathrm{d}\theta$，如图 5-4(b)所示。设横截面的对称轴为 y 轴，中性轴为 z 轴，x 轴垂直于横截面且通过 y 轴与 z 轴的交点。至于中性轴在横截面上的具体位置，现在尚未确定。由图 5-4(b)可知，若中性层的曲率半径为 ρ，则距中性层为 y 的纤维 bb 的长度变为

$$\widehat{bb} = (\rho + y)\mathrm{d}\theta$$

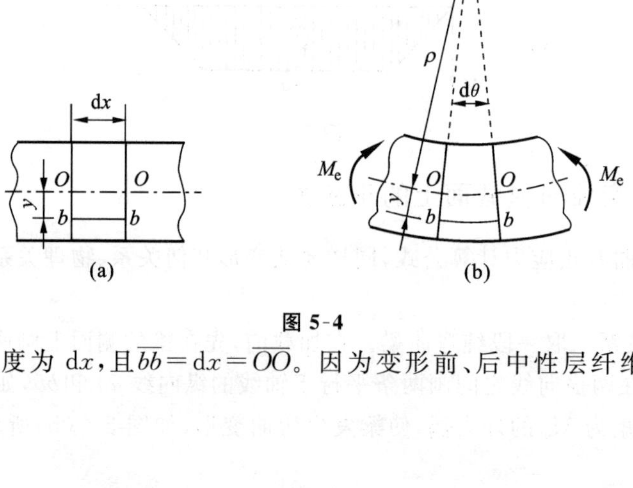

图 5-4

纤维 bb 的原长度为 $\mathrm{d}x$，且 $\overline{bb} = \mathrm{d}x = \overline{OO}$。因为变形前、后中性层纤维 OO 的长度不变，故有

$$\overline{bb}=\mathrm{d}x=\overline{OO}=\widehat{OO}=\rho\mathrm{d}\theta$$

根据应变的定义，得纤维 bb 的应变为

$$\varepsilon=\frac{(\rho+y)\mathrm{d}\theta-\rho\mathrm{d}\theta}{\rho\mathrm{d}\theta}=\frac{y}{\rho} \tag{a}$$

(2)**物理关系**　由于纵向纤维之间无挤压，则每一纤维都是单向拉伸或压缩。当应力小于比例极限时，由胡克定律 $\sigma=E\varepsilon$，将式(a)代入，得

$$\sigma=E\frac{y}{\rho} \tag{b}$$

由上式可知，横截面上任一点处的正应力与该点到中性轴的距离成正比，而在距中性轴为 y 的等高线上各点处的正应力均相等。其变化规律如图 5-5(a)所示。

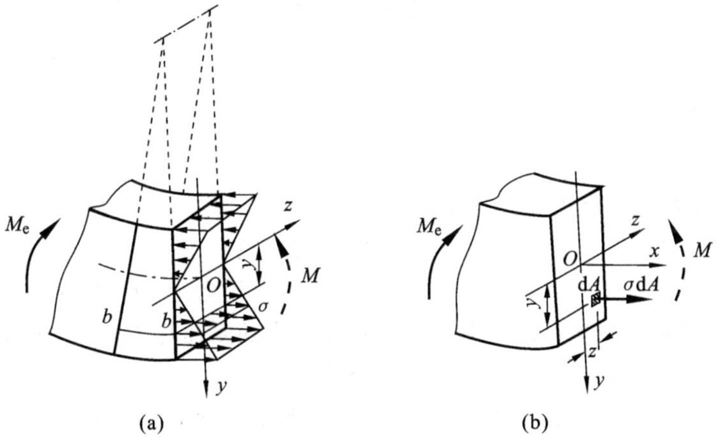

图 5-5

(3)**静力学关系**　式(b)中的$\frac{1}{\rho}$以及中性轴的位置尚未确定，为此需进一步考虑静力学关系。取任一横截面来分析，如图 5-5(b)所示，在横截面上所有法向内力元素 $\sigma\mathrm{d}A$ 构成了空间平行力系，该力系可以组成三个内力分量

$$F_{\mathrm{N}}=\int_A\sigma\mathrm{d}A,\quad M_y=\int_A z\sigma\mathrm{d}A,\quad M_z=\int_A y\sigma\mathrm{d}A$$

根据梁上只有外力偶 M_e 的实际情况，横截面上将只有 M_z。因此上式中的 F_{N} 和 M_y 均应等于零，而 M_z 就是横截面上的弯矩 M。可得

$$F_{\mathrm{N}}=\int_A\sigma\mathrm{d}A=0 \tag{c}$$

$$M_y=\int_A z\sigma\mathrm{d}A=0 \tag{d}$$

$$M_z=\int_A y\sigma\mathrm{d}A=M \tag{e}$$

将式(b)代入以上三式，得

$$F_{\mathrm{N}}=\int_A\sigma\mathrm{d}A=\frac{E}{\rho}\int_A y\mathrm{d}A=\frac{ES_z}{\rho}=0 \tag{f}$$

$$M_y=\int_A z\sigma\mathrm{d}A=\frac{E}{\rho}\int_A zy\mathrm{d}A=\frac{EI_{zy}}{\rho}=0 \tag{g}$$

$$M_z = \int_A y\sigma \mathrm{d}A = \frac{E}{\rho}\int_A y^2 \mathrm{d}A = \frac{EI_z}{\rho} = M \qquad \text{(h)}$$

为满足式(f),由于$\frac{E}{\rho}\neq 0$,故必有 $S_z=0$,即横截面对 z 轴的静矩等于零,所以 z 轴(中性轴)必通过横截面的形心。这样就确定了中性轴的位置。

式(g)是自然满足的,因为 y 轴是横截面的对称轴,所以 I_{yz} 必等于零。

最后,由式(h)得中性层曲率的表达式

$$\frac{1}{\rho} = \frac{M}{EI_z} \qquad \text{(5-1)}$$

由上式可见,在弯矩相同时,EI_z 值越大,则曲率越小(曲率半径越大),即梁的弯曲变形越小,所以 EI_z 称为**抗弯刚度**。I_z 为横截面对 z 轴的惯性矩,是一个几何量,它的值可由附录Ⅰ中的方法确定。

将式(5-1)代入式(b),得

$$\sigma = \frac{My}{I_z} \qquad \text{(5-2)}$$

这就是纯弯曲时梁横截面上正应力的计算公式。

在式(5-2)中,如果将弯矩 M 和坐标 y 按规定的正负代入,所得到的正应力 σ 若为正,即为拉应力,若为负则为压应力。而在实际计算中,通常只用弯矩 M 和坐标 y 的绝对值来计算正应力 σ 的大小,然后再根据弯曲变形来判断是拉应力还是压应力,即以中性层为界,梁变形后凸出侧的应力为拉应力,而凹入侧的应力则为压应力。

推导式(5-1)和式(5-2)时,为了方便,把梁的横截面画成矩形。但在推导过程中,并未用过矩形的几何特征。所以,只要梁有一纵向对称面,且载荷作用于这个平面内,该公式就可适用。而如果外力不在梁的纵向对称面内,这时梁弯曲后的轴线,将不再位于外力所在的平面内,这种情况的弯曲称为**斜弯曲**。

上述公式是根据等截面直梁导出的。对于缓慢变化的变截面梁,以及曲率很小的曲梁($h/\rho_0 \leqslant 0.2$, h 为截面高度, ρ_0 为曲梁轴线的曲率半径)也可近似适用。

5.1.2 横力弯曲时横截面上的正应力

在工程实际中,梁多发生横力弯曲,此时,梁横截面上不但有正应力还有切应力。由于切应力的存在,梁横截面将发生翘曲。同时,纵向纤维之间有挤压。因此,梁在纯弯曲时所作的平面假设和各纵向纤维层之间无挤压的假设都不成立。

虽然横力弯曲与纯弯曲存在这些差异,但是如果应用纯弯曲正应力计算式(5-2)来计算横力弯曲时的正应力,所得结果误差不大,足以满足工程中的精度要求。对于跨度与截面高度之比 l/h 大于 5 的横力弯曲梁,横截面上的最大正应力按纯弯曲正应力公式计算,所得结果略偏低,误差不超过 1%。梁的跨高比 l/h 越大,误差就越小。所以,在工程实际中,一般情况下横力弯曲时梁横截面上的正应力计算,也都采用纯弯曲时正应力计算式(5-2)来近似计算。

【例 5-1】 图 5-6(a)所示 T 形截面简支梁在中点承受集中力 $F=32$ kN 作用,梁的长度 $l=2$ m。T 形截面的形心在点 C,横截面对中性轴 z 的惯性矩 $I_z=1.02\times10^8$ mm^4。求弯矩最大截面上的最大拉应力和最大压应力。

【解】 (1) 作弯矩图,如图 5-6(b)所示。由图可见梁中间截面上弯矩最大,其值为

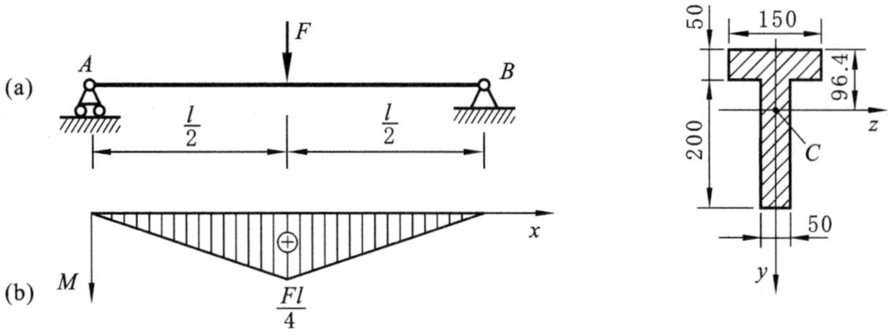

图 5-6

$$M_{\max} = \frac{1}{4}Fl = 16000\ \text{N} \cdot \text{m}$$

(2) 求最大应力。中间截面上边缘部分各点受压，有最大压应力，其值为

$$\sigma_{c,\max} = \frac{M_{\max} y_{上}}{I_z} = \frac{16000 \times 96.4 \times 10^{-3}}{1.02 \times 10^{8} \times 10^{-12}} = 1.51 \times 10^{7}\ \text{Pa} = 15.1\ \text{MPa}$$

中间截面下边缘部分各点受拉，有最大拉应力，其值为

$$\sigma_{t,\max} = \frac{M_{\max} y_{下}}{I_z} = \frac{16000 \times (250 - 96.4) \times 10^{-3}}{1.02 \times 10^{8} \times 10^{-12}} = 2.41 \times 10^{7}\ \text{Pa} = 24.1\ \text{MPa}$$

5.2 梁的弯曲正应力强度条件

一般情况下，梁发生横力弯曲时，弯矩随横截面的位置变化而变化。当中性轴为横截面对称轴时，最大正应力 $\sigma_{\max}$ 将发生在弯矩最大的截面上，且距中性轴最远处，即

$$\sigma_{\max} = \frac{M_{\max} y_{\max}}{I_z} \tag{5-3}$$

若令

$$W_z = \frac{I_z}{y_{\max}} \tag{5-4}$$

则

$$\sigma_{\max} = \frac{M_{\max}}{W_z} \tag{5-5}$$

W_z 称为**抗弯截面系数**。它与截面的几何形状和尺寸有关，常用单位为 m^3 或 mm^3。

对于宽为 b，高为 h 的矩形截面

$$W_z = \frac{I_z}{y_{\max}} = \frac{bh^3/12}{h/2} = \frac{bh^2}{6}$$

对于直径为 D 的圆形截面

$$W_z = \frac{I_z}{y_{\max}} = \frac{\pi D^4/64}{D/2} = \frac{\pi D^3}{32}$$

对于内外径分别为 d、D 的空心圆截面

$$W_z = \frac{I_z}{y_{\max}} = \frac{\frac{\pi D^4}{64}(1-\alpha^4)}{\frac{D}{2}} = \frac{\pi D^3}{32}(1-\alpha^4)$$

式中，$\alpha=\dfrac{d}{D}$。

当梁的最大工作正应力不超过材料的许用弯曲正应力时，梁是安全的。由此可得梁弯曲时的正应力强度条件为

$$\sigma_{\max}=\frac{M_{\max}}{W_z}\leqslant[\sigma] \tag{5-6}$$

对于抗拉和抗压强度相等的材料（如碳钢），只要绝对值最大的正应力不超过许用弯曲正应力即可。

关于许用弯曲正应力$[\sigma]$的选取，对薄壁型钢一般可用轴向拉伸时的许用应力值；对于实心钢梁，可以略高一些，这是因为上下边缘处的最大应力即使已达到屈服极限，还不致引起梁的破坏，在靠近中性轴的地方尚有许多材料仍处于弹性阶段，还能承担一定的载荷。至于许用弯曲正应力的具体数值，可由有关规范中查得，或根据规范中规定的安全因数和材料的屈服极限σ_s或抗拉强度σ_b来确定。

而用抗拉和抗压强度不等的材料（如铸铁）做梁时，中性轴一般设计成不是横截面的对称轴，此时最大拉应力$\sigma_{t,\max}$和最大压应力$\sigma_{c,\max}$不一定发生在弯矩最大的截面上，进行强度计算时应使它们分别不超过各自的许用弯曲应力，即

$$\sigma_{t,\max}=\frac{M_1 y_{t,\max}}{I_z}\leqslant[\sigma_t],\quad \sigma_{c,\max}=\frac{M_2 y_{c,\max}}{I_z}\leqslant[\sigma_c] \tag{5-7}$$

所以对截面为某些特殊形状的梁或变截面梁进行强度计算时，不应只注意弯矩最大的截面。

【例 5-2】 20a 工字钢梁的支承和受力情况如图 5-7(a)所示。若$[\sigma]=160$ MPa，试求许可载荷$[F]$。

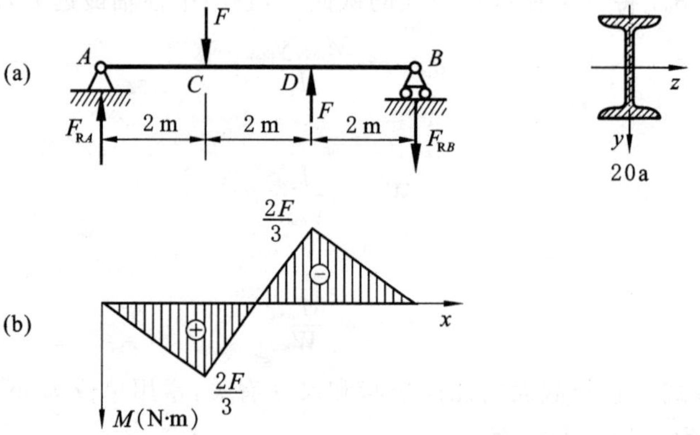

图 5-7

【解】 (1) 计算支反力。画受力图，由平衡方程可得

$$F_{RA}=F_{RB}=\frac{F}{3}$$

(2) 作弯矩图。如图 5-7(b)所示，可见最大弯矩为

$$M_{\max}=\frac{2F}{3}$$

(3) 确定许可载荷。由正应力强度条件有

$$\sigma_{\max}=\frac{M_{\max}}{W_z}=\frac{2F}{3W_z}\leqslant[\sigma]$$

查附录Ⅱ 型钢表，得 20a 工字钢的抗弯截面系数为

$$W_z = 237\ \text{cm}^3$$

可得

$$F \leqslant \frac{3}{2}W_z[\sigma] = \frac{3}{2} \times 237 \times 10^{-6} \times 160 \times 10^6 = 5.69 \times 10^4\ \text{N} = 56.9\ \text{kN}$$

所以，梁上的许可载荷$[F]=56.9$ kN。

【例 5-3】 一矩形截面木梁如图 5-8(a)所示。已知 $F=10$ kN，$a=1.2$ m，木材的许用应力$[\sigma]=10$ MPa，矩形截面的高宽比为 $h/b=2$。试选择梁的截面尺寸。

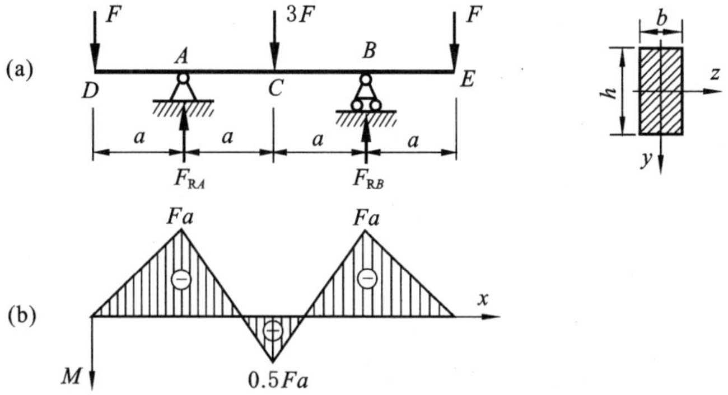

图 5-8

【解】 (1) 计算支反力。画受力图，由平衡方程可得

$$F_{RA} = F_{RB} = \frac{5}{2}F = 25\ \text{kN}$$

(2) 作弯矩图。如图 5-8(b)所示，可见最大弯矩的绝对值为

$$M_{\max} = Fa = 12\ \text{kN} \cdot \text{m}$$

(3) 选择截面尺寸。由强度条件

$$\sigma_{\max} = \frac{M_{\max}}{W_z} = \frac{M_{\max}}{bh^2/6} = \frac{3M_{\max}}{2b^3} \leqslant [\sigma]$$

可得

$$b \geqslant \sqrt[3]{\frac{3M_{\max}}{2[\sigma]}} = \sqrt[3]{\frac{3 \times 12000}{2 \times 10 \times 10^6}} = 121.6\ \text{mm}$$

因此可选用 125 mm×250 mm 的截面。

【例 5-4】 T 字形截面铸铁梁的载荷和尺寸如图 5-9(a)所示。铸铁许用拉应力为$[\sigma_t]=30$ MPa，许用压应力为$[\sigma_c]=160$ MPa。已知截面对形心轴 z 的惯性矩为 $I_z=763\ \text{cm}^4$，且$|y_1|=52$ mm。试按正应力条件校核梁的强度。

【解】 (1) 计算支反力。画受力图，由平衡方程可得

$$F_{RA} = 2.5\ \text{kN}, \quad F_{RB} = 10.5\ \text{kN}$$

(2) 作弯矩图。如图 5-9(b)所示，可见最大正弯矩在截面 C 上，最大负弯矩在截面 B 上，其绝对值大小分别为

$$M_C = 2.5\ \text{kN} \cdot \text{m}, \quad M_B = 4\ \text{kN} \cdot \text{m}$$

(3) 强度校核。T 字形截面对中性轴不对称，同一截面上的最大拉应力和最大压应力并不相等。计算最大应力时，应以 y_1 和 y_2 分别代入式(5-7)。

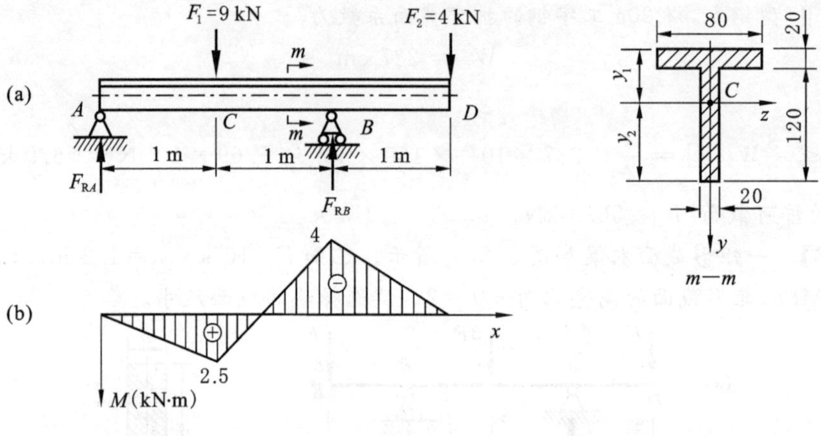

图 5-9

在截面 B 上，弯矩是负的，最大拉应力发生在上边缘各点，其值为

$$\sigma_{t,\max}=\frac{M_B y_1}{I_z}=\frac{4000\times 52\times 10^{-3}}{763\times 10^{-8}}=27.3\ \text{MPa}<[\sigma_t]$$

最大压应力发生在下边缘各点，其值为

$$\sigma_{c,\max}=\frac{M_B y_2}{I_z}=\frac{4000\times(140-52)\times 10^{-3}}{763\times 10^{-8}}=46.2\ \text{MPa}<[\sigma_c]$$

在截面 C 上，虽然弯矩 M_C 的绝对值小于 M_B，但 M_C 是正弯矩，最大拉应力发生在截面的下边缘各点，而这些点到中性轴的距离却比较大（$y_2>y_1$），因而就有可能发生比截面 B 还要大的拉应力。所以还必须校核截面 C 的拉应力强度，其值为

$$\sigma_{t,\max}=\frac{M_C y_2}{I_z}=\frac{2500\times(140-52)\times 10^{-3}}{763\times 10^{-8}}=28.8\ \text{MPa}<[\sigma_t]$$

由于截面 C 最大压应力发生在上边缘各点，这些点到中性轴的距离比截面 B 最大压应力各点到中性轴的距离小，且截面 C 上的弯矩比截面 B 上的弯矩的绝对值小，由于截面 B 上的压应力满足强度条件，截面 C 上的压应力一定满足强度条件，可以不校核。

由计算结果可见，全梁满足强度条件。但最大拉应力不是发生在弯矩绝对值最大的截面 B 上。

*5.3 梁的弯曲切应力及其强度计算

5.3.1 梁的弯曲切应力

梁发生横力弯曲时，横截面上不仅有正应力 σ，还有切应力 τ。一般说来，弯曲正应力是控制梁强度的主要因素，但在某些情况下，例如一些跨长较短、截面较窄而高的梁，它们的切应力有可能达到相当大的数值，这时就有必要进行切应力的分析。下面分几种情况简要介绍弯曲切应力的计算，对于切应力计算公式将不进行推导。

(1) 矩形截面梁

分析图 5-10(a)所示矩形截面梁横截面上某点处的切应力时，需要先分析横截面上切应力的分布规律。矩形截面上，剪力 F_S 与截面的纵向对称轴 y 轴重合，如图 5-10(b)所示。现分析距中性轴 z 为 y 的横线 aa_1 上的切应力分布情况。根据切应力互等定理，横线 aa_1 两端的切应力必与截面两侧边相切，即与剪力 F_S 的方向一致。由于对称关系，横线 aa_1 中点处的切应力也必与 F_S 的方向相同。根据这三点切应力的方向，可以设想 aa_1 线上各点切应力的方向皆平行于剪力 F_S。又因截面高度 h 一般大于宽度 b，切应力的数值沿横线 aa_1 不可能有太大变化，可以认为是均匀分布的。基于上述分析，可作如下假设：

① 截面上任意一点的切应力都平行于剪力 F_S 的方向；

② 切应力沿截面宽度均匀分布，即切应力的大小只与 y 坐标有关。

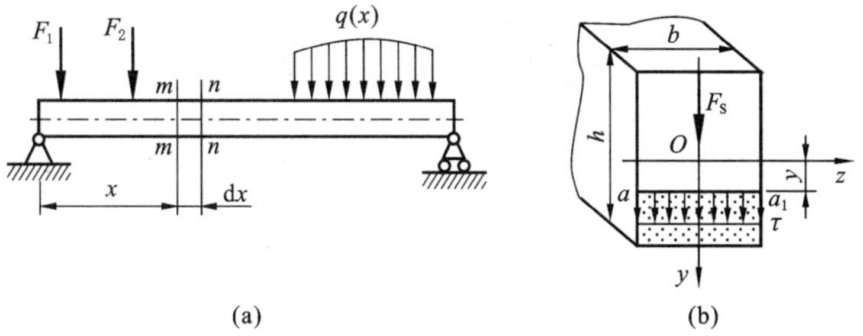

图 5-10

根据假设和静力平衡条件，由切应力互等定理可导出矩形截面上距中性轴为 y 处点的切应力计算公式为

$$\tau = \frac{F_S S_z^*}{bI_z} \tag{5-8}$$

式中，F_S 为横截面上的剪力；I_z 为横截面对中性轴 z 的惯性矩；b 为横截面上所求切应力点处截面的宽度(即矩形的宽度)；S_z^* 为横截面上距中性轴为 y 的横线以下部分面积对中性轴的静矩。

现在根据切应力公式来具体分析切应力在矩形截面上的分布规律。在图 5-11(a)所示矩形截面上距中性轴为 y 的横线以下部分面积 A^*(标注部分)对中性轴 z 的静矩为

$$S_z^* = A^* \cdot y_C = b\left(\frac{h}{2} - y\right) \cdot \frac{\frac{h}{2} + y}{2}$$

将此式代入切应力计算公式(5-8)，可得矩形截面上切应力的计算公式

$$\tau = \frac{F_S}{2I_z}\left(\frac{h^2}{4} - y^2\right) \tag{5-9}$$

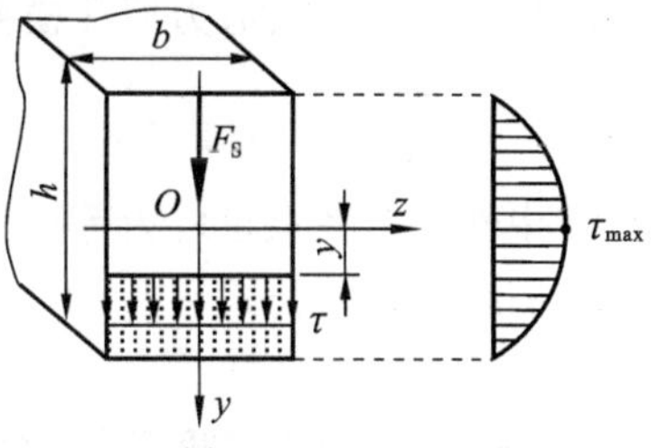

图 5-11

从该式可以看出，沿截面高度方向切应力 τ 按抛物线规律变化，如图 5-11(b)所示。同时可以得到：当 $y=\pm\frac{h}{2}$ 时，即矩形截面的上、下边缘处切应力为零；当 $y=0$ 时，截面中性轴上的切应力为最大值

$$\tau_{\max} = \frac{F_S h^2}{8I_z} = \frac{F_S h^2}{8 \times \frac{bh^3}{12}} = \frac{3}{2} \times \frac{F_S}{bh}$$

这说明矩形截面上的最大弯曲切应力为其平均切应力的 1.5 倍。

(2) **工字形截面梁**

工字形截面的近似图如图 5-12(a)所示，它由腹板和翼缘组成，中间狭长部分为腹板，上、下扁平部分为翼缘。梁横截面上的切应力主要分布在腹板上，翼缘部分的切应力情况比较复杂，且数值很小。

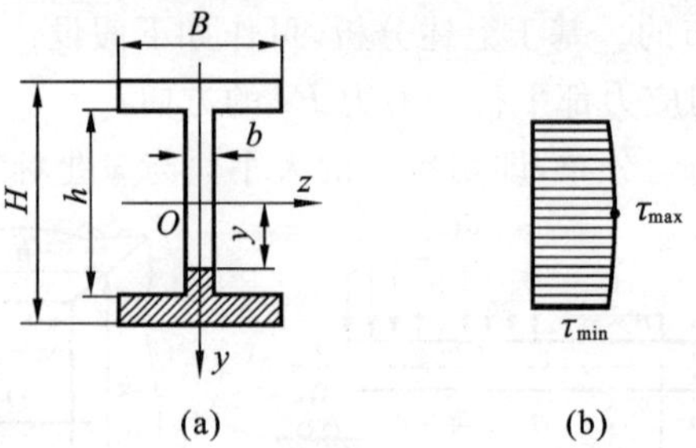

图 5-12

腹板是一个狭长矩形，关于矩形截面上切应力分布的两个假设仍然适用。用相同的方法，可得到相同的切应力计算公式，即

$$\tau = \frac{F_S S_z^*}{I_z b}$$

式中 F_S 为截面上的剪力；I_z 为工字形截面相对中性轴的惯性矩；b 为腹板的厚度；S_z^* 为所求应力点到截面边缘间的面积[图 5-12(a)中阴影面积]对中性轴的静矩。沿腹板高度，切应力也是按抛物线规律分布的[图 5-12(b)]。

5.3.2 梁的切应力强度计算

在梁的强度计算中，必须同时满足正应力和切应力两个强度条件。等直梁的最大切应力一般是发生在最大剪力所在横截面的中性轴上，且

$$\tau_{max} = \frac{F_{S,max} S_z^*}{I_z b}$$

由于中性轴上各点正应力等于零，所以各点都处于纯剪切应力状态。于是，可按纯剪切应力状态下的强度条件公式

$$\tau_{max} \leqslant [\tau]$$

来建立梁的切应力强度条件。将最大弯曲切应力的表达式代入上式，即得梁的弯曲切应力强度条件为

$$\tau_{max} = \frac{F_{S,max} S_z^*}{I_z b} \leqslant [\tau] \tag{5-10}$$

式中，$[\tau]$为材料的许用切应力。

细长梁的控制因素通常是弯曲正应力，满足弯曲正应力强度条件的梁，一般都能满足弯曲切应力强度条件。只是在一些特殊情况下，需要对梁的弯曲切应力强度进行校核：

(1) 梁的跨度较短，或在支座附近作用较大的载荷，以致梁的弯矩较小，而剪力很大。

(2) 铆接或焊接的工字梁，如腹板较薄而截面高度很大，以致厚度与高度的比值小于型钢的相应比值，这时，对腹板应进行切应力校核。

(3) 经焊接、铆接或胶合而成的梁，对焊接、铆接或胶合面等处一般要进行切应力校核。

【例 5-5】 一吊车梁如图 5-13(a)所示。起重量(包含电葫芦自重)$P = 30$ kN，跨长 $l = 5$ m，吊车大梁 AB 由 20a 工字钢制成，其许用弯曲正应力$[\sigma] = 170$ MPa，许用弯曲切应力

$[\tau]=100\ \text{MPa}$ 。试校核梁的强度。

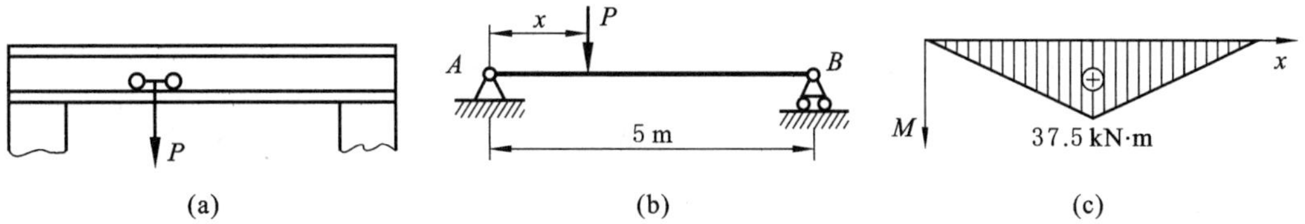

图 5-13

【解】 吊车梁可简化为简支梁,如图 5-13(b)所示。

(1) 正应力强度校核。因载荷是移动的，力 P 移动到何处时弯矩最大？经过分析可知，当力 P 运动到梁的中点时,弯矩取得最大值,弯矩图如图 5-13(c)。由附录Ⅱ 型钢表查得 20a 工字钢的 $W_z=237\ \text{cm}^3$,由此可得

$$\sigma_{\max}=\frac{M_{\max}}{W_z}=\frac{37.5\times10^3}{237\times10^{-6}}=158\ \text{MPa}<[\sigma]$$

所以梁的弯曲正应力强度足够。

(2) 切应力强度校核。在计算最大切应力时，应取载荷 P 紧靠任一支座，例如支座 A 处，因为此时该支座的支反力最大，而梁的最大切应力也就最大。

$$F_{S,\max}=F_A\approx P=30\ \text{kN}$$

查附录Ⅱ 型钢表得到 20a 工字钢的$\dfrac{I_z}{S_z^*}=17.2\ \text{cm}$,$d=7\ \text{mm}$,可得

$$\tau_{\max}=\frac{F_{S,\max}S_z^*}{I_zd}=\frac{F_{S,\max}}{\left(\dfrac{I_z}{S_z^*}\right)d}=\frac{30\times10^3}{17.2\times10^{-2}\times7\times10^{-3}}=2.49\times10^7\ \text{Pa}=24.9\ \text{MPa}<[\tau]$$

所以梁的弯曲切应力强度足够。以上两方面的强度条件都满足，所以此梁是安全的。

【例 5-6】 如图 5-14(a)所示的矩形截面梁,由 3 根木板条胶合而成。若胶合面上的许用切应力$[\tau_{胶}]=0.34\ \text{MPa}$,木材的许用正应力$[\sigma]=10\ \text{MPa}$,许用切应力$[\tau]=1\ \text{MPa}$。试求许可载荷$[F]$。

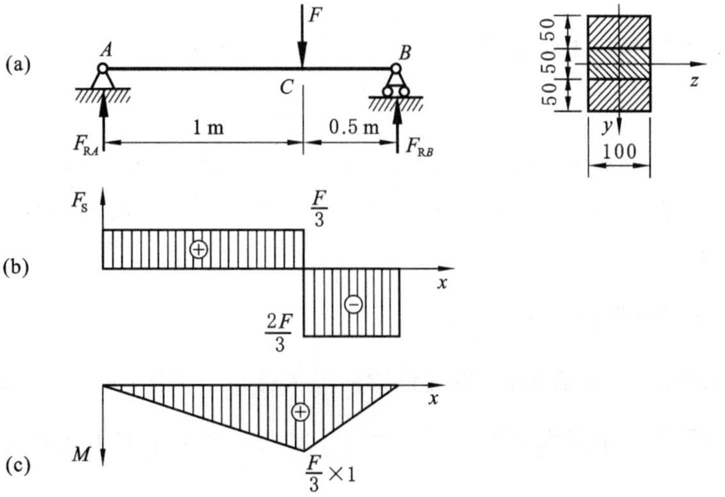

图 5-14

【解】 (1) 计算支反力。画受力图,由平衡方程可得

$$F_{RA}=\frac{F}{3},\quad F_{RB}=\frac{2F}{3}$$

(2) 作剪力图和弯矩图。如图 5-14(b)、图 5-14(c)所示，可得

$$|F_S|_{max}=\frac{2F}{3},\quad M_{max}=\frac{F}{3}\times 1$$

(3) 确定许可载荷[F]。由弯曲正应力强度条件

$$\sigma_{max}=\frac{M_{max}}{W_z}=\frac{F}{3W_z}\leqslant[\sigma]$$

得

$$F\leqslant 3W_z[\sigma]=\frac{0.1\times 0.15^2\times 10\times 10^6}{2}=11.25\ \text{kN}$$

由弯曲切应力强度条件

$$\tau_{max}=\frac{3}{2}\times\frac{F_{S,max}}{A}=\frac{3}{2}\times\frac{2F}{3A}=\frac{F}{A}\leqslant[\tau]$$

得

$$F\leqslant[\tau]bh=1\times 10^6\times 0.1\times 0.15=15.0\ \text{kN}$$

由胶合面上切应力强度条件

$$\tau_{胶}=\frac{F_S S_z^*}{I_z b}=\frac{2FS_z^*}{3I_z b}\leqslant[\tau_{胶}]$$

得

$$F\leqslant\frac{3I_z b[\tau_{胶}]}{2S_z^*}=\frac{3\times\dfrac{0.1\times 0.15^3}{12}\times 0.1\times 0.34\times 10^6}{2\times 0.1\times 0.05\times 0.05}=5.74\ \text{kN}$$

综上所述，该梁的许可载荷为[F]=5.74 kN。

5.4　提高梁弯曲强度的措施

按强度条件设计梁时，主要是根据梁的弯曲正应力强度条件

$$\sigma_{max}=\frac{M_{max}}{W_z}\leqslant[\sigma]$$

由上式可见，要提高梁的弯曲强度，即降低最大正应力，可以从以下两方面来考虑：一是合理安排梁的受力情况，以降低最大弯矩 M_{max} 的数值；二是采用合理的截面形状，以提高抗弯截面系数 W_z 的数值。

5.4.1　合理安排梁的受力情况

合理安排作用在梁上的载荷，可以降低梁的最大弯矩。例如，简支梁在跨中受集中力 F 作用，如图 5-15 所示，梁的最大弯矩为 $M_{max}=\frac{Fl}{4}$。如将一个集中力 F 分解成两个集中力，如图 5-16 所示，则梁的最大弯矩降为 $M_{max}=\frac{Fl}{8}$，为原简支梁最大弯矩值的一半。

合理布置梁的支座，同样也可以降低梁的最大弯矩。例如，简支梁受均布载荷 q 作用，如

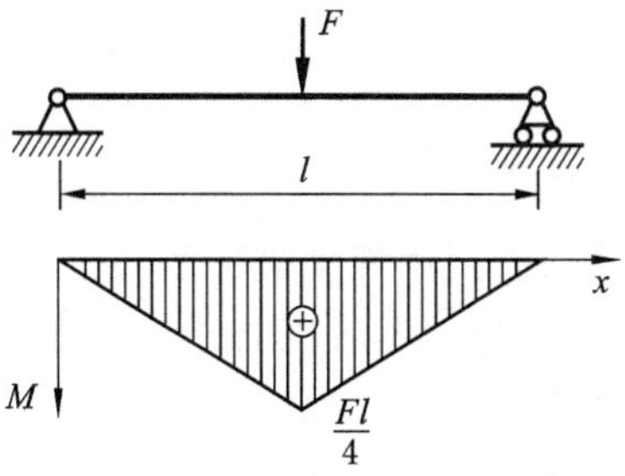

图 5-15

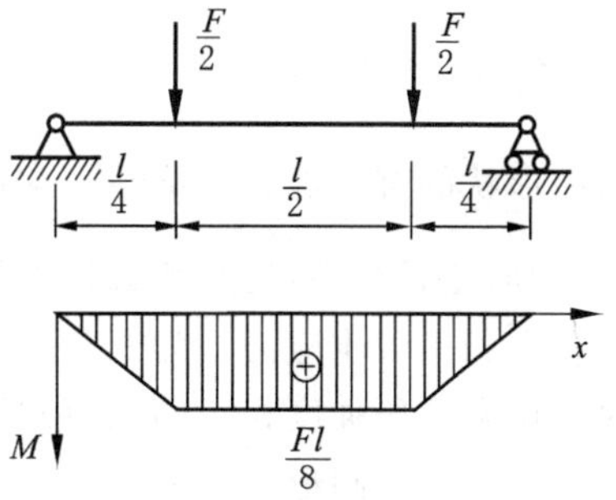

图 5-16

图 5-17 所示，梁的最大弯矩为 $M_{\max}=\frac{ql^2}{8}=0.125ql^2$。如将两端支座各向里移动 0.2$l$，如图 5-18 所示，则梁的最大弯矩降为 $M_{\max}=\frac{ql^2}{40}=0.025ql^2$，仅为原简支梁最大弯矩值的 20%。

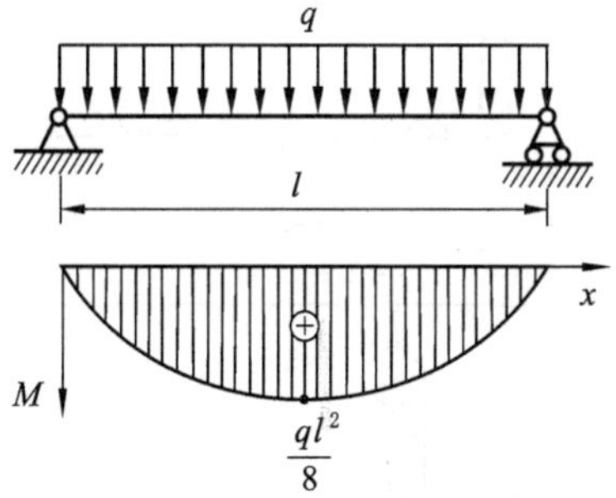

图 5-17

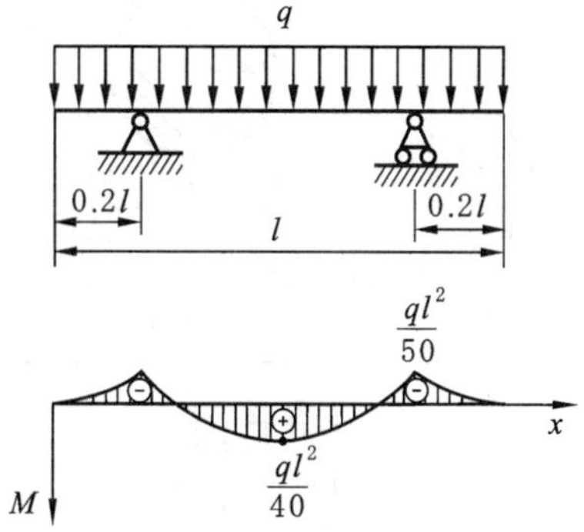

图 5-18

在工程实际中，如图 5-19(a)所示的门式起重机的大梁，图 5-19(b)所示的圆柱形容器，其支撑点都略向中间移动，主要是为了降低由载荷和自重所产生的最大弯矩。

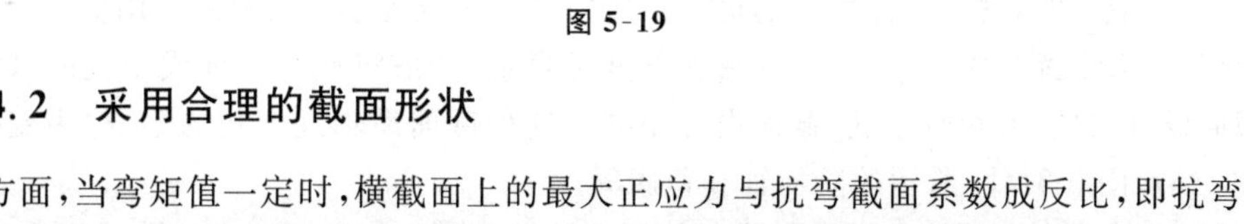

(a)　　(b)

图 5-19

5.4.2　采用合理的截面形状

一方面，当弯矩值一定时，横截面上的最大正应力与抗弯截面系数成反比，即抗弯截面系数 W 越大越好。另一方面，横截面面积越小，梁使用的材料越少(自重越轻)，即横截面面积 A 越小越好。因此在截面积 A 相同的条件下，抗弯截面系数 W 愈大，则梁的承载能力就愈强。例如对截面高度大于宽度的矩形截面梁，梁竖放时 $W_1=\frac{1}{6}bh^2$；而梁平放时，$W_2=\frac{1}{6}hb^2$，两者之比是$\frac{W_1}{W_2}=\frac{h}{b}>1$,所以竖放比平放有较高的抗弯能力。当截面的形状不同时,可以用比值$\frac{W}{A}$来衡量截面形状的合理性和经济性。常见截面的$\frac{W}{A}$值列于表 5-1 中。

另外,截面是否合理,还应考虑材料的特性。在梁横截面上距中性轴最远的各点处,分别有最大拉应力和最大压应力。为充分发挥材料的承载能力,最好使两者同时达到材料的许用应力。对抗拉和抗压强度相等的材料制成的梁,宜采用中性轴为其对称轴的截面,例如表 5-1 所示的工字形、矩形、圆形和环形截面等。对抗拉和抗压强度不相等的材料制成的梁,宜采用中性轴偏于受拉一侧的截面,例如图 5-20 所示的一些截面。对这类截面,应使最大拉应力和最大压应力同时接近材料的许用拉应力和许用压应力。

表 5-1　常见截面的 W/A 值

矩形	圆形	环形	槽钢	工字钢
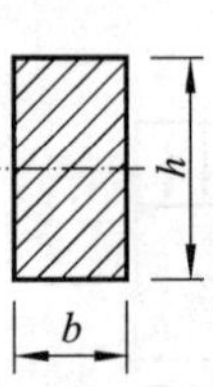	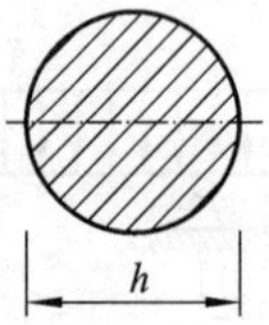	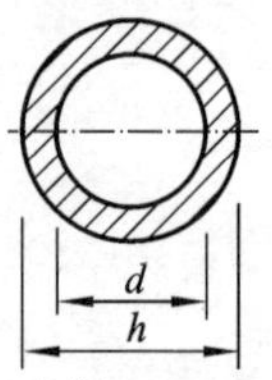 内径$d=0.8h$	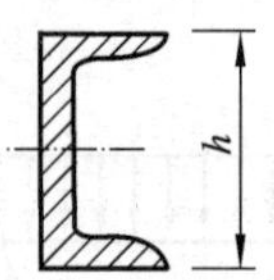	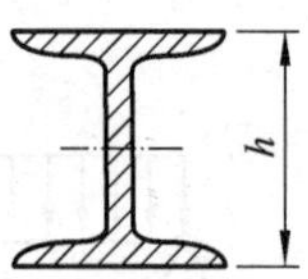
$0.167h$	$0.125h$	$0.205h$	$(0.27\sim0.31)h$	$(0.27\sim0.31)h$

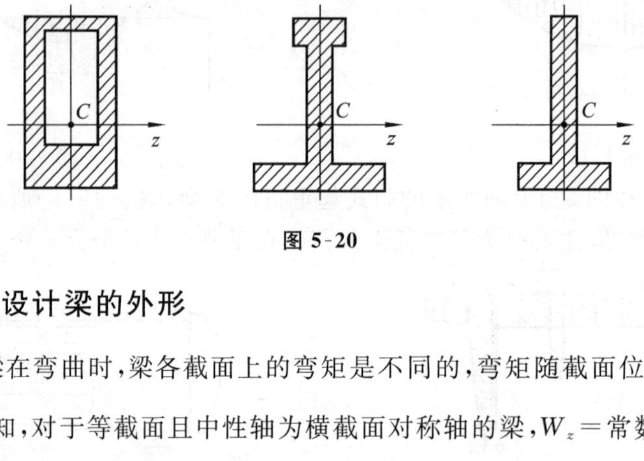

图 5-20

5.4.3　合理设计梁的外形

一般情况下,梁在弯曲时,梁各截面上的弯矩是不同的,弯矩随截面位置不同而变化。由$\sigma_{max}=\frac{M_{max}}{W_z}\leqslant[\sigma]$可知,对于等截面且中性轴为横截面对称轴的梁,$W_z$=常数,最大正应力发生在弯矩最大的截面上,距中性轴最远的各点处。也就是说,当最大弯矩截面上的最大正应力达到材料的许用应力时,其余各截面上的最大正应力都小于或远小于材料的许用应力,材料性能都没有得到充分发挥。因此,为了节约材料并减轻自重,考虑将截面设计成变化的,即弯矩较大处,截面设计大些,弯矩较小处,截面设计小些。这种截面沿轴线变化的梁,称为**变截面梁**。如图 5-21(a)、图 5-21(b)所示的阶梯轴和鱼腹梁。

变截面梁的正应力计算仍可近似采用等截面梁的公式。如变截面梁各横截面上的最大正应力都相等,且都等于许用应力,这就是**等强度梁**。即

$$\sigma_{max}=\frac{M(x)}{W(x)}=[\sigma]$$

式中,$M(x)$为任一横截面的弯矩;$W(x)$为该截面的弯曲截面系数。

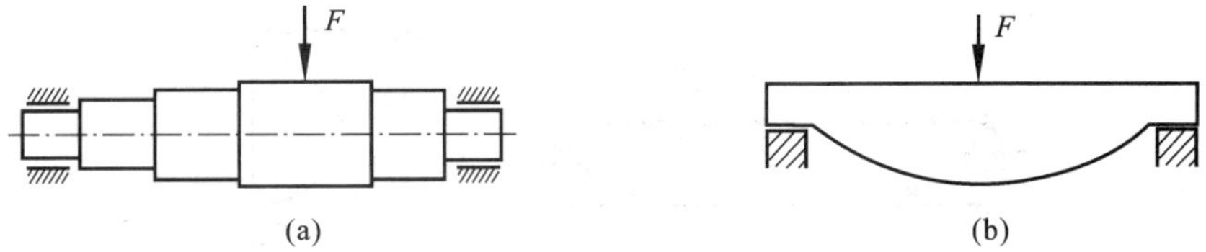

图 5-21

例如，宽度 b 保持不变而高度可变化的矩形截面简支梁，在中点承受集中力 F 作用。若设计成等强度梁，假设其高度随截面位置的变化规律为 $h(x)$，可按正应力强度条件求得。

梁任一横截面上最大正应力为

$$\sigma_{\max}=\frac{M(x)}{W(x)}=\frac{\frac{F}{2}x}{\frac{bh^2(x)}{6}}=[\sigma]$$

由此求得

$$h(x)=\sqrt{\frac{3Fx}{b[\sigma]}}$$

但靠近支座处，应按切应力强度条件确定截面的最小高度

$$\tau_{\max}=\frac{3}{2}\times\frac{F_S}{A}=\frac{\frac{3F}{2}}{2bh_{\min}}=[\tau]$$

由此求得

$$h_{\min}=\frac{3F}{4b[\tau]}$$

按以上公式确定出的梁的外形，就是厂房建筑中常用的鱼腹梁，如图 5-21(b)所示。若设想把梁分成若干狭条，然后叠置起来，并使其略微拱起，这就成为汽车以及其他车辆上经常使用的叠板弹簧，如图 5-22 所示。

图 5-22

【例 5-7】 矩形截面简支梁由圆形木材刨成，如图 5-23 所示。已知 $F=5$ kN，$a=1.5$ m，$[\sigma]=10$ MPa，试确定此矩形截面 h/b 的最优比值(即使截面的抗弯截面系数具有最大值)，并计算所需圆木的最小直径 d。

【解】 (1) h/b 的最优比值。对于图 5-23(b)所示的矩形截面而言，三个尺寸 b、h、d 之间

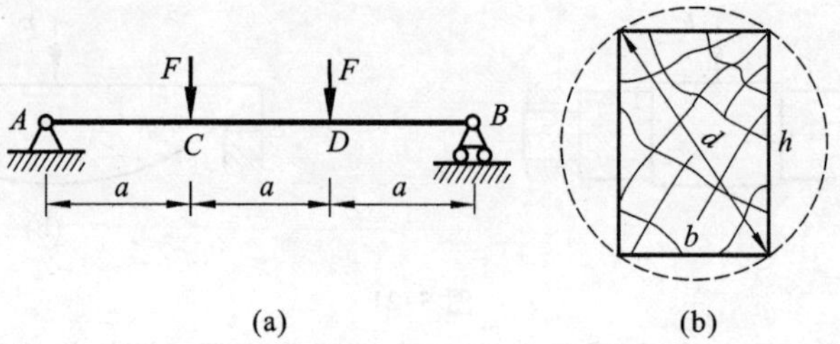

图 5-23

应满足

$$h^2 + b^2 = d^2$$

而矩形截面的抗弯截面系数

$$W_z = \frac{bh^2}{6} = \frac{b(d^2 - b^2)}{6}$$

在圆木直径一定的情况下，要想使 W_z 取得最大值，可令 $\frac{dW_z}{db}=0$，得

$$d^2 - 3b^2 = 0$$

所以

$$d^2 = 3b^2, \quad h^2 = 2b^2$$

这样可得

$$\frac{h}{b} = \sqrt{2}$$

关于此问题，我国北宋李诫早在公元 1100 年著《营造法式》一书中就曾指出：矩形木梁的合理高宽比 $h/b=1.5$。而在西方，直到 1807 年，英国的 T. Young 才在《自然哲学与机械技术讲义》一书中指出：矩形木梁的合理高宽比 $\frac{h}{b}=\sqrt{2}$ 时，强度最大；$\frac{h}{b}=\sqrt{3}$ 时，刚度最大（刚度问题下章再具体学习）。

(2) 确定圆木直径 d。根据梁弯曲时的最大正应力强度条件

$$\sigma_{\max} = \frac{M_{\max}}{W_z} \leqslant [\sigma]$$

经过分析可知

$$M_{\max} = Fa = 7.5\ \mathrm{kN \cdot m}$$

有

$$W_z \geqslant \frac{M_{\max}}{[\sigma]} = \frac{7.5 \times 10^3}{10 \times 10^6} = 7.5 \times 10^5\ \mathrm{mm}^3$$

$$W_z = \frac{bh^2}{6} = \frac{1}{6}[(\sqrt{2}b)^2 \cdot b]$$

可得

$$b \geqslant 131\ \mathrm{mm}$$

进而得到

$$d = \sqrt{h^2 + b^2} = \sqrt{3}b \geqslant 227\ \mathrm{mm}$$

因此最终采用圆木直径的最小值为 240～250 mm 左右。

习　题

5-1　把直径 $d=1$ mm 的钢丝绕在直径为 2 m 的卷筒上，设 $E=200$ GPa，试计算钢丝中产生的最大应力。

5-2　一矩形截面梁如题图所示，$F=1.5$ kN，试计算截面 m—m 上 A、B、C、D 四点处的正应力，并指明是拉应力还是压应力。

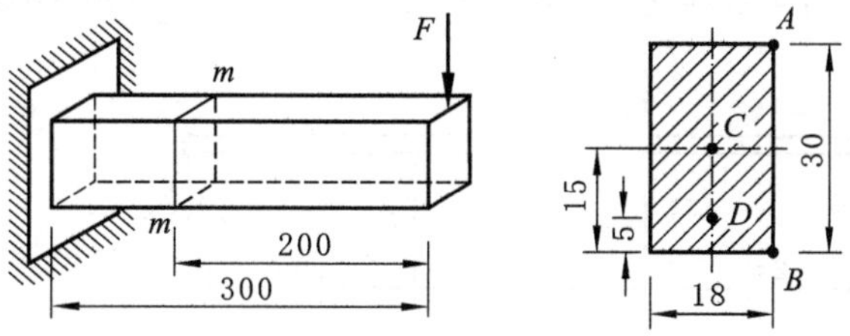

题 5-2 图

5-3　矩形截面的悬臂梁受集中力和集中力偶作用，如题图所示。已知 $F=15$ kN，$M=20$ kN·m，试求截面 m—m 和固定端截面 n—n 上 A、B、C、D 四点处的正应力。

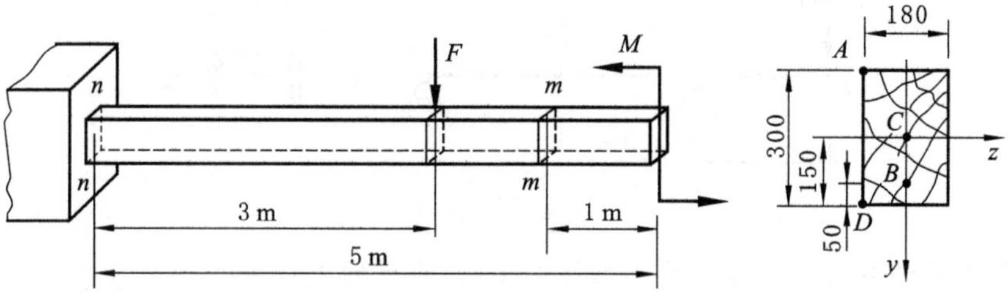

题 5-3 图

5-4　由两根 28a 槽钢组成的简支梁受三个集中力作用，如题图所示。已知该梁材料为 Q235 钢，其许用弯曲正应力$[\sigma]=170$ MPa。试求梁的许可载荷$[F]$。

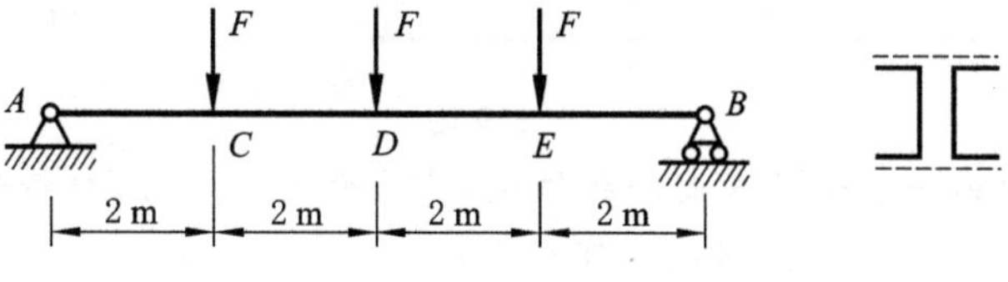

题 5-4 图

5-5　一受均布载荷的外伸钢梁如题图所示，已知 $q=12$ kN/m，材料的许用应力$[\sigma]=160$ MPa。试选择此梁的工字钢型号。

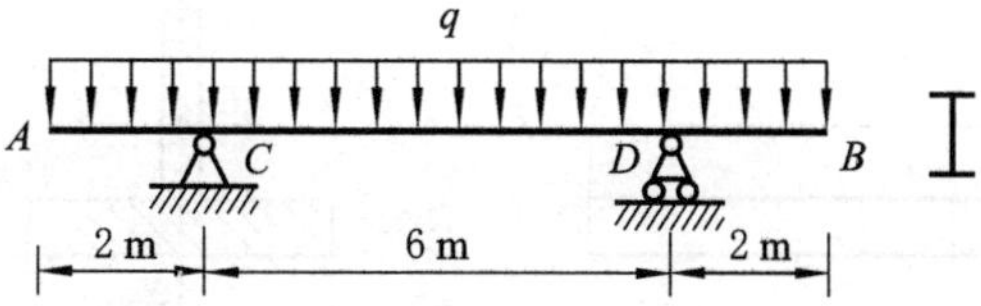

题 5-5 图

5-6　矩形截面悬臂梁如题图所示，已知 $l=4$ m，$\dfrac{b}{h}=\dfrac{2}{3}$，$q=10$ kN/m，$[\sigma]=10$ MPa。试

确定此梁横截面的尺寸。

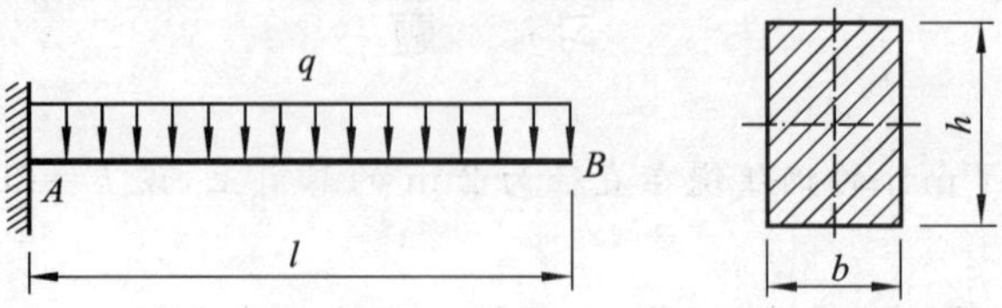

题 5-6 图

5-7 20a 工字钢梁的支承和受力情况如题图所示。若$[\sigma]=160$ MPa，试求许可载荷$[F]$。

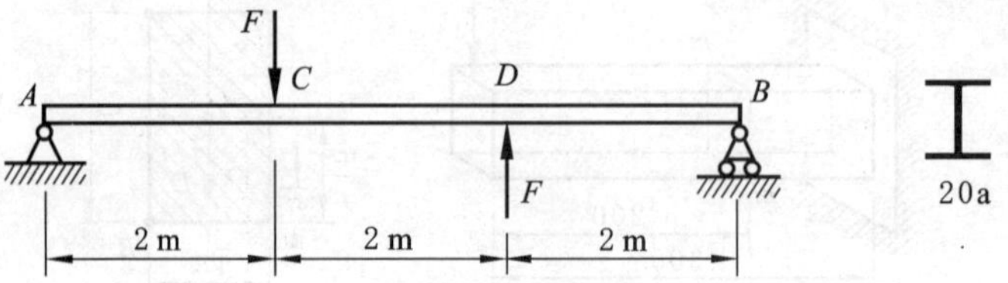

题 5-7 图

5-8 一外伸梁如题图所示，梁由 16a 槽钢制成，$F_1=3$ kN，$F_2=6$ kN，试求梁内的最大拉应力和最大压应力，并分别指出其作用的截面和位置。

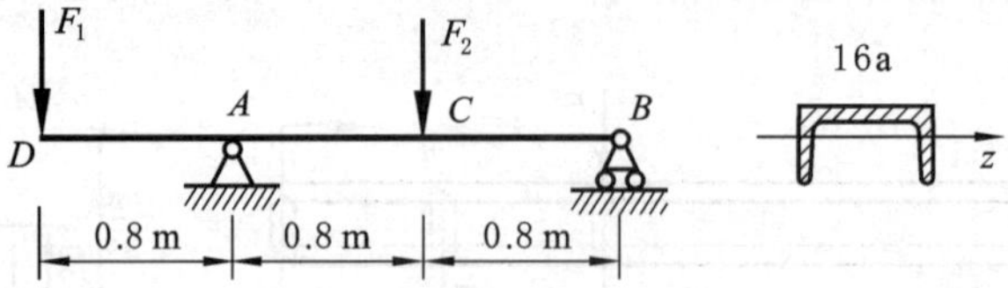

题 5-8 图

5-9 简支梁的载荷情况及尺寸如题图所示，试求梁的下边缘的总伸长。

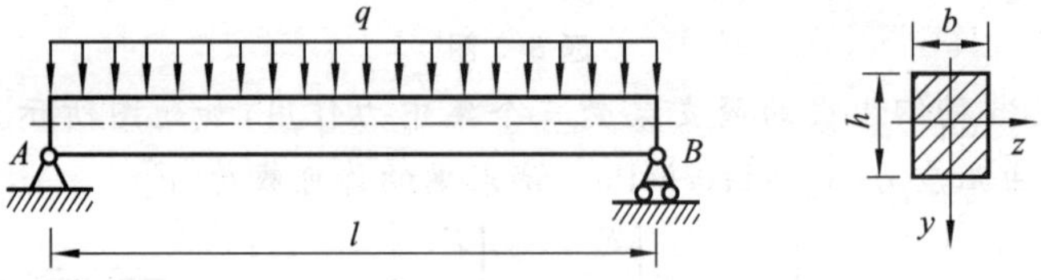

题 5-9 图

5-10 题图所示为一承受纯弯曲的铸铁梁，其截面为“⊥”形，材料的许用拉伸和压缩应力之比$[\sigma_t]/[\sigma_c]=1/4$。求水平翼板的合理宽度 b。

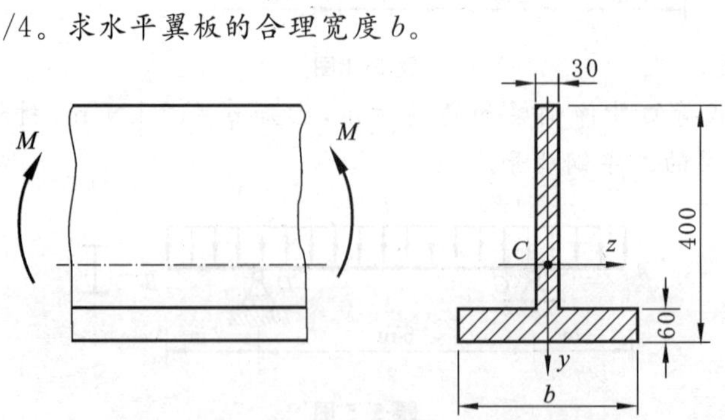

题 5-10 图

5-11 “⊥”形截面铸铁悬臂梁，尺寸及载荷如题图所示。若材料的拉伸许用应力$[\sigma_t]=$

40 MPa，压缩许用应力$[\sigma_c]=160$ MPa，截面对形心轴 z 的惯性矩 $I_z=10180\ \text{cm}^4$，$y_1=96.4$ mm，试计算该梁的许可载荷$[F]$。

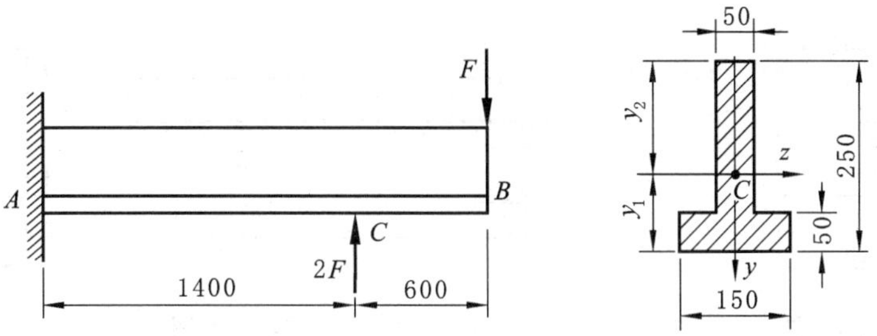

题 5-11 图

5-12　铸铁梁的载荷及横截面尺寸如题图所示。许用拉应力$[\sigma_t]=40$ MPa，许用压应力$[\sigma_c]=160$ MPa。$y_C=157.5$ mm，$I_z=6010\times10^4\ \text{mm}^4$，$q=10$ kN/m，$F=20$ kN，试校核梁的强度。

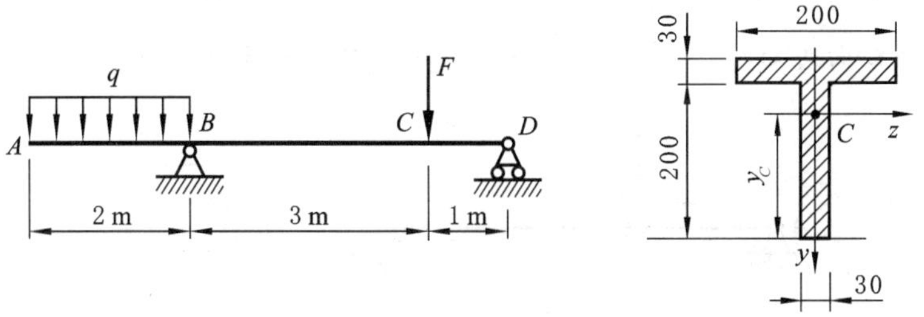

题 5-12 图

5-13　试计算题图所示矩形截面简支梁截面 1—1 上点 a 和点 b 处的正应力和切应力。

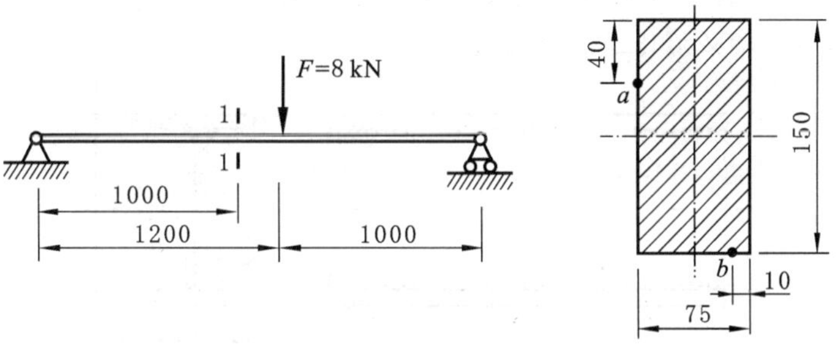

题 5-13 图

5-14　试计算题图所示圆截面简支梁在均布载荷下的最大正应力和最大切应力，并指出它们发生于何处。已知 $q=10$ kN/m。

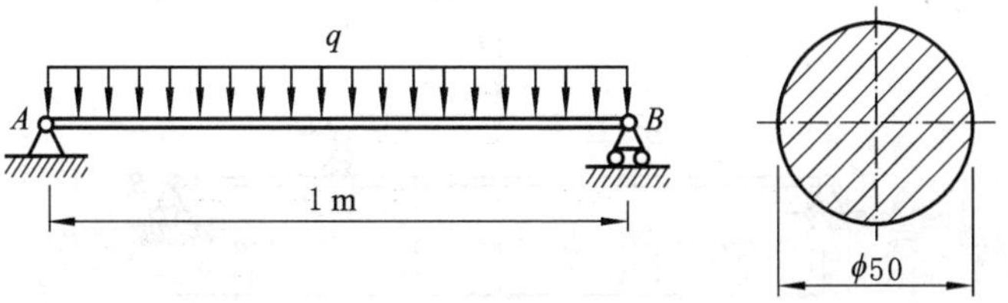

题 5-14 图

5-15　一悬臂梁长为 900 mm，在自由端受一集中力 F 的作用。梁由三块 50 mm×100 mm 的木板胶合而成，如题图所示，其中 z 轴为中性轴。胶合缝的许用切应力$[\tau]=0.35$ MPa。试按胶合缝的切应力强度求许可载荷$[F]$，并求在此载荷作用下，梁的最大弯曲正应力。

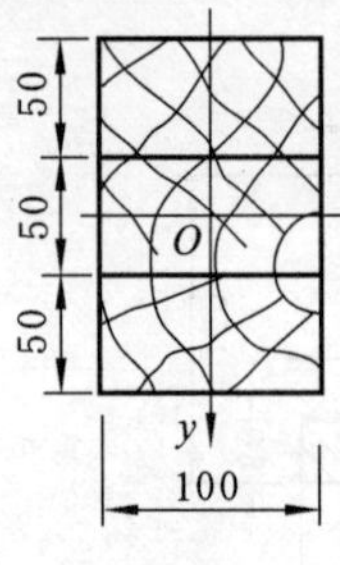

题 5-15 图

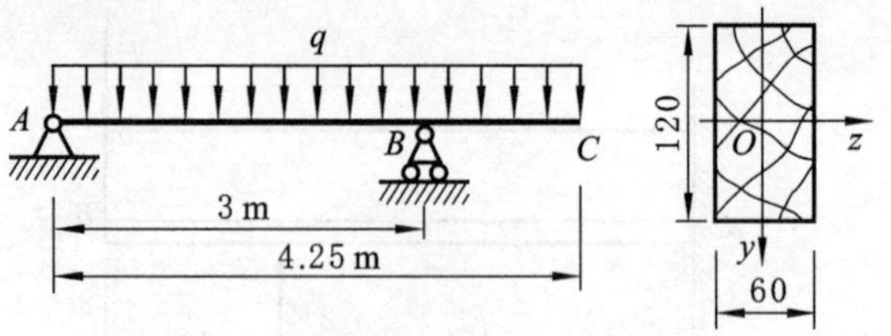

题 5-16 图

5-16 一矩形截面木梁，其截面尺寸及载荷如题图所示，$q=1.3\ \mathrm{kN/m}$。已知$[\sigma]=10\ \mathrm{MPa}$，$[\tau]=2\ \mathrm{MPa}$。试校核梁的正应力和切应力强度。

5-17 题图所示木梁受一可移动的载荷 $F=40\ \mathrm{kN}$ 作用。已知$[\sigma]=10\ \mathrm{MPa}$，$[\tau]=3\ \mathrm{MPa}$。木梁的横截面为矩形，其高宽比$\dfrac{h}{b}=\dfrac{3}{2}$。试选择梁的截面尺寸。

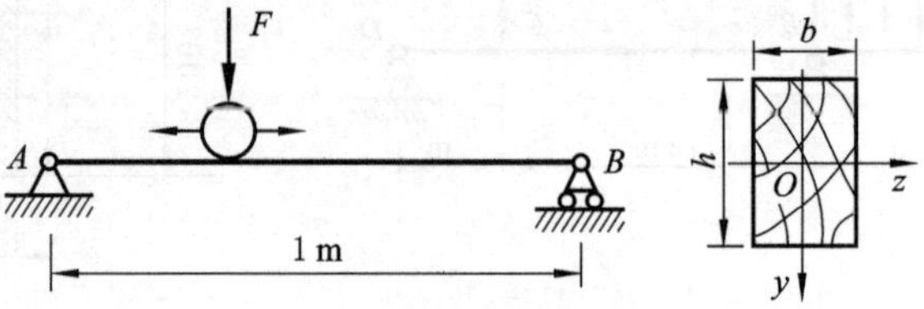

题 5-17 图

*5-18 题图所示宽翼缘工字梁由钢板焊接而成。若横截面上剪力为 $F_S=180\ \mathrm{kN}$，试求每单位长度(1 mm)焊缝所必须传递的力的大小。

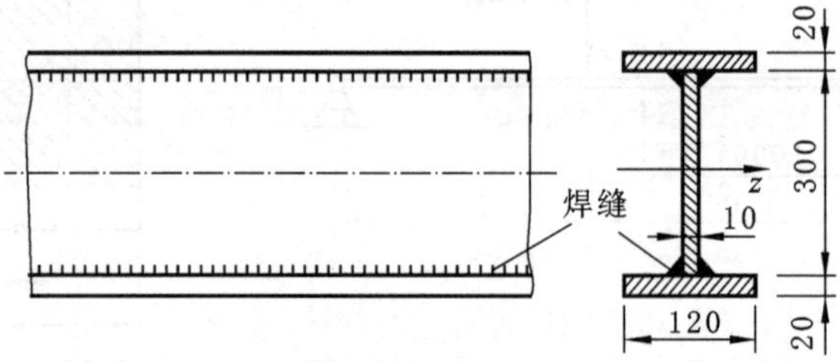

题 5-18 图

5-19 为改善载荷分布，在主梁 AB 上安置辅助梁 CD，如题图所示。设主梁和辅助梁的抗弯截面系数分别为 W_1 和 W_2，材料相同，试求辅助梁的合理长度 a。

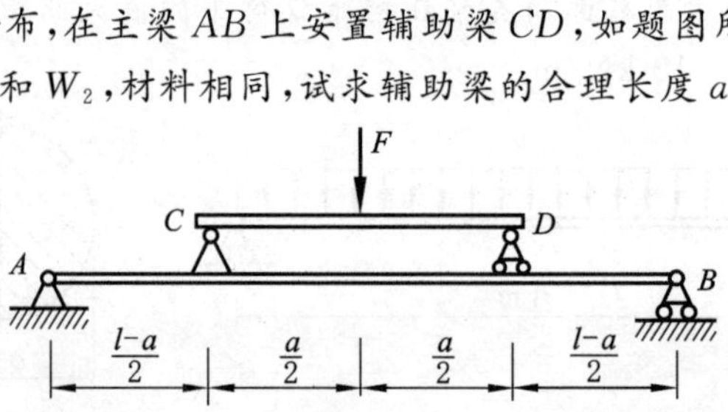

题 5-19 图

5-20 题图所示简支梁 AB，若载荷 F 直接作用于梁的中点，梁的最大正应力超过了许可值的 30%。为避免这种过载现象，配置了副梁 CD，试求此副梁所需的长度 a。

*5-21　均布载荷作用下的简支梁由圆管及实心圆杆套合而成，如题图所示。变形后两杆仍密切接触，两杆材料的弹性模量分别为 E_1 和 E_2，且 $E_1=2E_2$。试求跨中截面上两杆各自承担的弯矩。

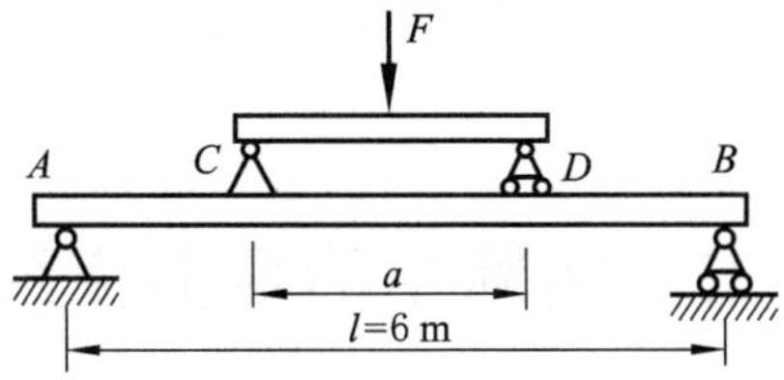

题 5-20 图

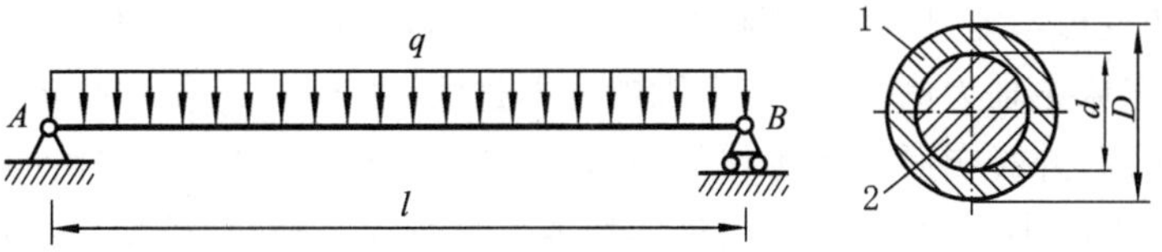

题 5-21 图

6 弯曲变形

6.1 工程实际中的弯曲变形问题

上一章讨论了梁的强度计算。工程实际中对某些弯曲杆件除强度要求外，往往还有刚度要求，即要求它的变形不能过大。否则，即使构件的强度足够，也往往由于变形过大而使其不能正常工作。以车床主轴为例，若车床主轴的变形过大[图 6-1(a)]，则影响齿轮的啮合，造成磨损不均，产生噪声，并影响所加工零件的质量[图 6-1(b)]。再如，车间内的吊车梁若变形过大，将使在吊车梁上的小车行走困难，出现爬坡或下坡现象。所以，若变形超过允许数值时，即使仍然是弹性的，也被认为是一种失效现象。但是事物都是一分为二的，在某些情况下，也可以利用构件的弯曲变形来为工程实际服务。例如汽车车厢和轮轴之间的叠板弹簧(图 6-2)就是利用其弯曲变形来缓和车辆受到的冲击和振动，这时就要求弹簧在强度足够的情况下有较大的变形。弹簧扳手(图 6-3)要有明显的弯曲变形，才可使测得的力矩更为准确。

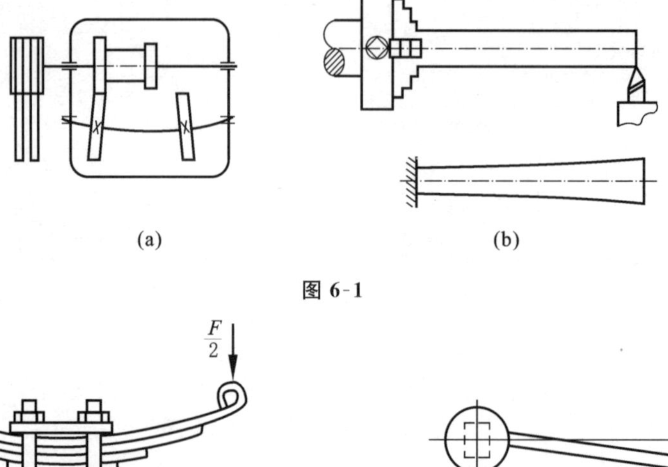

(a) (b)

图 6-1

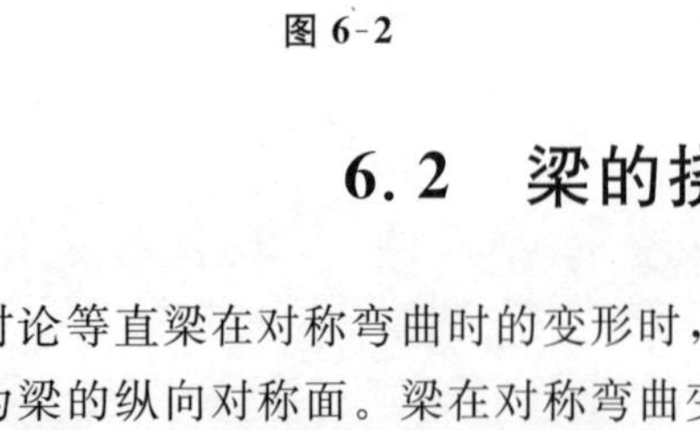

图 6-2

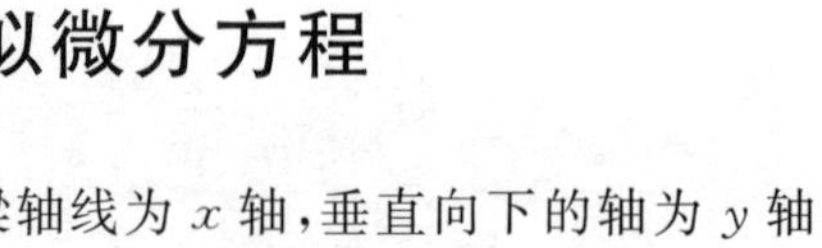

图 6-3

6.2 梁的挠曲线近似微分方程

讨论等直梁在对称弯曲时的变形时，取变形前的梁轴线为 x 轴，垂直向下的轴为 y 轴，xy 平面为梁的纵向对称面。梁在对称弯曲变形后，其轴线 AB 将变成 xy 面内的平面曲线 AB'，称为**挠曲线**，如图 6-4 中双点画线所示。在小变形的情况下，梁轴线上坐标为 x 的任意一点 C(即横截面的形心)的位移，可认为垂直于轴线方向，该位移称为该点的**挠度**。一般情况下挠度

是截面位置 x 的函数，通常用 w 表示

$$w=f(x) \tag{6-1}$$

上式称为**挠曲线方程**。

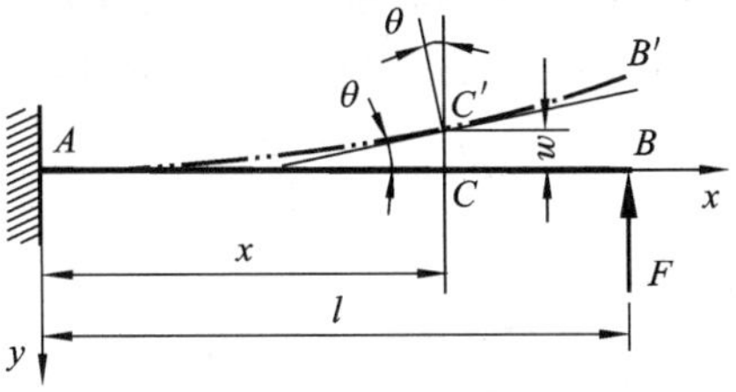

图 6-4

根据平面假设，弯曲变形后的横截面仍与变形后的轴线（挠曲线）相垂直，即相对变形前的位置绕中性轴产生一个角位移 θ，称 θ 为截面 C 的**转角**，如图 6-4 所示。θ 也是随截面位置的不同而变化的，转角 θ 与挠曲线在该点的倾角相等，即等于挠曲线在 C 点切线与 x 轴之间的夹角。有以下关系式

$$\theta \approx \tan\theta=\frac{\mathrm{d}w}{\mathrm{d}x}=w' \tag{6-2}$$

即在小变形的情况下，截面的转角近似地等于挠曲线在该截面处的斜率。

在图 6-4 所示的坐标系中，规定向下的挠度为正，向上的挠度为负；顺时针的转角为正，逆时针的转角为负。在上一章中，度量等直梁弯曲变形程度用的是挠曲线的曲率。但由于曲率难以度量，且在工程实际中，梁的变形程度还要受到支座约束的影响，而横截面的挠度和转角不但与曲率的大小有关，同时还与梁的支座约束有关。因此，通常用挠度和转角来反映梁的变形情况。

应该指出，横截面的形心在沿梁轴线方向也存在线位移，但在小变形条件下，这种位移极小，可以忽略不计。

在上一章中，由纯弯曲时的几何关系、物理关系和静力学平衡关系，得到以下曲率公式

$$\frac{1}{\rho}=\frac{M}{EI} \tag{a}$$

在平面弯曲的情况下，如果是细长梁，剪力对变形的影响可以忽略，上式仍然适用，但是曲率和弯矩均为 x 的函数

$$\frac{1}{\rho(x)}=\frac{M(x)}{EI} \tag{b}$$

由高等数学可知，平面曲线 $w=f(x)$ 上任意一点的曲率为

$$\frac{1}{\rho(x)}=\pm\frac{\dfrac{\mathrm{d}^2w}{\mathrm{d}x^2}}{\left[1+\left(\dfrac{\mathrm{d}w}{\mathrm{d}x}\right)^2\right]^{\frac{3}{2}}} \tag{c}$$

由于工程实际中梁的变形一般都很小，挠曲线是一条极其平坦的曲线，梁的挠度 w 和转角 θ 数值都很小。这样，$\left(\dfrac{\mathrm{d}w}{\mathrm{d}x}\right)^2$ 之值和 1 相比更小，可以略去不计，于是得到近似公式

$$\frac{1}{\rho(x)}=\pm\frac{\mathrm{d}^2w}{\mathrm{d}x^2}=\pm w'' \tag{d}$$

由(b)、(d)两式可得

$$\pm w'' = \frac{M(x)}{EI} \tag{6-3}$$

根据弯矩的正负规定，在图 6-5 所示的坐标系下，正弯矩对应着 w'' 的负值[图 6-5(a)]，负弯矩对应着 w'' 的正值[图 6-5(b)]，因此上式的左边应取负号，即

$$w'' = -\frac{M(x)}{EI} \tag{6-4}$$

这就是梁的**挠曲线近似微分方程**。

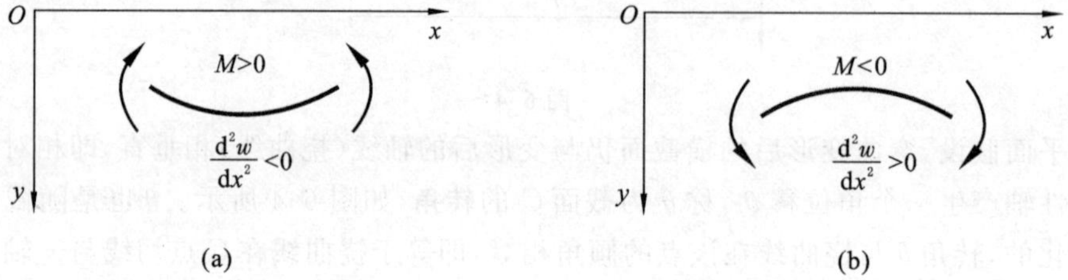

图 6-5

式(6-4)之所以是一个近似方程，是因为忽略了剪力对变形的影响，同时是在转角很小的情况下推导出来的。但实践表明，根据这一公式所得的结果在工程应用中是足够精确的。

要注意的是，在机械类的材料力学教材中，由于纵坐标轴向上，式(6-3)左边应取正值。

6.3 积分法求梁的变形

对挠曲线近似微分方程(6-4)积分，即可求得梁的转角方程和挠曲线方程。对于等截面梁，抗弯刚度 EI 为常量，式(6-4)可改写为

$$EIw'' = -M(x) \tag{6-5}$$

将上式连续积分两次，得

$$EIw' = EI\theta = -\int M(x)\mathrm{d}x + C \tag{6-6}$$

$$EIw = -\int\left[\int M(x)\mathrm{d}x\right]\mathrm{d}x + Cx + D \tag{6-7}$$

式中 C、D 为积分常数，可利用梁的**边界条件**确定。

梁的几种常见边界条件如下：

(1) 固定铰支座与活动铰支座

无论固定铰支座还是活动铰支座[图 6-6(a)]，由于梁在支承处不可能出现 y 方向的位移，故铰链 A、B 处均有 $w=0$，但二处的转角一般不等于零。

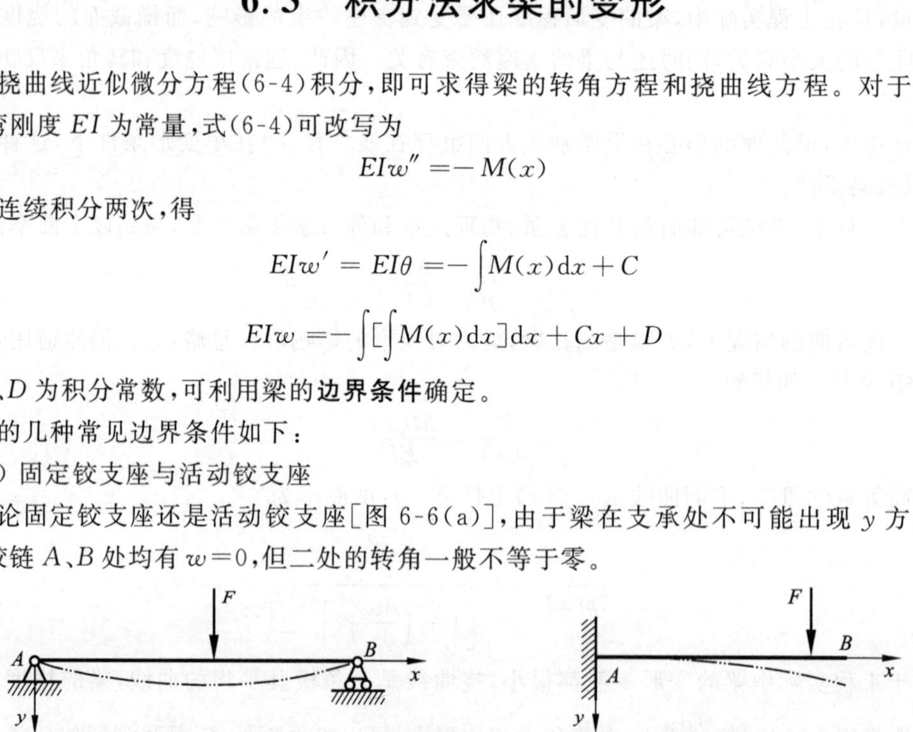

图 6-6

(2) 固定端

固定端限制梁任何形式的位移(截面在该处既不能移动也不能转动),因此在图 6-6(b)中的 A 端有两个边界条件:$w_A=0$,$\theta_A=0$。

对于静定梁,约束一定会限制约束处的移动或转动,总有两个边界条件可用来确定挠曲线二阶微分方程求解时出现的两个积分常数。

如果弯矩是分段描述的,或梁的抗弯刚度在全长内有变化,则求变形时需分段积分,每多分一段将多出两个积分常数。由于梁的挠曲线为一连续光滑曲线,在分段点处,相邻两段的挠度和转角值必须对应相等。于是每多分一段就多了两个确定积分常数的条件,这就是**连续性条件**。

【例 6-1】 一悬臂梁在自由端处受一集中力 F 的作用,如图 6-7 所示。梁长为 l,抗弯刚度 EI 为常量。试求梁的转角方程和挠曲线方程,并确定梁的最大挠度与最大转角。

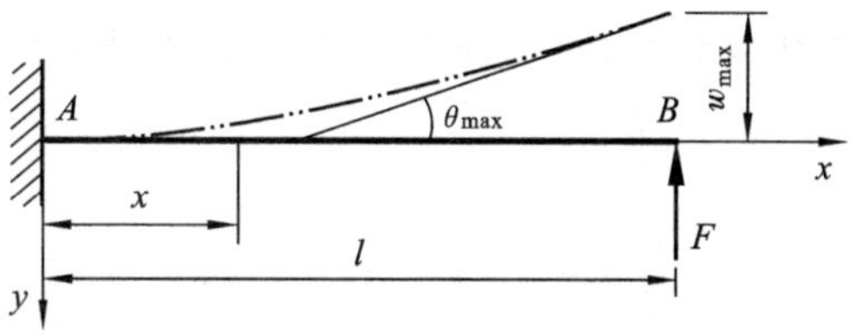

图 6-7

【解】 (1) 写出弯矩方程。以左端点 A 为坐标原点,取直角坐标系如图 6-7 所示。任一横截面 x 处的弯矩方程为

$$M(x) = F(l-x) \qquad (0 < x \leqslant l) \tag{a}$$

(2) 建立挠曲线近似微分方程并积分。

$$EIw'' = -M(x) = -F(l-x) \tag{b}$$

$$EIw' = -Flx + \frac{F}{2}x^2 + C \tag{c}$$

$$EIw = -\frac{Fl}{2}x^2 + \frac{F}{6}x^3 + Cx + D \tag{d}$$

(3) 利用边界条件确定积分常数。在固定端 A 处,截面的挠度和转角均为零,其边界条件为

$$w\,|_{x=0} = 0, \quad \theta\,|_{x=0} = 0 \tag{e}$$

将边界条件式(e)代入式(c)、式(d)得到

$$C = 0, \quad D = 0 \tag{f}$$

将积分常数的结果代入(c)、(d)两式,得到该梁的转角方程和挠曲线方程分别为

$$\theta = w' = -\frac{Fx}{2EI}(2l-x) \tag{g}$$

$$w = -\frac{Fx^2}{6EI}(3l-x) \tag{h}$$

(4) 确定梁的最大挠度与最大转角。挠曲线的形状如图 6-7 中的双点画线所示,所以最大挠度和最大转角均发生在悬臂梁的自由端。以 $x=l$ 代入(g)和(h)两式得

$$\theta_{\max} = \theta\,|_{x=l} = -\frac{Fl^2}{2EI}, \quad w_{\max} = w\,|_{x=l} = -\frac{Fl^3}{3EI}$$

所得结果均为负值,表示截面 B 的转角为逆时针转向,挠度向上。

【例 6-2】　图 6-8 所示简支梁，受集中力 F 作用，EI 为常量，求梁的最大挠度及两端的转角。

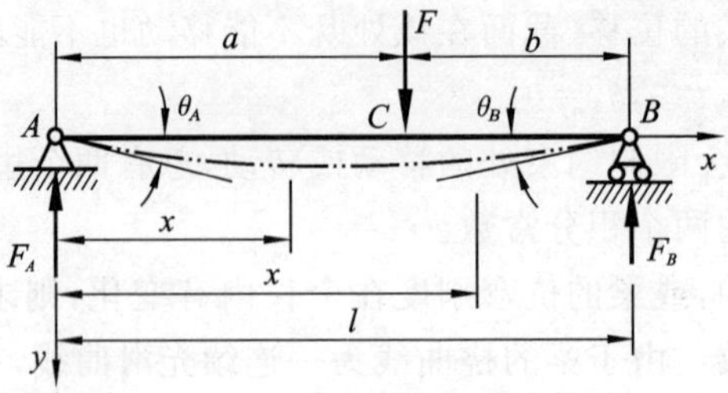

图 6-8

【解】　(1) 写出弯矩方程。画受力图，由平衡方程可求得 A、B 两支座处的支反力为

$$F_A = \frac{Fb}{l},\quad F_B = \frac{Fa}{l}$$

方向如图 6-8 所示。梁的弯矩方程应分 AC、CB 两段建立，其弯矩方程分别为

$$M_1(x) = \frac{Fb}{l}x \qquad (0 \leqslant x \leqslant a)$$

$$M_2(x) = \frac{Fb}{l}x - F(x-a) \qquad (a \leqslant x \leqslant l)$$

(2) 建立挠曲线微分方程并积分，如下表所示。

AC 段　$0 \leqslant x \leqslant a$		CB 段　$a \leqslant x \leqslant l$	
$EIw_1'' = -M_1(x) = -\frac{Fb}{l}x$	(a)	$EIw_2'' = -M_2(x) = -\frac{Fb}{l}x + F(x-a)$	(d)
$EIw_1' = -\frac{Fb}{2l}x^2 + C_1$	(b)	$EIw_2' = -\frac{Fb}{2l}x^2 + \frac{F}{2}(x-a)^2 + C_2$	(e)
$EIw_1 = -\frac{Fb}{6l}x^3 + C_1x + D_1$	(c)	$EIw_2 = -\frac{Fb}{6l}x^3 + \frac{F}{6}(x-a)^3 + C_2x + D_2$	(f)

(3) 由边界条件和连续条件定积分常数。边界条件为

$$w_1\big|_{x=0} = 0 \tag{g}$$

$$w_2\big|_{x=l} = 0 \tag{h}$$

连续性条件为

$$w_1'\big|_{x=a} = w_2'\big|_{x=a} \tag{i}$$

$$w_1\big|_{x=a} = w_2\big|_{x=a} \tag{j}$$

将式(b)、式(c)、式(e)及式(f)相应代入式(g)、式(h)、式(i)及式(j)，并联立求解，得

$$D_1 = D_2 = 0 \tag{k}$$

$$C_1 = C_2 = \frac{Fb}{6l}(l^2 - b^2) \tag{l}$$

将四个积分常数分别代入式(b)、式(c)、式(e)和式(f)中，可得转角方程和挠度方程如下表所示。

AC 段　$0 \leqslant x \leqslant a$		CB 段　$a \leqslant x \leqslant l$	
$\theta_1 = w_1' = \frac{Fb}{6EIl}(l^2 - b^2 - 3x^2)$	(m)	$\theta_2 = w_2' = \frac{Fb}{6EIl}\left[(l^2 - b^2 - 3x^2) + \frac{3l}{b}(x-a)^2\right]$	(o)
$w_1 = \frac{Fbx}{6EIl}(l^2 - b^2 - x^2)$	(n)	$w_2 = \frac{Fb}{6EIl}\left[(l^2 - b^2 - x^2)x + \frac{l}{b}(x-a)^3\right]$	(p)

(4) 确定最大挠度与最大转角。对简支梁而言，最大转角一般发生在梁的两端截面处。由式(m)，令 $x=0$ 得

$$\theta_A = \frac{Fb}{6EIl}(l^2 - b^2) = \frac{Fab}{6EIl}(l+b)$$

由式(o)，令 $x=l$ 得

$$\theta_B = -\frac{Fab}{6EIl}(l+a)$$

当 $a>b$ 时，$|\theta_B|>\theta_A$，故

$$\theta_{\max} = \theta_B = -\frac{Fab}{6EIl}(l+a)$$

根据极值条件，在 $w'=0$ 即 $\theta=0$ 处，w 取得极值。因此，应首先确定转角为零的截面位置。假设最大挠度发生在 AC 段内，当 $x=x_0$ 时，转角为零，由式(m)得

$$\frac{Fb}{6EIl}(l^2 - b^2 - 3x_0^2) = 0$$

$$x_0 = \sqrt{\frac{l^2 - b^2}{3}} = \sqrt{\frac{a^2 + 2ab}{3}} \tag{q}$$

当 $a>b$ 时，由式(q)可知 $x_0<a$，说明转角为零的截面是发生在 AC 段内的。因此可将式(q)代入式(n)而得最大挠度为

$$w_{\max} = \frac{Fb}{9\sqrt{3}EIl}(l^2 - b^2)^{\frac{3}{2}} \tag{r}$$

当 F 从梁中点位置向支座 B 移动时，即 b 值减小时，由式(q)可见，x_0 值从 $l/2$ 增加到约为 $\frac{\sqrt{3}}{3}l$（当 $b\to 0$ 时）。因此，即使是在 $b\to 0$ 的极端情况下，最大挠度点的位置也比较接近梁的中点，而此时的最大挠度值与梁中点的挠度值也非常接近。因此，对简支梁而言，只要挠曲线上无拐点，就可用中点的挠度近似地作为梁的最大挠度，这样带来的误差不是很大。

由上例可得：分多段列挠曲线微分方程求解时，为简化确定积分常数的计算，应遵循两个规则：(1) 对各段梁，都是从同一坐标原点列出弯矩方程，所以后一梁段的弯矩方程中包括了前一段梁的弯矩方程和新增的 $(x-a)$ 项；(2) 对 $(x-a)$ 项的积分，可以 $(x-a)$ 作为自变量，不必展开。于是，由挠曲线在 $x=a$ 的连续条件，就能得到两段梁上相应的积分常数分别相等的结果。

6.4　叠加法求梁的变形

图 6-9 所示，当梁上同时作用有集中载荷 F、集中力偶 M_e 和均布载荷 q 时，如要求出自由端截面 B 的转角和挠度，用积分法得到的结果如下：

$$\theta_B = \frac{1}{EI}\left(\frac{ql^3}{6} + \frac{Fl^2}{2} - M_e l\right)$$

$$w_B = \frac{1}{EI}\left(\frac{ql^4}{8} + \frac{Fl^3}{3} - \frac{M_e l^2}{2}\right)$$

由以上两项结果可以看出，转角、挠度分别等于 q、F、M_e 单独引起的转角、挠度的叠加，且分别与作用的载荷成正比。这是因为挠曲线近似微分方程是在小变形及材料服从胡克定律的

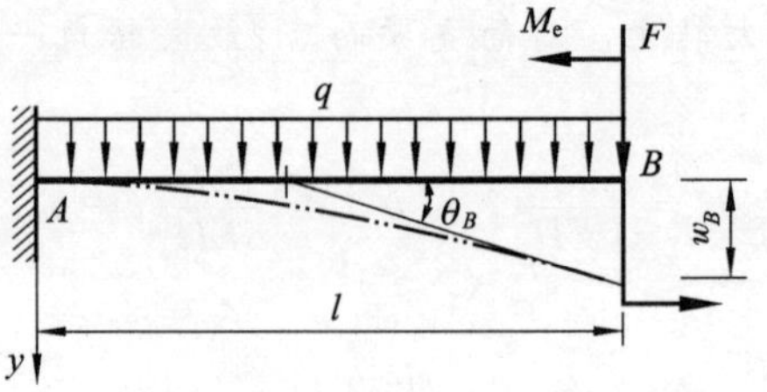

图 6-9

前提下推导出来的，该方程是线性方程，而且 $M(x)$ 是根据初始尺寸计算的，$M(x)$ 与外载荷间也是线性关系。所以，梁上同时作用几个载荷产生的内力、变形，等于每一个载荷单独作用产生的内力、变形的代数和（也适用于其他的基本变形），这就是**叠加原理**。

当梁上同时作用几个载荷，而且只需求出某几个特定截面的转角和挠度（不需要知道挠曲线方程）时，用叠加法比用积分法方便得多。

方便起见，将常见梁在简单载荷作用下的变形计算结果制成表格，供随时查用，见表 6-1。

【例 6-3】 图 6-10(a)所示简支梁，承受均布载荷 q 和集中力偶 M_e 作用，已知 $M_e=ql^2$，EI 为常量。试求跨度中点的挠度 w_C 和截面 A 的转角 θ_A。

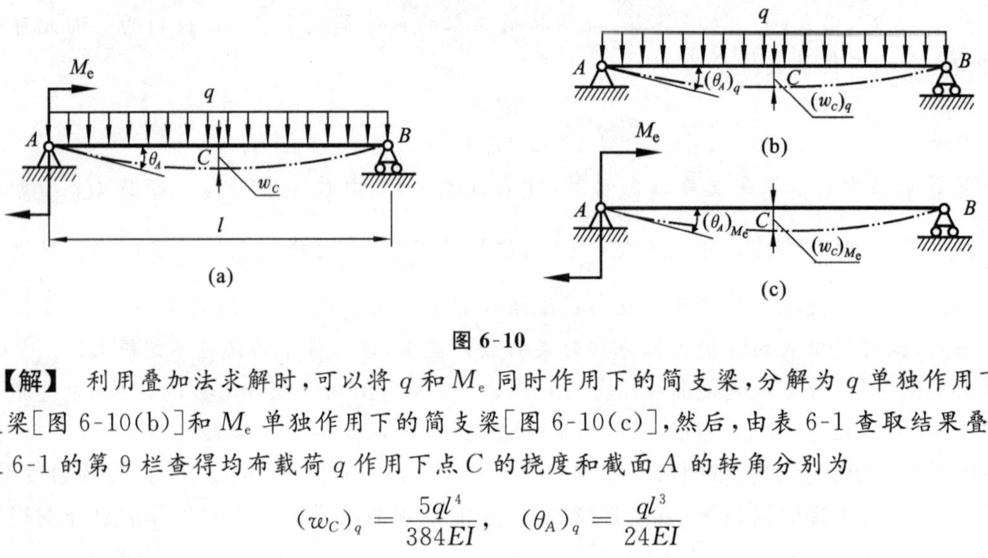

图 6-10

【解】 利用叠加法求解时，可以将 q 和 M_e 同时作用下的简支梁，分解为 q 单独作用下的简支梁[图 6-10(b)]和 M_e 单独作用下的简支梁[图 6-10(c)]，然后，由表 6-1 查取结果叠加。从表 6-1 的第 9 栏查得均布载荷 q 作用下点 C 的挠度和截面 A 的转角分别为

$$(w_C)_q=\frac{5ql^4}{384EI},\quad (\theta_A)_q=\frac{ql^3}{24EI}$$

由表 6-1 第 5 栏查得集中力偶 M_e 作用下点 C 的挠度和截面 A 的转角分别为

$$(w_C)_{M_e}=\frac{M_e l^2}{16EI},\quad (\theta_A)_{M_e}=\frac{M_e l}{3EI}$$

叠加以上结果，求得 q、M_e 同时作用下点 C 的挠度和截面 A 的转角为

$$w_C=\frac{5ql^4}{384EI}+\frac{M_e l^2}{16EI}=\frac{29ql^4}{384EI}$$

$$\theta_A=\frac{ql^3}{24EI}+\frac{M_e l}{3EI}=\frac{3ql^3}{8EI}$$

w_C 为正值，表示挠度向下。θ_A 为正值，表明截面 A 顺时针转动。

表 6-1 简单载荷作用下梁的变形

序号	梁的简图	挠曲线方程	端截面转角	绝对值最大的挠度
1	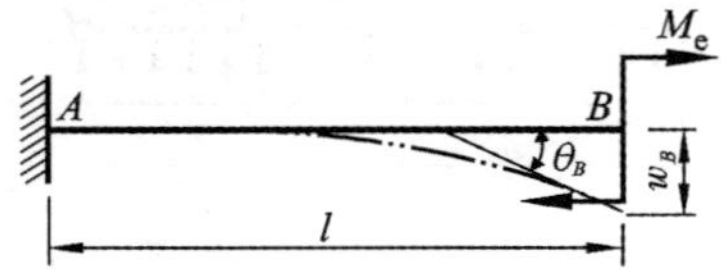	$w=\frac{M_e x^2}{2EI}$	$\theta_B=\frac{M_e l}{EI}$	$w_B=\frac{M_e l^2}{2EI}$
2	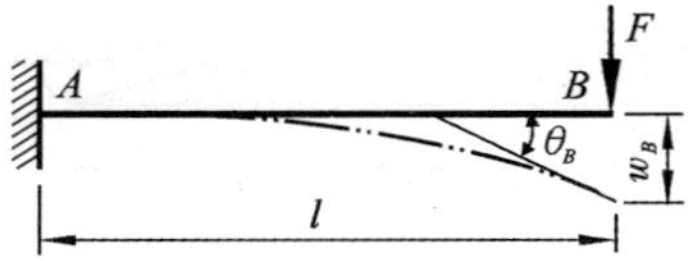	$w=\frac{Fx^2}{6EI}(3l-x)$	$\theta_B=\frac{Fl^2}{2EI}$	$w_B=\frac{Fl^3}{3EI}$
3	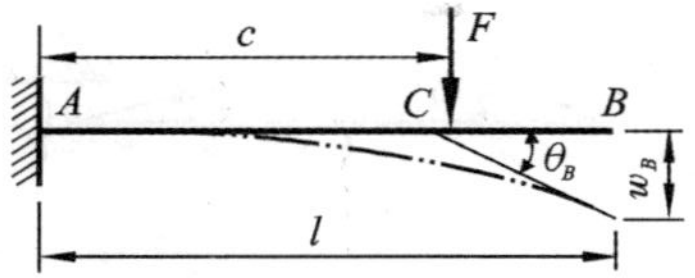	$0\leqslant x\leqslant c$ $w=\frac{Fx^2}{6EI}(3c-x)$ $c\leqslant x\leqslant l$ $w=\frac{Fc^2}{6EI}(3x-c)$	$\theta_B=\frac{Fc^2}{2EI}$	$w_B=\frac{Fc^2}{6EI}(3l-c)$
4	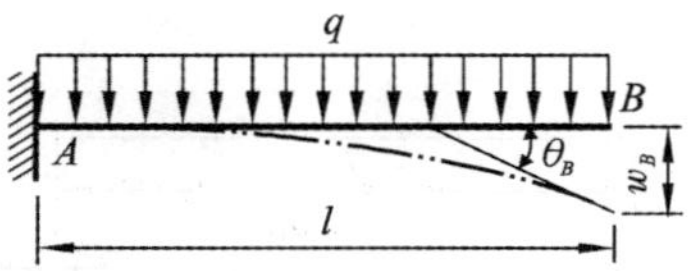	$w=\frac{qx^2}{24EI}(x^2+6l^2-4lx)$	$\theta_B=\frac{ql^3}{6EI}$	$w_B=\frac{ql^4}{8EI}$
5	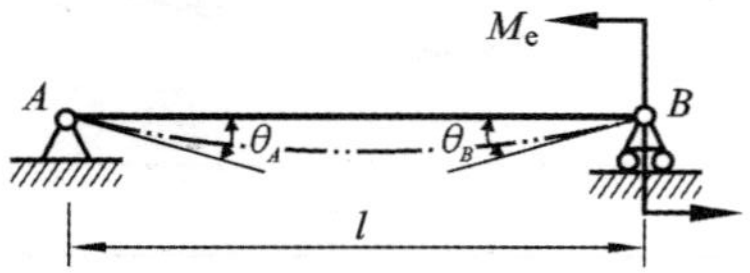	$w=\frac{M_e x}{6lEI}(l^2-x^2)$	$\theta_A=\frac{M_e l}{6EI}$ $\theta_B=-\frac{M_e l}{3EI}$	在 $x=\frac{l}{\sqrt{3}}$处，$w_{max}=\frac{M_e l^2}{9\sqrt{3}EI}$ 在 $x=\frac{l}{2}$处，$w=\frac{M_e l^2}{16EI}$

续表 6-1

序号	梁的简图	挠曲线方程	端截面转角	绝对值最大的挠度
6	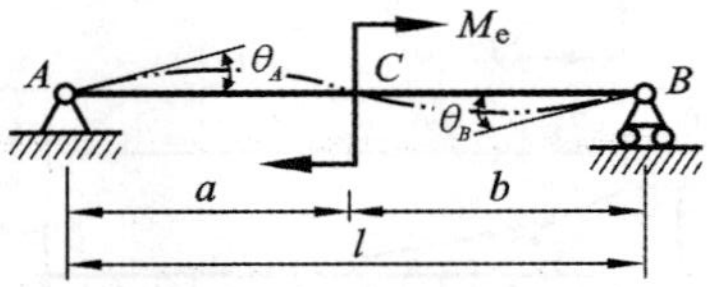	$0 \leqslant x \leqslant a$ $w = -\frac{M_e x}{6lEI}(l^2 - 3b^2 - x^2)$ $a \leqslant x \leqslant l$ $w = \frac{M_e(l-x)}{6lEI}[l^2 - 3a^2 - (l-x)^2]$	$\theta_A = -\frac{M_e}{6lEI}(l^2 - 3b^2)$ $\theta_B = -\frac{M_e}{6lEI}(l^2 - 3a^2)$ $\theta_C = \frac{M_e}{6lEI}(3a^2 + 3b^2 - l^2)$	在 $x = \sqrt{\frac{l^2 - 3b^2}{3}}$ 处， $w = -\frac{M_e(l^2 - 3b^2)^{3/2}}{9\sqrt{3}lEI}$ 在 $x = \sqrt{\frac{l^2 - 3a^2}{3}}$ 处， $w = \frac{M_e(l^2 - 3a^2)^{3/2}}{9\sqrt{3}lEI}$
7	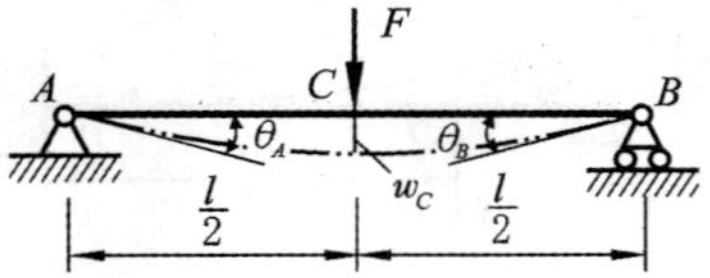	$0 \leqslant x \leqslant \frac{l}{2}$ $w = \frac{Fx}{48EI}(3l^2 - 4x^2)$	$\theta_A = -\theta_B = \frac{Fl^2}{16EI}$	$w_{\max} = \frac{Fl^3}{48EI}$
8	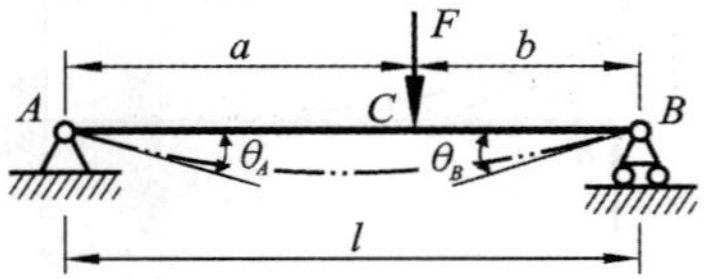	$0 \leqslant x \leqslant a$ $w = \frac{Fbx}{6lEI}(l^2 - b^2 - x^2)$ $a \leqslant x \leqslant l$ $w = \frac{Fb}{6lEI}\left[(l^2 - b^2)x - x^3 + \frac{l}{b}(x-a)^3\right]$	$\theta_A = \frac{Fab(l+b)}{6lEI}$ $\theta_B = -\frac{Fab(l+a)}{6lEI}$	若 $a>b$，在 $x = \sqrt{\frac{l^2 - b^2}{3}}$ 处， $w_{\max} = \frac{\sqrt{3}Fb(l^2 - b^2)^{3/2}}{27lEI}$ 在 $x = \frac{l}{2}$ 处，$w = \frac{Fb(3l^2 - 4b^2)}{48EI}$
9	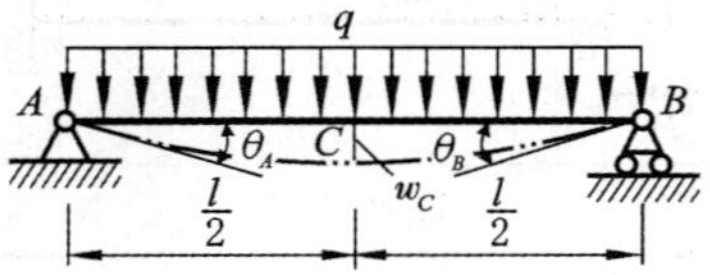	$w = \frac{qx}{24EI}(l^3 - 2lx^2 + x^3)$	$\theta_A = -\theta_B = \frac{ql^3}{24EI}$	$w_{\max} = \frac{5ql^4}{384EI}$

续表 6-1

序号	梁的简图	挠曲线方程	端截面转角	绝对值最大的挠度
10	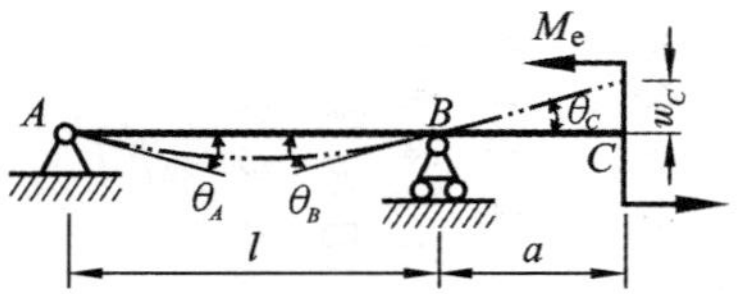	$0 \leqslant x \leqslant l$ $w = \dfrac{M_e x}{6lEI}(l^2 - x^2)$ $l \leqslant x \leqslant l+a$ $w = -\dfrac{M_e}{6EI}(3x^2 - 4lx + l^2)$	$\theta_A = \dfrac{M_e l}{6EI}$ $\theta_B = -\dfrac{M_e l}{3EI}$ $\theta_C = -\dfrac{M_e}{3EI}(l + 3a)$	在 $x = \dfrac{l}{\sqrt{3}}$ 处，$w = \dfrac{M_e l^2}{9\sqrt{3}EI}$ 在 $x = l+a$ 处，$w = -\dfrac{M_e a(2l+3a)}{6EI}$
11	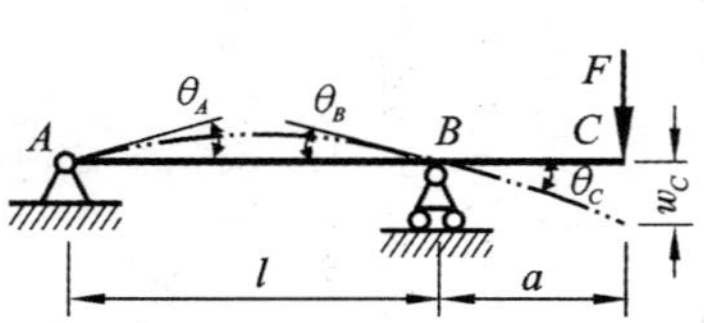	$0 \leqslant x \leqslant l$ $w = -\dfrac{Fax}{6lEI}(l^2 - x^2)$ $l \leqslant x \leqslant l+a$ $w = \dfrac{F(x-l)}{6EI}[a(3x-l) - (x-l)^2]$	$\theta_A = -\dfrac{Fal}{6EI}$ $\theta_B = \dfrac{Fal}{3EI}$ $\theta_C = \dfrac{Fa}{6EI}(2l + 3a)$	在 $x = \dfrac{l}{\sqrt{3}}$ 处，$w = -\dfrac{Fal^2}{9\sqrt{3}EI}$ 在 $x = l+a$ 处，$w_C = \dfrac{Fa^2(l+a)}{3EI}$
12	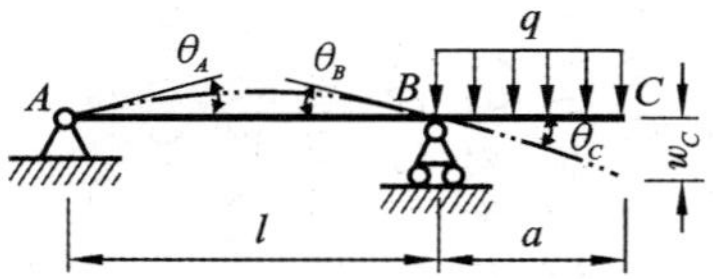	$0 \leqslant x \leqslant l$ $w = -\dfrac{qa^2}{12EI}\left(lx - \dfrac{x^3}{l}\right)$ $l \leqslant x \leqslant l+a$ $w = \dfrac{qa^2}{12EI} \cdot$ $\left[\dfrac{x^3}{l} - \dfrac{(2l+a)(x-l)^3}{al} + \dfrac{(x-l)^4}{2a^2} - lx\right]$	$\theta_A = -\dfrac{qa^2 l}{12EI}$ $\theta_B = \dfrac{qa^2 l}{6EI}$ $\theta_C = \dfrac{qa^2}{6EI}(l + a)$	在 $x = \dfrac{l}{\sqrt{3}}$ 处，$w = -\dfrac{qa^2 l^2}{18\sqrt{3}EI}$ 在 $x = l+a$ 处，$w_C = \dfrac{qa^3}{24EI}(3a + 4l)$

【例 6-4】 简支梁在半跨上作用有均布载荷 q，如图 6-11(a)所示，试求梁中点的挠度。

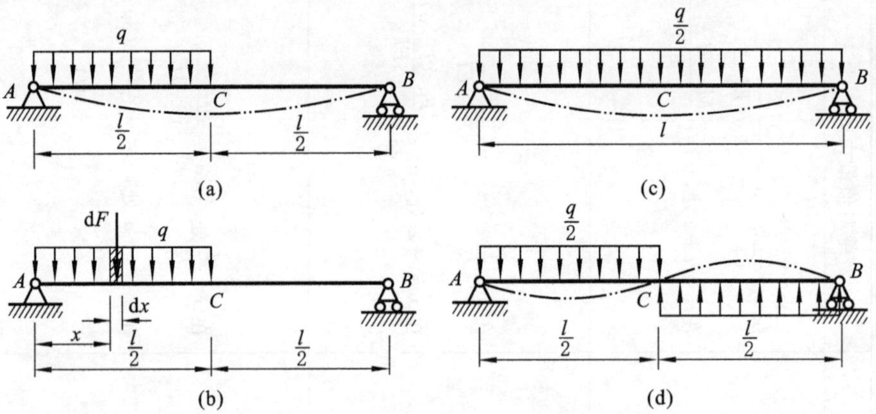

图 6-11

【解】 此处采用下面两种不同方法求解。

解法一：查表 6-1 可知，当简支梁上作用集中载荷 F 时，梁中点的挠度为

$$(w_C)_F = \frac{Fb}{48EI}(3l^2 - 4b^2)$$

梁在左半边作用均布载荷，其中点 C 的挠度可看作一系列集中力 $dF=qdx$ 作用的叠加[图 6-11(b)]，由此可得

$$w_C = \int_0^{l/2} \frac{qdx}{48EI}(l-x)[3l^2 - 4(l-x)^2] = \frac{5ql^4}{768EI}$$

解法二：利用对称性求解。原图的半跨均布载荷可看作正对称载荷和反对称载荷两种情况的叠加[图 6-11(c)、图 6-11(d)]。

由图 6-11(d)可见，简支梁在反对称载荷$\frac{q}{2}$的作用下，梁中点的挠度为零。所以原题就相当于求梁在对称载荷$\frac{q}{2}$作用下所引起的中点挠度[图 6-11(c)]，即

$$w_C = \frac{5\left(\frac{q}{2}\right)l^4}{384EI} = \frac{5ql^4}{768EI}$$

另外，本题也可以利用上节所学分段积分法求解，这里就不作介绍了。

【例 6-5】 某一变截面外伸梁如图 6-12(a)所示。AB、BC 段的抗弯刚度分别为 EI_1 和 EI_2，在 C 端面处受集中力 F 作用，求 C 端面的挠度和转角。

【解】 由于外伸梁是变截面的(I_1 不等于 I_2)，故不能直接应用表 6-1 中的结果。为此，必须将外伸梁分为 AB、BC 两段来研究。可采用以下的**逐段刚化法**来计算截面 C 的实际变形。

(1) 假设 BC 段为刚性(不产生弯曲)，此时可将力向简支梁 AB 的 B 端简化，得到力 F 和力偶 Fa。力 F 可由支座 B 的反力直接平衡，不会引起简支梁的弯曲变形。集中力偶 Fa 引起截面 B 的转角[图 6-12(b)]可由表 6-1 查得

$$\theta_B = \frac{(Fa)l}{3EI_1}$$

它引起截面 C 的转角和挠度分别为

$$(\theta_C)_1 = \theta_B = \frac{Fal}{3EI_1}, \quad (w_C)_1 = \theta_B \cdot a = \frac{Fa^2 l}{3EI_1}$$

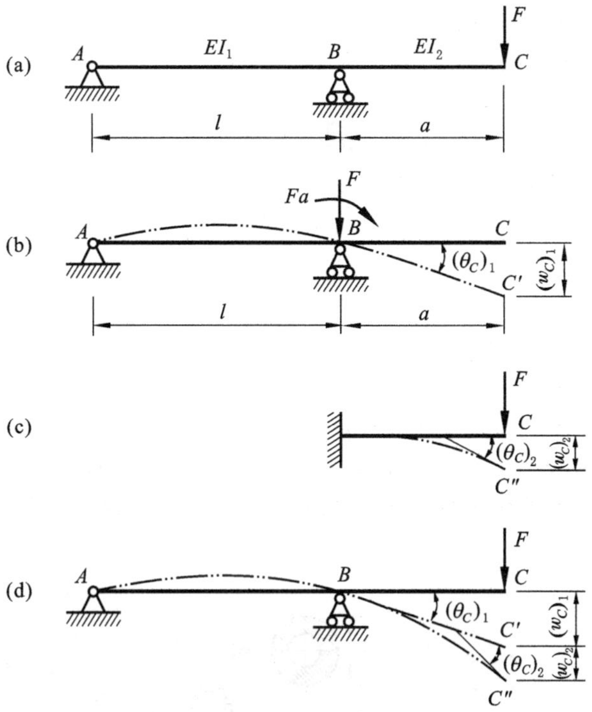

图 6-12

(2) 假设 AB 段是刚性的，此时可将 BC 段直接看作是悬臂梁[图 6-12(c)]，由表 6-1 查得，在力作用下截面 C 的转角和挠角分别为

$$(\theta_C)_2=\frac{Fa^2}{2EI_2},\quad (w_C)_2=\frac{Fa^3}{3EI_2}$$

(3) 将图 6-12(b)、图 6-12(c)中的变形叠加后[图 6-12(d)]，求得截面 C 的转角和挠度分别为

$$\theta_C=(\theta_C)_1+(\theta_C)_2=\frac{Fal}{3EI_1}+\frac{Fa^2}{2EI_2}$$

$$w_C=(w_C)_1+(w_C)_2=\frac{Fa^2l}{3EI_1}+\frac{Fa^3}{3EI_2}$$

若 $EI_1=EI_2=EI$，则有

$$\theta_C=\frac{Fa(2l+3a)}{6EI}$$

$$w_C=\frac{Fa^2(a+l)}{3EI}$$

即可得表 6-1 中序号 11 的结果。

6.5 梁的刚度计算 提高梁弯曲刚度的措施

6.5.1 梁的刚度计算

在工程实际中，为了保证构件的刚度要求，必须限制其最大挠度和最大转角，或者限制指定截面的挠度和转角，使它们不超过某些规定的数值。如果以$[w]$表示规定的许可挠度，$[\theta]$表示规定的许可转角，则刚度条件可表示为

$$|w|_{max} \leqslant [w] \tag{6-6}$$

$$|\theta|_{max} \leqslant [\theta] \tag{6-7}$$

式中$[w]$、$[\theta]$根据工作需要确定。例如：

普通机床主轴 $[w]=(0.0001\sim0.0005)l$

$[\theta]=(0.001\sim0.005)$ rad

起重机大梁 $[w]=(0.001\sim0.002)l$

滑动轴承 $[\theta]=0.001$ rad

其中，l为两支座间的跨距。

【例 6-6】 车床主轴如图 6-13(a)所示。在图示平面内，已知切削力$F_1=2$ kN，啮合力$F_2=1$ kN；主轴的外径$D=80$ mm，内径$d=40$ mm，$l=400$ mm，$a=200$ mm；C处的许可挠度$[w]=0.0001l$，轴承B处的许可转角$[\theta]=0.001$ rad；材料的弹性模量$E=210$ GPa。试校核轴的刚度。

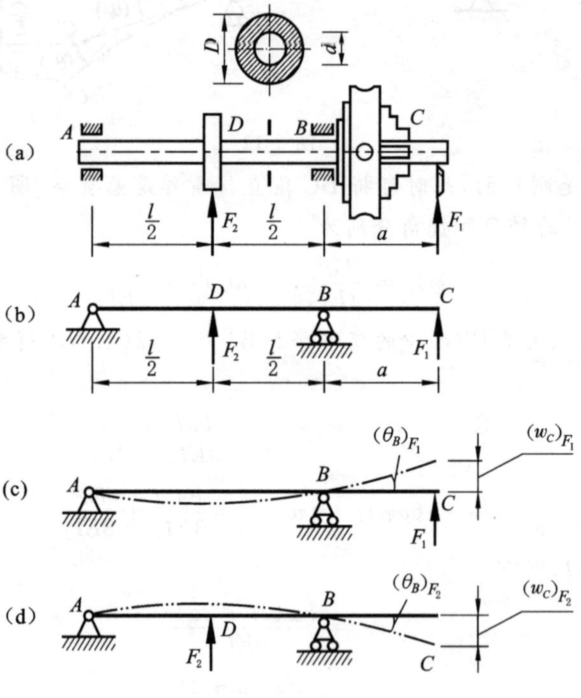

图 6-13

【解】 将主轴简化为如图 6-13(b)所示的外伸梁，外伸部分的抗弯刚度EI可近似地视为与主轴相同。

(1) 计算变形。主轴横截面的惯性矩为

$$I=\frac{\pi}{64}(D^4-d^4)=\frac{\pi}{64}(80^4-40^4)$$

$$=1885000\ \text{mm}^4=1.885\times10^{-6}\ \text{m}^4$$

由表 6-1 查得，因F_1而引起的C端的挠度和截面B的转角[图 6-13(c)]分别为

$$(w_C)_{F_1} = -\frac{F_1 a^2}{3EI}(l+a)$$
$$= -\frac{2\times 10^3 \times 200^2 \times 10^{-6}}{3\times 210\times 10^9 \times 1885\times 10^{-9}}(400\times 10^{-3} + 200\times 10^{-3})$$
$$= -4.04\times 10^{-5}\ \text{m} = -0.0404\ \text{mm}$$
$$(\theta_B)_{F_1} = -\frac{F_1 al}{3EI} = -\frac{2\times 10^3\times 200\times 10^{-3}\times 400\times 10^{-3}}{3\times 210\times 10^9\times 1885\times 10^{-9}} = -1.347\times 10^{-4}\ \text{rad}$$

因 F_2 引起的截面 B 的转角和 C 端的挠度[图 6-13(d)]为

$$(\theta_B)_{F_2} = \frac{F_2 l^2}{16EI} = \frac{1\times 10^3\times 400^2\times 10^{-6}}{16\times 210\times 10^9\times 1885\times 10^{-9}} = 2.53\times 10^{-5}\ \text{rad}$$
$$(w_C)_{F_2} = (\theta_B)_{F_2}\cdot a = 2.53\times 10^{-5}\times 200 = 0.00506\ \text{mm}$$

最后由叠加法可得，C 端的总挠度为

$$w_C = (w_C)_{F_1} + (w_C)_{F_2} = -0.0404 + 0.00506 = -0.0353\ \text{mm}$$

截面 B 处的总转角为

$$\theta_B = (\theta_B)_{F_1} + (\theta_B)_{F_2} = -1.347\times 10^{-4} + 2.53\times 10^{-5} = -1.094\times 10^{-4}\ \text{rad}$$

(2) 校核刚度。主轴的许可挠度和许可转角为

$$[w] = 0.0001l = 0.0001\times 400 = 0.04\ \text{mm}$$
$$[\theta] = 0.001\ \text{rad} = 1\times 10^{-3}\ \text{rad}$$

因此

$$|w_C| = 0.0353\ \text{mm} < [w]$$
$$|\theta_B| = 1.094\times 10^{-4}\ \text{rad} < [\theta]$$

故主轴满足刚度条件。

6.5.2 提高梁弯曲刚度的措施

从表 6-1 列出的结果看到，梁的挠度和转角与梁的跨长、约束条件、抗弯刚度以及载荷施加方式有关。因此，可从下列几个方面采取措施，提高梁的弯曲刚度。

(1) **减小梁的跨长**

梁的挠度和转角与其跨长的 n 次幂成正比，因此，应尽可能地减小梁的跨长，这样可以显著减小其挠度和转角。例如，Z145 造型机横臂的支点在立柱的后面[图 6-14(a)]，而改进后的 Z145A 造型机横臂的支点在立柱的前面[图 6-14(b)]。由于跨度和外伸长度都缩短了，所以后者的弯曲刚度有较大提高。

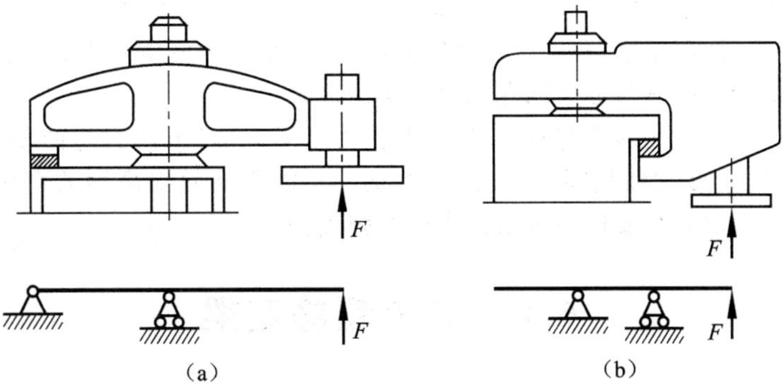

图 6-14

(2) **增加约束**

在梁的跨长不能缩短的情况下,可以采用增加约束的办法来提高梁的弯曲刚度。例如,车削细长杆时,加上顶尖支承(图 6-15),以减小工件的最大挠度。又如原用两个短轴承支承的轴[图 6-16(a)],若在其左端增加一个短轴承[图 6-16(b)],或者将其左端改为长轴承[图 6-16(c)],使其约束接近于固定端,也能减小轴的变形,提高刚度。增加支座后的静定梁变为超静定梁,它的解法将在下一节中讨论。

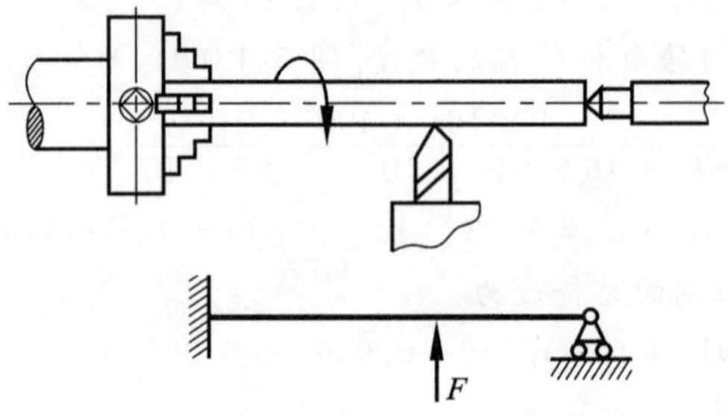

图 6-15

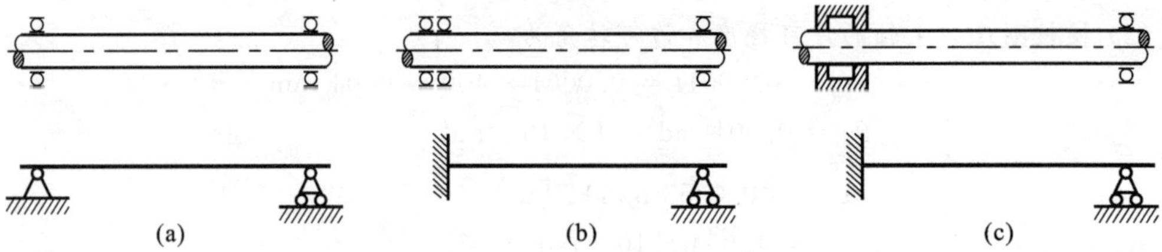

图 6-16

(3) **改变加载方式**

由挠曲线近似微分方程可知,弯曲变形与弯矩有关,减小弯矩就会减小弯曲变形。因此,5.4.1 节的内容同样适用于弯曲刚度的提高。

(4) **设计合理截面,增大惯性矩**

在梁的截面面积不变的前提下,设计合理的截面形状,增大截面惯性矩的数值,也是提高弯曲刚度的有效措施。如起重机大梁一般采用工字形或箱形截面,机器的箱体采用加筋的办法提高箱壁的弯曲刚度,而不采取增加壁厚的办法。

应该注意,由于梁的变形是由多梁段的变形累加的结果。因此,只有在梁的全长或绝大部分长度上加大惯性矩的数值,才能达到提高刚度的目的。这一点与强度问题不同,在强度问题中,只需在弯矩较大的梁段内加大惯性矩,即可达到提高强度的目的。另一方面,梁在局部范围内惯性矩的减小(如由于铆钉孔所引起的削弱等),对强度的影响较大,而对刚度的影响是可以忽略的,上述是刚度问题与强度问题的又一不同之处。

最后必须指出,弯曲变形还与材料的弹性模量 E 有关,E 值越大弯曲变形越小。但由于各种钢材的弹性模量 E 大致相同,采用高强度钢并不能很有效提高梁的弯曲刚度。因此,从提高弯曲刚度来看,没有必要选用价格昂贵的高强度钢。

6.6 简单超静定梁

前面讨论的梁为静定梁,这种梁的支座反力只需静力平衡方程即可求得。有时为了提高梁的刚度和强度,需要增加梁的约束(支座)。例如,在车削的工件上加顶尖(图 6-15)。由于增加了支座，相应地增加了约束力的数目，从而使未知约束力数目超过了独立的静力平衡方程数目，此时只用平衡方程就无法解出全部约束力，这种梁称为**超静定梁**。同样，梁的未知反力数与独立平衡方程数的差值，称为**超静定次数**。

为提高梁的刚度和强度而增加的约束，对于维持梁的平衡来说是多余的。这种约束通常称为**多余约束**，与多余约束相对应的反力，称为**多余反力**。故多余反力的数目也就是超静定次数。

对超静定梁进行强度或刚度计算时，首先必须求出梁的多余支反力。求解方法与求解轴向拉压超静定问题类似，需要根据梁的变形协调条件，力与变形间的物理关系来建立补充方程，从而求得多余的约束力。下面举例说明。

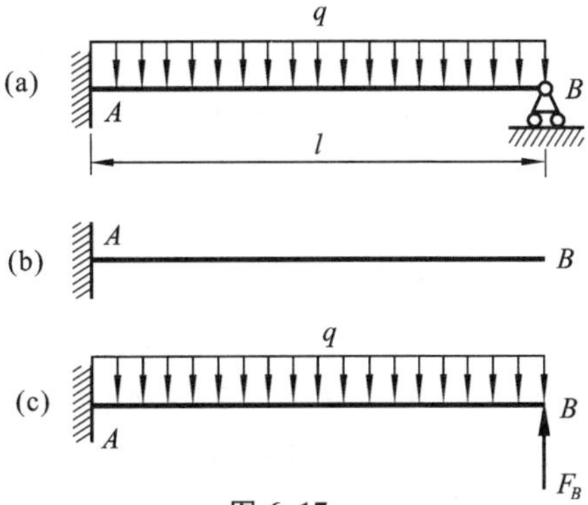

图 6-17

图 6-17(a)为等截面梁承受均布载荷 q 作用，经分析为一次超静定问题。解题时可首先解除多余约束，如选支座 B 为多余约束，将它去掉后，即可使超静定梁变为静定梁。这种静定梁（不含外载和去掉了多余约束）称为原超静定梁的基本静定系统，简称**静定基**，如图6-17(b)所示。在静定基上，如果加上原有载荷，以及加上多余约束产生的支反力 F_B，如图6-17(c)所示，该图才与原超静定梁相当，称为**相当系统**。但要想使相当系统与原超静定梁的变形完全一致，还必须使图 6-17(c)中点 B 的挠度为零。由6.4节介绍的叠加法有

$$w_B = (w_B)_q + (w_B)_{F_B} = 0 \tag{a}$$

上式即为变形协调条件。

然后分析力与变形之间的物理关系。由表 6-1 查得 q 和 F_B 单独作用下，点 B 的挠度分别为

$$(w_B)_q = \frac{ql^4}{8EI} \tag{b}$$

$$(w_B)_{F_B} = -\frac{F_B l^3}{3EI} \tag{c}$$

将式(b)、式(c)代入式(a)，得

$$\frac{ql^4}{8EI} - \frac{F_B l^3}{3EI} = 0 \tag{d}$$

上式即为补充方程，由此解得多余支座反力 F_B 为

$$F_B = \frac{3ql}{8}$$

解超静定梁时，选取哪个约束为多余约束，可以根据解题的方便而定。若选取的多余约束不同，相应的静定基及其变形协调条件也随之而异。例如上面的超静定梁，也可以选取 A 端面的转动约束作为多余约束，则静定基为一简支梁，多余约束力为 A 端面的反力偶矩 M_A，如图 6-18 所示。这时的变形协调条件应为截面 A 的转角为零，从而建立一个补充方程。

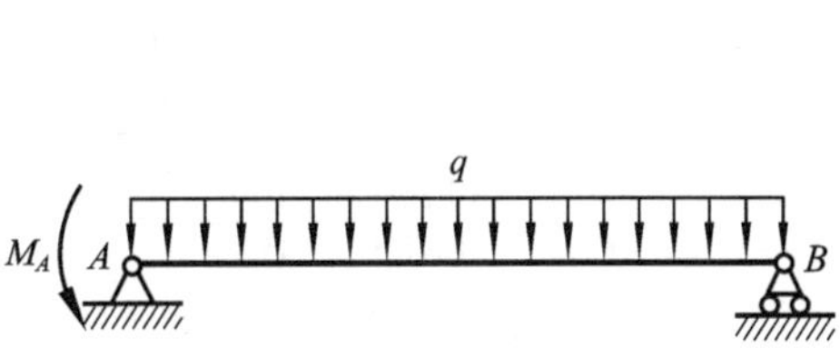

图 6-18

$$\theta_A = (\theta_A)_q + (\theta_A)_{M_A} = 0$$

由表 6-1 查得

$$(\theta_A)_q = \frac{ql^3}{24EI}, \quad (\theta_A)_{M_A} = -\frac{M_A l}{3EI}$$

即

$$\frac{ql^3}{24EI}-\frac{M_A l}{3EI}=0$$

由此解得

$$M_A=\frac{ql^2}{8}$$

最后利用平衡方程求解其他支座反力，结果同前。

上述用叠加法求解静不定梁的方法，称为**变形比较法**。用变形比较法解静不定梁时，n 次超静定必有 n 个多余约束，去除这些多余约束，则有 n 个多余约束力，必须列出 n 个补充方程才能解出这些多余约束力。由于相当系统的受力(包括载荷和多余约束力)和变形必须与原静不定梁相同，在哪里拆除约束，则在那里就可以找到变形协调条件和列出补充方程。

【例 6-7】 图 6-19(a)所示为三支点单梁吊车。梁长 $l=8$ m，由 40a 工字钢制成，许用应力为 $[\sigma]=140$ MPa，吊车吊起重物的重量为 $P=100$ kN，梁的自重不计。试按电葫芦行至 CB 段中点时的情况，校核梁的强度。

【解】 吊车梁的计算简图如图 6-19(b)所示，该梁为一次超静定，需要列出一个补充方程。

(1) 取基本静定梁，列变形协调条件。选取点 C 处的支座为多余约束，F_C 为多余支座反力，见图 6-19(c)，则相应的基本静定梁为一简支梁。相应的变形协调条件为

$$w_C=(w_C)_P+(w_C)_{F_C}=0$$

式中，$(w_C)_P$ 和 $(w_C)_{F_C}$ 分别为力 P 和 F_C 在点 C 处引起的挠度。

(2) 建立补充方程。由表 6-1 查得

$$(w_C)_P=\frac{P\cdot\frac{l}{4}}{48EI}\left[3l^2-4\left(\frac{l}{4}\right)^2\right]=\frac{11Pl^3}{768EI},$$

$$(w_C)_{F_C}=-\frac{F_C l^3}{48EI}$$

将 $(w_C)_P$ 和 $(w_C)_{F_C}$ 代入变形协调条件，得补充方程

$$\frac{11Pl^3}{768EI}-\frac{F_C l^3}{48EI}=0$$

(3) 解出支座反力。由补充方程解得

$$F_C=\frac{11}{16}P$$

再画出受力图，列出平衡方程

$$\sum F_x=0,\quad F_{Ax}=0$$

$$\sum F_y=0,\quad F_{Ay}+F_C-P+F_B=0$$

$$\sum M_A=0,\quad F_B\cdot l-P\cdot\frac{3l}{4}+F_C\cdot\frac{l}{2}=0$$

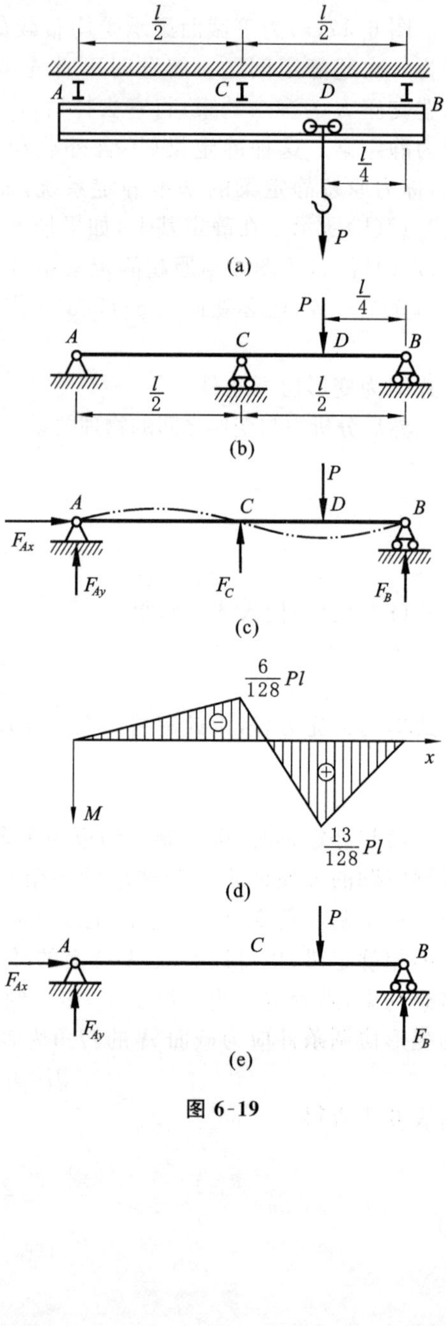

图 6-19

以 F_C 之值代入解得

$$F_B=\frac{13}{32}P,\quad F_{Ay}=-\frac{3}{32}P(\downarrow)$$

(4) 校核强度。作梁的弯矩图如图 6-19(d)所示，最大弯矩在 D 处，其值为

$$M_{\max}=\frac{13}{128}Pl=\frac{13}{16}\times10^5\ \text{N}\cdot\text{m}$$

由附录Ⅱ 型钢表查得 40a 工字钢的抗弯截面系数为

$$W_z=1.09\times10^{-3}\ \text{m}^3$$

所以梁的最大弯曲正应力为

$$\begin{aligned}\sigma_{\max}&=\frac{M_{\max}}{W_z}\\&=\frac{1}{1.09\times10^{-3}}\times\frac{13}{16}\times10^5=7.45\times10^7\ \text{Pa}\\&=74.5\ \text{MPa}<[\sigma]\end{aligned}$$

所以梁满足强度条件。

(5) 讨论：若吊车梁在 C 处没有中间支座，为一简支梁，如图 6-19(e)所示。当电葫芦行至此时的梁中点 C 时，梁在 C 处横截面上的弯矩最大，其值为

$$M_{\max}=\frac{Pl}{4}=\frac{100\times10^3\times8}{4}=2\times10^5\ \text{N}\cdot\text{m}$$

则梁的最大弯曲正应力为

$$\begin{aligned}\sigma_{\max}&=\frac{M_{\max}}{W_z}=\frac{2\times10^5}{1.09\times10^{-3}}=1.84\times10^8\ \text{Pa}\\&=184\ \text{MPa}>[\sigma]\end{aligned}$$

这样就不能满足强度条件了。

习　题

6-1　写出题图所示各梁的边界条件。在图(d)中支座 B 的弹簧刚度为 k。EI 为常量。

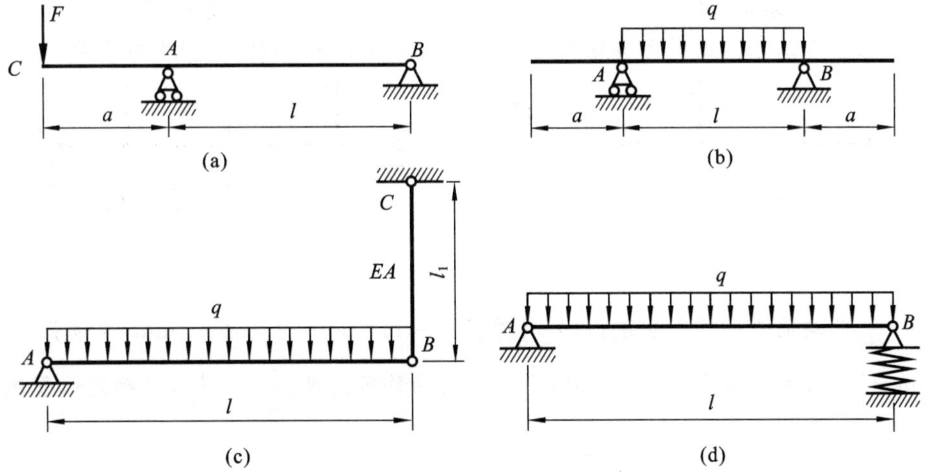

题 6-1 图

6-2　用积分法求题图所示各梁的挠曲线方程、端截面转角 θ_A 和 θ_B、跨度中点的挠度和最大挠度。EI 为常量。

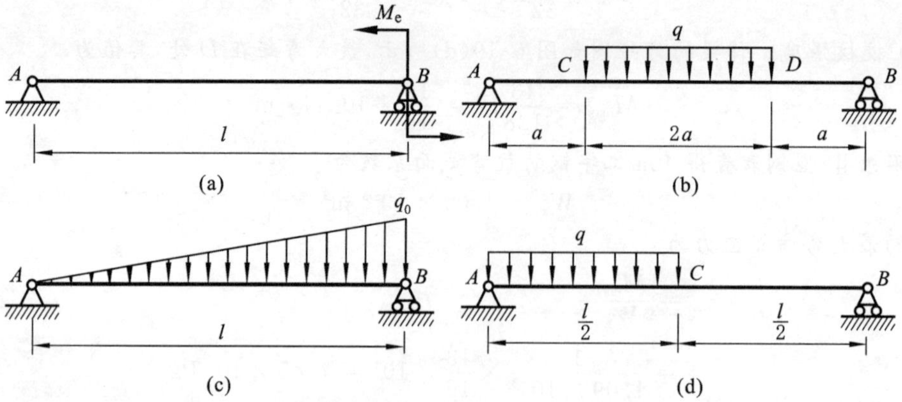

题 6-2 图

6-3　试用积分法求题图所示外伸梁的 θ_A、θ_B 及 w_A、w_D。EI 为常量。

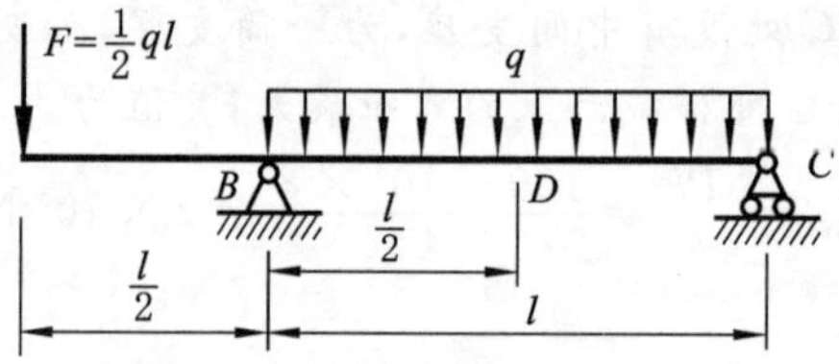

题 6-3 图

6-4　试用积分法求题图所示悬臂梁 B 端的挠度 w_B。EI 为常量。

6-5　用积分法求题图所示梁的最大挠度和最大转角。EI 为常量。

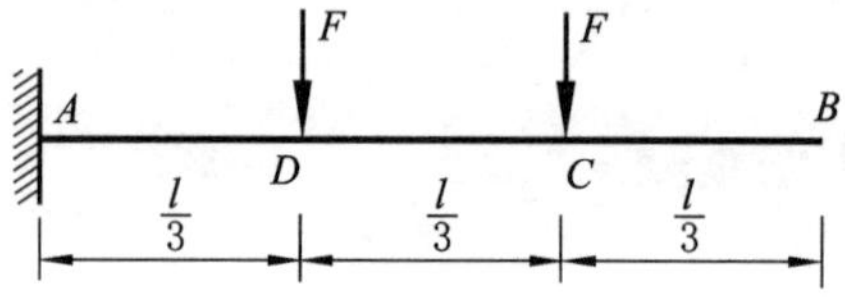

题 6-4 图

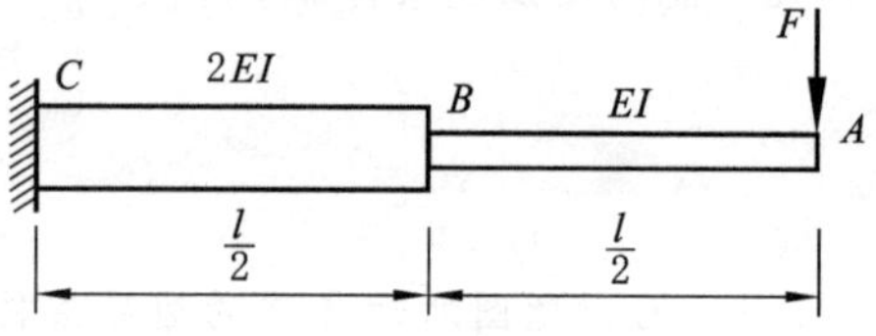

题 6-5 图

6-6　用叠加法求题图所示各梁截面 A 的挠度和截面 B 的转角。EI 为常量。

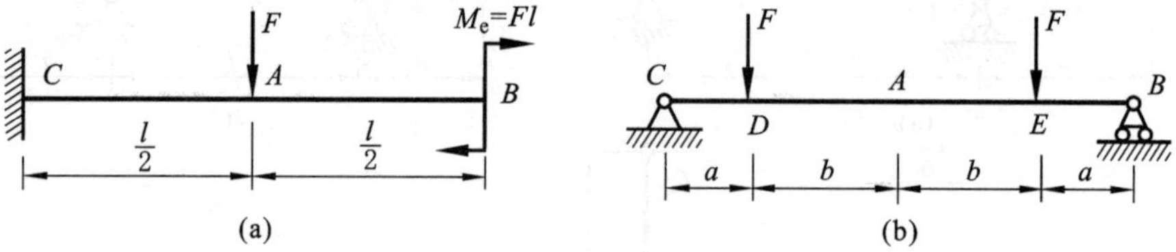

题 6-6 图

6-7　一两端简支的输气管道，已知其外径 $D=114$ mm，壁厚 $\delta=4$ mm，单位长度重为 $q=106$ N/m，材料的弹性模量 $E=210$ GPa。设管道的许可挠度 $[w]=\frac{l}{500}$，试确定此管道的最大跨度。

6-8　一 45a 工字钢制成的简支梁，长 $l=10$ m，受布满全梁的均布载荷作用，材料的弹性

模量 $E=210$ GPa。若梁的最大挠度不得超过$\frac{l}{600}$，求许可载荷集度$[q]$。

6-9　题图所示木梁 AB 的右端由钢杆 BD 支承。已知梁的横截面为边长等于 0.2 m 的正方形，弹性模量 $E_1=10$ GPa；钢杆的横截面积$A_2=250\ \text{mm}^2$，弹性模量 $E_2=200$ GPa。试求当梁 AB 中点的挠度 $w_C=3$ mm 时，梁上作用的均布载荷 q 的值。

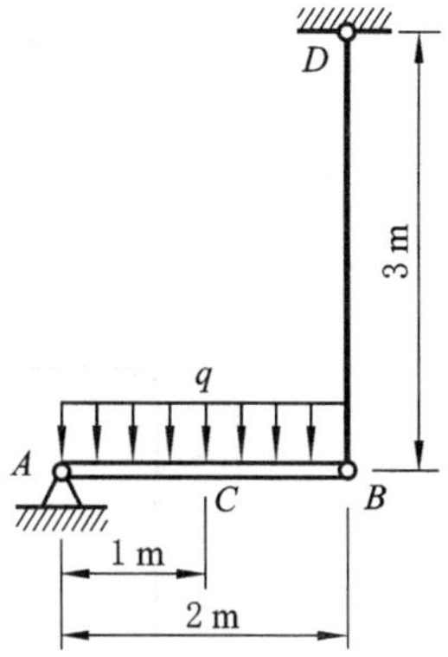

题 6-9 图

6-10　悬臂梁受载荷如题图所示。已知截面为 22a 工字钢，$l=2$ m，弹性模量 $E=200$ GPa，$[\sigma]=160$ MPa，$\left[\frac{w}{l}\right]=\frac{1}{500}$。试求许可荷载$[q]$。

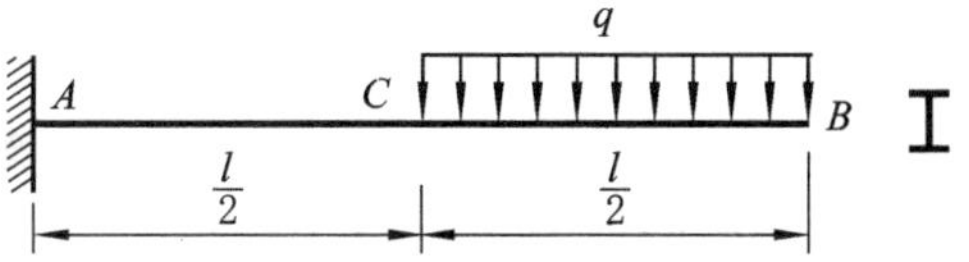

题 6-10 图

6-11　题图所示吊车梁 AB 由 32a 工字钢制成，已知跨长 $l=8.76$ m，材料的弹性模量 $E=200$ GPa，吊车的最大起重量 $P=20$ kN，许可挠度$\left[\frac{w}{l}\right]=\frac{1}{500}$。试校核梁的刚度。

*6-12　题图所示等截面直梁 AB 的长度为 l，重量为 P，放置在水平刚性基础上。若在梁端作用向上的拉力为 $P/5$，未提起的一部分梁仍与基础密切接触。试求梁从基础上被提起的长度 a 及 A 端被提起的高度 H。

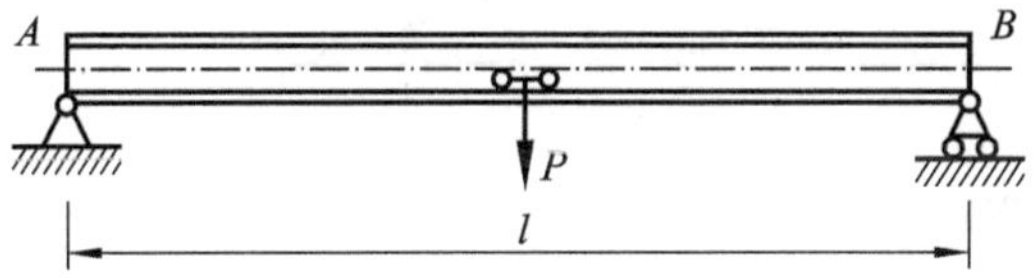

题 6-11 图

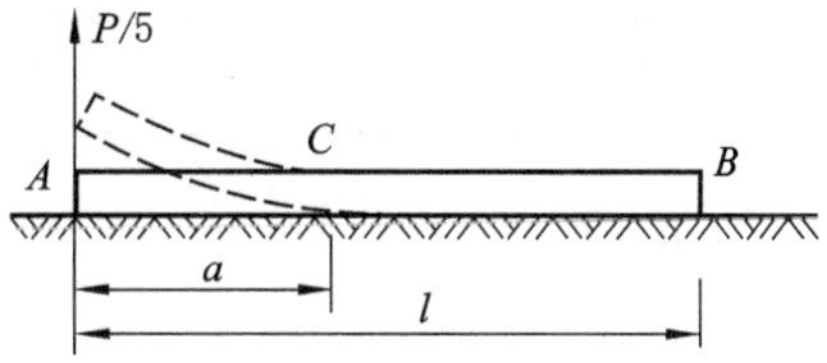

题 6-12 图

6-13　一直角拐如题图所示。AB 段横截面为圆形，BC 段横截面为矩形；A 端固定，B 端为一滑动轴承，C 端作用一集中力 $F=60$ N；有关尺寸如题图所示。已知材料的弹性模量 $E=210$ GPa，剪切弹性模量 $G=0.4E$。试求 C 端的挠度。

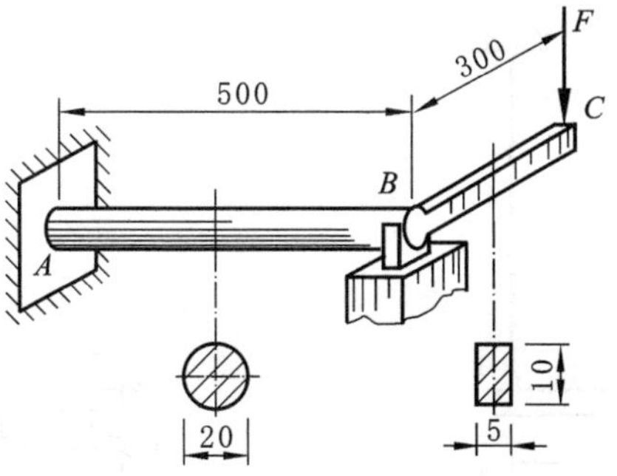

题 6-13 图

6-14　试按叠加原理求题图所示平面直角折杆自由端截面 C 的铅垂位移和水平位移。

已知杆各段的抗拉(压)刚度为 EA，抗弯刚度为 EI。

*6-15　题图所示结构在截面 A、D 处承受一对等值、反向的力 F，已知各段杆的 EI 均相等，试按叠加原理求 A、D 两端面间的相对位移。不考虑轴向拉压引起的变形。

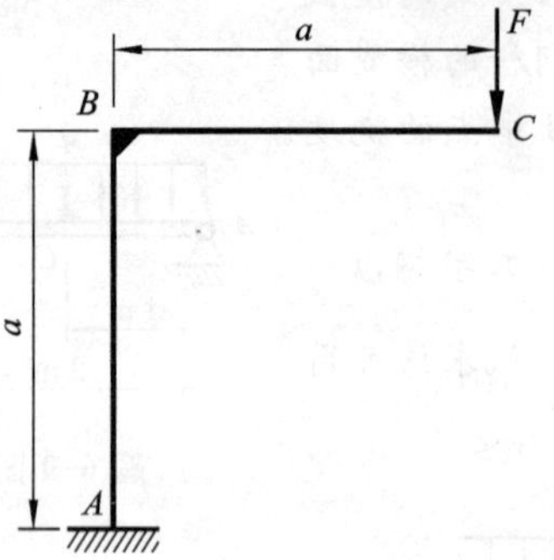

题 6-14 图

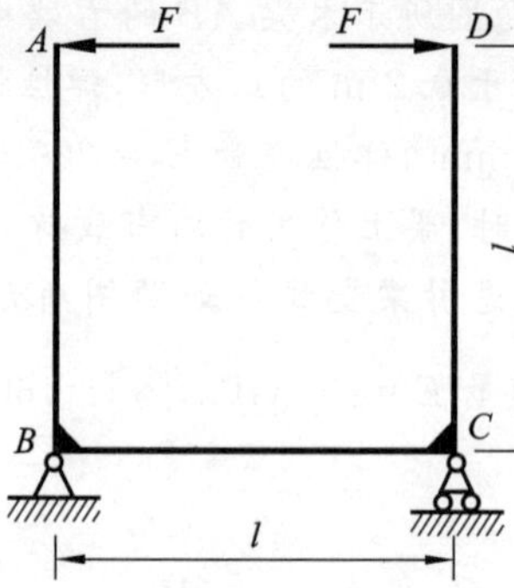

题 6-15 图

*6-16　试利用叠加原理求解习题 6-5。

6-17　试求题图所示各梁的支座反力，并作弯矩图。各梁的 EI 均为常量。

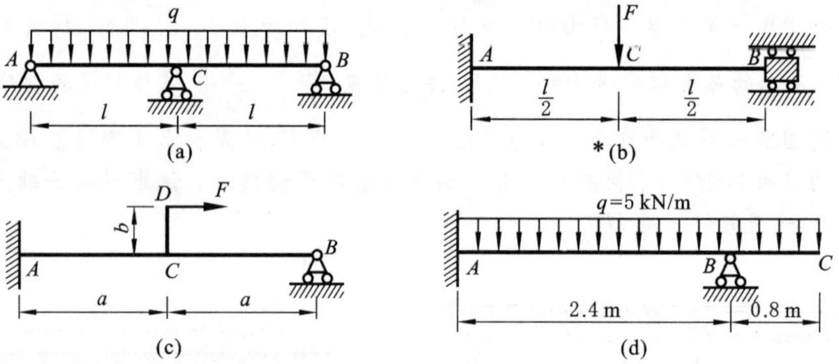

题 6-17 图

*6-18　题图所示结构中 1、2 两杆的抗拉刚度同为 EA。

(1) 若将横梁 AB 视为刚体，求 1、2 两杆的内力；

(2) 若考虑横梁的变形，且抗弯刚度为 EI，求 1、2 两杆的拉力。

6-19　在题图所示结构中，梁 AB 为 16 工字钢，拉杆 BC 的直径 $d=10$ mm，两者均为 Q235 钢，$E=200$ GPa，$q=10$ kN/m。试求梁及拉杆内的最大正应力。

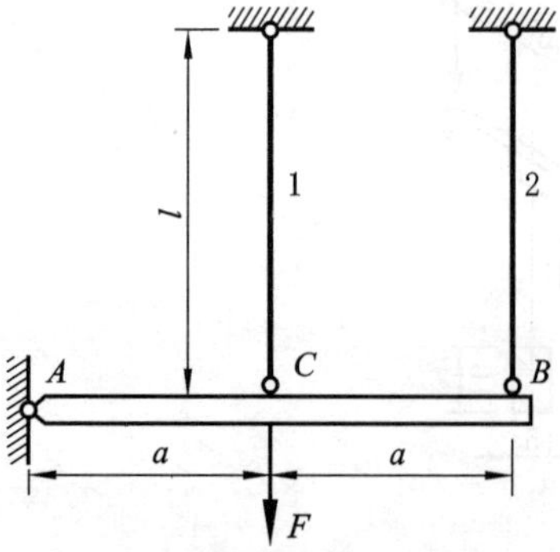

题 6-18 图

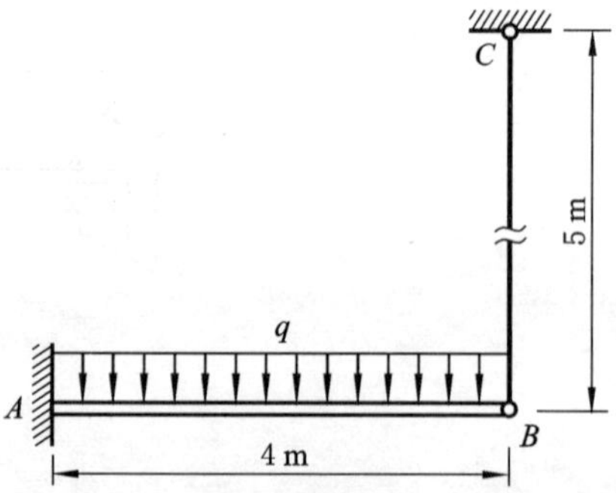

题 6-19 图

6-20 题图所示悬臂梁 AD 和 BE 的抗弯刚度同为 $EI=2.4\times10^7\ \text{N}\cdot\text{m}^2$，由钢杆 CD 相连接。杆 CD 的长度 $l=5$ m，截面面积 $A=3\times10^{-4}\ \text{m}^2$，弹性模量 $E=200$ GPa。若 $F=50$ kN，试求悬臂梁 AD 在点 D 处的挠度。

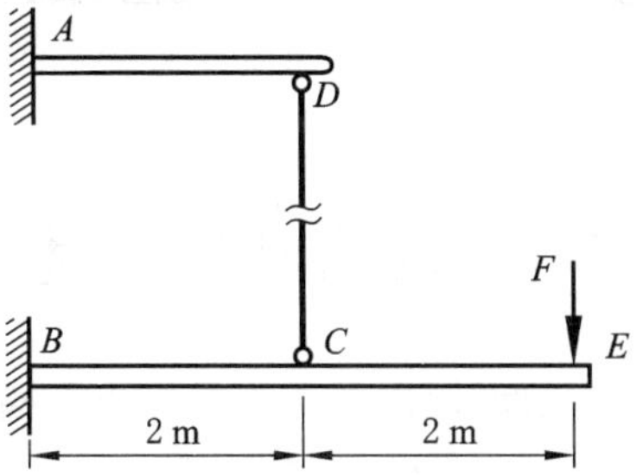

题 6-20 图

7 应力状态与强度理论

7.1 应力状态概述

在本章以前,对于各种杆件的强度计算,总是先计算出其横截面上的最大正应力 σ_{max} 或最大切应力 τ_{max},然后分别从以下两个方面建立强度条件:

$$\sigma_{max} \leqslant [\sigma]$$

$$\tau_{max} \leqslant [\tau]$$

式中材料的许用应力$[\sigma]$和$[\tau]$,可由单向拉伸试验或纯剪切试验测定出试样破坏时的极限应力,然后除以适当的安全因数得到。这种强度条件并没有考虑材料的破坏是由什么因素(或主要原因)引起的。像这种不考虑材料的破坏是由什么因素引起,而直接根据试验结果建立强度条件的方法,只对简单情况适用。由于杆件危险点处可能既存在正应力又存在切应力,它们对杆件的破坏会产生综合影响,因此上述公式对一般情况是不适用的。

此外,杆件在基本变形情况下,也并不都是沿横截面破坏,如铸铁压缩时,试样沿与轴线成大约45°～55°的斜截面破坏;铸铁圆截面试样扭转时,沿45°螺旋面断开;低碳钢试样拉伸至屈服时,表面会出现与轴线成45°角的滑移线。这表明:杆件受力变形后,不仅在横截面上会产生应力,而且在斜截面上也会产生应力,杆件的破坏有时还与斜截面上的应力有关。因此,为了分析各种破坏现象,建立复杂变形情况下杆件的强度条件,必须研究杆件内某点各个不同方向截面上的应力情况,包括正应力和切应力。对于应力非均匀分布的杆件,则需要研究危险点处。**一点处的应力状态**是指杆件受力后,过一点有无数个截面,这无数个截面上应力情况的集合。进行应力状态分析就是要研究杆件中某点各个不同方向上应力之间的关系,确定该点处的最大正应力、最大切应力等与材料破坏有关的因素,为强度计算提供重要依据。

研究应力状态的方法是在杆件中的某点(大多数情况下是危险点)取出一个微小的正六面体——**单元体**。在杆件受任意载荷作用时,从中取出的单元体各个面上一般既有正应力又有切应力。相互平行的一对面上的正应力大小相等,切应力大小也相等。

截取单元体的基本原则是:三对相互平行平面上的应力应该是给定的,或经过计算后可以得到的。而杆件在基本变形下横截面上的应力都可以由前述章节计算出,因此,其中的一对平行平面通常是杆件两个相邻横截面上的一部分。例如在图7-1(a)中所示的轴向拉伸杆件,为了分析点 A 处的应力状态,可以围绕点 A 以横向和纵向截面截取出一个单元体来考虑。受拉伸杆件的横截面上有均匀分布的正应力,所以这个单元体在垂直于杆轴线的左右侧面上有正应力 $\sigma=\dfrac{F}{A}$,其他各平面上都没有应力。在图7-1(b)所示的梁上,在上、下边缘的点 B 和 B' 处,也可截取出类似的单元体,此单元体只在垂直于梁轴的左右侧面上有正应力 σ。又如圆轴扭转时,若在轴表面 C 处截取单元体,则在垂直于轴线的左右两侧面上有切应力 τ;再根据切应力互等定理,在通过直径的上下两平面上也有大小相等而方向相反的切应力 τ',如图7-1

(c)所示。而对于同时产生弯曲和扭转变形的圆杆，若在点 D 处截取单元体，则除有弯曲产生的正应力 σ 外，还存在扭转产生的切应力 τ，如图 7-1(d)所示。上述单元体，都是由受力杆件中取出的，其面上的应力分量可由前面章节中的公式算出，这样的一些单元体通常叫**原始单元体**。因为截取出的单元体边长很小，故可以认为单元体面上的应力是均匀分布的。若令单元体的各边长趋于零，则单元体上各面的应力情况就代表了一点的应力状态。

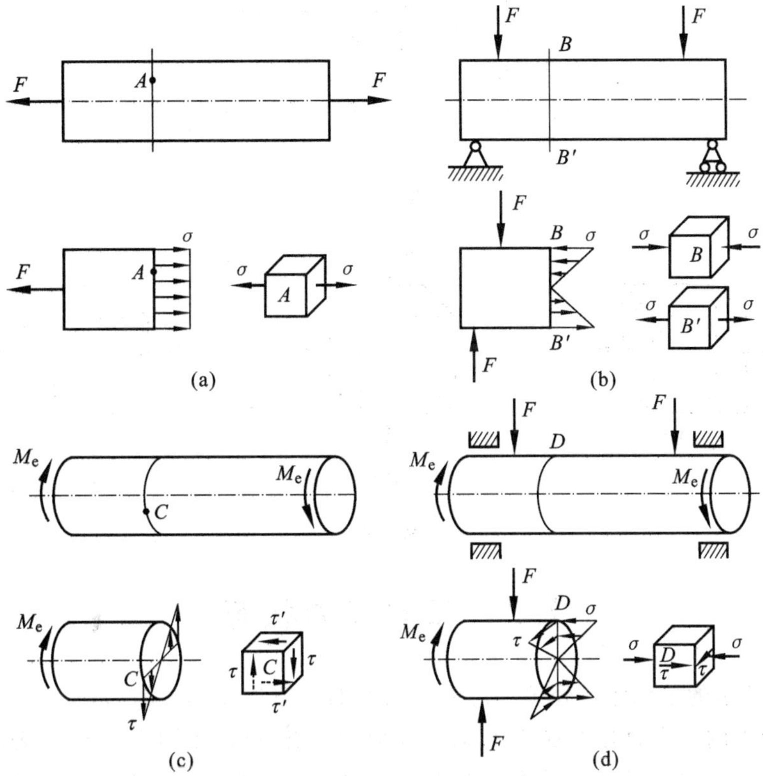

图 7-1

在空间问题中，每一个单元体面上一般既有一个正应力又有两个方向的切应力，得到的单元体将如图 7-2 所示。为了便于分析计算，有必要将这些面上的应力进行标注。正应力 σ_x、σ_y、σ_z 的下角标表示其作用面法线方向，切应力 τ_{xy}、τ_{xz}、τ_{yx}、τ_{yz}、τ_{zx}、τ_{zy} 的第一个下角标表示其作用面的法线方向，第二个下角标表示切应力的具体指向。

很容易证明在前面学过的切应力互等定理在空间中仍然成立，各个面上切应力的大小仍满足 $\tau_{xy}=\tau_{yx}$，$\tau_{xz}=\tau_{zx}$，$\tau_{zy}=\tau_{yz}$ 的关系。

如果某个面上没有切应力作用，这个面就称为**主平面**，该面上作用的正应力就称为**主应力**。三对平行面上的主应力有三个，分别用 σ_1、σ_2、σ_3 表示，如图 7-3(a)所示，且规定 $\sigma_1\geqslant\sigma_2\geqslant\sigma_3$（按代数值大小排列）。各面均为主平面的单元体，称为**主单元体**。

三个主应力均不等于零，该应力状态称为**三向应力状态**，如图 7-3(a)所示；三个主应力中有一个等于零，两个不等于零，该应力状态称为**二向应力状态**，如图 7-3(b)所示；三个主应力中若有两个等于零，一个不等于零，该应力状态称为**单向应力状态**，如图 7-3(c)所示。单向应力状态又称为简单应力状态，二向、三向应力状态又称为复杂应力状态。下面先从二向应力状态开始研究。

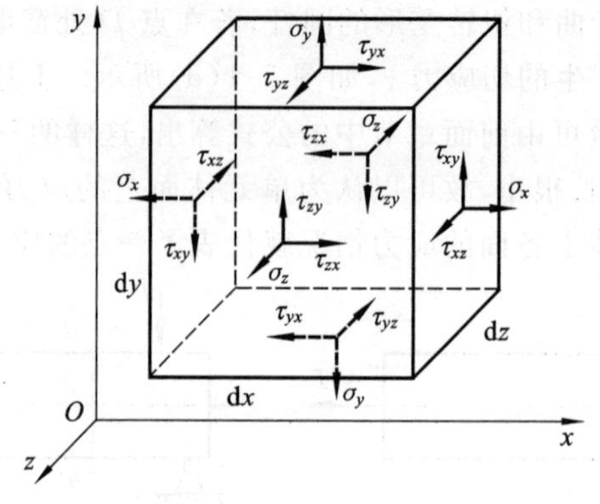

图 7-2

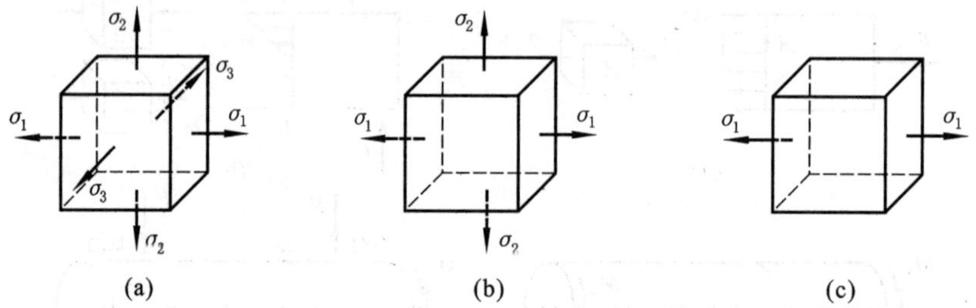

图 7-3

7.2 二向应力状态

图 7-4(a)所示的单元体是处于二向应力状态的一般单元体。因为前后一对平面为主平面，而且主平面上的主应力等于零，所以属二向应力状态，可以用图 7-4(b)来表示。在图 7-4(b)中，σ_x、σ_y、τ_{xy}(τ_{yx})均已知，单元体面上正应力和切应力的正负规定与第二章中相同，再次说明如下：正应力以拉应力为正，压应力为负；切应力对单元体内任意点的矩为顺时针转向时为正，反之为负。

7.2.1 斜截面上的应力

现在讨论图 7-4(b)中所示任一斜截面 ef 上的应力，设该截面外法线方向 n 与 x 轴的夹角为 α，此斜截面称为 α 截面。规定，由 x 轴逆时针转到外法线 n 时，α 为正值，反之为负。假想地沿截面 ef 将单元体分为两部分，在 bef 部分[图 7-4(c)]上斜截面 ef 的正应力和切应力分别记为 σ_α 和 τ_α。若假设 ef 面的面积为 $\mathrm{d}A$，则 bf 面和 be 面的面积应分别为 $\mathrm{d}A\sin\alpha$ 和 $\mathrm{d}A\cos\alpha$。将作用在 bef 部分三个面上应力产生的力[图 7-4(d)]投影到 ef 面的外法线 n 和切线 t 的方向，可列平衡方程如下：

$$\sum F_{\mathrm{n}} = 0$$

$$\sigma_\alpha \mathrm{d}A + (\tau_{xy}\mathrm{d}A\cos\alpha)\sin\alpha - (\sigma_x \mathrm{d}A\cos\alpha)\cos\alpha + (\tau_{yx}\mathrm{d}A\sin\alpha)\cos\alpha - (\sigma_y \mathrm{d}A\sin\alpha)\sin\alpha = 0$$

$$\sum F_{\mathrm{t}} = 0$$

$$\tau_\alpha \mathrm{d}A - (\tau_{xy}\mathrm{d}A\cos\alpha)\cos\alpha - (\sigma_x \mathrm{d}A\cos\alpha)\sin\alpha + (\tau_{yx}\mathrm{d}A\sin\alpha)\sin\alpha + (\sigma_y \mathrm{d}A\sin\alpha)\cos\alpha = 0$$

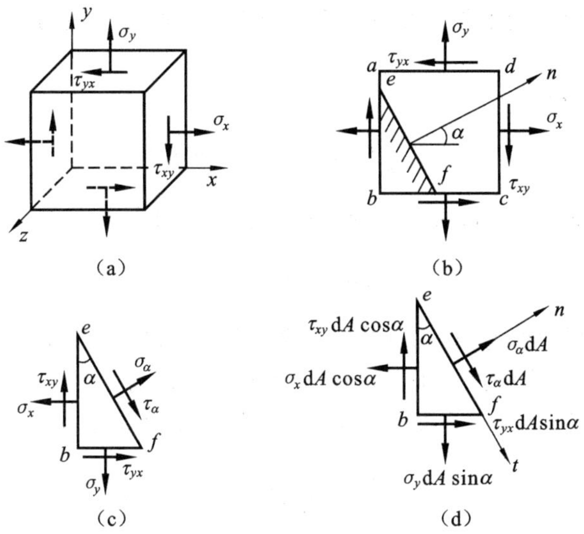

图 7-4

根据切应力互等定理，τ_{xy} 与 τ_{yx} 大小相等，以 τ_{xy} 代换 τ_{yx}，并利用

$$\cos^2\alpha = \frac{1+\cos2\alpha}{2}$$

$$\sin^2\alpha = \frac{1-\cos2\alpha}{2}$$

$$2\sin\alpha\cos\alpha = \sin2\alpha$$

等关系，上述两个方程可简化为

$$\sigma_\alpha = \frac{\sigma_x+\sigma_y}{2}+\frac{\sigma_x-\sigma_y}{2}\cos2\alpha-\tau_{xy}\sin2\alpha \tag{7-1}$$

$$\tau_\alpha = \frac{\sigma_x-\sigma_y}{2}\sin2\alpha+\tau_{xy}\cos2\alpha \tag{7-2}$$

这就是二向应力状态下斜截面上应力的计算公式。

7.2.2 极值正应力

由上两式可以看出，因 σ_x、σ_y、τ_{xy} 都是已知量，故 σ_α 和 τ_α 均只是 α 的函数，可用求极值的方法求出 σ_α 的极值及它们所在截面的方位。

由 $\frac{\mathrm{d}\sigma_\alpha}{\mathrm{d}\alpha}=0$ 可得

$$\frac{\mathrm{d}\sigma_\alpha}{\mathrm{d}\alpha}=-(\sigma_x-\sigma_y)\sin2\alpha-2\tau_{xy}\cos2\alpha=0$$

即

$$\frac{\sigma_x-\sigma_y}{2}\sin2\alpha+\tau_{xy}\cos2\alpha=0 \tag{a}$$

对比一下式(7-2)，式(a)实际上即为

$$\tau_\alpha=0 \tag{b}$$

也就是说，在切应力等于零的平面上，正应力 σ_α 取得极值。在上节中已经提到，这种切应

力等于零的平面叫主平面，而把作用在主平面上的正应力叫作主应力。因此正应力的极值就是主应力。

将式(a)进一步简化为

$$\frac{\sigma_x-\sigma_y}{2}\tan 2\alpha+\tau_{xy}=0$$

若用 α_0 表示主平面的外法线 n 与 x 轴之间的夹角，可得

$$\tan 2\alpha_0=-\frac{2\tau_{xy}}{\sigma_x-\sigma_y} \tag{7-3}$$

由上式即可确定主平面的方位，其中 α_0 有两个根(主值)，它们相差 90°。这说明处于二向应力状态的单元体上有两个(对)主平面，而且是互相垂直的。

将 α_0 和 $\alpha_0+90°$(或 $\alpha-90°$)的值代入式(7-1)，经化简后可得

$$\left.\begin{matrix}\sigma'\\ \sigma''\end{matrix}\right\}=\frac{\sigma_x+\sigma_y}{2}\pm\sqrt{\left(\frac{\sigma_x-\sigma_y}{2}\right)^2+\tau_{xy}^2} \tag{7-4}$$

上式是计算极值正应力的计算公式，同时也是计算主应力数值的公式。显然，在二向应力状态下求得的这两个主应力 σ' 和 σ'' 分别作用在两个互相垂直的主平面上。至于两个主应力分别作用在哪一个主平面上，还必须进一步分析。

确定主应力所在面方位的方法很多，这里只介绍其中的一种。若按式(7-3)取 $2\alpha_0$ 为主值 $\left(-\frac{\pi}{2}\leqslant 2\alpha_0\leqslant\frac{\pi}{2}\right)$ 代入式(7-1)，可以看出：当 $\sigma_x\geqslant\sigma_y$ 时，项 $\frac{\sigma_x-\sigma_y}{2}\cos 2\alpha_0\geqslant 0$(因为 $\cos 2\alpha_0\geqslant 0$)，项 $-\tau_{xy}\sin 2\alpha_0\geqslant 0$(因为 $\tau_{xy}\geqslant 0$ 时，$\sin 2\alpha_0\leqslant 0$；$\tau_{xy}<0$ 时，$\sin 2\alpha_0>0$)，所以此时 α_0 角将对应 σ' 的方向；反之，若 $\sigma_x<\sigma_y$，则 α_0 角对应 σ'' 的方向。

将式(7-4)中包含的二式相加，还可得到如下的关系

$$\sigma'+\sigma''=\sigma_x+\sigma_y \tag{7-5}$$

利用这一关系可检查主应力的计算结果是否正确，实验应力分析中有时也会用到它。

7.2.3 极值切应力

欲求切应力的极值，可将 τ_α 对 α 求导并令其等于零。

$$\frac{d\tau_\alpha}{d\alpha}=(\sigma_x-\sigma_y)\cos 2\alpha-2\tau_{xy}\sin 2\alpha=0$$

即

$$(\sigma_x-\sigma_y)-2\tau_{xy}\tan 2\alpha=0 \tag{c}$$

若用 α_1 表示极值切应力所在平面的外法线 n 与 x 轴之间的夹角，则由式(c)可得

$$\tan 2\alpha_1=\frac{\sigma_x-\sigma_y}{2\tau_{xy}} \tag{7-6}$$

上式同样可以求出两个角度，即 α_1 和 $\alpha_1+90°$(或 $\alpha_1-90°$)，从而确定两个(对)互相垂直的平面，上面存在极值切应力。

将式(7-6)与式(7-3)比较，可知

$$\tan(2\alpha_0+90°)=-\cot 2\alpha_0=\frac{\sigma_x-\sigma_y}{2\tau_{xy}}=\tan 2\alpha_1$$

即

$$\alpha_1 = \alpha_0 + 45°$$

这说明极值切应力所在平面与主平面成45°角。

将 α_1 的两个值代入式(7-2)，化简后得平面内的两个极值切应力为

$$\left.\begin{array}{l}\tau' \\ \tau''\end{array}\right\} = \pm\sqrt{\left(\frac{\sigma_x - \sigma_y}{2}\right)^2 + \tau_{xy}^2} \tag{7-7}$$

将式(7-7)与式(7-4)比较，可见两个极值切应力与两个极值正应力之间在数值上的关系是

$$\left.\begin{array}{l}\tau' \\ \tau''\end{array}\right\} = \pm\frac{\sigma' - \sigma''}{2}$$

要特别注意的是：如果把二向应力状态放在空间看，当单元体的三个主应力按代数值大小排列后($\sigma_1 \geqslant \sigma_2 \geqslant \sigma_3$)，**最大、最小切应力**的一般计算公式应写成(下节中会证明)

$$\left.\begin{array}{l}\tau_{\max} \\ \tau_{\min}\end{array}\right\} = \pm\frac{1}{2}(\sigma_1 - \sigma_3) \tag{7-8}$$

利用以上相关公式来求解应力状态的方法叫**解析法**。

7.2.4　二向应力状态的两个特例

(1) 当图7-4(b)所示单元体的 $\sigma_x = \sigma$，$\sigma_y = 0$，$\tau_{xy} = 0$ 时，即为单向应力状态[图7-3(c)]，式(7-1)、式(7-2)可简化为

$$\left.\begin{array}{l}\sigma_\alpha = \dfrac{\sigma}{2} + \dfrac{\sigma}{2}\cos 2\alpha = \sigma\cos^2\alpha \\ \tau_\alpha = \dfrac{\sigma}{2}\sin 2\alpha\end{array}\right\}$$

此即为第2章中单向应力状态下任意斜截面上应力的计算公式。

(2) 当图7-4(b)所示单元体的 $\sigma_x = 0$，$\sigma_y = 0$，$\tau_{xy} = \tau$ 时，即为纯剪切应力状态，例如第3章中薄壁圆筒纯扭转时表面一点的应力状态[图7-5(a)]。将 $\sigma_x = 0$，$\sigma_y = 0$，$\tau_{xy} = \tau$ 代入式(7-4)得

$$\left.\begin{array}{l}\sigma' \\ \sigma''\end{array}\right\} = \frac{\sigma_x + \sigma_y}{2} \pm \sqrt{\left(\frac{\sigma_x - \sigma_y}{2}\right)^2 + \tau_{xy}^2} = \pm\tau$$

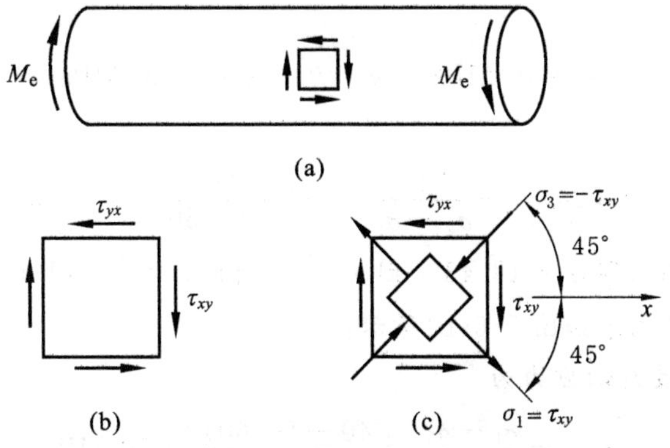

图7-5

由式(7-3)得

$$\tan 2\alpha_0 = -\frac{2\tau_{xy}}{\sigma_x - \sigma_y} \rightarrow -\infty$$

所以 $2\alpha_0=-90°$，$\alpha_0=-45°$。

从图 7-5(b)很容易得出，从 x 轴量起，由 $\alpha_0=-45°$(顺时针转向)所确定的主平面上的主应力为 σ'，而与其垂直的主平面上的主应力为 σ''。按照主应力的记号规定，有

$$\sigma_1=\sigma'=\tau,\quad \sigma_2=0,\quad \sigma_3=\sigma''=-\tau$$

所以，纯剪切应力状态是二向应力状态，如图 7-5(c)所示。

【例 7-1】 已知二向应力状态如图 7-6(a)所示，图中应力单位为 MPa，试求：(1) 图 7-6(a)中指定斜截面上的应力；(2) 主应力大小、主平面方位并画出主单元体；(3) 最大切应力。

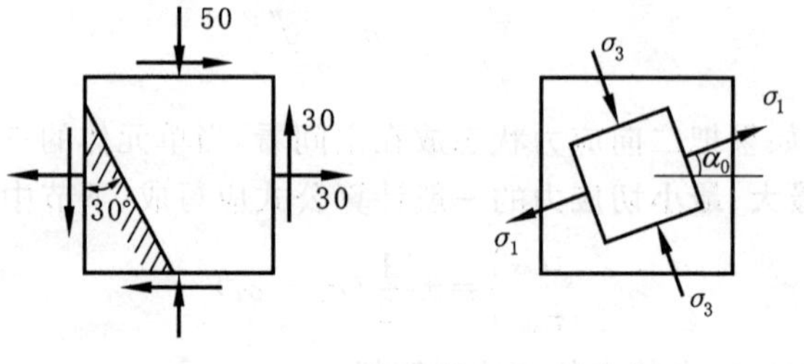

(a)　　(b)

图 7-6

【解】 由图 7-6(a)可知：$\sigma_x=30$ MPa，$\sigma_y=-50$ MPa，$\tau_{xy}=-30$ MPa，$\alpha=30°$

(1) 根据式(7-1)、式(7-2)有

$$\sigma_{30°}=\frac{30-50}{2}+\frac{30+50}{2}\cos 60°+30\sin 60°=35.98\ \text{MPa}$$

$$\tau_{30°}=\frac{30+50}{2}\sin 60°-30\cos 60°=19.64\ \text{MPa}$$

(2) 由式(7-4)有

$$\left.\begin{matrix}\sigma'\\ \sigma''\end{matrix}\right\}=\frac{\sigma_x+\sigma_y}{2}\pm\sqrt{\left(\frac{\sigma_x-\sigma_y}{2}\right)^2+\tau_{xy}^2}$$

$$=\frac{30-50}{2}\pm\sqrt{\left(\frac{30+50}{2}\right)^2+(-30)^2}=\begin{cases}40\ \text{MPa}\\ -60\ \text{MPa}\end{cases}$$

即得

$$\sigma_1=40\ \text{MPa},\quad \sigma_2=0,\quad \sigma_3=-60\ \text{MPa}$$

由式(7-3)有

$$\tan 2\alpha_0=-\frac{2\tau_{xy}}{\sigma_x-\sigma_y}=-\frac{2\times(-30)}{30+50}=0.75$$

取主值 $2\alpha_0=36.86°$，则 $\alpha_0=18.43°$。因 $\sigma_x>\sigma_y$，所以 $\alpha_0=18.43°$的主平面上对应的主应力为 $\sigma'(\sigma_1)$。画出的主单元体如图 7-6(b)所示。

(3) 由式(7-8)，最大切应力为

$$\tau_{\max}=\frac{\sigma_1-\sigma_3}{2}=\frac{40-(-60)}{2}=50\ \text{MPa}$$

*7.2.5　应力圆

若对式(7-1)作如下的变动

$$\sigma_\alpha - \frac{\sigma_x + \sigma_y}{2} = \frac{\sigma_x - \sigma_y}{2}\cos 2\alpha - \tau_{xy}\sin 2\alpha$$

并将上式及式(7-2)的等号两边分别平方后相加，可得

$$\left(\sigma_\alpha - \frac{\sigma_x + \sigma_y}{2}\right)^2 + \tau_\alpha^2 = \left(\frac{\sigma_x - \sigma_y}{2}\right)^2 + \tau_{xy}^2 \tag{7-9}$$

对于某一个应力状态，σ_x、σ_y、τ_{xy}都是已知量，故式(7-9)等号右边为一常量。由解析几何知识可知，式(7-9)为一圆的方程。若取直角坐标系并以横轴为σ轴，纵轴为τ轴，则式(7-9)所代表圆的圆心在σ轴上，且离坐标原点的距离为$\frac{\sigma_x+\sigma_y}{2}$，而圆的半径为$\sqrt{\left(\frac{\sigma_x-\sigma_y}{2}\right)^2+\tau_{xy}^2}$。这种圆称为**应力圆**或**莫尔**(O. Mohr)**圆**，这种利用应力圆来求解应力状态的方法叫**图解法**。

下面介绍如何根据已知单元体上[图 7-7(a)]的σ_x、σ_y、τ_{xy}(τ_{yx})作出应力圆，以及怎样利用应力圆求单元体上任意斜截面上的应力、主应力及作用面方位、极值切应力及作用面方位。

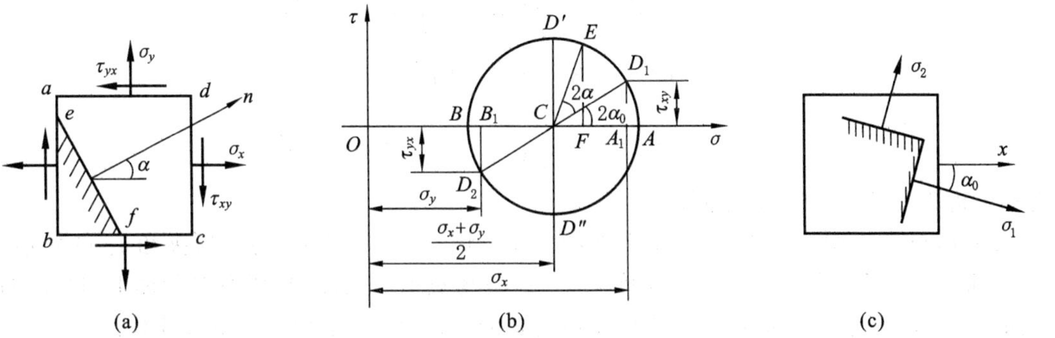

图 7-7

取直角坐标系$\sigma O\tau$，并以横坐标代表σ(向右为正)，以纵坐标代表τ(向上为正)。在坐标轴上按比例尺量取$\overline{OA_1}=\sigma_x$，$\overline{A_1D_1}=\tau_{xy}$得到点$D_1$；量取$\overline{OB_1}=\sigma_y$，$\overline{B_1D_2}=\tau_{yx}$得到点$D_2$。作直线连接$D_1$、$D_2$并与$\sigma$轴交于点$C$，以点$C$为圆心，$\overline{D_1D_2}$为直径作一圆，如图 7-7(b)所示，它就是图 7-7(a)所示二向应力状态的应力圆。

作出的应力圆可满足式(7-9)，证明如下：

圆心C在σ轴上，$\overline{OC}=\frac{\overline{OA_1}+\overline{OB_1}}{2}=\frac{\sigma_x+\sigma_y}{2}$，故此圆的圆心到原点$O$的距离为$\frac{\sigma_x+\sigma_y}{2}$。在直角三角形$CA_1D_1$中，因$\overline{CA_1}=\frac{\overline{OA_1}-\overline{OB_1}}{2}=\frac{\sigma_x-\sigma_y}{2}$，$\overline{A_1D_1}=\tau_{xy}$，故$\overline{CD_1}=\sqrt{\left(\frac{\sigma_x-\sigma_y}{2}\right)^2+\tau_{xy}^2}$，即为圆的半径，它们都符合式(7-9)。

利用应力圆可方便地求出单元体任意斜截面上的应力，例如图 7-7(a)所示单元体任意斜截面ef上的应力σ_α和τ_α。从式(7-1)和式(7-2)可以看出，σ_α和τ_α都随2α的正弦和余弦而变。故当x轴与斜截面外法线的夹角为α时，在应力圆周上从点$D_1(\sigma_x,\tau_{xy})$开始，按单元体上α的转动方向量一弧长，使其对应的圆心角为2α，在圆弧上得到点E，点E的横坐标和纵坐标就分别代表ef斜截面上的σ_α和τ_α。证明如下：

$$\begin{aligned}\overline{OF} &= \overline{OC}+\overline{CF} = \overline{OC}+\overline{CE}\cos(2\alpha_0+2\alpha)\\ &= \overline{OC}+\overline{CE}\cos 2\alpha_0\cos 2\alpha-\overline{CE}\sin 2\alpha_0\sin 2\alpha\\ &= \overline{OC}+(\overline{CD_1}\cos 2\alpha_0)\cos 2\alpha-(\overline{CD_1}\sin 2\alpha_0)\sin 2\alpha\end{aligned}$$

$$= \overline{OC} + \overline{CA_1}\cos 2\alpha - \overline{A_1D_1}\sin 2\alpha$$

$$= \frac{\sigma_x + \sigma_y}{2} + \frac{\sigma_x - \sigma_y}{2}\cos 2\alpha - \tau_{xy}\sin 2\alpha$$

上式右边部分与式(7-1)的右边部分完全相同，即$\overline{OF}=\sigma_\alpha$。同理可证明$\overline{EF}=\tau_\alpha$。故应力圆圆周上点 E 的两个坐标代表了 ef 斜截面上的两个应力。

以上分析表明，表示应力状态的单元体面上的应力和应力圆圆周上的点有着一一对应的关系。当单元体上二截面的外法线夹角为 α 时，则在应力圆上与此二截面相对应的两点之间的圆弧所对应的圆心角为 2α，且它们的转向一致。

由于应力圆圆周上横坐标最大的点为点 A，最小的点为点 B，此两点即为正应力取得极值的点，即有

$$\overline{OA} = \overline{OC} + \overline{CA} = \overline{OC} + \overline{CD_1}$$

$$= \frac{\sigma_x + \sigma_y}{2} + \sqrt{\left(\frac{\sigma_x - \sigma_y}{2}\right)^2 + \tau_{xy}^2} = \sigma'$$

$$\overline{OB} = \overline{OC} - \overline{CB} = \overline{OC} - \overline{CD_1}$$

$$= \frac{\sigma_x + \sigma_y}{2} - \sqrt{\left(\frac{\sigma_x - \sigma_y}{2}\right)^2 + \tau_{xy}^2} = \sigma''$$

它和解析法得到的式(7-4)相同。

另外，也可由图 7-7(b)求得主平面的方位。因$\angle D_1CA$ 为 σ_x 与 σ' 所夹角 α_0 的两倍(即 $2\alpha_0$)，而此时由 D_1 转至 A 是顺时针转向，故 α_0 应为负值。据此，只要在单元体上，自 σ_x 的方向按顺时针转向量一角度 α_0 就可得到主应力 σ' 的方位，而 α_0 的值可由下式计算：

$$\tan 2\alpha_0 = -\frac{\overline{A_1D}}{\overline{CA_1}} = -\frac{2\tau_{xy}}{\sigma_x - \sigma_y}$$

再次得到了式(7-3)。

如果由圆心 C 作 σ 轴的垂线交应力圆于 D'、D'' 两点，显然$\overline{CD'}$和$\overline{CD''}$分别代表两个极值切应力的大小。即

$$\tau' = \overline{CD'} = \sqrt{\left(\frac{\sigma_x - \sigma_y}{2}\right)^2 + \tau_{xy}^2}$$

$$\tau'' = -\overline{CD''} = -\sqrt{\left(\frac{\sigma_x - \sigma_y}{2}\right)^2 + \tau_{xy}^2}$$

在应力圆上由点 A 到点 D'(或 D'')所对应的圆心角为 90°，故主平面与极值切应力 τ'(或 τ'')所在平面夹角为 45°，这也与解析法所得的结果一致。

【例 7-2】 已知二向应力状态如图 7-8(a)所示，图中应力单位为 MPa，试用图解法求主应力的大小、主平面的方位和极值切应力。

【解】 按选定的比例尺，在 σ,τ 坐标系上量取$\overline{OA_1}=\sigma_x=50$ MPa，$\overline{A_1D_1}=\tau_{xy}=-20$ MPa，得点 D_1。再在 τ 轴上量取$\overline{OD_2}=20$ MPa，得点 D_2。连接 D_1、D_2 两点，与 σ 轴交于点 C。以点 C 为圆心，$\overline{CD_1}$ 为半径作应力圆[图 7-8(b)]，从图中量得

$$\sigma_1 = \overline{OA} \approx 57 \text{ MPa}$$

$$\sigma_3 = \overline{OB} \approx -7 \text{ MPa}$$

$$2\alpha_0 \approx 39°，\alpha_0 \approx 19.5°$$

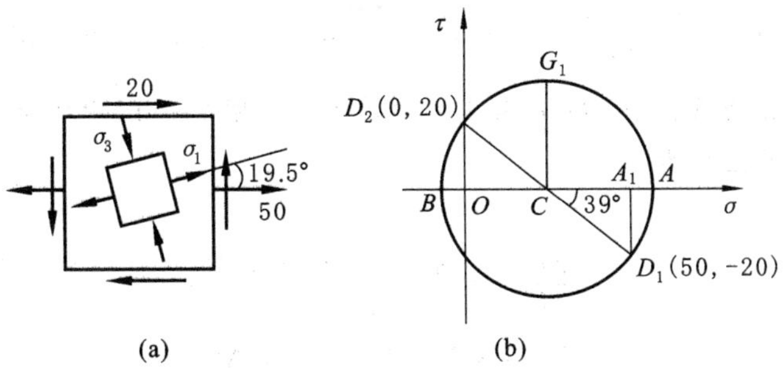

图 7-8

$$\tau' = \overline{CG_1} \approx 32\ \text{MPa}$$

主单元体如图 7-8(a)中所示。

【例 7-3】 有一悬臂梁如图 7-9(a)所示，$F=20$ kN。试求距自由端距离为 400 mm 的截面 $m—m$ 上 A、B、C、D、E 五点处的主应力数值和主平面方位。

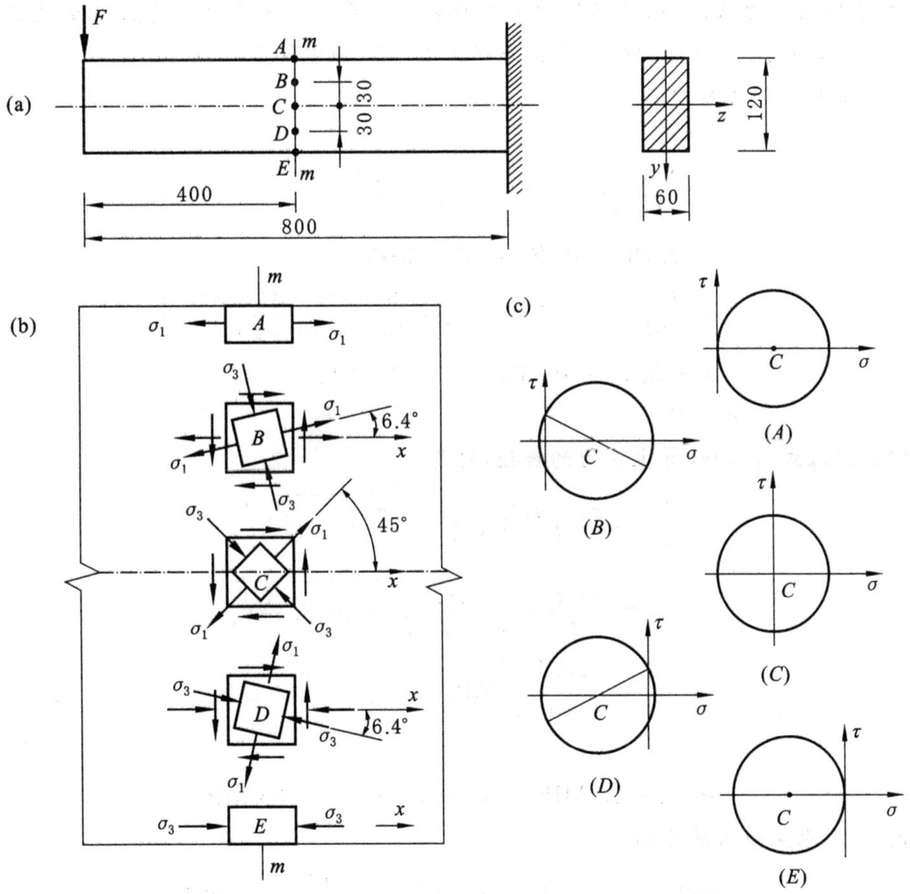

图 7-9

【解】 在梁截面 $m—m$ 上的内力为

$$F_S = -20\ \text{kN}, \quad M = -20 \times 10^3 \times 400 \times 10^{-3} = -8\ \text{kN} \cdot \text{m}$$

梁横截面的惯性矩为

$$I_z=\frac{60\times 120^3}{12}=8.64\times 10^6\ \text{mm}^4=8.64\times 10^{-6}\ \text{m}^4$$

在梁截面 m—m 的 A、B、C、D、E 五点处取单元体如图 7-9(b)中所示。

(a) 求点 A 处的主应力。

由于

$$\sigma_x=\frac{My_A}{I_z}=\frac{8\times 10^3\times 60\times 10^{-3}}{8.64\times 10^{-6}}$$
$$=5.56\times 10^7\ \text{Pa}=55.6\ \text{MPa}$$
$$\tau_{xy}=\frac{F_S S_z^*}{bI_z}=\frac{F_S\times 0}{bI_z}=0,\quad \sigma_y=0$$

根据定义,$\tau=0$ 的平面为主平面,作用在主平面上的正应力为主应力,故在点 A 处的主应力为

$$\sigma_1=\sigma_x=55.6\ \text{MPa},\quad \sigma_2=\sigma_3=0$$

即点 A 处于单向应力状态,在该点处的横截面和纵截面就是主平面。将点 A 的主应力 σ_1 表示在单元体上,如图 7-9(b)中所示,而应力圆如图 7-9(c)中所示。

(b) 求点 B 处的主应力。

由于

$$\sigma_x=\frac{My_B}{I_z}=\frac{8\times 10^3\times 30\times 10^{-3}}{8.64\times 10^{-6}}$$
$$=2.78\times 10^7\ \text{Pa}=27.8\ \text{MPa}$$
$$\tau_{xy}=\frac{F_S S_z^*}{bI_z}=-\frac{20\times 10^3\times(60\times 30\times 45\times 10^{-9})}{8.64\times 10^{-6}\times 60\times 10^{-3}}$$
$$=-3.13\times 10^6\ \text{Pa}=-3.13\ \text{MPa}$$
$$\sigma_y=0$$

将它们代入式(7-4)计算主应力的数值,可得

$$\left.\begin{matrix}\sigma'\\ \sigma''\end{matrix}\right\}=\frac{\sigma_x+\sigma_y}{2}\pm\sqrt{\left(\frac{\sigma_x-\sigma_y}{2}\right)^2+\tau_{xy}^2}$$
$$=\frac{27.8}{2}\pm\sqrt{\left(\frac{27.8}{2}\right)^2+(-3.13)^2}$$
$$=\begin{cases}28.15\\ -0.35\end{cases}\text{MPa}$$

所以

$$\sigma_1=28.15\ \text{MPa},\quad \sigma_2=0,\quad \sigma_3=-0.35\ \text{MPa}$$

由式(7-3)求主应力的方向

$$\tan 2\alpha_0=-\frac{2\tau_{xy}}{\sigma_x-\sigma_y}=-\frac{2\times(-3.13)}{27.8-0}=0.225$$

解得

$$2\alpha_0=12.7^\circ\quad 或\quad \alpha_0=6.4^\circ$$

因 $\sigma_x>\sigma_y$,故 σ' 偏向于 σ_x,即 $\alpha_0=6.4^\circ$ 为 σ_x 与 σ' 间的夹角。将点 B 的主应力和主平面的方位表示在单元体上,如图 7-9(b)中所示,应力圆如图 7-9(c)中所示。可见点 B 处于二向应

力状态。

(c) 求点 C 处的主应力。按同样的方法可得

$$\sigma_x = 0, \quad \tau_{xy} = -4.2\ \text{MPa}, \quad \sigma_y = 0$$

$$\left.\begin{matrix}\sigma' \\ \sigma''\end{matrix}\right\} = \pm 4.2\ \text{MPa}$$

所以

$$\sigma_1 = 4.2\ \text{MPa}, \quad \sigma_2 = 0, \quad \sigma_3 = -4.2\text{MPa}$$

主应力的方向

$$\alpha_0 = 45^\circ$$

运用判断主应力方向的规则进行分析。将点 C 处的主应力和主平面方位表示在单元体上，如图 7-9(b)中所示，应力圆如图 7-9(c)中所示。

(d) 求点 D 处的主应力。按相同的方法求得：$\sigma_x = -27.8\ \text{MPa}$，$\tau_{xy} = -3.13\text{MPa}$，$\sigma_y = 0$，$\sigma_1 = 0.35\ \text{MPa}$，$\sigma_2 = 0$，$\sigma_3 = -28.15\ \text{MPa}$，$\alpha_0 = -6.4^\circ$。

因 $\sigma_x < \sigma_y$，故 σ'' 偏向于 σ_x，即 $\alpha_0 = -6.4^\circ$ 为 σ_x 与 σ'' 间的夹角。点 D 主应力和主平面的方位如图 7-9(b)中所示，应力圆如图 7-9(c)中所示。

(e) 求点 E 处的主应力。按相同方法求得：$\sigma_1 = \sigma_y = 0$，$\sigma_2 = 0$，$\sigma_3 = \sigma_x = -55.6\ \text{MPa}$。

与点 A 类似，点 E 也处于单向应力状态，该点处的横截面和纵截面即为主平面。将点 E 的主应力和主平面表示在单元体上，如图 7-9(b)中所示，应力圆如图 7-9(c)中所示。

通过本例中对梁同一横截面上五点的应力状态分析，可对梁在横力弯曲时各点的应力状态有比较全面的了解。梁的上、下边缘上的各点均处于单向应力状态；梁的中性层上各点一般情况下均处于纯剪切应力状态；其他各点处于二向应力状态。由于 $\sigma_y = 0$，令 $\sigma_x = \sigma$，$\tau_{xy} = \tau$，因此梁内任意一点的主应力为

$$\left.\begin{matrix}\sigma_1 \\ \sigma_3\end{matrix}\right\} = \frac{\sigma}{2} \pm \sqrt{\left(\frac{\sigma}{2}\right)^2 + \tau^2}, \quad \sigma_2 = 0$$

即梁内任意一点一般有两个主应力，一个为拉应力 σ_1，另一个为压应力 σ_3。

掌握构件内主应力方向的变化规律，对结构设计非常有用。例如在设计钢筋混凝土梁时，若已知梁中主应力方向的变化情况，即可判断梁上裂缝可能发生的方向，从而恰当地配置钢筋，更有效地发挥钢筋的抗拉作用。在工程设计中，有时需要根据构件上各计算点的主应力方向，绘制出两组彼此正交的曲线，在这些曲线上任意一点的切线方向即为该点的主应力方向。把这种曲线叫作**主应力迹线**，其中一组是 σ_1 的轨迹线(**主拉应力迹线**)，另一组是 σ_3 的轨迹线(**主压应力迹线**)。上例中受集中载荷作用的悬臂梁，其主应力迹线如图 7-10(a)所示，其中的实线是主拉应力 σ_1 的迹线，虚线是主压应力 σ_3 的迹线。由此可在混凝土内部配置如图 7-10(b)所示的水平和弯起钢筋，以提高混凝土梁的承载能力。

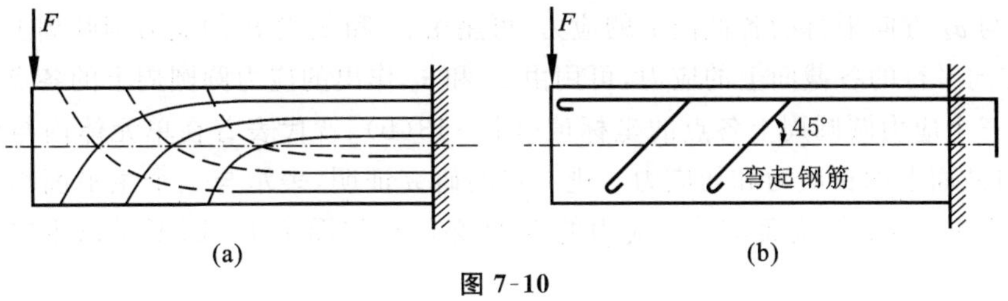

图 7-10

7.3　三向应力状态

在工程实际中经常会接触到三向(空间)应力状态。例如在地层一定深度处所取的单元体(图 7-11),在竖向受到地层的压力,所以在上、下面上有主应力 σ_3。但由于局部材料被周围大量材料所包围,侧向变形受到阻碍,故单元体的四个侧面也受到侧向的压力,因而有主应力 σ_1 和 σ_2(此时三个主应力都为负值,且 $|\sigma_3|>|\sigma_1|=|\sigma_2|$),所以这一单元体是空间应力状态。又如滚珠轴承中的滚珠与内环的接触点 K 处(图 7-12),也是三向受压的应力状态。

设已知某点处于三向应力状态,其三个主应力分别为 σ_1、σ_2 和 σ_3[图 7-13(a)],求过这一点的任意斜截面上的应力。

首先研究与一个主应力(例如 σ_3)平行的斜截面上的应力情况。因方向与所截截面平行的主应力在该截面上既不会引起正应力也不会引起切应力,故这些平行于 σ_3 的截面上的应力只取决于 σ_1 和 σ_2。在这种特殊情况下,这些截面上 σ 和 τ 的求法就和在二向应力状态时一样,可用由 σ_1 和 σ_2 作出的应力圆圆周上的各点来表示。

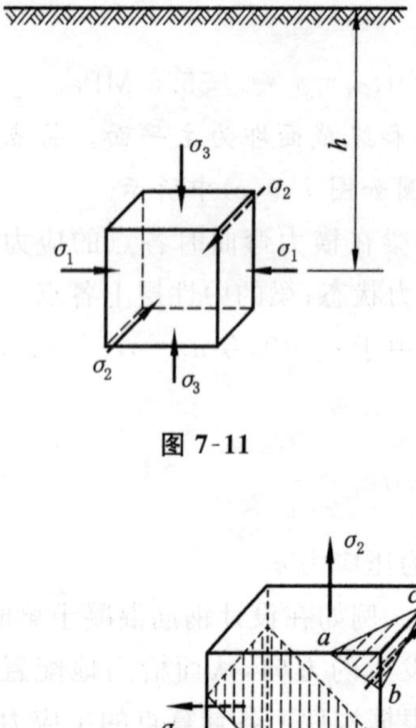

图 7-11

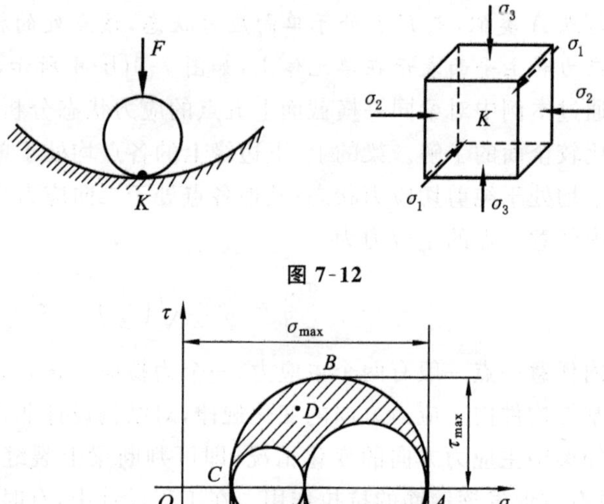

图 7-12

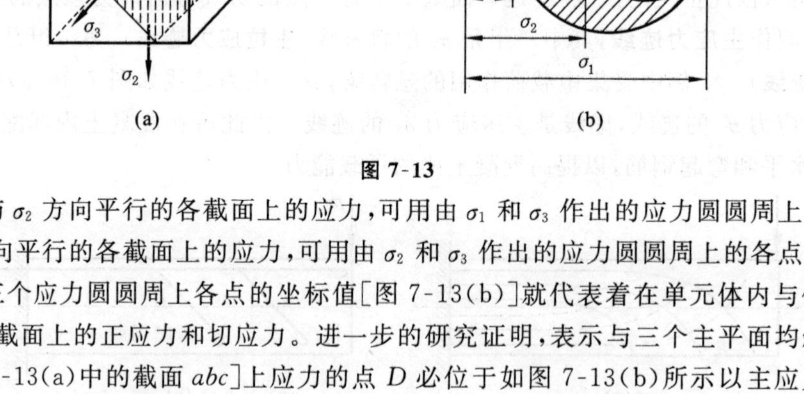

图 7-13

同理,与 σ_2 方向平行的各截面上的应力,可用由 σ_1 和 σ_3 作出的应力圆圆周上的各点来表示;与 σ_1 方向平行的各截面上的应力,可用由 σ_2 和 σ_3 作出的应力圆圆周上的各点来表示。

这样,三个应力圆圆周上各点的坐标值[图 7-13(b)]就代表着在单元体内与任一主应力方向平行斜截面上的正应力和切应力。进一步的研究证明,表示与三个主平面均斜交的任意斜截面[图 7-13(a)中的截面 abc]上应力的点 D 必位于如图 7-13(b)所示以主应力作出的三个应力圆所围成的阴影范围内(推导略)。

从图 7-13(b)中可以看出:在三向应力状态下,单元体的最大正应力就是最大应力圆上点 A 的横坐标所表示的主应力,即

$$\sigma_{max} = \sigma_1 \tag{7-10}$$

最小正应力就是最大应力圆上点 C 的横坐标所表示的主应力,即

$$\sigma_{min} = \sigma_3 \tag{7-11}$$

最大切应力等于最大应力圆上点 B 纵坐标表示的切应力,其大小等于最大应力圆半径所代表的数值,即最大主应力 σ_1 与最小主应力 σ_3 差值的一半,且作用在与此二主应力方向成 45°角的斜截面上,同时与 σ_2 方向平行(图 7-14),因此

$$\tau_{max} = \frac{1}{2}(\sigma_1 - \sigma_3)$$

该式即前面的公式(7-8)。

【例 7-4】 已知构件内某点处的应力状态如图 7-15 所示(应力单位为 MPa),试求该点处的最大、最小正应力及最大切应力。

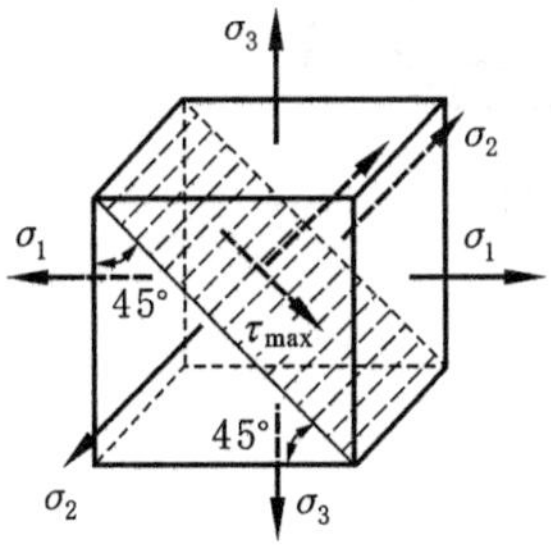

图 7-14

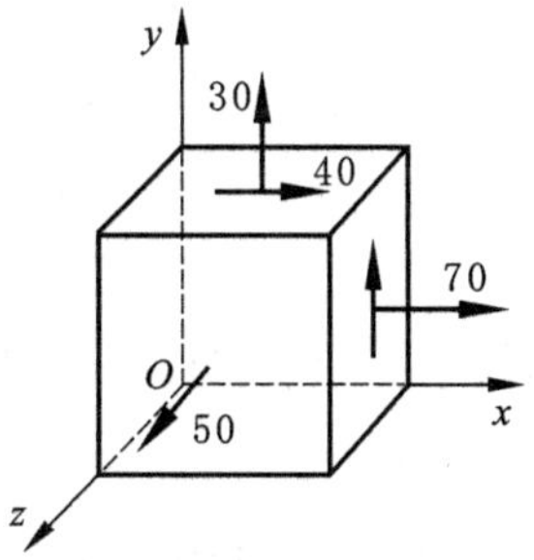

图 7-15

【解】 由图 7-15 知此单元体前后面上没有切应力,所以该平面为主平面,其上正应力即为三个主应力中的一个。另外两个主平面应与前后面垂直,其上主应力将由 xy 平面上应力分量 $\sigma_x = 70$ MPa,$\sigma_y = 30$ MPa,$\tau_{xy} = -40$ MPa 来确定。

由式(7-4)有

$$\left.\begin{matrix}\sigma' \\ \sigma''\end{matrix}\right\} = \frac{\sigma_x + \sigma_y}{2} \pm \sqrt{\left(\frac{\sigma_x - \sigma_y}{2}\right)^2 + \tau_{xy}^2}$$

$$= \frac{70+30}{2} \pm \sqrt{\left(\frac{70-30}{2}\right)^2 + (-40)^2} = \begin{cases} 94.7 \text{ MPa} \\ 5.3 \text{ MPa} \end{cases}$$

由于

$$\sigma_z = 50 \text{ MPa}$$

可得三个主应力为

$$\sigma_1 = 94.7 \text{ MPa}, \quad \sigma_2 = 50 \text{ MPa}, \quad \sigma_3 = 5.3 \text{ MPa}$$

由式(7-10)、式(7-11)、式(7-8)可求出

$$\sigma_{max} = \sigma_1 = 94.7 \text{ MPa}$$

$$\sigma_{min} = \sigma_3 = 5.3 \text{ MPa}$$

$$\tau_{max} = \frac{1}{2}(\sigma_1 - \sigma_3) = \frac{94.7 - 5.3}{2} = 44.7 \text{ MPa}$$

7.4 应力与应变的关系

7.4.1 单向应力状态下应力与应变的关系

图 7-16(a)所示的单元体处于单向应力状态，在主拉应力 σ 作用下，单元体在沿 σ 的方向上要伸长，在垂直于 σ 的方向上要缩短。第 2 章已讲过，当正应力不超过材料的比例极限时，正应力和纵向线应变是成正比的(即拉压胡克定律)，即

$$\sigma = E\varepsilon \quad 或 \quad \varepsilon = \frac{\sigma}{E}$$

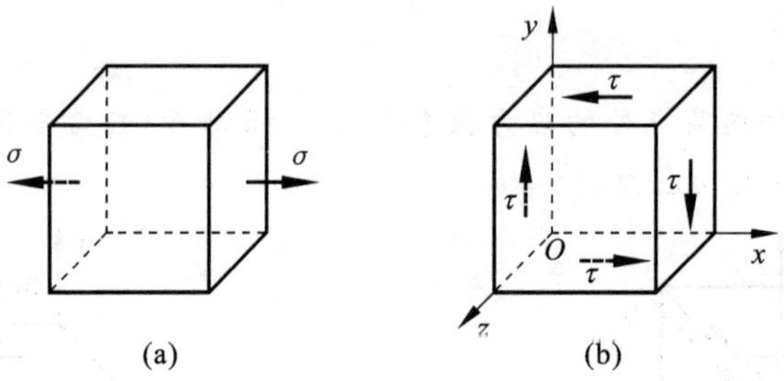

图 7-16

而横向线应变和纵向线应变之间有以下关系

$$\varepsilon' = -\mu\varepsilon$$

7.4.2 纯剪切应力状态下应力与应变的关系

图 7-16(b)所示的单元体为纯剪切应力状态。在切应力作用下，产生的变形为切应变，即直角的改变量 γ。第 3 章已讲过，当切应力不超过材料的剪切比例极限时，切应力与切应变也是成正比的(即剪切胡克定律)，即

$$\tau = G\gamma \quad 或 \quad \gamma = \frac{\tau}{G}$$

7.4.3 三向应力状态下应力与应变的关系

图 7-17(a)表示从受力构件中取出的一个单元体，因同时受到正应力和切应力作用，将同时产生线应变和切应变。可以证明，在线弹性范围内、小变形情况下，切应力所引起的线应变与正应力所引起的线应变相比，是高阶微量，可忽略不计。故可认为，正应力只产生线应变，切应力只产生切应变，二者互不影响，从而可根据叠加原理，把图 7-17(a)所示的空间应力状态看作是只单独作用有正应力[图 7-17(b)]和只单独作用有切应力[图 7-17(c)]两种情况的叠加。

在图 7-17(b)所示的单元体上同时作用有正应力 σ_x、σ_y 和 σ_z，现利用叠加原理计算由它们所引起的线应变 ε_x、ε_y 和 ε_z。

首先分析沿 x 轴方向(即 σ_x 的方向)发生的线应变：当 σ_x 单独作用时，在 x 轴方向引起的纵向线应变是

$$\varepsilon_x{}' = \frac{\sigma_x}{E}$$

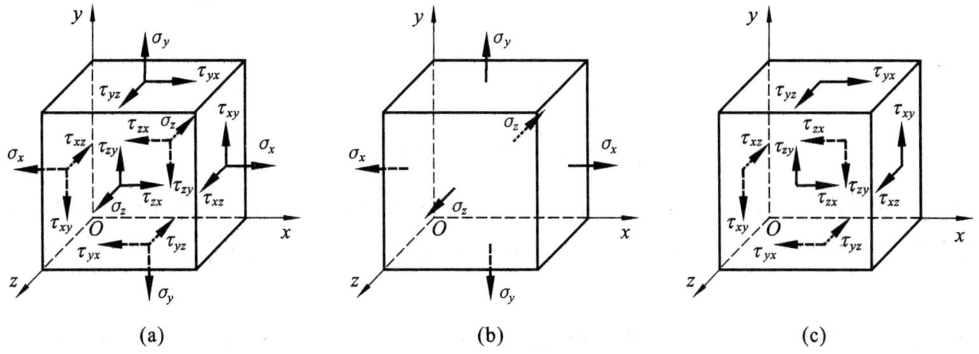

图 7-17

当 σ_y 单独作用时，在 x 轴方向引起的线应变为此时的横向线应变，为

$$\varepsilon_x'' = -\mu\frac{\sigma_y}{E}$$

当 σ_z 单独作用时，在 x 轴方向引起的线应变也为此时的横向线应变，为

$$\varepsilon_x''' = -\mu\frac{\sigma_z}{E}$$

故当正应力 σ_x、σ_y、σ_z 同时作用时，在 x 轴方向引起的线应变为

$$\begin{aligned}\varepsilon &= \varepsilon_x' + \varepsilon_x'' + \varepsilon_x''' = \frac{\sigma_x}{E} - \mu\frac{\sigma_y}{E} - \mu\frac{\sigma_z}{E} \\ &= \frac{1}{E}[\sigma_x - \mu(\sigma_y + \sigma_z)]\end{aligned}$$

同理可求出沿 y 轴和 z 轴方向的线应变 ε_y 和 ε_z。将它们排列在一起，得

$$\left.\begin{aligned}\varepsilon_x &= \frac{1}{E}[\sigma_x - \mu(\sigma_y + \sigma_z)] \\ \varepsilon_y &= \frac{1}{E}[\sigma_y - \mu(\sigma_z + \sigma_x)] \\ \varepsilon_z &= \frac{1}{E}[\sigma_z - \mu(\sigma_x + \sigma_y)]\end{aligned}\right\} \tag{7-12}$$

切应力 τ_{xy}、τ_{xz}、τ_{yz} 与切应变 γ_{xy}、γ_{xz}、γ_{yz} 之间，仍具有以下关系

$$\left.\begin{aligned}\gamma_{xy} &= \frac{\tau_{xy}}{G} \\ \gamma_{xz} &= \frac{\tau_{xz}}{G} \\ \gamma_{yz} &= \frac{\tau_{yz}}{G}\end{aligned}\right\} \tag{7-13}$$

上面两式表示出了空间应力状态下应力与应变之间的关系，称为**广义胡克定律**。

在二向应力状态下，$\sigma_z = 0$，式(7-12)可改写为

$$\left.\begin{aligned}\varepsilon_x &= \frac{1}{E}(\sigma_x - \mu\sigma_y) \\ \varepsilon_y &= \frac{1}{E}(\sigma_y - \mu\sigma_x) \\ \varepsilon_z &= -\frac{\mu}{E}(\sigma_x + \sigma_y)\end{aligned}\right\} \tag{7-14}$$

或者表示为

$$\left.\begin{aligned}\sigma_x &= \frac{E}{1-\mu^2}(\varepsilon_x + \mu\,\varepsilon_y) \\ \sigma_y &= \frac{E}{1-\mu^2}(\varepsilon_y + \mu\,\varepsilon_x)\end{aligned}\right\} \tag{7-15}$$

式(7-14)和式(7-15)不仅在求解结构中的某些问题时要经常用到，而且在实验应力分析中也很有用。例如只要用仪器测出试件上测点处的线应变 ε_x 和 ε_y，即可用式(7-15)计算出测点处的应力。

当取出的单元体为主单元体，其上作用的主应力分别为 σ_1、σ_2、σ_3 时，广义胡克定律可写成如下的形式

$$\left.\begin{aligned}\varepsilon_1 &= \frac{1}{E}[\sigma_1 - \mu(\sigma_2 + \sigma_3)] \\ \varepsilon_2 &= \frac{1}{E}[\sigma_2 - \mu(\sigma_3 + \sigma_1)] \\ \varepsilon_3 &= \frac{1}{E}[\sigma_3 - \mu(\sigma_1 + \sigma_2)] \\ \gamma_{xy} &= 0, \gamma_{yz} = 0, \gamma_{zx} = 0\end{aligned}\right\} \tag{7-16}$$

ε_1、ε_2、ε_3 分别为沿三个主应力方向的线应变，称为**主应变**。由于 $\sigma_1 \geqslant \sigma_2 \geqslant \sigma_3$，所以有 $\varepsilon_1 \geqslant \varepsilon_2 \geqslant \varepsilon_3$。因而最大线应变为

$$\varepsilon_{\max} = \varepsilon_1 \tag{7-17}$$

*7.4.4 体积应变

设主单元体各边的原长分别为 $\mathrm{d}x$、$\mathrm{d}y$、$\mathrm{d}z$，则在变形前单元体的体积为

$$V_0 = \mathrm{d}x\mathrm{d}y\mathrm{d}z$$

变形后单元体的体积变为

$$\begin{aligned}V_1 &= (1+\varepsilon_1)\mathrm{d}x \times (1+\varepsilon_2)\mathrm{d}y \times (1+\varepsilon_3)\mathrm{d}z \\ &= V_0(1+\varepsilon_1+\varepsilon_2+\varepsilon_3+\varepsilon_1\varepsilon_2+\varepsilon_2\varepsilon_3+\varepsilon_3\varepsilon_1+\varepsilon_1\varepsilon_2\varepsilon_3) \\ &\approx V_0(1+\varepsilon_1+\varepsilon_2+\varepsilon_3)\end{aligned}$$

则单元体单位体积的改变(称为**体积应变**)为

$$\theta = \frac{V_1 - V_0}{V_0} = \varepsilon_1 + \varepsilon_2 + \varepsilon_3 \tag{7-18}$$

将式(7-16)中的三个主应变代入上式，可得

$$\theta = \frac{1-2\mu}{E}(\sigma_1 + \sigma_2 + \sigma_3) \tag{7-19}$$

可见，单元体体积的改变仅取决于三个主应力之和，而不取决于它们之间大小的比例关系。

引入

$$K = \frac{E}{1-2\mu} \tag{7-20}$$

则

$$\theta = \frac{1}{K}(\sigma_1 + \sigma_2 + \sigma_3) \tag{7-21}$$

*7.4.5 空间应力状态下的应变能密度

在单向应力状态下，已得到单位体积的应变能即应变能密度（比能）为

$$v_\varepsilon = \frac{1}{2}\sigma\varepsilon = \frac{\sigma^2}{2E} \tag{a}$$

在空间应力状态下，弹性体的应变能仍应等于外力所做的功，且仅取决于外力的最终数值，而与加力的次序无关。设单元体的三个主应力 σ_1、σ_2、σ_3 由零按同一比例逐渐增加到各自的最终值，那么三个主应变 ε_1、ε_2 和 ε_3 也将按同一比例增加到各自的最终值，此时与每个主应力相对应的比能都可以由式(a)求出。于是空间应力状态下的比能为

$$v_\varepsilon = \frac{1}{2}\sigma_1\varepsilon_1 + \frac{1}{2}\sigma_2\varepsilon_2 + \frac{1}{2}\sigma_3\varepsilon_3 \tag{b}$$

把式(7-16)代入式(b)，即得用主应力表示的比能

$$v_\varepsilon = \frac{1}{2E}[\sigma_1^2 + \sigma_2^2 + \sigma_3^2 - 2\mu(\sigma_1\sigma_2 + \sigma_2\sigma_3 + \sigma_3\sigma_1)] \tag{7-22}$$

主单元体上[图 7-18(a)]的应力可分解为如图 7-18(b)、图 7-18(c)所示的两种应力情况。在图 7-18(b)所示的情况下，单元体的各面上都作用着数值相等的平均主应力 $\sigma_m = \dfrac{\sigma_1 + \sigma_2 + \sigma_3}{3}$，显然其各个主应变也都相等，故单元体只会发生体积改变而不会发生形状改变。在图 7-18(c)所示的情况下，因作用在单元体上的三个主应力之和等于零，故根据式(7-19)，单元体没有体积改变而只会发生形状改变。

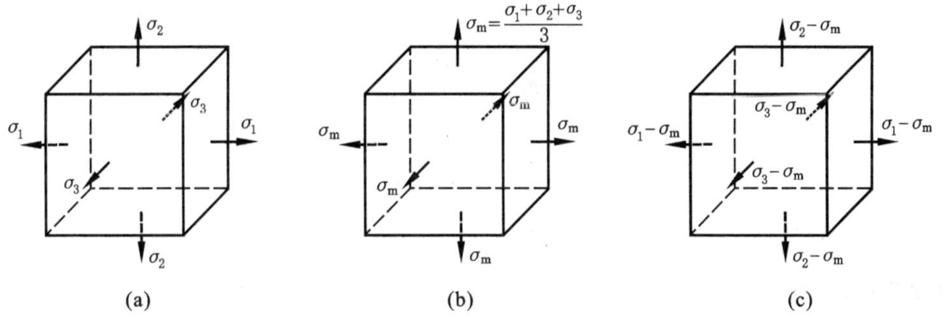

图 7-18

由此可知，图 7-18(a)中所示单元体的比能 v_ε 将可以分为**体积改变比能** v_v 和**形状改变比能**（也叫**畸变能密度**）v_s 两部分，即

$$v_\varepsilon = v_v + v_s$$

对于图 7-18(b)的单元体，由于三个主应力都等于 σ_m，其比能可由式(7-22)直接求出

$$v_v = \frac{1}{2E}[3\sigma_m^2 - 2\mu(3\sigma_m^2)] = \frac{3(1-2\mu)}{2E}\sigma_m^2 = \frac{1-2\mu}{6E}(\sigma_1 + \sigma_2 + \sigma_3)^2 \tag{7-23}$$

这样，用式(7-22)中给出的 v_ε 减去上式求出的 v_v，经整理可得形状改变比能 v_s 为

$$v_s = \frac{1+\mu}{6E}[(\sigma_1 - \sigma_2)^2 + (\sigma_2 - \sigma_3)^2 + (\sigma_3 - \sigma_1)^2] \tag{7-24}$$

【例 7-5】 边长为 a=200 mm 的混凝土立方块，很密合地放在刚性凹座内。如果承受垂

直方向压力 $F=235\ \text{kN}$[图 7-19(a)]，试求此时刚性凹座壁上所受的压力，以及混凝土块内所产生的应力。已知混凝土材料的泊松比 $\mu=0.18$。

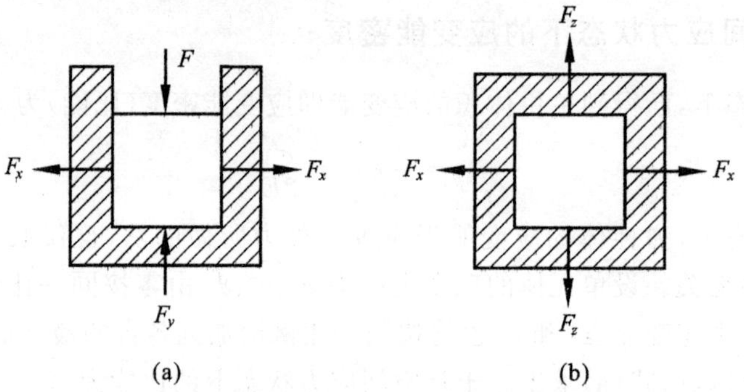

图 7-19

【解】 当混凝土块受到垂直方向压力 F 作用时，它要发生横向变形，但这种变形受到了刚性凹座的限制，在凹座内壁上会产生反力 F_x 和 F_z（假设力 F 沿 y 轴方向作用），如图 7-19(b)所示。

因凹座是刚性的，混凝土块在凹座内不能产生 x 轴和 z 轴方向上的横向变形，故有

$$\varepsilon_x=\varepsilon_z=0$$

由式(7-12)可得

$$\left.\begin{aligned}\varepsilon_x&=\frac{1}{E}[\sigma_x-\mu(\sigma_y+\sigma_z)]=0\\ \varepsilon_z&=\frac{1}{E}[\sigma_z-\mu(\sigma_x+\sigma_y)]=0\end{aligned}\right\}\tag{a}$$

此外有

$$\left.\begin{aligned}\sigma_x&=-\frac{F_x}{a^2}\\ \sigma_z&=-\frac{F_z}{a^2}\\ \sigma_y&=-\frac{F}{a^2}\end{aligned}\right\}\tag{b}$$

解方程组(a)得

$$\sigma_x=\sigma_z=\frac{\mu}{1-\mu}\sigma_y$$

将式(b)代入后得

$$F_x=F_z=\frac{\mu}{1-\mu}F=\frac{0.18}{1-0.18}\times235\times10^3=51.7\ \text{kN}$$

故在混凝土块内产生的应力为

$$\sigma_x=\sigma_1=-\frac{F_x}{a^2}=-\frac{51.7\times10^3}{0.2^2}=-1.29\ \text{MPa}$$

$$\sigma_z=\sigma_2=-\frac{F_z}{a^2}=-\frac{51.7\times10^3}{0.2^2}=-1.29\ \text{MPa}$$

$$\sigma_y=\sigma_3=-\frac{F}{a^2}=-\frac{235\times10^3}{0.2^2}=-5.88\ \text{MPa}$$

【例 7-6】 一直径为 d 的实心圆轴，两端受扭转力偶矩 M_e 的作用，现测得圆轴表面点 A 处沿 30°方向的线应变为 ε[图 7-20(a)]，已知材料的弹性常数 E 和 μ。试求扭转力偶矩 M_e 的大小。

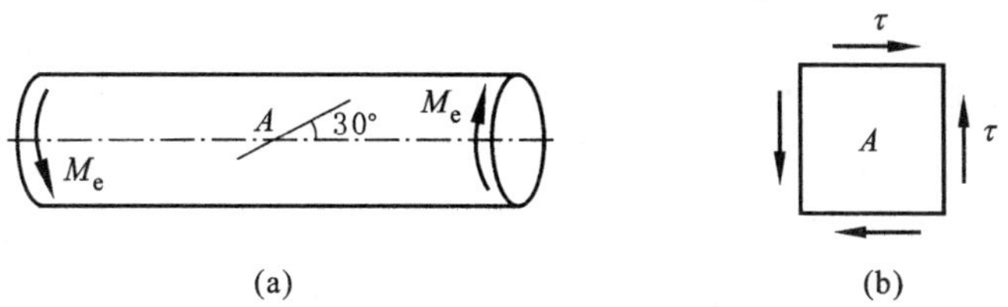

图 7-20

【解】 从轴的表面点 A 处取一单元体如图 7-20(b)所示。该点的应力状态为纯剪切应力状态，用 τ 表示横截面边缘处的切应力，其值为

$$\tau=\frac{T}{W_p}=\frac{16M_e}{\pi d^3}$$

在式(7-1)中，令 $\sigma_x=0$，$\sigma_y=0$，$\tau_{xy}=-\tau$，$\alpha=30°$和$-60°$，分别得

$$\sigma_{30°}=\tau\sin 60°=\frac{\sqrt{3}}{2}\tau$$

$$\sigma_{(-60°)}=\tau\sin(-120°)=-\frac{\sqrt{3}}{2}\tau$$

由广义胡克定律可得出

$$\varepsilon_{30°}=\frac{1}{E}[\sigma_{30°}-\mu(\sigma_{(-60°)}+0)]$$

将相关值代入得

$$\varepsilon_{30°}=\varepsilon=\frac{\sqrt{3}(1+\mu)}{2E}\tau=\frac{8\sqrt{3}(1+\mu)}{E\pi d^3}M_e$$

由上式解得

$$M_e=\frac{\sqrt{3}\pi d^3 E\varepsilon}{24(1+\mu)}$$

7.5 材料的破坏形式

前面对各种应力状态进行了分析。实践证明，不同的材料在各种应力状态下，可能会出现不同的破坏现象。因此，在分析构件处于复杂应力状态下的强度时，还需考虑材料的破坏形式，并以此为依据来建立材料在复杂应力状态下的强度条件。为此，本节先讨论材料的破坏形式。

7.5.1 材料破坏的基本形式

在前面的章节中，曾陆续接触过一些材料的破坏现象，如果以低碳钢和铸铁两种材料为例，它们在拉伸(或压缩)和扭转试验时的破坏现象虽各有不同，但可把它们的破坏形式分别归纳为两种基本形式，即脆性断裂和塑性屈服。

例如，铸铁拉伸或扭转时，在未产生明显塑性变形的情况下就突然断裂，材料的这种破坏形式，叫作**脆性断裂**。而低碳钢在拉伸、压缩和扭转时，当试样中的应力达到屈服极限后，就会发生明显的塑性变形，使其丧失正常的工作能力，这就是材料破坏的另一种基本形式，叫作**塑**

性屈服。通常情况下,脆性材料(例如铸铁、高碳钢等)的破坏形式是脆性断裂,而塑性材料(例如低碳钢、中碳钢、铝、铜等)的破坏形式是塑性屈服。

对金属材料而言,试验研究的结果表明,其具有两种极限抵抗能力:一种是抵抗脆性断裂的极限抗力。例如,铸铁拉伸时,用抗拉强度 σ_b 来表示。另一种是抵抗塑性屈服的极限抗力。例如,低碳钢拉伸时,可用屈服时的切应力 τ_s 来表示。一般情况下,脆性材料对塑性屈服的极限抗力大于其对脆性断裂的极限抗力,而塑性材料对脆性断裂的极限抗力大于其对塑性屈服的极限抗力。

材料在受力后是否发生破坏,实际上是取决于构件内的某种应力是否超过了材料的极限抗力。例如,在低碳钢拉伸试验中,材料屈服时在试件表面上出现与轴线成 45°的滑移线,就是由于在这个方向截面上的最大切应力 τ_{max} 达到某一极限值所引起的。低碳钢扭转时,则是因为横截面上的切应力达到某一极限值,首先使材料屈服而产生较大的塑性变形,在应力不断增加的情况下继而沿横截面将试件剪断。当铸铁拉伸时,试件沿横截面呈脆性断裂,这是因为在此截面上的最大拉应力达到了极限值所致。铸铁扭转时,与轴线成 45°的螺旋面上有最大拉应力,因而使试件沿此螺旋面被拉断。但铸铁单向压缩时的情况比较特殊,试件沿与轴线成 45°～55°的斜截面上发生破坏,主要是由于此斜截面上的最大切应力 τ_{max} 的作用。

7.5.2 应力状态对材料破坏形式的影响

材料的破坏形式到底是呈脆性断裂,还是呈塑性屈服,不仅由材料本身的性质所决定,还与材料所处的应力状态有关。

试验表明,同一种材料在不同的应力状态下,会发生不同形式的破坏。也就是说,不同的应力状态将影响材料的最终破坏形式。例如,铸铁在拉伸时呈脆性断裂,而在压缩时则有较大的塑性变形,就是一个明显的例子。又如,有环形凹槽的低碳钢拉杆[图 7-21(a)],由于凹槽处截面有显著改变,而产生了应力集中。此时轴向变形欲急剧增大,并使其横向变形显著收缩,但是这种横向收缩将受到凹槽周围材料的牵制,所以在凹槽处的单元体,除轴向应力 σ_1 外,其侧面上还同时存在主应力 σ_2 和 σ_3,处于三向拉伸应力状态[图 7-21(b)]。在这种情况下,拉杆在凹槽处将呈脆性断裂。而圆柱形大理石试样,在轴向压缩并利用液体径向施压时会产生显著的塑性变形而失效,如图 7-22 所示。

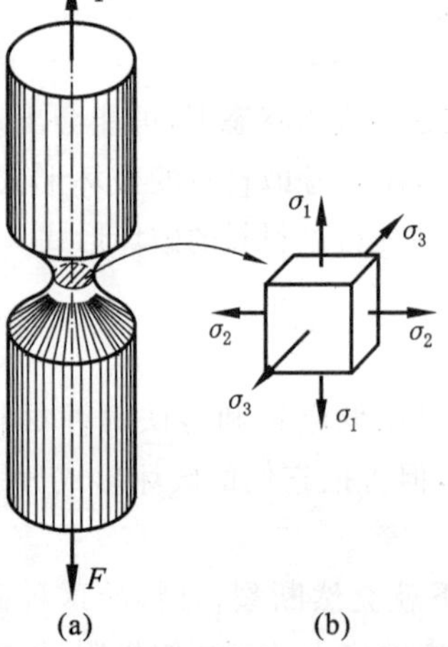

图 7-21

图 7-22

很多试验表明，在三向拉伸应力状态下，即使是塑性材料也会发生脆性断裂。而当材料处于三向压缩应力状态(如大理石试样在各面上均受压)，即使是脆性材料，也会表现出较大的塑性。这说明材料所处的应力状态，对其破坏形式有很大影响。

7.6 常用强度理论

人们根据材料的各种破坏现象，总结出材料破坏的规律，逐渐形成了这样的认识：认为材料的破坏是由某一个因素所引起的，对于同一种材料，无论其处于何种应力状态，当导致它们破坏的因素达到某一个极限值，构件就会破坏。可以通过简单拉伸试验来确定这个因素的极限值，然后来建立复杂应力状态下的强度条件。

在长期的生产实践中，通过对材料破坏现象的观察和分析，人们对引起材料破坏的这些因素提出了各种不同的假说。经过实践检验，证明在一定范围内成立的一些假说，通常称为**强度理论**，或称**破坏理论**。提出的强度理论很多，但只有极少部分的强度理论显示出了它们的相对准确性，并在一定范围内逐渐完善而得到应用。

本节中对应用得比较广泛的四个常用强度理论及莫尔强度理论作了简要的介绍。其中最大拉应力理论和最大伸长线应变理论是用来解释断裂失效的，最大切应力理论和形状改变比能理论是用来解释屈服失效的。从强度理论的发展史来看，最早提出的是关于脆性断裂的强度理论。这是因为远在 17 世纪及以前时，人们大量使用的材料是建筑上用的砖、石和铸铁等脆性材料，因此观察到的破坏现象多半是脆性断裂。到了 19 世纪，由于生产的发展，科学技术的进步，工程实际中开始大量使用像低碳钢、铜等塑性材料，这时才对材料发生塑性屈服的物理实质有了较多认识，由此才提出了关于塑性屈服的强度理论。另外要说明的是，这些强度理论，都是在常温静载情况下的强度理论，对于材料在高温、动载荷或冲击载荷等其他情况下的强度理论，还需另行研究。

此外，我国学者俞茂宏于 1961 年提出的双切应力强度理论和随后的统一强度理论，目前已得到力学界公认，有兴趣的同学可参阅刊登于《力学学报》的《强度理论百年总结》一文。

7.6.1 最大拉应力理论(第一强度理论)

这个理论的假设是：最大拉应力 σ_1 是引起材料脆性断裂的主要原因，也就是说无论在什么样的应力状态下，只要危险点处三个主应力中最大的拉应力 σ_1 达到与材料性质有关的极限应力值 σ_u，材料就会发生脆性断裂破坏。这样，按照这一强度理论的观点，脆性断裂破坏的条件是

$$\sigma_1 = \sigma_u \tag{1}$$

极限应力值 σ_u 与应力状态无关，可用单向拉伸来确定。对于单向拉伸而言，该极限应力值 σ_u 即为强度极限 σ_b。将其除以安全因数后即可得到材料的许用应力$[\sigma]$，由此得到按第一强度理论所建立的强度条件为

$$\sigma_1 \leqslant [\sigma] \tag{7-25}$$

试验表明，这个理论对于脆性材料，例如铸铁、陶瓷等的破坏是较合适的。但是该理论认为材料的危险程度只取决于一个主应力，而与其他两个主应力无关，这显然是与实际情况不相符合的。同时该理论也不能应用于无拉应力的应力状态，如单向、三向压缩等。

7.6.2 最大伸长线应变理论(第二强度理论)

这个理论的假设是：最大伸长线应变 ε_1 是引起材料脆性断裂的主要因素，也就是说无论

在什么样的应力状态下，只要危险点处的最大伸长线应变 ε_1 达到了与材料性质有关的极限应变值 ε_u，材料就会发生脆性断裂。这样，按照这一强度理论观点，脆性断裂破坏的条件是

$$\varepsilon_1 = \varepsilon_u \tag{2}$$

如果材料直到发生脆性断裂时都在线弹性范围内工作，利用广义胡克定律可求得该点的最大伸长线应变为

$$\varepsilon_1 = \frac{1}{E}[\sigma_1 - \mu(\sigma_2 + \sigma_3)] \tag{3}$$

而材料的极限应变值 ε_u 同样可以通过单向拉伸得到，其值为

$$\varepsilon_u = \frac{\sigma_b}{E} \tag{4}$$

于是由式(2)、(3)、(4)可得到

$$\frac{1}{E}[\sigma_1 - \mu(\sigma_2 + \sigma_3)] = \frac{\sigma_b}{E}$$

或

$$\sigma_1 - \mu(\sigma_2 + \sigma_3) = \sigma_b \tag{5}$$

将式(5)右边的 σ_b 除以安全因数后即可得到材料的许用应力$[\sigma]$，这样按第二强度理论所建立的强度条件为

$$\sigma_1 - \mu(\sigma_2 + \sigma_3) \leqslant [\sigma] \tag{7-26}$$

这个理论可以较好地解释岩石、混凝土等脆性材料在单向压缩时沿纵向开裂的脆断现象，但并不符合大多数脆性材料的脆性破坏。同时按照这一理论，似乎材料在二向拉伸或三向拉伸应力状态下反而比单向拉伸应力状态下更不易断裂，这与实际情况并不相符，故工程上应用较少。

7.6.3 最大切应力理论(第三强度理论)

这个理论的假设是：最大切应力 τ_{max} 是引起材料屈服的主要原因。也就是说无论在什么样的应力状态下，只要危险点处的最大切应力 τ_{max} 达到了材料屈服时的极限切应力值 τ_u，该点处的材料就会发生屈服。这样，按照这一强度理论的观点，其屈服条件是

$$\tau_{max} = \tau_u \tag{6}$$

可由单向拉伸得到材料屈服时切应力的极限值

$$\tau_u = \frac{\sigma_s}{2} \tag{7}$$

而复杂应力状态下一点处的最大切应力为

$$\tau_{max} = \frac{1}{2}(\sigma_1 - \sigma_3)$$

于是，式(6)可改写为

$$\frac{1}{2}(\sigma_1 - \sigma_3) = \frac{1}{2}\sigma_s$$

或

$$\sigma_1 - \sigma_3 = \sigma_s \tag{8}$$

将式(8)右边的 σ_s 除以安全因数后即可得到材料的许用应力$[\sigma]$，这样，按第三强度理论所建立的强度条件为

$$\sigma_1 - \sigma_3 \leqslant [\sigma] \tag{7-27}$$

一些试验结果表明，对于塑性材料，例如常用的 Q235 钢、45 钢、铜、铝等，这个理论基本上是符合的。因此，对于塑性材料制成的杆件进行强度计算时，经常采用这个理论。这一屈服条件是 1864 年由法国工程师 H. Tresca 提出的，故也称为 Tresca 屈服准则。

7.6.4 形状改变比能理论（第四强度理论）

这个理论的假设是：形状改变比能 v_s 是引起材料屈服的主要原因，也就是说无论在什么样的应力状态下，只要危险点处的形状改变比能 v_s 达到了与材料性质有关的极限值 v_{su}，材料就会发生屈服。这样，按照这一强度理论的观点，屈服条件为

$$v_s = v_{su} \tag{9}$$

一般情况下形状改变比能的表达式为

$$v_s = \frac{1+\mu}{6E}[(\sigma_1-\sigma_2)^2+(\sigma_2-\sigma_3)^2+(\sigma_3-\sigma_1)^2]$$

将单向拉伸时的主应力 $\sigma_1=\sigma_s$，$\sigma_2=0$，$\sigma_3=0$ 代入上式，可得材料的极限值 v_{su} 为

$$v_{su} = \frac{1+\mu}{6E}\times 2\sigma_s^2$$

这样式(9)就可以改写为

$$\frac{1+\mu}{6E}[(\sigma_1-\sigma_2)^2+(\sigma_2-\sigma_3)^2+(\sigma_3-\sigma_1)^2] = \frac{1+\mu}{6E}\times 2\sigma_s^2$$

$$\sqrt{\frac{1}{2}[(\sigma_1-\sigma_2)^2+(\sigma_2-\sigma_3)^2+(\sigma_3-\sigma_1)^2]} = \sigma_s \tag{10}$$

将式(10)右边的 σ_s 除以安全因数后即可得到材料的许用应力$[\sigma]$，于是，按第四强度理论所建立的强度条件为

$$\sqrt{\frac{1}{2}[(\sigma_1-\sigma_2)^2+(\sigma_2-\sigma_3)^2+(\sigma_3-\sigma_1)^2]} \leqslant [\sigma] \tag{7-28}$$

对于塑性材料，例如钢材、铝、铜等，这个理论与试验结果是符合的，且第四强度理论比第三强度理论更符合试验结果，但由于第三强度理论的数学表达式较简单，且第三强度理论较第四强度理论偏于安全，所以第三与第四强度理论在工程中均得到广泛应用。这一屈服条件是 1913 年由德国工程师 Von Mises 提出的，故也称为 Mises 屈服准则。

综上所述，四个强度理论所建立的强度条件可统一写为

$$\sigma_r \leqslant [\sigma] \tag{7-29}$$

式中，σ_r 是根据不同强度理论所得到的危险点处三个主应力的某种组合，这种组合出来的应力，与单向拉伸时的拉应力在安全程度上是相当的，因此也称为**相当应力**。分别为

$$\sigma_{r1} = \sigma_1$$

$$\sigma_{r2} = \sigma_1 - \mu(\sigma_2+\sigma_3)$$

$$\sigma_{r3} = \sigma_1 - \sigma_3$$

$$\sigma_{r4} = \sqrt{\frac{1}{2}[(\sigma_1-\sigma_2)^2+(\sigma_2-\sigma_3)^2+(\sigma_3-\sigma_1)^2]}$$

*7.6.5 莫尔强度理论

莫尔强度理论并不简单地假设材料的破坏是某一因素（例如应力、应变、形状改变比能

等)达到了其极限值而引起的,它是以各种应力状态下材料的破坏试验结果为依据建立起来的带有一定经验性的强度理论。

由前面可知,任意空间应力状态都可以用莫尔提出的应力圆很清晰地表示出来,如图7-13(b)所示。从图7-13(b)可看出,代表一点处应力状态中最大正应力和最大切应力的点均在外圆上,因此,莫尔认为单由外圆就足以决定出极限应力状态,而不必考虑中间主应力 σ_2 对材料破坏的影响。

同时莫尔也认为,按照材料在某些应力状态下破坏时的主应力 σ_1 和 σ_3 可作出一组应力圆——极限应力圆(图7-23),这组极限应力圆有一条公共包络线(即**极限包络线**,一般情况下为曲线,如图中的曲线 ABC 和与它对称的另一曲线)。该包络线与材料的性质有关,不同材料的包络线不一样,但对同一材料则认为它是唯一的。在工程应用中,往往根据单向拉伸和单向压缩作出的两个极限应力圆定出公切线(直线)作为极限包络线。

为了进行强度计算,还必须考虑适当的安全因数 n,因此可将所有极限应力圆的直径缩小 n 倍,得到的应力圆族才是与许用应力状态相对应的。于是,用材料在单向拉伸时许用拉应力 $[\sigma_t]$ 和单向压缩时许用压应力 $[\sigma_c]$ 分别作出其许用应力圆,然后以直线公切线(图7-24)来求得复杂应力状态下按莫尔强度理论所建立的强度条件。

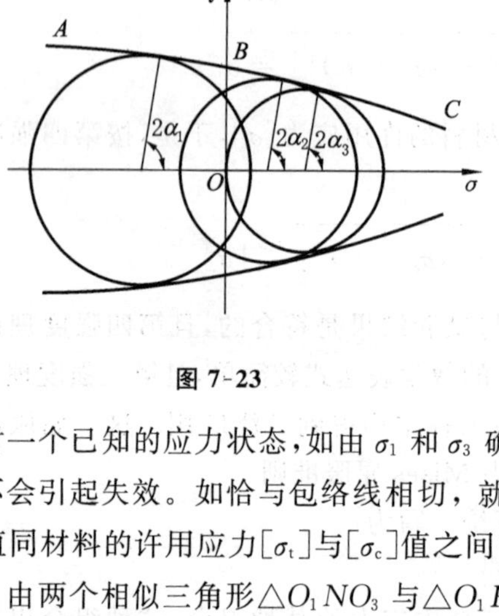

图 7-23

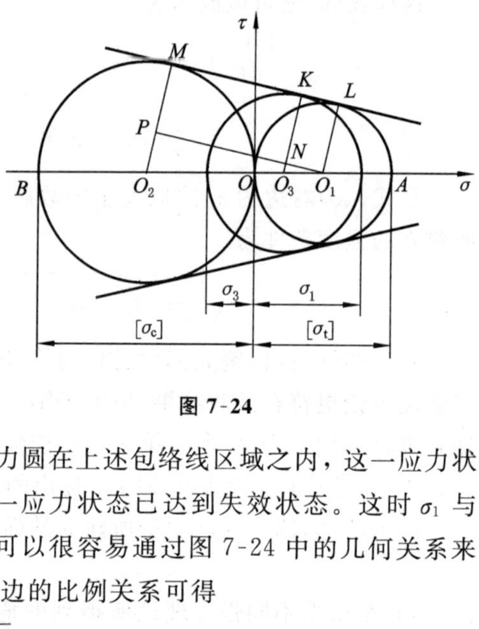

图 7-24

对一个已知的应力状态,如由 σ_1 和 σ_3 确定的应力圆在上述包络线区域之内,这一应力状态将不会引起失效。如恰与包络线相切,就表明这一应力状态已达到失效状态。这时 σ_1 与 σ_3 的值同材料的许用应力 $[\sigma_t]$ 与 $[\sigma_c]$ 值之间的关系,可以很容易通过图7-24中的几何关系来确定。由两个相似三角形 $\triangle O_1NO_3$ 与 $\triangle O_1PO_2$ 对应边的比例关系可得

$$\frac{\overline{O_3N}}{\overline{O_2P}} = \frac{\overline{O_3O_1}}{\overline{O_2O_1}} \tag{a}$$

其中

$$\left.\begin{aligned}
&\overline{O_3N} = \frac{\sigma_1 - \sigma_3}{2} - \frac{[\sigma_t]}{2}, \quad \overline{O_2P} = \frac{[\sigma_c]}{2} - \frac{[\sigma_t]}{2} \\
&\overline{O_3O_1} = \frac{[\sigma_t]}{2} - \frac{\sigma_1 + \sigma_3}{2} \\
&\overline{O_2O_1} = \frac{[\sigma_t]}{2} + \frac{[\sigma_c]}{2}
\end{aligned}\right\} \tag{b}$$

上述诸式中,许用压应力 $[\sigma_c]$ 用的是绝对值,而 σ_3 若为压应力时用负值。将式(b)中四个关系

式代入式(a)中,经化简后可得

$$\sigma_1 - \frac{[\sigma_t]}{[\sigma_c]}\sigma_3 = [\sigma_t] \tag{c}$$

式中的 σ_1、σ_3 实际上是所研究的复杂应力状态下刚好处于失效状态时的值,因而莫尔强度理论的强度条件应写为

$$\sigma_1 - \frac{[\sigma_t]}{[\sigma_c]}\sigma_3 \leqslant [\sigma_t] \tag{7-30}$$

这样莫尔强度理论的相当应力表达式为 $\sigma_{rM} = \sigma_1 - \frac{[\sigma_t]}{[\sigma_c]}\sigma_3$。当材料单向拉伸与压缩时的许用拉、压应力相等时,相当应力即退变为($\sigma_1 - \sigma_3$),与第三强度理论的表达式一致。由此可见,莫尔强度理论实际上可看作是第三强度理论的推广,它考虑了材料在单向拉伸与压缩时强度不相等的情况。

7.6.6 各种强度理论的应用

根据试验资料,将各种强度理论的适用范围归纳如下:

(1) 在三向拉应力状态下,无论是塑性材料还是脆性材料,都会发生脆性断裂破坏,宜采用最大拉应力强度理论。

(2) 对于脆性材料,由于材料的许用拉应力与许用压应力不等,若在复杂应力状态中最大正应力与最小正应力分别为拉应力和压应力的情况下,宜采用莫尔强度理论。在二向拉伸应力作用下,宜采用最大拉应力强度理论。在二向应力状态中压应力的绝对值比拉应力大的情况下,宜采用最大伸长线应变强度理论。

(3) 对于塑性材料,在除第(1)种情况以外的各种复杂应力状态下,宜采用第四强度理论。但最大切应力强度理论的物理概念更直观清晰,计算较简便,计算结果偏于安全,也经常采用。

(4) 在三向压应力状态下,无论是塑性材料还是脆性材料,将发生屈服失效,因此都应采用形状改变比能理论。

对于以上各种强度理论适用范围的观点,目前在各种工程结构设计规范中都有所反映。例如对钢结构的强度计算,我国《钢结构设计规范》(GB 117—88)中明确规定采用第四强度理论,但对承受内压作用的钢管进行强度计算时,又多采用第三强度理论。必须指出,在各种不同的情况下究竟如何选用合适的强度理论,这不单纯是个力学问题,往往与有关工程技术部门长期积累的设计经验有关。因此,如何选用强度理论进行结构设计更加接近工程实际,长期以来一直存在着不同看法,当然这也可以推动强度理论向前发展。

【例 7-7】 图 7-25 所示单向拉伸与纯剪切组合应力状态,是一种常见的应力状态。设材料的许用应力为$[\sigma]$,试按第三和第四强度理论导出其强度条件。

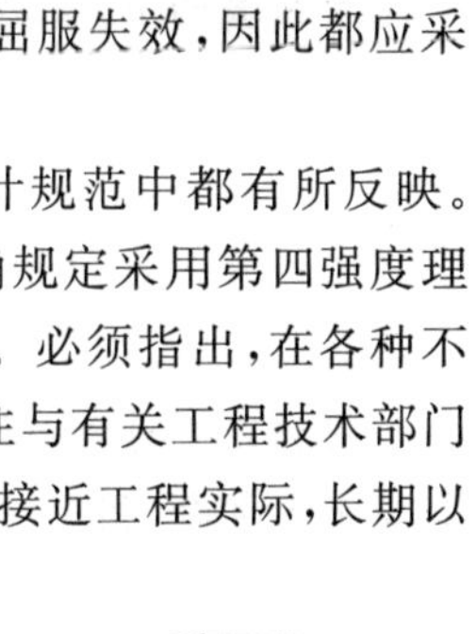

图 7-25

【解】 令 $\sigma_x = \sigma$,$\sigma_y = 0$,$\tau_{xy} = \tau$,根据式(7-4)得

$$\left.\begin{matrix}\sigma' \\ \sigma''\end{matrix}\right\} = \frac{\sigma}{2} \pm \sqrt{\left(\frac{\sigma}{2}\right)^2 + \tau^2}$$

则相应的三个主应力为

$$\sigma_1 = \frac{\sigma}{2} + \sqrt{\left(\frac{\sigma}{2}\right)^2 + \tau^2}$$

$$\sigma_2 = 0$$

$$\sigma_3 = \frac{\sigma}{2} - \sqrt{\left(\frac{\sigma}{2}\right)^2 + \tau^2}$$

于是按第三强度理论得

$$\sigma_{r3} = \sigma_1 - \sigma_3 = \sqrt{\sigma^2 + 4\tau^2} \leqslant [\sigma]$$

按第四强度理论得

$$\sigma_{r4} = \sqrt{\frac{1}{2}[(\sigma_1 - \sigma_2)^2 + (\sigma_2 - \sigma_3)^2 + (\sigma_3 - \sigma_1)^2]} = \sqrt{\sigma^2 + 3\tau^2} \leqslant [\sigma]$$

【例 7-8】 图 7-26(a)所示圆筒形薄壁容器(壁厚 t 远小于内径 D),受到气体内压力 p 的作用。试求壁筒内任一点处的最大正应力和最大切应力。

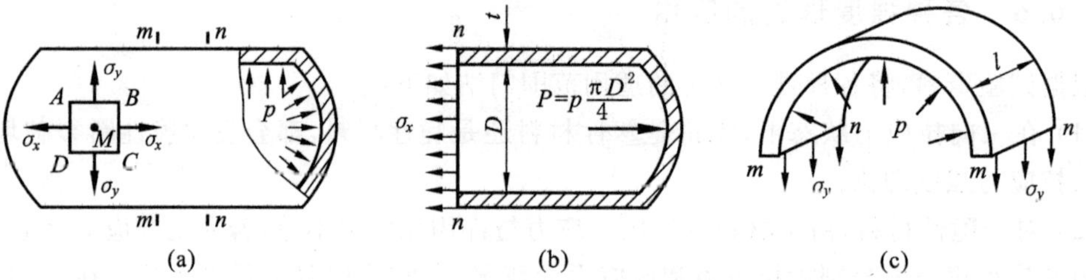

图 7-26

【解】 由于内压力 p 的作用,若用一对横截面和一对纵向截面(包含圆筒轴线的截面)在圆筒点 M 处截取一个单元体 $ABCD$,则单元体左、右两面上将作用有正应力 σ_x,上、下两面上将作用有正应力 σ_y,如图 7-26(a)所示。

用横截面 $n—n$ 截取圆筒右侧部分为研究对象[图 7-26(b)],考虑其平衡

$$\sum F_x = 0, \quad \sigma_x(\pi D t) - p\frac{\pi D^2}{4} = 0$$

求得

$$\sigma_x = \frac{pD}{4t}$$

用相距 l 的两个横截面 $m—m$ 和 $n—n$ 截取一段圆筒,然后用通过圆筒轴线的纵截面截取圆筒上半部分[图 7-26(c)]为研究对象,由平衡方程

$$\sum F_y = 0, \quad 2\sigma_y t l - p l D = 0$$

求得

$$\sigma_y = \frac{pD}{2t}$$

圆筒外表面有大气压力,圆筒内表面上有径向的正压力 p,但是由于是薄壁容器,它们相对于前面求出的两个应力 σ_x 和 σ_y 而言都较小,这样可近似认为在径向方向的应力可忽略不计。因此图 7-26(a)中单元体的三个主应力分别为 $\sigma_1 = \sigma_y$,$\sigma_2 = \sigma_x$,$\sigma_3 = 0$,这样圆筒筒壁内任一点处的最大正应力和最大切应力分别为

$$\sigma_{max} = \frac{pD}{2t}, \quad \tau_{max} = \frac{1}{2}(\sigma_1 - \sigma_3) = \frac{pD}{4t}$$

以此为基础，考虑到薄壁容器一般由塑性材料制成，可采用第三或第四强度理论进行强度设计。例如，应用第三强度理论，有

$$\sigma_1 - \sigma_3 = \frac{pD}{2t} - 0 \leqslant [\sigma]$$

由此得到壁厚的设计公式

$$t \geqslant \frac{pD}{2[\sigma]} + C$$

其中 C 为考虑加工、腐蚀等影响的附加壁厚量，有关的设计规范中都有明确的规定，不属于本书讨论的范围。

【例 7-9】 铸铁自来水管在冬天常发生冻裂现象，根据作用力与反作用力原理，自来水管壁和管内水所结冰之间的相互作用力应该相等，但为什么其结果不是管内冰被压碎而是水管壁开裂？

【解】 这是由于冰和水管各自所处的应力状态与材料性能不同所致。管内水结冰膨胀，而管壁限制其向外膨胀且沿管长方向基本无变形，所以冰为三向受压状态。由强度理论可知，任何材料在三向受压应力时是不容易被压破的，而且冰的抗压强度远远高于其抗拉强度和抗剪强度。而铸铁自来水管因管内之水结冰膨胀而承受内压力作用，因而管壁内各点处主要产生周向拉应力与轴向拉应力，即水管壁内任一点近似处于二向拉应力状态，而铸铁的抗拉强度远远低于其抗压强度，所以水管壁很容易开裂，从而造成脆性断裂事故。

习　题

7-1　构件受力如题图所示。

(1) 试确定危险点的位置；

(2) 用单元体表示危险点处的应力状态。

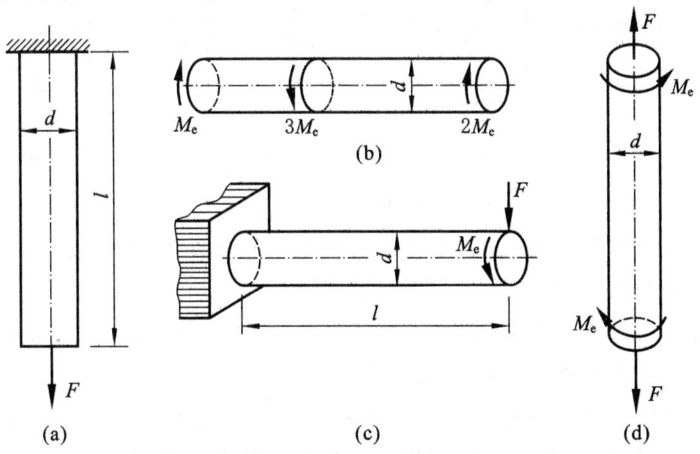

题 7-1 图

7-2　直径 $d=20$ mm 的拉伸试样，当与试样轴线成 45°斜截面上的切应力 $\tau=150$ MPa 时，试样表面上将出现滑移线。求此时试样所受的拉力。

7-3　已知应力状态如题图(a)、(b)、(c)所示，试用解析法求指定斜截面 ab 上的应力，并

画在单元体上。

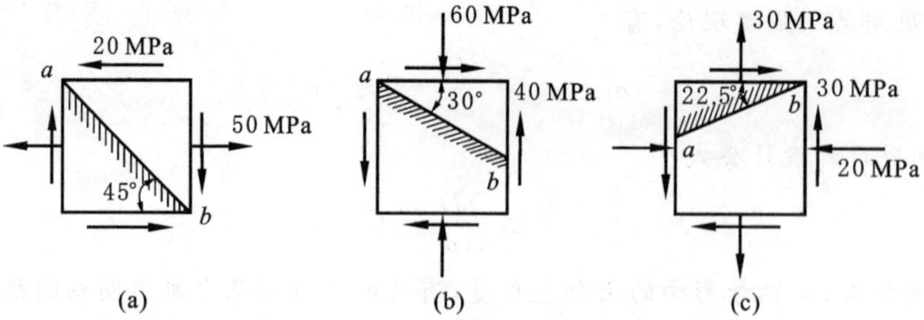

题 7-3 图

7-4 试求题图所示各单元体的三个主应力、最大切应力和它们的作用面方位，并画在单元体图上。

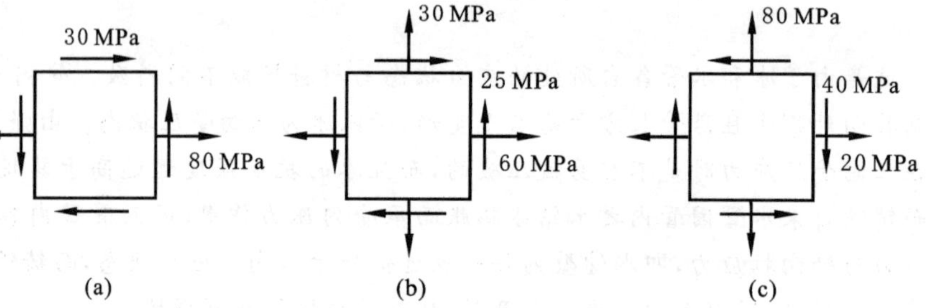

题 7-4 图

7-5 各单元体面上的应力如题图所示。试利用应力圆求：

(1) 指定截面上的应力；

(2) 主应力的数值；

(3) 在单元体上绘出主平面的方位及主应力的方向。

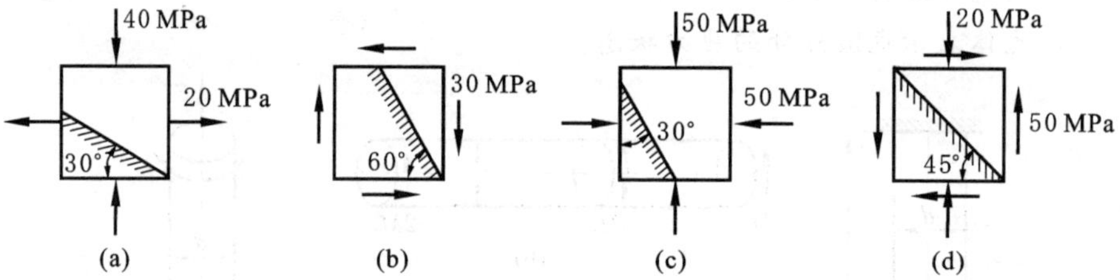

题 7-5 图

7-6 已知一点为二向应力状态，过该点两平面上的应力如题图所示，试用解析法求 σ_α 及主应力、主平面方位和最大切应力。

7-7 在通过一点的两个平面上，应力如题图所示，单位为 MPa。试用解析法求主应力的数值及主平面的方位，并用单元体的草图表示出来。

7-8 在处于二向应力状态的物体的边界 bc 上，点 A 处的最大切应力为 35 MPa，如题图所示，试求点 A 的主应力。若在点 A 周围以垂直于 x 轴和 y 轴的平面分割出单元体，试求单元体各面上的应力分量。

7-9 已知二向应力状态下某点处的两个截面上的应力如题图所示。试求该点处的主应力值和主平面方位，并求出两截面间的夹角 α 值。

7-10 二向应力状态如题图所示，应力单位为 MPa。试用应力圆求主应力。

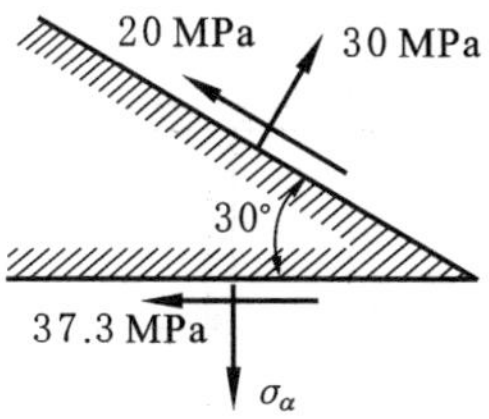

题 7-6 图

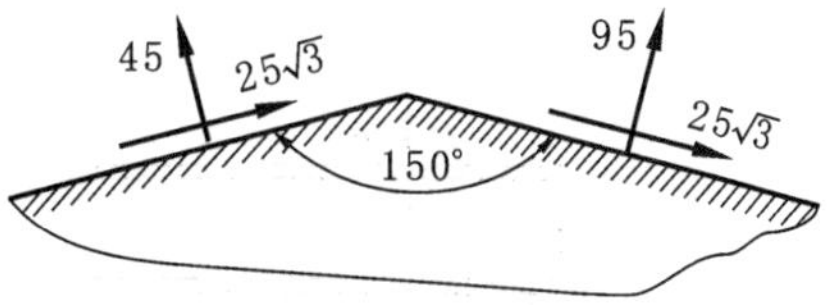

题 7-7 图

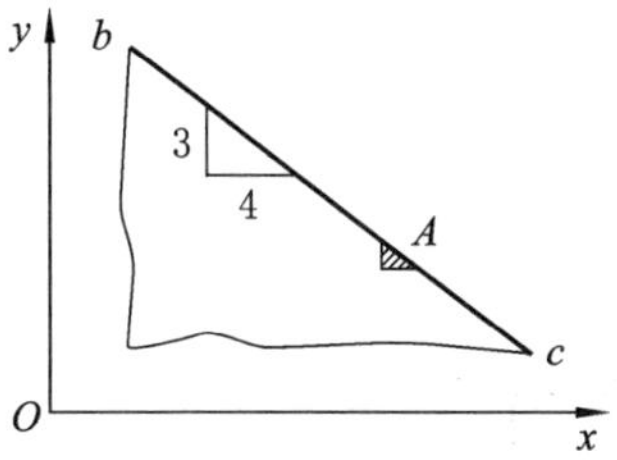

题 7-8 图

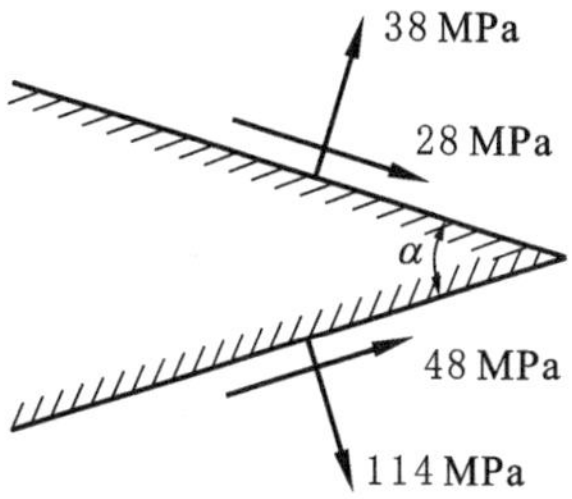

题 7-9 图

7-11　一圆轴受力如题图所示，已知固定端横截面上的最大弯曲正应力为 40 MPa，最大扭转切应力为 30 MPa，因剪力而引起的最大切应力为 6 kPa。试

(1) 用单元体画出在 A、B、C、D 各点处的应力状态；

(2) 求点 A 处的主应力和最大切应力及其作用面的方位。

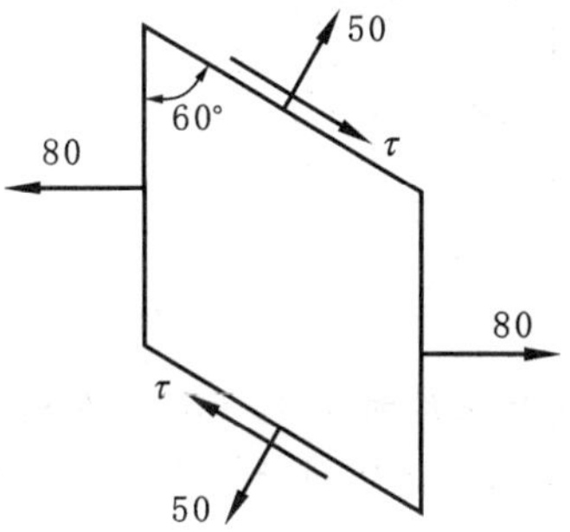

题 7-10 图

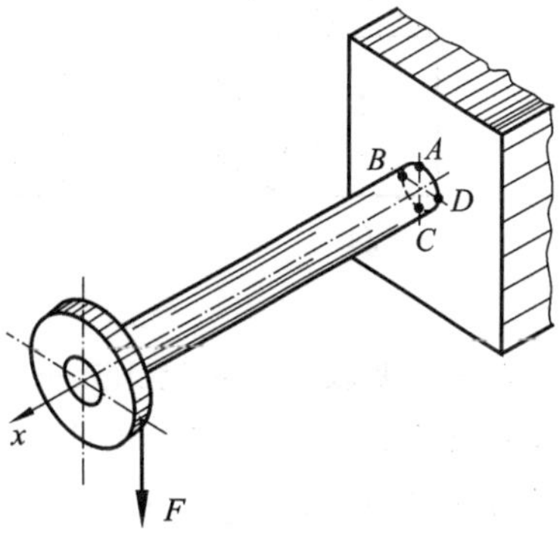

题 7-11 图

7-12　已知矩形截面梁某截面上的弯矩及剪力分别为 $M=10\ \text{kN}\cdot\text{m}$，$F_S=120\ \text{kN}$。试绘出题图所示截面上 1、2、3、4 各点处应力状态的单元体，并求其主应力。

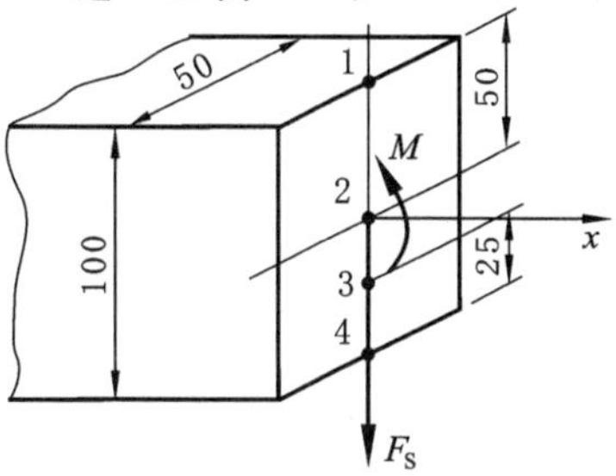

题 7-12 图

7-13　一焊接钢板简支梁的尺寸及受力情况如题图所示，梁的自重略去不计，$F=160$ kN。试求截面 m—m 上 a、b、c 三点处的主应力。

7-14　题图所示简支梁为 36a 工字钢，$F=140$ kN，$l=4$ m。点 A 所在截面在集中力 F 的左侧，且无限接近力 F 作用的截面。试求：

(1) 点 A 在指定斜截面上的应力；

(2) 点 A 处的主应力及主平面方位(用单元体表示)。

7-15　试求题图所示各应力状态的主应力及最大切应力(应力单位为 MPa)。

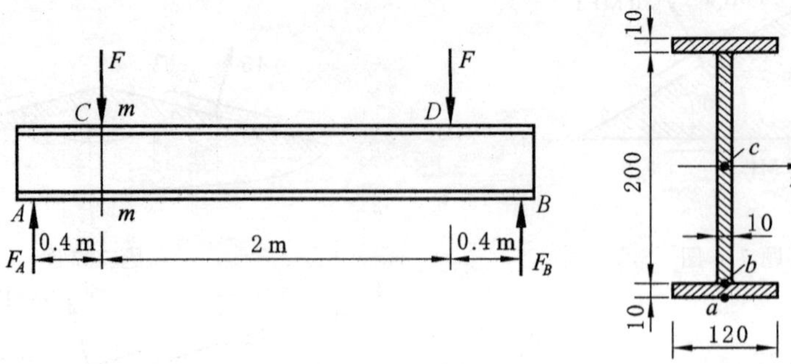

题 7-13 图

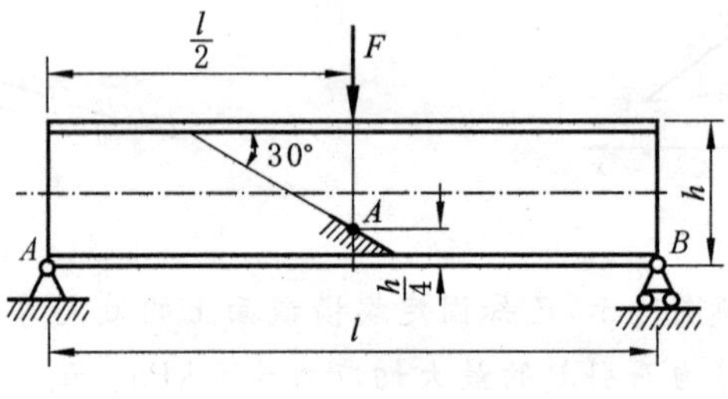

题 7-14 图

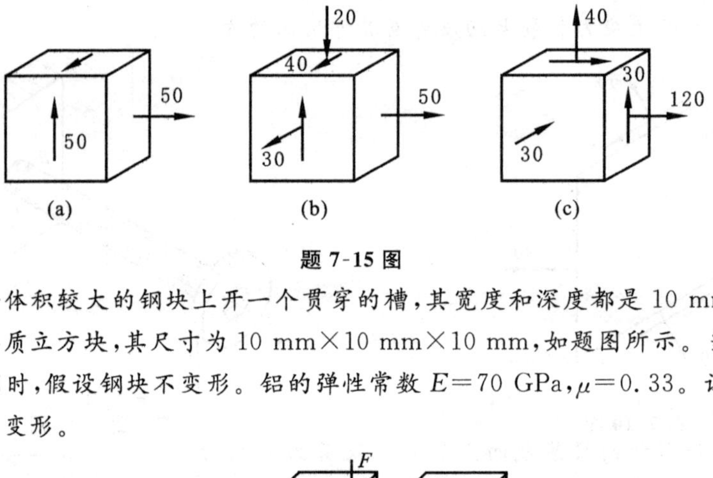

题 7-15 图

7-16 在一体积较大的钢块上开一个贯穿的槽,其宽度和深度都是 10 mm。在槽内紧密无隙地嵌入一铝质立方块,其尺寸为 10 mm×10 mm×10 mm,如题图所示。当铝块受到压力 F=6 kN 的作用时,假设钢块不变形。铝的弹性常数 E=70 GPa,μ=0.33。试求铝块的三个主应力及相应的变形。

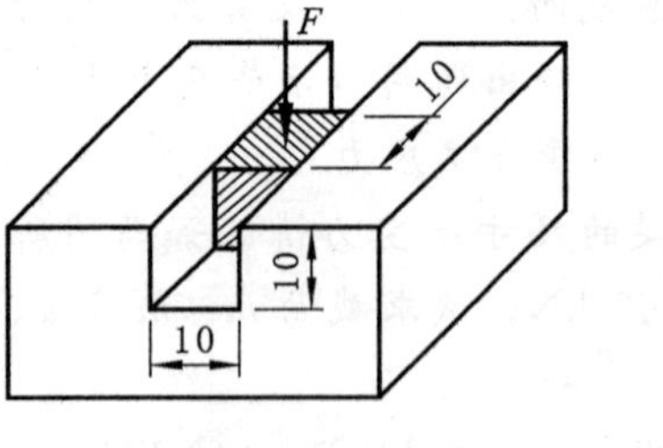

题 7-16 图

7-17 在矩形截面钢拉伸试样的轴向拉力 F=20 kN 时,测得试样中段点 B 处与其轴线成 30°方向的线应变为 $\varepsilon_{30^\circ}=3.25\times10^{-4}$,如题图所示。已知材料的弹性模量 E=210 GPa,试求泊松比 μ。

7-18 外径 D=120 mm 的空心圆轴,两端承受一对扭转力偶矩 M_e,如题图所示。在轴的中部表面点 A 处,测得与其母线成 45°方向的线应变为 $\varepsilon_{45^\circ}=2.6\times10^{-4}$。已知材料的弹性

常数 $E=200$ GPa，$\mu=0.3$，$M_e=10.89$ kN·m，求圆轴的内径 d。

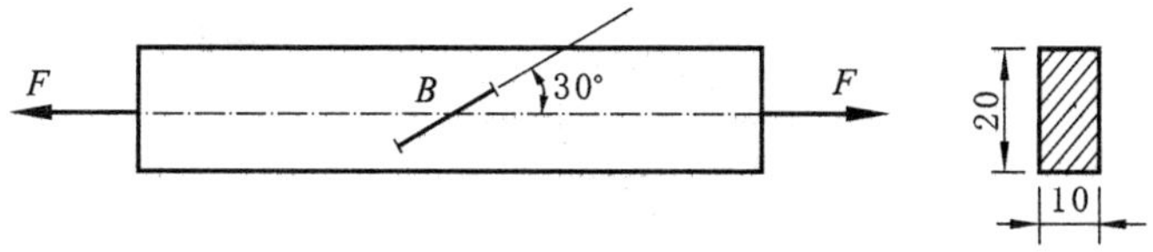

题 7-17 图

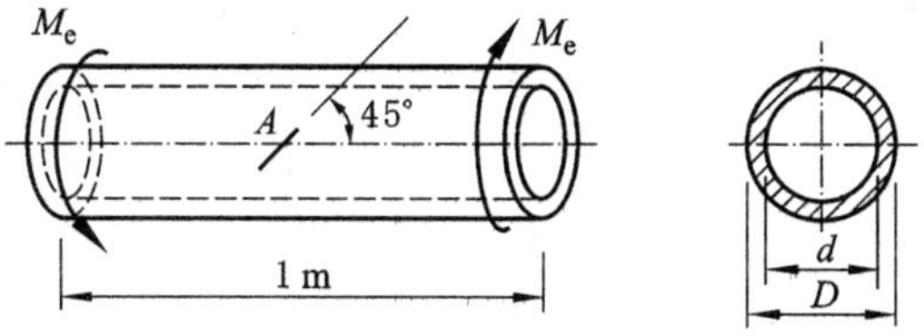

题 7-18 图

7-19 在受集中力偶矩 M_e 作用的矩形截面简支梁中，测得中性层上点 k 处沿 45°方向的线应变为 ε_{45°，如题图所示。已知材料的弹性常数 E、μ 和梁的横截面及长度尺寸 b、h、a、d、l。试求集中力偶矩 M_e。

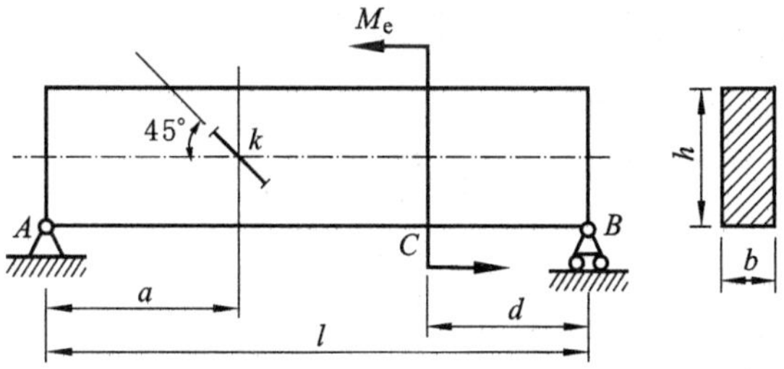

题 7-19 图

7-20 已知题图所示单元体材料的弹性常数 $E=200$ GPa，$\mu=0.3$。试求该单元体的形状改变能密度。

7-21 从某铸铁构件内的危险点处取出的单元体，各面上的应力分量如题图所示。已知铸铁材料的泊松比 $\mu=0.25$，许用拉应力 $[\sigma_t]=30$ MPa，许用压应力 $[\sigma_c]=90$ MPa。试按第一强度理论和第二强度理论校核其强度。

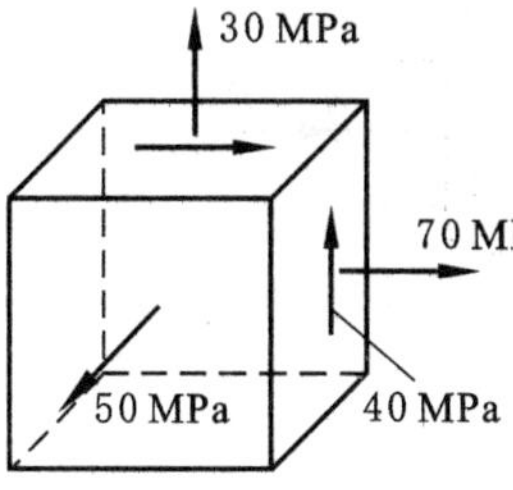

题 7-20 图

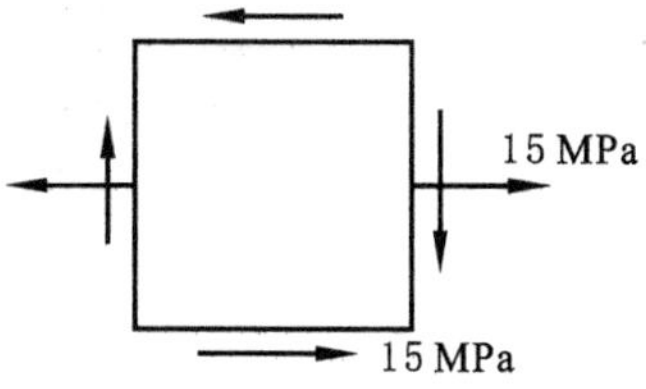

题 7-21 图

7-22 锅炉内直径 $D=2$ m，壁厚 $\delta=10$ mm，内受蒸汽压力 $p=1.5$ MPa，如题图所示。试求：

(1) 壁内主应力 σ_1、σ_2 及最大切应力 τ_{max}；

(2) 斜截面 ab 上的正应力及切应力。

*7-23 一简支钢板梁承受载荷如题图(a)所示，其截面由几块钢板焊接而成，尺寸如题图

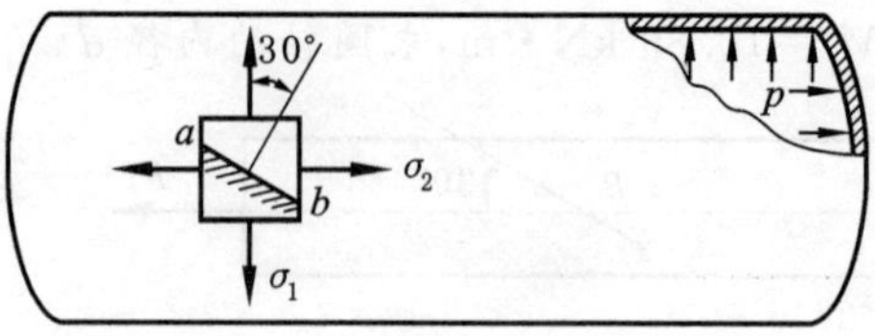

题 7-22 图

(b)所示。已知钢材的许用应力为$[\sigma]=170$ MPa，$[\tau]=100$ MPa，$F=550$ kN，$q=40$ kN/m。试校核梁内的最大正应力和最大切应力，并按第四强度理论校核危险截面 C 上点 a 处的强度。

注：通常在计算点 a 处的应力时可近似地按点 a' 的位置计算。

*7-24　设有单元体如题图所示，已知材料的许用拉应力为$[\sigma_t]=60$ MPa，许用压应力为$[\sigma_c]=180$ MPa。试按莫尔强度理论校核其强度。

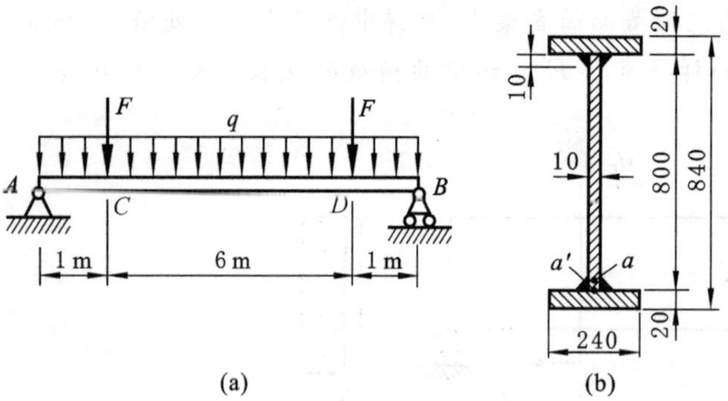

题 7-23 图

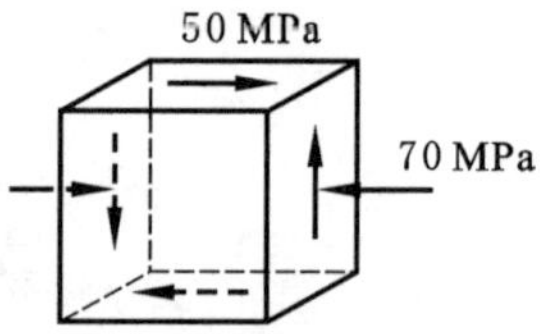

题 7-24 图

7-25　车轮与钢轨接触点处的主应力为-800 MPa、-900 MPa、-1100 MPa。若$[\sigma]=300$ MPa，试对接触点处作强度校核。

*7-26　铸铁薄壁管如题图所示。管的外直径为 200 mm，壁厚 $\delta=10$ mm，内压 $p=2$ MPa，$F=200$ kN。铸铁的抗拉及抗压许用应力分别为$[\sigma_t]=30$ MPa，$[\sigma_c]=120$ MPa，$\mu=0.25$。试按第二强度理论及莫尔强度理论校核薄壁管的强度。

题 7-26 图

8 组合变形

8.1 概　　述

在前面的章节中分别研究了杆件的轴向拉伸(压缩)、剪切、扭转和弯曲等基本变形。在工程实际中，构件在载荷作用下往往发生两种或两种以上的基本变形。若其中有一种变形是主要的，其余变形所引起的应力(或变形)很小，则构件仍可按主要的基本变形进行计算。若几种变形所对应的应力(或变形)属同一数量级，则构件的变形称为**组合变形**。例如图 8-1 所示厂房中的吊车立柱除受轴向压力 F_1 外，还受到偏心压力 F_2 的作用，立柱将同时发生轴向压缩变形和弯曲变形。又例如，机械中的齿轮传动轴(图 8-2)在外力作用下，将同时发生扭转变形及在水平平面和垂直平面内的弯曲变形。

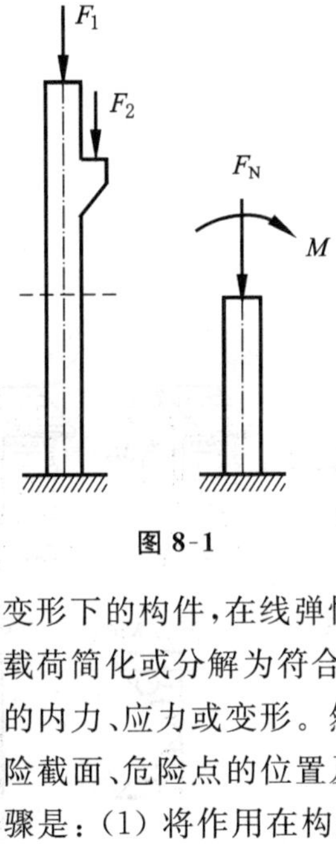

图 8-1

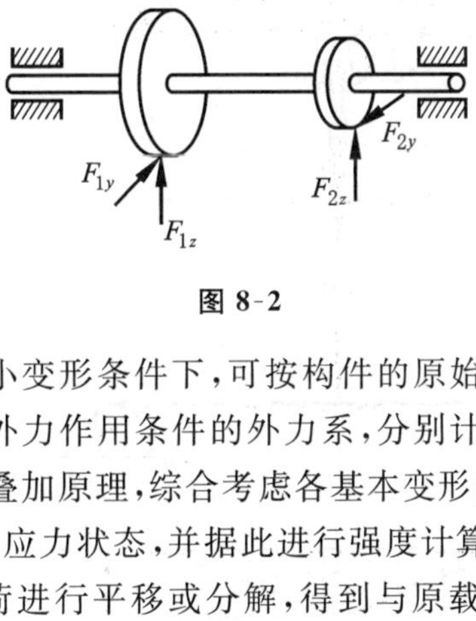

图 8-2

对于组合变形下的构件，在线弹性范围内、小变形条件下，可按构件的原始形状和尺寸进行计算。先将载荷简化或分解为符合基本变形外力作用条件的外力系，分别计算构件在每一种基本变形下的内力、应力或变形。然后，利用叠加原理，综合考虑各基本变形的组合情况，以确定构件的危险截面、危险点的位置及危险点的应力状态，并据此进行强度计算。

其基本步骤是：(1) 将作用在构件上的载荷进行平移或分解，得到与原载荷等效的几组载荷，使构件在每组载荷作用下，只产生一种基本变形；(2) 分别计算构件在每种基本变形情况下的应力；(3) 将各基本变形情况下的应力叠加，然后进行强度计算。当构件危险点处于单向应力状态时，可将上述应力进行代数相加；若处于复杂应力状态，则需求出其主应力，按强度理论来进行强度计算。

若构件的组合变形超出了线弹性范围，或虽在线弹性范围内但变形较大，则不能按其初始形状或尺寸进行计算，必须考虑各基本变形之间的相互影响，而不能应用叠加原理。

8.2　拉伸(或压缩)与弯曲的组合

8.2.1　横向力与轴向力共同作用

等直杆受横向力和轴向力共同作用时，杆将发生拉伸(或压缩)与弯曲的组合变形。对于抗弯刚度 EI 较大的杆(图 8-3)，由于横向力引起的挠度与横截面的尺寸相比很小，因此，由轴向力引起的弯矩可以略去不计。于是，可分别计算由横向力和轴向力引起的杆横截面上的正应力，按叠加原理求其代数和，即得在拉伸(或压缩)与弯曲的组合变形下杆横截面上的正应力。下面用例题来说明。

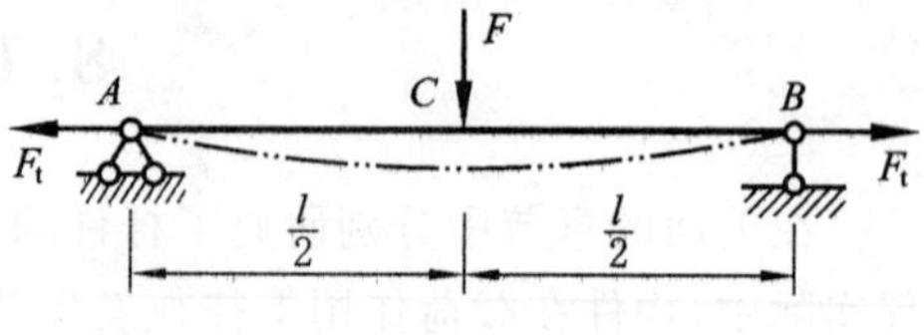

图 8-3

【例 8-1】 悬臂吊车如图 8-4(a)所示，横梁用 25a 工字钢制成，梁长 $l=4$ m，斜杆与横梁的夹角 $\alpha=30°$，电葫芦与起吊重物共重 24 kN，材料为 Q235 钢，其许用应力 $[\sigma]=100$ MPa。试校核横梁的强度。

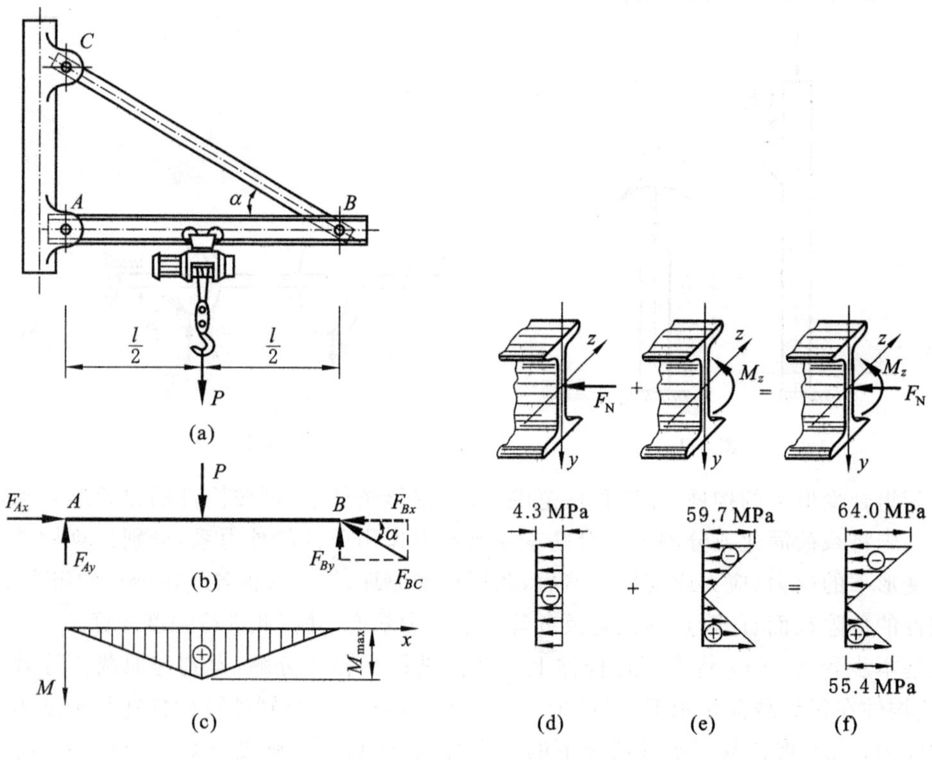

图 8-4

【解】 取横梁 AB 分析，受力图如图 8-4(b)所示，其中右端斜杆的拉力 F_{BC} 可分解为 F_{Bx}、F_{By} 两个分力。横梁在横向力 P 和 F_{Ay}、F_{By} 作用下产生弯曲；同时在 F_{Ax} 和 F_{Bx} 作用下产生轴向压缩。这是一个压缩与弯曲组合的构件。

当载荷移动到梁的中点时，可近似地认为梁处于危险状态。此时，由平衡条件求得

$$F_{Ax}=F_{Bx}=20.8\ \text{kN},\quad F_{Ay}=F_{By}=12\ \text{kN}$$

根据横梁的受力情形和上面求得的数值,可绘出横梁的弯矩图如图 8-4(c)所示。在梁中点截面上的弯矩最大,其值为

$$M_{max} = \frac{Pl}{4} = \frac{24000 \times 4}{4} = 24000\ \text{N} \cdot \text{m}$$

而横梁所受的轴向压力为

$$F_N = F_{Bx} = 20.8\ \text{kN}$$

由于梁的中点弯矩最大,而所有截面的轴向压力都一样,所以梁的危险截面在其中点。从附录Ⅱ 型钢表中查得 25a 工字钢的截面面积和抗弯截面系数分别为

$$A = 48.5\ \text{cm}^2 = 4.85 \times 10^{-3}\ \text{m}^2$$

$$W_z = 402\ \text{cm}^3 = 4.02 \times 10^{-4}\ \text{m}^3$$

这样,轴向压力在危险截面上产生的压应力为

$$\sigma_c = \frac{F_N}{A} = \frac{20800}{4.85 \times 10^{-3}} = 4.3 \times 10^6\ \text{Pa} = 4.3\ \text{MPa}$$

其均匀分布于横截面上,如图 8-4(d)所示。

危险截面上的最大弯曲应力为

$$\sigma_{max} = \frac{M_{max}}{W_z} = \frac{24000}{4.02 \times 10^{-4}} = 5.97 \times 10^7\ \text{Pa} = 59.7\ \text{MPa}$$

其分布如图 8-4(e)所示,梁危险截面的上边缘处受最大压应力作用,下边缘处受最大拉应力作用。

故梁中点横截面上、下边缘处的总正应力[图 8-4(f)]分别为

$$\sigma_{c,max} = -\frac{F_N}{A} - \frac{M_{max}}{W_z} = -64.0\ \text{MPa}$$

$$\sigma_{t,max} = -\frac{F_N}{A} + \frac{M_{max}}{W_z} = 55.4\ \text{MPa}$$

由于 Q235 钢的抗拉与抗压能力相同,故只校核正应力绝对值最大处的强度即可,即

$$|\sigma_c|_{max} = 64.0\ \text{MPa} < [\sigma]$$

所以此悬臂吊车的横梁是安全的。

应该注意,当材料的许用拉应力和许用压应力不相等时,杆内的最大拉应力和最大压应力必须分别满足杆件的拉、压强度条件。

8.2.2 偏心拉伸(压缩)

当作用在直杆上的外力,其作用线与杆的轴线平行但不重合时,将引起**偏心拉伸**或**偏心压缩**。载荷的作用线至横截面形心的垂直距离称为**偏心距**。此时,杆件的变形也是拉伸(或压缩)与弯曲的组合变形。

如图 8-5(a)所示一受偏心拉伸的等直杆,横截面具有两个对称轴,拉力 F 作用点的坐标为 y_F、z_F。将偏心拉力向截面形心点 O_1 简化,便得到与轴线重合的拉力 F 和力偶矩[其矢量如图 8-5(b)所示]。此力偶矩可再进一步分解为平面 xy 和 xz 内的弯矩 M_z 和 M_y[图 8-5(c)],且 $M_z = Fy_F$,$M_y = Fz_F$。于是得到一个包含轴向拉力和两个纵向对称面内的力偶的静力等效力系。轴向拉力使杆发生轴向拉伸,两个力偶分别使杆在两个纵向对称面内发生纯弯曲。当杆的抗弯刚度较大时,同样可按叠加原理求解。

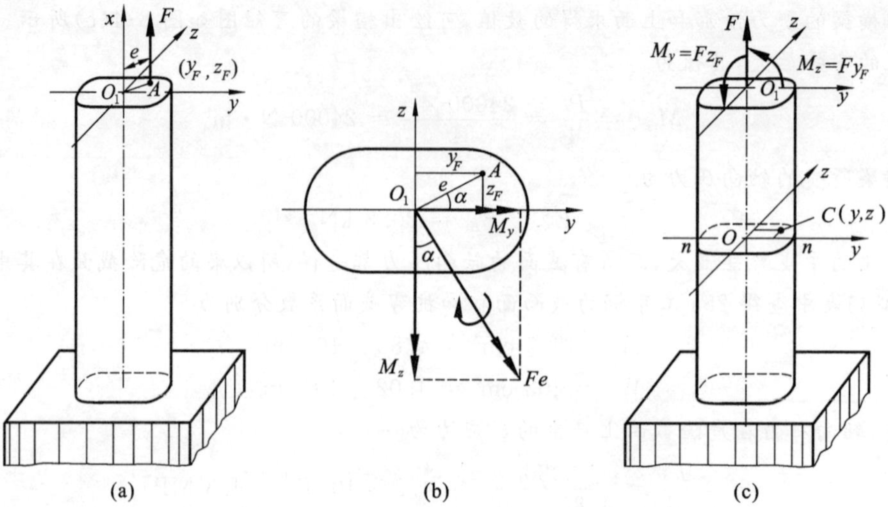

图 8-5

任一横截面 n—n[图 8-5(c)]上的任一点 $C(y,z)$处，对应于轴力 $F_N = F$ 和两个弯矩 M_z、M_y 的正应力分别为

$$\sigma' = \frac{F}{A}$$

$$\sigma'' = \frac{M_z \cdot y}{I_z} = \frac{F y_F \cdot y}{I_z}$$

$$\sigma''' = \frac{M_y \cdot z}{I_y} = \frac{F z_F \cdot z}{I_y}$$

在图示情况下，点 A 和点 C 均在第一象限，这三项应力均为拉应力，由叠加原理，并注意到 $I_z = A \cdot i_z^2$，$I_y = A \cdot i_y^2$，即得点 C 处的正应力为

$$\sigma = \frac{F}{A}\left(1 + \frac{y_F y}{i_z^2} + \frac{z_F z}{i_y^2}\right) \tag{8-1}$$

此式是一个平面方程，这表明正应力在横截面上按线性规律变化，而应力平面与横截面相交的直线(沿该直线 $\sigma = 0$)就是中性轴。若设中性轴上各点的坐标为 y_0、z_0，则由于中性轴上各点的应力等于零，把 y_0 和 z_0 代入式(8-1)即得中性轴方程为

$$1 + \frac{y_F}{i_z^2} y_0 + \frac{z_F}{i_y^2} z_0 = 0 \tag{8-2}$$

可见，在偏心拉伸(压缩)情况下，中性轴是一条不通过截面形心的直线。

设 a_y 和 a_z 是该直线在 y、z 两轴上的截距。令 $z_0 = 0$，相应的 y_0 即为 a_y，而令 $y_0 = 0$，相应的 z_0 则为 a_z。由此求得

$$a_y = -\frac{i_z^2}{y_F}, \quad a_z = -\frac{i_y^2}{z_F} \tag{8-3}$$

因为点 A 在第一象限内[图 8-5(a)]，y_F、z_F 都是正值，由此可见，a_y、a_z 均为负值。即中性轴与外力作用点分别处于截面形心的相对两侧[图 8-6(a)]。

对于周边无棱角的截面，可作两条与中性轴平行的直线与横截面的周边相切，两切点 D_1 和 D_2 即为横截面上最大拉应力和最大压应力所在的危险点[图 8-6(b)]。将危险点 D_1 和 D_2 的坐标分别代入式(8-1)即可求得最大拉应力和最大压应力的值。

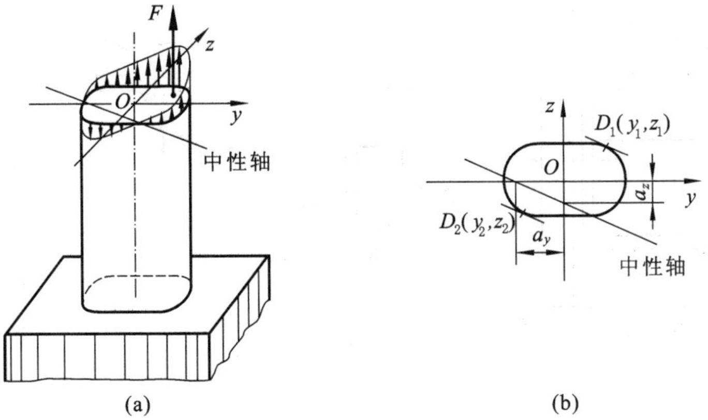

图 8-6

对于周边有棱角的截面,其危险点必定在截面的棱角处,并可根据杆件的变形来确定。矩形截面杆受偏心拉力 F 作用时,若杆任一横截面上的内力分量为 $F_N=F, M_z=Fy_F, M_y=Fz_F$,则与各内力分量相对应的正应力变化规律分别如图 8-7(a)、图 8-7(b)、图 8-7(c)所示。由叠加原理,即得杆在偏心拉伸时横截面上正应力的变化规律[图 8-7(d)]。最大拉应力 $\sigma_{t,max}$ 和最大压应力 $\sigma_{c,max}$ 分别在截面的棱角 D_1 和 D_2 处。其值分别为

$$\left.\begin{matrix}\sigma_{t,max}\\ \sigma_{c,max}\end{matrix}\right\}=\frac{F}{A}\pm\frac{Fy_F}{W_z}\pm\frac{Fz_F}{W_y} \tag{8-4}$$

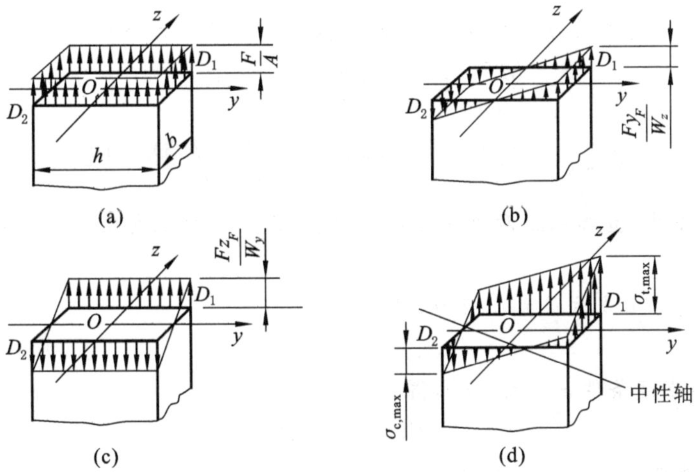

图 8-7

式(8-4)对于箱形、工字形等具有棱角的截面都适用。从式(8-4)还可以看出,当外力的偏心距 y_F、z_F 较小时,横截面上就可能不出现压应力,即中性轴不与横截面相交。

由于危险点处仍为单向应力状态,求得最大正应力后,就可根据材料的许用应力[σ]来建立强度条件。

【例 8-2】 小型压力机的铸铁框架如图 8-8(a)所示,其立柱的截面尺寸如图 8-8(b)所示。已知材料的许用拉应力[σ_t]=30 MPa,许用压应力[σ_c]=90 MPa。试按立柱的强度确定压力机的最大许可载荷[F]。

【解】 首先,根据截面尺寸,计算横截面面积,确定截面形心位置,求出截面对中性轴 z 的

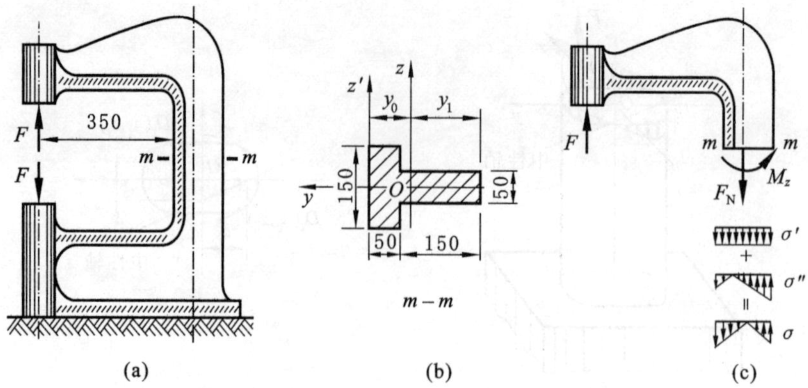

图 8-8

惯性矩 I_z。

$$A = 15\times10^{-3}\ \mathrm{m}^2,\quad y_0 = 7.5\ \mathrm{cm},\quad I_z = 5310\ \mathrm{cm}^4$$

其次,分析立柱的内力和应力。框架立柱产生拉伸与弯曲的组合变形。根据任意截面 m—m 以上部分的平衡[图 8-8(c)],容易求得截面 m—m 上的轴力 F_N 和弯矩 M_z 分别为

$$F_N = F,\quad M_z = [(35+7.5)\times10^{-2}]F = 0.425F$$

而与横截面上轴力 F_N 对应的应力是均布的拉应力,即

$$\sigma' = \frac{F_N}{A} = \frac{F}{15\times10^{-3}}$$

与弯矩 M_z 对应的正应力按线性分布,最大拉应力和压应力分别为

$$\sigma''_{t,\max} = \frac{M_z y_0}{I_z} = \frac{0.425F\times7.5\times10^{-2}}{5310\times10^{-8}}$$

$$\sigma''_{c,\max} = \frac{M_z y_1}{I_z} = -\frac{0.425F\times(20-7.5)\times10^{-2}}{5310\times10^{-8}}$$

从图 8-5(c)看出,叠加以上两种应力后,在截面内侧边缘上发生最大拉应力,且

$$\sigma_{t,\max} = \sigma' + \sigma''_{t,\max}$$

在截面外侧边缘上发生最大压应力,且

$$|\sigma_c|_{\max} = |\sigma' + \sigma''_{c,\max}|$$

最后,由抗拉强度条件 $\sigma_{t,\max}\leqslant[\sigma_t]$,得

$$F\leqslant 45.0\ \mathrm{kN}$$

由抗压强度条件 $|\sigma_c|_{\max}\leqslant[\sigma_c]$,得

$$F\leqslant 96.4\ \mathrm{kN}$$

因此,为使立柱同时满足抗拉和抗压强度条件,压力 F 应不超过 45.0 kN。

【例 8-3】 桁架的一斜拉杆由一根 100 mm×80 mm×10 mm 的不等边角钢制成,其两端在长边的中点处用铆钉连接于厚度为 12 mm 的结点板上,如图 8-9 所示。图中 mm 为铆钉轴线,DD 为结点板厚度中线。已知斜杆所受的轴向拉力 F 通过结点板厚度中线与铆钉轴线的交点 A,其值为 F=100 kN。试求斜杆内的最大拉应力,并将结果与轴向拉伸时的应力相比较。

【解】 不等边角钢截面为非对称截面,为求出斜拉杆内的最大拉应力,需要先确定角钢截面的形心主惯性轴位置。从型钢表中查出

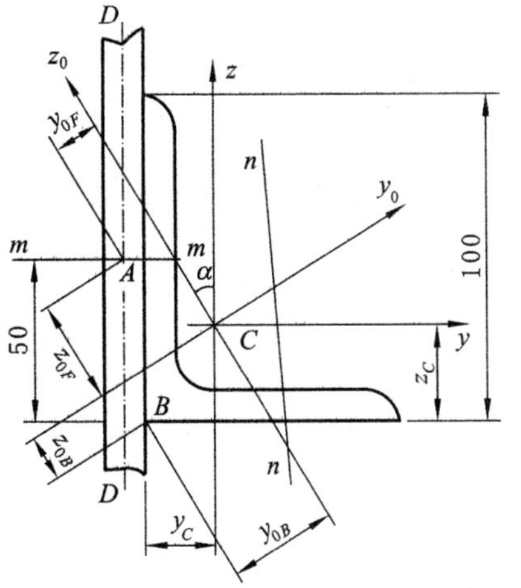

图 8-9

$$y_C=21.3\ \text{mm},\ z_C=31.2\ \text{mm}$$

$$\tan\alpha=0.622(\alpha=31.9°)$$

由此可得角钢截面的形心主惯性轴 y_0、z_0 如图所示。同时查得

$$A=17.17\ \text{cm}^2=1.717\times10^{-3}\ \text{m}^2$$

$$I_y=166.9\ \text{cm}^4=1.669\times10^{-6}\ \text{m}^4$$

$$I_z=94.7\ \text{cm}^4=9.47\times10^{-7}\ \text{m}^4$$

$$I_{z_0}=49.1\ \text{cm}^4=4.91\times10^{-7}\ \text{m}^4$$

$$i_{z_0}=1.69\ \text{cm}(i_{z_0}^2=2.86\times10^{-4}\ \text{m}^2)$$

因为 $I_{y_0}+I_{z_0}=I_y+I_z$,所以得

$$I_{y_0}=I_y+I_z-I_{z_0}=2.125\times10^{-6}\ \text{m}^4$$

$$i_{y_0}^2=\frac{I_{y_0}}{A}=\frac{212.5\times10^{-8}}{17.17\times10^{-4}}=1.24\times10^{-3}\ \text{m}^2$$

轴向力 F 作用点 A 在形心主惯性轴坐标系中的坐标为

$$y_{0F}=y_A\cos\alpha+z_A\sin\alpha=-(21.3+6)\times\cos31.9°+(50-31.2)\times\sin31.9°$$
$$=-13.2\ \text{mm}=-1.32\times10^{-2}\ \text{m}$$

$$z_{0F}=z_A\cos\alpha-y_A\sin\alpha=18.8\times\cos31.9°-(-27.3)\times\sin31.9°$$
$$=30.4\ \text{mm}=3.04\times10^{-2}\ \text{m}$$

中性轴在 y_0、z_0 轴上的截距为

$$a_{y_0}=-\frac{i_{z_0}^2}{y_{0F}}=-\frac{2.86\times10^{-4}}{-1.32\times10^{-2}}=2.2\times10^{-2}\ \text{m}$$

$$a_{z_0}=-\frac{i_{y_0}^2}{z_{0F}}=-\frac{12.4\times10^{-4}}{3.04\times10^{-2}}=-4.1\times10^{-2}\ \text{m}$$

按截距画出中性轴 n—n 如图所示。由图可见截面拉应力区中点 B 离中性轴最远,该点即为最大拉应力所在的点,它在主惯性轴上的坐标值为

$$y_{0B}=-y_C\cos31.9°+(-z_C)\times\sin31.9°=-3.77\times10^{-2}\ \text{m}$$

$$z_{0B}=-z_C\cos31.9°-(-y_C)\times\sin31.9°=-1.52\times10^{-2}\ \text{m}$$

截面上最大拉应力为

$$\sigma_{t,\max}=\sigma_B=\frac{F}{A}\left(1+\frac{z_{0F}\cdot z_0}{i_{y_0}^2}+\frac{y_{0F}\cdot y_0}{i_{z_0}^2}\right)$$

$$=\frac{F}{A}\left[1+\frac{3.04\times10^{-2}\times(-1.52\times10^{-2})}{12.4\times10^{-4}}+\frac{(-1.32\times10^{-2})\times(-3.77\times10^{-2})}{2.86\times10^{-4}}\right]$$

$$=2.37\frac{F}{A}=2.37\times\frac{100\times10^3}{17.17\times10^{-4}}=1.38\times10^8\ \text{Pa}=138\ \text{MPa}$$

从计算结果可以看出，与轴向拉伸时的应力 F_N/A 相比较，偏心拉伸时的应力增大至 2.37倍。因此，在桁架中采用单根角钢的杆件受力不能太大，只能用作不太重要的杆件。

8.2.3　截面核心

由上一节的讨论可知，当偏心拉力 F 的偏心距较小时，杆横截面上可能不出现压应力。同理，当偏心压力 F 的偏心距较小时，杆的横截面上也可能不出现拉应力。土建工程中常用的混凝土构件和砖、石砌体，其抗拉强度远低于抗压强度，在这类构件的设计计算中，往往认为其拉伸强度为零。这就要求构件在受偏心压力作用时，其横截面上不出现拉应力。为此，应使中性轴不与横截面相交。由式(8-3)可见，若偏心压力 F 逐渐向截面形心靠近，即 y_F 和 z_F 逐渐减小，则 a_y 和 a_z 逐渐增加，即中性轴逐渐远离形心。因此当外力作用点位于截面形心附近的一个区域内时，就可以保证中性轴不与横截面相交，这个区域称为**截面核心**。当外力作用在截面核心的边界上时，与此相对应的中性轴就正好与截面的周边相切(图 8-10)。利用这一关系就可确定截面核心的边界。

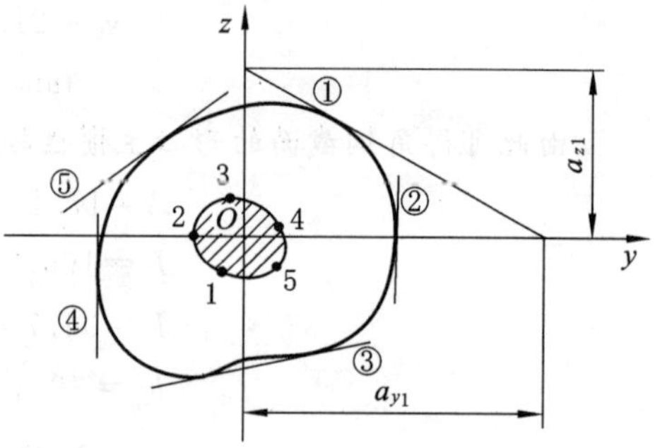

图 8-10

为确定任意形状截面(图 8-10)的截面核心边界，可将与截面周边相切的任一直线①看作是中性轴，其在 y、z 两个形心主惯性轴(概念见附录Ⅰ)上的截距分别为 a_{y1} 和 a_{z1}。据此由式(8-3)确定与该中性轴对应的外力作用点 1，亦即截面核心边界上一个点的坐标(y_{F1}，z_{F1})为

$$y_{F1}=-\frac{i_z^2}{a_{y1}},\quad z_{F1}=-\frac{i_y^2}{a_{z1}}$$

同样，分别将与截面周边相切或外接的直线②、③、…看作是中性轴，并按上述方法求得与其对应的截面核心边界上点 2、3、…的坐标。连接这些点所得到的一条封闭曲线，即为所求截面核心的边界，而该边界曲线所包围的带阴影线的图形，即为截面核心(图 8-10)。

【例 8-4】 试确定图 8-11 所示边长为 b 和 h 的矩形截面的截面核心。

【解】 y 轴和 z 轴即为矩形截面的形心主惯性轴，有

$$i_y^2=\frac{b^2}{12},\quad i_z^2=\frac{h^2}{12}$$

若中性轴与 AB 边重合，则中性轴在坐标轴上的截距分别为

$$a_y=-\frac{h}{2},\quad a_z=\infty$$

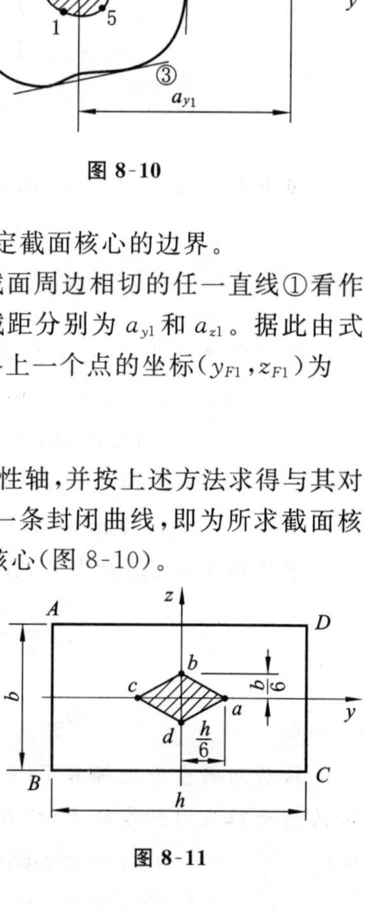

图 8-11

代入式(8-3),得压力 F 作用点 a 的坐标为

$$y_F=-\frac{i_z^2}{a_y}=\frac{h}{6},\quad z_F=0$$

同理,当中性轴与 BC 边重合,压力作用点 b 的坐标为

$$y_F=0,\quad z_F=\frac{b}{6}$$

可以证明,当压力沿 ab 由点 a 移动到点 b,中性轴将由 AB 旋转到 BC。用同样的方法可以确定出点 d 和点 c,最后得到一个菱形的截面核心。

8.3 扭转与弯曲的组合

扭转与弯曲的组合变形是机械工程中最常见的情况。一般的传动轴通常发生扭转与弯曲的组合变形。由于传动轴大多是圆截面的,故以圆截面杆为主,讨论杆件发生扭转与弯曲组合变形时的强度计算。

设有一圆截面杆 AB,一端固定,一端自由。在自由端 B 处安装有一圆轮,并于轮缘处作用一集中力 F,如图 8-12(a)所示,现在研究圆截面杆 AB 的强度。为此,将力 F 向 B 端面的形心平移,得到一横向力 F 和矩为 $M_e=FR$ 的力偶,此时圆截面杆 AB 的受力情况可简化为如图 8-12(b)所示,横向力和力偶分别使圆截面杆 AB 发生平面弯曲和扭转。

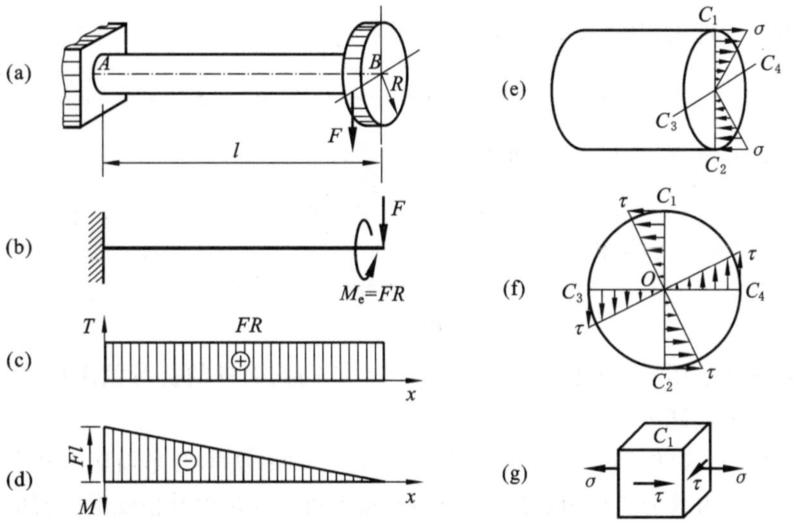

图 8-12

作出圆截面杆的扭矩图和弯矩图,如图 8-12(c)、图 8-12(d)所示。由图 8-12(d)可见,圆截面杆左端的弯矩最大,而杆所有横截面上的扭矩都一样,所以此杆的危险截面位于固定端处。危险截面上弯曲正应力和扭转切应力的分布规律如图 8-12(e)和图 8-12(f)所示。由图可见,在 C_1 和 C_2 两点处,弯曲正应力和扭转切应力同时达到最大值,均为危险点,其上的最大弯曲正应力 σ 和最大扭转切应力 τ 分别为

$$\left.\begin{aligned}\sigma&=\frac{M}{W}\\ \tau&=\frac{T}{W_p}\end{aligned}\right\}\tag{a}$$

式中 M 和 T 分别为危险截面的弯矩和扭矩；W 和 W_p 分别为抗弯截面系数和抗扭截面系数。

如果材料的抗拉强度和抗压强度相等，则只需要校核 C_1 和 C_2 两点中的一点就可以了。围绕点 C_1 分别用横截面、径向纵截面和切向纵截面截取单元体，可得点 C_1 处的应力状态如图 8-12(g)所示。点 C_1 处于二向应力状态，故须用强度理论来建立强度条件。为此需先求单元体的三个主应力。

$$\left.\begin{aligned}\left.\begin{matrix}\sigma_1\\ \sigma_3\end{matrix}\right\}&=\frac{\sigma}{2}\pm\sqrt{\left(\frac{\sigma}{2}\right)^2+\tau^2}\\ \sigma_2&=0\end{aligned}\right\}\tag{b}$$

机械中的轴一般都用塑性材料制成，宜采用第三或第四强度理论来建立强度条件。如用第三强度理论，其强度条件为

$$\sigma_{r3}=\sigma_1-\sigma_3\leqslant[\sigma]$$

将主应力代入上式，可得用正应力和切应力表示的强度条件为

$$\sqrt{\sigma^2+4\tau^2}\leqslant[\sigma]\tag{8-5a}$$

若将式(a)代入上式，并注意到对于圆截面杆，$W_p=2W$，可得以弯矩、扭矩和抗弯截面系数表示的强度条件为

$$\frac{\sqrt{M^2+T^2}}{W}\leqslant[\sigma]\tag{8-5b}$$

如用第四强度理论，其强度条件为

$$\sigma_{r4}=\sqrt{\frac{1}{2}[(\sigma_1-\sigma_2)^2+(\sigma_2-\sigma_3)^2+(\sigma_3-\sigma_1)^2]}\leqslant[\sigma]$$

可得按第四强度理论建立的强度条件为

$$\sqrt{\sigma^2+3\tau^2}\leqslant[\sigma]\tag{8-6a}$$

若将式(a)代入上式，则得

$$\frac{\sqrt{M^2+0.75T^2}}{W}\leqslant[\sigma]\tag{8-6b}$$

以上公式同样适用于空心圆截面杆，只需以空心圆截面杆的抗弯截面系数代替实心圆截面杆的抗弯截面系数即可。

值得注意的是，式(8-5a)或式(8-6a)适用于图 8-12(g)所示的平面应力状态，而不论正应力 σ 是由弯曲或是由其他变形引起的，切应力 τ 是由扭转或是由其他变形引起的，也不论正应力和切应力是正值或是负值。例如，船舶的推进轴将同时发生扭转、弯曲和轴向压缩（或拉伸），其危险点处的正应力 σ 等于弯曲正应力与轴向压缩（或拉伸）正应力之和，相当应力表达式(8-5a)或式(8-6a)仍然适用。但式(8-5b)或式(8-6b)仅适用于扭转与弯曲组合变形下的圆截面杆。对于非圆截面杆，即使在扭、弯组合变形时，由于不存在 $W_p=2W$ 的关系，式(8-5b)或式(8-6b)也不再适用，但其分析方法依然相同。必须指出，非圆截面杆在扭转时往往发生约束扭转，这时横截面上还将产生附加正应力，尤其是开口薄壁截面杆在约束扭转时，这种附加正应力的数值较大，不容忽视。

【例 8-5】 图 8-13(a)所示的手摇绞车，已知轴的直径 $d=3$ cm，卷筒直径 $D=36$ cm，两轴承间的距离 $l=80$ cm，轴的许用应力$[\sigma]=80$ MPa。试按第三强度理论计算绞车能起吊的

最大安全载荷 P。

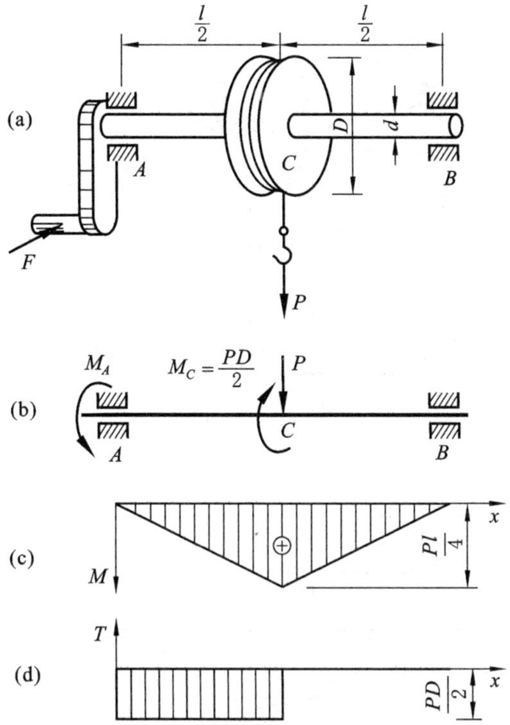

图 8-13

【解】 将载荷 P 向轮心平移，得到作用于轮心的横向力 P 和一个附加的力偶，其矩为 $M_C=\frac{1}{2}PD$，它们代替了原来载荷的作用，且分别与轴承的反力和转动绞车的力矩相平衡。由此得到轴的计算简图如图 8-13(b)所示。此轴将产生扭转与弯曲的组合变形。

绞车轴的弯矩图和扭矩图如图 8-13(c)、图 8-13(d)所示。由图可见，危险截面在轴的中间截面 C 左侧处，此截面的弯矩和扭矩大小分别为

$$M=\frac{1}{4}Pl=\frac{1}{4}P\times0.8=0.2P\ \text{N}\cdot\text{m}$$

$$T=M_C=\frac{1}{2}PD=\frac{1}{2}P\times0.36=0.18P\ \text{N}\cdot\text{m}$$

采用第三强度理论进行强度计算，可由式(8-5b)得

$$\sigma_{r3}=\frac{\sqrt{M^2+T^2}}{W}\leqslant[\sigma]$$

即

$$\frac{\sqrt{(0.2P)^2+(0.18P)^2}}{\frac{\pi\times0.03^3}{32}}\leqslant80\times10^6$$

由此解得 $P\leqslant788$ N，即最大安全载荷为 788 N。

【例 8-6】 一齿轮轴 AB 如图 8-14(a)所示。已知轴的转速 $n=265$ r/min，由电动机输入的功率 $P=10$ kW。两齿轮节圆直径为 $D_1=396$ mm，$D_2=168$ mm，齿轮啮合力与齿轮节圆切线的

夹角 $\alpha=20°$。轴直径 $d=50$ mm，材料为 45 钢，其许用应力$[\sigma]=150$ MPa。试校核轴的强度。

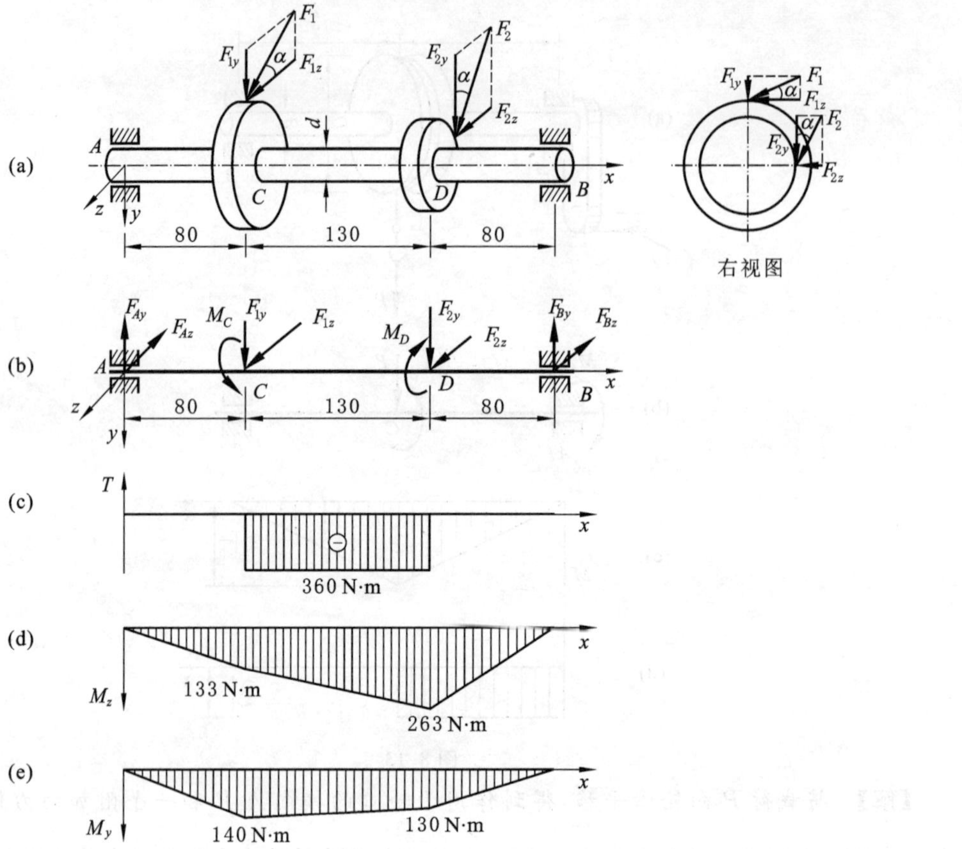

图 8-14

【解】 此轴的受力情况比较复杂，各啮合力和轴承反力都需要简化到两个相互垂直的平面上来分析。

取一空间坐标系 $Axyz$，将啮合力 F_1、F_2 分解为切向力 F_{1z}、F_{2y}和径向力 F_{1y}、F_{2z}。再将两个切向力分别向齿轮中心平移，亦即将 F_{1z}、F_{2y}平行移至轴上，同时加一附加力偶，其矩分别为

$$M_C=F_{1z}\cdot\frac{D_1}{2},\quad M_D=F_{2y}\cdot\frac{D_2}{2}$$

这样，轴的计算简图如图 8-14(b)所示。由图可见，M_C 和 M_D 使轴产生扭转，F_{1y}、F_{2y}和 F_{1z}、F_{2z}则分别使轴在平面 Oxy 和 Oxz 内发生弯曲。

下面进一步计算有关数据。

$$M_C=M_D=9549\times\frac{P}{n}=9549\times\frac{10}{265}=360\ \text{N}\cdot\text{m}$$

同时
$$M_C=F_{1z}\cdot\frac{D_1}{2}$$

则

$$F_{1z}=\frac{2M_C}{D_1}=\frac{2\times360}{0.396}=1818\ \text{N}$$

由于

$$M_D = F_{2y} \cdot \frac{D_2}{2}$$

所以

$$F_{2y} = \frac{2M_D}{D_2} = \frac{2 \times 360}{0.168} = 4286\ \text{N}$$

又由图 8-14(a)所示切向力和径向力的三角关系，有

$$F_{1y} = F_{1z}\tan 20^\circ = 1818 \times 0.364 = 662\ \text{N}$$

$$F_{2z} = F_{2y}\tan 20^\circ = 4286 \times 0.364 = 1560\ \text{N}$$

根据图 8-14(b)所示的外力偶，画出轴的扭矩图如图 8-14(c)所示。然后根据上面的简化结果，分别画出轴在两相互垂直平面内的弯矩图，为此需先计算轴的支座反力。

在平面 Oxy 内，由平衡条件可求得轴承 A、B 处的支座反力为

$$F_{Ay} = 1662\ \text{N}, \quad F_{By} = 3286\ \text{N}$$

然后画出在平面 Oxy 内的弯矩 M_z 图，如图 8-14(d)。

同样在平面 Oxz 内，由平衡条件可求得轴承 A、B 处的支座反力为

$$F_{Az} = 1747\ \text{N}, \quad F_{Bz} = 1631\ \text{N}$$

然后可画出平面 Oxz 内的弯矩 M_y 图，如图 8-14(e)。

由弯矩图和扭矩图上可见，在 CD 段内各截面的扭矩相同，而最大弯矩则可能出现在截面 C 或 D 上。截面 C、D 上的弯矩为该截面上两个方向弯矩的合成。对于圆截面轴而言，无论合成弯矩所在平面的方向如何，并不影响使用弯曲正应力公式来计算弯曲应力，因为合成弯矩的所在平面仍然是圆轴的纵向对称面。与力的合成原理相同，合成弯矩 M 的数值，等于两相互垂直平面内的弯矩平方和的开方，即

$$M = \sqrt{M_y^2 + M_z^2}$$

代入数值后，求得截面 C 和 D 上的合成弯矩分别为

$$M_C = \sqrt{140^2 + 133^2} = 193\ \text{N} \cdot \text{m}$$

$$M_D = \sqrt{130^2 + 263^2} = 293\ \text{N} \cdot \text{m}$$

由比较可知，在截面 D 上的合成弯矩最大。又从扭矩图可知，此处同时存在的扭矩为

$$T = 360\ \text{N} \cdot \text{m}$$

如采用第三强度理论进行计算，则由式(8-5b)得

$$\sigma_{r3} = \frac{\sqrt{M_D^2 + T^2}}{W} = \frac{32 \times \sqrt{293^2 + 360^2}}{\pi \times 0.05^3} = 3.78 \times 10^7\ \text{Pa} = 37.8\ \text{MPa} < [\sigma]$$

如采用第四强度理论，则由式(8-6b)得

$$\sigma_{r4} = \frac{\sqrt{M_D^2 + 0.75 \times T^2}}{W} = \frac{32 \times \sqrt{293^2 + 0.75 \times 360^2}}{\pi \times 0.05^3} = 3.49 \times 10^7\ \text{Pa}$$

$$= 34.9\ \text{MPa} < [\sigma]$$

由计算可知，不论是根据第三强度理论，还是第四强度理论，轴的强度都是足够的。

必须指出，上述轴的计算是按静载荷情况来考虑的。这样处理在轴的初步设计或估算时是经常采用的。实际上，由于轴的转动，其横截面周边各点处弯曲正应力的数值和正负号都将随着轴的转动而交替变化，这种应力称为**交变应力**。有关交变应力的一些概念和计算，将在第

十章中介绍。

此外,在工程设计中,对于一些组合变形构件的强度问题,也常采用一种简化的计算方法。这就是当某一种基本变形起主导作用时,可将次要的基本变形忽略不计,而将构件简化为某种单一的基本变形,同时适当地增大安全因数或降低许用应力。例如,轧钢机中主动轧辊的辊身是弯曲与扭转组合变形的问题,但在实际计算中,可加大安全因数而只按弯曲强度来考虑。又如拧紧螺栓时,是拉伸与扭转的组合变形问题,有时则降低许用应力而只按拉伸强度来计算。如果构件所产生的几种基本变形都比较重要而不能忽略时,就应作为组合变形构件的问题来处理了。

8.4 铆钉连接的计算

铆钉连接和螺栓连接是钢结构中的常用连接方法,螺栓连接又分为普通螺栓连接和高强度螺栓连接两种。铆钉连接和普通螺栓连接的分析计算方法相同。高强度螺栓连接是通过拧紧螺栓使螺栓产生预拉应力,在被连接的两层钢板之间产生足够的摩擦,以传递载荷。对于这种连接的强度计算,请参阅有关的钢结构教材。

铆钉连接主要有三种方式:搭接[图 8-15(a)]、单盖板对接[图 8-15(b)]和双盖板对接[图 8-15(c)]。搭接和单盖板对接中的铆钉具有一个剪切面(称为单剪),双盖板对接中的铆钉具有两个剪切面(称为双剪)。下面分别按铆钉组的受载方式讨论铆钉连接的强度计算。

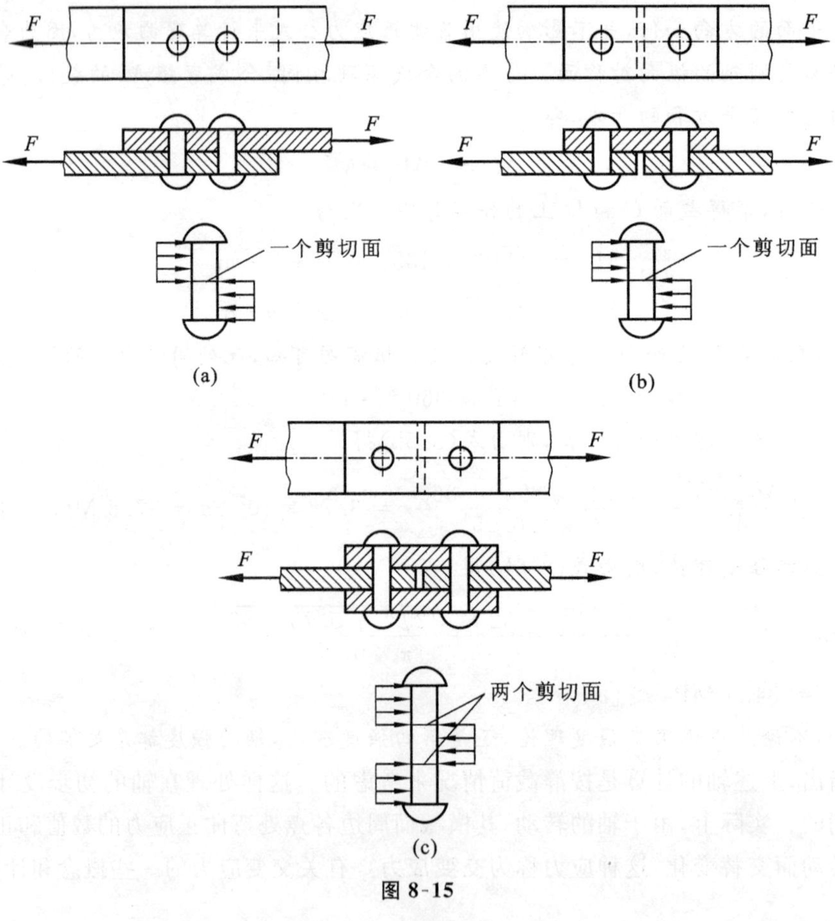

图 8-15

8.4.1 作用于连接件上的力作用线通过铆钉组图形形心

如图 8-16 所示双盖板铆钉连接，铆钉组在横向载荷作用下受剪。由于铆钉和被连接件的弹性变形，铆钉组中位于两端的铆钉所传递的力要比中间的铆钉所传递的力大。但为了简化计算，并考虑到铆钉和被连接件在破坏前都将发生塑性变形，在实用计算中如果作用于连接件上的力作用线通过铆钉组中所有铆钉横截面组成图形的形心，而且各铆钉的材料和直径均相同，则认为每个铆钉传递相等的力。每个铆钉的受力为

$$F_i=\frac{F}{n}$$

式中，n 为铆钉组中铆钉的个数。

求得每个铆钉的受力以后，即可按式(2-18)和式(2-20)分别计算其剪切强度和挤压强度。被连接件由于铆钉孔的削弱，其拉伸强度应以最弱截面(轴力较大，而截面积较小)为依据，但不考虑应力集中的影响。

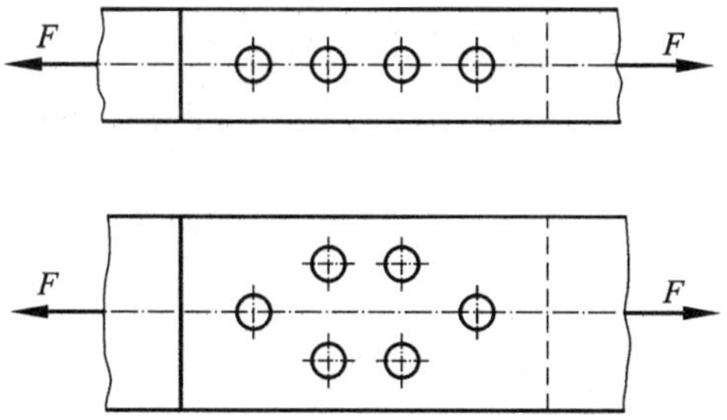

图 8-16

【例 8-7】 某钢桁架的一个节点如图 8-17(a)所示。斜杆 A 由两根 63 mm×6 mm 的等边角钢组成。受轴向力 F=140 kN 作用。该斜杆用直径为 d=16 mm 螺栓连接在厚度为 10 mm 的结点板上，螺栓按单行排列。已知角钢、结点板和螺栓材料均为 Q235 钢，许用应力为$[\sigma]$=170 MPa，$[\tau]$=130 MPa，$[\sigma_{bs}]$=300 MPa。试选择所需的螺栓个数并校核角钢的拉伸强度。

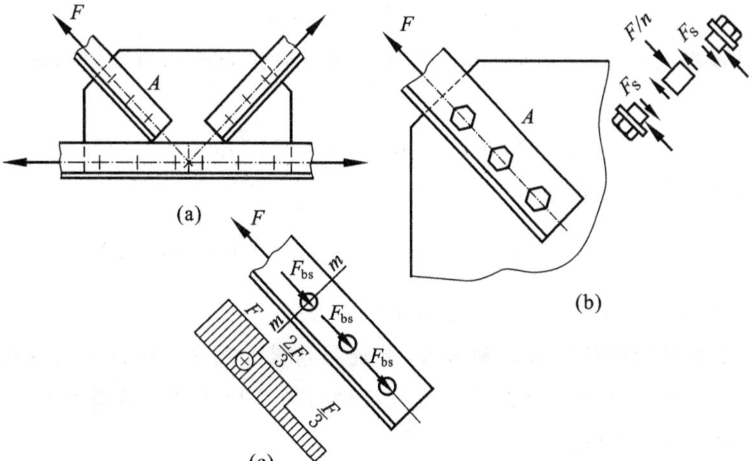

图 8-17

【解】 (1) 按剪切强度条件选择螺栓个数

由于此连接中各螺栓的材料和直径相同,且斜杆上的轴向力作用线通过该组螺栓的截面形心,故认为每个螺栓所传递的力相等,为 F/n,此处 n 为螺栓个数。

此连接中的螺栓受双剪[图 8-17(b)],每个剪切面上的剪力为

$$F_S=\frac{F/n}{2}=\frac{F}{2n}$$

螺栓的剪切强度条件为

$$\tau=\frac{F_S}{A_s}=\frac{F/2n}{\pi d^2/4}=\frac{2\times140\times10^3}{n\pi(16\times10^{-3})^2}\leqslant130\times10^6\ \text{Pa}$$

从而求得所需的螺栓个数为

$$n\geqslant\frac{2\times140\times10^3}{\pi\times16^2\times10^{-6}\times130\times10^6}=2.68$$

取 $n=3$。

(2) 校核挤压强度

由于结点板的厚度(10 mm)小于两根角钢肢厚度之和(2×6 mm),所以应校核螺栓与结点板之间的挤压强度。每个螺栓所传递的力为 F/n,亦即每个螺栓与结点板之间的挤压力为

$$F_{bs}=\frac{F}{n}$$

而挤压应力为

$$\sigma_{bs}=\frac{F_{bs}}{A_{bs}}=\frac{F/n}{\delta d}=\frac{140\times10^3/3}{10\times10^{-3}\times16\times10^{-3}}=2.92\times10^8\ \text{Pa}=292\ \text{MPa}$$

其值小于许用挤压应力$[\sigma_{bs}]=300$ MPa,满足挤压强度条件。

(3) 校核角钢的拉伸强度

斜杆上三个螺栓按单行排列[图 8-17(b)]。图 8-17(c)画出了该斜杆(含两角钢)的受力图和轴力 F_N 图。该斜杆在图(c)中所示的 m—m 截面上轴力最大,而净截面面积又最小,故为危险截面。该截面上轴力

$$F_{N,max}=F=140\ \text{kN}$$

由型钢表可查得每根 63 mm×6 mm 等边角钢的横截面面积为 7.29 cm^2,故危险截面的净面积为

$$A=2\times(729-6\times16)=1266\ \text{mm}^2$$

从而得危险截面上的拉伸应力为

$$\sigma=\frac{F_{N,max}}{A}=\frac{140\times10^3}{12.66\times10^{-4}}=1.11\times10^8\ \text{Pa}=111\ \text{MPa}$$

其值小于许用拉应力$[\sigma]=170$ MPa,满足拉伸强度条件。

【例 8-8】 由两根钢轨铆接成的组合梁,其连接情况如图 8-18(a)、图 8-18(b)所示。在所研究的梁段内,剪力 $F_S=50$ kN 为常值。试校核铆钉的剪切强度。计算中偏于安全地不考虑上、下两钢轨间的摩擦。已知:

(a)每根钢轨横截面的几何性质为:面积 $A=8000\ \text{mm}^2$,形心距轨底的高度 $c=80$ mm,对于自身形心轴 z_1 的惯性矩 $I_{z1}=1600\times10^4\ \text{mm}^4$;(b)铆钉的直径 $d=20$ mm,纵向间距 $s=$

150 mm，许用切应力$[\tau]=95$ MPa。

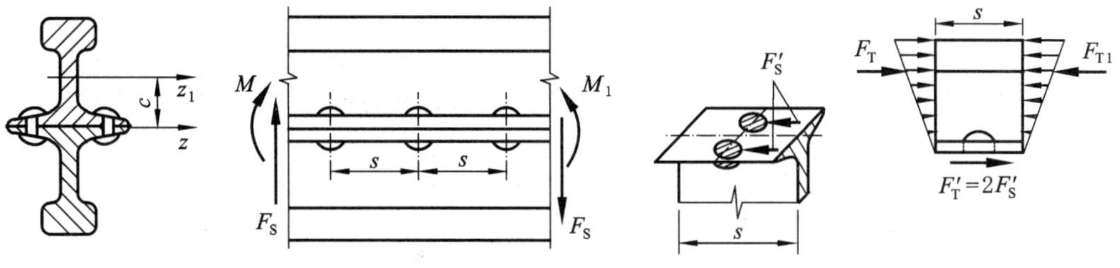

图 8-18

【解】 (1) 上、下两钢轨作为整体弯曲时，上面钢轨的横截面上全为压应力，而下面钢轨的横截面上则全为拉应力。在横力弯曲的情况下，由于相邻横截面上弯矩不同，相应点处的正应力不相等，故上、下两钢轨有沿其接触面发生纵向错动的趋势，作为连接件的铆钉承受剪力[图 8-18(c)]。图 8-18(d)画出了横向两个为一组的铆钉共同承受剪力的范围内，亦即铆钉的纵向间距 s 范围内[图 8-18(b)]，上面钢轨其两侧横截面上的弯曲正应力和它们组成的合力 F_T 和 F_{T1}。

这两个合力之差 $F_{T1}-F_T$ 就是横向两个铆钉所共同承受的剪力 F'_T，它等于每个铆钉承受的剪力 F'_S的两倍，$F'_T=2F'_S$。

(2) 以 A 表示一根钢轨的横截面面积，即组合梁半个横截面的面积。

$$F_T=\int_A\sigma\mathrm{d}A=\int_A\frac{My}{I_z}\mathrm{d}A=\frac{M}{I_z}\int_A y\mathrm{d}A=\frac{M}{I_z}S^*_{z,\max}$$

$$F_{T1}=\int_A\sigma\mathrm{d}A=\int_A\frac{(M+F_Ss)y}{I_z}\mathrm{d}A=\frac{M+F_Ss}{I_z}\int_A y\mathrm{d}A=\frac{M+F_Ss}{I_z}S^*_{z,\max}$$

式中，$S^*_{z,\max}$为一根钢轨(组合梁的半个横截面)对于组合梁中性轴 z 的静矩。从而有

$$F'_T=F_{T1}-F_T=\frac{F_Ss}{I_z}S^*_{z,\max}$$

每个铆钉承受的剪力为

$$F'_S=\frac{F'_T}{2}=\frac{sF_SS^*_{z,\max}}{2I_z}$$

(3) 为计算 F'_S的值，先计算 $S^*_{z,\max}$和 I_z 的值。

$$S^*_{z,\max}=A\cdot c=8000\times80=64\times10^4\ \mathrm{mm}^3=6.4\times10^{-4}\ \mathrm{m}^3$$

$$I_z=2(I_{z1}+A\cdot c^2)$$
$$=2[1600\times10^4+8000\times80^2]=1.344\times10^8\ \mathrm{mm}^4=1.344\times10^{-4}\ \mathrm{m}^4$$

于是有

$$F'_S=\frac{sF_SS^*_{z,\max}}{2I_z}=\frac{0.15\times50\times10^3\times6.4\times10^{-4}}{2\times1.344\times10^{-4}}=1.786\times10^4\ \mathrm{N}$$

(4) 铆钉剪切面上的切应力为

$$\tau=\frac{F'_S}{\frac{\pi d^2}{4}}=\frac{17860}{\frac{\pi}{4}(20\times10^{-3})^2}=5.69\times10^7\ \mathrm{Pa}=56.9\ \mathrm{MPa}$$

其值小于许用切应力$[\tau]=95$ MPa，满足剪切强度条件。

8.4.2　作用于连接件上的力作用线不通过铆钉组图形形心

对于受偏心载荷 F 的铆钉连接[图 8-19(a)]，亦即作用于连接件上的力作用线不通过铆钉组横截面组成图形形心 O 时，可简化为通过形心 O 的力和力偶矩 $M_e=F\cdot e$[图 8-19(b)]。

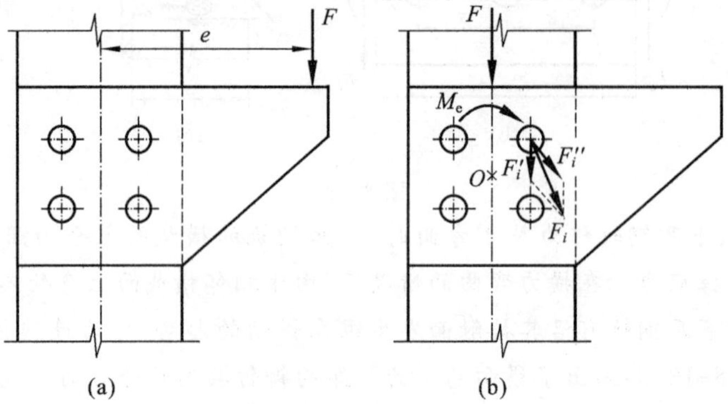

图 8-19

若铆钉组中各铆钉的材料和直径都相同，则由于力 F 引起的作用在任意铆钉 i 上的力 F_i' 均为

$$F_i'=\frac{F}{n}$$

铆钉组在力偶矩 M_e 作用下，被连接件(钢板)有绕铆钉组图形形心 O 转动的趋势，使铆钉受剪，一般情况下，每个铆钉所受的剪力大小和方向都不同。假设钢板的变形不计，可视为刚体，于是，各铆钉所受的剪力 F_i'' 的方向垂直于该铆钉中心与铆钉组图形形心 O 的连线，大小与该连线的长度 r_i 成正比。

根据平衡条件及几何条件得

$$M_e=\sum_{i=1}^{n}F''_i r_i=F''_1 r_1+F''_2 r_2+\cdots+F''_n r_n$$

$$\frac{F''_1}{r_1}=\frac{F''_2}{r_2}=\cdots=\frac{F''_n}{r_n}\quad 或\quad F''_1=F''_i\frac{r_1}{r_i},F''_2=F''_i\frac{r_2}{r_i},\cdots,F''_n=F''_i\frac{r_n}{r_i}$$

由以上两式得

$$M_e=\left(F''_i\frac{r_1}{r_i}\right)r_1+\left(F''_i\frac{r_2}{r_i}\right)r_2+\cdots+\left(F''_i\frac{r_n}{r_i}\right)r_n=F''_i\frac{1}{r_i}\sum_{j=1}^{n}r_j^2$$

从而求得

$$F''_i=\frac{M_e r_i}{\sum\limits_{j=1}^{n}r_j^2}$$

作用在铆钉 i 上总的力 F_i 则为 F'_i 与 F''_i 的矢量和。

进行铆钉的剪切强度和挤压强度计算时，应对受力最大的铆钉进行。

【例 8-9】　图 8-20(a)所示铆钉搭接的托架受集中力 $F=12$ kN 作用，铆钉直径 $d=20$ mm。试求受力最大的铆钉其剪切面上的切应力。

【解】　(1) 将外力 F 向铆钉组图形的形心 O 简化，得力 F 和力偶矩 M_e 大小分别为

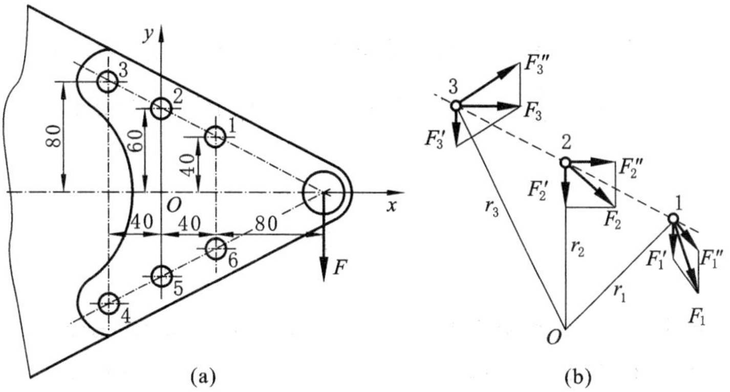

图 8-20

$$F=12\ \mathrm{kN},\quad M_e=12\times10^3\times(0.04+0.08)=1.44\times10^3\ \mathrm{N\cdot m}$$

(2) 确定铆钉组图形形心 O 至每一铆钉中心的距离 r_i

$$r_1=r_6=\sqrt{40^2+40^2}=56.6\ \mathrm{mm}=0.0566\ \mathrm{m}$$

$$r_2=r_5=60\ \mathrm{mm}=0.06\ \mathrm{m}$$

$$r_3=r_4=\sqrt{40^2+80^2}=89.4\ \mathrm{mm}=0.0894\ \mathrm{m}$$

(3) 确定铆钉组的几何量 $\sum_{j=1}^{6} r_j^2$

$$\sum_{j=1}^{6} r_j^2=2\times(r_1^2+r_2^2+r_3^2)=2\times(32\times10^{-4}+36\times10^{-4}+80\times10^{-4})$$

$$=2.96\times10^{-2}\ \mathrm{m}^2$$

(4) 计算各铆钉所受的力

由于通过铆钉组图形形心 O 的力 F，可得

$$F_1'=F_2'=\cdots=F_6'=\frac{F}{6}=2\ \mathrm{kN}$$

由于力偶矩 M_e，可得

$$F''_1=F''_6=\frac{M_e r_1}{\sum_{j=1}^{6} r_j^2}=\frac{1.44\times10^3\times0.0566}{296\times10^{-4}}=2.754\times10^3\ \mathrm{N}=2.754\ \mathrm{kN}$$

$$F''_2=F''_5=\frac{M_e r_2}{\sum_{j=1}^{6} r_j^2}=2.928\ \mathrm{kN}$$

$$F''_3=F''_4=\frac{M_e r_3}{\sum_{j=1}^{6} r_j^2}=4.344\ \mathrm{kN}$$

需要注意的是 F_1'' 和 F_6'' 虽然数值相同，但它们的方向各自垂直于连线 $\overline{O1}$ 和 $\overline{O6}$ 而各不相同。F_2'' 和 F_5'' 以及 F_3'' 和 F_4'' 的关系也是如此。

将 F_i' 和 F_i'' 按矢量合成以得出每一铆钉所受的力 F_i。图 8-20(b) 中示出了 1、2、3 三个铆钉所受力的情况。经比较按矢量合成后的力 F_1、F_2、…、F_6 知，铆钉 1 和 6 所受力最大，$F_1=$

$F_6=4.41\ \text{kN}$。

(5) 此连接为搭接,铆钉受单剪,故受力最大的铆钉1和6剪切面上的切应力为

$$\tau_1=\tau_6=\frac{F_1}{A_{s1}}=\frac{4.41\times10^3}{\frac{\pi}{4}\times0.02^2}=1.4\times10^7\ \text{Pa}=14\ \text{MPa}$$

习　　题

8-1　题图所示斜杆 AB 的横截面为 $100\times100\ \text{mm}^2$ 的正方形,若 $F=3\ \text{kN}$,试求该杆危险截面上的最大拉应力和最大压应力。

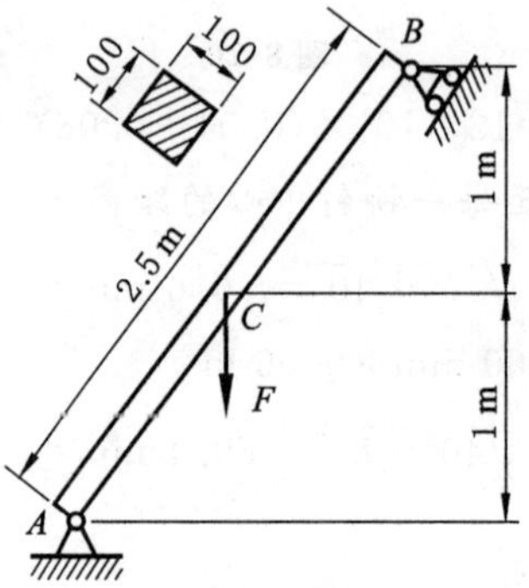

题 8-1 图

8-2　截面为14工字钢的悬臂梁受力情况如题图所示。已知 $l=0.8\ \text{m}$,$F_1=2.5\ \text{kN}$,$F_2=1.0\ \text{kN}$,试求危险截面上的最大正应力。

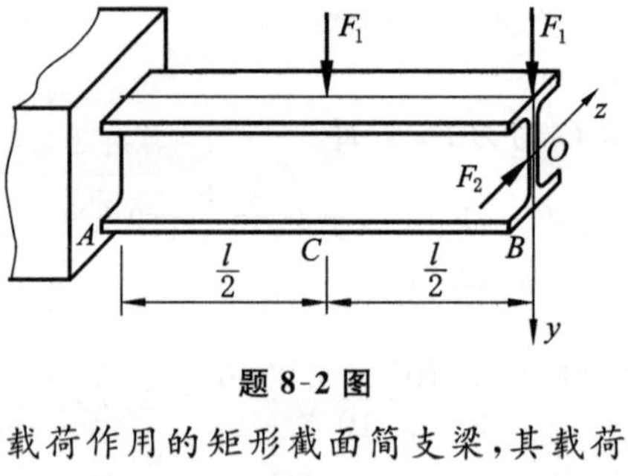

题 8-2 图

8-3　受集度为 q 的均布载荷作用的矩形截面简支梁,其载荷作用面与梁的纵向对称面间的夹角为 $\alpha=30°$,如题图(a)、(b)所示。已知梁的尺寸为 $l=4\ \text{m}$,$h=160\ \text{mm}$,$b=120\ \text{mm}$,$q=2\ \text{kN/m}$,许用应力$[\sigma]=12\ \text{MPa}$。试校核梁的强度。

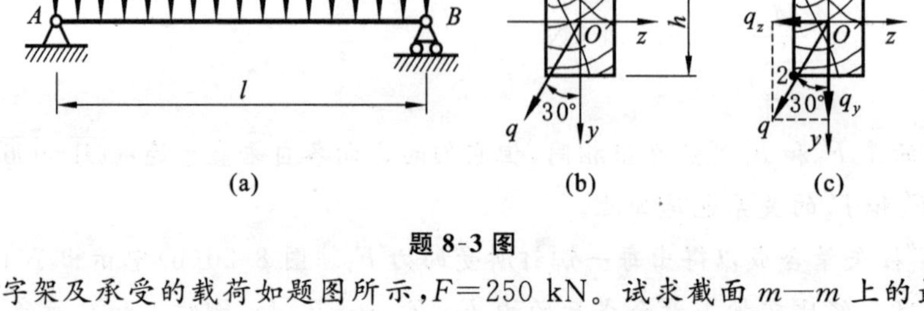

题 8-3 图

8-4　人字架及承受的载荷如题图所示,$F=250\ \text{kN}$。试求截面 m—m 上的最大正应力和

其上点 a 处的正应力。

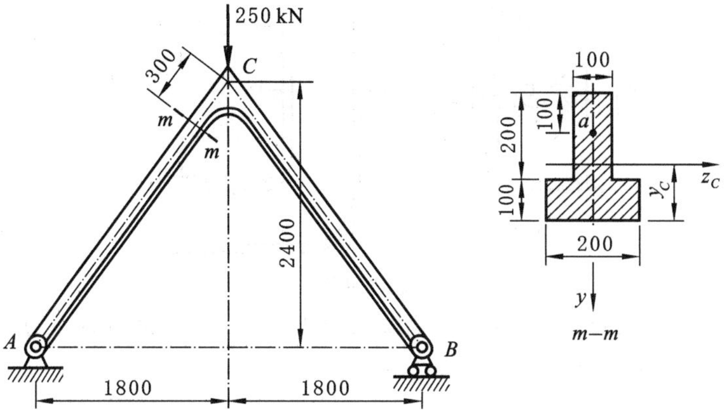

题 8-4 图

8-5　悬臂吊车如题图所示，起重量(包括电葫芦) $P=30$ kN，横梁 BC 为工字钢，许用应力 $[\sigma]=140$ MPa，试选择工字钢的型号(可近似按 P 行至梁跨中位置计算)。

8-6　若在正方形截面短柱的中间处开一个槽[图(b)]，使横截面面积减小为原截面[图(a)]面积的一半，如题图所示。问最大压应力将比不开槽时增大几倍？

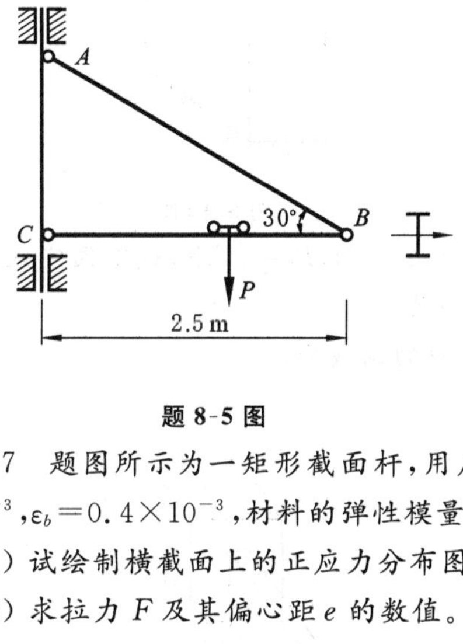

题 8-5 图

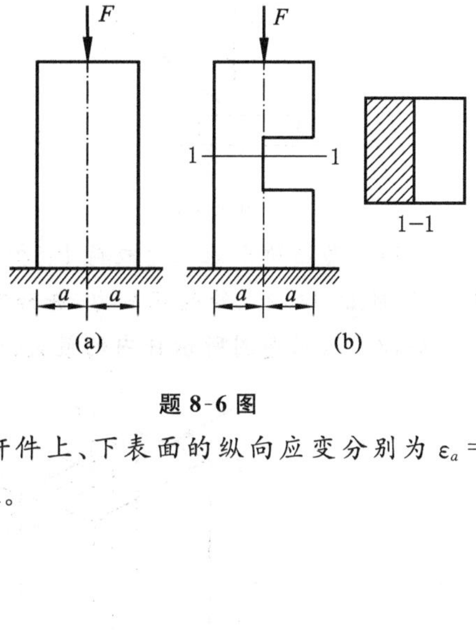

题 8-6 图

8-7　题图所示为一矩形截面杆，用应变片测得杆件上、下表面的纵向应变分别为 $\varepsilon_a=1\times10^{-3}$，$\varepsilon_b=0.4\times10^{-3}$，材料的弹性模量 $E=210$ GPa。

(1) 试绘制横截面上的正应力分布图；

(2) 求拉力 F 及其偏心距 e 的数值。

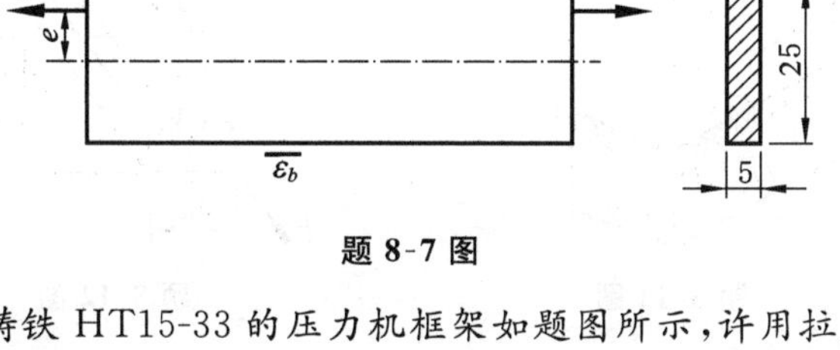

题 8-7 图

8-8　材料为灰口铸铁 HT15-33 的压力机框架如题图所示，许用拉应力为 $[\sigma_t]=30$ MPa，许用压应力为 $[\sigma_c]=80$ MPa，$F=12$ kN。试校核框架立柱的强度。

8-9　题图所示钻床的立柱为铸铁制成，$F=15$ kN，许用拉应力 $[\sigma_t]=35$ MPa。试确定立柱所需直径 d。

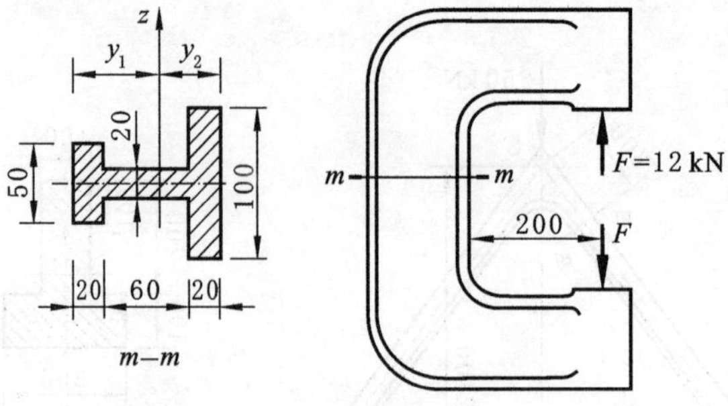

题 8-8 图

8-10　一矩形截面短柱，受题图所示偏心压力 F 作用，已知许用拉应力$[\sigma_t]=30$ MPa，许用压应力$[\sigma_c]=90$ MPa，求许可载荷$[F]$。

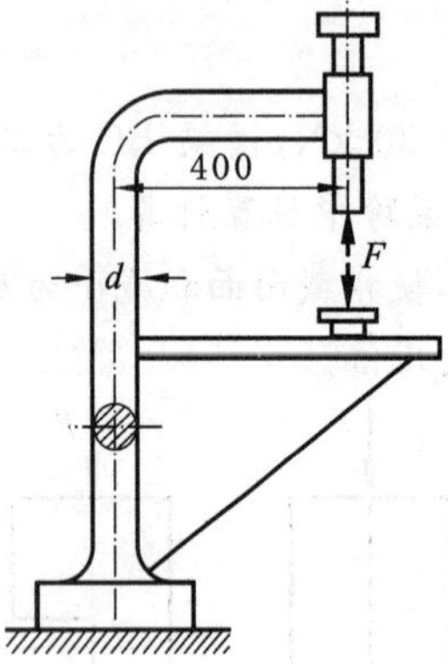

题 8-9 图

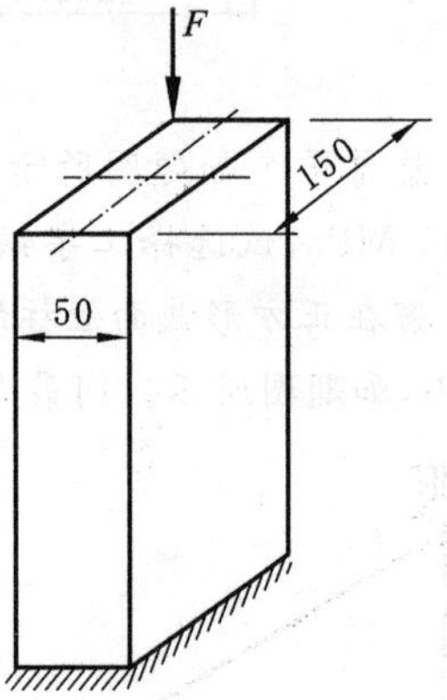

题 8-10 图

8-11　题图所示短柱受载荷 F_1 和 F_2 的作用，$F_1=25$ kN，$F_2=5$ kN，试求固定端截面上角点 A、B、C、D 四点处的正应力，并确定其中性轴的位置。

8-12　试求题图所示杆内的最大正应力，力 F 与杆的轴线平行。

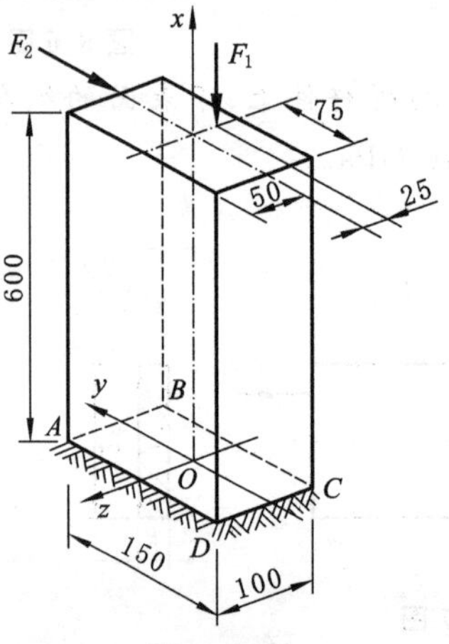

题 8-11 图

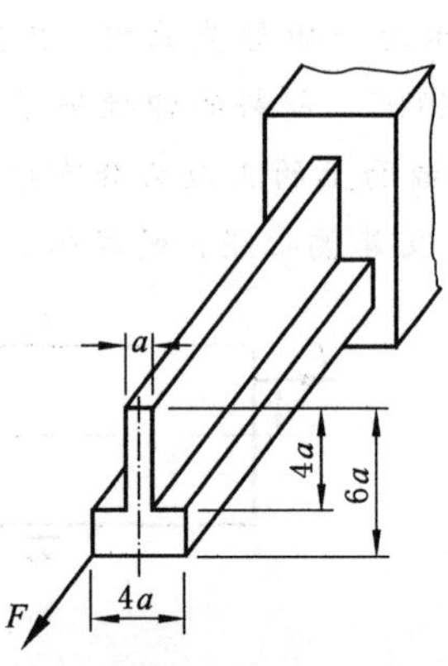

题 8-12 图

8-13　试确定题图所示十字形截面的截面核心边界。

8-14　位于水平面内的直角曲拐受力如题图所示，其圆杆部分的直径 $d=50$ mm，$F=3.2$ kN。试画出表示点 A 处应力状态的单元体，并求其主应力及最大切应力。

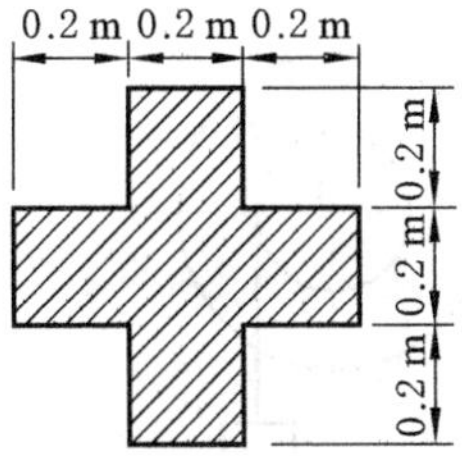

题 8-13 图

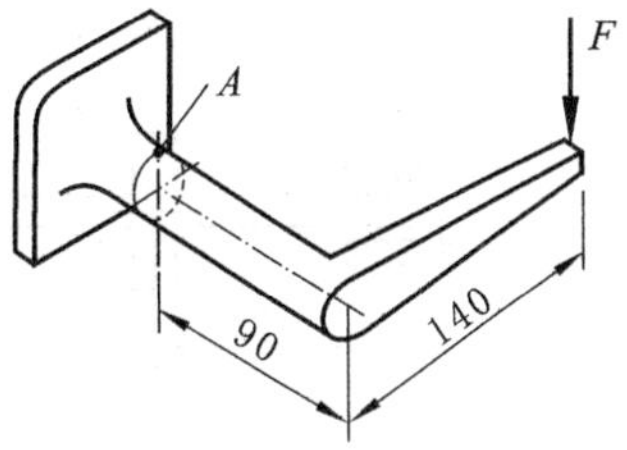

题 8-14 图

8-15 题图所示铁道路标圆信号板，装在外径 $D=60$ mm 的空心圆柱上，所受的最大风载 $p=2$ kN/m^2，$[\sigma]=160$ MPa。试按第三强度理论选定空心柱的壁厚。

8-16 直径为 200 mm 的圆杆受力如题图所示，$F_1=100$ kN，$F_2=50$ kN。已知材料 Q235 钢，许用应力$[\sigma]=170$ MPa，试按第四强度理论校核该杆的强度。

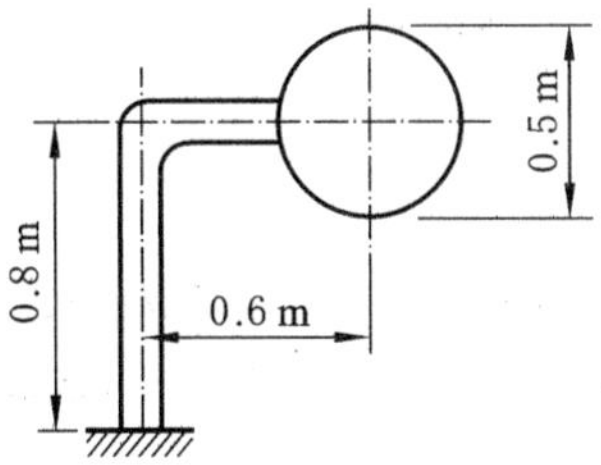

题 8-15 图

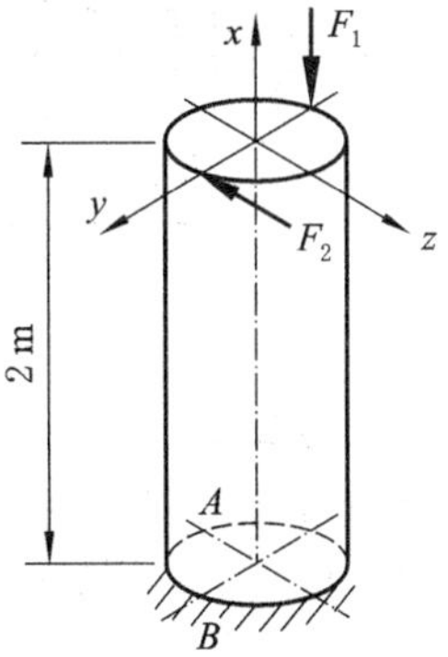

题 8-16 图

8-17 题图所示电动机的功率为 9 kW，转速 $n=715$ r/min，带轮直径 $D=250$ mm，主轴外伸部分长度为 $l=120$ mm，主轴直径 $d=40$ mm。若$[\sigma]=160$ MPa，试按第三强度理论校核轴的强度。

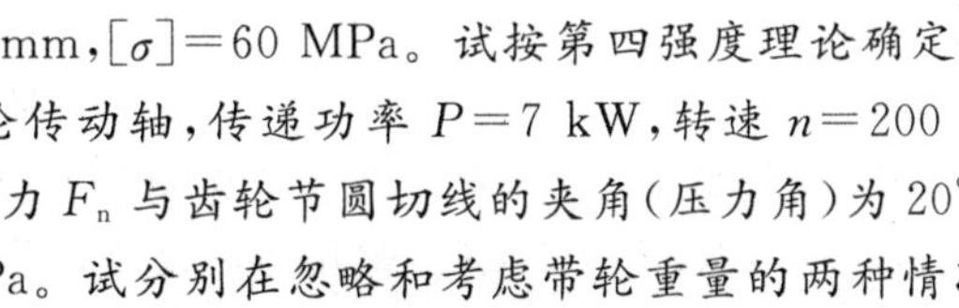

题 8-17 图

8-18 一轴上装有两个圆轮如题图所示，F_1、F_2 两力分别作用于两轮上并使轴处于平衡状态。圆轴直径 $d=110$ mm，$[\sigma]=60$ MPa。试按第四强度理论确定许可载荷。

8-19 题图所示带轮传动轴，传递功率 $P=7$ kW，转速 $n=200$ r/min，皮带轮重量 $W=1.8$ kN，左端齿轮上啮合力 F_n 与齿轮节圆切线的夹角(压力角)为 20°。轴的材料为 Q255 钢，其许用应力$[\sigma]=150$ MPa。试分别在忽略和考虑带轮重量的两种情况下，按第三强度理论估算轴的直径。

8-20 某型水轮机主轴的示意图如题图所示。水轮机组的输出功率为 $P=37500$ kW，转速 $n=150$ r/min。已知轴向推力 $F_z=4800$ kN，转轮重 $W_1=390$ kN，主轴的内径 $d=340$ mm，外径 $D=750$ mm，自重 $W=285$ kN。主轴材料为 45 钢，其许用应力为$[\sigma]=150$ MPa。试按第四

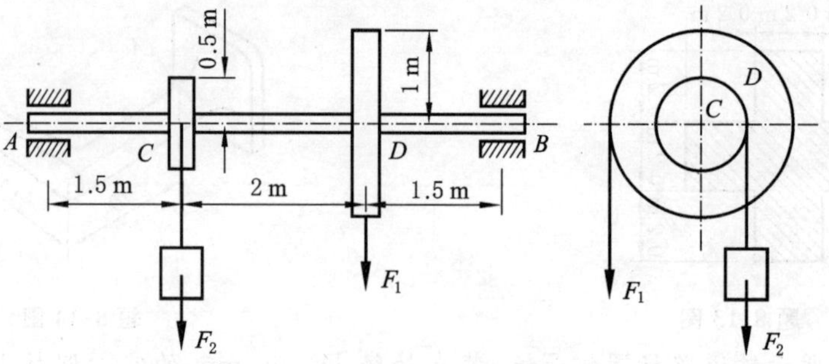

题 8-18 图

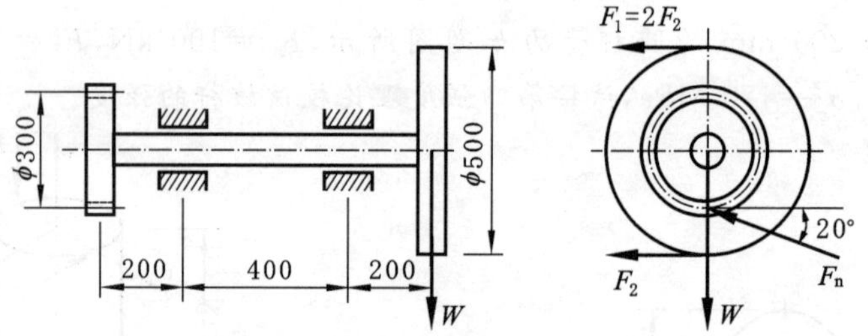

题 8-19 图

强度理论校核主轴的强度。

8-21　题图所示牙轮钻机的钻杆为无缝钢管，外直径 $D=152$ mm，内直径 $d=120$ mm，许用应力$[\sigma]=100$ MPa。钻杆的最大推进压力 $F=180$ kN，扭矩 $T=17.3$ kN·m，试按第三强度理论校核钻杆的强度。

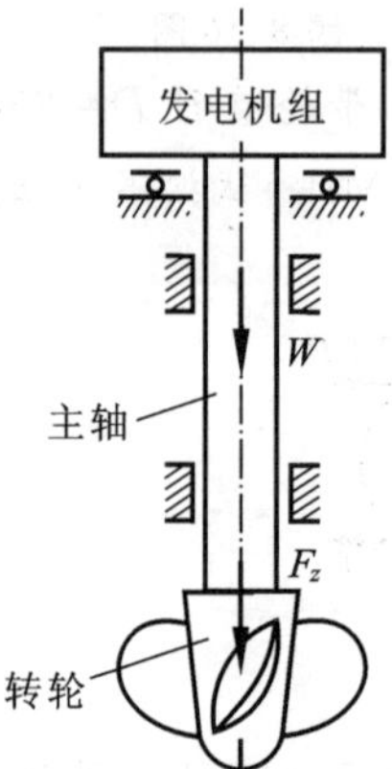

题 8-20 图

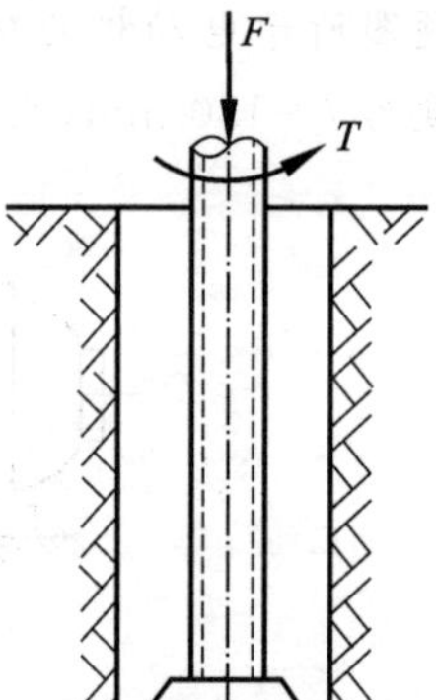

题 8-21 图

8-22　一直角折杆 ABC 位于水平面内，受力及尺寸如题图所示。已知材料的许用应力$[\sigma]=160$ MPa，$F_1=1$ kN，$F_2=1$ kN，$F_3=3$ kN。试按形状改变比能理论校核杆 AB 的强度。

8-23　一托架如题图所示。已知外力 $F=35$ kN，铆钉的直径 $d=20$ mm，铆钉与钢板为搭接。试求最危险的铆钉剪切面上切应力的数值及方向。

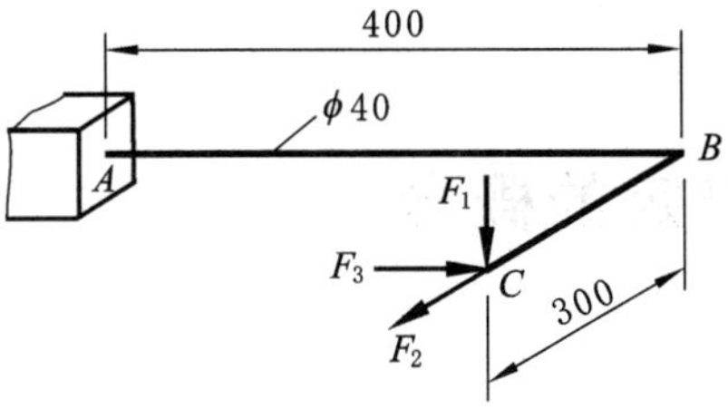

题 8-22 图

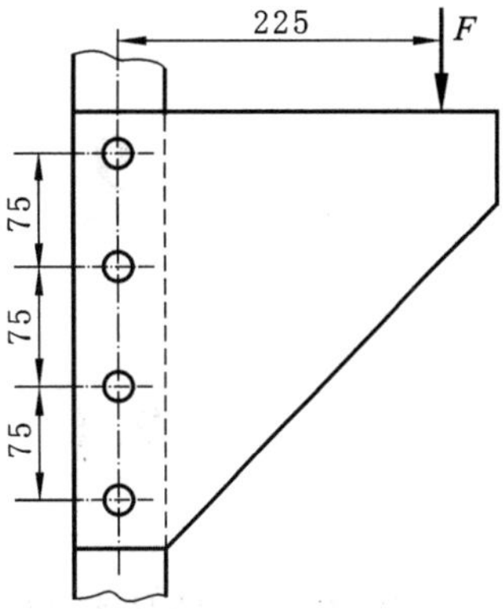

题 8-23 图

8-24　跨长 l=11.5 m 的临时桥的主梁，由两根 50b 工字钢相叠铆接而成，如题图所示。梁受均布载荷 q 作用，能够在许用正应力[σ]=165 MPa 下工作。已知铆钉直径 d=23 mm，许用切应力[τ]=95 MPa，试按剪切强度条件计算铆钉间的最大间距 s。

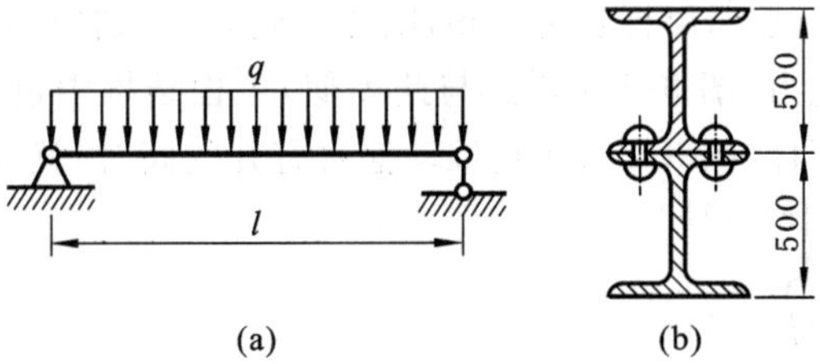

题 8-24 图

9 压杆稳定

9.1 压杆稳定的概念

9.1.1 工程实际中的压杆稳定问题

在第 2 章中对受压杆件的研究是从强度的观点出发的，即认为只要满足压缩强度条件，就可以保证压杆的正常工作。这样考虑，对于短而粗的压杆来说是正确的，但对于细长的压杆，就不适用了。例如，一根宽 30 mm、厚 5 mm 的矩形截面松木杆，对其施加轴向压力，设材料的抗压强度 $\sigma_c=40$ MPa，由实验可知，当杆很短时（设高为 30 mm），如图 9-1(a)所示，将杆压坏所需的压力为 6000 N。但是如果杆长为 1 m，则受不到 30 N 的压力时，杆就会突然产生显著的弯曲变形而失去工作能力[图 9-1(b)]。与此类似，工程结构中也有很多受压的细长杆，例如内燃机配气机构中的挺杆（图 9-2），在它推动摇臂打开气阀时，就受压力作用。

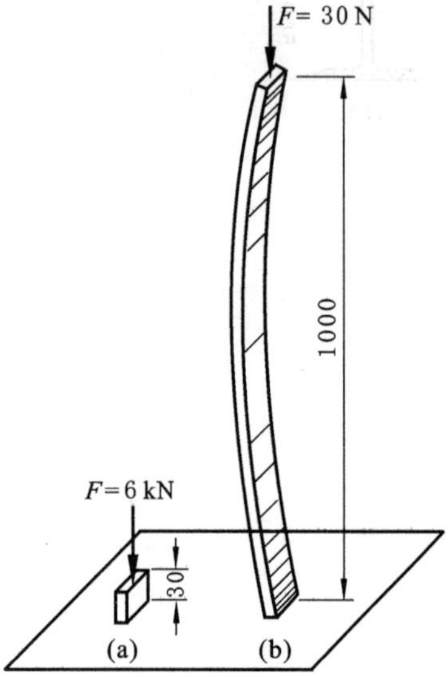

图 9-1

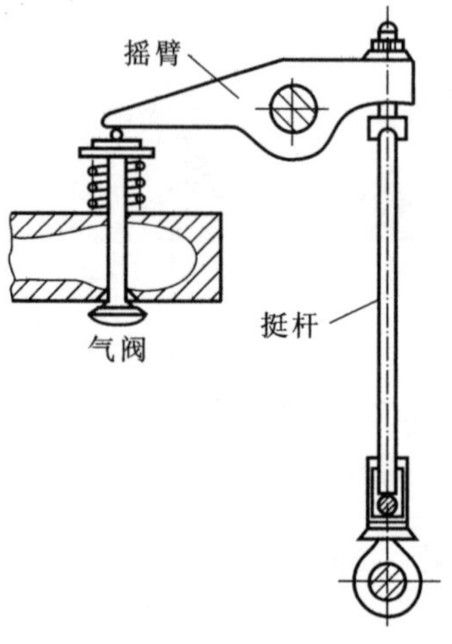

图 9-2

以图 9-3 所示两端铰支的细长压杆来说明这类问题。设压力与杆件轴线重合，当压力逐渐增加，但小于某一极限值时，压杆一直保持其直线形状的平衡。如作用一个微小的侧向干扰力，暂时使其发生微小的弯曲变形[图 9-3(a)]，在干扰力去除后，它将恢复其原有的直线形状[图 9-3(b)]。这说明此时压杆直线形状的平衡是稳定的。当压力逐渐增加到某一极限值时，如再给压杆作用一微小的侧向干扰力，使其发生微小的弯曲变形，在干扰力去除后，它将保持曲线形状的平衡，不能恢复其原来的直线形状[图 9-3(c)]。这就是说，此时压杆能在直线形状下维持平衡是有条件的，当轴向压力达到了某一数值后，压杆在它原有直线形状下的平衡就变为不稳定。通常称这样的情形为压杆在它原有直线形状下的平衡丧失了稳定性，或简称**失稳**。从以上的分析可知，细长压杆会在因强度不足而破坏以前，由于它维持不了在直线形状下的平衡而不能正常工作。因此，在讨论压杆承载能力时，首先应研究它在直线形状下的平衡是否稳定，也就是研究压杆直线形状平衡的稳定性问题。

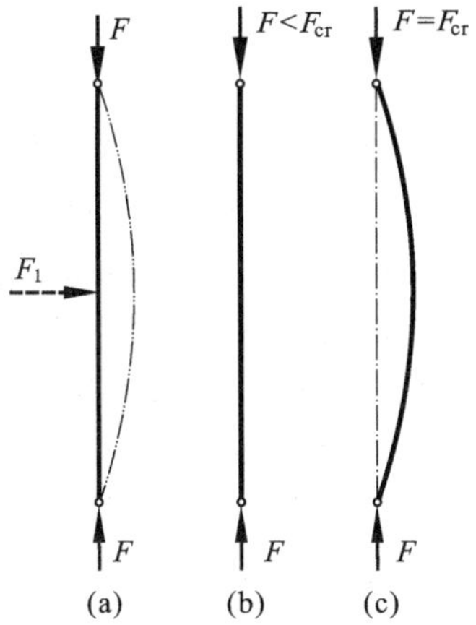

图 9-3

当轴向压力增加到某一数值时，压杆在原有直线形状下的平衡将从稳定平衡过渡到不稳定平衡，这一压力值称为**临界压力**或**临界力**，用 F_{cr} 表示。理论分析和实验结果指出，压杆临界力的大小不但和杆所用材料的力学性质有关，而且和杆横截面的形状和尺寸、杆的长度以及杆两端的约束情况有关。对压杆稳定性的研究，主要就是确定压杆临界力的数值。

对细长压杆而言，当压力达到临界力而失稳时，应力并不一定很高，有时甚至低于比例极限。所以，这种形式的失效，并不是强度不足，而是稳定性不够。

杆件丧失稳定后，改变了杆件的受力性质，压力的微小增加将引起弯曲变形的明显增大。这时杆件已丧失了承载能力，不能正常工作。所以，在正常情形下，压力必须小于临界力。

除了压杆外，其他构件也有失稳的可能性。当外力超过了与各种构件相应的临界值后，这些构件同样不能在它原有的形状下维持稳定的平衡。如受均布外压作用下的薄壁圆筒(图 9-4)，当压力超过了圆筒的临界力时，它就不可能在圆截面的形状下维持稳定的平衡，而可能变成图中双点画线所示的椭圆形截面。又如狭长矩形截面梁(图 9-5 中实线所示)，当它在抗弯能力最大的平面内受力 F 作用而弯曲时，若该力超过了相应的临界力，梁将发生侧向失稳弯曲，变形到如图 9-5 中双点画线所示的位置。薄壁圆管扭转时，在外力偶矩超过了相应的临界值后，圆管也会因失稳而在管壁上出现折皱。本章只讨论压杆的稳定问题。

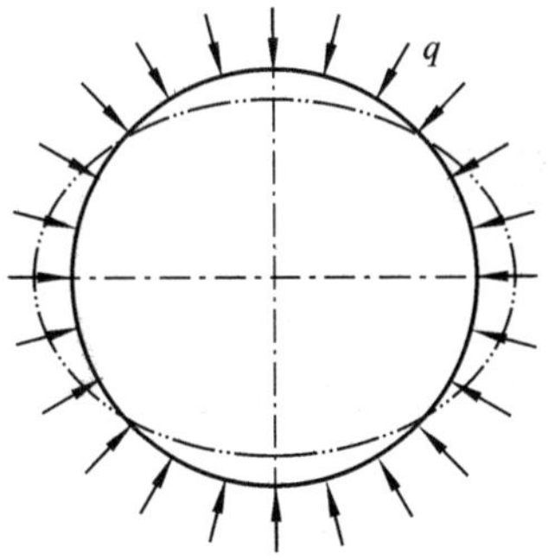

图 9-4

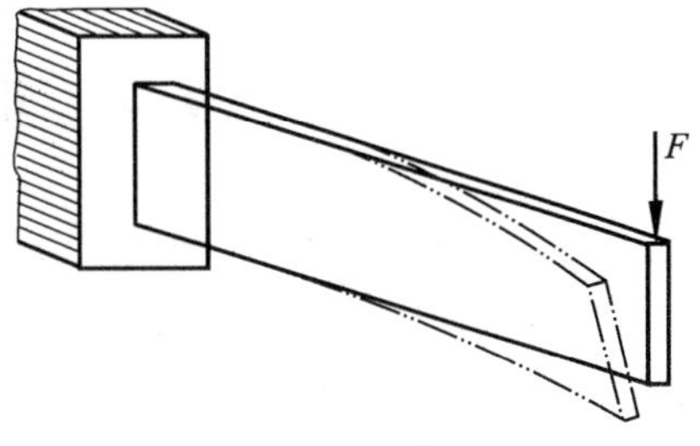

图 9-5

9.1.2 压杆失稳破坏实例

19 世纪的最后 25 年中，欧美发生过一系列铁路和公路桥梁以及杆系结构的破坏事件，有不少是由于压杆失稳造成的。其中，首推美国横跨阿什特比拉河上同名桥的破坏。

1876 年 12 月 29 日晚 8 时许，一列由两辆机车和 11 节车厢组成的快车在这座桥上通过，漫天大雪使列车只能以 16～19 km/h 的特慢速度行驶。当第一辆机车行驶至离对岸不到

15 m时，司机感到列车在被向后拽。于是他给足了汽，猛地开上桥墩，走了 45 m 后停下来。回头一看，什么都不见了。由于大桥断裂，后面的列车从 21 m 高处坠入河中，列车因锅炉失火而烧毁。158 名乘客中有 92 人遇难。

该桥系双轨路面、跨长 37 m 的全金属桁架式单跨铁路桥，建于 1865 年。经调查，破坏原因是多方面的，但直接原因是压杆失稳。由分析知，其斜撑杆最大工作压应力 $\sigma=41.2$ MPa，按当时的经验公式算得的极限应力为 76.9 MPa，安全因数为 1.87，结构是安全的。而实际上此杆属细长杆，应按欧拉公式计算临界应力，其值为 19.2 MPa，可见斜压杆失稳是必然的事情。然而，这座桥居然工作了 11 年，不能不令人惊奇！

另一则大的事故是瑞士明汉斯太因村铁路桥的破坏。1891 年 5 月 14 日，一座架设在莱茵河支流比尔斯河上的单轨铁桥坠毁。在有 12 节车厢的旅客列车上，74 人蒙难，200 人受伤。

该桥长 42 m、高 6 m、宽 4.6 m，为单跨桥，采用埃菲尔桁架。事故发生前不久，曾重新分析过该桥的强度。实验表明桥梁桁架可承受一般载荷，经核算构件的应力不超过 66.3 MPa，且载荷也未超过原设计规定的技术条件。为保险起见，还是对该桥采取了局部加强措施。

桥的破坏发生在白天，列车由于爬坡，车速只有 25 km/h。目击者都说，仅当第一个车头开到桥中央或稍过一点时，车头连车厢就坠入河里了。

瑞士政府责成结构力学教授里特尔和实验专家泰特马耶尔两人分析事故原因。与此同时，恩盖塞教授也对该桥进行了独立的分析。他们的一致意见是，当载荷位于桥跨中央时桁架中间斜杆的压应力最大，此时杆的安全因数小于 1(工作压应力为 66.3 MPa，由欧拉公式算出的临界应力为 52 MPa)。

20 世纪初，也发生了一些因压杆失稳而造成的事故。如 1907 年，建造魁北克城横跨圣罗棱士河的跨度为 548 m 的大桥时，桥突然倒塌，70 余人蒙难。事后检查的结果表明，事故是由桥下弦压杆稳定性不足造成的。

这一系列事例说明，在结构设计中缺乏全面的稳定性分析，其后果是何等严重！同时，这类灾难的发生也促使人们深入地研究压杆稳定的规律，并掌握这些规律，最终避免悲剧的重演。

9.2 细长压杆的临界力

如前所述，对确定的压杆来说，判断其是否会丧失稳定，主要取决于压力是否达到了临界力值。因此，根据压杆的不同条件来确定相应的临界力，是解决压杆稳定问题的关键。本节先讨论细长压杆的临界力。

由于临界力也可认为是压杆处于微弯平衡状态，当挠度趋向于零时承受的压力。因此，对一般截面形状、载荷及支座情况不复杂的细长压杆，可根据压杆处于微弯平衡状态下的挠曲线近似微分方程来求解，这一方法称为**欧拉法**。

9.2.1 两端铰支压杆的临界力

设细长压杆的两端为球铰支座(图 9-6)，轴线原来为直线，杆在压力 F 作用下处于微弯平衡状态。选取坐标系如图所示，距原点为 x 的任意截面的挠度为 w，弯矩 M 的绝对值为 Fw。若只取压力 F 的绝对值，则 w 为正时，M 为正；w 为负时，M 为负。即 M 与 w 的符号相同，所以

$$M(x) = Fw \tag{a}$$

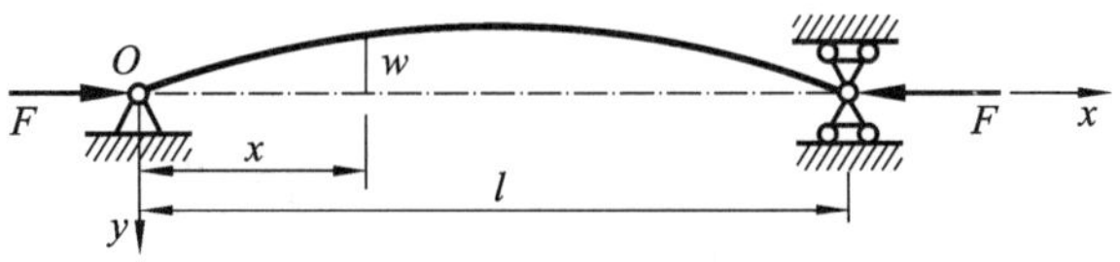

图 9-6

对微小的弯曲变形，挠曲线的近似微分方程为

$$EI\frac{d^2w}{dx^2} = -M(x) = -Fw \tag{b}$$

令

$$k^2 = \frac{F}{EI} \tag{c}$$

则式(b)可写成

$$\frac{d^2w}{dx^2} + k^2w = 0 \tag{d}$$

此微分方程的通解是

$$w = A\sin kx + B\cos kx \tag{e}$$

式中，A 和 B 是两个待定的积分常数。杆件的边界条件是在 $x=0$ 和 $x=l$ 处 $w=0$，由此解得

$$B = 0 \quad 或 \quad A\sin kl = 0 \tag{f}$$

若取 $A=0$，则由式(e)得 $w=0$，即表明杆没有弯曲，仍保持直线形状的平衡形式，这与杆已发生微小弯曲变形的前提相矛盾。因此，只能是 $\sin kl=0$。满足这一条件的 kl 值为

$$kl = n\pi \quad (n = 0,1,2,3,\cdots)$$

则由式(c)得

$$k = \sqrt{\frac{F}{EI}} = \frac{n\pi}{l}$$

故

$$F = \frac{n^2\pi^2EI}{l^2}$$

因为 n 是 0，1，2，…等整数中的任一个数，故上式表明，使杆件保持曲线平衡的压力，理论上是多值的。在这些压力中，使杆件保持微小弯曲的最小压力才是临界压力 F_{cr}。如取 $n=0$，则 $F=0$，表示杆件上并无压力，自然不是我们所需要的。这样，只有取 $n=1$ 才使压力为最小值。于是得临界力为

$$F_{cr} = \frac{\pi^2EI}{l^2} \tag{9-1}$$

式中，E 为压杆材料的弹性模量；I 为压杆横截面对中性轴的惯性矩；l 为压杆的长度。此式称为两端铰支压杆临界力的**欧拉公式**。

从公式可以看出，临界力 F_{cr} 与杆的抗弯刚度 EI 成正比，而与杆长 l 的平方成反比。也就是说，杆越细长，其临界力越小，即越容易丧失稳定。

应该注意，对于两端以球铰支承的压杆，式(9-1)中横截面的惯性矩 I 应取最小值 I_{min}。这是因为压杆失稳时，总是在抗弯能力最小的纵向平面(即最小刚度平面)内弯曲。

【例 9-1】 试求图 9-1(b)所示细长松木压杆的临界力。已知弹性模量 $E=9$ GPa，矩形截

面的尺寸为：$b=3$ cm，$h=0.5$ cm，杆长 $l=1$ m。

【解】 先计算横截面的惯性矩

$$I_{\min}=\frac{0.03\times0.005^3}{12}=\frac{1}{32\times10^8}\ \text{m}^4$$

杆的两端可简化为铰支，则由式(9-1)，可得其临界力为

$$F_{cr}=\frac{\pi^2 EI}{l^2}=\frac{3.14^2\times9\times10^9}{1^2\times32\times10^8}=27.8\ \text{N}$$

由此可知，若轴向压力达到27.8 N时，此杆就会丧失稳定。

现讨论压力 F 与压杆中点挠度的关系，从中可进一步理解压杆稳定性的概念。当取 $n=1$ 时，$k=\frac{\pi}{l}$，再注意到 $B=0$，于是式(e)化为

$$w=A\sin\frac{\pi x}{l}$$

可见，压杆过渡为曲线平衡后，轴线弯曲成半个正弦波曲线。A 为杆件中点的挠度。它的数值很小，但却是未定的。若以横坐标表示中点的挠度 δ，纵坐标表示压力 F(图9-7)，则当 F 小于 F_{cr} 时，杆件的直线平衡是稳定的，$\delta=0$，F 与 δ 的关系是垂直的直线 OA；当 F 达到 F_{cr} 时，直线平衡变为不稳定，过渡为曲线平衡后，F 与 δ 的关系为水平直线 AB。对曲线平衡，得不出 F 与 δ 间肯定的关系，这是因为在考察压杆的曲线平衡时，使用了挠曲线的近似微分方程。如采用挠曲线的精确微分方程，则得 F 与 δ 曲线如图9-7中 AC 所示。这样，当压力大于 F_{cr} 时，压杆的直线平衡由点 D 表示，但它是不稳定的，将过渡为由点 E 表示的曲线平衡。而曲线平衡是稳定的，轴线不会再恢复为直线。并且对应着载荷的每一个值，中点挠度都有确定的数值，并不是未定的。随着压力逐渐减小而趋近于 F_{cr} 时，中点挠度 δ 趋近于零。可见 F_{cr} 正是压杆直线平衡和曲线平衡的分界点。精确解还表明，$F=1.152F_{cr}$ 时，$\delta=0.297l\approx0.30l$。亦即，载荷与 F_{cr} 相比只增加15%，挠度 δ 已经是杆长 l 的30%。这样大的变形，除了比例极限很高的金属丝可以实现外，实际压杆是不能承受的。在达到如此大的变形之前，杆件早已发生塑性变形甚至折断。工程中常见的压杆一般都是小变形的，从图9-7可以看出，在 δ 很小的范围内，代表精确解的曲线 AC 与代表欧拉解的水平线 AB 差别很小。随着 δ 的加大，两者的差别才越来越大。所以，在小挠度的情况下，由欧拉公式确定的临界力是具有实际意义的。

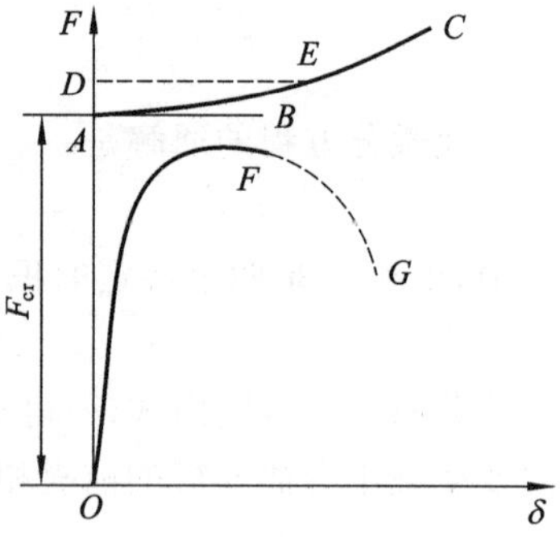

图 9-7

在上面的讨论中，认为压杆轴线是理想直线，压力作用线与轴线重合，材料是均匀的，这些都是理想情况，有时称为**理想压杆**或**理想柱**。实际压杆难免有初弯曲、压力偏心、材料不均匀等情况，可以设想，这些缺陷相当于压力有一个偏心距 e，这就使压杆很早就出现弯曲变形。所以，实验结果如图9-7中曲线 OFG 所示，其中 OF 段上的平衡状态是稳定的，而下降路径 FG 段上任一点的平衡是不稳定的，折线 OAB 可看作是它的极限情况。

9.2.2　其他约束情况下压杆的临界力

上面导出的是两端铰支压杆的临界力公式。当压杆的杆端约束情况改变时，压杆的挠曲

线近似微分方程和挠曲线的边界条件也随之改变，因而临界力的数值也不相同。仿照前面类似的方法，可求得各种约束情况下压杆的临界力公式。如果以两端铰支压杆的挠曲线（半波正弦曲线）为基本情况，将其与其他约束情况下的挠曲线对比，则可以得到欧拉公式的一般形式

$$F_{cr}=\frac{\pi^2 EI}{(\mu l)^2} \tag{9-2}$$

式中，μ 为不同约束条件下压杆的**长度因数**，μl 为相当于两端铰支压杆的半波正弦曲线的长度，称为**相当长度**。

几种理想杆端约束情况下的长度因数列于表 9-1。

表 9-1 压杆的长度因数表

杆端约束情况	两端铰支	一端固定 一端自由	一端固定 一端铰支	两端固定
挠曲线形状	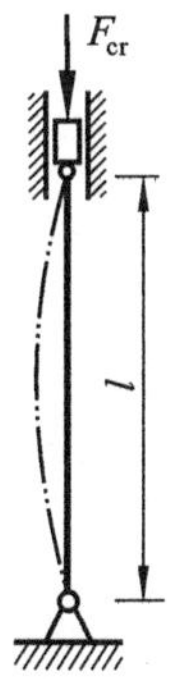	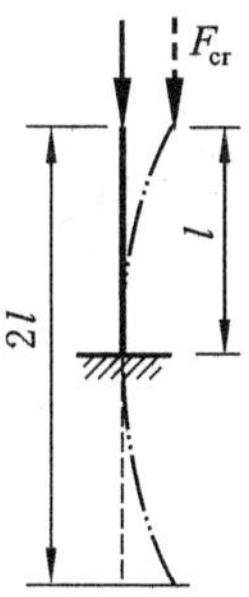	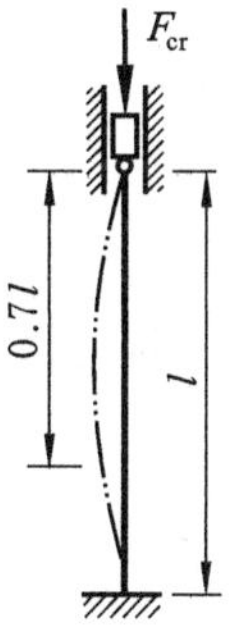	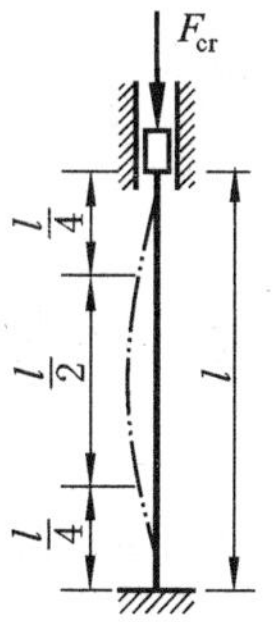
长度因数 μ	1.0	2.0	0.7	0.5

由表 9-1 可以看出，欲使长为 l 的一端固定、一端自由的压杆失稳，相当于使长度为 $2l$ 的两端铰支的压杆失稳；同样，对于一端固定、一端铰支的压杆，因挠曲线的拐点在 $0.7l$ 处，故其相当长度为 $0.7l$；对两端固定的压杆，则与长度为 $0.5l$ 的两端铰支的压杆相当。

应该指出，以上只是几种典型情形，实际问题中压杆的支座还可能有其他情况。例如，杆端与其他弹性构件固接的压杆，由于弹性构件也将发生变形，所以压杆的端截面就是介于固定支座和铰支座之间的弹性支座。此外，压杆上的载荷也有多种形式。例如压力可能沿轴线分布而不是集中于两端。又如，在弹性介质中的压杆，还将受到介质的阻抗力。上述各种情况，也可用不同的长度因数 μ 来反映，这些因数的值可从有关的设计手册或规范中查到。

【例 9-2】 一下端固定、上端自由并在自由端受轴向压力作用的等直细长压杆如图 9-8 所示，杆长为 l。在临界力作用下，杆失稳时有可能在 xy 平面内维持微弯状态下的平衡，其抗弯刚度为 EI。试推导其临界力 F_{cr} 的欧拉公式，并求压杆的挠曲线方程。

【解】 根据杆端约束情况，杆在临界力 F_{cr} 作用下的挠曲线形状如图 9-8 所示。最大挠度 δ 发生在杆的自由端。由临界力引起的杆任意 x 横截面上的弯矩为

$$M(x)=-F_{cr}(\delta-w)$$

杆的挠曲线近似微分方程为

$$EI\frac{d^2w}{dx^2}=-M(x)=F_{cr}(\delta-w)$$

移项并简化得

$$\frac{d^2w}{dx^2}+k^2w=k^2\delta$$

式中，$k^2=\frac{F_{cr}}{EI}$。

该微分方程的通解为

$$w=A\sin kx+B\cos kx+\delta \tag{a}$$

式中，A、B、k 为待定常数。

挠曲线的边界条件是

在 $x=0$ 处： $w=0,\quad \frac{dw}{dx}=0$

在 $x=l$ 处： $w=\delta$

对式(a)求一阶导数得

$$\frac{dw}{dx}=Ak\cos kx-Bk\sin kx$$

将 $x=0$，$\frac{dw}{dx}=0$ 代入得

$$A=0$$

又 $x=0$ 时，$w=0$，即

$$w=B\cos kx+\delta=B+\delta=0$$

得

$$B=-\delta$$

所以

$$w=\delta(1-\cos kx) \tag{b}$$

最后将 $x=l$ 时，$w=\delta$ 代入式(b)得

$$\delta=\delta(1-\cos kl)$$

能使挠曲线成立的条件为 $\cos kl=0$，从而得到

$$kl=\frac{n\pi}{2}\quad(n=1,3,5,\cdots)$$

其最小解 $kl=\frac{\pi}{2}$，得临界力 F_{cr} 的欧拉公式为

$$F_{cr}=\frac{\pi^2EI}{4l^2}=\frac{\pi^2EI}{(2l)^2}$$

以 $k=\frac{\pi}{2l}$ 代入式(b)，得压杆的挠曲线方程为

$$w=\delta\left(1-\cos\frac{\pi x}{2l}\right)$$

式中，δ 为杆自由端的微小挠度，其值不定。

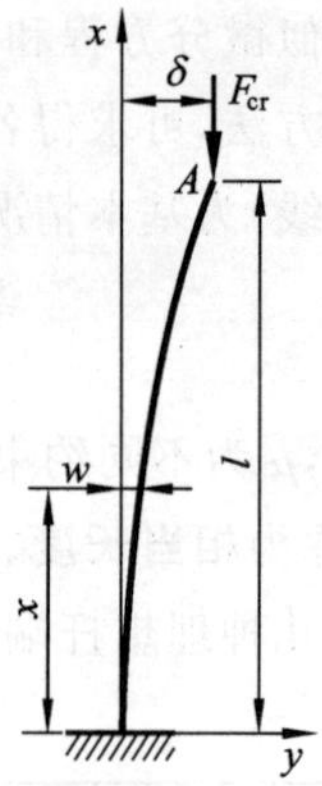

图 9-8

9.3 欧拉公式的适用范围 临界应力总图

欧拉公式是以压杆的挠曲线近似微分方程为依据推导出来的，而这个微分方程只有在材料服从胡克定律的条件下才成立。因此，当压杆内的应力不超过材料的比例极限时，欧拉公式才能适用。为了确定欧拉公式的适用范围，下面首先介绍临界应力和柔度的概念。

9.3.1 临界应力和柔度

在临界力作用下压杆横截面上的平均应力，可用临界力 F_{cr} 除以压杆的横截面面积 A 求得，称为压杆的**临界应力**，并以 σ_{cr} 表示。即

$$\sigma_{cr}=\frac{F_{cr}}{A}=\frac{\pi^2 EI}{(\mu l)^2 A} \tag{a}$$

式中的 I 和 A 都是与截面有关的几何量，如将惯性矩表示为 $I=i^2A$，代入式(a)，得

$$\sigma_{cr}=\frac{\pi^2 E}{\left(\frac{\mu l}{i}\right)^2} \tag{b}$$

引入记号

$$\lambda=\frac{\mu l}{i} \tag{9-3}$$

可得压杆临界应力的一般公式为

$$\sigma_{cr}=\frac{\pi^2 E}{\lambda^2} \tag{9-4}$$

式中，λ 称为压杆的**柔度**或**长细比**，是一个量纲一的量，它反映了杆端约束情况、压杆长度、截面形状和尺寸等因素对临界应力的综合影响。显然，若 λ 越大，即压杆比较细长，则临界应力就越小，压杆越容易丧失稳定；反之，若 λ 越小，即压杆比较粗短，则临界应力就比较大，压杆就不太容易丧失稳定。所以，柔度 λ 是压杆稳定计算中的一个重要参数。

9.3.2 欧拉公式的适用范围

前面已述，只有压杆内的应力不超过材料的比例极限 σ_p 时，欧拉公式才能适用。因此，欧拉公式的适用条件是

$$\sigma_{cr}=\frac{\pi^2 E}{\lambda^2}\leqslant\sigma_p \tag{c}$$

由此式(取等于)可求得对应于比例极限的柔度值为

$$\lambda_p=\sqrt{\frac{\pi^2 E}{\sigma_p}} \tag{9-5}$$

因此，欧拉公式的适用范围可以用压杆的柔度值 λ_p 来表示，即只有当压杆的实际柔度 $\lambda\geqslant\lambda_p$ 时，欧拉公式才适用。这一类压杆称为**大柔度压杆**或**细长压杆**。

式(9-5)表明，λ_p 与材料的性质有关，材料不同，λ_p 的数值也就不同。对于常用的 Q235 钢，弹性模量 $E=200$ GPa，比例极限 $\sigma_p=200$ MPa，代入式(9-5)后可得 $\lambda_p\approx100$。也就是说，以 Q235 钢制成的压杆，其柔度 $\lambda\geqslant100$ 时，才能用欧拉公式计算其临界力。又如对 $E=70$ GPa，$\sigma_p=175$ MPa 的铝合金来说，由式(9-5)求得 $\lambda_p=62.8$。表示由这类铝合金制成的压

杆，只有当 $\lambda \geqslant 62.8$ 时，才能使用欧拉公式。

【例 9-3】 30 mm×70 mm 的矩形截面压杆两端用柱形铰（插销）连接，如图 9-9 所示。已知材料为 Q235 钢，$E=200$ GPa，$\sigma_p=200$ MPa，杆长 $l=2300$ mm，求压杆的临界力。

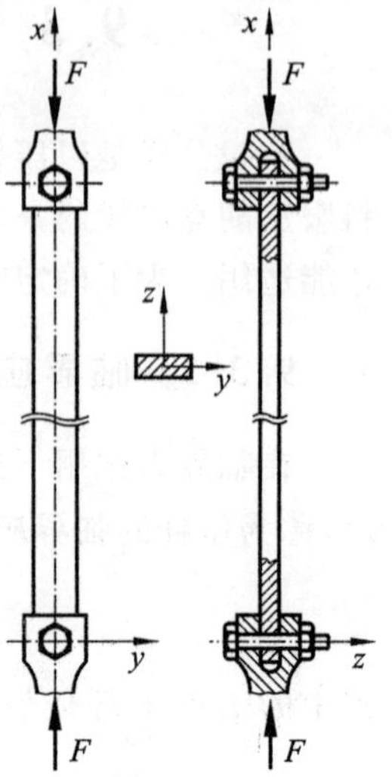

图 9-9

【解】 由式(9-5)求出

$$\lambda_p=\sqrt{\frac{\pi^2 E}{\sigma_p}}=\sqrt{\frac{\pi^2\times 200\times 10^9}{200\times 10^6}}\approx 100$$

横截面的面积和惯性矩分别为

$$A=30\times 70=2100\ \text{mm}^2$$

$$I_z=\frac{30\times 70^3}{12}=8.575\times 10^5\ \text{mm}^4$$

$$I_y=\frac{70\times 30^3}{12}=1.575\times 10^5\ \text{mm}^4$$

横截面对 z 轴和 y 轴的惯性半径分别为

$$i_z=\sqrt{\frac{I_z}{A}}=\sqrt{\frac{8.575\times 10^5}{2100}}=20.21\ \text{mm}$$

$$i_y=\sqrt{\frac{I_y}{A}}=\sqrt{\frac{1.575\times 10^5}{2100}}=8.66\ \text{mm}$$

考虑压杆在 xy 平面内失稳，此时可看作两端铰支，$\mu=1.0$，柔度为

$$\lambda_z=\frac{\mu l}{i_z}=\frac{1.0\times 2300}{20.21}=113.8$$

考虑压杆在 xz 平面内失稳，此时可看作两端固定，$\mu=0.5$，柔度为

$$\lambda_y=\frac{\mu l}{i_y}=\frac{0.5\times 2300}{8.66}=132.8$$

所以弯曲只能发生在 xz 平面内，且因 $\lambda_y>\lambda_p$，所以临界力可用欧拉公式计算。

$$F_{cr}=\frac{\pi^2 E}{\lambda_y^2}\cdot A=\frac{\pi^2\times 200\times 10^9\times 0.03\times 0.07}{132.8^2}=235\ \text{kN}$$

9.3.3 切线弹性模量公式

若压杆的柔度 λ 小于 λ_p，称为**小柔度压杆或非细长压杆**。小柔度压杆的临界应力 σ_{cr} 大于材料的比例极限 σ_p，这时的压杆将产生塑性变形，称为弹塑性稳定问题。对超过比例极限后的压杆失稳问题，有理论分析的结果，也有以试验结果为依据的经验公式。本书只介绍基于理论分析的切线弹性模量公式。

设某金属材料的 σ-ε 曲线如图 9-10(a)所示。当 $\sigma\leqslant\sigma_p$ 时，弹性模量 $E=\Delta\sigma/\Delta\varepsilon$ 为常量；当 $\sigma>\sigma_p$ 时，σ-ε 曲线上某点的斜率为该点的弹性模量 E_T，即 $E_T=d\sigma/d\varepsilon\approx\Delta\sigma/\Delta\varepsilon$，称 E_T 为**切线弹性模量**。由 σ-ε 曲线可知，σ 越大，E_T 越小。应力 σ 与切线弹性模量 E_T 的关系曲线，即 σ-E_T 曲线如图 9-10(b)所示。

对于 $\sigma_{cr}>\sigma_p$ 的中心受压直杆，德国学者恩格塞尔(Engesser)于 1889 年提出了切线弹性模量公式：在 $\lambda<\lambda_p$ 的情况下，欧拉公式中的弹性模量 E 应该用切线弹性模量 E_T 代替，即

$$F_{cr}=\frac{\pi^2 E_T I}{(\mu l)^2} \tag{9-6}$$

或

$$\sigma_{cr}=\frac{\pi^2 E_T}{\lambda^2} \tag{9-7}$$

以上二式称为中心受压直杆弹塑性稳定问题的**切线弹性模量公式**或**恩格塞尔公式**。

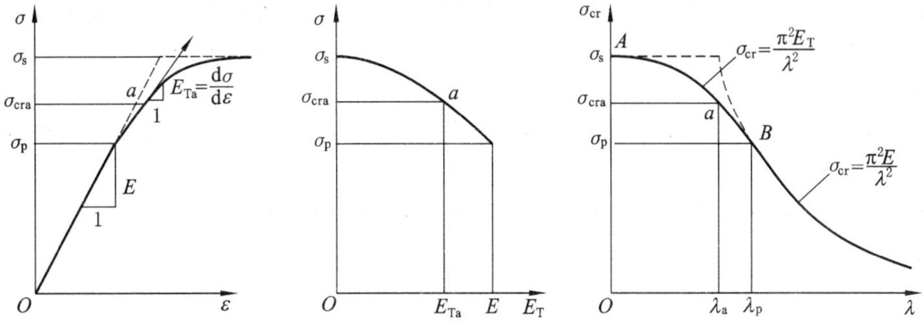

(a) σ-ε曲线 (b) σ-E_T曲线 (c) σ_{cr}-λ曲线

图 9-10

从形式上看,式(9-7)与欧拉公式(9-4)仅 E_T 与 E 不同,但在使用上却有很大的区别。采用欧拉(Euler)公式可直接由长细比 λ 求得临界应力 σ_{cr},但切线模量公式则不能,因为切线模量 E_T 与临界应力 σ_{cr} 互为函数。可通过短柱试验先测得材料的平均 σ-ε 关系曲线[图 9-10(a)],从而得到材料的 σ-E_T 关系式或关系曲线[图 9-10(b)]。对 σ-E_T 关系已知的中心受压构件,可先给定 σ_{cr} 再从试验所得的 σ-E_T 关系曲线得出相应的 E_T,然后由切线模量公式(9-7)求出长细比 λ。由此所得到的弹塑性屈曲阶段的临界应力 σ_{cr} 随长细比 λ 的变化曲线如图 9-10(c)中的 AB 段所示。当然,也可以将试验所得的 σ-E_T 关系与式(9-7)联立求解得到 σ_{cr}-λ 关系曲线。临界应力 σ_{cr} 与长细比 λ 的关系曲线可作为轴心受压构件设计的依据,称为**柱子曲线**。

需要说明的是,当压杆的柔度很小时,按切线弹性模量公式求得的临界应力值,有可能超过材料的屈服极限 σ_s,这时应以屈服极限 σ_s 作为压杆的临界应力 σ_{cr}。

因此,压杆的临界应力是随柔度而变的,它们之间的关系,可以用一个图形来表示,如图 9-10(c)所示。此图表示了临界应力 σ_{cr} 随压杆柔度 λ 变化的情况,称为**临界应力总图**。

9.4 压杆的稳定计算

9.4.1 实际压杆的稳定因数

实际压杆可能存在杆件的初曲率、压力的偏心度以及截面上的残余应力等不利因素,将降低压杆的临界应力。但是压杆所能承受的极限应力总是随压杆的柔度而改变的,柔度越大,极限应力值越低。设计压杆时所用的许用应力也应随压杆柔度的增大而减小。在压杆设计中,将压杆的稳定许用应力 $[\sigma]_{st}$ 写作材料的强度许用应力 $[\sigma]$ 乘以一个随压杆柔度 λ 而改变的稳定因数 $\varphi=\varphi(\lambda)$,即

$$[\sigma]_{st}=\frac{\sigma_{cr}}{n_{st}}=\frac{\sigma_{cr}}{n_{st}[\sigma]}[\sigma]=\varphi[\sigma] \tag{9-8}$$

以反映压杆的稳定许用应力随压杆柔度改变的这一特点。在稳定因数 $\varphi=\varphi(\lambda)$ 中,也考虑了

压杆的稳定安全因数 n_{st} 随压杆柔度而改变的因素。

对于各种轧制与焊接钢构件的稳定因数,《钢结构设计规范》(GB 50017—2003)中根据国内常用构件的截面形式、尺寸和加工条件,规定了相应的残余应力变化规律,并考虑 $l/1000$ 的初曲率,计算了 96 根压杆的稳定因数 φ 与柔度 λ 的关系,然后将承载能力相近的截面归并为 a、b、c、d 四类,根据不同材料的屈服强度分别给出 a、b、c、d 四类截面在不同柔度 λ 下的稳定因数 φ 值,以供压杆设计时参考。表 9-2～表 9-5 分别给出了常用钢的 a、b、c、d 四类截面的稳定因数。

对于木制受压构件的稳定因数,《木结构设计规范》(GB 50005—2003)中按树种的强度等级,给出了两组计算公式。

当树种强度等级为 TC13、TC11、TB17、TB15 及 TB11 时,有

当 $\lambda\leqslant 91$ 时

$$\varphi=\frac{1}{1+\left(\frac{\lambda}{65}\right)^2} \tag{9-9}$$

当 $\lambda>91$ 时

$$\varphi=\frac{2800}{\lambda^2} \tag{9-10}$$

当树种强度等级为 TC17、TC15 及 TB20 时,有

当 $\lambda\leqslant 75$ 时

$$\varphi=\frac{1}{1+\left(\frac{\lambda}{80}\right)^2} \tag{9-11}$$

当 $\lambda>75$ 时

$$\varphi=\frac{3000}{\lambda^2} \tag{9-12}$$

树种强度代号中,数字表示树种的弯曲强度(MPa)。其中 TC11 中有西北云杉、冷杉等;TC13 中有红松、马尾松等;TC15 中有红杉、云杉等;TC17 中有柏木、东北落叶松等;TB15 中有栲木、桦木等;TB17 中有水曲柳等;TB20 中有栎木、桐木等。

表 9-2 a 类截面中心受压构件的稳定因数 φ

λ	0	1	2	3	4	5	6	7	8	9
0	1.000	1.000	1.000	1.000	0.999	0.999	0.998	0.998	0.997	0.996
10	0.995	0.994	0.993	0.992	0.991	0.989	0.988	0.986	0.985	0.983
20	0.981	0.979	0.977	0.976	0.974	0.972	0.970	0.968	0.966	0.964
30	0.963	0.961	0.959	0.957	0.955	0.952	0.950	0.948	0.946	0.944
40	0.941	0.939	0.937	0.934	0.932	0.929	0.927	0.924	0.921	0.919
50	0.916	0.913	0.910	0.907	0.904	0.900	0.897	0.894	0.890	0.886
60	0.883	0.879	0.875	0.871	0.867	0.863	0.858	0.854	0.849	0.844
70	0.839	0.834	0.829	0.824	0.818	0.813	0.807	0.801	0.795	0.789
80	0.783	0.776	0.770	0.763	0.757	0.750	0.743	0.736	0.728	0.721
90	0.714	0.706	0.699	0.691	0.684	0.676	0.668	0.661	0.653	0.645

续表 9-2

λ	0	1	2	3	4	5	6	7	8	9
100	0.638	0.630	0.622	0.815	0.607	0.600	0.592	0.585	0.577	0.570
110	0.563	0.555	0.548	0.541	0.534	0.527	0.520	0.514	0.507	0.500
120	0.494	0.488	0.481	0.475	0.469	0.463	0.457	0.451	0.445	0.440
130	0.434	0.429	0.423	0.418	0.412	0.407	0.402	0.397	0.392	0.387
140	0.383	0.378	0.373	0.369	0.364	0.360	0.356	0.351	0.347	0.343
150	0.339	0.335	0.331	0.327	0.323	0.320	0.316	0.312	0.309	0.305
160	0.302	0.298	0.295	0.292	0.289	0.285	0.282	0.279	0.276	0.273
170	0.270	0.267	0.264	0.262	0.259	0.256	0.253	0.251	0.248	0.246
180	0.243	0.241	0.238	0.236	0.233	0.213	0.229	0.226	0.224	0.222
190	0.220	0.218	0.215	0.213	0.211	0.209	0.207	0.205	0.203	0.201
200	0.199	0.198	0.196	0.194	0.192	0.190	0.189	0.187	0.185	0.183
210	0.182	0.180	0.179	0.177	0.175	0.174	0.172	0.171	0.169	0.168
220	0.166	0.165	0.164	0.162	0.161	0.159	0.158	0.157	0.155	0.154
230	0.153	0.152	0.150	0.149	0.148	0.147	0.146	0.144	0.143	0.142
240	0.141	0.140	0.139	0.138	0.136	0.135	0.134	0.133	0.132	0.131
250	0.130									

表 9-3 b 类截面中心受压构件的稳定因数 φ

λ	0	1	2	3	4	5	6	7	8	9
0	1.000	1.000	1.000	0.999	0.999	0.998	0.997	0.996	0.995	0.994
10	0.992	0.991	0.989	0.987	0.985	0.983	0.981	0.978	0.976	0.973
20	0.970	0.967	0.963	0.960	0.957	0.953	0.950	0.946	0.943	0.939
30	0.936	0.932	0.929	0.925	0.922	0.918	0.914	0.910	0.906	0.903
40	0.899	0.895	0.891	0.887	0.882	0.878	0.874	0.870	0.865	0.861
50	0.856	0.852	0.847	0.842	0.838	0.833	0.828	0.823	0.818	0.813
60	0.807	0.802	0.797	0.791	0.786	0.780	0.774	0.769	0.763	0.757
70	0.751	0.745	0.739	0.732	0.726	0.720	0.714	0.707	0.701	0.694
80	0.688	0.681	0.675	0.668	0.661	0.655	0.648	0.641	0.635	0.628
90	0.621	0.614	0.608	0.601	0.594	0.588	0.581	0.575	0.568	0.561
100	0.555	0.549	0.542	0.536	0.529	0.523	0.517	0.511	0.505	0.499
110	0.493	0.487	0.481	0.475	0.470	0.464	0.458	0.453	0.447	0.442
120	0.437	0.432	0.426	0.421	0.416	0.411	0.406	0.402	0.397	0.392
130	0.387	0.383	0.378	0.374	0.370	0.365	0.361	0.357	0.535	0.349

续表 9-3

λ	0	1	2	3	4	5	6	7	8	9
140	0.345	0.341	0.337	0.333	0.329	0.326	0.322	0.318	0.315	0.311
150	0.308	0.304	0.301	0.298	0.295	0.291	0.288	0.285	0.282	0.279
160	0.276	0.273	0.270	0.267	0.265	0.262	0.259	0.256	0.254	0.251
170	0.249	0.246	0.244	0.241	0.239	0.236	0.234	0.232	0.229	0.227
180	0.225	0.223	0.220	0.218	0.216	0.214	0.212	0.210	0.208	0.206
190	0.204	0.202	0.200	0.198	0.197	0.195	0.193	0.191	0.190	0.188
200	0.186	0.184	0.183	0.181	0.180	0.178	0.176	0.175	0.173	0.172
210	0.170	0.169	0.167	0.166	0.165	0.163	0.160	0.162	0.159	0.158
220	0.156	0.155	0.154	0.153	0.151	0.150	0.149	0.148	0.146	0.145
230	0.144	0.143	0.142	0.141	0.140	0.138	0.137	0.136	0.135	0.134
240	0.133	0.132	0.131	0.130	0.129	0.128	0.127	0.126	0.125	0.124
250	0.123									

表 9-4　c 类截面中心受压构件的稳定因数 φ

λ	0	1	2	3	4	5	6	7	8	9
0	1.000	1.000	1.000	0.999	0.999	0.998	0.997	0.996	0.995	0.993
10	0.992	0.990	0.998	0.986	0.983	0.981	0.978	0.976	0.973	0.970
20	0.966	0.959	0.953	0.947	0.940	0.934	0.928	0.921	0.915	0.909
30	0.902	0.896	0.890	0.884	0.877	0.871	0.865	0.858	0.852	0.846
40	0.839	0.833	0.826	0.820	0.814	0.807	0.801	0.794	0.788	0.781
50	0.775	0.768	0.762	0.755	0.748	0.742	0.735	0.729	0.722	0.715
60	0.709	0.702	0.694	0.689	0.682	0.676	0.669	0.662	0.656	0.649
70	0.643	0.636	0.629	0.623	0.616	0.610	0.604	0.597	0.591	0.584
80	0.578	0.572	0.566	0.559	0.553	0.547	0.541	0.535	0.529	0.523
90	0.517	0.511	0.505	0.500	0.494	0.488	0.483	0.477	0.472	0.467
100	0.463	0.458	0.454	0.449	0.445	0.441	0.436	0.432	0.428	0.423
110	0.419	0.415	0.411	0.407	0.403	0.399	0.395	0.391	0.387	0.383
120	0.379	0.375	0.371	0.367	0.364	0.360	0.356	0.353	0.349	0.346
130	0.342	0.339	0.335	0.332	0.328	0.325	0.322	0.319	0.315	0.312
140	0.309	0.306	0.303	0.300	0.297	0.294	0.291	0.288	0.285	0.282
150	0.280	0.277	0.274	0.271	0.269	0.266	0.264	0.261	0.258	0.256
160	0.254	0.251	0.249	0.246	0.244	0.242	0.239	0.237	0.235	0.233

续表 9-4

λ	0	1	2	3	4	5	6	7	8	9
170	0.230	0.228	0.226	0.224	0.222	0.220	0.218	0.216	0.214	0.212
180	0.210	0.208	0.206	0.205	0.203	0.201	0.199	0.197	0.196	0.194
190	0.192	0.190	0.189	0.187	0.186	0.184	0.182	0.181	0.179	0.178
200	0.176	0.175	0.173	0.172	0.170	0.169	0.168	0.166	0.165	0.163
210	0.162	0.161	0.159	0.158	0.157	0.156	0.154	0.153	0.152	0.151
220	0.150	0.148	0.147	0.146	0.145	0.144	0.143	0.142	0.140	0.139
230	0.138	0.137	0.136	0.135	0.134	0.133	0.132	0.131	0.130	0.129
240	0.128	0.127	0.126	0.125	0.124	0.124	0.123	0.122	0.121	0.120
250	0.119									

表 9-5 d 类截面中心受压构件的稳定因数 φ

λ	0	1	2	3	4	5	6	7	8	9
0	1.000	1.000	0.999	0.999	0.998	0.996	0.994	0.992	0.990	0.987
10	0.984	0.981	0.978	0.974	0.969	0.965	0.960	0.955	0.949	0.944
20	0.937	0.927	0.918	0.909	0.900	0.891	0.883	0.874	0.865	0.857
30	0.848	0.840	0.831	0.823	0.815	0.807	0.799	0.790	0.782	0.774
40	0.766	0.759	0.751	0.743	0.735	0.728	0.720	0.712	0.705	0.697
50	0.690	0.683	0.675	0.668	0.661	0.654	0.646	0.639	0.632	0.620
60	0.618	0.612	0.605	0.598	0.591	0.585	0.578	0.572	0.565	0.559
70	0.552	0.546	0.540	0.534	0.528	0.522	0.516	0.510	0.504	0.498
80	0.493	0.487	0.481	0.476	0.470	0.465	0.460	0.454	0.449	0.444
90	0.439	0.434	0.429	0.424	0.419	0.414	0.410	0.405	0.401	0.397
100	0.394	0.390	0.387	0.383	0.380	0.376	0.373	0.370	0.366	0.363
110	0.359	0.356	0.353	0.350	0.346	0.343	0.340	0.337	0.334	0.331
120	0.328	0.325	0.322	0.319	0.316	0.313	0.310	0.307	0.304	0.301
130	0.299	0.296	0.293	0.290	0.288	0.285	0.282	0.280	0.277	0.275
140	0.272	0.270	0.267	0.265	0.262	0.260	0.258	0.255	0.253	0.251
150	0.248	0.246	0.244	0.242	0.240	0.237	0.235	0.233	0.231	0.229
160	0.227	0.225	0.223	0.221	0.219	0.217	0.215	0.213	0.212	0.210
170	0.208	0.206	0.204	0.203	0.201	0.199	0.197	0.196	0.194	0.192
180	0.191	0.189	0.188	0.186	0.184	0.183	0.181	0.180	0.178	0.177
190	0.176	0.174	0.173	0.171	0.170	0.168	0.167	0.166	0.164	0.163
200	0.162									

9.4.2 压杆的稳定计算

通过前面的讨论,压杆的稳定条件可表达为

$$\frac{F}{A}\leqslant\varphi[\sigma] \tag{9-13a}$$

通常改写为

$$\frac{F}{\varphi A}\leqslant[\sigma] \tag{9-13b}$$

式中,F为压杆承受的轴向压力;φ为压杆的稳定因数;A为压杆的横截面面积。当压杆由于钉孔等原因而使横截面有局部削弱时,由于压杆的临界力是根据整杆的失稳来确定的,所以在稳定计算中不必考虑局部截面削弱的影响,而以毛面积进行计算。但在强度计算中,应按局部被削弱的净面积进行计算。$[\sigma]$为压杆材料的许用压应力,对于木材,$[\sigma]$应为顺纹许用压应力。

在稳定计算中,若已知压杆的材料、杆长和杆端约束条件,而需选择压杆的截面尺寸时,由于压杆的稳定因数φ(或柔度λ)受截面形状和大小的影响,通常需采用试算法。

【例 9-4】 如图 9-11 所示为一简单托架,其撑杆 AB 为圆截面木杆,杆的直径 $d=200$ mm,两端铰接,材料的强度等级为 TC15,许用应力$[\sigma]=11$ MPa。在横梁上作用有集度为 $q=50$ kN/m 的均布载荷。试校核撑杆的稳定性。

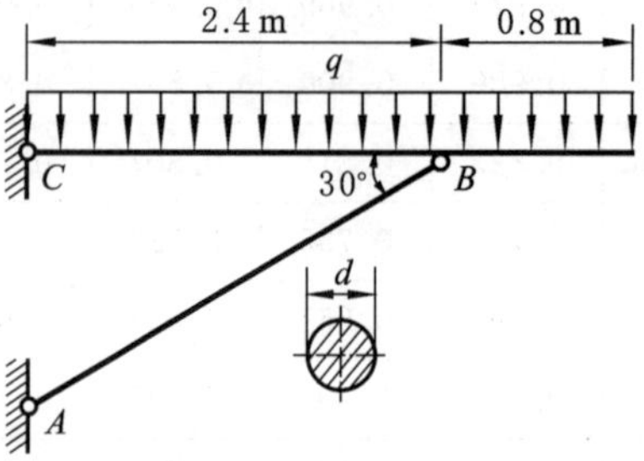

图 9-11

【解】 压杆 AB 的柔度为

$$\lambda=\frac{\mu l}{i}=\frac{\mu l}{\sqrt{\dfrac{\dfrac{1}{64}\pi d^4}{\dfrac{\pi}{4}d^2}}}=\frac{1\times\dfrac{2.4}{\cos30^\circ}}{\dfrac{1}{4}\times200\times10^{-3}}=55.4$$

由式(9-11)得压杆 AB 的稳定因数为

$$\varphi=\frac{1}{1+\left(\dfrac{\lambda}{80}\right)^2}=\frac{1}{1+\left(\dfrac{55.4}{80}\right)^2}=0.676$$

从而得压杆 AB 的稳定许用应力为

$$[\sigma]_{st}=\varphi[\sigma]=0.676\times11=7.43\ \text{MPa}$$

根据结构的平衡得压杆 AB 的轴力为

$$F_N=\frac{\dfrac{1}{2}\times50\times3.2^2}{2.4\times\sin30^\circ}=213.3\ \text{kN}$$

则压杆 AB 横截面上的应力为

$$\sigma=\frac{F_N}{A}=\frac{F_N}{\frac{\pi d^2}{4}}=\frac{213.3\times10^3\times4}{\pi\times0.2^2}=6.79\times10^6\ \text{Pa}=6.79\ \text{MPa}<[\sigma]_{st}$$

故压杆 AB 满足稳定性要求。

【例 9-5】 如图 9-12 所示为某建筑结构立柱的横截面，用两根 Q235 槽钢组成，柱长 6 m，这种结构符合钢结构设计规范中的 b 类截面中心受压杆的要求。组成柱的槽钢是通过缀板（缀条）用四个直径为 30 mm 的螺栓连接。柱承受的轴向压力为 280 kN，材料的强度许用应力为$[\sigma]=160$ MPa。由于柱顶与梁连接，可发生侧向移动，因此，柱的长度因数取 $\mu=1.3$。试选择组成柱的槽钢型号，并计算组合截面宽度 b 及缀板间距 a。

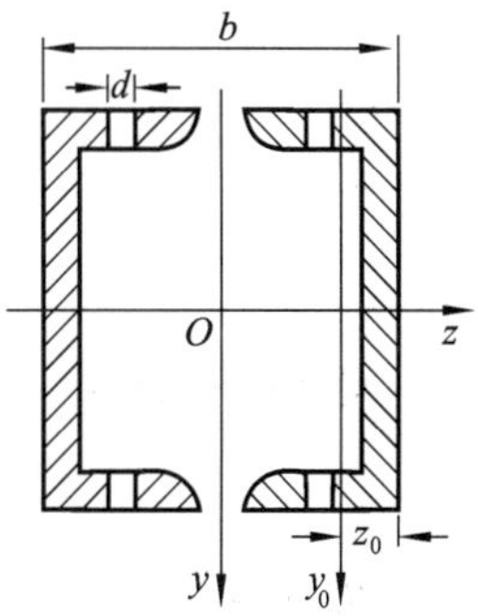

图 9-12

【解】 (1) 按稳定条件确定槽钢型号。

由于要选择截面，其柔度 $\lambda=\mu l/i$ 无法确定，相应的稳定因数 φ 就无法确定。通常是先假设一个 φ 值进行试算。

设 $\varphi=0.5$，则柱的稳定许用应力为

$$[\sigma]_{st}=\varphi[\sigma]=0.5\times160=80\ \text{MPa}$$

由稳定条件得每根槽钢的横截面面积为

$$A=\frac{F}{2[\sigma]_{st}}=\frac{280\times10^3}{2\times80\times10^6}=1.75\times10^{-3}\ \text{m}^2$$

查型钢表，选 14a 槽钢，其横截面面积和惯性半径为 $A=18.51\ \text{cm}^2$，$i_z=5.52$ cm。

图示组合截面的 i_z 与单个槽钢的 i_z 相同。此时，其柔度为

$$\lambda=\frac{\mu l}{i}=\frac{1.3\times6}{5.52\times10^{-2}}=141$$

查表 9-3 得对应于柔度 $\lambda=141$ 的稳定因数为

$$\varphi=0.341$$

这个值与前面假设的 $\varphi=0.5$ 相差较远，必须重新假设，取 $\varphi=0.4$。

选取的槽钢截面面积为

$$A=\frac{F}{2[\sigma]_{st}}=\frac{280\times10^3}{2\times0.4\times160\times10^6}=2.188\times10^{-3}\ \text{m}^2$$

查表后选 16a 槽钢，其横截面面积和惯性半径分别为 $A=21.95\ \text{cm}^2$，$i_z=6.28$ cm。此时，对应的柔度为

$$\lambda=\frac{\mu l}{i}=\frac{1.3\times6}{6.28\times10^{-2}}=124$$

查表 9-3 得 $\varphi=0.416$，与 $\varphi=0.4$ 比较接近，按 $\varphi=0.416$ 进行校核。

稳定许用应力为

$$[\sigma]_{st}=\varphi[\sigma]=0.416\times160=66.56\ \text{MPa}$$

柱的工作应力为

$$\sigma=\frac{F}{2A}=\frac{280\times10^3}{2\times21.95\times10^{-4}}=63.78\ \text{MPa}<[\sigma]_{st}$$

故满足稳定性要求。

(2) 计算组合截面宽度 b。

前述计算中只考虑了截面对 z 轴的惯性半径 i_z，即只考虑柱在 xy 面内的稳定性。实际中，柱也可能在 xz 面内失稳。因此，要对柱在 xz 面的稳定性进行计算，如图 9-12 所示。调整组合截面宽度 b 值，可使截面对 y 轴的惯性半径 i_y 发生变化，当 $i_y=i_z$ 时，柱的稳定性最好。现利用 $i_y=i_z$，确定 b 值。

利用平行移轴公式得

$$I_y=2I_{y_0}+2A\left(\frac{b}{2}-z_0\right)^2$$

则

$$i_y^2=\frac{I_y}{2A}=i_{y_0}^2+\left(\frac{b}{2}-z_0\right)^2$$

对 16a 槽钢，$i_{y_0}=1.83\ \text{cm}$，$z_0=1.8\ \text{cm}$，$i_z=6.28\ \text{cm}$。令 $i_y=i_z$，得

$$\frac{b}{2}=\sqrt{6.28^2-1.83^2}+1.8=7.81\ \text{cm}$$

从而得

$$b=2\times7.81=15.62\ \text{cm}$$

(3) 计算缀板间距 a。

组成柱的两根槽钢是通过缀板(缀条)将它们连接成整体的[图 9-13(a)]，如果缀板间距过大，则在柱整体失稳以前，两缀板之间的槽钢会发生局部失稳。因此，应保证其局部稳定性不低于整体稳定性。通常将两缀板之间的槽钢视为两端铰支的压杆[图 9-13(b)]，若要使整体和局部的稳定性相同，要求两缀板间单根槽钢的柔度 λ_1 与柱整体的柔度 λ 相等，即

$$\lambda_1=\lambda$$

由前面计算知，$\lambda=124$，而

$$\lambda_1=\frac{\mu l}{i_1}=\frac{\mu a}{i_1}$$

式中，i_1 为单根槽钢对形心轴的最小惯性半径。由型钢表查得 $i_1=1.83\ \text{cm}$，而 $\mu=1.0$，则有

$$\frac{1\times a}{1.83\times10^{-2}}=124$$

得

$$a=2.27\ \text{m}$$

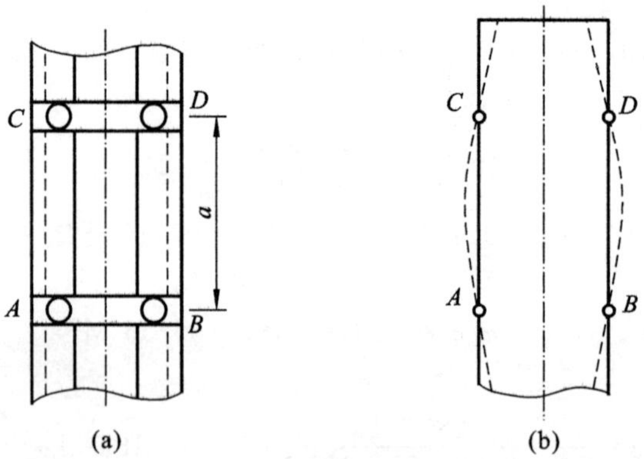

图 9-13

(4) 校核槽钢的抗压强度。

由于有连接螺栓，使得槽钢的横截面面积被削弱，因此，要校核其抗压强度。整个截面被削弱后的净面积为

$$A_n=2A-4\delta d=2\times 21.95\times 10^{-4}-4\times 10\times 10^{-3}\times 30\times 10^{-3}=3.19\times 10^{-3}\ \mathrm{m^2}$$

横截面上的压应力为

$$\sigma=\frac{F}{A_n}=\frac{280\times 10^3}{31.9\times 10^{-4}}=8.78\times 10^7\,\mathrm{Pa}=87.8\ \mathrm{MPa}<[\sigma]$$

故柱的抗压强度满足要求。

用稳定因数法校核压杆的稳定性时，解题方法与按强度条件和刚度条件的方法相同。用稳定因数法设计压杆截面时，由于压杆截面未知，因此稳定因数无法确定，通常采用试算的方法。试算时，先假设一个稳定因数，然后按稳定条件进行计算，将计算的稳定因数与假设的进行比较，若两者非常接近，则按此稳定因数进行稳定计算；若两者相差较大，则须重新试算，重新试算步骤与前面的步骤相同，直到计算稳定因数与假设值接近相等，试算才能结束。

在对压杆进行稳定计算时，不考虑压杆局部削弱。压杆的稳定性满足要求后，再按净面积对压杆的抗压强度进行校核。

9.5　提高压杆稳定性的措施

由上面讨论可知，影响压杆稳定性的因素有：压杆的截面形状、长度、约束条件和材料性质等。讨论如何提高压杆的稳定性，也需从这几个方面考虑。

(1) 选择合理的截面形状

从欧拉公式看出，截面的惯性矩 I 越大，临界压力 F_{cr} 越大。从经验公式又可看到，柔度 λ 越小，临界应力越高。由于 $\lambda=\frac{\mu l}{i}$，所以提高惯性半径 i 的数值就能减小 λ 的数值。可见，如不增加截面面积，尽可能地把材料放在离截面形心较远处，以取得较大的 I 和 i，就等于提高了临界压力。例如，空心环形截面就比实心圆截面合理(图 9-14)。同理，由四根角钢组成的起重臂(图 9-15)，其四根角钢应分散布置在截面的四角[图 9-15(b)]，而不是集中地放置在截面形心的附近[图 9-15(c)]。由型钢组成的桥梁桁架中的压杆或建筑物中的柱，也都是把型钢分开安放，如图 9-16 所示。当然，也不能为了取得较大的 I 和 i，就无限制地增加环形截面的直径并减小其壁厚，这将使其因变成薄壁圆管而有引起局部失稳，发生局部折皱的危险。对由型钢组成的组合压杆，也要用足够强的缀条或缀板把分开放置的型钢连成一个整体(图 9-15 和图 9-16)。否则，各条型钢将变为分散、单独的受压杆件，达不到预期的稳定性。

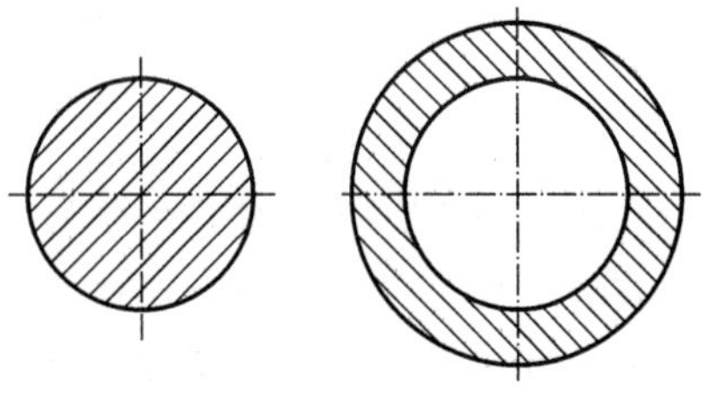

图 9-14

如压杆在各个纵向平面内的相当长度 μl 相同，应使截面对任一形心轴的 i 相等，或接近相等，这样，压杆在任一纵向平面内的柔度 λ 都相等或接近相等，于是在任一纵向平面内有相等或接近相等的稳定性。例如，圆形、环形或图 9-15(b)所表示的截面，都能满足这一要求。相反，某些压杆在不同的纵向平面内，μl 并不相同。例如，发动机的连杆，在摆动平面内，两端

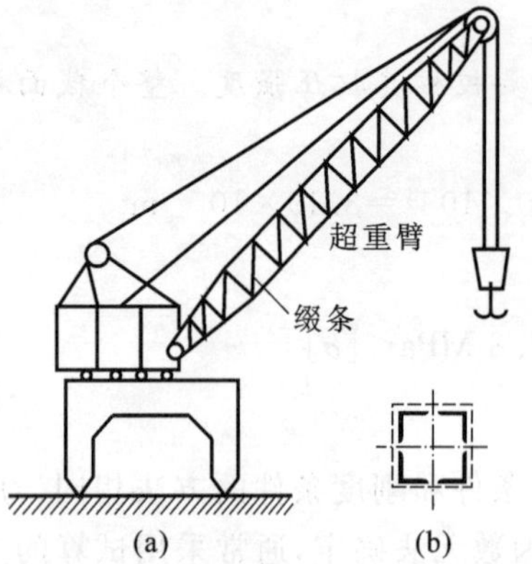

图 9-15

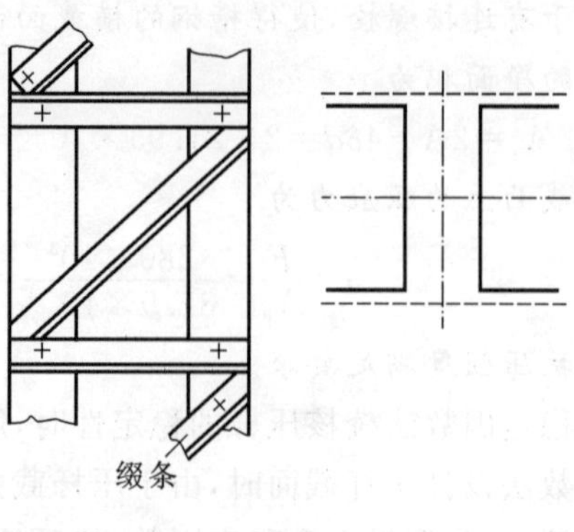

图 9-16

可简化为铰支座[图 9-17(a)],而在垂直于摆动平面的平面内,两端可简化为固定端[图 9-17(b)],这就要求连杆截面对两个形心主惯性轴 x 和 y 有不同的 i_x 和 i_y,使得在两个主惯性平面内的柔度接近相等。这样,连杆在两个主惯性平面内仍然可以有接近相等的稳定性。

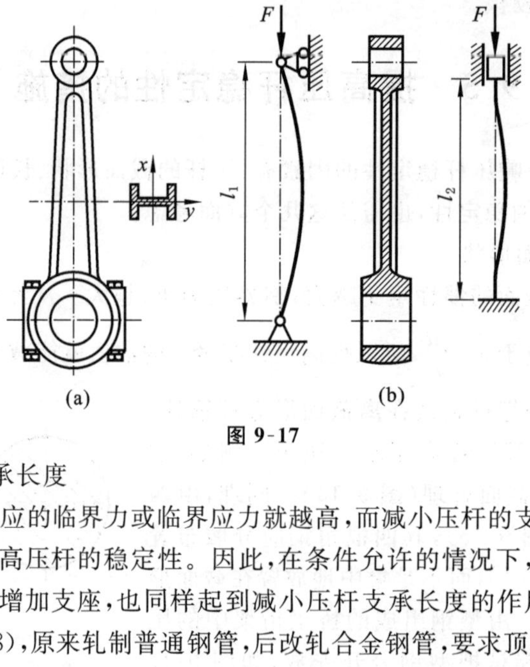

图 9-17

(2) 减小压杆的支承长度

压杆的柔度越小,相应的临界力或临界应力就越高,而减小压杆的支承长度是降低压杆柔度的方法之一,可有效地提高压杆的稳定性。因此,在条件允许的情况下,应尽可能地减小压杆的长度;或者在压杆的中间增加支座,也同样起到减小压杆支承长度的作用。例如,钢铁厂无缝钢管车间的穿孔机(图 9-18),原来轧制普通钢管,后改轧合金钢管,要求顶杆的穿孔压力增大,为了提高顶杆的稳定性,在顶杆中段增加一个抱辊装置,这就达到了提高顶杆稳定性的目的。

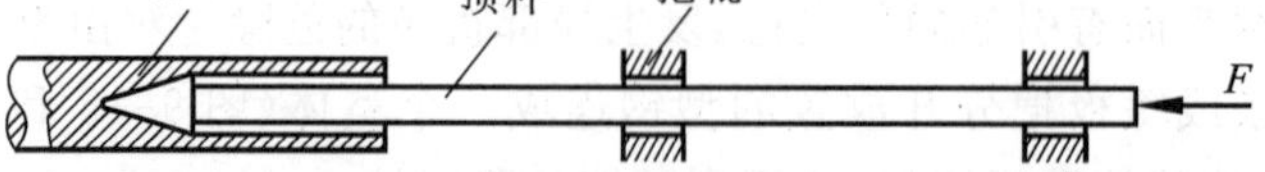

图 9-18

(3) 改善杆端的约束情况

从表 9-1 中可以看出,若杆端约束的刚性越强,压杆的长度因数 μ 就越小,相应地,柔度 λ 就越小,临界力就越大。其中以固定端约束的刚性最好,铰支端次之,自由端最差。因此,尽可能加强杆端约束的刚性,就能使压杆的稳定性得到相应的提高。

(4) 合理选用材料

上述各点，都是通过降低压杆柔度的方法来提高压杆的稳定性。另一方面，合理地选用材料，对提高压杆稳定性也能起到一定的作用。

对于大柔度杆，由式(9-2)可知，材料的弹性模量 E 越大，压杆的临界力就越高。故选用弹性模量较大的材料可以提高压杆的稳定性。但须注意，由于一般钢材的弹性模量 E 大致相同，且临界压力与材料的强度指标无关，故选用高强度钢并不能起到有效提高细长压杆稳定性的作用。

习　题

9-1　题图所示的细长压杆均为圆截面杆，其直径 d 均相同，材料是 Q235 钢，弹性模量 $E=200$ GPa，$\rho_p=200$ MPa。其中：图(a)为两端铰支；图(b)为一端固定，一端铰支；图(c)为两端固定。试判别哪一种情形的临界力最大，哪种其次，哪种最小？若杆直径 $d=16$ cm，试求最大的临界力 F_{cr}。

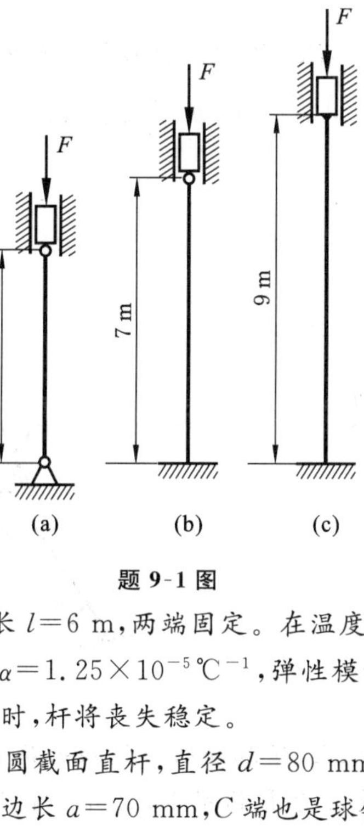

题 9-1 图

9-2　一根 20a 工字钢直杆，长 $l=6$ m，两端固定。在温度 $T_1=20$ ℃时进行安装，此时杆不受力。若已知钢的线膨胀系数 $\alpha=1.25\times10^{-5}$ ℃$^{-1}$，弹性模量 $E=210$ GPa，比例极限 $\sigma_p=200$ MPa，试问温度升高到多少度时，杆将丧失稳定。

9-3　题图所示结构中 AB 为圆截面直杆，直径 $d=80$ mm，A 端固定，B 端与直杆 BC 用球铰连接。杆 BC 为正方形截面，边长 $a=70$ mm，C 端也是球铰。杆材料相同，弹性模量 $E=200$ GPa，比例极限 $\sigma_p=200$ MPa，长度 $l=3$ m，求该结构的临界力。

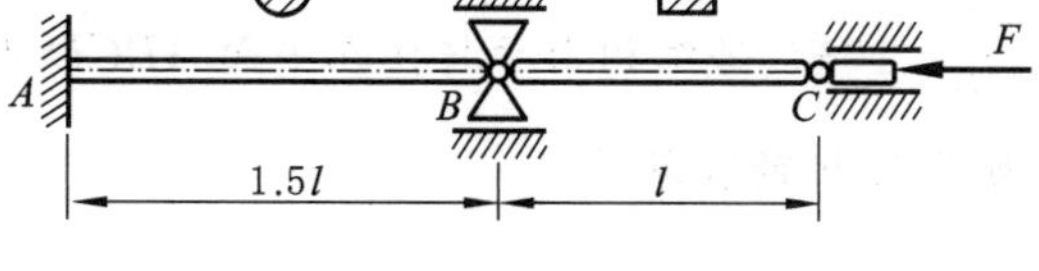

题 9-3 图

9-4 题图所示压杆的材料为 Q235 钢，弹性模量 $E=200$ GPa，比例极限 $\sigma_p=200$ MPa。在正视图(a)的平面内，两端视为铰支，在俯视图(b)的平面内，两端视为固定。试求此杆的临界力。

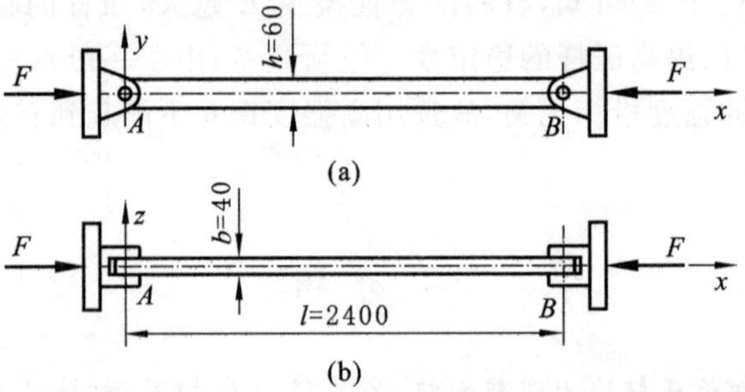

题 9-4 图

9-5 题图所示立柱由两根 10 号槽钢组成，立柱上端为球铰，下端固定，柱长 $l=6$ m，试求两槽钢距离 a 值取多少立柱的临界力最大？其值是多少？已知材料的弹性模量 $E=200$ GPa，比例极限 $\sigma_p=200$ MPa。

9-6 在题图所示铰接杆系 ABC 中，AB 和 BC 皆为细长压杆，且截面相同，材料一样。若因在 ABC 平面内失稳而破坏，并规定 $0<\theta<\frac{\pi}{2}$，试确定 F 为最大值时的 θ 角。

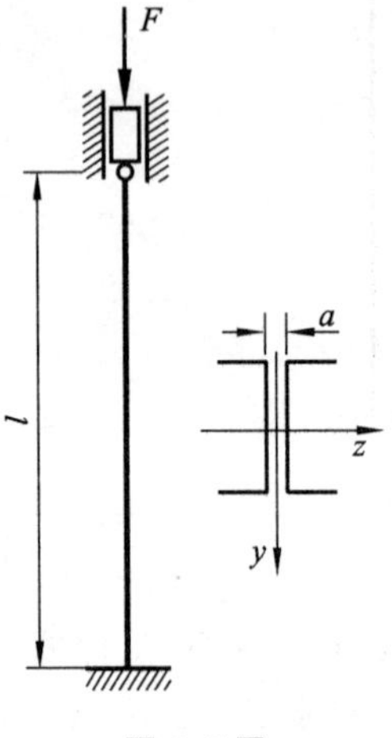

题 9-5 图

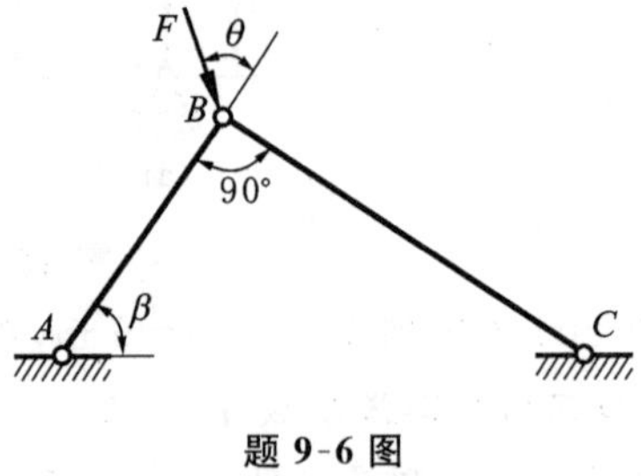

题 9-6 图

9-7 两根直径为 d 的立柱，上、下端分别与强劲的顶、底块刚性连接，如题图所示。试根据杆端的约束条件，分析在总压力 F 作用下，立柱可能产生的几种失稳形态下的挠曲线形状，分别写出对应的临界力 F 的算式(按细长杆考虑)，并确定最小临界力 F_{cr} 的算式。

9-8 题图所示结构 $ABCD$ 由三根直径均为 d 的圆截面钢杆组成，在 B 点铰支，而在点 A 和点 C 固定，D 为铰接点，$\frac{l}{d}=10\pi$。若结构由于杆件在平面 $ABCD$ 内弹性失稳而丧失承载能力，试确定作用在节点 D 处载荷 F 的临界值。

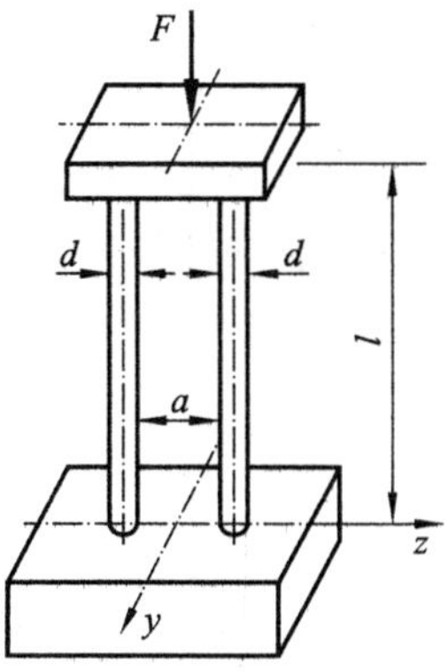

题 9-7 图

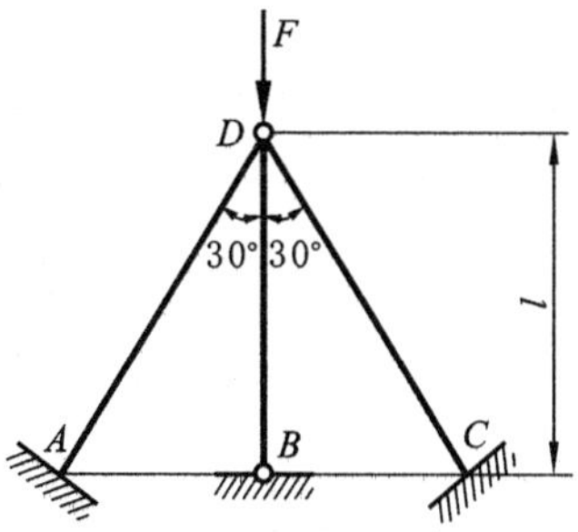

题 9-8 图

9-9 横截面如题图所示的立柱，由四根 80 mm×80 mm×6 mm 的角钢所组成，立柱结构符合钢结构设计规范中实腹式 b 类截面中心受压杆的要求。柱长 $l=6$ m，两端为铰支，承受轴向压力 $F=450$ kN 作用。立柱用 Q235 钢制成，强度许用应力$[\sigma]=160$ MPa。试确定横截面的边宽 a 的尺寸。

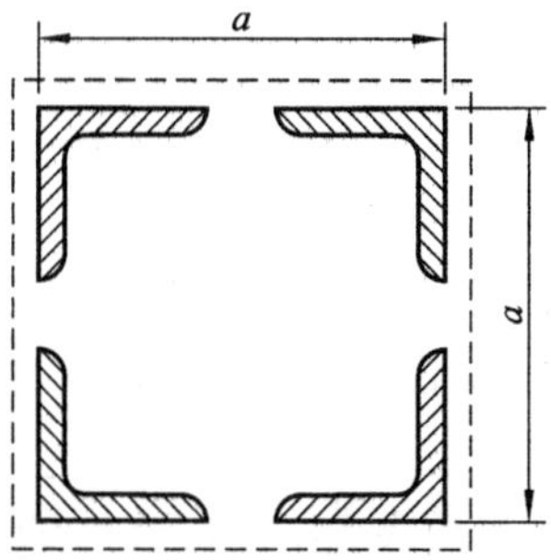

题 9-9 图

9-10 题图所示支架，二杆均为圆截面杆。水平杆 AC 的直径 $d=25$ mm，材料为低碳钢 Q275，许用应力$[\sigma_1]=180$ MPa；斜杆 BC 的直径 $d=250$ mm，材料是强度等级为 TC13 的木材，强度许用应力$[\sigma_2]=8$ MPa。试确定结构的许可载荷。

9-11 题图所示结构由钢曲杆 AB 和强度等级为 TC13 的木杆 BC 组成。已知结构所有的连接均为铰连接，在点 B 处承受竖直载荷 $F=1.3$ kN，木材的强度许用应力$[\sigma]=10$ MPa，试校核杆 BC 的稳定性。

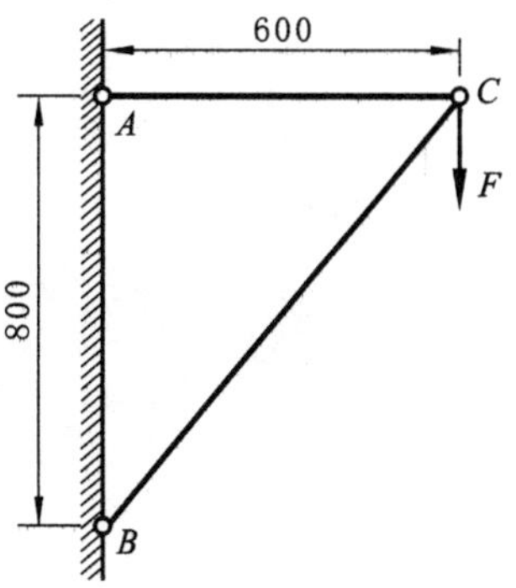

题 9-10 图

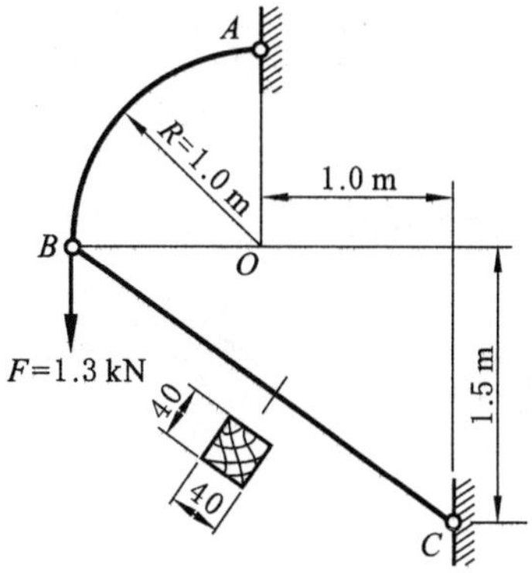

题 9-11 图

9-12 题图所示立柱，长度 $l=3.5$ m，承受 $F=400$ kN 的轴向压力作用。立柱由两根等边角钢用直径 $d=20$ mm 的螺栓连接而成，所组成的结构符合钢结构设计规范中实腹式 b 类截面中心受压杆的要求，材料的强度许用应力$[\sigma]=180$ MPa。试选择等边角钢的型号。

9-13 某桁架的受压弦杆长 4 m，由缀板焊成一体，并符合钢结构设计规范中实腹式 b 类截面中心受压杆的要求，截面形式如题图所示，材料为 Q235 钢，材料的强度许用应力$[\sigma]=170$ MPa。若按两端铰支考虑，试求杆所能承受的许可压力。

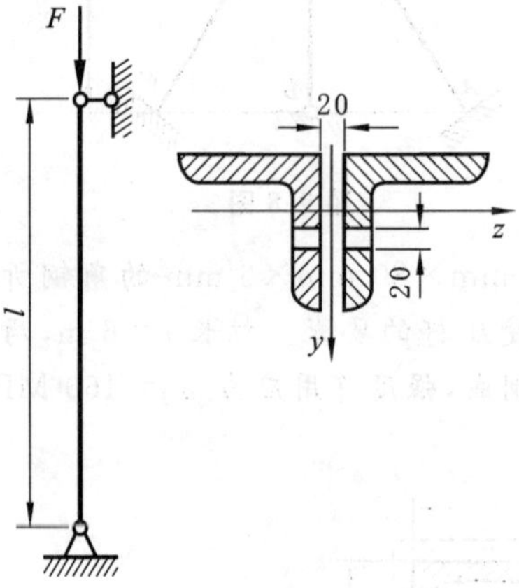

题 9-12 图

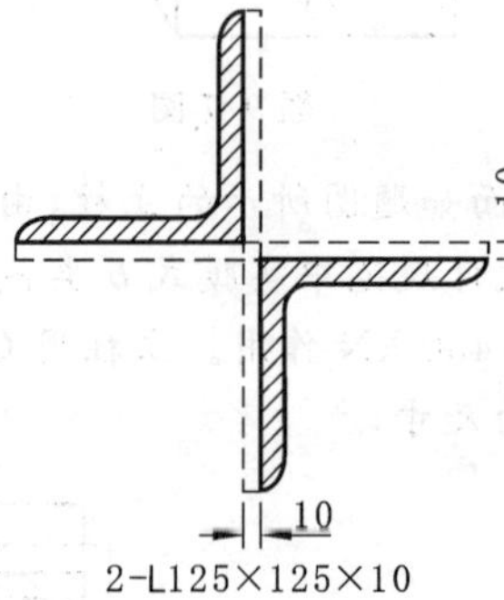

题 9-13 图

9-14 题图所示为一简单托架，其撑杆 AB 为圆截面木杆，强度等级为 TC15。若架上受集度为 $q=50$ kN/m 的均布载荷作用，AB 两端为柱形铰，材料的强度许用应力$[\sigma]=11$ MPa，试求撑杆所需的直径 d。

9-15 题图所示结构中矩形截面梁 AC 与圆截面柱 CD 均由 Q235 钢制成，C、D 两处均为球铰。已知 $d=20$ mm，$b=100$ mm，$h=180$ mm；$E=200$ GPa，$\sigma_p=200$ MPa，$\sigma_s=235$ MPa，$\sigma_b=400$ MPa；强度安全因数 $n=2.0$，规定的稳定安全因数 $n_{st}=3.0$。试确定该结构的许可载荷。

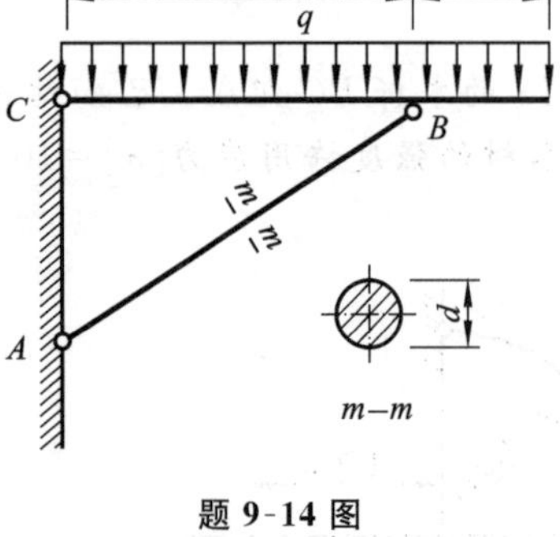

题 9-14 图

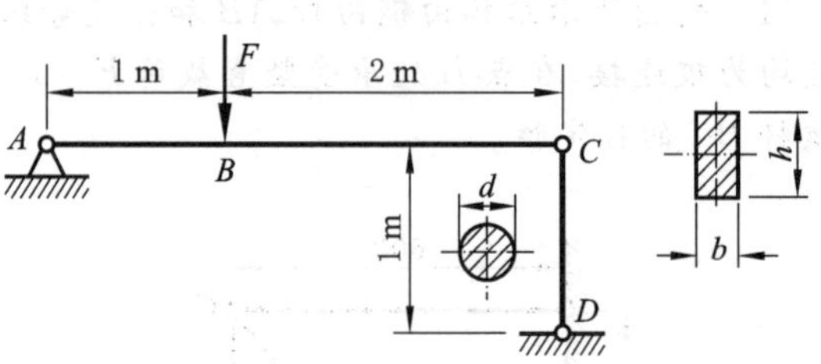

题 9-15 图

*10 动荷应力与交变应力

10.1 概　　述

前面各章节主要讨论构件在静载荷作用下强度、刚度和稳定性的计算。静载荷是载荷从零开始平缓地增加，以致在加载过程中，杆件各点的加速度很小，可以不计，并且载荷加载到最终值后不再变化。而在工程实际问题中，常遇到动载荷问题。动载荷是指随时间而变化的载荷。如高速旋转的部件、加速提升的构件等，其质点的加速度明显。又如锻压汽锤杆、紧急制动的转轴等，在非常短暂的时间内速度发生急剧的变化形成冲击。此外，大量的机械零件长期在周期性变化的载荷下工作。构件在动载荷作用下产生的应力称为**动荷应力**。若构件内的动荷应力是随时间作周期性变化的，则称为**交变应力**。构件在长期的交变应力作用下往往发生骤然断裂，这种破坏现象称为**疲劳破坏**。在交变应力作用下的构件存在大量的疲劳强度计算问题。

大量实验结果表明，只要动荷应力不超过材料的比例极限，胡克定律仍然适用，材料的弹性常数也不变。

在工程实际中，经常遇到的三类动荷应力计算问题：(1) 构件作等加速度运动时的动荷应力计算。例如，起重机加速起吊重物时产生动荷应力；飞轮匀速转动时其轮缘上产生动荷应力等。(2) 构件受冲击作用时的动荷应力计算。例如，打桩时锤对桩的冲击以及波浪对堤岸的冲击等。(3) 交变应力作用下构件的疲劳强度计算。本章对这些简单动荷应力问题的计算原理和方法以及构件的疲劳强度计算作简单介绍。

10.2 动荷应力计算

构件作加速运动或匀速转动时，其内各质点将产生惯性力。这类问题可以应用理论力学中的达朗贝尔原理把惯性力假想地加到质点系上，并作静载荷处理，然后列形式上的静力平衡方程进行求解，即可得到构件内的动荷应力。当运动中的冲击物碰撞到一被冲击构件时，在极短的时间内，被冲击物将使冲击物的速度发生极大的改变，这种现象就是**冲击**。构件在冲击作用时引起动荷应力。例如，打桩时重锤以一定高度自由下落打击桩顶，桩杆就承受很大的冲击载荷作用，而被打入到地基中。又例如，在河流中的浮冰碰撞到桥墩时，桥墩也将受到很大的冲击力作用。计算时通常采用一种实用的能量法。

10.2.1 构件作等加速运动时的动荷应力计算

现以钢绳加速吊起工字钢为例，说明其动荷应力的计算。

【例 10-1】 用两根横截面面积都为 $A=1.12\ \mathrm{cm}^2$ 的钢绳起吊如图 10-1(a)所示长度 $l=12$ m的 32a 工字钢，工字钢质量 $m=52.7$ kg/m。设起吊过程中加速度 $a=10\ \mathrm{m/s}^2$，试求

钢绳内的动荷应力和工字钢中最大动荷应力。

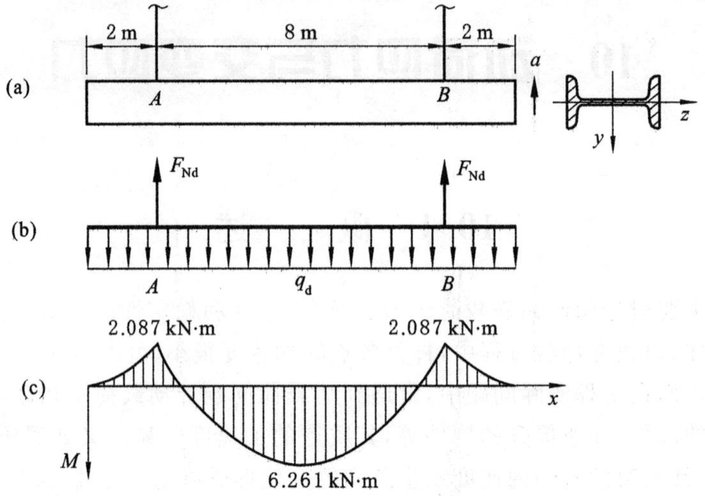

图 10-1

【解】 (1) 选研究对象,画受力图。取工字钢为研究对象,作用于其上的力有工字钢自重,钢绳动拉力 F_{Nd}。

(2) 分析运动,加惯性力。工字钢以加速度 a 上升,即工字钢内各点都有加速度,且等于 a,在工字钢上假想地加上各质点的惯性力,方向与自重相同。作用在工字钢上的动拉力 F_{Nd} 和自重、惯性力在形式上构成一平衡力系。

(3) 列平衡方程,求动拉力 F_{Nd}。如图 10-1(b)所示,由平衡方程

$$\sum F_y = 0,\quad 2F_{Nd} - q_d \cdot l = 0 \tag{a}$$

式中,$q_d = mg + ma = m(g+a) = 52.7 \times 19.8 = 1043.46\ \text{N/m}$

可得

$$F_{Nd} = \frac{1}{2} q_d \cdot l = \frac{1}{2} m(g+a) \cdot l = 6260\ \text{N}$$

可以看出,动拉力 F_{Nd} 由两部分组成:第一部分是由自重引起的,即静拉力 $F_N = \frac{1}{2}mgl$;第二部分是由加速度引起的,即 $\frac{1}{2}mal$。令 $K_d = 1 + \frac{a}{g}$,称为**动荷因数**。则有

$$F_{Nd} = K_d \cdot F_N$$

即钢绳动拉力等于静拉力乘以动荷因数。

(4) 求钢绳动荷应力 σ_d。

$$\sigma_d = \frac{F_{Nd}}{A} = \frac{K_d \cdot F_N}{A} = K_d \cdot \sigma_{st} = 2.02 \times \frac{\frac{1}{2} \times 52.7 \times 9.8 \times 12}{1.12 \times 10^{-4}} = 55.9\ \text{MPa}$$

上式中,$\sigma_{st} = \frac{F_N}{A}$ 称为**静应力**。同样有钢绳动荷应力等于静应力 σ_{st} 乘以动荷因数 K_d。

求得钢绳动荷应力后,即可建立强度条件

$$\sigma_d = K_d \cdot \sigma_{st} \leqslant [\sigma]$$

式中,$[\sigma]$ 为材料在静载荷时的许用应力。

(5) 求工字钢中最大动荷应力 $\sigma_{d,max}$。画出工字钢的弯矩图，如图 10-1(c)所示。由弯矩图可得，最大弯矩发生在工字钢中点处的截面上，其值为

$$M_{max} = F_{Nd} \times 4 - q_d \times 6 \times 3 = 6.261\ \text{kN} \cdot \text{m}$$

查附录Ⅱ 型钢表得 32a 工字钢的 $W_z = 70.8\ \text{cm}^3$。根据公式 $\sigma_{d,max} = \dfrac{M_{max}}{W_z}$，得

$$\sigma_{d,max} = \frac{M_{max}}{W_z} = \frac{6261}{70.8 \times 10^{-6}} = 88.4\ \text{MPa}$$

通过动荷因数可将动载荷问题转化为静载荷问题来计算，即只需把静载荷计算所得的结果乘上动荷因数就能得所需要的结果。但应注意，对不同类型的动荷应力问题，其动荷因数 K_d 是不相同的。

在某些工程问题中，可能不存在相应的静载荷，也就无法计算其动荷因数，但构件却仍承受动载荷。例如图 10-2(a)所示的圆环，以匀角速度 ω 转动。当圆环的平均直径 D 远大于厚度 δ 时，可以认为环内各点的法向加速度大小相等，均为 $a_n = \dfrac{D}{2}\omega^2$。设圆环横截面面积为 A，单位体积重量为 ρ，则作用在环中心线单位长度的惯性力 q_d 为

$$q_d = \frac{A\rho}{g} a_n = \frac{A\rho D}{2g}\omega^2$$

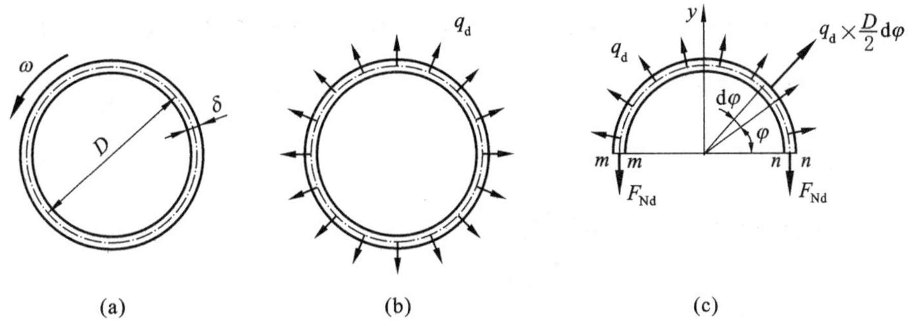

图 10-2

其方向与法向加速度方向相反，且沿圆环中心线上各点大小相等，如图 10-2(b)所示。

为计算圆环内的应力，将圆环沿任意直径切开，并设切开后两个横截面上的拉力都为 F_{Nd}，如图 10-2(c)所示。则由上半部分平衡方程 $\sum F_y = 0$，得

$$2F_{Nd} = \int_0^{\pi} \left(q_d \cdot \frac{1}{2} D d\varphi\right) \sin\varphi = q_d D$$

即

$$F_{Nd} = \frac{q_d D}{2} = \frac{A\rho D^2}{4g}\omega^2$$

于是圆环横截面上动荷应力 σ_d 为

$$\sigma_d = \frac{F_{Nd}}{A} = \frac{\rho D^2}{4g}\omega^2 = \frac{\rho}{g} v^2$$

式中，$v = \dfrac{D\omega}{2}$为圆环中心线上各点处的切向线速度。上式表明，圆环中应力仅与材料单位体积重量和线速度有关，这意味着增大圆环横截面面积并不能改善圆环强度。

【例 10-2】 如图 10-3 所示调速器由刚性杆 AB 及弹簧片 AD、BC 构成，BA 与 DA 在点

A、AB与CB在点B固结在一起。在点D和点C均装有重量$mg=20$ N的重锤，调速器以匀角速度ω绕轴O—O旋转，试求调速器的许可转速。已知弹簧材料的许用应力$[\sigma]=180$ MPa，材料的弹性模量$E=200$ GPa，$r=120$ mm，$l=400$ mm。

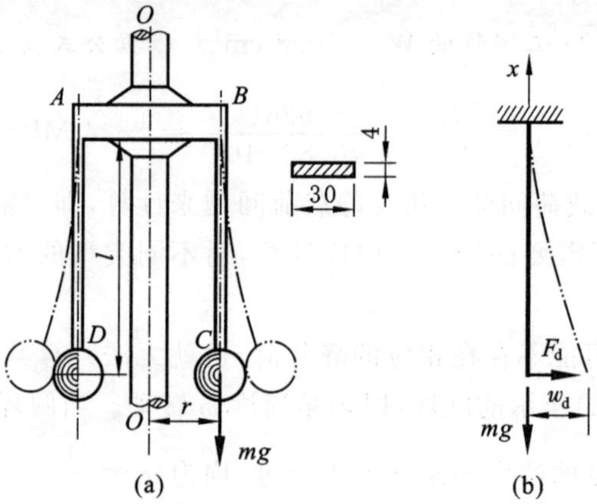

图 10-3

【解】 (1) 选研究对象。图形对轴O—O对称，可取弹簧片BC和重锤合在一起的部分作为研究对象，并简化为上端固定、下端自由的悬臂梁。重锤的重量引起弹簧片BC受拉力mg。

(2) 分析运动，加惯性力。调速器旋转时，弹簧片BC上的重锤产生惯性力$F_d=m(r+w_d)\omega^2$，可假想地加到重锤上，如图10-3(b)所示。其中，动挠度$w_d=\dfrac{F_d l^3}{3EI}$。于是，有$F_d=m\left(r+\dfrac{F_d l^3}{3EI}\right)\omega^2$。

经整理，得重锤的惯性力$F_d=\dfrac{mr\omega^2}{1-\dfrac{ml^3\omega^2}{3EI}}$

式中，$I=\dfrac{30\times4^3\times10^{-12}}{12}=1.6\times10^{-10}\ \text{m}^4$，$l=0.4$ m，$r=0.12$ m，$E=200$ GPa。

(3) 对弹簧片BC而言，最危险截面在固定端B，其最大弯矩M_{max}和最大轴力$F_{N,max}$分别为

$$M_{max}=F_d\cdot l=\frac{mrl\omega^2}{1-\dfrac{ml^3\omega^2}{3EI}}$$

$$F_{N,max}=mg$$

(4) 根据强度条件，求许可的惯性力$[F_d]$。在固定端截面的左侧边界上各点为危险点，这些危险点应满足如下强度条件

$$\frac{mg}{A}+\frac{F_d\cdot l}{W}\leqslant[\sigma]$$

取等号，整理可得许可的惯性力$[F_d]$为

$$[F_d]=\frac{W}{l}\left([\sigma]-\frac{mg}{A}\right)$$

(5) 求许可角速度$[\omega]$。重锤的惯性力应等于许可的惯性力，于是有

$$\frac{mr\omega^2}{1-\dfrac{ml^3\omega^2}{3EI}}=\frac{W}{l}\left([\sigma]-\frac{mg}{A}\right)$$

经整理,得

$$[\omega]^2 = \frac{3\left([\sigma] - \frac{mg}{A}\right)EIg}{l\left[3E \times \frac{I}{W} \times mgr + mgl^2\left([\sigma] - \frac{mg}{A}\right)\right]}$$

式中

$$\frac{mg}{A} = \frac{20}{30 \times 4 \times 10^{-6}} = 1.66 \times 10^5 \text{ Pa}$$

$$\frac{I}{W} = \frac{1}{2} \times 4 \times 10^{-3} = 2 \times 10^{-3} \text{ m}$$

解得 $$[\omega] = 11.07 \text{ rad/s}$$

进一步可得 $$[n] = \frac{[\omega] \cdot 60}{2\pi} = 105.7 \text{ r/min}$$

此例说明了机械式调速器的工作原理以及调速器设计计算方法。

10.2.2 构件受冲击作用时的动荷应力计算

在工程实际中,通常需要知道冲击作用下被冲击物中的最大动荷应力和最大动变形。为了简化计算,假定:(1) 冲击物为刚体,且冲击物与被冲击物接触后无回弹;(2) 被冲击物的质量远小于冲击物的质量,可忽略不计,即不考虑冲击过程中被冲击物的动能,且材料服从胡克定律;(3) 冲击时不考虑能量的损失,即不计冲击过程中发声、发热以及局部塑性变形等消耗的能量。于是,就可应用机械能守恒定律(能量法)来计算冲击载荷作用下被冲击物的最大动变形 Δ_d 及其动荷应力 σ_d。

以图 10-4 中所示简支梁为例,假设在其上方高度 h 处,有一重量为 P 的物体,自由下落后,冲击在梁的中点。

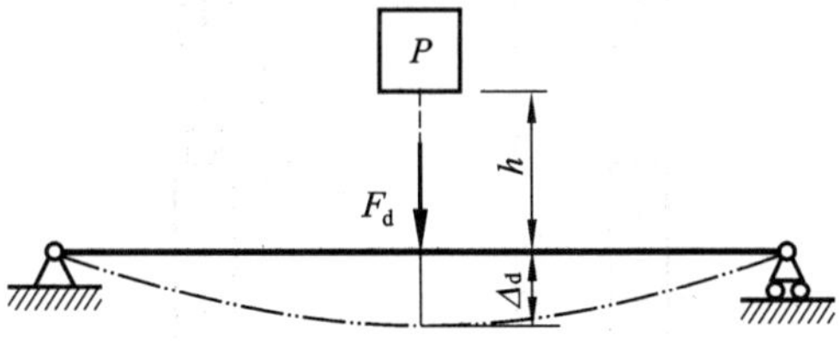

图 10-4

根据上述假设,可以认为冲击物减少的能量完全转化为被冲击物的应变能,即

$$\Delta E = V_\varepsilon \tag{10-1}$$

式中,ΔE 表示冲击物冲击前后能量的变化量,通常包括动能 T 和势能 V 的变化,即 $\Delta E = T + V$;V_ε 表示被冲击物的应变能。式(10-1)称为冲击问题的能量守恒方程,是分析冲击问题的基本方程。当梁的变形最大时,重物能量改变量为

$$\Delta E = T + V = 0 + P(h + \Delta_d)$$

而梁的应变能从零变为

$$V_\varepsilon = \frac{1}{2}F_d\Delta_d$$

式中,Δ_d 为在动载荷 F_d 作用下相应的动变形。

于是,由式(10-1)得

$$F_d\Delta_d - 2P\Delta_d - 2Ph = 0 \tag{a}$$

设重物 P 静置在该梁上和被冲击点同一位置时，梁在冲击方向上的静位移为 Δ_{st}，梁中静应力为 σ_{st}。对小变形、线弹性体而言，F_d、Δ_d、σ_d 分别与静载荷下 P、Δ_{st}、σ_{st} 成固定的比例关系，比例系数即前面提到的动荷因数

$$\frac{F_d}{P} = \frac{\Delta_d}{\Delta_{st}} = \frac{\sigma_d}{\sigma_{st}} = K_d \tag{b}$$

将式(b)代入式(a)，得

$$\Delta_{st}K_d^2 - 2\Delta_{st}K_d - 2h = 0$$

解得

$$K_d = 1 \pm \sqrt{1 + \frac{2h}{\Delta_{st}}}$$

取其中大于1的解，得

$$K_d = 1 + \sqrt{1 + \frac{2h}{\Delta_{st}}} \tag{10-2}$$

上式即为自由落体冲击问题动荷因数的计算公式。式中，h 为冲击物距被冲击构件的高度；Δ_{st} 为冲击物作为静载荷作用在冲击方向时，引起的被冲击构件在冲击点处沿冲击方向的位移。计算出 K_d 后，即可由式(b)计算出其他量。

当式(10-2)中的 $h\to 0$ 时，即冲击物到被冲击物表面的距离为零时，$K_d=2$，即得到突加载荷时的动荷因数。

【例 10-3】 直径 $d=30$ cm，长 $l_1=6$ m 的圆木桩，下端固定，上端受重为 $P=5$ kN 的重锤作用，如图 10-5(a)所示。木桩材料的弹性模量 $E_1=10$ GPa。求下列两种情况下木桩内的最大动荷应力：

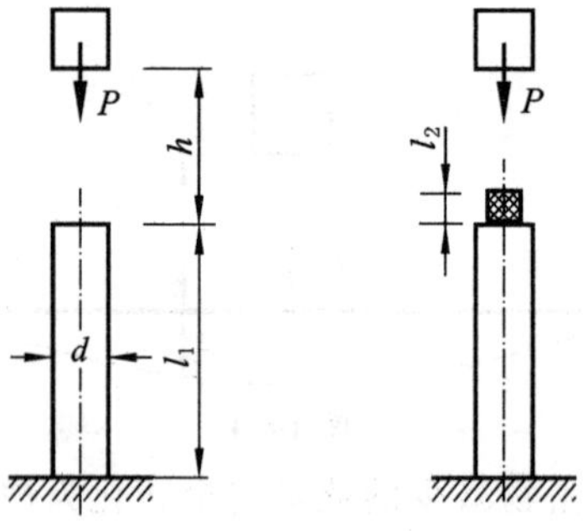

图 10-5

(1) 重锤从离木桩顶 $h=1$ m 的高度自由落下；

(2) 在木桩上放置直径为 15 cm，厚度为 $l_2=20$ mm 的橡皮垫，橡皮的弹性模量 $E_2=8$ MPa，重锤也是从离木桩顶部 $h=1$ m 的高度自由落下。

【解】 (1) 计算图 10-5(a)木桩内最大动荷应力。此时木桩的静变形为

$$\Delta_{st} = \frac{Pl_1}{E_1A_1} = \frac{5000\times 6}{10\times 10^9 \times \frac{\pi}{4}\times 0.3^2} = 4.24\times 10^{-5}\ \text{m}$$

由式(10-2)，计算动荷因数为

$$K_d = 1 + \sqrt{1 + \frac{2 \times 1}{4.24 \times 10^{-5}}} = 218$$

因此，此时木桩内的最大动荷应力为

$$\sigma_d = K_d \sigma_{st} = 218 \times \frac{5000}{\frac{\pi}{4} \times 0.3^2} = 15.4 \text{ MPa}$$

(2) 计算图 10-5(b)木桩内最大动荷应力。此时冲击点处的总静变形为

$$\Delta_{st} = 4.24 \times 10^{-5} + \frac{Pl_2}{E_2 A_2}$$
$$= 4.24 \times 10^{-5} + \frac{5000 \times 0.02}{8 \times 10^6 \times \frac{\pi}{4} \times 0.15^2} = 7.49 \times 10^{-4} \text{ m}$$

利用式(10-2)计算动荷因数为

$$K_d = 1 + \sqrt{1 + \frac{2 \times (1 - 0.02)}{7.49 \times 10^{-4}}} = 52.2$$

所以，图 10-5(b)木桩内最大动荷应力为

$$\sigma_d = K_d \sigma_{st} = 52.2 \times \frac{5000}{\frac{\pi}{4} \times 0.3^2} = 3.68 \text{ MPa}$$

当被冲击物包括橡皮垫和木桩两物体时，重锤下落过程中所减少的势能将由橡皮垫和木桩共同吸收并转化成各自的弹性应变能。计算结果表明，此时动荷因数和木桩内的最大正应力与无橡皮垫的木桩相比显著减少。

而构件受水平冲击时的动荷应力计算举例如下：

【例 10-4】 四根直径 $d=300$ mm 的木桩，捆绑后连接在一起而构成桩束，底部打入河底。桩束在距河底高为 2 m 处受到一重量 $P=18$ kN 的冰块的冲击，冰块的流速 $v=0.5$ m/s，如图 10-6 所示。桩束横截面的惯性矩 $I=7.95 \times 10^9$ mm^4，木材的弹性模量 $E=12$ GPa，许用应力$[\sigma]=10$ MPa。河底的土壤坚实，桩的底部可看作是固定端，试校核桩的强度。(计算时可不计木桩的自重)

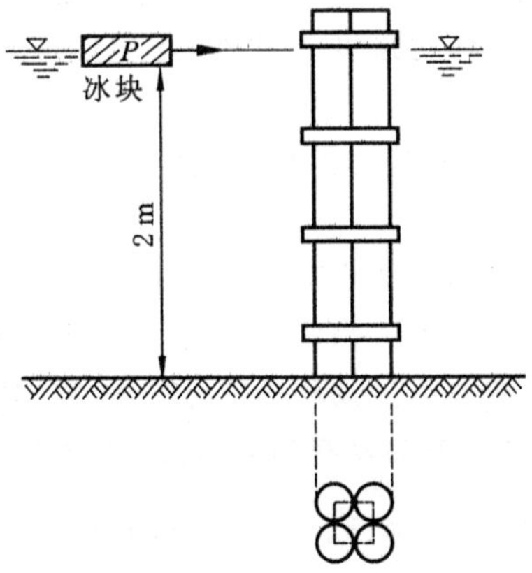

图 10-6

【解】 (1) 计算水平冲击系统的动荷因数 K_d。对水平冲击的系统，冲击过程中系统的势

能不变,$V=0$。若冲击物(冰块)与杆件(桩)接触时的速度为 v,则动能 T 为$\frac{1}{2}\frac{P}{g}v^2$。由于

$$\Delta E = T + V = V_\varepsilon = \frac{1}{2}F_d\Delta_d = \frac{1}{2}\frac{\Delta_d^2}{\Delta_{st}}P$$

可得

$$\frac{1}{2}\frac{P}{g}v^2 = \frac{1}{2}\frac{\Delta_d^2}{\Delta_{st}}P$$

进一步整理,得

$$\Delta_d = \sqrt{\frac{v^2}{g\Delta_{st}}}\Delta_{st}$$

由定义可得

$$K_d = \frac{\Delta_d}{\Delta_{st}} = \sqrt{\frac{v^2}{g\Delta_{st}}} = \frac{v}{\sqrt{g\Delta_{st}}} \tag{10-3}$$

现计算由一数值等于冲击物重量 P 的水平静载荷作用在桩的被冲击点处时所产生的挠度。根据表 6-1 可得

$$\Delta_{st} = \frac{Pl^3}{3EI} = \frac{18\times10^3\times2^3}{3\times1.2\times10^{10}\times7.95\times10^9\times10^{-12}} = 5\times10^{-4}\ \text{m} = 0.5\ \text{mm}$$

由式(10-3)计算动荷因数为

$$K_d = \frac{v}{\sqrt{g\Delta_{st}}} = \frac{0.5}{\sqrt{9.81\times5\times10^{-4}}} = 7.14$$

(2) 校核桩的强度。首先计算最大动弯矩

$$M_{d,\max} = K_d M_{\max} = 7.14\times18\times10^3\times2 = 257000\ \text{N}\cdot\text{m}$$

所以最大动荷应力为

$$\sigma_{d,\max} = \frac{M_{d,\max}y}{I} = \frac{257000\times0.3}{7.95\times10^9\times10^{-12}} = 9.7\ \text{MPa} < [\sigma]$$

故桩是安全的。

在冲击问题中,物体的实际变形很复杂,一般设计中仍采用与静载荷作用时相同的强度条件,即仍采用材料在静载荷作用下的许用应力$[\sigma]$,而将强度条件写成 $\sigma_{d,\max}\leqslant[\sigma]$。还要注意,在设计中,构件除满足上述冲击时的强度条件外,还应使所用的材料符合规定的抵抗冲击指标。

突然刹车(或卡住)引起构件动荷应力的现象也经常发生。其动荷应力计算过程现举例说明如下。

【例 10-5】 水平平面内的杆 AC 绕通过点 A 的垂直轴以匀角速度 ω 转动,图 10-7(a)所示是它的俯视图。杆的 C 端有一重为 P 的集中质量。如因发生故障在点 B 被卡住而突然停止转动,试求杆 AC 内的最大动荷应力。设杆 AC 的质量可以不计。

【解】 (1) 计算杆 AC 受冲击时的动荷因数 K_d。在冲击过程中,因突然停止转动损失的动能 $T=\frac{1}{2}\frac{P}{g}(\omega l)^2$。杆件产生的应变能 $V_\varepsilon=\frac{1}{2}\frac{\Delta_d^2}{\Delta_{st}}P$,如图 10-7(b)所示。由 $T=V_\varepsilon$ 整理后,可得

$$K_d = \frac{\Delta_d}{\Delta_{st}} = \sqrt{\frac{\omega^2 l^2}{g\Delta_{st}}} \tag{10-4}$$

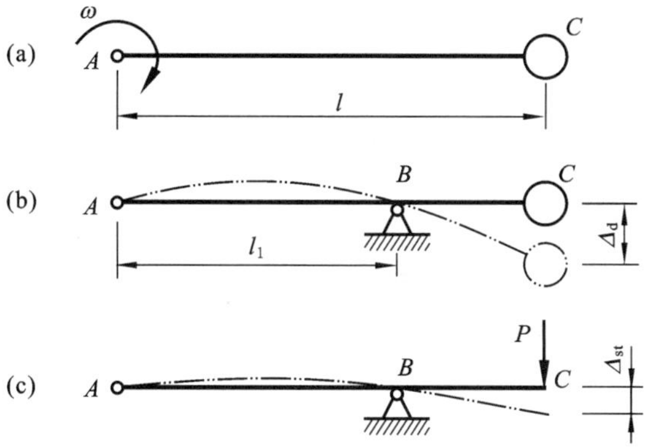

图 10-7

(2) 计算杆 AC 内的最大动荷应力 $\sigma_{d,max}$。首先计算 P 以静载荷的方式作用于 C 端，点 C 的静位移 Δ_{st}[图 10-7(c)]，由表 6-1 可得

$$\Delta_{st} = \frac{Pl(l-l_1)^2}{3EI}$$

而在截面 B 上产生的最大静应力 σ_{st} 为

$$\sigma_{st} = \frac{M}{W} = \frac{P(l-l_1)}{W}$$

所以杆 AC 所受的最大动荷应力为

$$\sigma_{d,max} = K_d\sigma_{st} = \sqrt{\frac{\omega^2 l^2}{g\Delta_{st}}}\cdot\sigma_{st} = \frac{\omega}{W}\sqrt{\frac{3EIlP}{g}}$$

【例 10-6】 图 10-8 所示的轴 AB 在 A 端突然刹车(即 A 端突然停止转动)，试求轴内最大动荷应力。已知轴长 l，剪切弹性模量为 G，飞轮转动的角速度为 ω_0，转动惯量为 J_x。

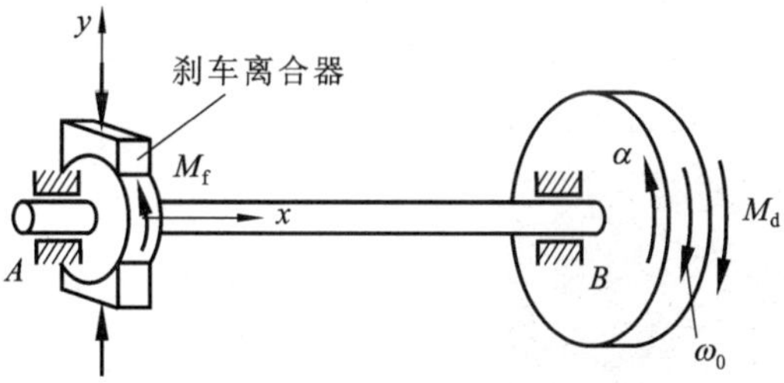

图 10-8

【解】 (1) 计算轴 AB 内的动扭矩 T_d。当 A 端紧急刹车时，B 端飞轮具有动能，因而轴 AB 受扭转冲击，发生扭转变形。在冲击过程中，飞轮的角速度最后降到零，假设它的动能全部转变为轴的应变能。飞轮动能的改变为 $T=\frac{1}{2}J_x\omega_0^2$，轴 AB 的扭转应变能从零增加到 $V_\varepsilon=\frac{T_d^2 l}{2GI_p}$。根据能量守恒方程 $T=V_\varepsilon$，有

$$\frac{1}{2}J_x\omega_0^2 = \frac{T_d^2 l}{2GI_p}$$

由此得

$$T_d = \omega_0\sqrt{\frac{J_xGI_p}{l}}$$

(2) 计算轴内最大扭转冲击切应力 $\tau_{d,\max}$。由公式 $\tau_{d,\max}=\dfrac{T_d}{W_p}$,得

$$\tau_{d,\max}=\omega_0\sqrt{\frac{J_x G I_p}{l W_p^2}}$$

对于直径为 d 的圆轴

$$\frac{I_p}{W_p^2}=\frac{\frac{1}{32}\pi d^4}{\left(\frac{1}{16}\pi d^3\right)^2}=\frac{2}{\frac{1}{4}\pi d^2}=\frac{2}{A}$$

于是

$$\tau_{d,\max}=\omega_0\sqrt{\frac{2GJ_x}{Al}}$$

可见,冲击时轴内的最大动荷应力 $\tau_{d,\max}$ 与轴的体积 Al 有关。体积 Al 愈大,$\tau_{d,\max}$ 愈小。

10.3 交变应力简介

在工程实际中,许多构件或零件是在承受随时间作周期性变化的应力下工作的。例如,机车的轮轴、水轮机的机轴和齿轮的齿根等。这些实例中,随时间作周期性变化的应力称为**交变应力**。实践表明,长期承受交变应力作用的构件,即使在构件内的应力远低于材料的屈服极限 σ_s,也会发生突然的断裂。平时塑性较好的材料也会发生类似于脆性材料的破坏形式,并且断裂前无明显的塑性变形,这种现象称为**疲劳失效**。如图 10-9(a)所示为构件疲劳断裂断口照片。其表面情况明显地分成两个区域:一个区域是平滑且磨光的,另一个区域则是呈粗粒状的[图 10-9(b)]。工程实际中,构件在交变应力作用下引起的疲劳破坏是很危险的。因材料中的裂纹很小,往往不易发现,一旦突然发生破坏,就会造成像火车出轨、飞机失事和航天飞机爆炸一类的严重事故,故疲劳问题引起多方关注。

(a)

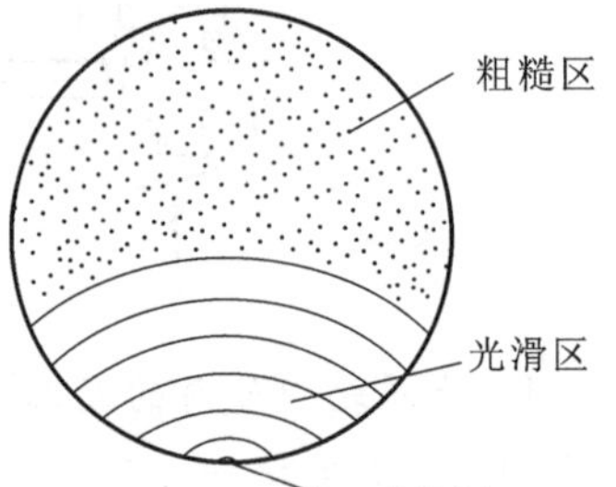

(b)

图 10-9

10.3.1 交变应力的循环特征

图 10-10 表示按正弦曲线变化的应力 σ 与时间 t 的关系。由点 a 到点 b 应力经历了变化的全过程又回到原来的数值,称为一个**应力循环**。完成一个应力循环所需要的时间 T,称为一个**周期**。交变应力的**循环特征**或**应力比** r 可以用 $\sigma_{\min}$ 与 $\sigma_{\max}$ 的比值来表示,即

$$r=\frac{\sigma_{min}}{\sigma_{max}} \tag{10-5}$$

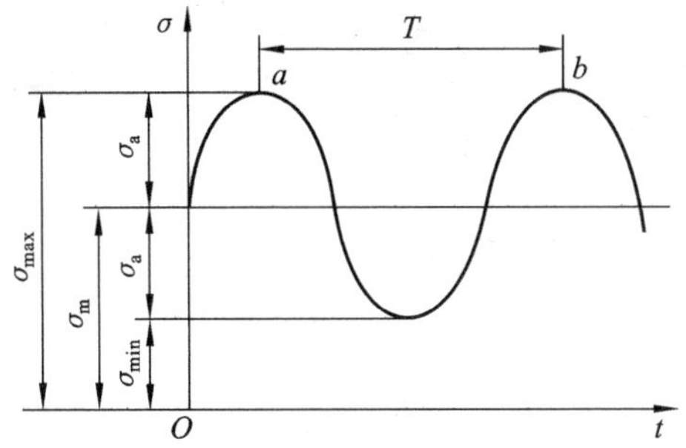

图 10-10

平均应力 σ_m 用 σ_{max} 和 σ_{min} 定义为

$$\sigma_m=\frac{1}{2}(\sigma_{max}+\sigma_{min}) \tag{10-6}$$

应力幅 σ_a 用 σ_{max} 和 σ_{min} 定义为

$$\sigma_a=\frac{1}{2}(\sigma_{max}-\sigma_{min}) \tag{10-7}$$

若交变应力 σ_{max} 和 σ_{min} 大小相等，符号相反，这种循环称为**对称循环**。其循环特征为 $r=-1$，$\sigma_m=0$，$\sigma_a=\sigma_{max}$。若交变应力 σ_{max} 和 σ_{min} 的数值大小不等，则称为**非对称循环**，其循环特征为 $r\neq-1$。若交变应力 $\sigma_{min}=0$（或 $\sigma_{max}=0$），表示交变应力变化于某一应力与零之间，这种循环称为**脉动循环**。其循环特征为

$$r=0,\sigma_a=\sigma_m=\frac{1}{2}\sigma_{max} \quad 或 \quad r=-\infty,-\sigma_a=\sigma_m=\frac{1}{2}\sigma_{min}$$

静应力可看作是交变应力的特例。其特征为 $r=1$，$\sigma_a=0$，$\sigma_{max}=\sigma_{min}=\sigma_m$。值得注意的是：应力循环指一点的应力随时间的变化循环，最大应力与最小应力等都是指一点的应力循环中的数值。

10.3.2 交变应力下材料的持久极限及其影响因素

当交变应力的 σ_{min} 与 σ_{max} 的比值不变，即循环特征 r 为某一定值时，若最大应力 σ_{max} 不超过某一极限值，则材料可经受无穷多次的应力循环而不发生疲劳破坏，通常把这个 σ_{max} 的极限值称为材料在循环特征为 r 时的**持久极限**。用 σ_r 或 τ_r 来表示。

材料的持久极限需要由试验来确定，这种试验称为**疲劳试验**。在疲劳试验时，一般是采用能发生对称循环的弯曲疲劳试验机，如图 10-11 所示。测定时将金属加工成直径 $d=7\sim10$ mm，表面光滑的试样，每组试样约 10 根左右。把试样装于疲劳试验机上，使之承受纯弯曲。在最小直径截面上，最大弯曲应力为

$$\sigma=\frac{M}{W}=\frac{Fa}{W}$$

保持载荷 F 的大小和方向不变，以电动机带动试样旋转。每旋转一周，截面上的点便经历一次对称应力循环。

试验时，使第一根试样的最大应力 $\sigma_{max,1}$ 较高，约为强度极限 σ_b 的 70%。经历 N_1 次循环后，试样疲劳，N_1 即称为应力 $\sigma_{max,1}$ 时的疲劳寿命。然后，使第二根试样的应力 $\sigma_{max,2}$ 略低于第

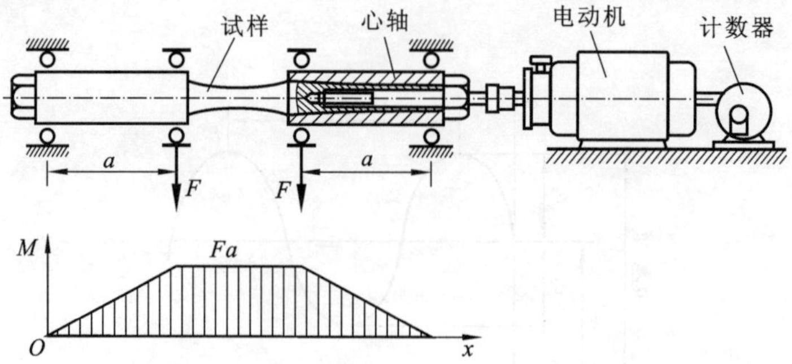

图 10-11

一根试样，疲劳时的循环数为 N_2。逐步降低应力水平，得出各试样疲劳时的相应寿命。以应力 σ_{max} 为纵坐标，寿命 N 为横坐标，由试验结果描成的曲线，称为**应力-寿命曲线**或 **S-N 曲线**，如图 10-12 所示。钢试样的疲劳试验表明，当应力降到某一极限值时，S-N 曲线趋于水平线。如常温下的钢制试样试验，经历 10^7 次循环仍未疲劳，则再增加循环次数，也不会疲劳。所以，就把 10^7 次循环下仍未疲劳的最大应力，规定为钢材的持久极限，而把 $N_0=10^7$ 称为**循环基数**。有色金属通常是规定循环基数 $N_0=10^8$。

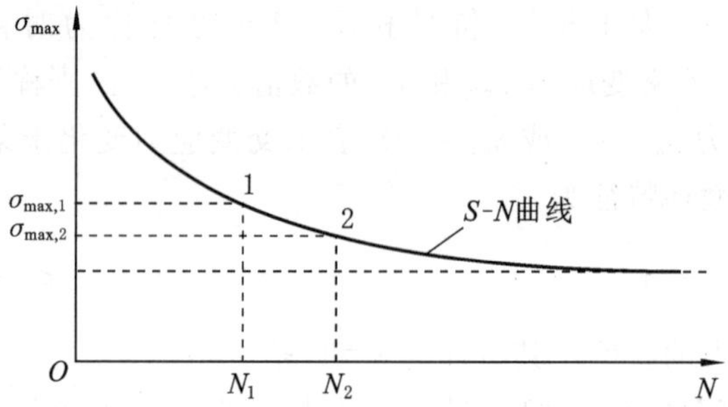

图 10-12

对称循环的持久极限记为 σ_{-1}，下标"-1"表示对称循环的循环特征为 $r=-1$。在非对称循环的情况下，用 σ_r 表示持久极限，σ_r 的脚标 r 代表循环特征。例如脉动循环的循环特征 $r=0$。与测定对称循环持久极限 σ_{-1} 的方法相似，在给定的循环特征 r 下进行疲劳试验，求得相应的 S-N 曲线。图 10-13 为这种 S-N 曲线的示意图。

选取平均应力 σ_m 为横轴，应力幅 σ_a 为纵坐标系，如图 10-14 所示。对任一个应力循环，由它的 σ_m 和 σ_a 便可在坐标系中确定一个对应的点 P。由定义可知，点 P 的平均应力和应力幅之和代表该点的应力循环的最大应力，即

$$\sigma_a+\sigma_m=\sigma_{max} \tag{10-8}$$

由原点到点 P 作射线 OP，其斜率为

$$\tan\alpha=\frac{\sigma_a}{\sigma_m}=\frac{\sigma_{max}-\sigma_{min}}{\sigma_{max}+\sigma_{min}}=\frac{1-r}{1+r} \tag{10-9}$$

可见循环特征 r 相同的所有应力循环都在同一射线上。离原点越远，应力循环的 σ_{max} 也越大。显然，只要 σ_{max} 不超过同一 r 下的持久极限 σ_r，就不会出现疲劳失效。故在每一条由原点出发的射线上，都有一个由持久极限确定的临界点（如点 P'）。对于对称循环，$r=-1$，$\sigma_m=0$，$\sigma_a=\sigma_{max}$，其对应的点都在纵轴上（临界点为点 A）。对于静载荷，$r=+1$，$\sigma_m=\sigma_{max}$，$\sigma_a=0$，其对

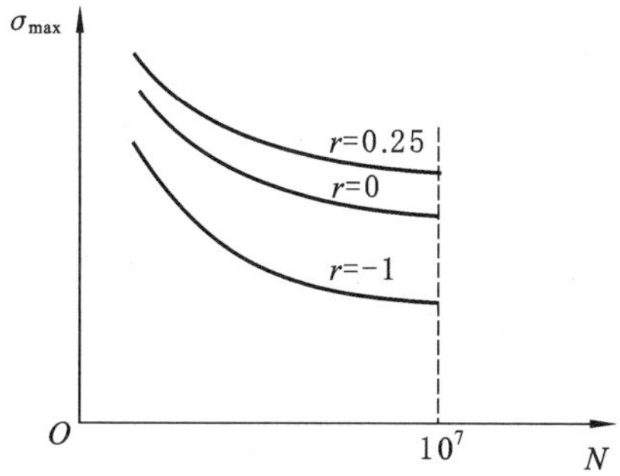

图 10-13

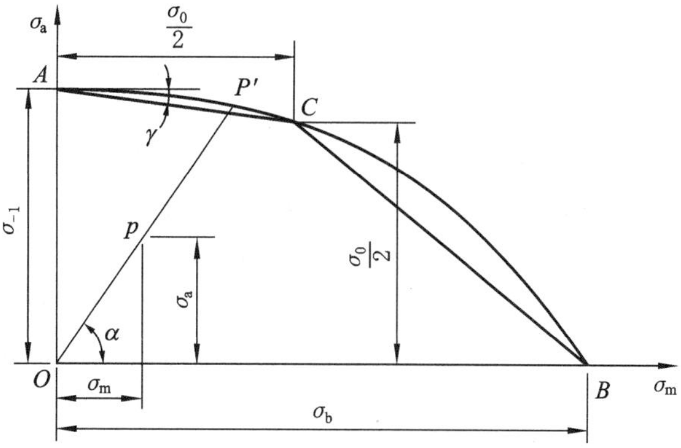

图 10-14

应的点皆在横轴上(临界点为点 B)。脉动循环的 $r=0$,$\tan\alpha=1$,故与脉动循环对应的点都在 $\alpha=45°$的射线上(临界点为点 C)。总之,对任一循环特性 r,都可确定与其持久极限相应的临界点。将这些点连成曲线即为**持久极限曲线**。图 10-14 中区域内一点 P,它所代表的应力循环的最大应力必然小于同一 r 下的持久极限。它是不会引起疲劳失效的。

工程上,通常采用简化的持久极限曲线。最常用的简化方法是由对称循环、脉动循环和静载荷,确定图 10-14 中的 A、C、B 三点,用折线 ACB 代替原来的曲线。折线的 AC 部分的倾角为 γ,斜率为

$$\psi_\sigma = \tan\gamma = \frac{\sigma_{-1} - \frac{\sigma_0}{2}}{\frac{\sigma_0}{2}} \tag{10-10}$$

直线 AC 上的点都与持久极限 σ_r 相对应,将这些点的坐标记为 σ_{rm} 和 σ_{ra},于是 AC 的方程式可以写成

$$\sigma_{ra} = \sigma_{-1} - \psi_\sigma \sigma_{rm} \tag{10-11}$$

式中,系数 ψ_σ 与材料有关。对拉-压或弯曲,碳钢的 $\psi_\sigma=0.1\sim0.2$,合金钢的 $\psi_\sigma=0.2\sim0.3$。对扭转,碳钢的 $\psi_\tau=0.05\sim0.1$,合金钢的 $\psi_\tau=0.1\sim0.15$。

上述简化折线只考虑了 $\sigma_m>0$ 的情况。另外,试验指出,钢的持久极限 σ_{-1} 与钢在静载荷作用下的力学性质有一定的联系。根据大量的试验结果可得到如下的近似经验关系:

对称循环下的弯曲持久极限 $\sigma_{-1}=0.4\sigma_b$;

对称循环下的拉伸-压缩持久极限 $\sigma_{-1}=0.28\sigma_b$;

对称循环下的扭转持久极限 $\tau_{-1}=0.22\sigma_b$。

上述各式中的 σ_b 是材料在静载荷作用下的强度极限。

必须指出,上列各式只适用于光滑的小试件且只能在对构件进行疲劳校核时,作为初步估计的参考。

材料在对称循环交变应力作用下的持久极限受构件的外形、尺寸、表面质量、工作环境等因素的影响。下面介绍影响持久极限的几种主要因素。

(1) 构件外形的影响

在构件外形突然发生改变的地方,如有槽、孔、缺口、轴肩、表面有损伤或材料有裂缝、空隙等,将引起应力集中。试验研究证明,应力集中会促使疲劳裂缝的形成和发展,使构件的持久

极限显著降低。在对称循环下，若以$(\sigma_{-1})_d$或$(\tau_{-1})_d$表示无应力集中的光滑试样的持久极限；$(\sigma_{-1})_k$或$(\tau_{-1})_k$表示有应力集中因数，且尺寸与光滑试样相同的试样的持久极限，则比值

$$K_\sigma=\frac{(\sigma_{-1})_d}{(\sigma_{-1})_k} \quad 或 \quad K_\tau=\frac{(\tau_{-1})_d}{(\tau_{-1})_k} \tag{10-12}$$

称为**有效应力集中因数**。因$(\sigma_{-1})_d$大于$(\sigma_{-1})_k$，$(\tau_{-1})_d$大于$(\tau_{-1})_k$，所以K_σ和K_τ都大于1。工程上为使用方便，把有效应力集中因数的数据整理成曲线图10-15和图10-16。

从曲线图中可知，有效应力集中因数不仅与构件的形状、尺寸有关，而且与强度极限σ_b，亦即材料的性质有关。一般来说，静载抗拉强度越高，有效应力集中因数越大，即对应力集中越敏感。

(2) 构件尺寸的影响

试验表明，大试样的持久极限比小试样的持久极限要低。在对称循环下，若光滑小试样的持久极限为σ_{-1}，光滑大试样的持久极限为$(\sigma_{-1})_d$，则比值

$$\varepsilon_\sigma=\frac{(\sigma_{-1})_d}{\sigma_{-1}} \tag{10-13}$$

称为**尺寸因数**，其数值小于1。对扭转，尺寸因数为

$$\varepsilon_\tau=\frac{(\tau_{-1})_d}{\tau_{-1}} \tag{10-14}$$

常用钢材的尺寸因数已列入表10-1中。

表10-1 尺寸因数

直径 d(mm)		>20～30	>30～40	>40～50	>50～60	>60～70
ε_σ	碳钢	0.91	0.88	0.84	0.81	0.78
	合金钢	0.83	0.77	0.73	0.70	0.68
各种钢 ε_τ		0.89	0.81	0.78	0.76	0.74
直径 d(mm)		>70～80	>80～100	>100～120	>120～150	>150～500
ε_σ	碳钢	0.75	0.73	0.70	0.68	0.60
	合金钢	0.66	0.64	0.62	0.60	0.54
各种钢 ε_τ		0.73	0.72	0.70	0.68	0.60

(3) 构件表面质量的影响

一般情况下，构件的最大应力发生于表层，疲劳裂纹也多在表层生成。表面加工的刀痕、擦伤或表面加工粗糙等将引起应力集中，降低持久极限。试验证明，表面磨制试件的持久极限比表面抛光的试件的持久极限低；粗车加工试件的持久极限比磨制的更低，可见表面加工质量对持久极限有明显的影响。若表面磨光的试样的持久极限为$(\sigma_{-1})_d$，而表面为其他加工情况时构件的持久极限为$(\sigma_{-1})_\beta$，则比值

$$\beta=\frac{(\sigma_{-1})_\beta}{(\sigma_{-1})_d} \tag{10-15}$$

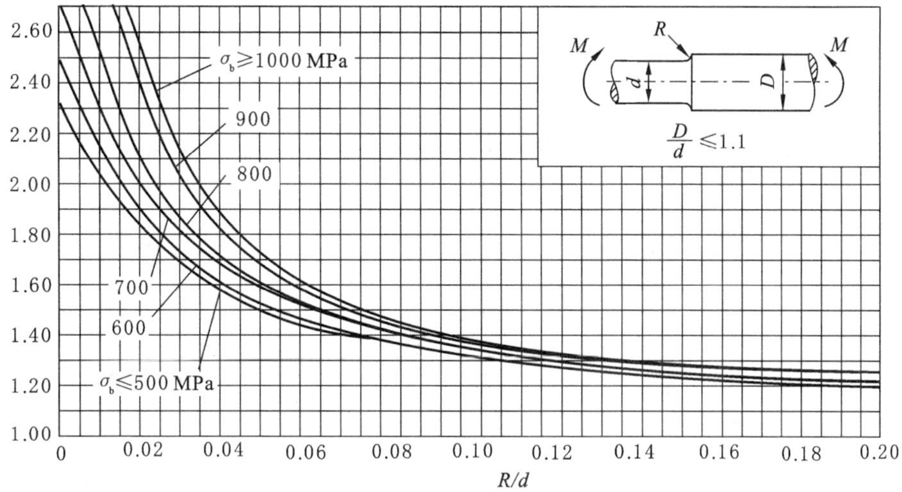
2.60
2.40
2.20
2.00
1.80
1.60
1.40
1.20
1.00
K_σ
$\sigma_b \geqslant 1000$ MPa
900
800
700
600
$\sigma_b \leqslant 500$ MPa
0
0.02
0.04
0.06
0.08
0.10
0.12
0.14
0.16
0.18
0.20
R/d
M
R
M
d
D
$\frac{D}{d} \leqslant 1.1$

(a)

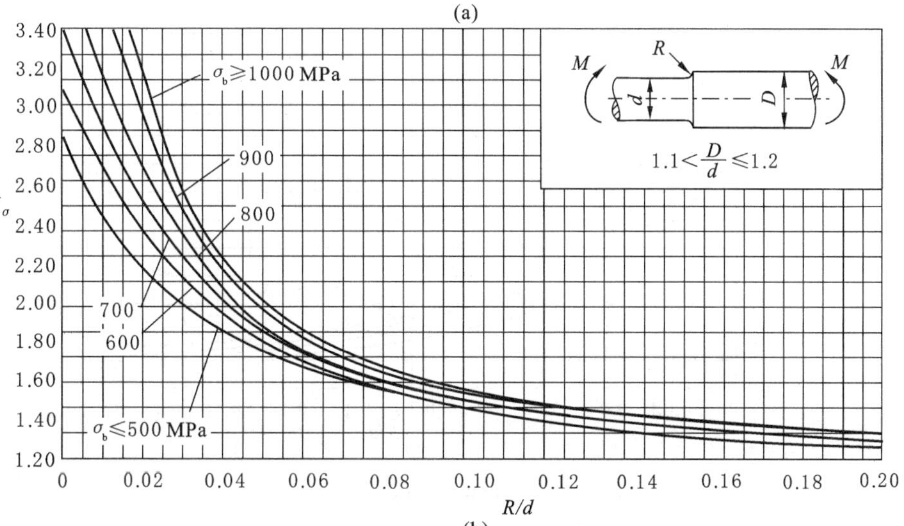
3.40
3.20
3.00
2.80
2.60
2.40
2.20
2.00
1.80
1.60
1.40
1.20
K_σ
$\sigma_b \geqslant 1000$ MPa
900
800
700
600
$\sigma_b \leqslant 500$ MPa
0
0.02
0.04
0.06
0.08
0.10
0.12
0.14
0.16
0.18
0.20
R/d
M
R
M
d
D
$1.1 < \frac{D}{d} \leqslant 1.2$

(b)

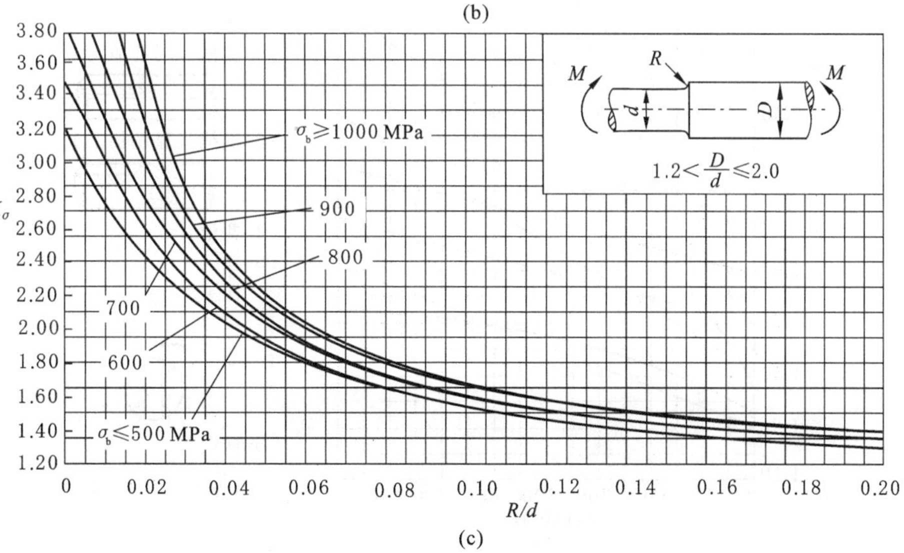
3.80
3.60
3.40
3.20
3.00
2.80
2.60
2.40
2.20
2.00
1.80
1.60
1.40
1.20
K_σ
$\sigma_b \geqslant 1000$ MPa
900
800
700
600
$\sigma_b \leqslant 500$ MPa
0
0.02
0.04
0.06
0.08
0.10
0.12
0.14
0.16
0.18
0.20
R/d
M
R
M
d
D
$1.2 < \frac{D}{d} \leqslant 2.0$

(c)

图 10-15

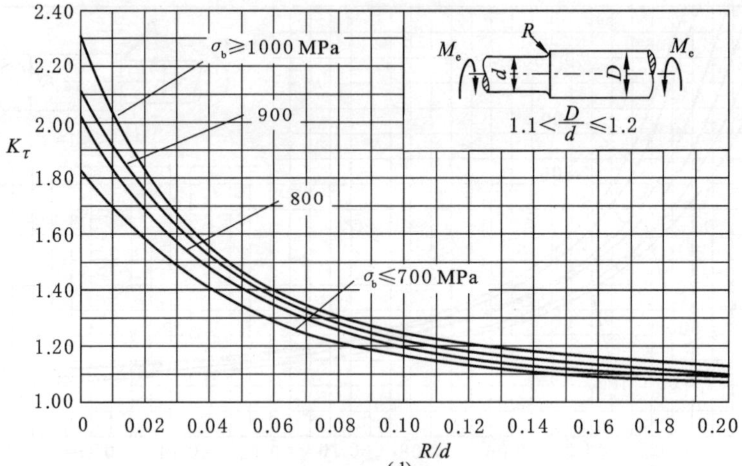

(d)

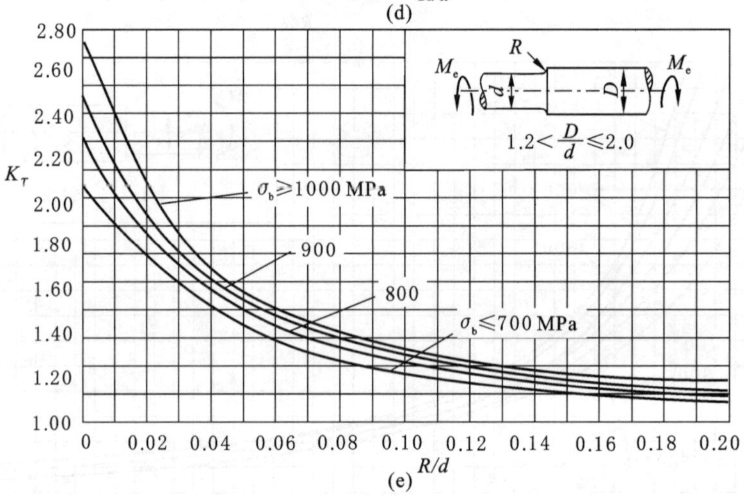

(e)

续图 10-15

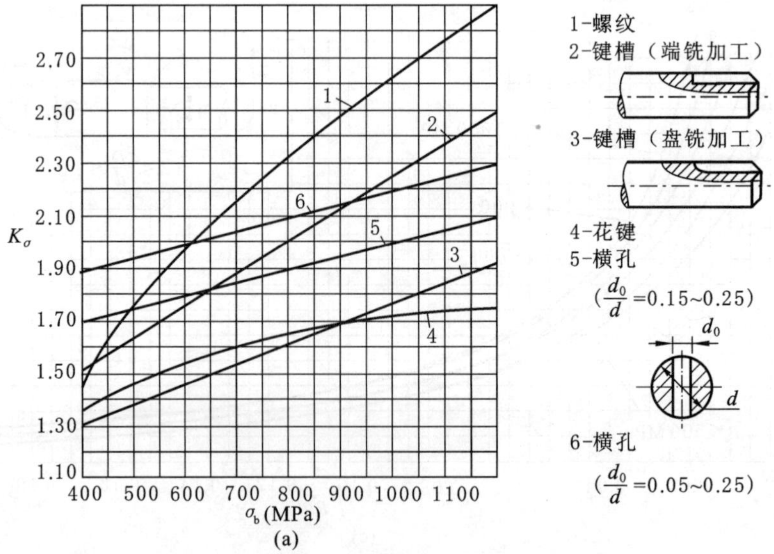

(a)

图 10-16

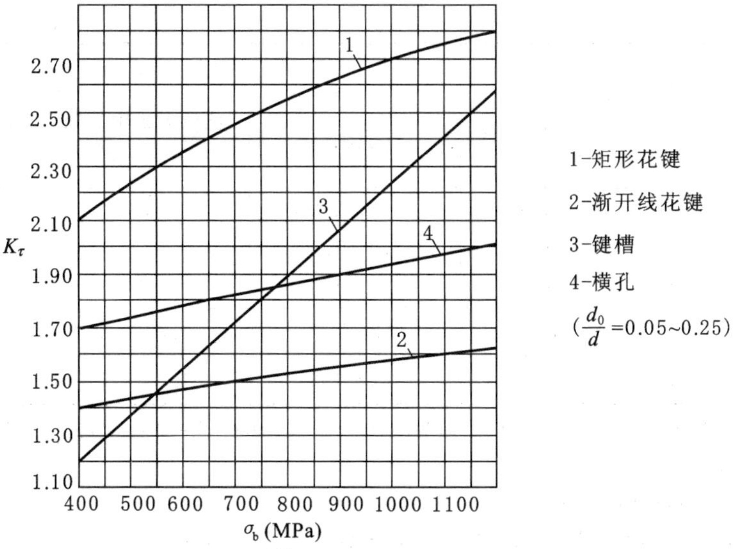

(b)

续图 10-16

称为**表面质量因数**,并且表面质量低于磨光试样时,$\beta<1$。不同表面粗糙度的 β 列入表 10-2 中。可以看出,高强度钢材随表面质量的降低,β 的下降比较明显。这说明优质钢材更需要高质量的表面加工,才能充分发挥高强度的性能。

表 10-2　不同表面粗糙度的表面质量因数 β

施工方法	轴表面粗糙度 R_a(μm)	σ_b(MPa)		
		400	800	1200
磨　削	0.4～0.2	1	1	1
车　削	3.2～0.8	0.95	0.90	0.80
粗　车	25～6.3	0.85	0.80	0.65
未加工的表面	∽	0.75	0.65	0.45

表面热处理或化学处理对构件的持久极限有影响。例如,构件经淬火、渗碳、氮化等热处理或化学处理,使表层得到强化;经滚压、喷丸等处理,使表层形成预压应力,减弱容易引起裂纹的工作拉应力,这些都会明显提高构件的持久极限,得到大于 1 的 β。各种强化方法的表面质量因数列入表 10-3 中。

表 10-3　各种强化方法的表面质量因数

强化方法	心部强度 σ_b(MPa)	β		
		光轴	低应力集中的轴 $K_\sigma\leqslant1.5$	高应力集中的轴 $K_\sigma\geqslant1.8\sim2$
高频淬火	600～800 800～1000	1.5～1.7 1.3～1.5	1.6～1.7	2.4～2.8
氮化	900～1200	1.1～1.25	1.5～1.7	1.7～2.1

续表 10-3

强化方法	心部强度 σ_b(MPa)	β		
		光轴	低应力集中的轴 $K_\sigma \leqslant 1.5$	高应力集中的轴 $K_\sigma \geqslant 1.8 \sim 2$
渗碳	400～600	1.8～2.0	3	
	700～800	1.4～1.5		
	1000～1200	1.2～1.3	2	
喷丸硬化	600～1500	1.1～1.25	1.5～1.6	1.7～2.1
滚子滚压	600～1500	1.1～1.3	1.3～1.5	1.6～2.0

注：1. 高频淬火系根据直径为 10～20 mm，淬硬层厚度为(0.05～0.20)d 的试样实验求得的数据，对大尺寸的试样强化系数的值会有某些降低。

2. 氮化层厚度为 0.01d 时用小值，在(0.03～0.04)d 时用大值。

3. 喷丸硬化系根据 8～40 mm 的试样求得的数据。喷丸速度低时用小值，速度高时用大值。

4. 滚子滚压系根据 17～130 mm 的试样求得的数据。

综合上述三种因素，在对称循环下，构件的持久极限应为

$$\sigma_{-1}^{0} = \frac{\varepsilon_\sigma \beta}{K_\sigma} \sigma_{-1} \tag{10-16}$$

式中 σ_{-1} 是光滑小试样的持久极限。在扭转时可写成

$$\tau_{-1}^{0} = \frac{\varepsilon_\tau \beta}{K_\tau} \tau_{-1} \tag{10-17}$$

此外，其他因素如温度、介质等对持久极限的影响可用修正系数的方法来处理，这里不再叙述，必要时可查有关的手册。

10.3.3 交变应力中对称循环下构件的疲劳强度计算公式与步骤

对称循环下，构件的持久极限 σ_{-1}^{0} 由公式 $\sigma_{-1}^{0} = \frac{\varepsilon_\sigma \beta}{K_\sigma} \sigma_{-1}$ 来计算。将 σ_{-1}^{0} 除以安全因数 n 得到许用应力为

$$[\sigma_{-1}] = \frac{\sigma_{-1}^{0}}{n} \tag{10-18}$$

安全因数 n 的取值范围较大，一般为 1.3～3.0。

构件的强度条件应为

$$\sigma_{\max} \leqslant [\sigma_{-1}] \quad 或 \quad \sigma_{\max} \leqslant \frac{\sigma_{-1}^{0}}{n} \tag{10-19}$$

式中 $\sigma_{\max}$ 是构件危险点交变应力的最大应力。

也可以把强度条件写成由安全因数表达的形式

$$\frac{\sigma_{-1}^{0}}{\sigma_{\max}} \geqslant n \tag{10-20}$$

上式左侧的比值代表构件工作时的安全储备，称为构件的**工作安全因数**，用 n_σ 来表示，即

$$n_\sigma = \frac{\sigma_{-1}^{0}}{\sigma_{\max}} \tag{10-21}$$

于是强度条件可写成

$$n_\sigma \geqslant n \tag{10-22}$$

即构件的工作安全因数 n_σ 应大于或等于规定的安全因数 n。

进一步把强度条件写成

$$n_\sigma = \frac{\sigma_{-1}}{\dfrac{K_\sigma}{\varepsilon_\sigma \beta}\sigma_{\max}} \geqslant n \tag{10-23}$$

对于扭转交变应力，强度条件可写成

$$n_\tau = \frac{\tau_{-1}}{\dfrac{K_\tau}{\varepsilon_\tau \beta}\tau_{\max}} \geqslant n \tag{10-24}$$

构件在对称循环交变应力下进行疲劳强度校核的基本步骤如下：

① 计算构件的最大工作应力 $\sigma_{\max}$ 或 $\tau_{\max}$；

② 根据已知数据，查表确定构件的有效应力集中系数 K_σ 或 K_τ，表面质量系数 β 以及尺寸系数 ε_σ 或 ε_τ；

③ 计算构件的持久极限 σ_{-1}^0 或 τ_{-1}^0；

④ 计算构件的工作安全因数，利用公式 $n_\sigma = \dfrac{\sigma_{-1}^0}{\sigma_{\max}} = \dfrac{\sigma_{-1}}{\dfrac{K_\sigma}{\varepsilon_\sigma \beta}\sigma_{\max}} \geqslant n$ 或 $n_\tau = \dfrac{\tau_{-1}^0}{\tau_{\max}} = \dfrac{\tau_{-1}}{\dfrac{K_\tau}{\varepsilon_\tau \beta}\tau_{\max}} \geqslant n$ 对构件进行疲劳强度校核。

10.4 提高构件抗冲击与疲劳的措施

工程实际中，为了减少或消去构件所受冲击，提高其抗冲击能力，可从以下几个方面入手：

① 物体自由下落的冲击问题中，动荷因数为 $K_{\mathrm{d}} = 1 + \sqrt{1 + \dfrac{2h}{\Delta_{\mathrm{st}}}}$。从计算公式可看出，如能够尽量降低物体自由下落的高度 h，就可以降低冲击载荷和动荷应力。

② 水平冲击时动荷因数为 $K_{\mathrm{d}} = \sqrt{\dfrac{v^2}{g\Delta_{\mathrm{st}}}}$。从计算公式可看出，若冲击物与杆件接触时的速度 v 减小，就可以降低冲击载荷和动荷应力，提高构件抗冲击的能力。

③ 在冲击问题中，如能增大静位移 Δ_{st}，就可以降低冲击载荷和动荷应力。例如把承受冲击的汽缸盖螺栓，由短螺栓改为长螺栓，增加了螺栓的静变形 Δ_{st} 就可以提高其承受冲击的能力，如图 10-17 所示。此外，尽可能使被冲击构件接近等截面，使其动荷应力降低。

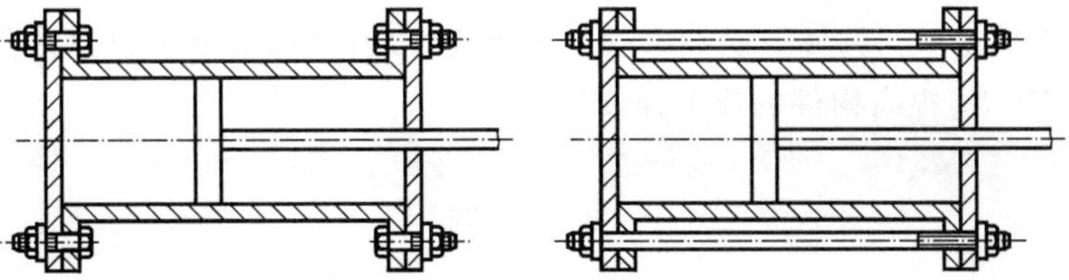

(a) (b)

图 10-17

其他冲击过程中，如扭转冲击等，通过力学分析也能类似提出降低冲击载荷和动荷应力的方法。

构件中疲劳裂纹的形成主要在应力集中的部位和构件的表面。提高疲劳强度应从减缓应力集中、提高表面质量等方面入手。

① **减缓应力集中** 为了消除或减缓应力集中，在设计构件的外形时，要避免出现方形或带有尖角的孔和槽。在截面尺寸突然改变处要采用半径足够大的过渡圆角。例如图 10-18(a)、图 10-18(b)所示的两种情况对比，过渡圆角半径较大的阶梯轴的应力集中程度就缓和得多。有时因结构上的原因，难以加大过渡圆角的半径，这时在直径较大的部分轴上开减荷槽或退刀槽，如图 10-19 所示，可以使应力集中有明显的减弱。在紧配合的轮毂与轴的配合边缘处，有明显的应力集中。若在轮毂上开减荷槽，如图 10-20 所示，并加粗轴的配合部分，以缩小轮毂与轴之间的刚度差距，可以改善配合面边缘处应力集中的情况。

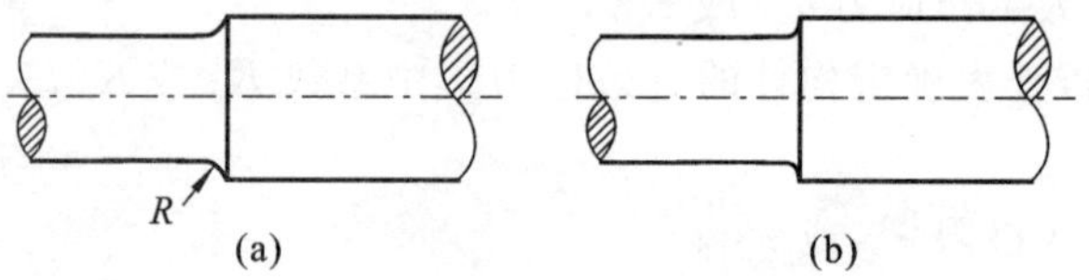

图 10-18

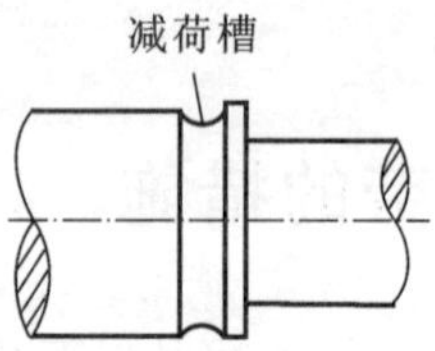

图 10-19

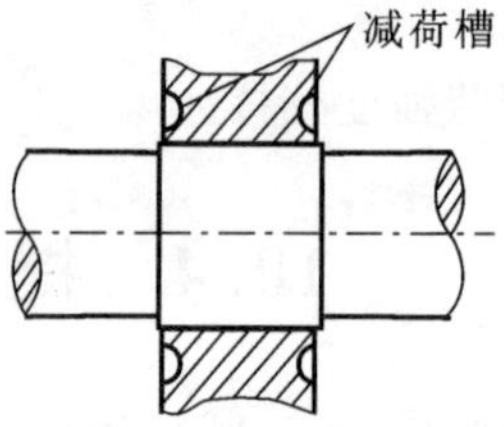

图 10-20

② **降低表面粗糙度** 构件表面加工质量对疲劳影响很大，疲劳强度要求较高的构件，应有较低的表面粗糙度。高强度钢对表面粗糙度更为敏感，只有经过精加工，才有利于发挥它的高强度性能。否则将会使持久极限大幅度下降，失去采用高强度钢的意义。在使用中应尽量避免使构件表面受到机械损伤(如划伤、打印等)和化学损伤(如腐蚀、生锈等)。

③ **增加表层强度** 为了强化构件的表层，可采用热处理和化学处理，如表面高频淬火、渗碳、氮化、碳氮共渗等，皆可使构件疲劳强度有显著提高。但采用这些方法时，要严格控制工艺过程，否则将造成表面微细裂纹，反而降低持久极限。也可以用机械的方法强化表层，如滚压、喷丸等预应力处理，以提高疲劳强度。

④ **采用止裂措施** 当构件上已经出现了宏观裂纹后，可以通过在裂尖钻孔、热熔等措施，减缓或终止裂纹扩展，提高构件的疲劳强度。

习 题

10-1 如题图所示，用钢索起吊 $P=60$ kN 的重物，并在第一秒内以等加速度上升了 2.5 m。试求钢索横截面上的轴力 F_{Nd}(不计钢索的质量)。

10-2　如题图所示，桥式起重机上悬挂一重量 $P=50$ kN 的重物，以匀速度 $v=1$ m/s 向前移(在图中，移动的方向垂直于纸面)。当起重机突然停止时，重物像单摆一样向前摆动。若梁为 14 工字钢，吊索横截面面积 $A=5\times10^{-4}$ m^2，问此时吊索内及梁内的最大应力增加多少？设吊索的自重以及由重物摆动引起的斜弯曲影响都忽略不计。

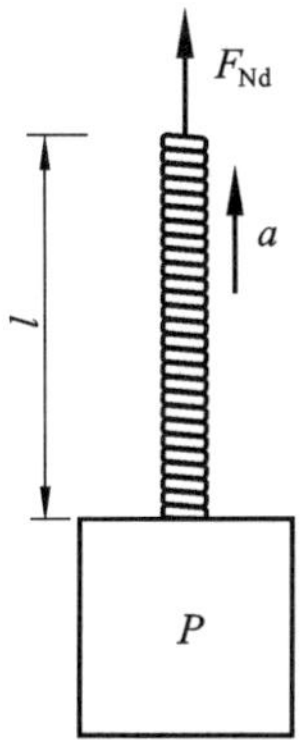

题 10-1 图

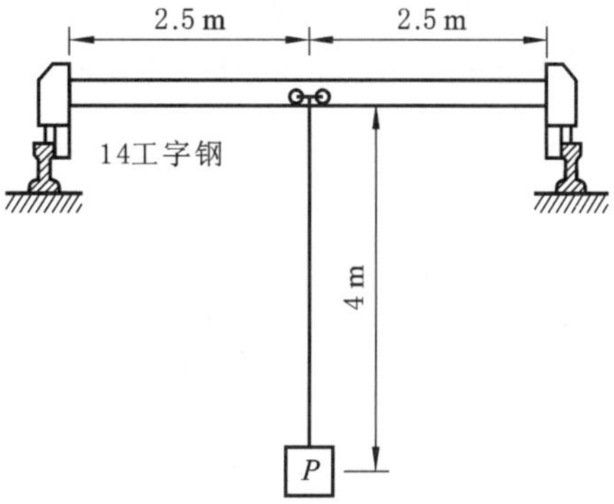

题 10-2 图

10-3　一杆以匀角速度 ω 绕铅垂轴在水平面内转动。已知杆长为 l，杆的横截面面积为 A，重量为 P_1。另有一重量为 P 的重物连接在杆的端点，如题图所示。试求杆的伸长量。

10-4　在直径 $d=100$ mm 的轴上，装有转动惯量 $J_0=0.5$ kN·m·s^2 的飞轮，轴以 300 r/min的转速转动，如题图所示。现用制动器使飞轮在 20 转内停止转动，试求轴内的最大切应力(不计轴的质量和轴承内的摩擦力)。

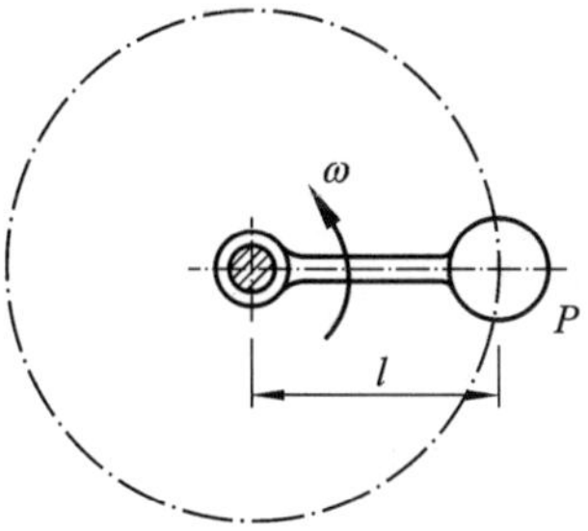

题 10-3 图

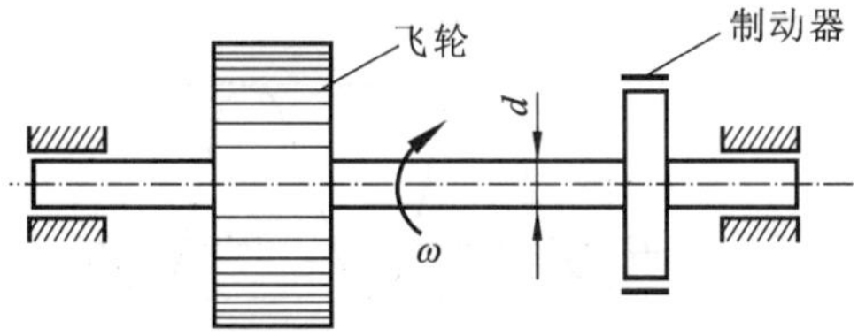

题 10-4 图

10-5　长 $l=400$ mm、直径 $d=12$ mm 的圆截面直杆，在 B 端受到水平方向的轴向冲击，如题图所示。已知杆 AB 材料的弹性模量 $E=210$ GPa，冲击时冲击物的动能为 2000 N·mm。在不考虑杆的质量的情况下，试求杆内的最大冲击正应力。

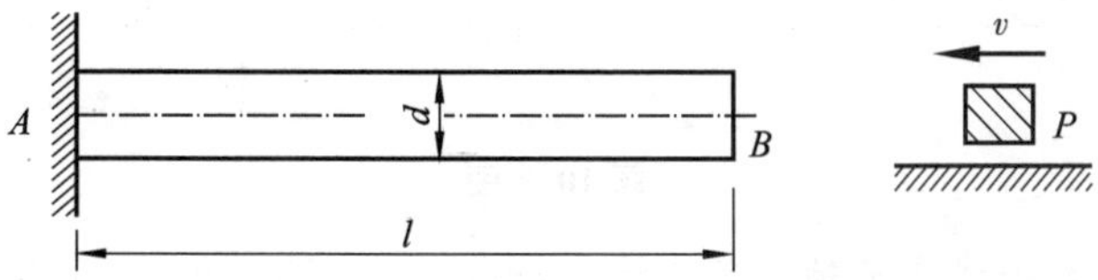

题 10-5 图

10-6 如题图所示，直径 d=30 cm、长为 l=6 m 的圆木桩，下端固定，上端受重 P=2 kN 的重锤作用，木材的 E_1=10 GPa。求下列三种情况下，木桩内的最大正应力：

(1) 重锤以静载荷的方式作用于木桩上；

(2) 重锤以离桩顶 0.5 m 的高度自由落下；

(3) 在桩顶放置直径为 15 cm、厚为 40 mm 的橡皮垫，橡皮的弹性模量 E_2=8 MPa。重锤也是从离橡皮垫顶面 0.5 m 的高度自由落下。

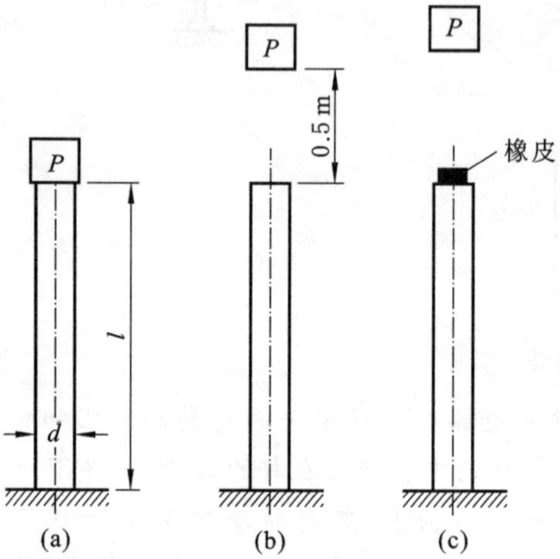

题 10-6 图

10-7 试计算题图所示各交变应力的应力比和应力幅。

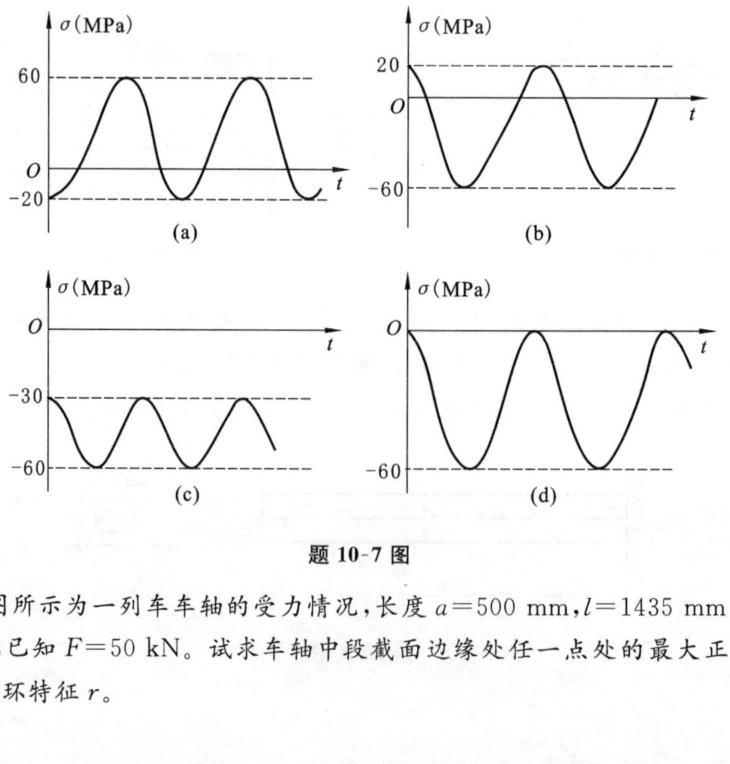

题 10-7 图

10-8 题图所示为一列车车轴的受力情况，长度 a=500 mm，l=1435 mm，车轴中段的直径 d=150 mm，已知 F=50 kN。试求车轴中段截面边缘处任一点处的最大正应力 σ_{max}、最小正应力 σ_{min} 和循环特征 r。

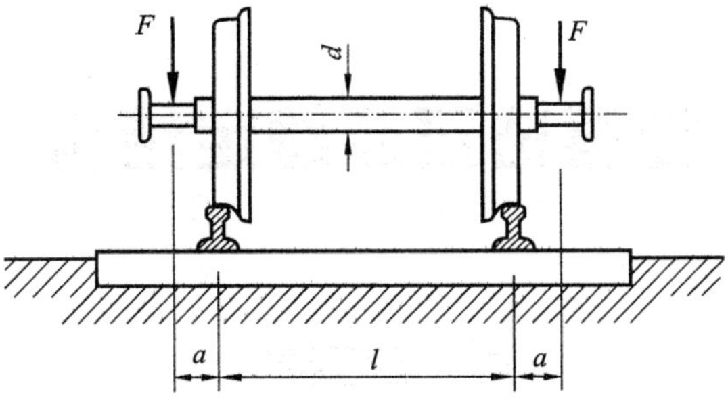

题 10-8 图

10-9　阶梯轴如题图所示。材料为铬镍合金钢，$\sigma_b=920$ MPa，$\sigma_{-1}=420$ MPa，$\tau_{-1}=250$ MPa。轴的尺寸是：$d=40$ mm，$D=50$ mm，$R=5$ mm。求弯曲和扭转时的有效应力集中因数和尺寸因数。

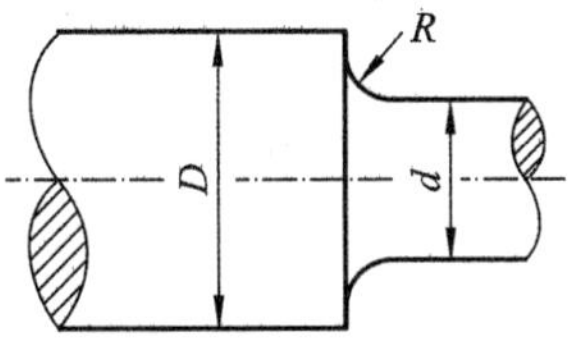

题 10-9 图

* 11　能量法及超静定结构

11.1　功　应变能

11.1.1　变形功与应变能

以如图 11-1 所示的非线性材料弹性杆受拉力 F 作用为例，当 F 从零开始缓慢变化到最终值 F_1 时，力 F 将在其作用方向的相应位移上(也由零增至最终值 Δ_1)做功，称为**变形功**。可写为

$$W = \int_0^{\Delta_1} F \mathrm{d}\Delta \tag{11-1}$$

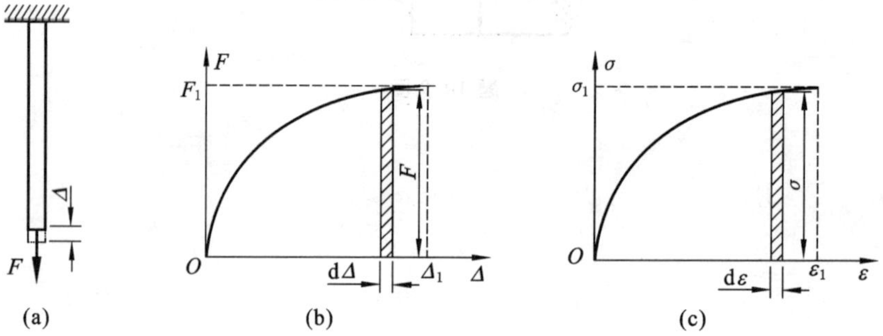

图 11-1

与此同时，杆件内储存了应变能。单位体积内储存的应变能称为**应变比能**，为

$$v_\varepsilon = \int_0^{\varepsilon_1} \sigma \mathrm{d}\varepsilon \tag{11-2}$$

则整个杆件内的应变能为

$$V_\varepsilon = \int_V v_\varepsilon \mathrm{d}V \tag{11-3}$$

如果略去拉伸过程中的动能及其他能量的变化与损失，由能量守恒原理，杆件内的应变能在数值上应等于外力所做的功，即有

$$V_\varepsilon = W \tag{11-4}$$

这是一个对变形体都适用的普遍原理，称为**功能原理**，其对一般结构的变形计算及静不定结构的求解都有重要作用。

固体的弹性变形是可逆的，即当外力解除后，弹性体将恢复其原始形状，释放出应变能而做功。但当超出了弹性范围，固体具有塑性变形时，应变能不能全部转变为功，因为变形体产生塑性变形时要消耗掉一部分能量，留下残余变形。

11.1.2 余功与余能

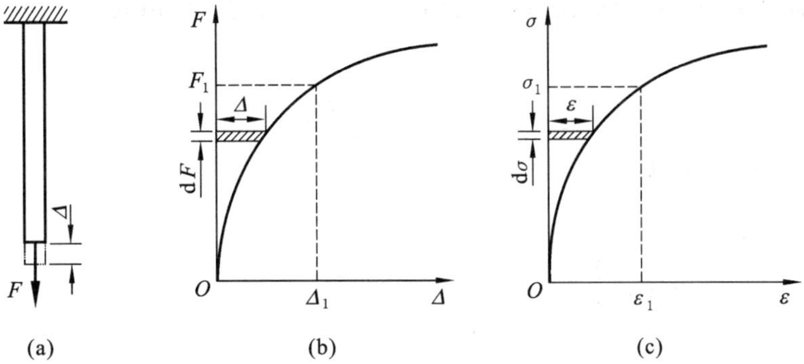

图 11-2

变形体受外力作用时的**余功**定义为

$$W_C = \int_0^{F_1} \Delta \mathrm{d}F \tag{11-5}$$

其中 F_1 是外力从零增加到的最终值。仿照功与应变能的关系，将与余功对应的能称为**余能**，用 V_C 表示。余功与余能相等，即

$$V_C = W_C = \int_0^{F_1} \Delta \mathrm{d}F \tag{11-6}$$

可仿照前面，定义单位体积余应变能（或应变余能）为**余应变比能**，即

$$v_C = \int_0^{\sigma_1} \varepsilon \mathrm{d}\sigma \tag{11-7}$$

由此整个结构余应变能也可写为

$$V_C = \int_V v_C \mathrm{d}V \tag{11-8}$$

余功、余应变能、余应变比能都具有功或能的量纲，是变形体的另一能量参数，但都没有实际的物理意义。

固体力学中运用功与能有关的基本原理统称为**能量原理**，由此发展出来的方法称为**能量法**。能量原理是在总体上从功与能的角度分析变形体系统的受力、应力与变形的原理与方法，是进一步学习固体力学其他知识的基础。

11.1.3 功和应变能的计算公式

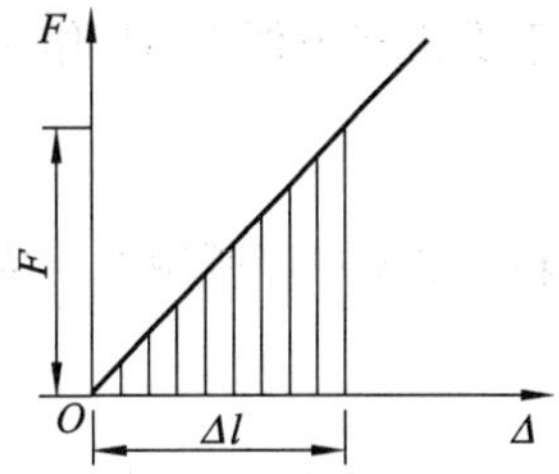

图 11-3

杆件受不同外载作用下的应变能计算公式各异，下面分别说明。

(1) **轴向拉伸或压缩线弹性杆件**（图 11-3）

由第 2 章已知，轴向拉、压杆的应变比能为

$$v_\varepsilon = \frac{1}{2}\sigma\varepsilon = \frac{1}{2}\frac{\sigma^2}{E} = \frac{1}{2}E\varepsilon^2 \tag{11-9}$$

则整个杆的应变能为

$$V_\varepsilon = \int_V v_\varepsilon \mathrm{d}V = \int_0^l \int_A \frac{\sigma^2}{2E} \mathrm{d}A\mathrm{d}x = \int_0^l \frac{F_N^2(x)}{2EA}\mathrm{d}x \tag{11-10}$$

式中，$\sigma=\dfrac{F_N(x)}{A}$，F_N 是内力（轴力），A 是横截面面积，l 是杆长。

如果是线弹性范围内的等截面直杆，且内力 $F_N=F=$ 常数，则由式(11-1)、式(11-4)可得拉压杆的应变能为

$$V_\varepsilon=W=\frac{1}{2}F\Delta l \tag{11-11}$$

而杆的伸长（或缩短）为

$$\Delta l=\frac{Fl}{EA}$$

这样，式(11-11)就可改写成

$$V_\varepsilon=W=\frac{F^2 l}{2EA} \tag{11-12}$$

(2) **纯剪切或扭转线弹性杆件**（图 11-4）

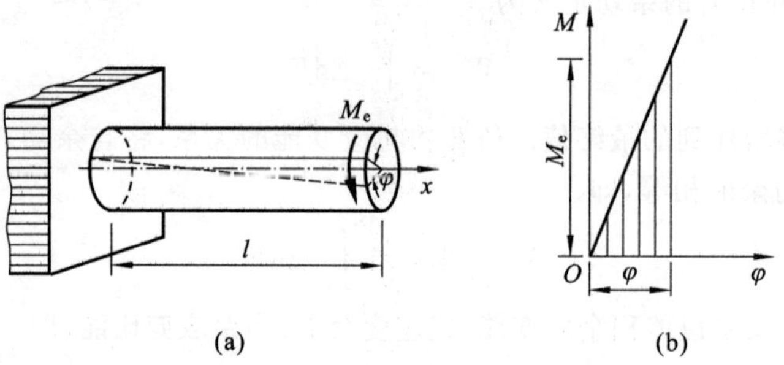

图 11-4

由第 3 章已知，线弹性材料纯剪切应力状态下杆件的应变比能为

$$v_\varepsilon=\frac{1}{2}\tau\gamma=\frac{\tau^2}{2G}=\frac{1}{2}G\gamma^2 \tag{11-13}$$

则扭转杆的应变能为

$$V_\varepsilon=\int_V v_\varepsilon \mathrm{d}V=\int_0^l\int_A\frac{\tau^2}{2G}\mathrm{d}A\mathrm{d}x=\int_0^l\int_A\frac{T^2(x)\rho^2}{2GI_p^2}\mathrm{d}A\mathrm{d}x=\int_0^l\frac{T^2(x)}{2GI_p}\mathrm{d}x \tag{11-14}$$

式中，$I_p=\int_A\rho^2\mathrm{d}A$，$T(x)$是横截面上的扭矩（内力）。

对于受扭转力偶矩 M_e 作用的等圆截面杆，如果杆件材料是线弹性的，则其扭转角为

$$\varphi=\frac{M_e l}{GI_p}$$

扭转力偶矩 M_e 所做的功为

$$W=\frac{1}{2}M_e\varphi=\frac{M_e^2 l}{2GI_p}$$

由式(11-4)，扭转应变能为

$$V_\varepsilon=W=\frac{M_e^2 l}{2GI_p} \tag{11-15}$$

(3) **线弹性弯曲梁**（图 11-5）

弹性弯曲杆的应变比能为

$$v_\varepsilon=\frac{1}{2}\sigma\varepsilon=\frac{\sigma^2}{2E}=\frac{M^2(x)y^2}{2EI^2} \tag{11-16}$$

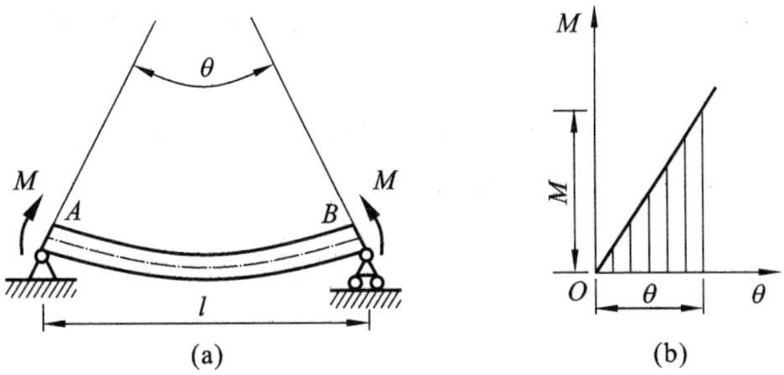

图 11-5

则整个杆的应变能为

$$V_{\varepsilon}=\int_{V}v_{\varepsilon}\mathrm{d}V=\int_{0}^{l}\left[\frac{M^{2}(x)}{2EI^{2}}\int_{A}y^{2}\mathrm{d}A\right]\mathrm{d}x=\int_{0}^{l}\frac{M^{2}(x)}{2EI}\mathrm{d}x \tag{11-17}$$

式中，$I=\int_{A}y^{2}\mathrm{d}A$，$M(x)$是梁横截面上的弯矩(内力矩)。

对于弹性纯弯曲等截面梁，其两端受弯曲力偶矩 M 作用，M 由零开始逐渐增加到最终值时，设两端横截面的相对转角为 θ，则弯曲力偶矩所做的功为

$$W=\frac{1}{2}M\theta,\quad \theta=\frac{Ml}{EI}$$

由式(11-4)可得杆的应变能为

$$V_{\varepsilon}=W=\frac{M^{2}l}{2EI} \tag{11-18}$$

横力弯曲时，梁横截面上同时有剪力和弯矩，且剪力和弯矩都随横截面位置的变化而变化，都是 x 的函数，这时应分别计算与弯曲和剪切相对应的应变能。但在细长梁的情况下，对应于剪切的应变能与弯曲应变能相比，一般很小，可以不计，所以一般只计算弯曲应变能。

11.1.4 广义力与广义位移

综上所述，对于拉压杆、扭转杆、弯曲杆的应变能可统一写成

$$V_{\varepsilon}=W=\frac{1}{2}F\delta \tag{11-19}$$

其中，F 在拉(压)时代表拉(压)力；扭转时代表扭转力偶矩；弯曲时代表弯曲力偶矩，所以 F 可称为**广义力**。而与之相应的位移 δ，称为**广义位移**。例如，拉伸时，它是与外力对应的线位移 Δl；扭转时，它是与扭转力偶矩对应的角位移 φ；弯曲时，它是与弯曲力偶矩对应的截面角位移 θ。当然也可以这样理解，广义力矢量与相应广义位移矢量的点积等于功。

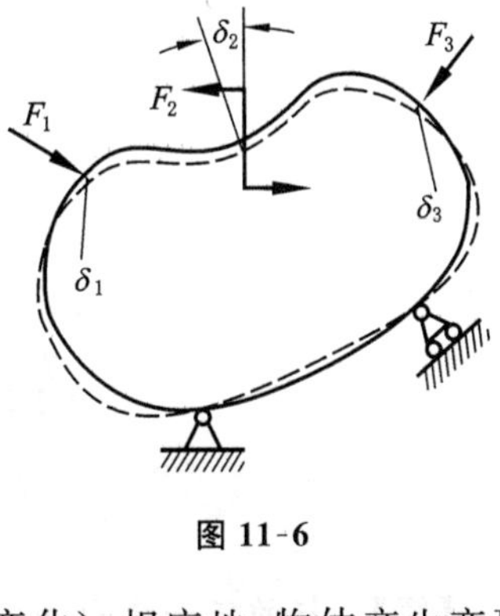

图 11-6

11.1.5 应变能的普遍表达式

设广义力 F_1、F_2、…、F_n 作用在物体上(图 11-6)，且假设按同一比例系数 β 从零增长到最终值(即参数 β 在 0 到 1 之间变化)，相应地，物体产生变形(广义位移)δ_1、δ_2、…、δ_n。若变形很小，材料是线弹性的，则弹性位移与外力之间的关系也是线性的，位移 δ_1、δ_2、…、δ_n 也将与外力一样按相同的比例增加。如果外力在某一中间值 βF_1、

βF_2、…、βF_n 时，比例系数有一微小增量 $d\beta$，此时外力（可看作不变）将在位移增量 $d\beta\delta_1$、$d\beta\delta_2$、…、$d\beta\delta_n$ 上做功，可写为

$$dW = \beta F_1 \cdot d\beta\,\delta_1 + \beta F_2 \cdot d\beta\,\delta_2 + \cdots + \beta F_n \cdot d\beta\,\delta_n$$

外力从零到最终值过程中所做的功可积分上式，得

$$W = (F_1\delta_1 + \cdots + F_n\delta_n)\int_0^1 \beta d\beta = \frac{1}{2}F_1\delta_1 + \frac{1}{2}F_2\delta_2 + \cdots + \frac{1}{2}F_n\delta_n$$

所以，物体内的应变能为

$$V_\varepsilon = W = \frac{1}{2}F_1\delta_1 + \frac{1}{2}F_2\delta_2 + \cdots + \frac{1}{2}F_n\delta_n \tag{11-20}$$

这就是**克拉贝依隆**(Clapeyron)**原理**，其只限于线弹性结构。

如果杆件发生组合变形，如图 11-7 所示，可取出微段 dx 来考察，截面上有弯矩 $M(x)$、扭矩 $T(x)$ 和轴力 $F_N(x)$，它们可视为外力。设两截面轴向位移为 $d(\Delta l)$，相对扭转角为 $d\varphi$，相对转角为 $d\theta$，则微段内的应变能（对线弹性材料而言）为

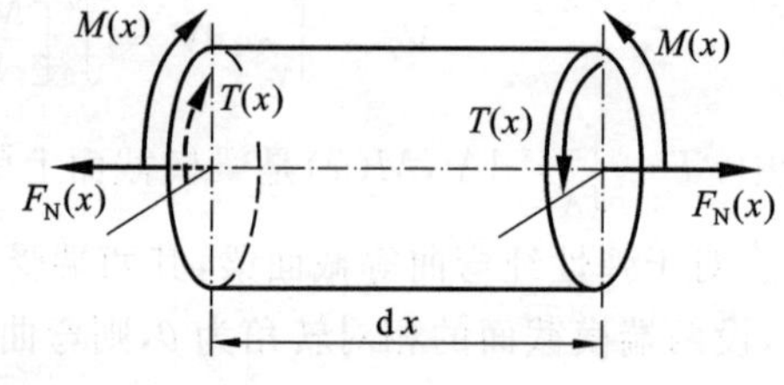

图 11-7

$$dV_\varepsilon = \frac{1}{2}F_N(x)d(\Delta l) + \frac{1}{2}M(x)d\theta + \frac{1}{2}T(x)d\varphi$$

式中，$d(\Delta l)=\dfrac{F_N(x)dx}{EA}$，$d\theta=\dfrac{M(x)dx}{EI}$，$d\varphi=\dfrac{T(x)dx}{GI_p}$。

代入上式并积分，得组合变形杆件内应变能的计算公式为

$$V_\varepsilon = \int_l \frac{F_N^2(x)dx}{2EA} + \int_l \frac{M^2(x)dx}{2EI} + \int_l \frac{T^2(x)dx}{2GI_p} \tag{11-21}$$

这里是指圆截面的情况，如果是其他截面，上式中的 I_p 应改成 I_t。

由上式还可看出，变形能为内力（或外力）的二次函数，故在变形能计算中叠加原理一般不能随便使用，只有当杆件上任一载荷在其他载荷引起的位移上不做功时，才可应用。

利用应变能方法很容易求出力（广义力）沿其作用线方向的位移。

【例 11-1】 轴线为半圆形平面曲杆位于水平面内，如图 11-8(a)所示，作用于点 A 的集中力 F 垂直于杆所在平面，试求力 F 作用点的垂直位移。

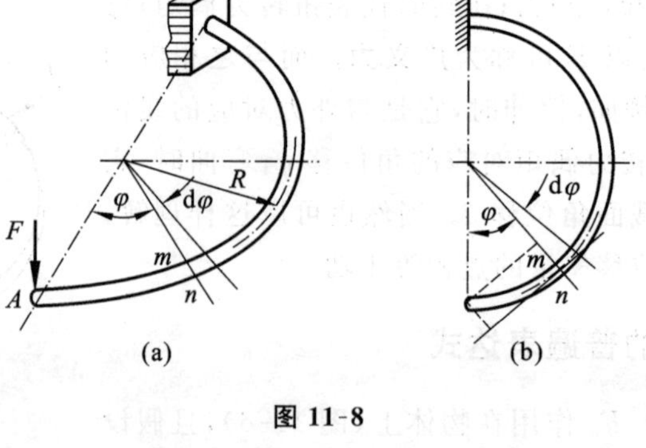

图 11-8

【解】 杆的任一截面 m—n 位置可用圆心角 φ 来表示，曲杆在力 F 作用下，由图 11-8(b)可知，m—n 截面上的弯矩与扭矩分别为

$$\begin{cases} M = FR\sin\varphi \\ T = FR(1-\cos\varphi) \end{cases}$$

对于横截面尺寸远小于半径 R 的曲杆(常称小曲率曲杆),可按直杆计算其应变能,微段 $R\mathrm{d}\varphi$ 内的应变能为

$$\mathrm{d}V_\varepsilon = \frac{M^2 R\mathrm{d}\varphi}{2EI} + \frac{T^2 R\mathrm{d}\varphi}{2GI_\mathrm{p}}$$

求整个曲杆的应变能时可在杆上积分,即

$$V_\varepsilon = \int_l \mathrm{d}V_\varepsilon = \int_0^\pi \frac{F^2R^2\sin^2\varphi}{2EI} R\mathrm{d}\varphi + \int_0^\pi \frac{F^2R^2(1-\cos\varphi)^2}{2GI_\mathrm{p}} R\mathrm{d}\varphi$$
$$= \frac{F^2R^3\pi}{4EI} + \frac{3F^2R^3\pi}{4GI_\mathrm{p}}$$

而力 F 所做的功 W 可表示为

$$W = \frac{1}{2}F\delta_A$$

这样,根据式(11-4)有

$$\frac{1}{2}F\delta_A = \frac{F^2R^3\pi}{4EI} + \frac{3F^2R^3\pi}{4GI_\mathrm{p}}$$

由此得

$$\delta_A = \frac{FR^3\pi}{2EI} + \frac{3FR^3\pi}{2GI_\mathrm{p}}$$

【例 11-2】 试计算图 11-9(a)所示结构在载荷作用下的余能,结构中两杆的长度均为 l,横截面面积均为 A,材料在单轴拉伸时的应力-应变曲线如图 11-9(b)所示。

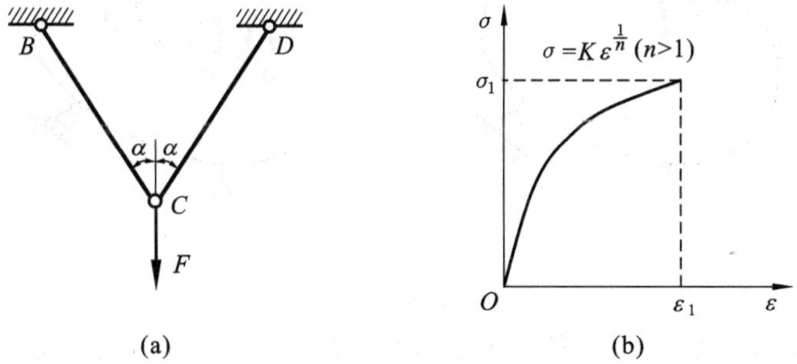

图 11-9

【解】 由节点 C 的平衡,可得两杆的轴力为

$$F_\mathrm{N} = \frac{F}{2\cos\alpha}$$

于是两杆横截面上的应力为

$$\sigma_1 = \frac{F_\mathrm{N}}{A} = \frac{F}{2A\cos\alpha}$$

由非线性弹性材料的应力-应变关系曲线可得

$$\varepsilon = \left(\frac{\sigma}{K}\right)^n$$

则余能密度为

$$v_C = \int_0^{\sigma_1} \varepsilon \mathrm{d}\sigma = \int_0^{\sigma_1} \left(\frac{\sigma}{K}\right)^n \mathrm{d}\sigma = \frac{1}{K^n(n+1)}\left(\frac{F}{2A\cos\alpha}\right)^{n+1}$$

由于轴向拉伸杆内各点应变状态均相同，因此，结构在载荷作用下的余能为

$$V_C = v_C(2Al) = \frac{l}{(2A)^n K^n (n+1)}\left(\frac{F}{\cos\alpha}\right)^{n+1}$$

11.2　互 等 定 理

对线弹性结构，利用变形能的概念，可导出功的互等定理和位移互等定理。它们在结构分析中有重要作用。

设在线弹性结构上作用 F_1 和 F_2[图 11-10(a)]，引起两力作用点沿力作用方向的位移分别为 δ_1 和 δ_2。由式(11-20)，F_1 和 F_2 完成的功应为 $\frac{1}{2}F_1\delta_1+\frac{1}{2}F_2\delta_2$。然后，假设在结构上作用 F_3 和 F_4[图 11-10(b)]，引起 F_1 和 F_2 作用点沿力作用方向位移 δ_1' 和 δ_2'。这样，除了 F_3 和 F_4 完成数量为 $\frac{1}{2}F_3\delta_3+\frac{1}{2}F_4\delta_4$ 的功外，原已作用在结构上的 F_1 和 F_2 又产生了位移 δ_1' 和 δ_2'，且在发生位移过程中 F_1 和 F_2 大小不变，所以又完成了数量为 $F_1\delta_1'+F_2\delta_2'$ 的功。因此，按先加 F_1、F_2，后加 F_3、F_4 的次序加力，结构应变能为

$$V_{\varepsilon 1} = \frac{1}{2}F_1\delta_1+\frac{1}{2}F_2\delta_2+\frac{1}{2}F_3\delta_3+\frac{1}{2}F_4\delta_4+F_1\delta_1'+F_2\delta_2'$$

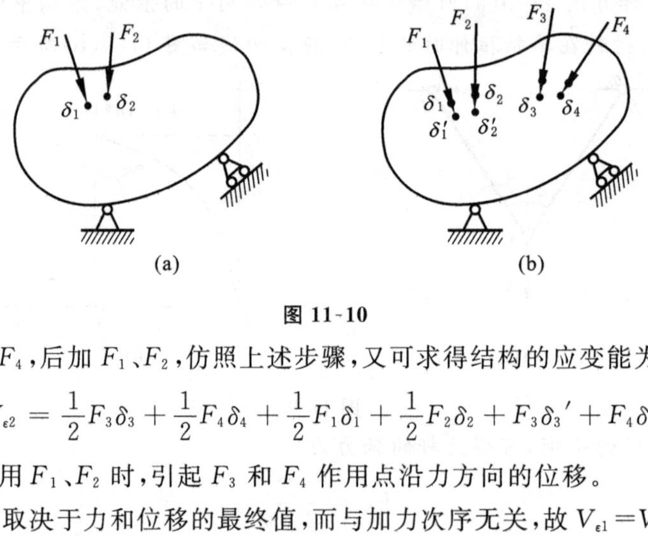

图 11-10

如果先加 F_3、F_4，后加 F_1、F_2，仿照上述步骤，又可求得结构的应变能为

$$V_{\varepsilon 2} = \frac{1}{2}F_3\delta_3+\frac{1}{2}F_4\delta_4+\frac{1}{2}F_1\delta_1+\frac{1}{2}F_2\delta_2+F_3\delta_3'+F_4\delta_4'$$

式中 δ_3' 和 δ_4' 是作用 F_1、F_2 时，引起 F_3 和 F_4 作用点沿力方向的位移。

由于应变能只取决于力和位移的最终值，而与加力次序无关，故 $V_{\varepsilon 1}=V_{\varepsilon 2}$，从而有

$$F_1\delta_1'+F_2\delta_2' = F_3\delta_3'+F_4\delta_4' \tag{11-22}$$

以上结果显然可以推广到更多力的情况。即：第一组力在第二组力引起的位移上所做的功，等于第二组力在第一组力引起的位移上所做的功，这就是**功的互等定理**。若第一组力只有 F_1，第二组力只有 F_3，则式(11-22)可化为

$$F_1\delta_1' = F_3\delta_3'$$

若 $F_1=F_3$，则上式化为

$$\delta_1' = \delta_3' \tag{11-23}$$

这表明，F_1 作用点沿 F_1 方向因 F_3 而引起的位移，等于 F_3 作用点沿 F_3 方向因 F_1 而引起的位移。这就是**位移互等定理**。

上述互等定理中的力和位移都应理解为广义的。例如，把力换成力偶矩，相应的位移换成角位移，推导过程依然一样，结论自然不变。此外，这里的位移是指在结构不可能发生刚体位移的情况下，只是由变形引起的位移。

11.3　单位载荷法

当弹性体上仅作用一个广义力，而且所求位移为其相应方向上的位移时，才可以直接利用功能原理计算变形体的位移。现在介绍计算变形体位移的一个普遍方法——单位载荷法。例如，要求图 11-11(a)中刚架上点 A 沿 $a—a$ 方向的位移 Δ，可将该系统真实位移作为虚位移，而在同一结构上点 A 沿 $a—a$ 方向加单位力(广义力)[图 11-11(b)]，应用虚功原理(外力在虚位移上所做的虚功等于内力在相应虚变形上所做的虚功)，有

$$1 \cdot \Delta = \int_l \overline{F}_N(x)\mathrm{d}(\Delta l) + \int_l \overline{M}(x)\mathrm{d}\theta + \int_l \overline{T}(x)\mathrm{d}\varphi \tag{11-24}$$

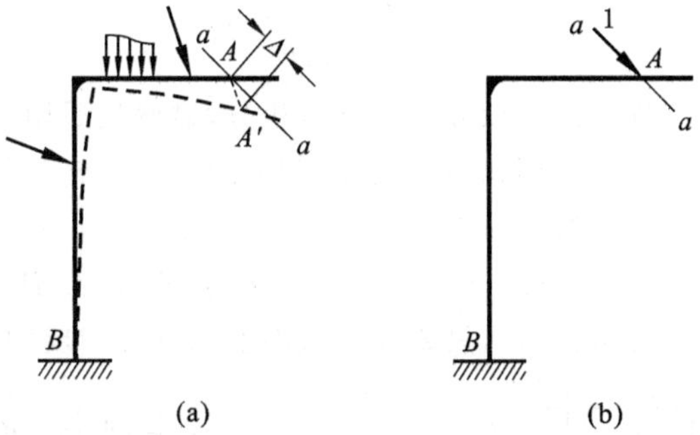

图 11-11

式中，$\overline{F}_N(x)$、$\overline{M}(x)$、$\overline{T}(x)$是单位力单独作用时的内力(同样忽略剪力)，而 $\mathrm{d}(\Delta l)$、$\mathrm{d}\theta$、$\mathrm{d}\varphi$ 是原外载作用引起的变形，现在被看作是虚变形；Δ 是原系统上点 A 沿 $a—a$ 方向的真实位移。单位载荷法不仅可分析线弹性问题，也可分析非线弹性问题，它是一个应用极广的方法。

如果杆以拉、压为主，则只保留式(11-24)的第一项，即

$$\Delta = \int_l \overline{F}_N(x)\mathrm{d}(\Delta l) \tag{11-25}$$

若杆的内力 $\overline{F}_N(x)$＝常数，则上式改为

$$\Delta = \overline{F}_N \int_l \mathrm{d}(\Delta l) = \overline{F}_N \Delta l$$

而对于由 n 根杆组成的桁架，则有

$$\Delta = \sum_{i=1}^{n} \overline{F}_{Ni} \Delta l_i \tag{11-26}$$

如果杆以弯曲为主，则可忽略轴力与剪力的影响，式(11-24)可变为

$$\Delta = \int_l \overline{M}(x)\mathrm{d}\theta \tag{11-27}$$

仿照上述分析，如要求受扭杆某一截面的扭转角 Δ，则以单位扭矩作用于该截面，并引起

扭矩 $\overline{T}(x)$，式(11-24)可变为

$$\Delta=\int_{l}\overline{T}(x)\mathrm{d}\varphi \tag{11-28}$$

以上诸式中，如求出的 Δ 为正，则表示原结构位移与所加单位力方向一致。

若结构材料是线弹性的，则有

$$\Delta l_i=\frac{F_{\mathrm{N}i}l_i}{(EA)_i}$$

$$\mathrm{d}\theta=\frac{\mathrm{d}}{\mathrm{d}x}\left(\frac{\mathrm{d}w}{\mathrm{d}x}\right)\cdot\mathrm{d}x=\frac{\mathrm{d}^2w}{\mathrm{d}x^2}\mathrm{d}x=\frac{M(x)}{EI}\mathrm{d}x$$

$$\mathrm{d}\varphi=\frac{T(x)}{GI_{\mathrm{p}}}\mathrm{d}x$$

则式(11-26)、式(11-27)、式(11-28)分别化为

$$\Delta=\sum_{i=1}^{n}\frac{F_{\mathrm{N}i}\overline{F}_{\mathrm{N}i}}{(EA)_i}l_i \tag{11-29}$$

$$\Delta=\int_{l}\frac{M(x)\overline{M}(x)\mathrm{d}x}{EI} \tag{11-30}$$

$$\Delta=\int_{l}\frac{T(x)\overline{T}(x)\mathrm{d}x}{GI_{\mathrm{p}}} \tag{11-31}$$

以上三式统称为**莫尔定理**，式中积分称为**莫尔积分**，显然只适用于线弹性结构。

而当要求两点的相对位移时，例如图 11-12(a)所示截面 A 与 B 的相对位移 $\Delta_A+\Delta_B$，则只需要在 A、B 两点的连线方向上加一对方向相反的单位力[图 11-12(b)]，然后用单位载荷法计算，即可求得相对位移，因为这时的 $\Delta=1\cdot\Delta_A+1\cdot\Delta_B$，即是 A、B 两点的相对位移。同理，如要求两截面的相对转角(或扭转角)，只要在两截面上加方向相反的一对单位力偶矩即可。

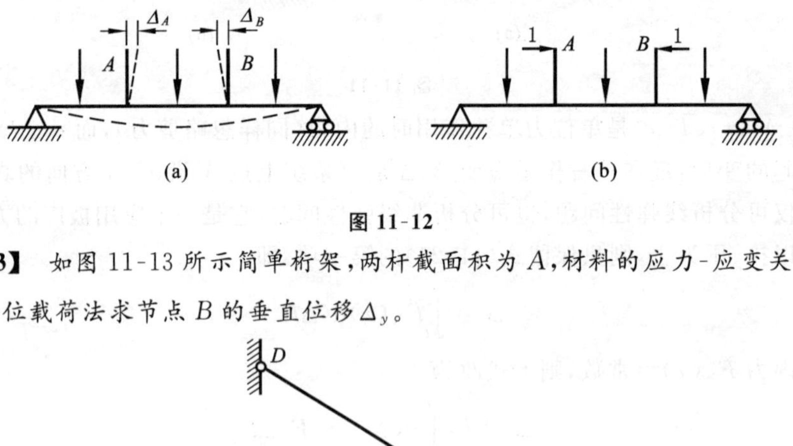

图 11-12

【例 11-3】 如图 11-13 所示简单桁架，两杆截面积为 A，材料的应力-应变关系为：$\sigma=C|\varepsilon|^{\frac{1}{2}}$。试用单位载荷法求节点 B 的垂直位移 Δ_y。

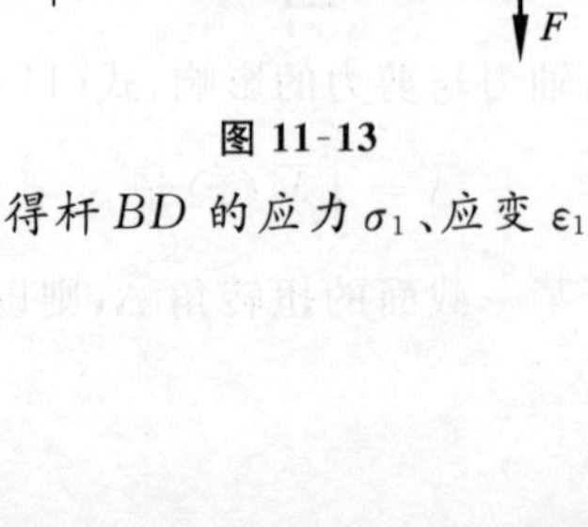

图 11-13

【解】 由节点 B 的平衡可求得杆 BD 的应力 σ_1、应变 ε_1 及伸长 Δl_1 分别为

$$\sigma_1=\frac{F}{A\sin\alpha},\quad \varepsilon_1=\frac{\sigma_1^2}{C^2}=\frac{F^2}{C^2A^2\sin^2\alpha},\quad \Delta l_1=\frac{l}{\cos\alpha}\cdot\varepsilon_1=\frac{F^2 l}{C^2A^2\sin^2\alpha\cos\alpha}$$

同样可求得杆 BE 的应力 σ_2、应变 ε_2 及伸长 Δl_2 分别为

$$\sigma_2=\frac{F\cos\alpha}{A\sin\alpha},\quad \varepsilon_2=\frac{\sigma_2^2}{C^2}=\frac{F^2\cos^2\alpha}{C^2A^2\sin^2\alpha},\quad \Delta l_2=\frac{F^2 l\cos^2\alpha}{C^2A^2\sin^2\alpha}$$

设点 B 作用有垂直方向单位力，则与单位力对应的杆 BD、BE 的轴力分别为

$$\overline{F}_{N1}=\frac{1}{\sin\alpha},\quad \overline{F}_{N2}=\frac{\cos\alpha}{\sin\alpha}$$

由式(11-26)可得点 B 的垂直位移为

$$\Delta_y=\sum_{i=1}^{2}\overline{F}_{Ni}\Delta l_i=\overline{F}_{N1}\Delta l_1+\overline{F}_{N2}\Delta l_2=\frac{F^2 l}{C^2A^2}\cdot\frac{1+\cos^4\alpha}{\sin^3\alpha\cos\alpha}$$

【例 11-4】 图 11-14(a)所示刚架的自由端 A 作用集中载荷 F，刚架各段的抗弯刚度均为 EI。若不计轴力和剪力对位移的影响，试用单位载荷法计算点 A 的垂直位移 y_A 及截面 B 的转角 θ_B。

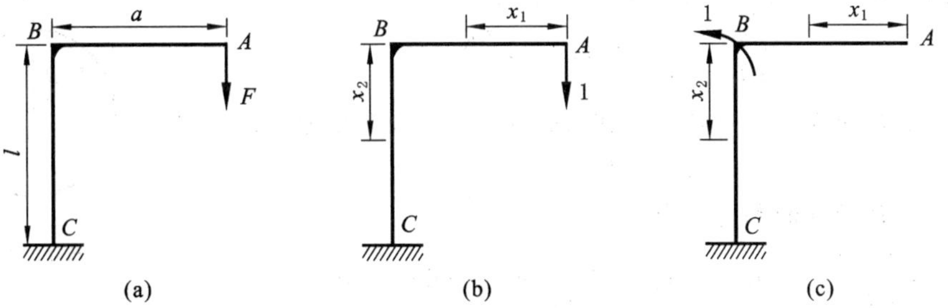

图 11-14

【解】 (1) 写出 AB 及 BC 两段在外载 F 作用下的弯矩方程如下：

AB 段：$M(x_1)=-Fx_1$

BC 段：$M(x_2)=-Fa$

(2) 为求点 A 的垂直位移，可在点 A 虚加一垂直向下的单位力，如图 11-14(b)所示，并写出弯矩方程如下：

AB 段：$\overline{M}(x_1)=-x_1$

BC 段：$\overline{M}(x_2)=-a$

利用莫尔积分，可得点 A 垂直向下的位移为

$$\begin{aligned}y_A&=\int_0^a\frac{M(x_1)\overline{M}(x_1)}{EI}\mathrm{d}x_1+\int_0^l\frac{M(x_2)\overline{M}(x_2)}{EI}\mathrm{d}x_2\\&=\frac{1}{EI}\left[\int_0^a(-Fx_1)(-x_1)\mathrm{d}x_1+\int_0^l(-Fa)(-a)\mathrm{d}x_2\right]\\&=\frac{1}{EI}\left(\frac{Fa^3}{3}+Fa^2l\right)\end{aligned}$$

点 A 位移方向与单位力方向相同，即垂直向下。

(3) 为求截面 B 的转角，可在截面 B 处虚加一单位力偶，如图 11-14(c)所示，并写出弯矩方程如下：

AB 段：$\overline{M}(x_1)=0$

BC 段：$\overline{M}(x_2)=1$

利用莫尔积分，截面 B 的转角为

$$\theta_B=\frac{1}{EI}\int_0^l(-Fa)(1)\mathrm{d}x=-\frac{Fal}{EI}$$

计算结果为负，表示截面 B 的转角与单位力偶的方向相反，即为顺时针方向。

【例 11-5】 图 11-15(a)所示小曲率曲杆，在截面 A、B 处受一对集中力 F 的作用，试用单位载荷法计算两截面之间的相对错动 Δ 和相对转角 θ。设抗弯刚度 EI 已知，轴力和剪力引起的变形忽略不计。

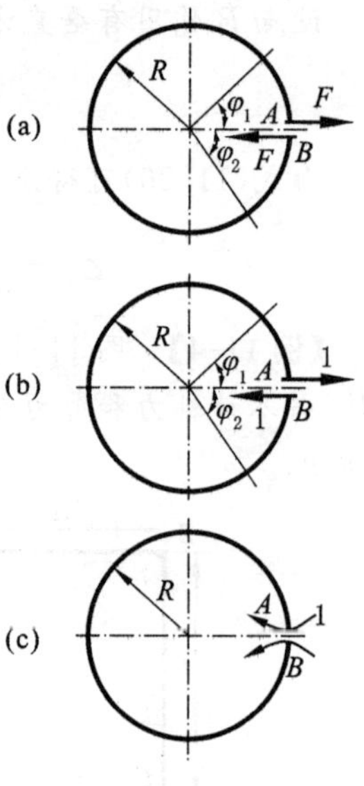

图 11-15

【解】 (1) 写出外载作用下的弯矩方程

$$M_1=-FR\sin\varphi_1,\quad M_2=FR\sin\varphi_2$$

(2) 在 A、B 两点加一对单位力[图 11-15(b)]，其弯矩方程为

$$\overline{M}_1=-R\sin\varphi_1,\quad \overline{M}_2=R\sin\varphi_2$$

(3) 根据单位载荷法，A、B 间相对错动为

$$\Delta=\frac{2FR^2}{EI}\int_0^{\pi}\sin^2\varphi R\,\mathrm{d}\varphi=\pi\frac{FR^3}{EI}$$

(4) 在 A、B 两点加一对单位力偶[图 11-15(c)]，弯矩方程为

$$\overline{M}=1$$

(5) 求 A、B 两点的相对转角

$$\theta=\frac{FR}{EI}\int_0^{\pi}(-\sin\varphi_1)R\,\mathrm{d}\varphi_1+\frac{FR}{EI}\int_0^{\pi}\sin\varphi_2R\,\mathrm{d}\varphi_2=0$$

【例 11-6】 图 11-16(a)所示为一简单桁架，各杆的 EA 相等。在图示载荷作用下，试用单位载荷法求 A、C 两节点间的相对位移 Δ_{AC}。

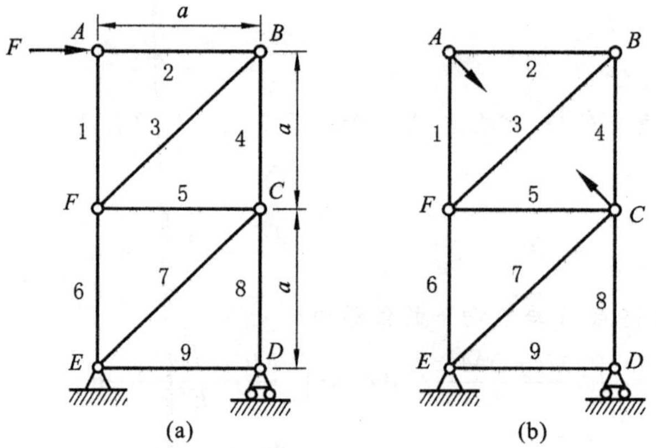

图 11-16

【解】 先把桁架的杆件编号，如图所示。由节点的平衡条件，容易求得杆件 1 和 2 的轴力分别为

$$F_{N1}=0,\quad F_{N2}=-F$$

用类似的方法可求得其他各杆的轴力。各杆因载荷 F 引起的轴力 F_{Ni} 已列入表 11-1 中。

为了计算节点 A 与 C 间的相对位移 Δ_{AC}，需在点 A 和点 C 沿 A 与 C 的连线方向作用一对方向相反的单位力，如图 11-16(b)所示。桁架在上述单位力作用下各杆的轴力 $\overline{F}_{Ni}$ 也已列入表 11-1 中。

将表 11-1 中所列数值代入公式(11-29),可得

$$\Delta_{AC}=\sum_{i=1}^{9}\frac{F_{Ni}\overline{F}_{Ni}l_i}{EA}=\left(2+\frac{3}{\sqrt{2}}\right)\frac{Fa}{EA}=4.12\frac{Fa}{EA}$$

等号右边为正,表示 A、C 两点的位移与单位力的方向一致,即 A、C 两点的距离缩短。

表 11-1 例 11-6 中各杆因载荷 F 和单位力产生的轴力 F_{Ni} 及 $\overline{F}_{Ni}$

杆件编号	F_{Ni}	$\overline{F}_{Ni}$	l_i	$F_{Ni}\overline{F}_{Ni}l_i$
1	0	$\frac{-1}{\sqrt{2}}$	a	0
2	$-F$	$\frac{-1}{\sqrt{2}}$	a	$\frac{Fa}{\sqrt{2}}$
3	$\sqrt{2}F$	1	$\sqrt{2}a$	$2Fa$
4	$-F$	$\frac{-1}{\sqrt{2}}$	a	$\frac{Fa}{\sqrt{2}}$
5	$-F$	$\frac{-1}{\sqrt{2}}$	a	$\frac{Fa}{\sqrt{2}}$
6	F	0	a	0
7	$\sqrt{2}F$	0	$\sqrt{2}a$	0
8	$-2F$	0	a	0
9	0	0	a	0
$\sum_{i=1}^{9}F_{Ni}\overline{F}_{Ni}l_i=\left(2+\frac{3}{\sqrt{2}}\right)Fa$				

11.4 静不定结构概述

11.4.1 概念

用静力学平衡方程无法确定全部约束力和内力的结构或结构系统,统称为**静不定结构**或**静不定系统**,也称为**超静定结构**或**超静定系统**。

如果一个结构系统无多余联系且几何形状不能任意改变,其全部支承力与内力都可由静力平衡条件求得,此系统即为静定结构或系统。静定结构除了外力引起的变形外,没有可运动的自由度,如图 11-17(a)、图 11-17(b)所示。如解除简支梁的右端铰支座,或解除悬臂梁固定端的转动约束,使之成为铰支座,则此时的梁就变成了图 11-17(c)的可动机构,是几何可变体系,不能承受横向载荷。在无多余联系的几何不变的静定结构上增加约束或联系,称为多余约束,并因而产生多余约束力,则这样的有多余约束的系统,仅利用静力平衡方程无法求得其约束力和内力,即为静不定(或超静定)系统,如图 11-18 所示。

外静不定:静不定结构的外部支座约束力不能全由静力平衡方程求出的情况,常称为外静不定结构,如图 11-18(b)、图 11-18(d)所示。

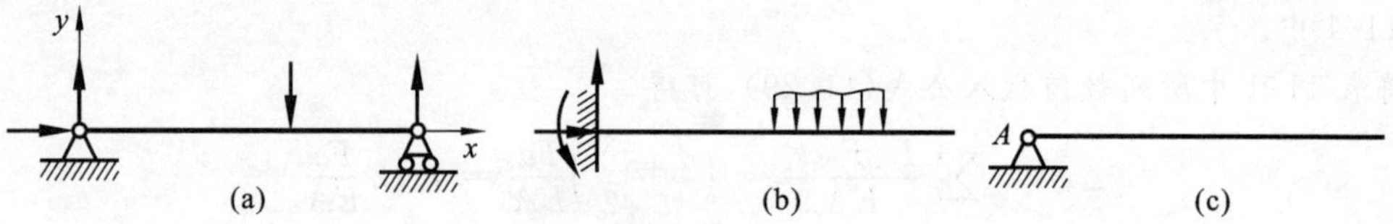

图 11-17

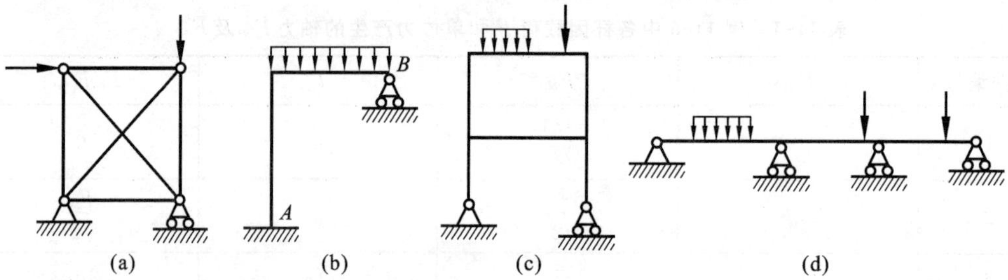

图 11-18

内静不定:静不定结构内部约束(或联系)形成的内力不能单由静力平衡方程求出的情况称为内静不定结构,如图 11-18(a)、图 11-18(c)所示。

对于内、外静不定兼而有之的结构,称为**混合静不定结构**。

11.4.2　静不定次数的确定

(1) 根据结构约束性质确定内、外约束力总数

内、外约束力总数与独立静力平衡方程总数之差即为静不定结构的静不定次数。

(2) 外静不定次数的确定

根据结构与受力性质,确定其是空间还是平面承载结构,即可确定全部约束力的个数。根据作用力的类型,可确定独立平衡方程数,二者之差为静不定次数。

如图 11-19(a)所示结构,如外载荷[如图 11-19(b)所示]为平面力系,则为三次外静不定;如外载荷[如图 11-19(c)所示]为空间力系,则为六次外静不定。

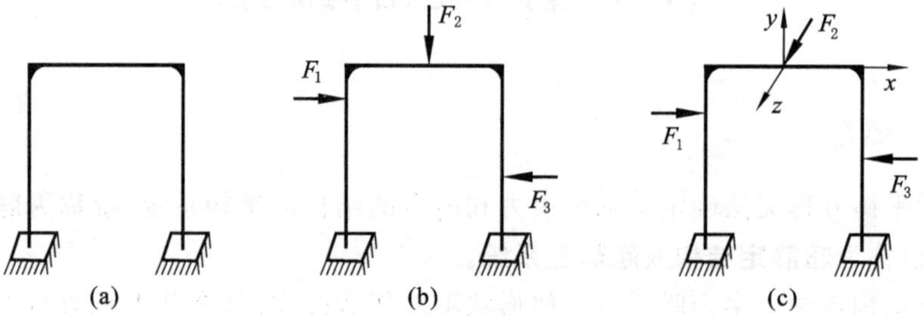

图 11-19

(3) 内静不定次数的确定

对于图 11-20(a)中由三杆组成的桁架而言,它的三根直杆用铰相连接,载荷只作用于节点,杆只受拉(压)力作用,是最基本的几何不变系静定结构。图 11-20(b)由图 11-20(a)所示的基本不变系添加了两根杆扩展而成,仍是静定结构。而图 11-20(c)由于在图 11-20(b)的结构上增加了一约束杆,因而为一次静不定。

杆如果以刚节点相连接,各杆可以承受拉(压)、弯曲和扭转,这样的杆系为刚架(图 11-21)。对于闭口框架,则需用截面法切开一个切口使其变为静定结构(几何不变可承载结

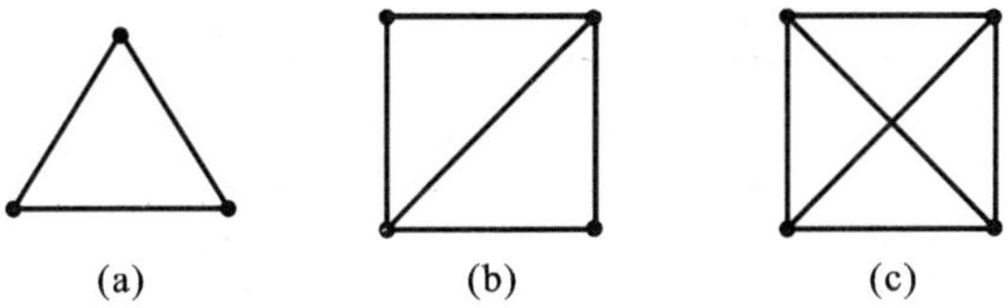

图 11-20

构)，其截面上作为平面受力结构[图 11-21(a)]，出现三个内力(轴力、剪力、弯矩)，因此为三次静不定。而对于空间受力结构[图 11-21(b)]则为六次静不定。对于大型结构，若为平面问题，则每增加一个闭合框架，结构超静定次数便增加三次；若为空间问题，则每增加一个闭合框架，结构超静定次数便增加六次；而一个平面受力闭合圆环与前面类似，也是三次静不定。

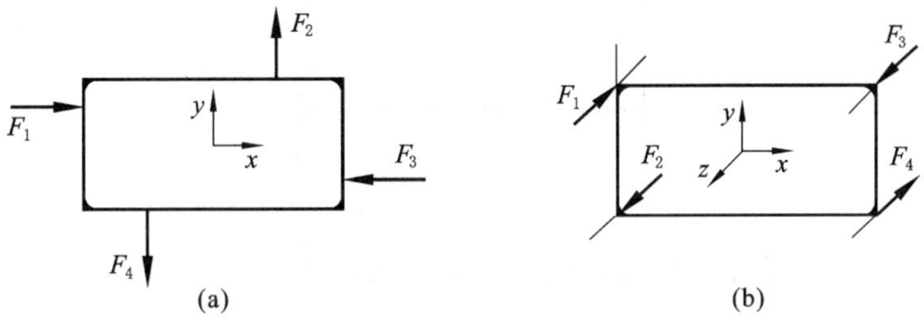

图 11-21

(4) **混合静不定次数的确定**

先判断外静不定次数，后判断内静不定次数，二者之和为结构静不定次数。

11.5 用力法解静不定结构

11.5.1 力法与位移法

力法：以多余约束力为基本未知量，将变形或位移表示为未知力的函数，通过变形协调条件列补充方程来求解未知约束力，这种方法称为**力法**，又叫**柔度法**。

位移法：以节点位移作为基本未知量，将力通过本构关系表示成位移的函数。通过节点平衡条件，解出未知量，这种方法称为**位移法**，又叫**刚度法**。

本书以力法为主，不涉及位移法。

11.5.2 力法的基本思路

以图 11-22 为例进行说明。

图 11-22(a)是车削工件时装有尾顶针的简化模型。这是一次静不定问题，解除 B 端约束成悬臂梁(静定基，亦可解除左端转动约束，简化为简支梁)，加上多余约束支座力 X_1 及外载荷 F 后成相当系统[图 11-22(b)]。现求解相当系统中的未知多余约束力 X_1。

在 F、X_1 作用下，悬臂梁的 B 端位移为

$$\Delta_1 = \Delta_{1F} + \Delta_{1X_1}$$

其中 Δ_{1F} 是由于 C 处作用有外载 F 引起的点 B 在 X_1 方向的位移[图 11-22(c)]，而 Δ_{1X_1} 是支反力 X_1 引起的点 B 在 X_1 方向的位移[图 11-22(d)]。因原系统 B 端是滑动铰支座，在 X_1 方

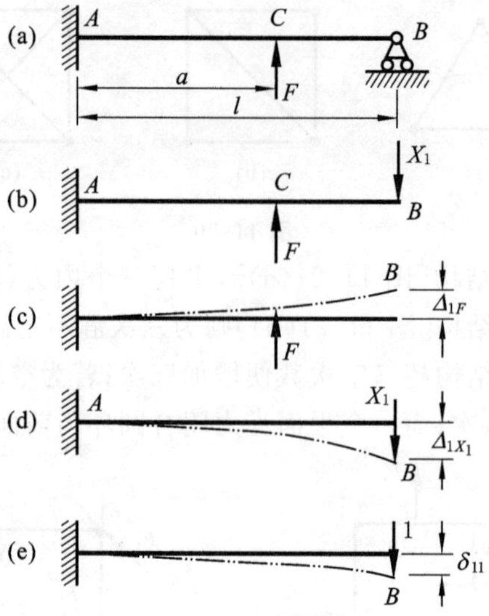

图 11-22

向上不应有位移，与原系统比较知，相当系统上点 B 的位移应为零，故

$$\Delta_1 = \Delta_{1F} + \Delta_{1X_1} = 0 \tag{11-32}$$

这就是变形协调方程，即得到一个补充方程(补充独立平衡方程不足)。

在计算 Δ_{1X_1} 时，可在静定基上沿 X_1 方向作用单位力[图 11-22(e)]，假设其引起的位移为 δ_{11}，对线弹性结构应有

$$\Delta_{1X_1} = \delta_{11} X_1$$

代入式(11-32)有

$$\delta_{11} X_1 + \Delta_{1F} = 0 \tag{11-33}$$

δ_{11} 与 Δ_{1F} 可用莫尔积分或其他方法求得，即

$$\delta_{11} = \frac{l^3}{3EI}, \quad \Delta_{1F} = -\frac{Fa^2}{6EI}(3l - a)$$

由变形协调方程(11-33)可解得

$$X_1 = \frac{Fa^2}{2l^3}(3l - a)$$

求得 X_1 后，则可解出相当系统中所有内力、位移等。

11.5.3　*n* 次静不定结构的正则方程

可将上述思想推广到 n 次静不定系统，假设解除 n 个多余约束后的未知多余约束力为 X_j $(j=1,2,\cdots,n)$，它们将引起 X_i 作用点的相应的位移为 $\sum_{j=1}^{n} \Delta_{ij}$，而原系统由于 $X_j(j=1,\cdots,n)$ 与外载荷共同作用对此位移限制为零(或已知)，故有

$$\left.\begin{aligned} &\delta_{11} X_1 + \delta_{12} X_2 + \cdots + \delta_{1n} X_n + \Delta_{1F} = 0 \\ &\delta_{21} X_1 + \delta_{22} X_2 + \cdots + \delta_{2n} X_n + \Delta_{2F} = 0 \\ &\cdots\cdots \\ &\delta_{n1} X_1 + \delta_{n2} X_2 + \cdots + \delta_{nn} X_n + \Delta_{nF} = 0 \end{aligned}\right\} \tag{11-34}$$

由位移互等定理可得

$$\delta_{ij} = \delta_{ji} \tag{11-35}$$

δ_{ij} 称为**柔度系数**，是 $X_j=1$ 引起的 X_i 作用点沿 X_i 方向上的位移；Δ_{iF} 是外载荷引起的 X_i 作用点沿 X_i 方向上的位移。式(11-34)称为**静不定结构的力法正则方程**，它们是对应于 n 个多余约束力 X_i 的变形协调条件，即求解静不定问题的补充方程。

【例 11-7】 试求图 11-23(a)所示刚架的全部约束力，刚架 EI 为常数。

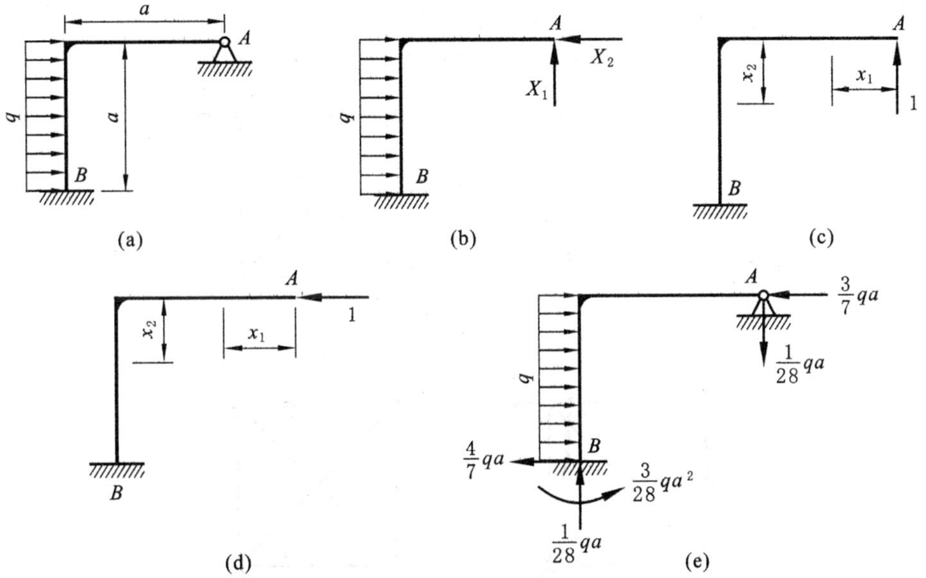

图 11-23

【解】 (1) 刚架有两个多余约束，为二次静不定结构。

(2) 选取并去除两个多余约束，代以两个多余约束力[图 11-23(b)]，同时在静定基上加上单位力[图 11-23(c)、图 11-23(d)]。

(3) 建立力法正则方程

$$\delta_{11}X_1 + \delta_{12}X_2 + \Delta_{1F} = 0$$

$$\delta_{21}X_1 + \delta_{22}X_2 + \Delta_{2F} = 0$$

(4) 计算系数 δ_{ij} 和自由项 Δ_{iF}，用莫尔定理求得

$$\Delta_{1F} = \frac{1}{EI}\int_0^a \left(-\frac{1}{2}qx_2^2\right)\cdot a \cdot \mathrm{d}x_2 = -\frac{qa^4}{6EI}$$

$$\Delta_{2F} = \frac{1}{EI}\int_0^a \left(-\frac{1}{2}qx_2^2\right)\cdot x_2 \cdot \mathrm{d}x_2 = -\frac{qa^4}{8EI}$$

$$\delta_{11} = \frac{1}{EI}\left(\int_0^a x_1^2\mathrm{d}x_1 + \int_0^a a^2\mathrm{d}x_2\right) = \frac{4a^3}{3EI}$$

$$\delta_{22} = \frac{1}{EI}\int_0^a x_2^2\mathrm{d}x_2 = \frac{a^3}{3EI}$$

$$\delta_{12} = \delta_{21} = \frac{1}{EI}\int_0^a ax_2\mathrm{d}x_2 = \frac{a^3}{2EI}$$

(5) 求多余约束力

将上述结果代入力法正则方程可得

$$\frac{4a^3}{3EI}X_1+\frac{a^3}{2EI}X_2-\frac{qa^4}{6EI}=0$$

$$\frac{a^3}{2EI}X_1+\frac{a^3}{3EI}X_2-\frac{qa^4}{8EI}=0$$

$$X_1=-\frac{1}{28}qa(\downarrow),\ X_2=\frac{3}{7}qa(\leftarrow)$$

(6) 求其他支反力

由平衡方程得其他支反力，全部表示于图 11-23(e)中。

【例 11-8】 求如图 11-24(a)所示桁架各杆的轴力。各杆的 EA 相同。

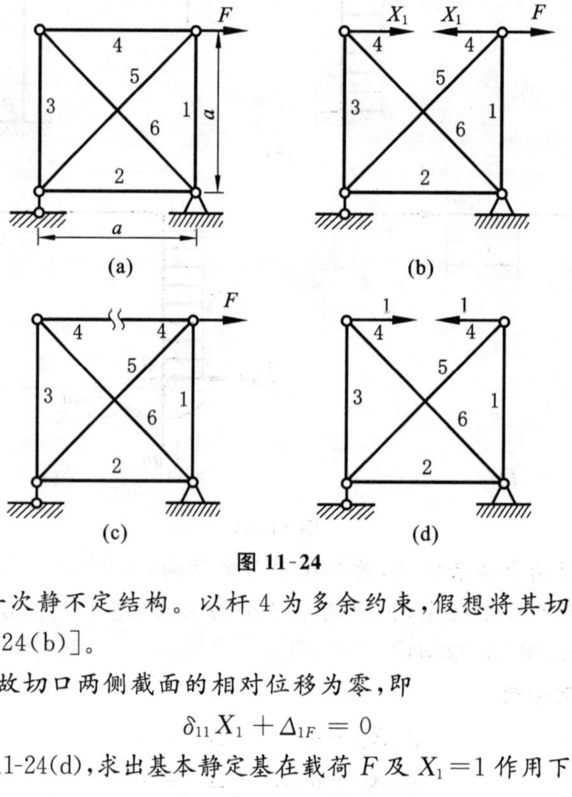

图 11-24

【解】 此桁架为一次静不定结构。以杆 4 为多余约束，假想将其切开代之以多余约束力 X_1 得到静定基[图 11-24(b)]。

因杆 4 是连续的，故切口两侧截面的相对位移为零，即

$$\delta_{11}X_1+\Delta_{1F}=0 \tag{a}$$

由图 11-24(c)、图 11-24(d)，求出基本静定基在载荷 F 及 $X_1=1$ 作用下各杆的轴力，计算结果见表 11-2。

表 11-2　例 11-8 计算结果

杆号	l_i	F_{Ni}	$\overline{F}_{Ni}$	$F_{Ni}\overline{F}_{Ni}l_i$	$\overline{F}_{Ni}\overline{F}_{Ni}l_i$	$F_{Ni}+\overline{F}_{Ni}X_1$
1	a	$-F$	1	$-Fa$	a	$\frac{-F}{2}$
2	a	$-F$	1	$-Fa$	a	$\frac{-F}{2}$
3	a	0	1	0	a	$\frac{F}{2}$
4	a	0	1	0	a	$\frac{F}{2}$
5	$\sqrt{2}a$	$\sqrt{2}F$	$-\sqrt{2}$	$-2\sqrt{2}Fa$	$2\sqrt{2}a$	$\frac{F}{\sqrt{2}}$
6	$\sqrt{2}a$	0	$-\sqrt{2}$	0	$2\sqrt{2}a$	$\frac{-F}{\sqrt{2}}$
求和	—	—	—	$-2Fa(1+\sqrt{2})$	$4(1+\sqrt{2})a$	—

由式(11-29)得

$$\Delta_{1F}=\sum_{i=1}^{6}\frac{F_{Ni}\overline{F}_{Ni}l_i}{EA}=\frac{-2(1+\sqrt{2})Fa}{EA}$$

$$\delta_{11}=\sum_{i=1}^{6}\frac{\overline{F}_{Ni}\overline{F}_{Ni}l_i}{EA}=\frac{4(1+\sqrt{2})a}{EA}$$

将 δ_{11}、Δ_{1F} 代入式(a)得

$$X_1=\frac{F}{2}$$

原结构所有杆件的轴力见表 11-2 中最后一列。

【例 11-9】 求解图 11-25(a)所示的静不定刚架，设两段杆的 EI 相等。

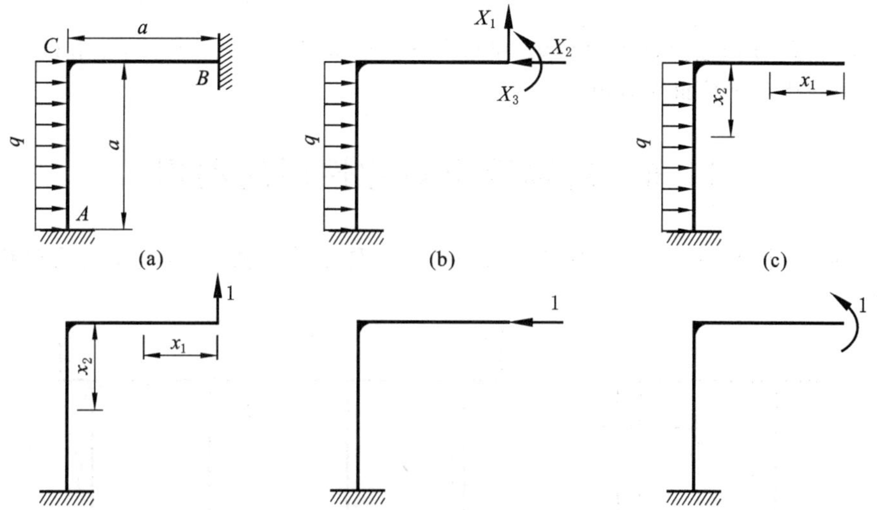

图 11-25

【解】 经分析可知结构为三次静不定。解除 B 处约束，代之以多余约束力 X_1、X_2、X_3，根据图 11-25(b)、图 11-25(c)、图 11-25(d)、图 11-25(e)、图 11-25(f)，可用莫尔积分计算出 δ_{ij}、Δ_{iF}，有

$$\Delta_{1F}=-\frac{1}{EI}\int_0^a\frac{qx_2^2}{2}a\mathrm{d}x_2=-\frac{qa^4}{6EI}$$

$$\Delta_{2F}=-\frac{1}{EI}\int_0^a\frac{qx_2^2}{2}x_2\mathrm{d}x_2=-\frac{qa^4}{8EI}$$

$$\Delta_{3F}=-\frac{1}{EI}\int_0^a\frac{qx_2^2}{2}\cdot 1\cdot\mathrm{d}x_2=-\frac{qa^3}{6EI}$$

$$\delta_{11}=\frac{1}{EI}\int_0^a x_1\cdot x_1\mathrm{d}x_1+\frac{1}{EI}\int_0^a a\cdot a\cdot\mathrm{d}x_2=\frac{4a^3}{3EI}$$

$$\delta_{22}=\frac{1}{EI}\int_0^a x_2\cdot x_2\mathrm{d}x_2=\frac{a^3}{3EI}$$

$$\delta_{33}=\frac{1}{EI}\int_0^a 1\cdot 1\cdot\mathrm{d}x_1+\frac{1}{EI}\int_0^a 1\cdot 1\cdot\mathrm{d}x_2=\frac{2a}{EI}$$

$$\delta_{12}=\delta_{21}=\frac{1}{EI}\int_0^a x_2\cdot a\mathrm{d}x_2=\frac{a^3}{2EI}$$

$$\delta_{13} = \delta_{31} = \frac{1}{EI}\int_0^a x_1 \cdot 1 \cdot \mathrm{d}x_1 + \frac{1}{EI}\int_0^a a \cdot 1 \cdot \mathrm{d}x_2 = \frac{3a^2}{2EI}$$

$$\delta_{23} = \delta_{32} = \frac{1}{EI}\int_0^a x_2 \cdot 1 \cdot \mathrm{d}x_2 = \frac{a^2}{2EI}$$

将以上值代入力法正则方程，整理后得

$$8aX_1 + 3aX_2 + 9X_3 = qa^2$$
$$12aX_1 + 8aX_2 + 12X_3 = 3qa^2$$
$$9aX_1 + 3aX_2 + 12X_3 = qa^2$$

联立求解，可得

$$X_1 = -\frac{qa}{16},\quad X_2 = \frac{7qa}{16},\quad X_3 = \frac{qa^2}{48}$$

式中负号表示 X_1 方向与所设方向相反，即应向下。求出三个多余约束力，即求出了支座 B 处的支反力，进一步即可作出内力图。

11.6　对称及反对称性质的利用

结构几何尺寸、形状、构件材料及约束条件均对称于某一轴，则称此结构为**对称结构**［图 11-26(a)］。

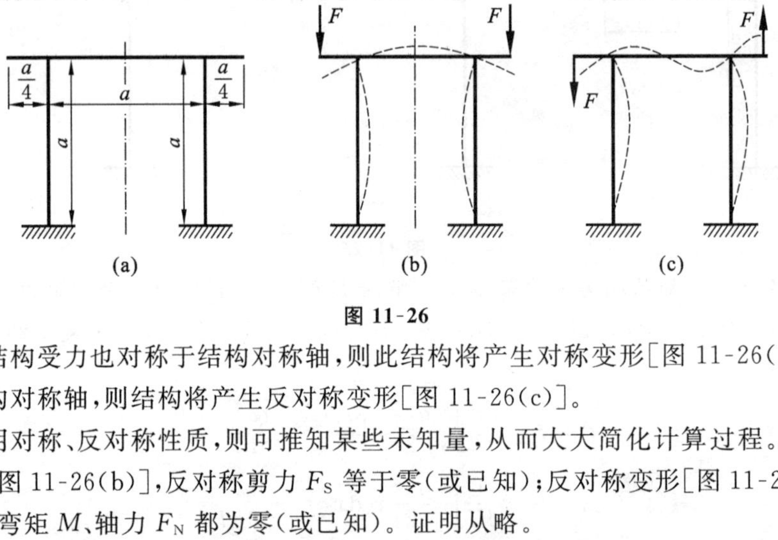

图 11-26

当对称结构受力也对称于结构对称轴，则此结构将产生对称变形［图 11-26(b)］。如外力反对称于结构对称轴，则结构将产生反对称变形［图 11-26(c)］。

正确利用对称、反对称性质，则可推知某些未知量，从而大大简化计算过程。如对称变形对称截面上［图 11-26(b)］，反对称剪力 F_S 等于零(或已知)；反对称变形［图 11-26(c)］反对称截面上，对称弯矩 M、轴力 F_N 都为零(或已知)。证明从略。

而对于某些载荷既非对称，也非反对称，则可将它们化为对称和反对称两种情况的叠加，如图 11-27、图 11-28 所示，然后分别求解即可。

【例 11-10】 试求图 11-29(a)所示刚架的全部约束力。刚架 EI 为常数。

【解】 图 11-29(a)所示刚架有三个多余未知力。但由于结构是对称的，而载荷反对称，故对称横截面上轴力、弯矩为零，只有一个多余未知力(剪力)，只需列出一个正则方程求解。

$$\delta_{11} X_1 + \Delta_{1F} = 0$$

用莫尔定理求 Δ_{1F} 和 δ_{11}。

$$\Delta_{1F} = \frac{2}{EI}\int_0^a (-Fx_2) \cdot \frac{a}{2} \cdot \mathrm{d}x_2 = -\frac{Fa^3}{2EI}$$

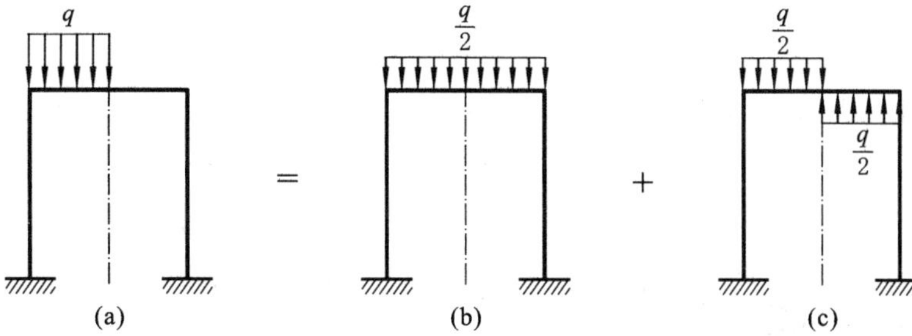

图 11-27

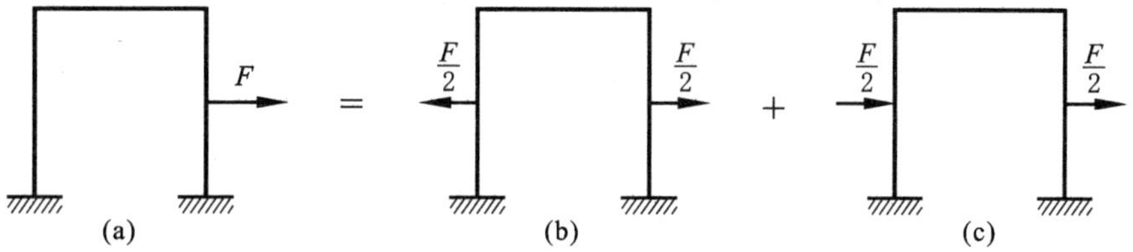

图 11-28

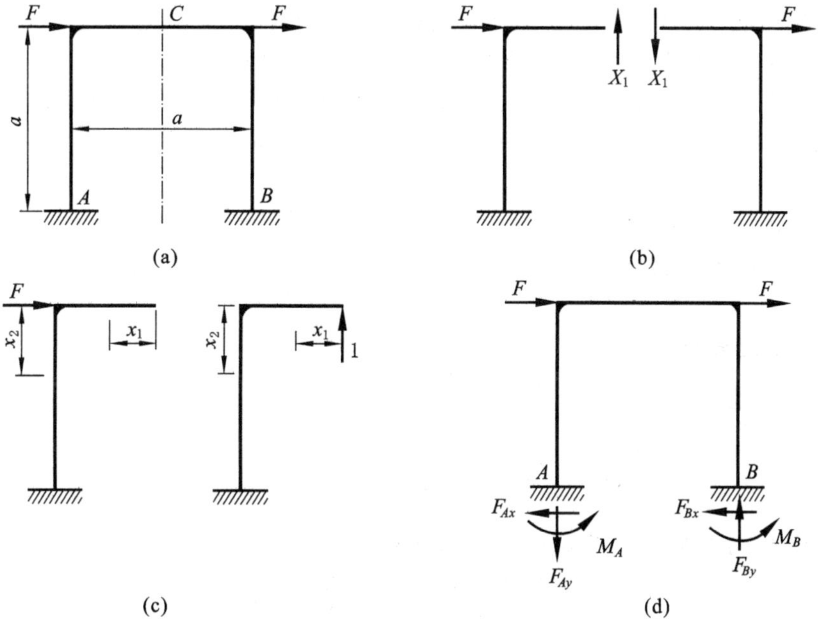

图 11-29

$$\delta_{11} = \frac{2}{EI}\left[\int_0^{\frac{a}{2}} x_1^2 \cdot \mathrm{d}x_1 + \int_0^a \left(\frac{a}{2}\right)^2 \cdot \mathrm{d}x_2\right] = \frac{7a^3}{12EI}$$

则

$$\frac{7a^3}{12EI}X_1 - \frac{Fa^3}{2EI} = 0, \quad X_1 = \frac{6}{7}F$$

由平衡方程求得

$$F_{Ay} = F_{By} = \frac{6}{7}F$$

$$F_{Ax} = F_{Bx} = F$$

$$M_A = M_B = \frac{4}{7}Fa$$

【例 11-11】 半径为 R 的圆环，直径 CD 方向受一对力 F[图 11-30(a)]，求圆环内弯矩 M。

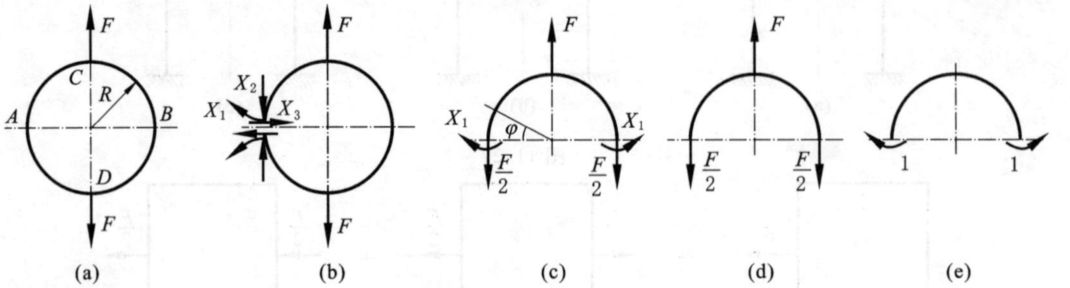

图 11-30

【解】 (1) 超静定次数：封闭圆环为三次超静定。在 A 处截开，则有三个多余未知力、弯矩 X_1、轴力 X_2、剪力 X_3[图 11-30(b)]。

(2) 对称性：直径 AB 为一对称轴，对称截面 A 上剪力 X_3 应为零，对称截面 B 上弯矩和轴力与截面 A 上相等。由竖直方向力的平衡可得 $X_2=F/2$。故只有弯矩 X_1 未知[图 11-30(c)]。

(3) 选半圆环为静定基，作用于半圆环的所有力如图 11-30(c)所示，则变形协调条件应是截面 A 或 B 在 F 及弯矩 X_1 作用下转角为零(由对称性可知)，所以有

$$\delta_{11} X_1 + \Delta_{1F} = 0 \tag{a}$$

(4) δ_{11} 与 Δ_{1F} 的计算

在静定基上施加外力 F[图 11-30(d)]及单位力偶[图 11-30(e)]，用莫尔积分求 δ_{11} 与 Δ_{1F}。

单位力偶引起弯矩为

$$\overline{M} = -1 \quad (0 \leqslant \varphi \leqslant \pi)$$

外力引起弯矩为

$$M_F = \frac{FR}{2}(1-\cos\varphi) \quad \left(0 \leqslant \varphi \leqslant \frac{\pi}{2}\right)$$

根据对称性，可只取 1/4 圆环进行计算，故有

$$\delta_{11} = \int \frac{\overline{M}\cdot\overline{M}}{EI}\mathrm{d}s = \int_0^{\frac{\pi}{2}} \frac{R}{EI}\mathrm{d}\varphi = \frac{\pi R}{2EI}$$

$$\Delta_{1F} = \int_l \frac{M_F\overline{M}}{EI}\mathrm{d}s = \int_0^{\frac{\pi}{2}} \frac{-FR^2(1-\cos\varphi)}{2EI}\mathrm{d}\varphi = -\frac{FR^2}{2EI}\left(\frac{\pi}{2}-1\right)$$

(5) 求未知力 X_1，由式(a)得

$$X_1 \cdot \left(\frac{\pi R}{2EI}\right) - \frac{FR^2}{2EI}\left(\frac{\pi}{2}-1\right) = 0$$

解得

$$X_1 = \frac{FR}{\pi}\left(\frac{\pi}{2}-1\right) \approx 0.182FR$$

(6) 圆环内弯矩为

$$M = M_F + X_1\overline{M} \approx \frac{FR}{2}(1-\cos\varphi) - 0.182FR \times 1 \approx (0.636-\cos\varphi)\frac{FR}{2}$$

习　题

11-1　试求题图所示杆的应变能。各杆均由同一种材料制成，弹性模量为 E。各杆的总长度相同。

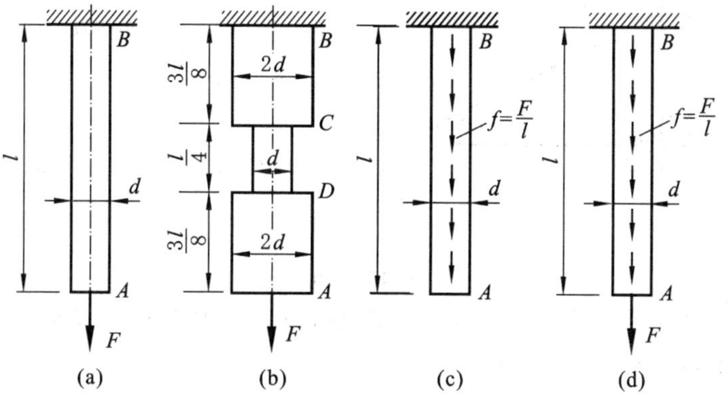

题 11-1 图

11-2　试求题图所示受扭圆轴内的应变能（$d_2=1.5d_1$）。

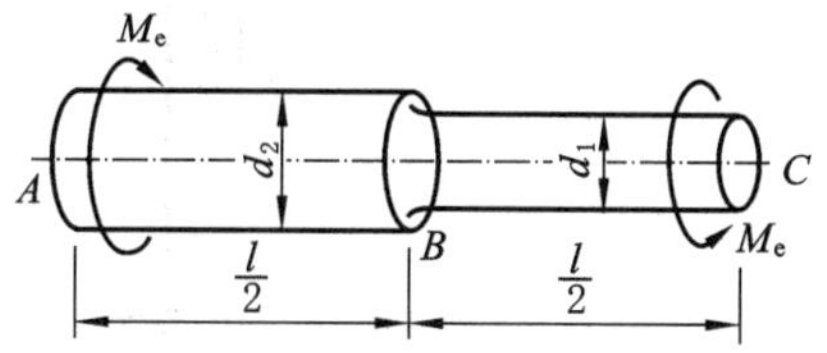

题 11-2 图

11-3　试计算题图所示梁或结构内的应变能。略去剪切的影响，抗弯刚度 EI 已知。对于只受拉伸（或压缩）的杆件，则应考虑拉伸（压缩）时的应变能。

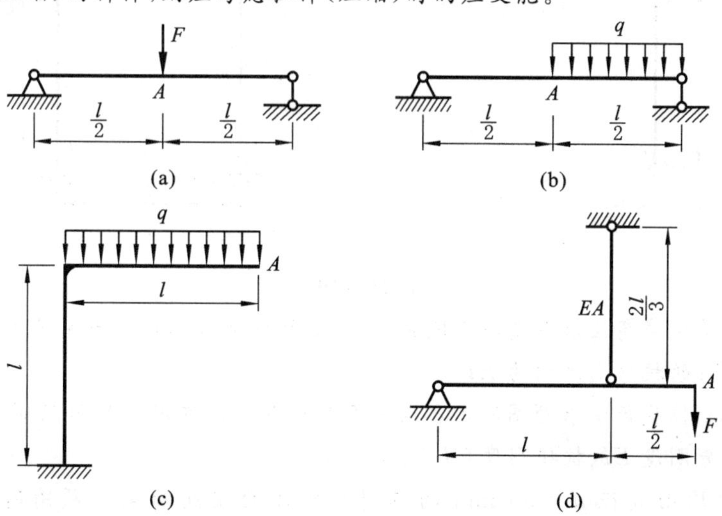

题 11-3 图

*11-4　题图所示三角架承受载荷 F，AB、AC 两杆的横截面面积均为 A。若已知点 A 的水平位移 Δ_{Ax}（向左）和铅垂位移 Δ_{Ay}（向下），试按下列情况分别计算三角架的余能 V_C，将 V_C

表达为Δ_{Ax}、Δ_{Ay}的函数。

(a) 若三角架由线弹性材料制成，抗拉(压)刚度EA已知；

(b) 若三角架由非线性弹性材料制成，其应力-应变关系为$\sigma=B\sqrt{|\varepsilon|}$[见图(b)]，$B$为常数，且拉伸和压缩相同。

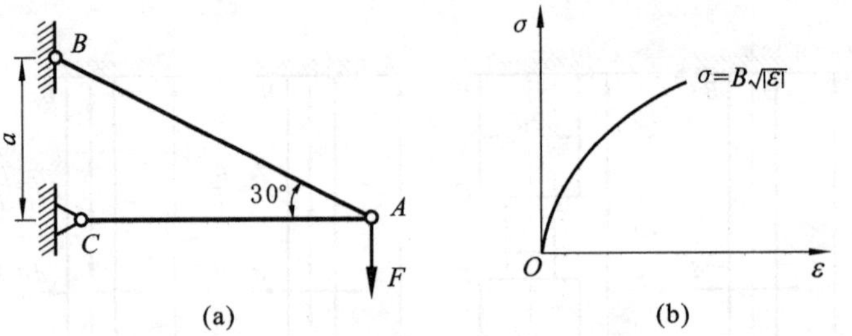

题 11-4 图

11-5 试用单位载荷法求题图所示各刚架截面A的位移和截面B的转角。略去剪力F_S和轴力F_N的影响，抗弯刚度EI已知。

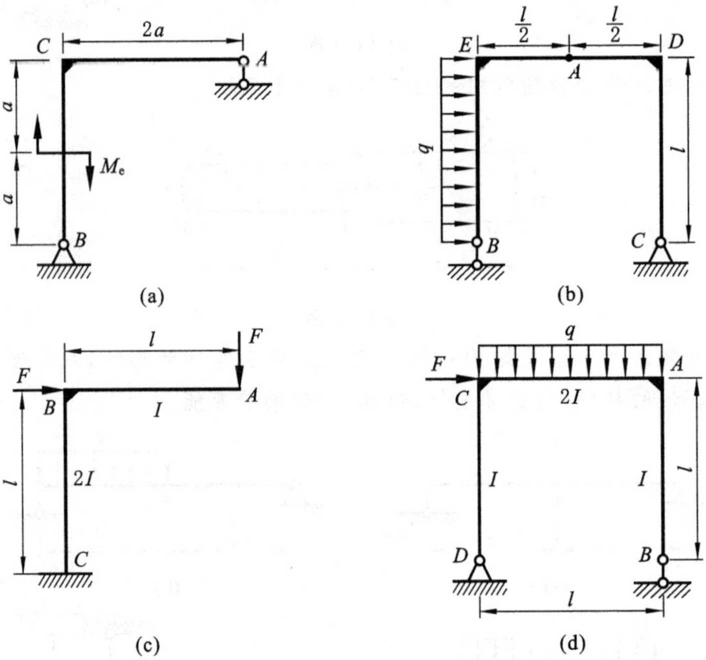

题 11-5 图

11-6 试用单位载荷法求题图所示刚架上点A、B间的相对线位移和点C处两侧截面的相对角位移。各杆的抗弯刚度均为EI。

11-7 试用单位载荷法求题图所示各圆截面曲杆在载荷作用下截面A的水平位移、铅垂位移及转角。抗弯刚度EI、抗扭刚度GI_p已知。

*11-8 各杆均由直径$d=30$ mm的钢圆杆制成的空间刚架如题图所示。已知$F=0.5$ kN，$E=200$ GPa，$G=80$ GPa。各杆均在线弹性范围内工作，且不计剪力和轴力对位移的影响。试用单位载荷法求截面D沿力F方向的位移Δ_{Dy}。

11-9 作题图所示超静定刚架的弯矩图。已知$q_1=4$ kN/m，刚架各杆的抗弯刚度EI皆相等。

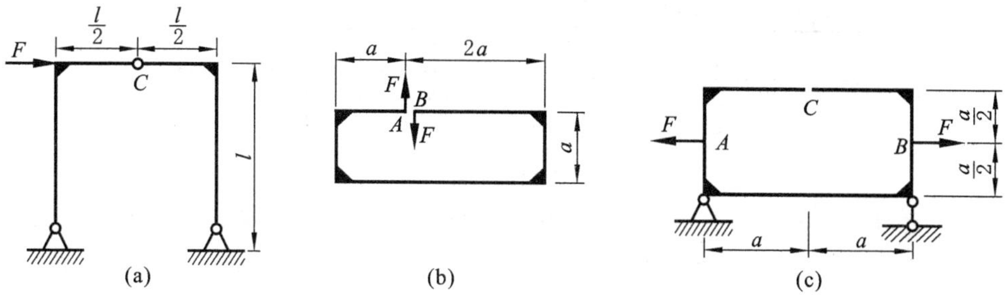

题 11-6 图

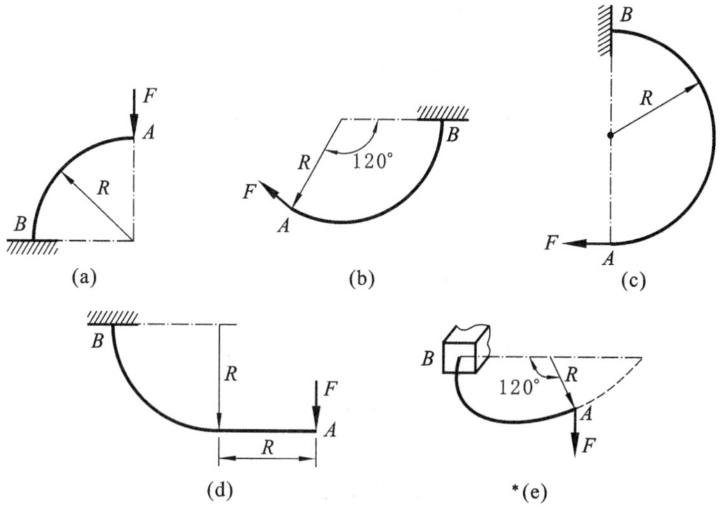

题 11-7 图

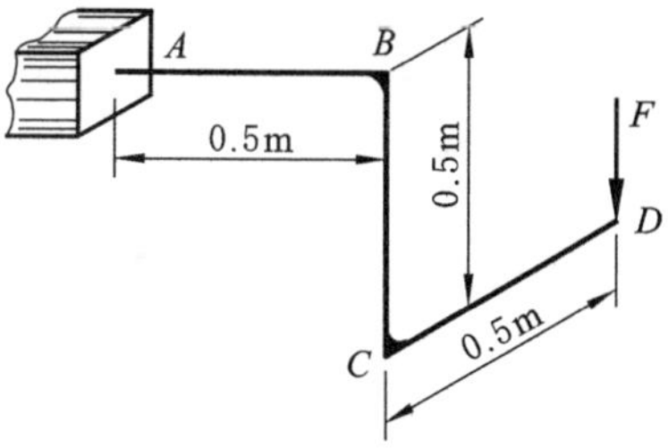

题 11-8 图

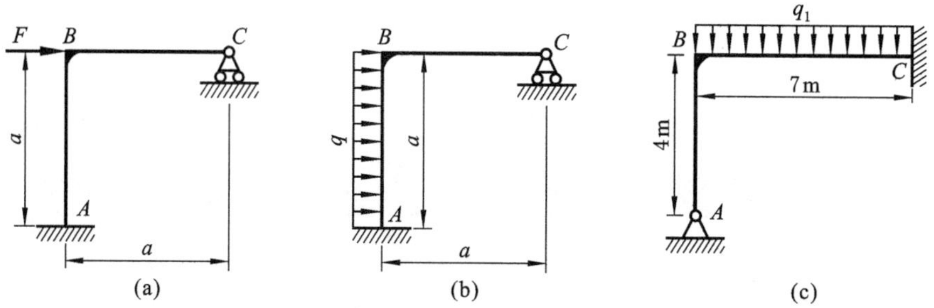

题 11-9 图

11-10 求题图所示静不定梁两端的约束力。抗弯刚度 EI 已知。

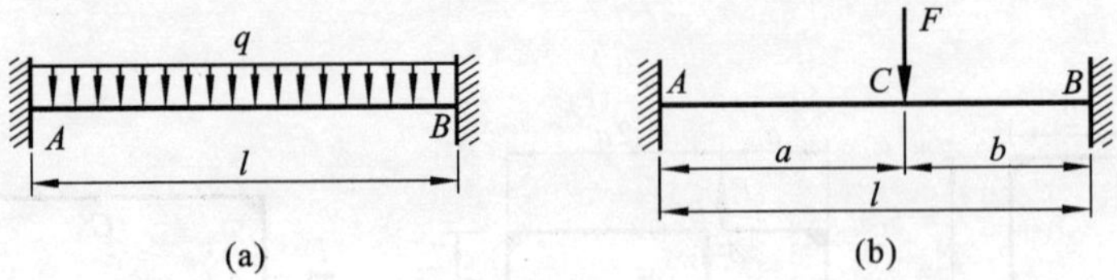

题 11-10 图

11-11　在题图所示平面桁架中，所有杆件的弹性模量 E 皆相同，CA、AB、BF 三杆的横截面面积为 30 cm^2，其余各杆的面积均为 15 cm^2。$a=6$ m，$F=130$ kN。试求杆 AB 的轴力。

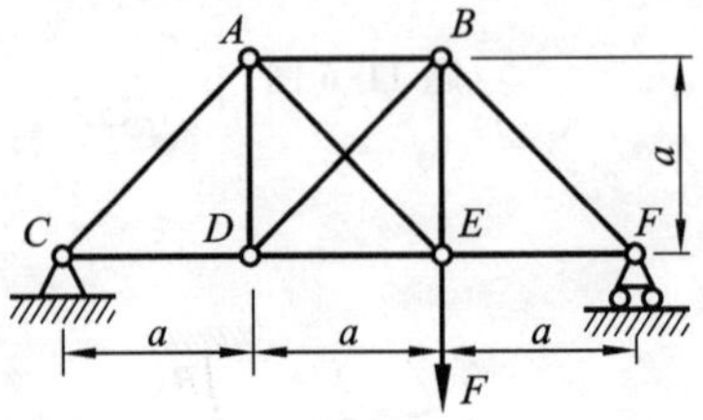

题 11-11 图

11-12　链条的一环如题图所示，试求环内最大弯矩。抗弯刚度 EI 已知。

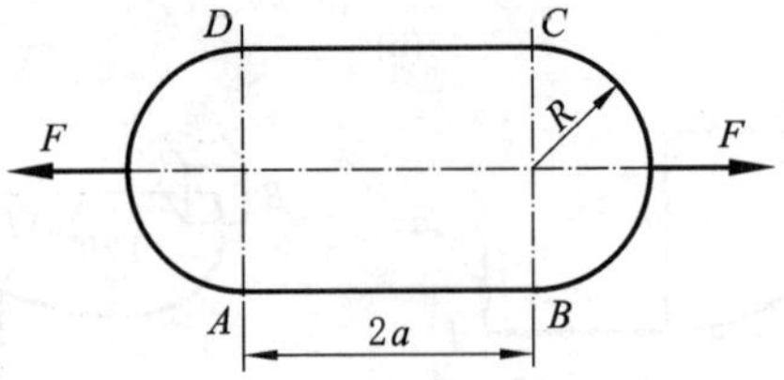

题 11-12 图

附录Ⅰ　截面的几何性质

杆件的承载能力，不仅与材料性能和加载方式有关，而且与杆件截面的几何形状和尺寸有关。在研究杆件发生扭转、弯曲或组合变形时的强度、刚度问题及研究压杆的稳定问题时，都要涉及与杆件横截面形状和尺寸相关的一些几何量。这些几何量包括：形心、静矩、惯性矩、惯性积、极惯性矩、惯性半径等，这些几何量统称为**截面的几何性质**。

Ⅰ.1　静矩和形心

一、静矩

考察任意平面图形截面如图Ⅰ-1所示，其面积为A，Oyz为截面所在平面内的任意直角坐标系。在坐标为(y,z)处取面积微元$\mathrm{d}A$，定义下列积分

$$\left.\begin{aligned} S_y &= \int_A z\,\mathrm{d}A \\ S_z &= \int_A y\,\mathrm{d}A \end{aligned}\right\} \tag{Ⅰ-1}$$

分别称为图形对于y轴和z轴的**一次矩**或**静矩**。

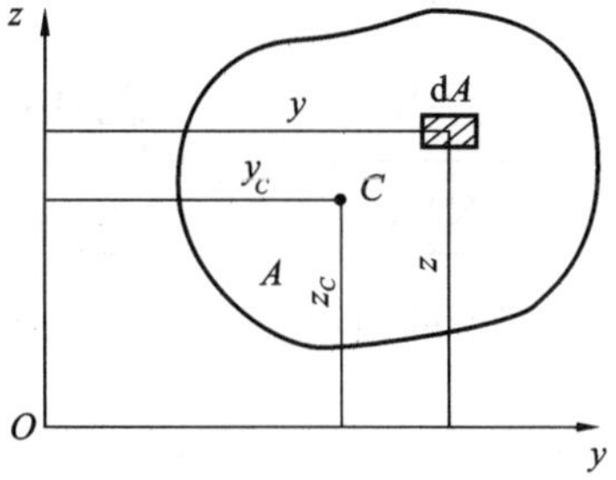

图Ⅰ-1

由此可知：静矩与坐标轴的选取有关，它随坐标轴y、z的位置不同而变化；静矩的数值可能是正数，也可能是负数或零；静矩的量纲为长度的三次方，其常用单位为m^3或mm^3。

如果将$\mathrm{d}A$视为垂直于平面图形的力，则$y\mathrm{d}A$和$z\mathrm{d}A$分别为$\mathrm{d}A$对于z轴和y轴的力矩；S_z和S_y分别为A对z轴和y轴的力矩。

二、形心

图形几何形状的中心称为**形心**，若将面积视为垂直于图形平面的力，则形心即为合力的作用点。

设z_C、y_C为形心C的坐标，则根据合力矩定理有

$$\left.\begin{aligned} S_y &= A \cdot z_C \\ S_z &= A \cdot y_C \end{aligned}\right\} \tag{Ⅰ-2}$$

或

$$\left.\begin{aligned} y_C &= \frac{\int_A y\,\mathrm{d}A}{A} = \frac{S_z}{A} \\ z_C &= \frac{\int_A z\,\mathrm{d}A}{A} = \frac{S_y}{A} \end{aligned}\right\} \tag{Ⅰ-3}$$

这表明：截面对 y、z 轴的静矩，分别等于截面面积乘上形心的坐标值 z_C、y_C；而当静矩和截面面积已知时，由平面图形对 z 轴和 y 轴的静矩除以图形的面积 A，就得到图形形心的坐标 y_C 和 z_C。

由以上两式还可看出，若 $S_z=0$，则 $y_C=0$；若 $S_y=0$，则 $z_C=0$。可见，若图形对某一轴的静矩等于零，则该轴必然通过图形的形心；反之，若某一轴通过形心，则图形对该轴的静矩等于零。

在实际计算中，对于简单的、规则的图形，其形心位置可以直接判断。例如：矩形、正方形、圆形、三角形等的形心为图形的中心。而在工程实际中，杆件的截面形状往往比较复杂，有些复杂的截面形状可看成是由简单图形（如矩形、圆形等）或标准型材截面组合而成，称为**组合图形**。根据分块积分原理，组合图形的静矩等于其各部分图形的静矩之和。因此，对于这样的组合截面，可先将其分解成若干个简单图形，然后由式（Ⅰ-2）分别计算它们对于给定坐标轴的静矩，并求其代数和，即

$$S_y = \sum_{i=1}^{n} A_i z_i,\quad S_z = \sum_{i=1}^{n} A_i y_i \tag{Ⅰ-4}$$

再利用式（Ⅰ-3），即可得组合图形形心坐标：

$$y_C = \frac{\sum_{i=1}^{n} A_i y_i}{\sum_{i=1}^{n} A_i},\quad z_C = \frac{\sum_{i=1}^{n} A_i z_i}{\sum_{i=1}^{n} A_i} \tag{Ⅰ-5}$$

式中，A_i、y_i、z_i 分别表示第 i 个简单图形的面积及其形心坐标值，n 为组成组合图形的简单图形个数。

【例Ⅰ-1】 图Ⅰ-2 中抛物线的方程为 $z=h\left(1-\frac{y^2}{b^2}\right)$。计算由抛物线、$y$ 轴和 z 轴所围成的平面图形对 y 轴和 z 轴的静矩 S_y 和 S_z，并确定图形形心 C 的坐标。

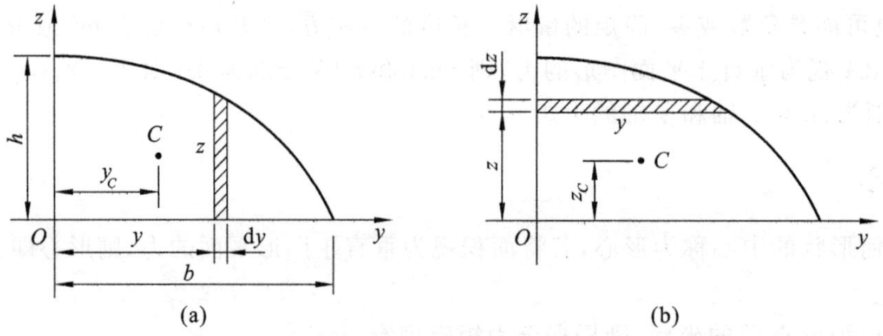

图Ⅰ-2

【解】 取平行于 z 轴的狭长条作为微面积 $\mathrm{d}A$［图Ⅰ-2(a)］，则有

$$dA = z dy = h\left(1 - \frac{y^2}{b^2}\right) dy$$

图形的面积及对 z 轴的静矩分别为

$$A = \int_A dA = \int_0^b h\left(1 - \frac{y^2}{b^2}\right) dy = \frac{2bh}{3}$$

$$S_z = \int_A y dA = \int_0^b yh\left(1 - \frac{y^2}{b^2}\right) dy = \frac{b^2 h}{4}$$

代入式(Ⅰ-3),得

$$y_C = \frac{S_z}{A} = \frac{3}{8}b$$

取平行于 y 轴的狭长条作为微面积,如图Ⅰ-2(b)所示,即可求出

$$S_y = \frac{4bh^2}{15}, \quad z_C = \frac{2}{5}h$$

【例Ⅰ-2】 已知T形截面尺寸如图Ⅰ-3所示,试确定此截面的形心坐标值。

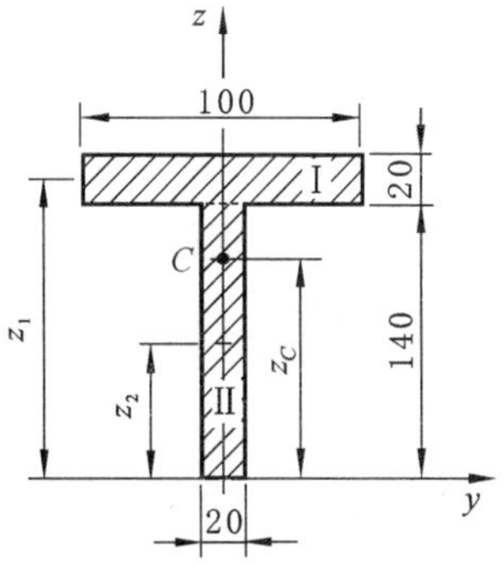

图Ⅰ-3

【解】 (1) 选参考轴 y、z 轴,其中 z 轴为对称轴,形心肯定位于对称轴 z 上。

(2) 将图形分成Ⅰ、Ⅱ两个矩形,则

$$A_1 = 20 \times 100 \text{ mm}^2, \quad z_1 = (10 + 140) \text{ mm}$$

$$A_2 = 20 \times 140 \text{ mm}^2, \quad z_2 = 70 \text{ mm}$$

(3) 利用组合图形公式(Ⅰ-5),可得

$$y_C = 0$$

$$z_C = \frac{\sum_{i=1}^{2} A_i z_i}{\sum_{i=1}^{2} A_i} = \frac{A_1 z_1 + A_2 z_2}{A_1 + A_2} = \frac{20 \times 100 \times 150 + 20 \times 140 \times 70}{20 \times 100 + 20 \times 140} = 103.3 \text{ mm}$$

【例Ⅰ-3】 如图Ⅰ-4所示的截面,试求其形心位置。

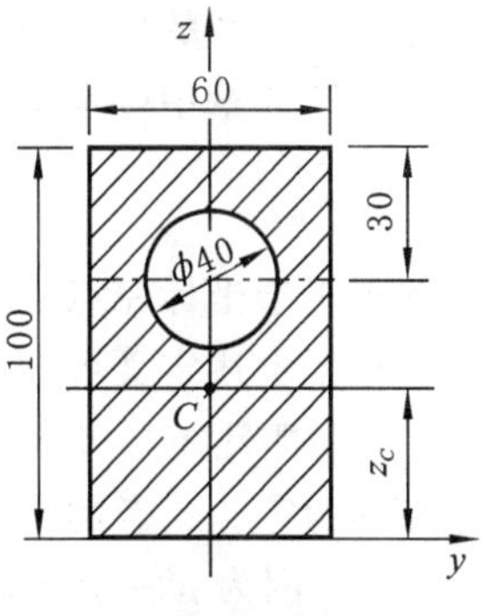

图Ⅰ-4

【解】 (1) 取参考轴 y、z 轴,如图所示。

(2) 截面可看成是由矩形截面减去圆形截面所构成。

(3) 求形心坐标。根据式(Ⅰ-5)可得

$$y_C = 0$$

$$z_C = \frac{\sum_{i=1}^{2} A_i z_i}{\sum_{i=1}^{2} A_i} = \frac{60 \times 100 \times 50 - \pi \times 20^2 \times (100 - 30)}{60 \times 100 - \pi \times 20^2} = 44.7 \text{ mm}$$

由上述二例可知,确定组合截面形心位置时首先要取参考轴,否则无法准确描述形心的具体位置,然后把组合截面分成几个简单图形的组合,根据式(Ⅰ-5)计算组合截面形心坐标。

Ⅰ.2 惯性矩、惯性积和极惯性矩

对于图Ⅰ-1所示的任意平面图形截面，以及给定的 Oyz 坐标系，在坐标为 (y,z) 处取面积微元 $\mathrm{d}A$，定义下列积分：

$$I_y = \int_A z^2 \mathrm{d}A, \quad I_z = \int_A y^2 \mathrm{d}A \tag{Ⅰ-6}$$

分别称为图形对于 y 轴和 z 轴的**二次矩或惯性矩**。

在力学计算中，有时把惯性矩写成图形面积 A 与某一长度平方的乘积，即

$$I_y = A \cdot i_y^2, \quad I_z = A \cdot i_z^2$$

或者改写成

$$i_y = \sqrt{\frac{I_y}{A}}, \quad i_z = \sqrt{\frac{I_z}{A}}$$

式中，i_y、i_z 分别称为截面对 y 轴、z 轴的**惯性半径**。其量纲为长度的一次方。

定义积分

$$I_{yz} = \int_A yz \mathrm{d}A \tag{Ⅰ-7}$$

为图形对 y、z 轴的**惯性积**。

若坐标轴 y 或 z 中有一个是图形的对称轴，例如图Ⅰ-5中的 z 轴。这时，如在 z 轴两侧的对称位置处，各取一微面积 $\mathrm{d}A$，显然，两者的 z 坐标相同，y 坐标在数值上相等但符号相反，因而两个微面积与坐标 y、z 的乘积，数值上相等而符号相反，它们在积分中相互抵消。所有微面积与坐标的乘积都两两抵消，最后可得到

$$I_{yz} = \int_A yz \mathrm{d}A = 0$$

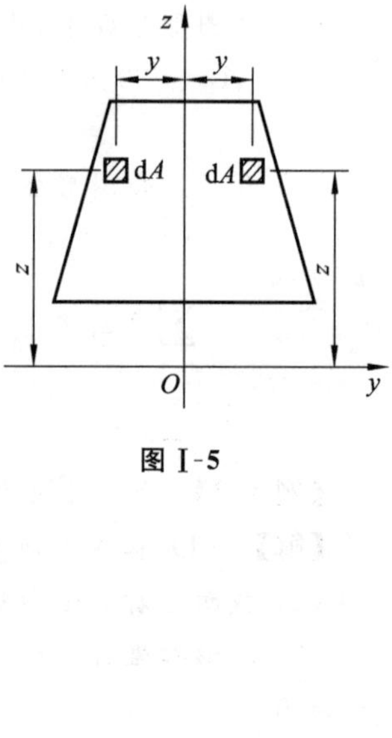

图Ⅰ-5

所以，坐标系的两个坐标轴中只要有一个为图形的对称轴，则图形对这一坐标系的惯性积等于零。

在第3章中曾定义积分

$$I_{\mathrm{p}} = \int_A \rho^2 \mathrm{d}A$$

为图形对于坐标原点 O 的**二次极矩或极惯性矩**。

根据上述定义可知：

(1) 惯性矩与极惯性矩恒为正；而惯性积则由于坐标轴位置的不同，可能为正，可能为负，也可能为零。三者的常用单位均为 m^4 或 mm^4。

(2) 因为 $\rho^2 = y^2 + z^2$，所以由上述定义不难得到惯性矩与极惯性矩之间具有下列关系

$$I_{\mathrm{p}} = \int_A \rho^2 \mathrm{d}A = \int_A (y^2 + z^2) \mathrm{d}A = \int_A y^2 \mathrm{d}A + \int_A z^2 \mathrm{d}A$$

即

$$I_{\mathrm{p}} = I_z + I_y \tag{Ⅰ-8}$$

【例Ⅰ-4】 已知圆截面的直径为 D，求截面对于任意直径轴的惯性矩。

【解】 取半径为 ρ、径向厚度为 $d\rho$ 的圆环作为面积微元，如图Ⅰ-6 所示，微元面积为

$$dA = 2\pi\rho \times d\rho$$

$$I_p = \int_A \rho^2 dA = \int_0^{\frac{D}{2}} \rho^2 (2\pi\rho d\rho) = \frac{\pi D^4}{32}$$

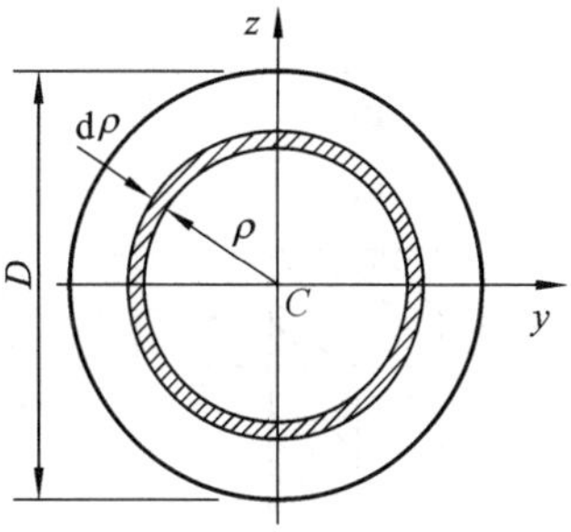

图Ⅰ-6

因为圆截面对于任意直径轴的惯性矩都是相等的，根据公式(Ⅰ-8)，得到圆截面对于通过其形心的直径轴 y 和 z 轴的惯性矩均为

$$I_y = I_z = \frac{I_p}{2} = \frac{\pi D^4}{64}$$

类似地，根据圆环截面对于圆环形心的极惯性矩为

$$I_p = \frac{\pi D^4}{32}(1-\alpha^4), \quad \alpha = \frac{d}{D}$$

得到圆环截面对于通过其形心的直径轴的惯性矩表达式为

$$I_y = I_z = \frac{\pi D^4}{64}(1-\alpha^4), \quad \alpha = \frac{d}{D}$$

【例Ⅰ-5】 已知矩形截面的宽为 b，高为 h[图Ⅰ-7(a)]，试求矩形对其对称轴 y 和 z 的惯性矩。

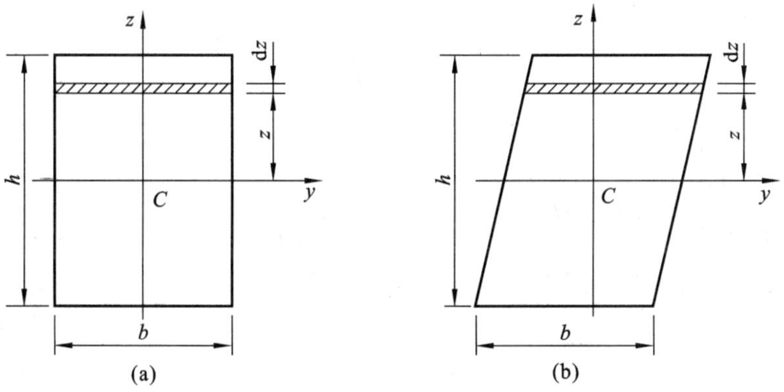

图Ⅰ-7

【解】 先求对 y 轴的惯性矩。取平行于 y 轴的狭长条作为微面积 dA，则

$$dA = b dz$$

$$I_y = \int_A z^2 dA = \int_{-\frac{h}{2}}^{\frac{h}{2}} b z^2 dz = \frac{bh^3}{12}$$

用同样的方法可求得

$$I_z = \frac{hb^3}{12}$$

若图形是高为 h、宽为 b 的平行四边形[图Ⅰ-7(b)]，其对形心轴 y 的惯性矩仍然是 $I_y = \frac{bh^3}{12}$。

由积分的方法可以计算其他各种简单图形截面对于通过形心坐标轴的惯性矩，见表Ⅰ-1。

表Ⅰ-1 常用简单图形的几何性质

截面	惯性矩	抗弯(扭)截面系数	惯性半径
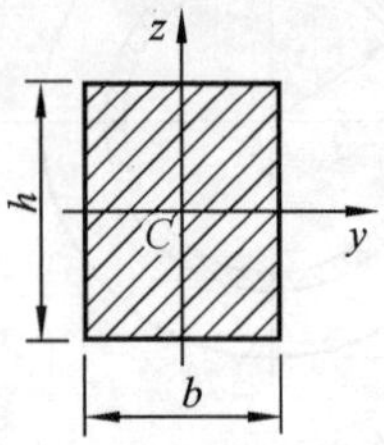	$I_y=\frac{bh^3}{12}$ $I_z=\frac{b^3h}{12}$	$W_y=\frac{bh^2}{6}$ $W_z=\frac{hb^2}{6}$	$i_y=\frac{h}{\sqrt{12}}$ $i_z=\frac{b}{\sqrt{12}}$
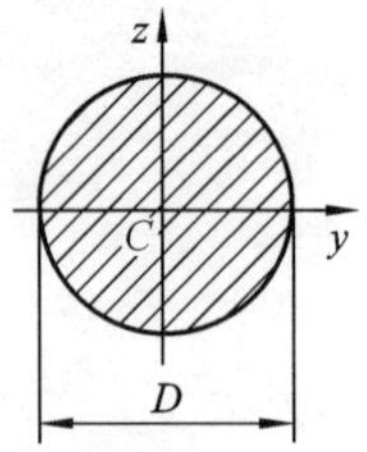	$I_y=I_z=\frac{\pi D^4}{64}$ $I_p=\frac{\pi D^4}{32}$	$W_y=W_z=\frac{\pi D^3}{32}$ $W_p=\frac{\pi D^3}{16}$	$i_y=i_z=\frac{D}{4}$
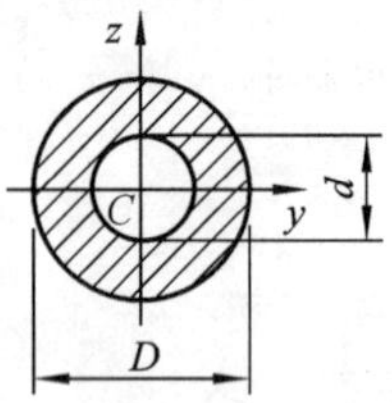	$I_y=I_z=\frac{\pi D^4}{64}(1-\alpha^4)$ $I_p=\frac{\pi D^4}{32}(1-\alpha^4)$ $\alpha=\frac{d}{D}$	$W_y=W_z=\frac{\pi D^3}{32}(1-\alpha^4)$ $W_p=\frac{\pi D^3}{16}(1-\alpha^4)$ $\alpha=\frac{d}{D}$	$i_y=i_z=\frac{\sqrt{D^2+d^2}}{4}$
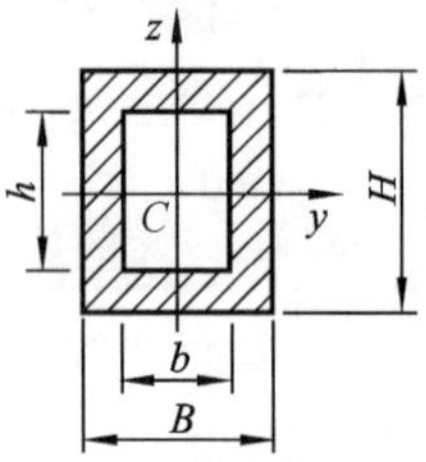	$I_y=\frac{BH^3-bh^3}{12}$ $I_z=\frac{B^3H-b^3h}{12}$	$W_y=\frac{BH^3-bh^3}{6H}$ $W_z=\frac{B^3H-b^3h}{6B}$	$i_y=\sqrt{\frac{I_y}{A}}$ $i_z=\sqrt{\frac{I_z}{A}}$
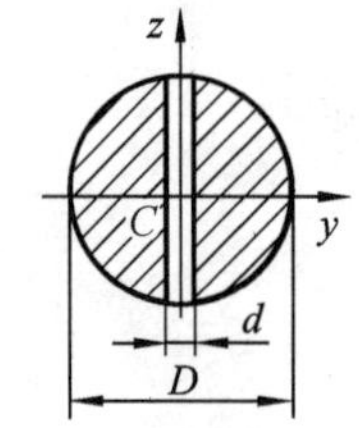	$I_y\approx\frac{\pi D^4}{64}-\frac{dD^3}{12}$ $I_z\approx\frac{\pi D^4}{64}-\frac{d^3D}{12}$	$W_y\approx\frac{\pi D^3}{32}-\frac{dD^2}{6}$ $W_z\approx\frac{\pi D^3}{32}-\frac{d^3}{6}$	$i_y=\sqrt{\frac{I_y}{A}}$ $i_z=\sqrt{\frac{I_z}{A}}$
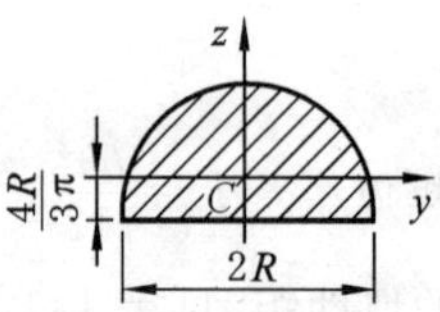	$I_y=\left(\frac{\pi}{8}-\frac{8}{9\pi}\right)R^4$ $\approx 0.11R^4$ $I_z=\frac{\pi R^4}{8}$	$W_y=0.191R^3$ $W_z=\frac{\pi R^3}{8}$	$i_y=0.264R$ $i_z=\frac{R}{2}$

Ⅰ.3　平行移轴公式

由惯性矩及惯性积的定义可知，同一截面对于不同坐标轴的惯性矩和惯性积一般不同。本节讨论的“平行移轴公式”分析的是截面对于平行的两对直角坐标轴（其中一对坐标轴的原点是图形的形心）的惯性矩（惯性积）之间的关系。

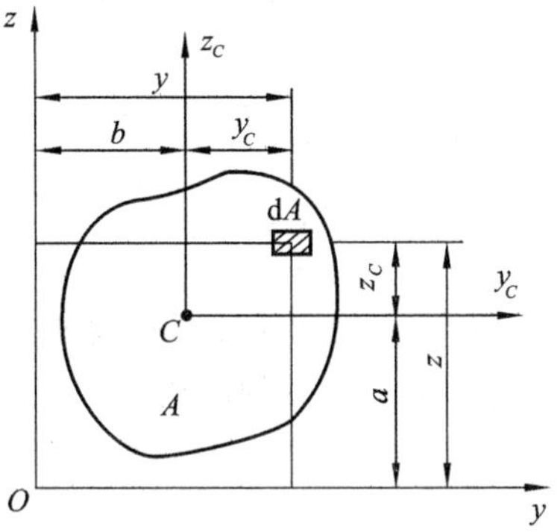

图Ⅰ-8

如图Ⅰ-8所示，在坐标系 Ozy 中，图形对 z、y 轴的惯性矩和惯性积为 I_z、I_y 和 I_{yz}。另有一坐标系 Cz_Cy_C，坐标原点在形心 C 处，其坐标轴 z_C、y_C 分别平行于 z 轴和 y 轴，且 y_C 与 y 轴之间的距离为 a，z_C 与 z 轴之间的距离为 b。

根据平行轴的坐标关系有

$$z = z_C + a$$

$$y = y_C + b$$

将其代入惯性矩和惯性积的定义表达式后，得到

$$I_z = \int_A y^2 \mathrm{d}A = \int_A (y_C + b)^2 \mathrm{d}A$$

$$I_y = \int_A z^2 \mathrm{d}A = \int_A (z_C + a)^2 \mathrm{d}A$$

$$I_{yz} = \int_A yz \mathrm{d}A = \int_A (y_C + b)(z_C + a) \mathrm{d}A$$

展开后，得到

$$I_z = I_{z_C} + 2bS_{z_C} + b^2 A$$

$$I_y = I_{y_C} + 2aS_{y_C} + a^2 A$$

$$I_{yz} = I_{y_C z_C} + bS_{y_C} + aS_{z_C} + abA$$

由于 z_C、y_C 轴通过图形的形心，则上述各式中有

$$S_{z_C} = S_{y_C} = 0$$

于是上述各式变为

$$\left.\begin{aligned} I_z &= I_{z_C} + b^2 A \\ I_y &= I_{y_C} + a^2 A \\ I_{yz} &= I_{y_C z_C} + abA \end{aligned}\right\} \tag{Ⅰ-9}$$

式(Ⅰ-9)称为惯性矩、惯性积的**平行移轴公式**。即截面对某轴的惯性矩，等于它对与该轴平行的形心轴的惯性矩，加上两轴间距离的平方乘以截面面积；截面对任一正交轴系的惯性积，等于它对与该轴系平行的形心轴系的惯性积，加上两坐标系轴间距的乘积再乘以截面面积。式(Ⅰ-9)中前二式恒为正，第三式中 a、b 均为代数值，故 I_{yz} 可正、可负或为零。

组合截面的惯性矩和惯性积可用下面公式来计算

$$\left.\begin{aligned} I_z &= \sum_{i=1}^{n} I_{zi} = \sum_{i=1}^{n}(I_{z_C i} + b_i^2 A_i) \\ I_y &= \sum_{i=1}^{n} I_{yi} = \sum_{i=1}^{n}(I_{y_C i} + a_i^2 A_i) \\ I_{yz} &= \sum_{i=1}^{n} I_{yzi} = \sum_{i=1}^{n}(I_{y_C z_C i} + a_i b_i A_i) \end{aligned}\right\} \qquad (\text{Ⅰ-10})$$

式中，$I_{z_C i}$、$I_{y_C i}$、$I_{y_C z_C i}$ 分别表示每个简单图形对自身形心轴的惯性矩、惯性积。a_i、b_i 分别表示每个简单图形的形心坐标轴到组合图形 y、z 轴的距离，A_i 表示各简单图形的面积。

【例Ⅰ-6】 试计算图Ⅰ-9所示图形对其形心轴 y_C 的惯性矩。

【解】 (1) 将图形分成Ⅰ、Ⅱ两个部分。

(2) 确定形心的位置。图形的形心必然在对称轴上。取矩形Ⅱ的形心为坐标原点，平行于底边的方向为参考轴 y，垂直向上的参考轴为 z 轴。确定整个图形形心 z_C 的计算公式如下：

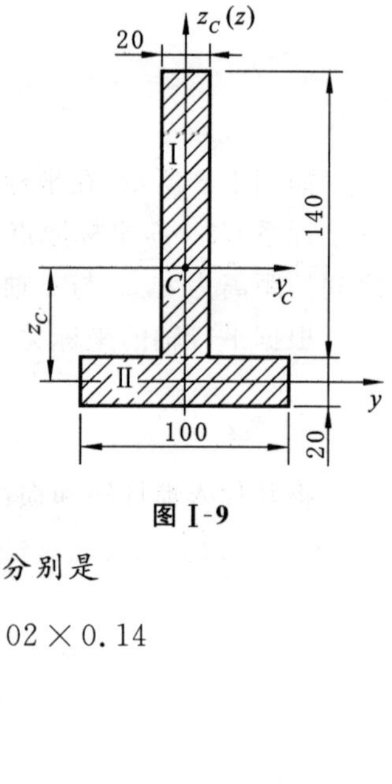

图Ⅰ-9

$$\begin{aligned} z_C &= \frac{A_1 z_1 + A_2 z_2}{A_1 + A_2} \\ &= \frac{0.14 \times 0.02 \times 0.08 + 0.1 \times 0.02 \times 0}{0.14 \times 0.02 + 0.1 \times 0.02} \\ &= 0.0467\ \text{m} \end{aligned}$$

(3) 计算矩形Ⅰ、Ⅱ对 y_C 轴的惯性矩。整个图形形心位置确定后，使用平行移轴公式，计算出矩形Ⅰ、Ⅱ对 y_C 轴的惯性矩，它们分别是

$$\begin{aligned} I_{y_C}^{\text{Ⅰ}} &= \frac{1}{12} \times 0.02 \times 0.14^3 + (0.08 - 0.0467)^2 \times 0.02 \times 0.14 \\ &= 7.69 \times 10^{-6}\ \text{m}^4 \end{aligned}$$

$$\begin{aligned} I_{y_C}^{\text{Ⅱ}} &= \frac{1}{12} \times 0.1 \times 0.02^3 + 0.0467^2 \times 0.1 \times 0.02 \\ &= 4.43 \times 10^{-6}\ \text{m}^4 \end{aligned}$$

整个图形对 y_C 轴的惯性矩应为

$$I_{y_C} = I_{y_C}^{\text{Ⅰ}} + I_{y_C}^{\text{Ⅱ}} = 7.69 \times 10^{-6} + 4.43 \times 10^{-6} = 1.21 \times 10^{-5}\ \text{m}^4$$

【例Ⅰ-7】 由20a工字钢和16槽钢组合而成的截面如图Ⅰ-10所示。试求对其形心轴的惯性矩 I_{y_C}。

【解】 (1) 将图形分成Ⅰ、Ⅱ两部分。

(2) 选取参考轴原点为Ⅰ部分形心处。

(3) 由式(Ⅰ-5)求形心坐标，确定形心轴 y_C 轴的位置。查附录Ⅱ 型钢表，将计算用到的数据标明在图上或列出如下：

20a 工字钢：　　$A_1 = 35.58 \times 10^2\ \text{mm}^2$，　$I_{y_C 1} = 2370 \times 10^4\ \text{mm}^4$

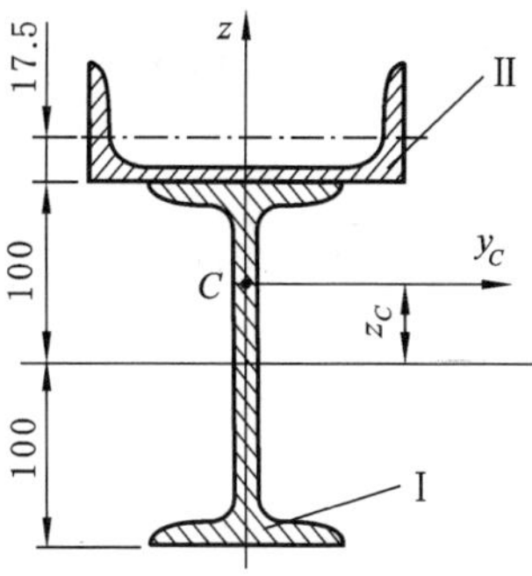

图 Ⅰ-10

16 槽钢：　　$A_2 = 2.516\times10^3\ \text{mm}^2$，　$I_{y_C 2} = 8.34\times10^5\ \text{mm}^4$

$$z_C = \frac{\sum_{i=1}^{2} A_i z_i}{\sum_{i=1}^{2} A_i} = \frac{35.58\times10^2\times0 + 25.16\times10^2\times(100+17.5)}{(35.58+25.16)\times10^2} = 48.67\ \text{mm}$$

$$y_C = 0$$

(4) 由式(Ⅰ-10)求 I_{y_C}。

$$\begin{aligned} I_{y_C} &= \sum_{i=1}^{2}(I_{y_C i} + a_i^2 A_i) \\ &= 2370\times10^4 + 48.67^2\times35.58\times10^2 + 83.4\times10^4 + (100+17.5-48.67)^2\times25.16\times10^2 \\ &= 4.488\times10^7\ \text{mm}^4 \end{aligned}$$

* Ⅰ.4 转轴公式

设任一截面(图 Ⅰ-11)对坐标轴 y、z 轴的惯性矩、惯性积分别为 I_y、I_z 和 I_{yz}。若将坐标轴 y、z 绕其原点 O 旋转一 α 角(α 以逆时针转为正，顺时针转为负，图 Ⅰ-11 的 α 为正)，得到新的坐标轴 y_1、z_1。此时，图形对 y_1、z_1 轴的惯性矩与惯性积为 I_{y_1}、I_{z_1}、$I_{y_1 z_1}$。现研究 I_y、I_z、I_{yz} 与 I_{y_1}、I_{z_1}、$I_{y_1 z_1}$ 之间的关系。

图 Ⅰ-11

在图中任取一微面积 dA，它在 Oyz 坐标系的坐标为(y,z)，在 Oy_1z_1 坐标系的坐标为(y_1,z_1)。由图可知其坐标值有以下关系

$$\left.\begin{aligned} y_1 &= y\cos\alpha + z\sin\alpha \\ z_1 &= z\cos\alpha - y\sin\alpha \end{aligned}\right\} \tag{a}$$

按定义

$$\left.\begin{aligned} I_{y_1} &= \int_A z_1^2\, dA \\ I_{z_1} &= \int_A y_1^2\, dA \\ I_{y_1 z_1} &= \int_A y_1 z_1\, dA \end{aligned}\right\} \tag{b}$$

将式(a)分别代入式(b)，并利用三角函数关系

$$\cos^2\alpha = \frac{1}{2}(1+\cos 2\alpha), \quad \sin^2\alpha = \frac{1}{2}(1-\cos 2\alpha)$$

整理后得到

$$\left.\begin{aligned} I_{y_1} &= \frac{I_y + I_z}{2} + \frac{I_y - I_z}{2}\cos 2\alpha - I_{yz}\sin 2\alpha \\ I_{z_1} &= \frac{I_y + I_z}{2} - \frac{I_y - I_z}{2}\cos 2\alpha + I_{yz}\sin 2\alpha \\ I_{y_1 z_1} &= \frac{I_y - I_z}{2}\sin 2\alpha + I_{yz}\cos 2\alpha \end{aligned}\right\} \tag{Ⅰ-11}$$

式(Ⅰ-11)即为求惯性矩和惯性积的**转轴公式**。它反映了惯性矩、惯性积随 α 的改变而变化的规律。将式(Ⅰ-11)的前两式相加,可得

$$I_{y_1} + I_{z_1} = I_y + I_z$$

这说明截面对任意两正交坐标轴的惯性矩之和为一常数。

由式(Ⅰ-11)可见,$I_{y_1 z_1}$ 随 α 而改变,当 $I_{y_1 z_1}=0$ 时,相应的坐标轴定义为**主惯性轴**,用 y_0、z_0 表示,即

$$I_{y_0 z_0} = \frac{I_y - I_z}{2}\sin 2\alpha_0 + I_{yz}\cos 2\alpha_0 = 0 \tag{c}$$

由此求得

$$\tan 2\alpha_0 = -\frac{2I_{yz}}{I_y - I_z} \tag{Ⅰ-12}$$

上式中的 α_0 和 $\alpha_0 \pm \frac{\pi}{2}$ 表示了主轴的方位角。

将关系式(Ⅰ-12)代入转轴公式(Ⅰ-11)第一、第二式,并利用三角函数关系

$$\cos 2\alpha_0 = \frac{1}{\sqrt{1+\tan^2 2\alpha_0}}, \quad \sin 2\alpha_0 = \frac{\tan 2\alpha_0}{\sqrt{1+\tan^2 2\alpha_0}}$$

可求得截面的主惯性矩

$$\left.\begin{aligned} I_{y_0} &= \frac{I_y + I_z}{2} + \frac{1}{2}\sqrt{(I_y - I_z)^2 + 4I_{yz}^2} \\ I_{z_0} &= \frac{I_y + I_z}{2} - \frac{1}{2}\sqrt{(I_y - I_z)^2 + 4I_{yz}^2} \end{aligned}\right\} \tag{Ⅰ-13}$$

若将式(Ⅰ-11)的第一式对 α 求一阶导数且令其为零,有

$$\frac{dI_y}{d\alpha} = -2\left(\frac{I_y - I_z}{2}\sin 2\alpha + I_{yz}\cos 2\alpha\right) = 0$$

可见,上式实际上与式(c)一致。说明由式(Ⅰ-13)求得的主惯性矩就是截面的最大或最小惯性矩。

当一对主惯性轴的交点与截面的形心重合时,则称为**形心主惯性轴**。截面对形心主惯性轴的惯性矩称为**形心主惯性矩**。在实际分析中,通常截面的对称轴一定是形心主惯性轴。

【例Ⅰ-8】 已知截面尺寸如图Ⅰ-12 所示。试求其形心主惯性矩 I_{y_0}、I_{z_0}。

【解】 (1) 确定形心位置。截面的形心在其反对称中心点 C,以点 C 为原点,取坐标轴 y、z 如图所示。

(2) 将截面分成三个小矩形Ⅰ、Ⅱ、Ⅲ。

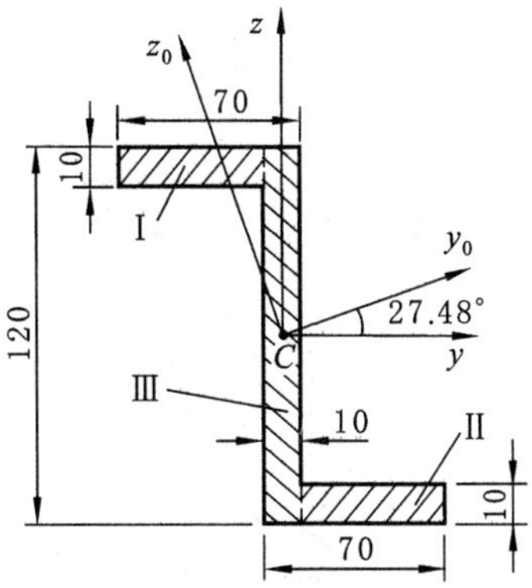

图Ⅰ-12

(3) 计算惯性矩 I_y、I_z 和惯性积 I_{yz}。

$$I_y = \sum_{i=1}^{3}(I_{y_{C}i} + a_i^2 A_i) = \left(\frac{60\times 10^3}{12} + 55^2\times 60\times 10\right)\times 2 + \frac{10\times 120^3}{12} = 5.08\times 10^6\ \text{mm}^4$$

$$I_z = \sum_{i=1}^{3}(I_{z_{C}i} + b_i^2 A_i) = \left(\frac{10\times 60^3}{12} + 35^2\times 60\times 10\right)\times 2 + \frac{120\times 10^3}{12} = 1.84\times 10^6\ \text{mm}^4$$

$$I_{yz} = \sum_{i=1}^{3}(I_{y_C z_C i} + a_i b_i A_i) = (-35)\times 55\times 60\times 10 + 35\times(-55)\times 60\times 10$$

$$= -2.31\times 10^6\ \text{mm}^4$$

(4) 确定形心主轴的方位。

$$\tan 2\alpha_0 = -\frac{2I_{yz}}{I_y - I_z} = -\frac{2\times(-2.31)\times 10^6}{(5.08-1.84)\times 10^6} = 1.426$$

$$\alpha_0 = 27.48°,\quad \alpha_0 + \frac{\pi}{2} = 117.48°$$

由于 $I_y > I_z$,所以图形对绝对值较小的 α_0 所确定的形心主轴的惯性矩为最大值,另一轴的惯性矩为最小值。对于图Ⅰ-12 所示的图形,对 y_0 轴的形心主惯性矩为最大值,对 z_0 轴的形心主惯性矩为最小值。

(5) 计算形心主惯性矩。

$$I_{y_0} = \frac{I_y + I_z}{2} + \frac{1}{2}\sqrt{(I_y - I_z)^2 + 4I_{yz}^2}$$

$$= \frac{1}{2}(5.08 + 1.84)\times 10^6 + \frac{1}{2}[(5.08-1.84)^2 + 4\times(-2.31)^2]^{\frac{1}{2}}\times 10^6$$

$$= 3.46\times 10^6 + 2.82\times 10^6 = 6.28\times 10^6\ \text{mm}^4 = I_{max}$$

$$I_{z_0} = \frac{I_y + I_z}{2} - \frac{1}{2}\sqrt{(I_y - I_z)^2 + 4I_{yz}^2}$$

$$= (3.46 - 2.82)\times 10^6 = 6.4\times 10^5\ \text{mm}^4 = I_{min}$$

习　题

Ⅰ-1　确定题图所示各图形形心的位置（以 y、z 轴为参考轴）。

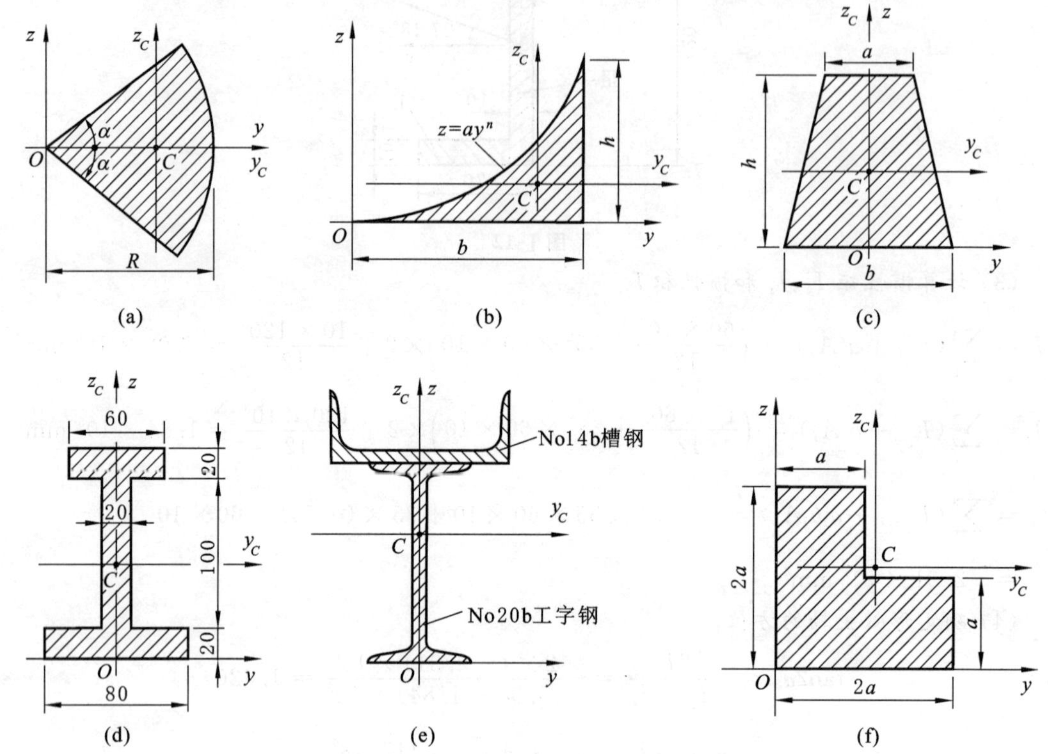

题Ⅰ-1图

Ⅰ-2　试用积分法求题图所示各图形的 I_y。

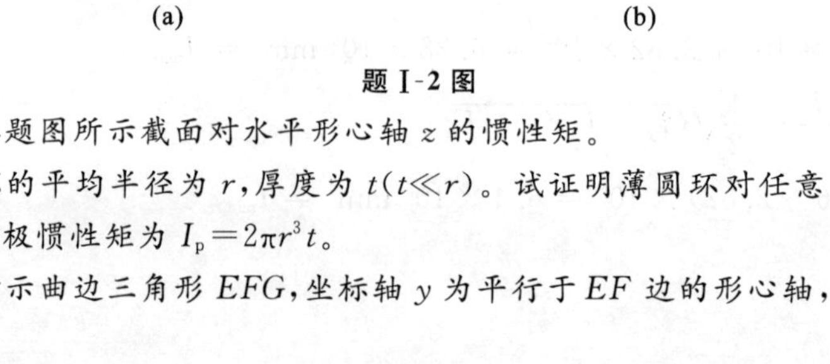

题Ⅰ-2图

Ⅰ-3　试计算题图所示截面对水平形心轴 z 的惯性矩。

Ⅰ-4　薄圆环的平均半径为 r，厚度为 $t(t \ll r)$。试证明薄圆环对任意直径轴的惯性矩为 $I=\pi r^3 t$，对圆心的极惯性矩为 $I_p=2\pi r^3 t$。

Ⅰ-5　题图所示曲边三角形 EFG，坐标轴 y 为平行于 EF 边的形心轴，试计算该截面对坐标轴 y 的惯性矩。

Ⅰ-6　如题图所示，求开键槽 $b \times a$ 后的圆截面对直径轴 y、z 的惯性矩。

Ⅰ-7　求题图所示平面图形对 y、z 轴的惯性矩 I_y、I_z。

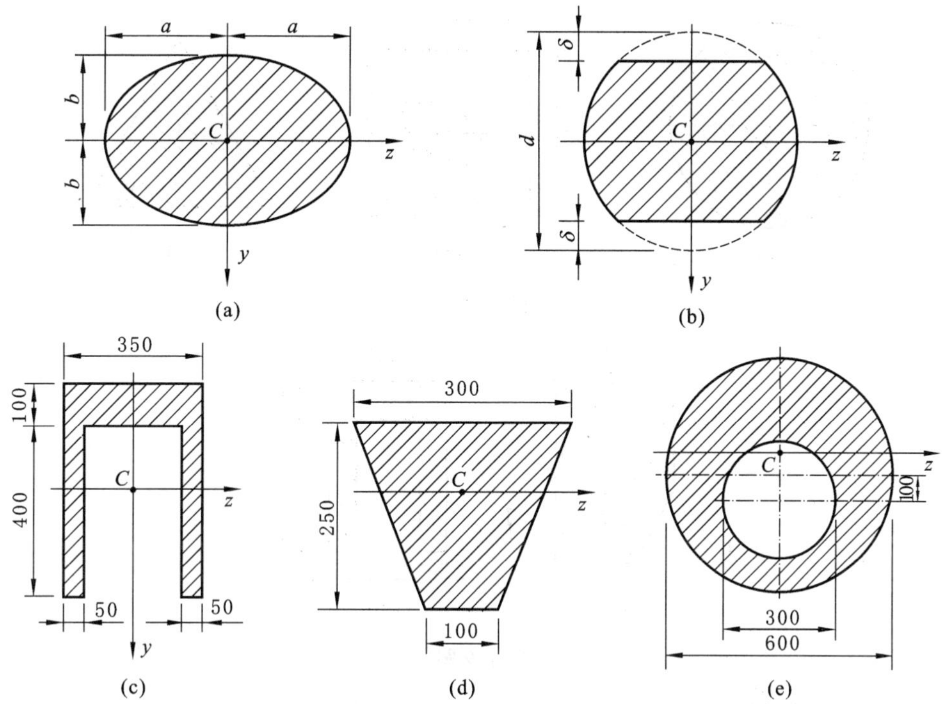

题 Ⅰ-3 图

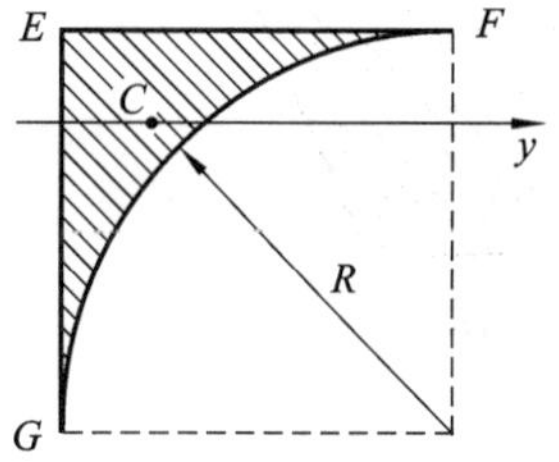

题 Ⅰ-5 图

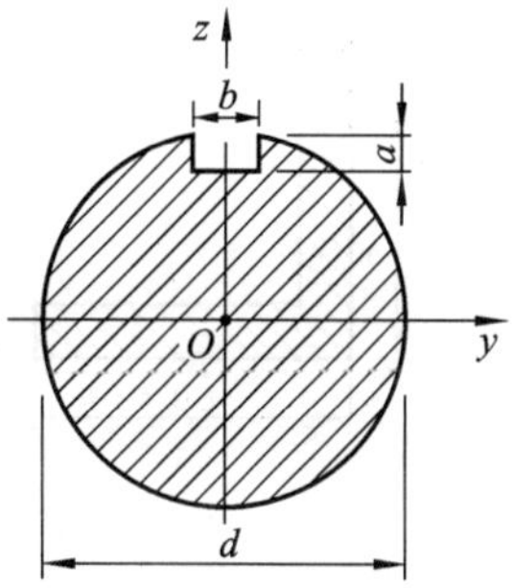

题 Ⅰ-6 图

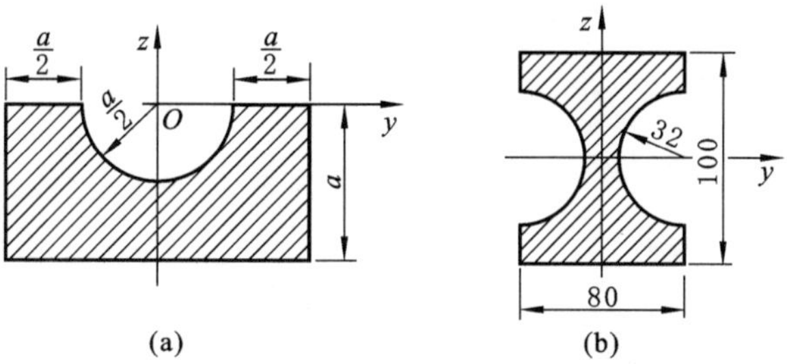

题 Ⅰ-7 图

Ⅰ-8　试证明题图所示截面的形心轴均为主形心轴，且截面对这些形心轴的惯性矩均相同。

Ⅰ-9　确定题图所示平面图形的形心主惯性轴的位置，并求形心主惯性矩。

Ⅰ-10　试求题图所示各截面的主形心轴的位置与主形心惯性矩。

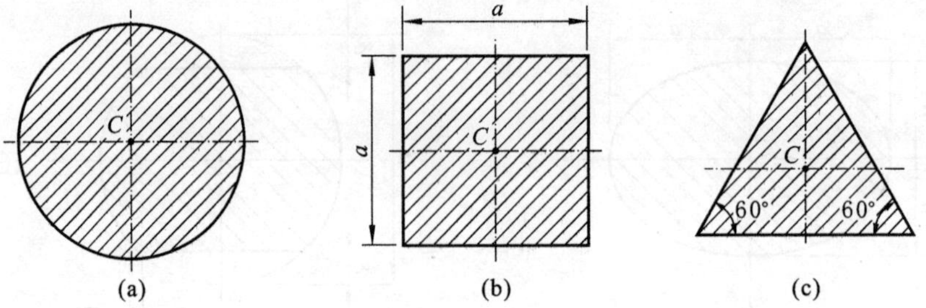

题Ⅰ-8图

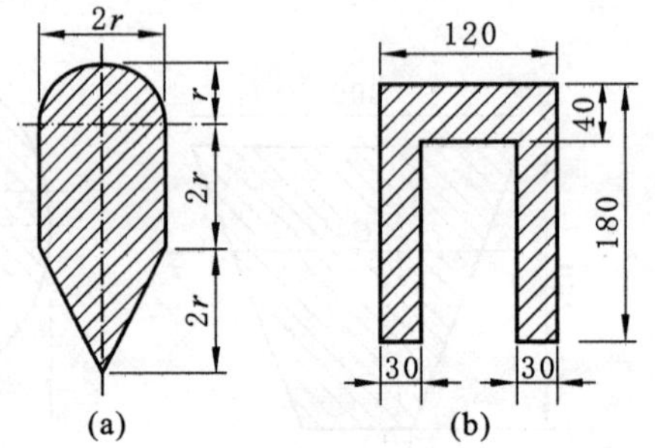

题Ⅰ-9图

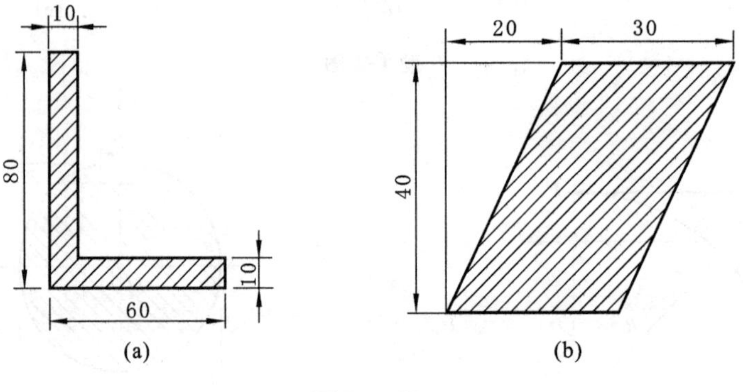

题Ⅰ-10图

附录 II　型钢表

1. 热轧等边角钢(GB/T 706—2016)

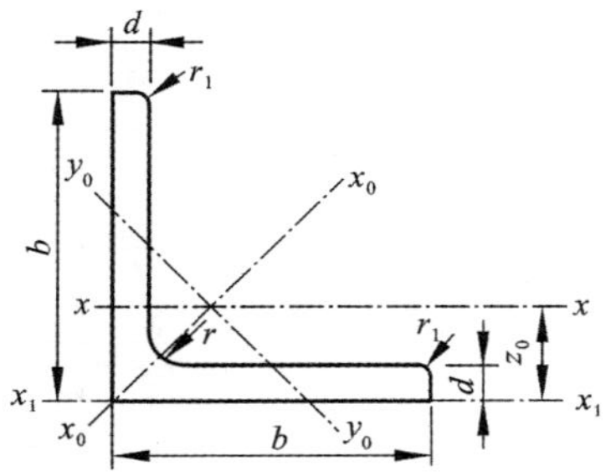

符号意义：
b— 边宽度；
d— 边厚度；
r— 内圆弧半径；
r_1— 边端圆弧半径；
z_0— 重心距离。

型号	截面尺寸 /mm			截面面积 /cm²	理论重量 /(kg/m)	外表面积 /(m²/m)	惯性矩 /cm⁴				惯性半径 /cm			截面模数 /cm³			重心距离 /cm
	b	d	r				I_x	I_{x_1}	I_{x_0}	I_{y_0}	i_x	i_{x_0}	i_{y_0}	W_x	W_{x_0}	W_{y_0}	z_0
2	20	3	3.5	1.132	0.89	0.078	0.40	0.81	0.63	0.17	0.59	0.75	0.39	0.29	0.45	0.20	0.60
		4		1.459	1.15	0.077	0.50	1.09	0.78	0.22	0.58	0.73	0.38	0.36	0.55	0.24	0.64
2.5	25	3		1.432	1.12	0.098	0.82	1.57	1.29	0.34	0.76	0.95	0.49	0.46	0.73	0.33	0.73
		4		1.859	1.46	0.097	1.03	2.11	1.62	0.43	0.74	0.93	0.48	0.59	0.92	0.40	0.76
3.0	30	3	4.5	1.749	1.37	0.117	1.46	2.71	2.31	0.61	0.91	1.15	0.59	0.68	1.09	0.51	0.85
		4		2.276	1.79	0.117	1.84	3.63	2.92	0.77	0.90	1.13	0.58	0.87	1.37	0.62	0.89
3.6	36	3		2.109	1.66	0.141	2.58	4.68	4.09	1.07	1.11	1.39	0.71	0.99	1.61	0.76	1.00
		4		2.756	2.16	0.141	3.29	6.25	5.22	1.37	1.09	1.38	0.70	1.28	2.05	0.93	1.04
		5		3.382	2.65	0.141	3.95	7.84	6.24	1.65	1.08	1.36	0.70	1.56	2.45	1.00	1.07

续表

型号	截面尺寸 /mm			截面面积 /cm²	理论重量 /(kg/m)	外表面积 /(m²/m)	惯性矩 /cm⁴				惯性半径 /cm			截面模数 /cm³			重心距离 /cm
	b	d	r				I_x	I_{x_1}	I_{x_0}	I_{y_0}	i_x	i_{x_0}	i_{y_0}	W_x	W_{x_0}	W_{y_0}	z_0
4	40	3	5	2.359	1.85	0.157	3.59	6.41	5.69	1.49	1.23	1.55	0.79	1.23	2.01	0.96	1.09
		4		3.086	2.42	0.157	4.60	8.56	7.29	1.91	1.22	1.54	0.79	1.60	2.58	1.19	1.13
		5		3.792	2.98	0.156	5.53	10.7	8.76	2.30	1.21	1.52	0.78	1.96	3.10	1.39	1.17
4.5	45	3		2.659	2.09	0.177	5.17	9.12	8.20	2.14	1.40	1.76	0.89	1.58	2.58	1.24	1.22
		4		3.486	2.74	0.177	6.65	12.2	10.6	2.75	1.38	1.74	0.89	2.05	3.32	1.54	1.26
		5		4.292	3.37	0.176	8.04	15.2	12.7	3.33	1.37	1.72	0.88	2.51	4.00	1.81	1.30
		6		5.077	3.99	0.176	9.33	18.4	14.8	3.89	1.36	1.70	0.80	2.95	4.64	2.06	1.33
5	50	3	5.5	2.971	2.33	0.197	7.18	12.5	11.4	2.98	1.55	1.96	1.00	1.96	3.22	1.57	1.34
		4		3.897	3.06	0.197	9.26	16.7	14.7	3.82	1.54	1.94	0.99	2.56	4.16	1.96	1.38
		5		4.803	3.77	0.196	11.2	20.9	17.8	4.64	1.53	1.92	0.98	3.13	5.03	2.31	1.42
		6		5.688	4.46	0.196	13.1	25.1	20.7	5.42	1.52	1.91	0.98	3.68	5.85	2.63	1.46
5.6	56	3	6	3.343	2.62	0.221	10.2	17.6	16.1	4.24	1.75	2.20	1.13	2.48	4.08	2.02	1.48
		4		4.390	3.45	0.220	13.2	23.4	20.9	5.46	1.73	2.18	1.11	3.24	5.28	2.52	1.53
		5		5.415	4.25	0.220	16.0	29.3	25.4	6.61	1.72	2.17	1.10	3.97	6.42	2.98	1.57
		6		6.420	5.04	0.220	18.7	35.3	29.7	7.73	1.71	2.15	1.10	4.68	7.49	3.40	1.61
		7		7.404	5.81	0.219	21.2	41.2	33.6	8.82	1.69	2.13	1.09	5.36	8.49	3.80	1.64
		8		8.367	6.57	0.219	23.6	47.2	37.4	9.89	1.68	2.11	1.09	6.03	9.44	4.16	1.68
6	60	5	6.5	5.829	4.58	0.236	19.9	36.1	31.6	8.21	1.85	2.33	1.19	4.59	7.44	3.48	1.67
		6		6.914	5.43	0.235	23.4	43.3	36.9	9.60	1.83	2.31	1.18	5.41	8.70	3.98	1.70
		7		7.977	6.26	0.235	26.4	50.7	41.9	11.0	1.82	2.29	1.17	6.21	9.88	4.45	1.74
		8		9.020	7.08	0.235	29.5	58.0	46.7	12.3	1.81	2.27	1.17	6.98	11.00	4.88	1.78

续表

型号	截面尺寸 /mm			截面面积 /cm²	理论重量 / (kg/m)	外表面积 / (m²/m)	惯性矩 /cm⁴				惯性半径 /cm			截面模数 /cm³			重心距离 / cm
	b	d	r				I_x	I_{x_1}	I_{x_0}	I_{y_0}	i_x	i_{x_0}	i_{y_0}	W_x	W_{x_0}	W_{y_0}	z_0
6.3	63	4	7	4.978	3.91	0.248	19.0	33.4	30.2	7.89	1.96	2.46	1.26	4.13	6.78	3.29	1.70
		5		6.143	4.82	0.248	23.2	41.7	36.8	9.57	1.94	2.45	1.25	5.08	8.25	3.90	1.74
		6		7.288	5.72	0.247	27.1	50.1	43.0	11.2	1.93	2.43	1.24	6.00	9.66	4.46	1.78
		7		8.412	6.60	0.247	30.9	58.6	49.0	12.8	1.92	2.41	1.23	6.88	11.0	4.98	1.82
		8		9.515	7.47	0.247	34.5	67.1	54.6	14.3	1.90	2.40	1.23	7.75	12.3	5.47	1.85
		10		11.66	9.15	0.246	41.1	84.3	64.9	17.3	1.88	2.36	1.22	9.39	14.6	6.36	1.93
7	70	4	8	5.570	4.37	0.275	26.4	45.7	41.8	11.0	2.18	2.74	1.40	5.14	8.44	4.17	1.86
		5		6.876	5.40	0.275	32.2	57.2	51.1	13.3	2.16	2.73	1.39	6.32	10.3	4.95	1.91
		6		8.160	6.41	0.275	37.8	68.7	59.9	15.6	2.15	2.71	1.38	7.48	12.1	5.67	1.95
		7		9.424	7.40	0.275	43.1	80.3	68.4	17.8	2.14	2.69	1.38	8.59	13.8	6.34	1.99
		8		10.67	8.37	0.274	48.2	91.9	76.4	20.0	2.12	2.68	1.37	9.68	15.4	6.98	2.03
7.5	75	5	9	7.412	5.82	0.295	40.0	70.6	63.3	16.6	2.33	2.92	1.50	7.32	11.9	5.77	2.04
		6		8.797	6.91	0.294	47.0	84.6	74.4	19.5	2.31	2.90	1.49	8.64	14.0	6.67	2.07
		7		10.16	7.98	0.294	53.6	98.7	85.0	22.2	2.30	2.89	1.48	9.93	16.0	7.44	2.11
		8		11.50	9.03	0.294	60.0	113	95.1	24.9	2.28	2.88	1.47	11.20	17.9	8.19	2.15
		9		12.83	10.1	0.294	66.1	127	105	27.5	2.27	2.86	1.46	12.4	19.8	8.89	2.18
		10		14.13	11.1	0.293	72.0	142	114	30.1	2.26	2.84	1.46	13.6	21.5	9.56	2.22
8	80	5		7.912	6.21	0.315	48.8	85.4	77.3	20.3	2.48	3.13	1.60	8.34	13.7	6.66	2.15
		6		9.397	7.38	0.314	57.4	103	91.0	23.7	2.47	3.11	1.59	9.87	16.1	7.65	2.19
		7		10.86	8.53	0.314	65.6	120	104	27.1	2.46	3.10	1.58	11.4	18.4	8.58	2.23
		8		12.30	9.66	0.314	73.5	137	117	30.4	2.44	3.08	1.57	12.8	20.6	9.46	2.27
		9		13.73	10.8	0.314	81.1	154	129	33.6	2.43	3.06	1.56	14.3	22.7	10.3	2.31
		10		15.13	11.9	0.313	88.4	172	140	36.8	2.42	3.04	1.56	15.6	24.8	11.1	2.35

续表

型号	截面尺寸 /mm			截面面积 /cm^2	理论重量 /(kg/m)	外表面积 /(m^2/m)	惯性矩 /cm^4				惯性半径 /cm			截面模数 /cm^3			重心距离 /cm
	b	d	r				I_x	I_{x_1}	I_{x_0}	I_{y_0}	i_x	i_{x_0}	i_{y_0}	W_x	W_{x_0}	W_{y_0}	z_0
9	90	6	10	10.64	8.35	0.354	82.8	146	131	34.3	2.79	3.51	1.80	12.6	20.6	9.95	2.44
		7		12.30	9.66	0.354	94.8	170	150	39.2	2.78	3.50	1.78	14.5	23.6	11.2	2.48
		8		13.94	10.9	0.353	106	195	169	44.0	2.76	3.48	1.78	16.4	26.6	12.4	2.52
		9		15.57	12.2	0.353	118	219	187	48.7	2.75	3.46	1.77	18.3	29.4	13.5	2.56
		10		17.17	13.5	0.353	129	244	204	53.3	2.74	3.45	1.76	20.1	32.0	14.5	2.59
		12		20.31	15.9	0.352	149	294	236	62.2	2.71	3.41	1.75	23.6	37.1	16.5	2.67
10	100	6	12	11.93	9.37	0.393	115	200	182	47.9	3.10	3.90	2.00	15.7	25.7	12.7	2.67
		7		13.80	10.8	0.393	132	234	209	54.7	3.09	3.89	1.99	18.1	29.6	14.3	2.71
		8		15.64	12.3	0.393	148	267	235	61.4	3.08	3.88	1.98	20.5	33.2	15.8	2.76
		9		17.46	13.7	0.392	164	300	260	68.0	3.07	3.86	1.97	22.8	36.8	17.2	2.80
		10		19.26	15.1	0.392	180	334	285	74.4	3.05	3.84	1.96	25.1	40.3	18.5	2.84
		12		22.80	17.9	0.391	209	402	331	86.8	3.03	3.81	1.95	29.5	46.8	21.1	2.91
		14		26.26	20.6	0.391	237	471	374	99.0	3.00	3.77	1.94	33.7	52.9	23.4	2.99
		16		29.63	23.3	0.390	263	540	414	111	2.98	3.74	1.94	37.8	58.6	25.6	3.06
11	110	7		15.20	11.9	0.433	177	311	281	73.4	3.41	4.30	2.20	22.1	36.1	17.5	2.96
		8		17.24	13.5	0.433	199	355	316	82.4	3.40	4.28	2.19	25.0	40.7	19.4	3.01
		10		21.26	16.7	0.432	242	445	384	100	3.38	4.25	2.17	30.6	49.4	22.9	3.09
		12		25.20	19.8	0.431	283	535	448	117	3.35	4.22	2.15	36.1	57.6	26.2	3.16
		14		29.06	22.8	0.431	321	625	508	133	3.32	4.18	2.14	41.3	65.3	29.1	3.24

续表

型号	截面尺寸 /mm			截面面积 /cm²	理论重量 /(kg/m)	外表面积 /(m²/m)	惯性矩 /cm⁴				惯性半径 /cm			截面模数 /cm³			重心距离 /cm
	b	d	r				I_x	I_{x_1}	I_{x_0}	I_{y_0}	i_x	i_{x_0}	i_{y_0}	W_x	W_{x_0}	W_{y_0}	z_0
12.5	125	8	14	19.75	15.5	0.492	297	521	471	123	3.88	4.88	2.50	32.5	53.3	25.9	3.37
		10		24.37	19.1	0.491	362	652	574	149	3.85	4.85	2.48	40.0	64.9	30.6	3.45
		12		28.91	22.7	0.491	423	783	671	175	3.83	4.82	2.46	41.2	76.0	35.0	3.53
		14		33.37	26.2	0.490	482	916	764	200	3.80	4.78	2.45	54.2	86.4	39.1	3.61
		16		37.74	29.6	0.489	537	1 050	851	224	3.77	4.75	2.43	60.9	96.3	43.0	3.68
14	140	10		27.37	21.5	0.551	515	915	817	212	4.34	5.46	2.78	50.6	82.6	39.2	3.82
		12		32.51	25.5	0.551	604	1 100	959	249	4.31	5.43	2.76	59.8	96.9	45.0	3.90
		14		37.57	29.5	0.550	689	1 280	1 090	284	4.28	5.40	2.75	68.8	110	50.5	3.98
		16		42.54	33.4	0.549	770	1 470	1 220	319	4.26	5.36	2.74	77.5	123	55.6	4.06
15	150	8		23.75	18.6	0.592	521	900	827	215	4.69	5.90	3.01	47.4	78.0	38.1	3.99
		10		29.37	23.1	0.591	638	1 130	1 010	262	4.66	5.87	2.99	58.4	95.5	45.5	4.08
		12		34.91	27.4	0.591	749	1 350	1 190	308	4.63	5.84	2.97	69.0	112	52.4	4.15
		14		40.37	31.7	0.590	855	1 580	1 360	352	4.60	5.80	2.95	79.5	128	58.8	4.23
		15		43.06	33.8	0.590	907	1 690	1 440	374	4.59	5.78	2.96	84.6	136	61.9	4.27
		16		45.74	35.9	0.589	958	1 810	1 520	395	4.58	5.77	2.94	89.6	143	64.9	4.31
16	160	10	16	31.50	24.7	0.630	780	1 370	1 240	322	4.98	6.27	3.20	66.70	109	52.8	4.31
		12		37.44	29.4	0.630	917	1 640	1 460	377	4.95	6.24	3.18	79.0	129	60.7	4.39
		14		43.30	34.0	0.629	1 050	1 910	1 670	432	4.92	6.20	3.16	91.0	147	68.2	4.47
		16		49.07	38.5	0.629	1 180	2 190	1 870	485	4.89	6.17	3.14	103	165	75.3	4.55
18	180	12		42.24	33.2	0.710	1 320	2 330	2 100	543	5.59	7.05	3.58	101	165	78.4	4.89
		14		48.90	38.4	0.709	1 510	2 720	2 410	622	5.56	7.02	3.56	116	189	88.4	4.97
		16		55.47	43.5	0.709	1 700	3 120	2 700	699	5.54	6.98	3.55	131	212	97.8	5.05
		18		61.96	48.6	0.708	1 880	3 500	2 990	762	5.50	6.94	3.51	146	235	105	5.13

续表

型号	截面尺寸 /mm			截面面积 /cm²	理论重量 /(kg/m)	外表面积 /(m²/m)	惯性矩 /cm⁴				惯性半径 /cm			截面模数 /cm³			重心距离 /cm
	b	d	r				I_x	I_{x_1}	I_{x_0}	I_{y_0}	i_x	i_{x_0}	i_{y_0}	W_x	W_{x_0}	W_{y_0}	z_0
20	200	14	18	54.64	42.9	0.788	2 100	3 730	3 340	864	6.20	7.82	3.98	145	236	112	5.46
		16		62.01	48.7	0.788	2 370	4 270	3 760	971	6.18	7.79	3.96	164	266	124	5.54
		18		69.30	54.4	0.787	2 620	4 810	4 160	1 080	6.15	7.75	3.94	182	294	136	5.62
		20		76.51	60.1	0.787	2 870	5 350	4 550	1 180	6.12	7.72	3.93	200	322	147	5.69
		24		90.66	71.2	0.785	3 340	6 460	5 290	1 380	6.07	7.64	3.90	236	374	167	5.87
22	220	16	21	68.67	53.9	0.866	3 190	5 680	5 060	1 310	6.81	8.59	4.37	200	326	154	6.03
		18		76.75	60.3	0.866	3 540	6 400	5 620	1 450	6.79	8.55	4.35	223	361	168	6.11
		20		84.76	66.5	0.865	3 870	7 110	6 150	1 590	6.76	8.52	4.34	245	395	182	6.18
		22		92.68	72.8	0.865	4 200	7 830	6 670	1 730	6.73	8.48	4.32	267	429	195	6.26
		24		100.5	78.9	0.864	4 520	8 550	7 170	1 870	6.71	8.45	4.31	289	461	208	6.33
		26		108.3	85.0	0.864	4 830	9 280	7 690	2 000	6.68	8.41	4.30	310	492	221	6.41
25	250	18	24	87.84	69.0	0.985	5 270	9 380	8 370	2 170	7.75	9.76	4.97	290	473	224	6.84
		20		97.05	76.2	0.984	5 780	10 400	9 180	2 380	7.72	9.73	4.95	320	519	243	6.92
		22		106.2	83.3	0.983	6 280	11 500	9 970	2 580	7.69	9.69	4.93	349	564	261	7.00
		24		115.2	90.4	0.983	6 770	12 500	10 700	2 790	7.67	9.66	4.92	378	608	278	7.07
		26		124.2	97.5	0.982	7 240	13 600	11 500	2 980	7.64	9.62	4.90	406	650	295	7.15
		28		133.0	104	0.982	7 700	14 600	12 200	3 180	7.61	9.58	4.89	433	691	311	7.22
		30		141.8	111	0.981	8 160	15 700	12 900	3 380	7.58	9.55	4.88	461	731	327	7.30
		32		150.5	118	0.981	8 600	16 800	13 600	3 570	7.56	9.51	4.87	488	770	342	7.37
		35		163.4	128	0.980	9 240	18 400	14 600	3 850	7.52	9.46	4.86	527	827	364	7.48

注：截面图中的 $r_1 = d/3$ 及表中 r 的数据用于孔型设计，不做交货条件。

2. 热轧不等边角钢(GB/T 706—2016)

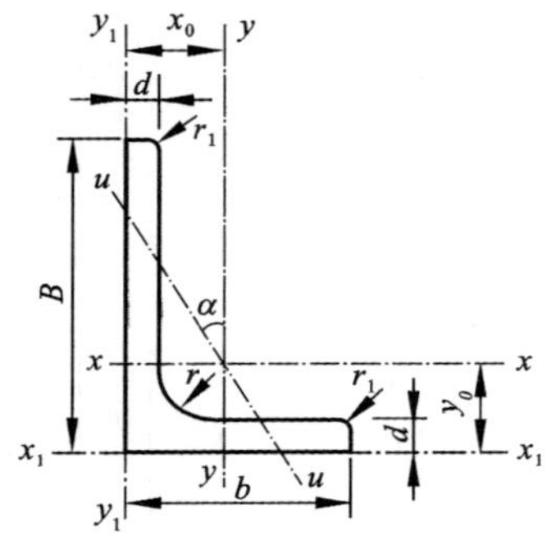

符号意义：
B— 长边宽度；
b— 短边宽度；
d— 边厚度；
r— 内圆弧半径；
r_1— 边端圆弧半径；
x_0、y_0— 重心距离。

型号	截面尺寸 / mm				截面面积 /cm^2	理论重量 /(kg/m)	外表面积 /(m^2/m)	惯性矩 /cm^4					惯性半径 /cm			截面模数 /cm^3			tanα	重心距离 / cm	
	B	b	d	r				I_x	I_{x_1}	I_y	I_{y_1}	I_u	i_x	i_y	i_u	W_x	W_y	W_u		x_0	y_0
2.5/1.6	25	16	3	3.5	1.162	0.91	0.080	0.70	1.56	0.22	0.43	0.14	0.78	0.44	0.34	0.43	0.19	0.16	0.392	0.42	0.86
			4		1.499	1.18	0.079	0.88	2.09	0.27	0.59	0.17	0.77	0.43	0.34	0.55	0.24	0.20	0.381	0.46	0.90
3.2/2	32	20	3		1.492	1.17	0.102	1.53	3.27	0.46	0.82	0.28	1.01	0.55	0.43	0.72	0.30	0.25	0.382	0.49	1.08
			4		1.939	1.52	0.101	1.93	4.37	0.57	1.12	0.35	1.00	0.54	0.42	0.93	0.39	0.32	0.374	0.53	1.12
4/2.5	40	25	3	4	1.890	1.48	0.127	3.08	5.39	0.93	1.59	0.56	1.28	0.70	0.54	1.15	0.49	0.40	0.385	0.59	1.32
			4		2.467	1.94	0.127	3.93	8.53	1.18	2.14	0.71	1.36	0.69	0.54	1.49	0.63	0.52	0.381	0.63	1.37
4.5/2.8	45	28	3	5	2.149	1.69	0.143	4.45	9.10	1.34	2.23	0.80	1.44	0.79	0.61	1.47	0.62	0.51	0.383	0.64	1.47
			4		2.806	2.20	0.143	5.69	12.1	1.70	3.00	1.02	1.42	0.78	0.60	1.91	0.80	0.66	0.380	0.68	1.51
5/3.2	50	32	3	5.5	2.431	1.91	0.161	6.24	12.5	2.02	3.31	1.20	1.60	0.91	0.70	1.84	0.82	0.68	0.404	0.73	1.60
			4		3.177	2.49	0.160	8.02	16.7	2.58	4.45	1.53	1.59	0.90	0.69	2.39	1.06	0.87	0.402	0.77	1.65

续表

型号	截面尺寸 / mm				截面面积 /cm²	理论重量 / (kg/m)	外表面积 / (m²/m)	惯性矩 /cm⁴					惯性半径 /cm			截面模数 /cm³			tanα	重心距离 / cm	
	B	b	d	r				I_x	I_{x_1}	I_y	I_{y_1}	I_u	i_x	i_y	i_u	W_x	W_y	W_u		x_0	y_0
5.6/3.6	56	36	3	6	2.743	2.15	0.181	8.88	17.5	2.92	4.7	1.73	1.80	1.03	0.79	2.32	1.05	0.87	0.408	0.80	1.78
			4		3.590	2.82	0.180	11.5	23.4	3.76	6.33	2.23	1.79	1.02	0.79	3.03	1.37	1.13	0.408	0.85	1.82
			5		4.415	3.47	0.180	13.9	29.3	4.49	7.94	2.67	1.77	1.01	0.78	3.71	1.65	1.36	0.404	0.88	1.87
6.3/4	63	40	4	7	4.058	3.19	0.202	16.5	33.3	5.23	8.63	3.12	2.02	1.14	0.88	3.87	1.70	1.40	0.398	0.92	2.04
			5		4.993	3.92	0.202	20.0	41.6	6.31	10.9	3.76	2.00	1.12	0.87	4.74	2.07	1.71	0.396	0.95	2.08
			6		5.908	4.64	0.201	23.4	50.0	7.29	13.1	4.34	1.96	1.11	0.86	5.59	2.43	1.99	0.393	0.99	2.12
			7		6.802	5.34	0.201	26.5	58.1	8.24	15.5	4.97	1.98	1.10	0.86	6.40	2.78	2.29	0.389	1.03	2.15
7/4.5	70	45	4	7.5	4.553	3.57	0.226	23.2	45.9	7.55	12.3	4.40	2.26	1.29	0.98	4.86	2.17	1.77	0.410	1.02	2.24
			5		5.609	4.40	0.225	28.0	57.1	9.13	15.4	5.40	2.23	1.28	0.98	5.92	2.65	2.19	0.407	1.06	2.28
			6		6.644	5.22	0.225	32.5	68.4	10.6	18.6	6.35	2.21	1.26	0.98	6.95	3.12	2.59	0.404	1.09	2.32
			7		7.658	6.01	0.225	37.2	80.0	12.0	21.8	7.16	2.20	1.25	0.97	8.03	3.57	2.94	0.402	1.13	2.36
7.5/5	75	50	5	8	6.126	4.81	0.245	34.9	70.0	12.6	21.0	7.41	2.39	1.44	1.10	6.83	3.3	2.74	0.435	1.17	2.40
			6		7.260	5.70	0.245	41.1	84.3	14.7	25.4	8.54	2.38	1.42	1.08	8.12	3.88	3.19	0.435	1.21	2.44
			8		9.467	7.43	0.244	52.4	113	18.5	34.2	10.9	2.35	1.40	1.07	10.5	4.99	4.10	0.429	1.29	2.52
			10		11.59	9.10	0.244	62.7	141	22.0	43.4	13.1	2.33	1.38	1.06	12.8	6.04	4.99	0.423	1.36	2.60
8/5	80	50	5		6.376	5.00	0.255	42.0	85.2	12.8	21.1	7.66	2.56	1.42	1.10	7.78	3.32	2.74	0.388	1.14	2.60
			6		7.560	5.93	0.255	49.5	103	15.0	25.4	8.85	2.56	1.41	1.08	9.25	3.91	3.20	0.387	1.18	2.65
			7		8.724	6.85	0.255	56.2	119	17.0	29.8	10.2	2.54	1.39	1.08	10.6	4.48	3.70	0.384	1.21	2.69
			8		9.867	7.75	0.254	62.8	136	18.9	34.3	11.4	2.52	1.38	1.07	11.9	5.03	4.16	0.381	1.25	2.73
9/5.6	90	56	5	9	7.212	5.66	0.287	60.5	121	18.3	29.5	11.0	2.90	1.59	1.23	9.92	4.21	3.49	0.385	1.25	2.91
			6		8.557	6.72	0.286	71.0	146	21.4	35.6	12.9	2.88	1.58	1.23	11.7	4.96	4.13	0.384	1.29	2.95
			7		9.881	7.76	0.286	81.0	170	24.4	41.7	14.7	2.86	1.57	1.22	13.5	5.70	4.72	0.382	1.33	3.00
			8		11.18	8.78	0.286	91.0	194	27.2	47.9	16.3	2.85	1.56	1.21	15.3	6.41	5.29	0.380	1.36	3.04

续表

型号	截面尺寸 / mm				截面面积 /cm^2	理论重量 / (kg/m)	外表面积 / (m^2/m)	惯性矩 /cm^4					惯性半径 /cm			截面模数 /cm^3			tanα	重心距离 / cm	
	B	b	d	r				I_x	I_{x_1}	I_y	I_{y_1}	I_u	i_x	i_y	i_u	W_x	W_y	W_u		x_0	y_0
10/6.3	100	63	6	10	9.618	7.55	0.320	99.1	200	30.9	50.5	18.4	3.21	1.79	1.38	14.6	6.35	5.25	0.394	1.43	3.24
			7		11.11	8.72	0.320	113	233	35.3	59.1	21.0	3.20	1.78	1.38	16.9	7.29	6.02	0.394	1.47	3.28
			8		12.58	9.88	0.319	127	266	39.4	67.9	23.5	3.18	1.77	1.37	19.1	8.21	6.78	0.391	1.50	3.32
			10		15.47	12.1	0.319	154	333	47.1	85.7	28.3	3.15	1.74	1.35	23.3	9.98	8.24	0.387	1.58	3.40
10/8	100	80	6		10.64	8.35	0.354	107	200	61.2	103	31.7	3.17	2.40	1.72	15.2	10.2	8.37	0.627	1.97	2.95
			7		12.30	9.66	0.354	123	233	70.1	120	36.2	3.16	2.39	1.72	17.5	11.7	9.60	0.626	2.01	3.00
			8		13.94	10.9	0.353	138	267	78.6	137	40.6	3.14	2.37	1.71	19.8	13.2	10.8	0.625	2.05	3.04
			10		17.17	13.5	0.353	167	334	94.7	172	49.1	3.12	2.35	1.69	24.2	16.1	13.1	0.622	2.13	3.12
11/7	110	70	6		10.64	8.35	0.354	133	266	42.9	69.1	25.4	3.54	2.01	1.54	17.9	7.90	6.53	0.403	1.57	3.53
			7		12.30	9.66	0.354	153	310	49.0	80.8	29.0	3.53	2.00	1.53	20.6	9.09	7.50	0.402	1.61	3.57
			8		13.94	10.9	0.353	172	354	54.9	92.7	32.5	3.51	1.98	1.53	23.3	10.3	8.45	0.401	1.65	3.62
			10		17.17	13.5	0.353	208	443	65.9	117	39.2	3.48	1.96	1.51	28.5	12.5	10.3	0.397	1.72	3.70
12.5/8	125	80	7	11	14.10	11.1	0.403	228	455	74.4	120	43.8	4.02	2.30	1.76	26.9	12.0	9.92	0.408	1.80	4.01
			8		15.99	12.6	0.403	257	520	83.5	138	49.2	4.01	2.28	1.75	30.4	13.6	11.2	0.407	1.84	4.06
			10		19.71	15.5	0.402	312	650	101	173	59.5	3.98	2.26	1.74	37.3	16.6	13.6	0.404	1.92	4.14
			12		23.35	18.3	0.402	364	780	117	210	69.4	3.95	2.24	1.72	44.0	19.4	16.0	0.400	2.00	4.22
14/9	140	90	8	12	18.04	14.2	0.453	366	731	121	196	70.8	4.50	2.59	1.98	38.5	17.3	14.3	0.411	2.04	4.50
			10		22.26	17.5	0.452	446	913	140	246	85.8	4.47	2.56	1.96	47.3	21.2	17.5	0.409	2.12	4.58
			12		26.40	20.7	0.451	522	1 100	170	297	100	4.44	2.54	1.95	55.9	25.0	20.5	0.406	20.19	4.66
			14		30.46	23.9	0.451	594	1 280	192	349	114	4.42	2.51	1.94	64.2	28.5	23.5	0.403	2.27	4.74
15/9	150	90	8		18.84	14.8	0.473	442	898	123	196	74.1	4.84	2.55	1.98	43.9	17.5	14.5	0.364	1.97	4.92
			10		23.26	18.3	0.472	539	1 120	149	246	89.9	4.81	2.53	1.97	54.0	21.4	17.7	0.362	2.05	5.01
			12		27.60	21.7	0.471	632	1 350	173	297	105	4.79	2.50	1.95	63.8	25.1	20.8	0.359	2.12	5.09
			14		31.86	25.0	0.471	721	1 570	196	350	120	4.76	2.48	1.94	73.3	28.8	23.8	0.356	2.20	5.17
			15		33.95	26.7	0.471	764	1 680	207	376	127	4.74	2.47	1.93	78.0	30.5	25.3	0.354	2.24	5.21
			16		36.03	28.3	0.470	806	1 800	217	403	134	4.73	2.45	1.93	82.6	32.3	26.8	0.352	2.27	5.25

续表

型号	截面尺寸/mm				截面面积/cm²	理论重量/(kg/m)	外表面积/(m²/m)	惯性矩/cm⁴					惯性半径/cm			截面模数/cm³			tanα	重心距离/cm	
	B	b	d	r				I_x	I_{x_1}	I_y	I_{y_1}	I_u	i_x	i_y	i_u	W_x	W_y	W_u		x_0	y_0
16/10	160	100	10	13	25.32	19.9	0.512	669	1 360	205	337	122	5.14	2.85	2.19	62.1	26.6	21.9	0.390	2.28	5.24
			12		30.05	23.6	0.511	785	1 640	239	406	142	5.11	2.82	2.17	73.5	31.3	25.8	0.388	2.36	5.32
			14		34.71	27.2	0.510	896	1 910	271	476	162	5.08	2.80	2.16	84.6	35.8	29.6	0.385	0.43	5.40
			16		29.28	30.8	0.510	1 000	2 180	302	548	183	5.05	2.77	2.16	95.3	40.2	33.4	0.382	2.51	5.48
18/11	180	110	10	14	28.37	22.3	0.571	956	1 940	278	447	167	5.80	3.13	2.42	79.0	32.5	26.9	0.376	2.44	5.89
			12		33.71	26.5	0.571	1 120	2 330	325	539	195	5.78	3.10	2.40	93.5	38.3	31.7	0.374	2.52	5.98
			14		38.97	30.6	0.570	1 290	2 720	370	632	222	5.75	3.08	2.39	108	44.0	36.3	0.372	2.59	6.06
			16		44.14	34.6	0.569	1 440	3 110	412	726	249	5.72	3.06	2.38	122	49.4	40.9	0.369	2.67	6.14
20/12.5	200	125	12		37.91	29.8	0.641	1 570	3 190	483	788	286	6.44	3.57	2.74	117	50.0	41.2	0.392	2.83	6.54
			14		43.87	34.4	0.640	1 800	3 730	551	922	327	6.41	3.54	2.73	135	57.4	47.3	0.390	2.91	6.62
			16		49.74	39.0	0.639	2 020	4 260	615	1 060	366	6.38	3.52	2.71	152	64.9	53.3	0.388	2.99	6.70
			18		55.53	43.6	0.639	2 240	4 790	677	1 200	405	6.35	3.49	2.70	169	71.7	59.2	0.385	3.06	6.78

注：截面图中的 $r_1 = d/3$ 及表中 r 的数据用于孔型设计，不做交货条件。

3. 热轧普通工字钢(GB/T 706—2016)

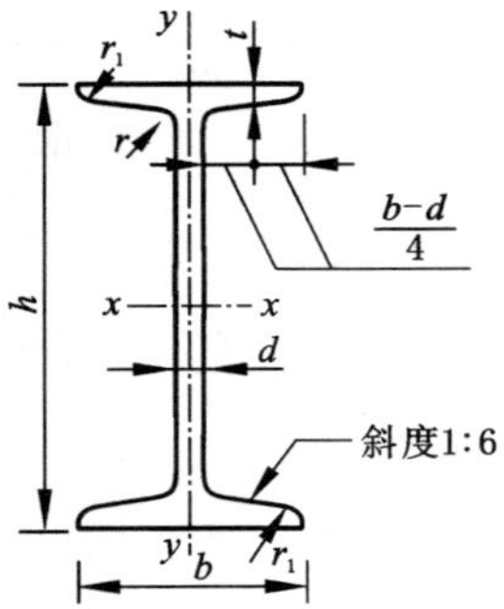

符号意义:
h— 高度;
b— 腿宽度;
d— 腰厚度;
t— 腿中间厚度;
r— 内圆弧半径;
r_1 — 腿端圆弧半径;
S— 半截面的静矩。

型号	截面尺寸 /mm						截面面积 /cm²	理论重量 / (kg/m)	外表面积 / (m²/m)	惯性矩 /cm⁴		惯性半径 /cm		截面模数 / cm³		$I_x : S_x$
	h	b	d	t	r	r_1				I_x	I_y	i_x	i_y	W_x	W_y	
10	100	68	4.5	7.6	6.5	3.3	14.33	11.3	0.432	245	33.0	4.14	1.52	49.0	9.72	8.59
12	120	74	5.0	8.4	7.0	3.5	17.80	14.0	0.493	436	46.9	4.95	1.62	72.7	12.7	—
12.6	126	74	5.0	8.4	7.0	3.5	18.10	14.2	0.505	488	46.9	5.20	1.61	77.5	12.7	10.8
14	140	80	5.5	9.1	7.5	3.8	21.50	16.9	0.553	712	64.4	5.76	1.73	102	16.1	12.0
16	160	88	6.0	9.9	8.0	4.0	26.11	20.5	0.621	1 130	93.1	6.58	1.89	141	21.2	13.8
18	180	94	6.5	10.7	8.5	4.3	30.74	24.1	0.681	1 660	122	7.36	2.00	185	26.0	15.4
20a	200	100	7.0	11.4	9.0	4.5	35.55	27.9	0.742	2 370	158	8.15	2.12	237	31.5	17.2
20b		102	9.0				39.55	31.1	0.746	2 500	169	7.96	2.06	250	33.1	16.9
22a	220	110	7.5	12.3	9.5	4.8	42.10	33.1	0.817	3 400	225	8.99	2.31	309	40.9	18.9
22b		112	9.5				46.50	36.5	0.821	3 570	239	8.78	2.27	325	42.7	18.7

续表

型号	截面尺寸 /mm						截面面积 /cm²	理论重量 /(kg/m)	外表面积 /(m²/m)	惯性矩 /cm⁴		惯性半径 /cm		截面模数 /cm³		$I_x : S_x$
	h	b	d	t	r	r_1				I_x	I_y	i_x	i_y	W_x	W_y	
24a	240	116	8.0	13.0	10.0	5.0	47.71	37.5	0.878	4 570	280	9.77	2.42	381	48.4	—
24b		118	10.0				52.51	41.2	0.882	4 800	297	9.57	2.38	400	50.4	—
25a	250	116	8.0				48.51	38.1	0.898	5 020	280	10.2	2.40	402	48.3	21.6
25b		118	10.0				53.51	42.0	0.902	5 280	309	9.94	2.40	423	52.4	21.3
27a	270	122	8.5	13.7	10.5	5.3	54.52	42.8	0.958	6 550	345	10.9	2.51	485	56.6	—
27b		124	10.5				59.92	47.0	0.962	6 870	366	10.7	2.47	509	58.9	—
28a	280	122	8.5				55.37	43.5	0.978	7 110	345	11.3	2.50	508	56.6	24.6
28b		124	10.5				60.97	47.9	0.982	7 480	379	11.1	2.49	534	61.2	24.2
30a	300	126	9.0	14.4	11.0	5.5	61.22	48.1	1.031	8 950	400	12.1	2.55	597	63.5	—
30b		128	11.0				67.22	52.8	1.035	9 400	422	11.8	2.50	627	65.9	—
30c		130	13.0				73.22	57.5	1.039	9 850	445	11.6	2.46	657	68.5	—
32a	320	130	9.5	15.0	11.5	5.8	67.12	52.7	1.084	11 100	460	12.8	2.62	692	70.8	27.5
32b		132	11.5				73.52	57.7	1.088	11 600	502	12.6	2.61	726	76.0	27.1
32c		134	13.5				79.92	62.7	1.092	12 200	544	12.3	2.61	760	81.2	26.8
36a	360	136	10.0	15.8	12.0	6.0	76.44	60.0	1.185	15 800	552	14.4	2.69	875	81.2	30.7
36b		138	12.0				83.64	65.7	1.189	16 500	582	14.1	2.64	919	84.3	30.3
36c		140	14.0				90.84	71.3	1.193	17 300	612	13.8	2.60	962	87.4	29.9
40a	400	142	10.5	16.5	12.5	6.3	86.07	67.6	1.285	21 700	660	15.9	2.77	1 090	93.2	34.1
40b		144	12.5				94.07	73.8	1.289	22 800	692	15.6	2.71	1 140	96.2	33.6
40c		146	14.5				102.1	80.1	1.293	23 900	727	15.2	2.65	1 190	99.6	33.2
45a	450	150	11.5	18.0	13.5	6.8	102.4	80.4	1.411	32 200	855	17.7	2.89	1 430	114	38.6
45b		152	13.5				111.4	87.4	1.415	33 800	894	17.4	2.84	1 500	118	38.0
45c		154	15.5				120.4	94.5	1.419	35 300	938	17.1	2.79	1 570	122	37.6

续表

型号	截面尺寸 /mm						截面面积 /cm^2	理论重量 /(kg/m)	外表面积 /(m^2/m)	惯性矩 /cm^4		惯性半径 /cm		截面模数 /cm^3		$I_x:S_x$
	h	b	d	t	r	r_1				I_x	I_y	i_x	i_y	W_x	W_y	
50a	500	158	12.0	20.0	14.0	7.0	119.2	93.6	1.539	46 500	1 120	19.7	3.07	1 860	142	42.8
50b		160	14.0				129.2	101	1.543	48 600	1 170	19.4	3.01	1 940	146	42.4
50c		162	16.0				139.2	109	1.547	50 600	1 220	19.0	2.96	2 080	151	41.8
55a	550	166	12.5	21.0	14.5	7.3	134.1	105	1.667	62 900	1 370	21.6	3.19	2 290	164	—
55b		168	14.5				145.1	114	1.671	65 600	1 420	21.2	3.14	2 390	170	—
55c		170	16.5				156.1	123	1.675	68 400	1 480	20.9	3.08	2 490	175	—
56a	560	166	12.5				135.4	106	1.687	65 600	1 370	22.0	3.18	2 340	165	47.7
56b		168	14.5				146.6	115	1.691	68 500	1 490	21.6	3.16	2 450	174	47.2
56c		170	16.5				157.8	124	1.695	71 400	1 560	21.3	3.16	2 550	183	46.7
63a	630	176	13.0	22.0	15.0	7.5	154.6	121	1.862	93 900	1 700	24.5	3.31	2 980	193	54.2
63b		178	15.0				167.2	131	1.866	98 100	1 810	24.2	3.29	3 160	204	53.5
63c		180	17.0				179.8	141	1.870	102 000	1 920	23.8	3.27	3 300	214	52.9

注：表中 r、r_1 的数据用于孔型设计，不做交货条件。

说明：《热轧普通工字钢(GB/T 706—2016)》中无 $I_x:S_x$ 栏及数据，该数据摘自《热轧普通工字钢(GB/T 707—1988)》，供教学参考使用。

4. 热轧普通槽钢(GB/T 706—2016)

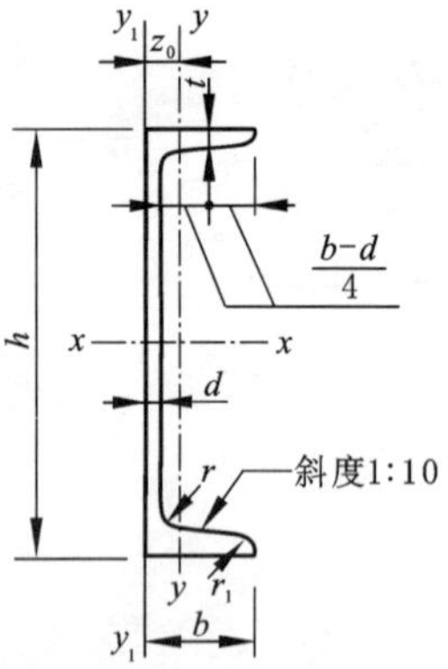

符号意义：

h—高度；

b—腿宽度；

d—腰厚度；

t—腿中间厚度；

r—内圆弧半径；

r_1—腿端圆弧半径；

z_0—重心距离。

型号	截面尺寸/mm						截面面积/cm^2	理论重量/(kg/m)	外表面积/(m^2/m)	惯性矩/cm^4			惯性半径/cm		截面模数/cm^3		重心距离/cm
	h	b	d	t	r	r_1				I_x	I_y	I_{y_1}	i_x	i_y	W_x	W_y	z_0
5	50	37	4.5	7.0	7.0	3.5	6.925	5.44	0.226	26.0	8.30	20.9	1.94	1.10	10.4	3.55	1.35
6.3	63	40	4.8	7.5	7.5	3.8	8.446	6.63	0.262	50.8	11.9	28.4	2.45	1.19	16.1	4.50	1.36
6.5	65	40	4.3	7.5	7.5	3.8	8.292	6.51	0.267	55.2	12.0	28.3	2.54	1.19	17.0	4.59	1.38
8	80	43	5.0	8.0	8.0	4.0	10.24	8.04	0.307	101	16.6	37.4	3.15	1.27	25.3	5.79	1.43
10	100	48	5.3	8.5	8.5	4.2	12.74	10.0	0.365	198	25.6	54.9	3.95	1.41	39.7	7.80	1.52
12	120	53	5.5	9.0	9.0	4.5	15.36	12.1	0.423	346	37.4	77.7	4.75	1.56	57.7	10.2	1.62
12.6	126	53	5.5	9.0	9.0	4.5	15.69	12.3	0.435	391	38.0	77.1	4.95	1.57	62.1	10.2	1.59
14a	140	58	6.0	9.5	9.5	4.8	18.51	14.5	0.480	564	53.2	107	5.52	1.70	80.5	13.0	1.71
14b		60	8.0				21.31	16.7	0.484	609	61.1	121	5.35	1.69	87.1	14.1	1.67
16a	160	63	6.5	10.0	10.0	5.0	21.95	17.2	0.538	866	73.3	144	6.28	1.83	108	16.3	1.80
16b		65	8.5				25.15	19.8	0.542	935	83.4	161	6.10	1.82	117	17.6	1.75
18a	180	68	7.0	10.5	10.5	5.2	25.69	20.2	0.596	1 270	98.6	190	7.04	1.96	141	20.0	1.88
18b		70	9.0				29.29	23.0	0.600	1 370	111	210	6.84	1.95	152	21.5	1.84
20a	200	73	7.0	11.0	11.0	5.5	28.83	22.6	0.654	1 780	128	244	7.86	2.11	178	24.2	2.01
20b		75	9.0				32.83	25.8	0.658	1 910	144	268	7.64	2.09	191	25.9	1.95
22a	220	77	7.0	11.5	11.5	5.8	31.83	25.0	0.709	2 390	158	298	8.67	2.23	218	28.2	2.10
22b		79	9.0				36.23	28.5	0.713	2 570	176	326	8.42	2.21	234	30.1	2.03
24a	240	78	7.0	12.0	12.0	6.0	34.21	26.9	0.752	3 050	174	325	9.45	2.25	254	30.5	2.10
24b		80	9.0				39.01	30.6	0.756	3 280	194	355	9.17	2.23	274	32.5	2.03
24c		82	11.0				43.81	34.4	0.760	3 510	213	388	8.96	2.21	293	34.4	2.00
25a	250	78	7.0				34.91	27.4	0.722	3 370	176	322	9.82	2.24	270	30.6	2.07
25b		80	9.0				39.91	31.3	0.776	3 530	196	353	9.41	2.22	282	32.7	1.98
25c		82	11.0				44.91	35.3	0.780	3 690	218	384	9.07	2.21	295	35.9	1.92

续表

型号	截面尺寸/mm						截面面积/cm^2	理论重量/(kg/m)	外表面积/(m^2/m)	惯性矩/cm^4			惯性半径/cm		截面模数/cm^3		重心距离/cm
	h	b	d	t	r	r_1				I_x	I_y	I_{y_1}	i_x	i_y	W_x	W_y	z_0
27a	270	82	7.5	12.5	12.5	6.2	39.27	30.8	0.826	4 360	216	393	10.5	2.34	323	35.5	2.13
27b		84	9.5				44.67	35.1	0.830	4 690	239	428	10.3	2.31	347	37.7	2.06
27c		86	11.5				50.07	39.3	0.834	5 020	261	467	10.1	2.28	372	39.8	2.03
28a	280	82	7.5				40.02	31.4	0.846	4 760	218	388	10.9	2.33	340	35.7	2.10
28b		84	9.5				45.62	35.8	0.850	5 130	242	428	10.6	2.30	366	37.9	2.02
28c		86	11.5				51.22	40.2	0.854	5 500	268	463	10.4	2.29	393	40.3	1.95
30a	300	85	7.5	13.5	13.5	6.8	43.89	34.5	0.897	6 050	260	467	11.7	2.43	403	41.1	2.17
30b		87	9.5				49.89	39.2	0.901	6 500	289	515	11.4	2.41	433	44.0	2.13
30c		89	11.5				55.89	43.9	0.905	6 950	316	560	11.2	2.38	463	46.4	2.09
32a	320	88	8.0	14.0	14.0	7.0	48.50	38.1	0.947	7 600	305	552	12.5	2.50	475	46.5	2.24
32b		90	10.0				54.90	43.1	0.951	8 140	336	593	12.2	2.47	509	49.2	2.16
32c		92	12.0				61.30	48.1	0.955	8 690	374	643	11.9	2.47	543	52.6	2.09
36a	360	96	9.0	16.0	16.0	8.0	60.89	47.8	1.053	11 900	455	8.18	14.0	2.73	660	63.5	2.44
36b		98	11.0				68.09	53.5	1.057	12 700	497	880	13.6	2.70	703	66.9	2.37
36c		100	13.0				75.29	59.1	1.061	13 400	536	948	13.4	2.67	746	70.0	2.34
40a	400	100	10.5	18.0	18.0	9.0	75.04	58.9	1.144	17 600	592	1070	15.3	2.81	879	78.8	2.49
40b		102	12.5				83.04	65.2	1.148	18 600	640	1140	15.0	2.78	932	82.5	2.44
40c		104	14.5				91.04	71.5	1.152	19 700	688	1220	14.7	2.75	986	86.2	2.42

注:表中 r、r_1 的数据用于孔型设计,不做交货条件。

附录Ⅲ 索引

（按汉语拼音字母顺序）

附录Ⅳ　力学性能名词及符号新旧标准对照表

拉伸部分

新标准 GB/T 228.1—2010			旧标准 GB 2211—1987	
性能名词		符号	性能名词	符号
断面收缩率	percentage reduction of area	Z	断面收缩率	ψ
断后伸长率	percentage elongation after fracture	A $A_{11.3}$ A_{xmn}	断后伸长率	δ_5 δ_{10} δ_{xmn}
断裂总延伸率	percentage total extension at fracture	A_t	—	—
最大力总延伸率	percentage extension at maximum force	A_{gt}	最大力下的总伸长率	δ_{gt}
最大力塑性延伸率	percentage plastic extension at maximum force	A_g	最大力下的非比例伸长率	δ_g
屈服点延伸率	percentage yield point extension	A_e	屈服点伸长率	δ_s
屈服强度	yield strength	—	屈服点	σ_s
上屈服强度	upper yield strength	R_{eH}	上屈服点	σ_{sU}
下屈服强度	lower yield strength	R_{eL}	下屈服点	σ_{sL}
规定塑性延伸强度	proof strength, plastic extension	R_p 例如 $R_{p0.2}$	规定非比例伸长应力	σ_p 例如 $\sigma_{p0.2}$
规定总延伸强度	proof strength, total extension	R_t 例如 $R_{t0.5}$	规定总伸长应力	σ_t 例如 $\sigma_{t0.5}$
规定残余延伸强度	permanent set strength	R_r 例如 $R_{r0.2}$	规定残余伸长应力	σ_r 例如 $\sigma_{r0.2}$
抗拉强度	tensile strength	R_m	抗拉强度	σ_b

压缩部分

新标准 GB/T 7317—2005			旧标准 GB/T 7317—1987	
性能名词		符号	性能名词	符号
规定非比例压缩强度	proof strength, non-proportional compression	R_{pc}	规定非比例压缩应力	σ_{pc}
规定总压缩强度	proof strength, total compression	R_{tc}	规定总压缩应力	σ_{tc}
上压缩屈服强度	upper compressive yield strength	R_{eHc}	压缩屈服点	σ_{sc}
下压缩屈服强度	lower compressive yield strength	R_{eLc}		
抗压强度	compressive strength	R_{mc}	抗压强度	σ_{bc}
压缩弹性模量	compressive modulus of elasticity	E_c	压缩弹性模量	E_c

习题参考答案

第 1 章

1-1　截面 1—1：$F_1=\frac{x}{l\sin\alpha}F$，$F_{1\max}=\frac{F}{\sin\alpha}$

截面 2—2：$F_{x2}=\frac{x\cot\alpha}{l}F$，$F_{y2}=\left(1-\frac{x}{l}\right)F$，$M_2=\frac{x(l-x)}{l}F$；

$$F_{x2\max}=F\cot\alpha，F_{y2\max}=F，M_{2\max}=\frac{Fl}{4}$$

1-2　$\varepsilon_m=2.5\times10^{-4}$，$\gamma=2.5\times10^{-4}$ rad

1-3　$\varepsilon_{周}=\varepsilon_{径}=3.75\times10^{-5}$

1-4　$(\gamma_A)_a=0$，$(\gamma_A)_b=2\alpha$

1-5　$\varepsilon_{mAB}=1\times10^{-3}$，$\varepsilon_{mCD}=2\times10^{-3}$，$\gamma_A=1\times10^{-3}$ rad

第 2 章

2-1　(a) $F_{N1}=F$，$F_{N2}=-F$；(b) $F_{N1}=2F$，$F_{N2}=0$；(c) $F_{N1}=2F$，$F_{N2}=F$；(d) $F_{N1}=F$，$F_{N2}=-2F$

2-2　(a) $|F_N|_{\max}=2qa$；(b) $|F_N|_{\max}=qa$

2-3　$\sigma=76.4$ MPa

2-4　$\sigma_{AB}=-47.4$ MPa，$\sigma_{BC}=103.5$ MPa

2-5　$\sigma_1=127$ MPa，$\sigma_2=63.7$ MPa

2-6　$\sigma=-0.34$ MPa

2-7　$\tau_{\max}=63.7$ MPa，$\tau_{30^\circ}=95.6$ MPa，$\tau_{30^\circ}=55.2$ MPa

2-8　$\theta=26.6^\circ$

2-9　$F=1.27\times10^6$ N

2-10　$E=209$ GPa，$\mu=0.317$

2-11　$\delta=26.4\%$，$\psi=65.2\%$，塑性材料

2-12　$\sigma=37.1$ MPa$<[\sigma]$，安全

2-13　$\sigma=32.7$ MPa$<[\sigma]$，安全

2-14　$d_{AB}\geqslant17.2$ mm，$d_{BC}=d_{BD}\geqslant17.2$ mm

2-15　∟45×45×3

2-16　$[W]=33.3$ kN

2-17　$\alpha=26.6^\circ$，$F=50$ kN

2-18　$\Delta l=0.075$ mm

2-19　$\Delta l=0.0804$ mm

2-20　$\Delta_{Bx}=0.86$ mm，$\Delta_{By}=1.56$ mm

2-21　$\sigma=151$ MPa，$\delta_C=0.79$ mm

2-22　$\Delta_{By}=\frac{4Fa}{EA\cos^3\alpha}$

2-23　$\Delta_{AC}=0.683\times10^{-3}a$

2-24 $\Delta_{Cx}=0.476\ \text{mm}(\rightarrow)$，$\Delta_{Cy}=0.476\ \text{mm}(\downarrow)$

2-25 $F_A=\dfrac{F}{12}$，$F_B=\dfrac{7}{12}F$，$F_C=\dfrac{F}{3}$

2-26 $F_{N1}=\dfrac{1}{10}F$，$F_{N2}=\dfrac{3}{10}F$

2-27 $F_{N1}=\dfrac{3F}{4\cos^3\alpha+1}$，$F_{N2}=\dfrac{6F\cos^2\alpha}{4\cos^3\alpha+1}$

2-28 $F_{N1}=3.6\ \text{kN}$，$F_{N2}=7.2\ \text{kN}$，$F_{Ay}=4.8\ \text{kN}$

2-29 $\sigma_1=127\ \text{MPa}$，$\sigma_2=26.8\ \text{MPa}$，$\sigma_3=-86.5\ \text{MPa}$

2-30 $\sigma_{上}=-66.7\ \text{MPa}$，$\sigma_{下}=-33.3\ \text{MPa}$

2-31 $\sigma_{BC}=30.3\ \text{MPa}$，$\sigma_{BD}=-26.2\ \text{MPa}$

2-32 $\Delta T=-26.5\ ℃$

2-33 $F_{N1}=F_{N2}=F_{N3}=F_{N4}=-0.416\dfrac{EA\delta}{a}$，$F_{N5}=F_{N6}=0.207\dfrac{EA\delta}{a}$

2-34 $F_{N1}=F_{N2}=F_{N3}=0.241\dfrac{EA\delta}{l}$，$F_{N4}=F_{N5}=-0.139\dfrac{EA\delta}{l}$

2-35 $d=6\ \text{mm}$

2-36 $\tau_u=89.1\ \text{MPa}$，$n=1.1$

2-37 $F\geqslant 177\ \text{N}$，$\tau=17.6\ \text{MPa}$

2-38 $F\geqslant 771\ \text{kN}$

2-39 $D:h:d=1.225:0.333:1$

2-40 $\tau=43.3\ \text{MPa}$，$\sigma_{bs}=59.5\ \text{MPa}$

第 3 章

3-1 略

3-2 $\tau_{1\max}=53\ \text{MPa}$，$\tau_{2\max}=20.5\ \text{MPa}$，$\tau_{3\max}=28.5\ \text{MPa}$

3-3 (1) $\tau_{\max}=15.9\ \text{MPa}$，$\tau_{\min}=12.35\ \text{MPa}$，(2) $\varphi'=0.284\ (°)/\text{m}$

3-4 $m=0.0133\ \text{kN}\cdot\text{m/m}$

3-5 (1) $\tau_{\max}=71.4\ \text{MPa}$，$\varphi=1.02°$

(2) $\tau_A=\tau_B=71.4\ \text{MPa}$，$\tau_C=35.7\ \text{MPa}$

(3) $\gamma_C=0.446\times10^{-3}$

3-6 $\tau_{d/4}=20.4\ \text{MPa}$，$\gamma_{d/4}=0.00025\ \text{rad}$，$\tau_{\max}=40.8\ \text{MPa}$，$\varphi=0.0199\ \text{rad}$

3-7 $\tau_{\max}=48.9\ \text{MPa}$，$\varphi_{AB}=0.009\ \text{rad}$，$\varphi_{AB}=-0.003\ \text{rad}$

3-8 AE 段：$\tau_{\max}=45.2\ \text{MPa}$，$\varphi'=0.462\ (°)/\text{m}$

BC 段：$\tau_{\max}=71.3\ \text{MPa}$，$\varphi'=1.02\ (°)/\text{m}$

3-9 $d\geqslant 74.4\ \text{mm}$

3-10 $d=60.7\ \text{mm}$

3-11 $d=18.5\ \text{mm}$

3-12 (a) $\varphi=\dfrac{ml^2}{2GI_P}$；(b) $\varphi=\dfrac{16ml^2}{3G\pi d_1^2 d_2^2}\left(1+2\dfrac{d_2}{d_1}\right)$；(c) $\varphi=\dfrac{2M_e l(d_1+d_2)}{G\pi\delta d_1^2 d_2^2}$

3-13 $\tau_{\max}=18.5\ \text{MPa}<[\tau]$，安全

3-14 (1) $d_1\geqslant 84.6\ \text{mm}$，$d_2\geqslant 74.5\ \text{mm}$；

(2) $d\geqslant 84.6\ \text{mm}$；(3) 主动轮 A 放在从动轮 B、C 之间比较合理

3-15 （1）略；（2）安全；（3）$n=2$

3-16 $\tau_{AC\max}=49.4$ MPa$<[\tau]$，$\tau_{DB}=21.3$ MPa$<[\tau]$，$\varphi'_{\max}=1.77$ (°)/m$<[\varphi']$，安全

3-17 $F_{AB}=\frac{3}{4}F$，$F_{CD}=\frac{1}{4}F$

3-18 $M_A=\frac{GI_p(b+e)+cbe}{(a+b+e)GI_p+ce(a+b)}M_e$，$M_D=\frac{aGI_p}{(a+b+e)GI_p+ce(a+b)}M_e$

3-19 $\tau_{\max}=60.8$ MPa$<[\tau]$，安全

3-20 $[M_e]=4$ kN·m

第 4 章

4-1 (a) $F_{S1}=0$，$M_1=Fa$；$F_{S2}=-F$，$M_2=Fa$；$F_{S3}=0$，$M_3=0$

(b) $F_{S1}=0$，$M_1=-2$ kN·m；$F_{S2}=-5$ kN，$M_2=-12$ kN·m

(c) $F_{S1}=2$ kN，$M_1=6$ kN·m；$F_{S2}=-3$ kN，$M_2=6$ kN·m

(d) $F_{S1}=1.33$ kN，$M_1=267$ N·m；$F_{S2}=-0.667$ kN，$M_2=333$ N·m

(e) $F_{S1}=-qa$，$M_1=-\frac{1}{2}qa^2$；$F_{S2}=-qa$，$M_2=-\frac{1}{2}qa^2$；$F_{S3}=0$，$M_3=0$

(f) $F_{S1}=-1.67$ kN，$M_1=5$ kN·m

(g) $F_{S1}=-qa$，$M_1=-\frac{1}{2}qa^2$；$F_{S2}=-\frac{3}{2}qa$，$M_2=-2qa^2$

(h) $F_{S1}=4$ kN，$M_1=4$ kN·m；$F_{S2}=4$ kN，$M_2=-6$ kN·m

(i) $F_{S1}=\frac{3}{4}qa$，$M_1=\frac{11}{12}qa^2$；$F_{S2}=0$，$M_2=\frac{4}{3}qa^2$

(j) $F_{S1}=30$ kN，$M_1=-45$ kN·m；$F_{S2}=0$，$M_2=-40$ kN·m

4-2

习题号	最大正剪力	最在负剪力	最大正弯矩	最大负弯矩
(a)	qa	$\frac{1}{8}qa$		$\frac{1}{2}qa^2$
(b)	$\frac{F}{2}$	F		$\frac{Fl}{2}$
(c)	0.6 kN	1.4 kN	2.4 kN·m	1.6 kN·m
(d)		22 kN	6 kN·m	20 kN·m
(e)	45 kN			127.5 kN·m
(f)	49.5 kN	49.5 kN	174 kN·m	
(g)	30 kN	10 kN	15 kN·m	30 kN·m
(h)		$\frac{1}{2}q_0l$		$\frac{1}{6}q_0l^2$

4-3 (a) $|F_S|_{\max}=5$ kN，$|M|_{\max}=10$ kN·m

(b) $|F_S|_{\max}=2F$，$|M|_{\max}=Fa$

(c) $|F_S|_{\max}=\frac{3}{2}qa$，$|M|_{\max}=\frac{21}{8}qa^2$

(d) $|F_S|_{\max}=\frac{5}{8}qa$，$|M|_{\max}=\frac{1}{8}qa^2$

(e) $|F_S|_{max}=\frac{3}{8}qa$，$|M|_{max}=\frac{9}{128}qa^2$

(f) $|F_S|_{max}=\frac{11}{16}F$，$|M|_{max}=\frac{3}{8}Fa$

(g) $|F_S|_{max}=\frac{11}{6}qa$，$|M|_{max}=qa^2$

(h) $|F_S|_{max}=F$，$|M|_{max}=Fa$

(i) $|F_S|_{max}=qa$，$|M|_{max}=qa^2$

(j) $|F_S|_{max}=qa$，$|M|_{max}=\frac{1}{2}qa^2$

4-4

习题号	最大正剪力	最大负剪力	最大正弯矩	最大负弯矩
(a)	qa	qa	$\frac{qa^2}{2}$	qa^2
(b)	0	qa	0	qa^2
(c)	$\frac{3}{2}ql$	$\frac{ql}{2}$	0	ql^2

第 5 章

5-1 $\sigma_{max}=100$ MPa

5-2 $\sigma_A=111$ MPa，$\sigma_B=-111$ MPa，$\sigma_C=0$，$\sigma_D=-74.1$ MPa

5-3 截面 $m—m$：$\sigma_A=-7.41$ MPa，$\sigma_B=4.94$ MPa，$\sigma_C=0$，$\sigma_D=7.41$ MPa

截面 $n—n$：$\sigma_A=9.26$ MPa，$\sigma_B=-6.18$ MPa，$\sigma_C=0$，$\sigma_D=-9.26$ MPa

5-4 $[F]=28.9$ kN

5-5 $W_z\geqslant187.5\times10^3\ mm^3$，选 I 18

5-6 $b\geqslant277$ mm，$h\geqslant416$ mm

5-7 $[F]=56.9$ kN

5-8 $\sigma_{t,max}=\sigma_{c下}=73.7$ MPa，$\sigma_{c,max}=\sigma_{A下}=147$ MPa

5-9 $\Delta l=\frac{ql^3}{2bh^2E}$

5-10 $b=510$ mm

5-11 $[F]=44.1$ kN

5-12 $\sigma_{t,max}=26.4\ MPa<[\sigma_t]$，$\sigma_{c,max}=52.8\ MPa<[\sigma_c]$，安全

5-13 $\sigma_a=6.04$ MPa，$\tau_a=0.379$ MPa，$\sigma_b=12.9$ MPa，$\tau_b=0$

5-14 $\sigma_{max}=102$ MPa，$\tau_{max}=3.39$ MPa

5-15 $[F]=3.94$ kN，$\sigma_{max}=9.47$ MPa

5-16 $\sigma_{max}=7.05\ MPa<[\sigma]$，$\tau_{max}=0.478\ MPa<[\tau]$，安全

5-17 $h\geqslant208$ mm，$b\geqslant138.7$ mm

5-18 $F=473$ N/mm

5-19 $a=\frac{lW_2}{W_1+W_2}$

5-20 $a=1.385$ m

5-21 $M_1=\frac{(D^4-d^4)ql^2}{4(2D^4-d^4)}$，$M_2=\frac{d^4ql^2}{8(2D^4-d^4)}$

第 6 章

6-1 略

6-2 (a) $\theta_A=\frac{M_e l}{6EI}$，$\theta_B=-\frac{M_e l}{3EI}$，$w_{\frac{l}{2}}=\frac{M_e l^2}{16EI}$，$w_{\max}=\frac{M_e l^2}{9\sqrt{3}EI}$

(b) $\theta_A=-\theta_B=\frac{11qa^3}{6EI}$，$w_{\max}=w_{2a}=\frac{19qa^4}{8EI}$

(c) $\theta_A=\frac{7q_0 l^3}{360EI}$，$\theta_B=-\frac{q_0 l^3}{45EI}$，$w_{\frac{l}{2}}=\frac{5q_0 l^4}{768EI}$，$w_{\max}=\frac{5.01q_0 l^4}{768EI}$

(d) $\theta_A=\frac{3ql^3}{128EI}$，$\theta_B=-\frac{7ql^3}{384EI}$，$w_{\frac{l}{2}}=\frac{5ql^4}{768EI}$，$w_{\max}=\frac{5.04ql^4}{768EI}$

6-3 $\theta_A=-\frac{5ql^3}{48EI}$，$\theta_B=-\frac{ql^3}{24EI}$，$w_A=\frac{ql^4}{24EI}$，$w_D=-\frac{ql^4}{384EI}$

6-4 $w_B=\frac{2Fl^3}{9EI}$

6-5 $\theta_{\max}=\frac{5Fl^2}{16EI}$，$w_{\max}=\frac{3Fl^3}{16EI}$

6-6 (a) $w_A=\frac{Fl^3}{6EI}$，$\theta_B=\frac{9Fl^2}{8EI}$

(b) $w_A=\frac{Fa}{6EI}(3b^2+6ab+2a^2)$，$\theta_B=-\frac{Fa(2b+a)}{2EI}$

6-7 $l\leqslant 8.6$ m

6-8 $[q]=8.67$ kN/m

6-9 $q=16.1$ kN/m

6-10 $[q]=15.9$ kN/m

6-11 $w_{\max}=-12.6$ mm，刚度足够

6-12 $a=\frac{2}{5}l$，$H=\frac{2Pl^3}{1875EI}$

6-13 $w_C=8.22$ mm，向下

6-14 $\delta_{Cy}=\frac{4Fa^3}{3EI}+\frac{Fa}{EA}$，$\delta_{Cx}=\frac{Fa^3}{2EI}$

6-15 $\delta_{AD}=\frac{5Fl^3}{3EI}$

6-16 略

6-17 (a) $F_A=F_B=\frac{3}{8}ql$，$F_C=\frac{5}{4}ql$

(b) $F_A=F_B=\frac{F}{2}$，$M_A=M_B=\frac{Fl}{8}$

(c) $F_{Ax}=F$，$F_{Ay}=\frac{9Fb}{16a}$，$M_A=\frac{Fb}{8}$，$F_B=\frac{9Fb}{16a}$

(d) $F_A=6.5$ kN，$M_A=2.8$ kN·m，$F_B=9.5$ kN

6-18 (1) $F_{N1}=\frac{F}{5}$，$F_{N2}=\frac{2}{5}F$

(2) $F_{N1}=\frac{3Il+2a^3A}{15Il+2a^3A}F$，$F_{N2}=\frac{6Il}{15Il+2a^3A}F$

6-19 梁内最大正应力 $\sigma_{\max}=156$ MPa，拉杆的正应力 $\sigma_{\max}=185$ MPa

6-20　$w_D=5.06$ mm，向下

第 7 章

7-1　略

7-2　$F=94.2$ kN

7-3　(a) $\sigma_{45°}=5$ MPa，$\tau_{45°}=25$ MPa

(b) $\sigma_{60°}=-10.4$ MPa，$\tau_{60°}=46$ MPa

(c) $\sigma_{(-67.5°)}=1.47$ MPa，$\tau_{(-67.5°)}=38.9$ MPa

7-4　(a) $\sigma_1=90$ MPa，$\sigma_2=0$，$\sigma_3=-10$ MPa，$\tau_{max}=50$ MPa，由 x 逆时针转 18°26′至 σ_1

(b) $\sigma_1=74.2$ MPa，$\sigma_2=15.8$ MPa，$\sigma_3=0$，$\tau_{max}=37.1$ MPa，由 x 逆时针转 29°31′至 σ_1

(c) $\sigma_1=100$ MPa，$\sigma_2=\sigma_3=0$，$\tau_{max}=50$ MPa，由 x 逆时针转 26°34′至 σ_2

7-5　(a) $\sigma_\alpha=25$ MPa，$\tau_\alpha=26$ MPa，$\sigma_1=20$ MPa，$\sigma_2=0$，$\sigma_3=-40$ MPa

(b) $\sigma_\alpha=-26$ MPa，$\tau_\alpha=15$ MPa，$\sigma_1=-\sigma_3=30$ MPa，$\sigma_2=0$

(c) $\sigma_\alpha=-50$ MPa，$\tau_\alpha=0$，$\sigma_1=0$，$\sigma_2=\sigma_3=-50$ MPa

(d) $\sigma_\alpha=40$ MPa，$\tau_\alpha=10$ MPa，$\sigma_1=41$ MPa，$\sigma_2=0$，$\sigma_3=-61$ MPa，$\alpha_0=39.35°$

7-6　$\sigma_\alpha=20$ MPa，$\sigma_1=33.5$ MPa，$\sigma_2=0$，$\sigma_3=-82.7$ MPa，$\tau_{max}=58.1$ MPa，由 $\sigma=30$ MPa 作用线逆时针转 10°4′至 σ_1

7-7　$\sigma_1=120$ MPa，$\sigma_2=20$ MPa，$\sigma_3=0$；$\alpha_0=30°$

7-8　$\sigma_1=\sigma_2=0$，$\sigma_3=-70$ MPa；$\sigma_x=-44.8$ MPa，$\sigma_y=-25.2$ MPa，$\tau_{xy}=-33.6$ MPa

或者 $\sigma_1=70$ MPa，$\sigma_2=0$，$\sigma_3=0$，$\sigma_x=44.8$ Mpa，$\sigma_y=25.2$ Mpa，$\tau_{xy}=33.6$ Mpa

7-9　$\sigma_1=141$ MPa，$\sigma_2=31$ MPa，$\sigma_3=0$；$\alpha_0=29.7°$；$\alpha=75°$

7-10　$\sigma_1=80$ MPa，$\sigma_2=40$ MPa，$\sigma_3=0$

7-11　$\sigma_1=56.1$ MPa，$\sigma_2=0$，$\sigma_3=-16.1$ MPa，$\tau_{max}=36.1$ MPa

7-12　点 1：$\sigma_1=\sigma_2=0$，$\sigma_3=-120$ MPa

点 2：$\sigma_1=36$ MPa，$\sigma_2=0$，$\sigma_3=-36$ MPa

点 3：$\sigma_1=70.3$ MPa，$\sigma_2=0$，$\sigma_3=-10.3$ MPa

点 4：$\sigma_1=120$ MPa，$\sigma_2=\sigma_3=0$

7-13　点 a：$\sigma_1=212$ MPa；点 b：$\sigma_1=210$ MPa，$\sigma_3=-17$ MPa；点 c：$\sigma_1=-\sigma_3=85$ MPa

7-14　(1) $\sigma_\alpha=2.08$ MPa，$\tau_\alpha=24.2$ MPa

(2) $\sigma_1=84.7$ MPa，$\sigma_3=-5$ MPa，$\alpha_0=-13°16′$

7-15　(a) $\sigma_1=50$ MPa，$\sigma_2=50$ MPa，$\sigma_3=-50$ MPa；$\tau_{max}=50$ MPa

(b) $\sigma_1=52.2$ MPa，$\sigma_2=50$ MPa，$\sigma_3=-42.2$ MPa，$\tau_{max}=47.2$ MPa

(c) $\sigma_1=130$ MPa，$\sigma_2=30$ MPa，$\sigma_3=-30$ MPa，$\tau_{max}=80$ MPa

7-16　$\sigma_1=0$，$\sigma_2=-19.8$ MPa，$\sigma_3=-60$ MPa；$\Delta l_1=3.76\times10^{-3}$ mm，$\Delta l_2=0$，$\Delta l_3=-7.65\times10^{-3}$ mm

7-17　$\mu=0.27$

7-18　$d=80$ mm

7-19　$M_e=\dfrac{2Elbh}{3(1+\mu)}\varepsilon_{45°}$

7-20　$v_s=12.99$ kN·m/m^3

7-21　$\sigma_{r1}=24.3$ MPa，$\sigma_{r2}=26.6$ MPa，安全

7-22　(1) $\sigma_1=150$ MPa，$\sigma_2=75$ MPa，$\tau_{max}=75$ MPa

(2) $\sigma_\alpha=131$ MPa，$\tau_\alpha=-32.5$ MPa

7-23 $\sigma_{max}=179$ MPa，$\tau_{max}=96.3$ MPa,危险截面上点 a 处 $\sigma_{r4}=176$ MPa

7-24 $\sigma_{rM}=58$ MPa

7-25 $\sigma_{r3}=300$ MPa=$[\sigma]$，$\sigma_{r4}=264$ MPa<$[\sigma]$，安全

7-26 $\sigma_{r2}=24.1$ MPa<$[\sigma]$，$\sigma_{r4}=24.1$ MPa<$[\sigma]$，安全

第 8 章

8-1 $\sigma_{max}=6.75$ MPa，$\sigma_{min}=-6.99$ MPa

8-2 $\sigma_{max}=79.1$ MPa

8-3 $\sigma_{max}=12$ MPa<$[\sigma]$，安全

8-4 $\sigma_{t,max}=79.6$ MPa，$\sigma_{c,max}=117$ MPa，$\sigma_A=-51.7$ MPa

8-5 No. 16

8-6 增大 7 倍

8-7 $F=18.4$ kN，$e=1.79$ mm

8-8 $\sigma_{t,max}=26.9$ MPa<$[\sigma_t]$，$\sigma_{c,max}=32.3$ MPa<$[\sigma_c]$，安全

8-9 $d=122$ mm

8-10 $[F]=45$ kN

8-11 $\sigma_A=8.83$ MPa，$\sigma_B=3.83$ MPa，$\sigma_C=-12.2$ MPa，$\sigma_D=-7.17$ MPa；中性轴的截距 $a_y=15.6$ mm，$a_z=33.4$ mm

8-12 $\sigma_{max}=0.572\dfrac{F}{a^2}$

8-13 核心边界为一八边形，其中有四个顶点在与截面各边平行的两对称轴上，相对的两顶点间距离为 12.9 cm

8-14 $\sigma_1=33.5$ MPa，$\sigma_3=-9.95$ MPa，$\tau_{max}=21.7$ MPa

8-15 $\delta=2.64$ mm

8-16 $\sigma_{r4}=131.4$ MPa<$[\sigma]$，安全

8-17 $\sigma_{r3}=58.3$ MPa<$[\sigma]$，安全

8-18 $[F_1]=2.91$ kN，$[F_2]=2[F_1]$

8-19 忽略时，$d\geqslant48.1$ mm；考虑时，$d\geqslant49.3$ mm

8-20 $\sigma_{r4}=54.4$ MPa<$[\sigma]$，安全

8-21 $\sigma_{r3}=86.1$ MPa<$[\sigma]$，安全

8-22 $\sigma_{r4}=151.8$ MPa<$[\sigma]$，安全

8-23 $[\tau]=104$ MPa

8-24 $s=213.1$ mm

第 9 章

9-1 (a) $F_{cr}=254.0$ kN；(b) $F_{cr}=264.48$ kN；(c) $F_{cr}=313.58$ kN；$[F_{cr}]_{min}=254.0$ kN

9-2 $T_2=58.96$ ℃

9-3 $F_{cr}=399.98$ kN

9-4 $F_{cr}=246.74$ kN

9-5 $a=43.15$ mm，$F_{cr}=443.13$ kN

9-6 $\theta=\arctan(\cot^2\beta)$

9-7 面外失稳时，临界力最小，$[F_{cr}]_{\min}=\frac{\pi^3 Ed^2}{128l^2}$

9-8 $F_{cr}=36.024\frac{EI}{l^2}$

9-9 $a=206.7$ mm

9-10 $[F]=117.75$ kN

9-11 $\sigma_{cr}=0.58$ MPa$<\varphi[\sigma]=0.6$ MPa

9-12 110 mm×110 mm×10 mm

9-13 $[F]=557$ kN

9-14 $d=193.7$ mm

9-15 $[F]=15.5$ kN

第 10 章

10-1 $F_{Nd}=90.6$ kN

10-2 梁中点截面上的最大应力的增量 $\Delta\sigma_{max}=15.6$ MPa；吊索应力的增量 $\Delta\sigma_{max}=2.55$ MPa

10-3 $\sigma_{d,max}=4.63$ MPa

10-4 $\Delta l=\frac{w^2 l^2}{3EAg}(3P+P_1)$

10-5 $\tau_{max}=10$ MPa

10-6 $\sigma_{max}=162$ MPa

10-7 $\sigma=136.3$ MPa

10-8 $F_d=120$ kN

10-9 (a) $\sigma_{st}=0.0283$ MPa；(b) $\sigma_d=6.9$ MPa；(c) $\sigma_d=1.2$ MPa

10-11 $\sigma_{max}=-\sigma_{min}=75.5$ MPa，$r=-1$

10-12 $r=-0.946$，$\Delta\sigma=509.2$ MPa

10-13 $\Delta\sigma=114$ MPa，$|\Delta\sigma|=117.7$ MPa

第 11 章

11-1 (a) $V_\varepsilon=\frac{2F^2 l}{\pi Ed^2}$；(b) $V_\varepsilon=\frac{7F^2 l}{8\pi Ed^2}$；(c) $V_\varepsilon=\frac{2F^2 l}{3\pi Ed^2}$；(d) $V_\varepsilon=\frac{14F^2 l}{3\pi Ed^2}$

11-2 $V_\varepsilon=\frac{9.6M_e^2 l}{\pi Gd_1^4}$

11-3 (a) $V_\varepsilon=\frac{F^2 l^3}{96EI}$；(b) $V_\varepsilon=\frac{17q^2 l^5}{15360EI}$；(c) $V_\varepsilon=\frac{3q^2 l^5}{20EI}$；(d) $V_\varepsilon=\frac{F^2 l^3}{16EI}+\frac{3F^2 l}{4EA}$

11-4 (a) $V_C=\frac{EA}{48a}[(9+8\sqrt{3})\Delta_{Ax}^2-6\sqrt{3}\Delta_{Ax}\Delta_{Ay}+3\Delta_{Ay}^2]$

(b) $V_C=\frac{2aAB}{3}\left(\frac{\Delta_{Ay}-\sqrt{3}\Delta_{Ax}}{4a}\right)^{3/2}+\frac{\sqrt{3}aAB}{3}\left(\frac{\sqrt{3}\Delta_{Ax}}{3a}\right)^{3/2}$

11-5 (a) $\Delta_{Ax}=\frac{17M_e a^2}{6EI}(\rightarrow)$，$\Delta_{Ay}=0$，$\theta_A=\frac{M_e a}{3EI}$(↺)，$\theta_B=\frac{5M_e a}{3EI}$(↻)

(b) $\Delta_{Ax}=\frac{3ql^4}{4EI}(\rightarrow)$，$\Delta_{Ay}=\frac{3ql^4}{32EI}(\uparrow)$，$\theta_A=\frac{ql^3}{48EI}$(↺)，$\theta_B=\frac{ql^3}{2EI}$(↺)

(c) $\Delta_{Ax}=\dfrac{5Fl^3}{12EI}(\rightarrow)$，$\Delta_{Ay}=\dfrac{13Fl^3}{12EI}(\downarrow)$，$\theta_A=\dfrac{5Fl^2}{4EI}(\curvearrowleft)$，$\theta_B=\dfrac{3Fl^2}{4EI}(\curvearrowright)$

(d) $\Delta_{Ax}=\dfrac{l^3}{48EI}(ql+24F)(\rightarrow)$，$\Delta_{Ay}=0$，$\theta_A=\dfrac{4Fl^2+ql^3}{48EI}(\curvearrowleft)$，$\theta_B=\dfrac{l^2}{48EI}(ql+4F)(\curvearrowleft)=\theta_A$

11-6 (a) $\theta_C=0$

(b) 铅垂方向 $\Delta_{AB}=\dfrac{11Fa^3}{EI}(\uparrow\downarrow)$，水平方向 $\Delta_{AB}=\dfrac{2Fa^3}{EI}(\rightarrow\leftarrow)$

(c) $\Delta_{AB}=\dfrac{7Fa^3}{12EI}(\leftarrow\rightarrow)$，$\theta_C=\dfrac{5Fa^2}{4EI}(\curvearrowleft\curvearrowright)$

11-7 (a) $\Delta_{Ax}=\dfrac{FR^3}{2EI}(\rightarrow)$，$\Delta_{Ay}=\dfrac{\pi FR^3}{4EI}(\downarrow)$，$\theta_A=\dfrac{FR^2}{EI}(\circlearrowleft)$

(b) $\Delta_{Ax}=\dfrac{FR^3}{EI}\left(\dfrac{\sqrt{3}\pi}{2}-\dfrac{9}{4}\right)(\leftarrow)$，$\Delta_{Ay}=\dfrac{\pi FR^3}{2EI}(\uparrow)$，$\theta_A=\dfrac{FR^2}{6EI}(4\pi-3\sqrt{3})(\circlearrowleft)$

(c) $\Delta_{Ax}=\dfrac{3\pi FR^3}{2EI}(\leftarrow)$，$\Delta_{Ay}=\dfrac{2FR^3}{EI}(\uparrow)$，$\theta_A=\dfrac{\pi FR^2}{EI}(\circlearrowleft)$

(d) $\Delta_{Ax}=\dfrac{FR^3}{2EI}(\pi-1)(\leftarrow)$，$\Delta_{Ay}=\dfrac{FR^3}{12EI}(28+9\pi)(\downarrow)$，$\theta_A=\dfrac{FR^2}{2EI}(\pi+3)(\circlearrowleft)$

(e) 无水平位移，铅垂位移 $\Delta=\dfrac{FR^3}{24EI}(8\pi+3\sqrt{3})+\dfrac{FR^3}{8GI_p}(8\pi-9\sqrt{3})(\downarrow)$，铅垂平面内的转角 $\theta_{A1}=\dfrac{3}{8}FR^2\left(\dfrac{1}{EI}+\dfrac{3}{GI_p}\right)$，横截面平面内的转角 $\theta_{A2}=\dfrac{FR^2}{24}\left(\dfrac{8\pi+3\sqrt{3}}{EI}+\dfrac{15\sqrt{3}-8\pi}{GI_p}\right)$

11-8 $\Delta_{Dy}=22.9\ \text{mm}(\downarrow)$

11-9 (a) $M_{max}=M_A=\dfrac{5}{8}Fa$

(b) $M_{max}=M_A=\dfrac{3}{8}qa^2$

(c) $M_{max}=M_C=19.8\ \text{kN}\cdot\text{m}$

11-10 (a) $F_A=F_B=\dfrac{ql}{2}(\uparrow)$，$M_A=\dfrac{ql^2}{12}(\circlearrowleft)$，$M_B=\dfrac{ql^2}{12}(\curvearrowright)$

(b) $F_A=\dfrac{Fb^2(l+2a)}{l^3}(\uparrow)$，$F_B=\dfrac{Fa^2(l+2b)}{l^3}(\uparrow)$，$M_A=\dfrac{Fab^2}{l^2}(\circlearrowleft)$，$M_B=\dfrac{Fa^2b}{l^2}(\curvearrowright)$

11-11 $F_{NAB}=82.8\ \text{kN}$(压)

11-12 $M_{max}=FR\left(\dfrac{R+a}{\pi R+2a}\right)$

附录Ⅰ

Ⅰ-1 (a) $y_C=\dfrac{2R\sin\alpha}{3\alpha}$

(b) $y_C=\dfrac{(n+1)b}{n+2}$，$z_C=\dfrac{h}{n+2}$

(c) $z_C=\dfrac{h(2a+b)}{3(a+b)}$

(d) $z_C=65\ \text{mm}$

(e) $z_C=141\ \text{mm}$

(f) $z_C=y_C=\dfrac{5a}{6}$

Ⅰ-2 (a) $I_y=\frac{bh^3}{12}$

(b) $I_y=\frac{2ah^3}{15}$

Ⅰ-3 (a) $I_z=\frac{\pi ab^3}{4}$

(b) $I_z=\frac{R^4}{2}\left(\alpha-\frac{\sin 4\alpha}{4}\right)$，式中 $\sin\alpha=\frac{d-2\delta}{d}$

(c) $I_z=1.729\times10^9\ \text{mm}^4$

(d) $I_z=1.548\times10^{10}\ \text{mm}^4$

(e) $I_z=5.02\times10^9\ \text{mm}^4$

Ⅰ-4 略

Ⅰ-5 $I_y=7.54\times10^{-3}R^4$

Ⅰ-6 $I_y=\frac{\pi d^4}{64}-\frac{ba}{4}(d-a)^2$，$I_z=\frac{\pi d^4}{64}-\frac{ad^3}{12}$

Ⅰ-7 (a) $I_y=0.642a^4$，$I_z=0.642a^4$

(b) $I_y=584\ \text{cm}^4$，$I_z=179\ \text{cm}^4$

Ⅰ-8 略

Ⅰ-9 (a) $y_C=0$，$z_C=2.85r$，$I_{y_C}=10.2r^4$，$I_{z_C}=2.02r^4$

(b) $y_C=0$，$z_C=103\ \text{mm}$，$I_{y_C}=3.91\times10^{-5}\ \text{m}^4$，$I_{z_C}=2.34\times10^{-5}\ \text{m}^4$

Ⅰ-10 (a) $I_{z_C}=3.28\times10^{-7}\ \text{m}^4$，$I_{y_C}=9.37\times10^{-8}\ \text{m}^4$，$\alpha_0=-29.9°$

(b) $I_{z_C}=2.26\times10^{-7}\ \text{m}^4$，$I_{y_C}=8.10\times10^{-8}\ \text{m}^4$，$\alpha_0=-38.2°$

参考文献

[1] 刘鸿文. 材料力学(Ⅰ). 4 版. 北京:高等教育出版社,2004.

[2] 孙训方,方孝淑,关来泰. 材料力学(Ⅰ). 5 版. 北京:高等教育出版社,2009.

[3] 北京科技大学,东北大学. 工程力学(材料力学). 4 版. 北京:高等教育出版社,2008.

[4] 范钦珊,材料力学. 2 版. 北京:清华大学出版社,2008.

[5] 黎明发,张开银,黄莉. 材料力学. 北京:科学出版社,2007.

[6] 白象忠. 材料力学. 北京:科学出版社,2007.

[7] 刘庆潭. 材料力学. 北京:机械工业出版社,2003.

[8] 单辉祖. 材料力学. 北京:高等教育出版社,2004.

[9] 张如三. 材料力学. 北京:中国建筑工业出版社,1997.

[10] 陈传尧. 工程力学. 北京:高等教育出版社,2006.

[11] 张燕,王红囡,彭丽,Ferdinand P. Beer. 材料力学(第 4 版)英文缩编版. 北京:清华大学出版社,2008.

[12] 严宗达. 塑性力学. 天津:天津大学出版社,1988.

[13] 李卓球,朱四荣. 工程力学(修订本). 武汉:武汉理工大学出版社,2008.

[14] 刘钊,王秋生. 材料力学. 哈尔滨:哈尔滨工业大学出版社,2008.

[15] 张新占. 材料力学. 西安:西北工业大学出版社,2006.

[16] 黄呈伟. 钢结构原理. 重庆:重庆大学出版社,2007.